スピノザ全集 IV

知性改善論

政治論

ヘブライ語文法綱要

岩波書店

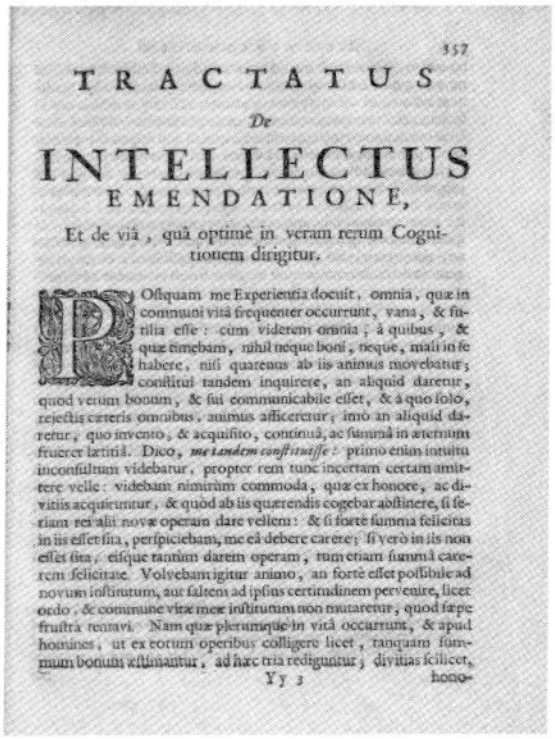

TRACTATUS

De

INTELLECTUS
EMENDATIONE,

Et de viâ, quâ optimè in veram rerum Cognitionem dirigitur.

POstquam me Experientia docuit, omnia, quæ in communi vitâ frequenter occurrunt, vana, & futilia esse: cùm viderem omnia, à quibus, & quæ timebam, nihil neque boni, neque mali in se habere, nisi quatenus ab iis animus movebatur; constitui tandem inquirere, an aliquid daretur, quod verum bonum, & sui communicabile esset, & à quo solo, rejectis cæteris omnibus, animus afficeretur; imò an aliquid daretur, quo invento, & acquisito, continuâ, ac summâ in æternum fruerer lætitiâ. Dico, *me tandem constituisse*: primo enim intuitu inconsultum videbatur, propter rem tunc incertam certam amittere velle: videbam nimirùm commoda, quæ ex honore, ac divitiis acquiruntur, & quòd ab iis quærendis cogebar abstinere, si seriam rei alii novæ operam dare vellem: & si fortè summa felicitas in iis esset sita, perspiciebam, me eâ debere carere; si verò in iis non esset sita, eisque tantùm darem operam, tum etiam summâ carerem felicitate. Volvebam igitur animo, an fortè esset possibile ad novum institutum, aut saltem ad ipsius certitudinem pervenire, licet ordo, & commune vitæ meæ institutum non mutaretur, quod sæpe frustrà tentavi. Nam quæ plerumque in vitâ occurrunt, & apud homines, ut ex eorum operibus colligere licet, tanquam summum bonum æstimantur, ad hæc tria rediguntur; divitias scilicet,

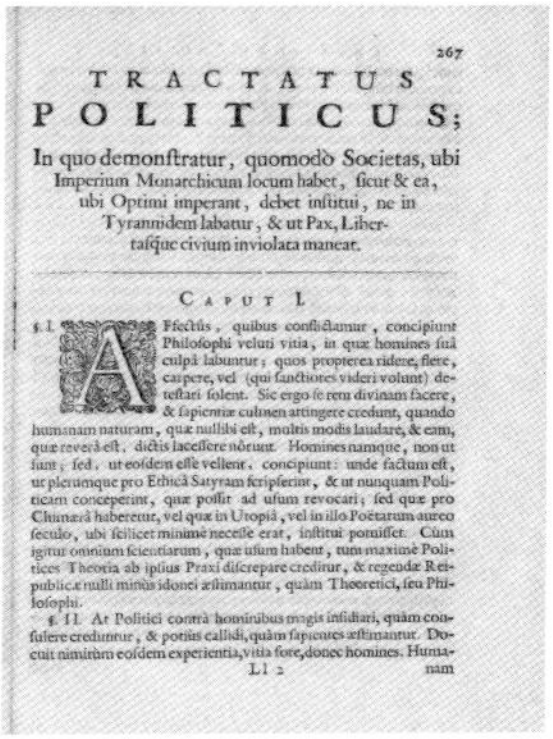

TRACTATUS
POLITICUS;

In quo demonstratur, quomodò Societas, ubi Imperium Monarchicum locum habet, sicut & ea, ubi Optimi imperant, debet institui, ne in Tyrannidem labatur, & ut Pax, Libertasque civium inviolata maneat.

CAPUT I.

§. I. AFfectûs, quibus conflictamur, concipiunt Philosophi veluti vitia, in quæ homines suâ culpâ labuntur; quos propterea ridere, flere, carpere, vel (qui sanctiores videri volunt) detestari solent. Sic ergo se rem divinam facere, & sapientiæ culmen attingere credunt, quando humanam naturam, quæ nullibi est, multis modis laudare, & eam, quæ reverâ est, dictis lacessere nôrunt. Homines namque, non ut sunt, sed, ut eosdem esse vellent, concipiunt: unde factum est, ut plerumque pro Ethicâ Satyram scripserint, & ut nunquam Politicam conceperint, quæ possit ad usum revocari; sed quæ pro Chimærâ haberetur, vel quæ in Utopiâ, vel in illo Poëtarum aureo seculo, ubi scilicet minimè necesse erat, institui potuisset. Cùm igitur omnium scientiarum, quæ usum habent, tum maximè Politices Theoria ab ipsius Praxi discrepare creditur, & regendæ Reipublicæ nulli minùs idonei æstimantur, quàm Theoretici, seu Philosophi.

§. II. At Politici contrà hominibus magis insidiari, quàm consulere creduntur, & potiùs callidi, quàm sapientes æstimantur. Docuit nimirùm eosdem experientia, vitia fore, donec homines. Huma-

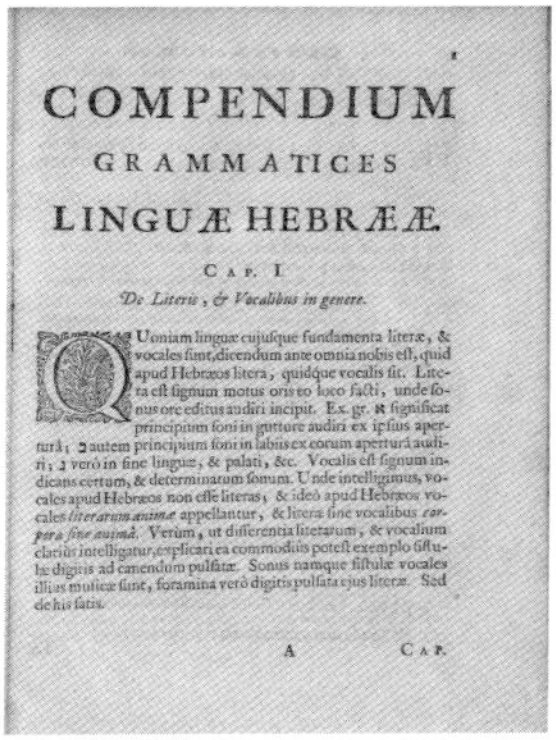

COMPENDIUM
GRAMMATICES
LINGUÆ HEBRÆÆ.

CAP. I.

De Literis, & Vocalibus in genere.

QUoniam linguæ cujusque fundamenta literæ, & vocales sunt, dicendum ante omnia nobis est, quid apud Hebræos litera, quidque vocalis sit. Litera est signum motus oris eo loco facti, unde sonus ore editus audiri incipit. Ex. gr. א significat principium soni in gutture audiri ex ipsius aperturâ; ב autem principium soni in labiis ex eorum aperturâ audiri; ג verò in fine linguæ, & palati, &c. Vocalis est signum indicans certum, & determinatum sonum. Unde intelligimus, vocales apud Hebræos non esse literas; & ideò apud Hebræos vocales *literarum animæ* appellantur, & literæ sine vocalibus *corpora sine animâ*. Verùm, ut differentia literarum, & vocalium clariùs intelligatur, explicari ea commodiùs potest exemplo fistulæ digitis ad canendum pulsatæ. Sonus namque fistulæ vocales illius musicæ sunt, foramina verò digitis pulsata ejus literæ. Sed de his satis.

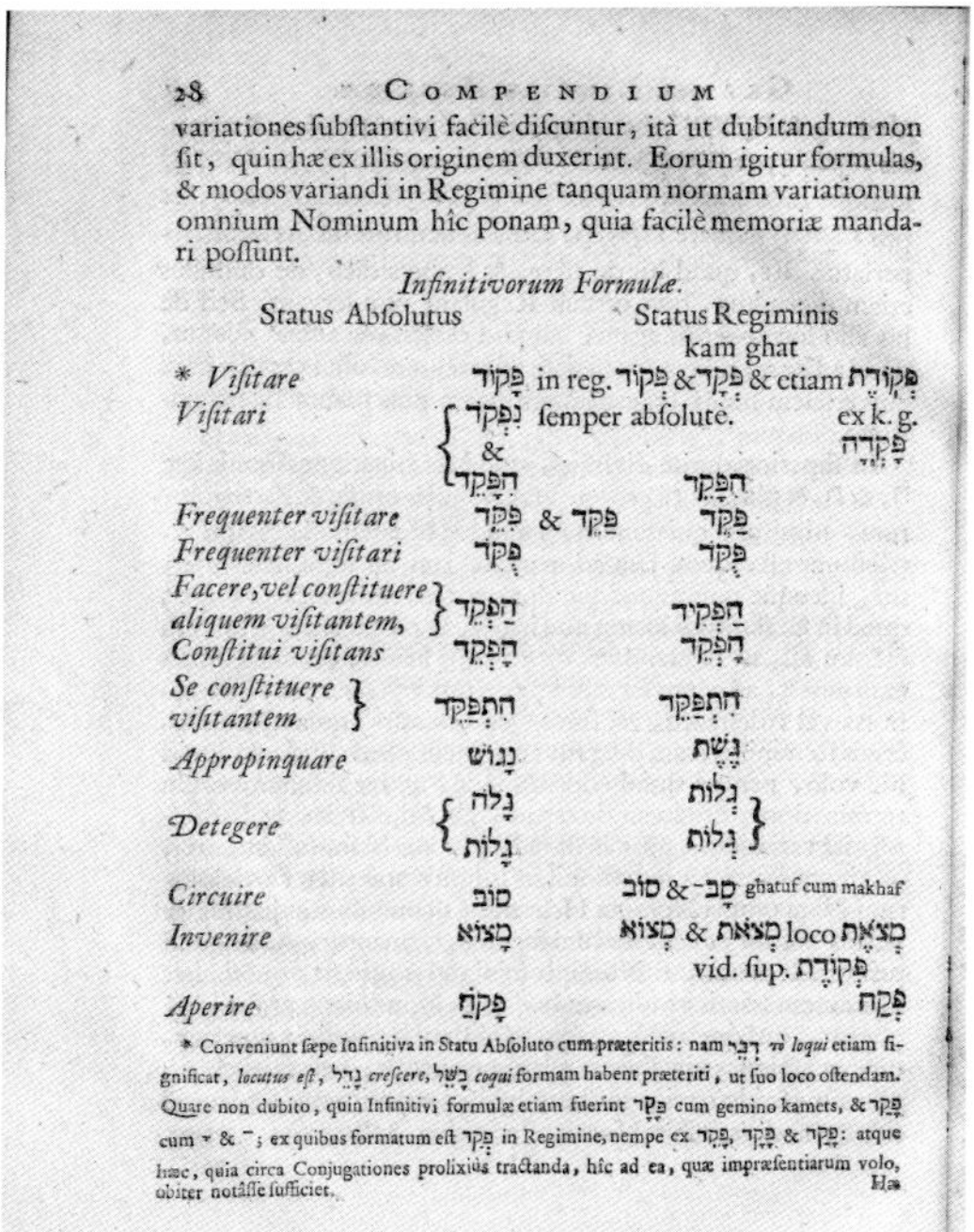

variationes substantivi facilè discuntur, ità ut dubitandum non sit, quin hæ ex illis originem duxerint. Eorum igitur formulas, & modos variandi in Regimine tanquam normam variationum omnium Nominum hîc ponam, quia facilè memoriæ mandari possunt.

Infinitivorum Formulæ.

	Status Absolutus		Status Regiminis
			kam ghat
* *Visitare*	פָּקוֹד	in reg. פְּקוֹד & פְּקֹד & etiam פְּקוֹדֶת	
Visitari	נִפְקֹד & הִפָּקֵד	semper absolutè.	ex k. g. פְּקֻדָּה
			הִפָּקֵד
Frequenter visitare	פַּקֵּד	& פַּקֹּד	פַּקֵּד
Frequenter visitari	פֻּקֹּד		פֻּקַּד
Facere, vel constituere aliquem visitantem,	הַפְקֵד		הַפְקִיד
Constitui visitans	הָפְקֵד		הָפְקַד
Se constituere visitantem	הִתְפַּקֵּד		הִתְפַּקֵּד
Appropinquare	נָגוֹשׁ		גֶּשֶׁת
Detegere	גָּלֹה גָּלוֹת		גְּלוֹת גְּלוֹת
Circuire	סוֹב		סוֹב & סָב־ ghatuf cum makhaf
Invenire	מָצוֹא		מְצוֹא & מְצֹאת loco מְצֶאת vid. sup. פְּקוֹדֶת
Aperire	פָּקֹחַ		פְּקַח

* Conveniunt sæpe Infinitiva in Statu Absoluto cum præteritis: nam דַּבֵּר τὸ *loqui* etiam significat, *locutus est*, גָּדֵל *crescere*, בָּשֵׁל *coqui* formam habent præteriti, ut suo loco ostendam. Quare non dubito, quin Infinitivi formulæ etiam fuerint פָּקָד cum gemino kamets, & פָּקֵד cum ־ & ־; ex quibus formatum est פְּקֹד in Regimine, nempe ex פְּקֹד, פָּקָד & פָּקֵד: atque hæc, quia circa Conjugationes prolixiùs tractanda, hîc ad ea, quæ impræsentiarum volo, obiter notâsse sufficiet.

いずれも『遺稿集』ラテン語版から．上段は左から『知性改善論』『政治論』『ヘブライ語文法綱要』のそれぞれ本文冒頭頁．下段は『ヘブライ語文法綱要』第 8 章「名詞の支配について」から（本巻 *70–71* 頁に対応）．ラテン語とヘブライ語の対応関係を示す表が示され，下部には原注が見える．

(Herzog August Bibliothek Wolfenbüttel: M: Ac 343)

日本語版『スピノザ全集』への序文

ここに日本語版『スピノザ全集』を刊行する。この序文においては、現在の研究状況を踏まえ、翻訳の底本となるテクストの問題に焦点を当てながら、刊行にあたっての基本方針を示すことにする。

生前に刊行されたスピノザの著作は次の三点である。

『デカルトの哲学原理』とその付録である『形而上学的思想』(一六六三年)

『デカルトの哲学原理』と『形而上学的思想』のオランダ語版(一六六四年)

『神学政治論』(一六七〇年)

このうち『神学政治論』は匿名で出版。「書簡四四」によるなら、第三者によるオランダ語版出版計画が持ち上がっていたが、スピノザはもとの本の販売禁止処分を危惧して中止を要請している。

一六七七年にスピノザが死去すると、未刊行の著作をも含めた遺稿が友人たちによって編纂され、『遺稿集』ラテン語版(*Opera posthuma*)と『遺稿集』オランダ語版(*De nagelate schriften*)が刊行された。『遺稿集』ラテン語版に収録された著作は以下のとおりである。

『エチカ』
『政治論』
『知性改善論』
『往復書簡集』
『ヘブライ語文法綱要』（『遺稿集』オランダ語版は『ヘブライ語文法綱要』を欠く）

以上が、スピノザの著作に関するもっとも基礎的な資料である。

一九世紀における哲学史的営為の興隆とともに、主にドイツ語圏において複数の全集が刊行される。加えて一九世紀半ば、間接的な証言と書簡によってのみその存在が示唆されていたスピノザの著作の、オランダ語による写本が発見される。『神、そして人間とその幸福についての短論文』（以下、『短論文』と略記）である。他にいくつかの書簡が新たに発見され、科学論文二点が「発見」される（現在ではその真正性は否定されている）。これらを収めた二〇世紀における初めての全集が、いまなお研究者にとっては底本とされることの多い、四巻からなる『スピノザ全集（*Spinoza Opera*）』（いわゆるゲプハルト版）である（刊行完結は一九二五年。また、全集の第五巻が一九八七年に刊行されたが、これは実質的には、編者のカール・ゲプハルトによる注解や論考を集成した巻である）。その構成は以下のとおりである。

第一巻：『短論文』『デカルトの哲学原理』『形而上学的思想』『ヘブライ語文法綱要』
第二巻：『知性改善論』『エチカ』
第三巻：『神学政治論』『政治論』

第四巻：『往復書簡集』『虹の代数学的計算』『偶然の計算』

その後、ゲプハルト版には収められていない四通の書簡が発見され、また一九八〇年代以降のスピノザ研究が文献学の方面において急激な進展を遂げたことによって、テクストの確定作業、著作の年代順に関する新たな問題提起、さらにはスピノザ哲学・思想を生み出したコンテクストの研究等々が進み、もはや基礎的な資料に関してすら、ゲプハルト版を無批判に底本とすることはできない状況にある。とりわけ、二〇一〇年にヴァチカン図書館の異端審問資料庫から偶然に発見された『エチカ』のいわゆるヴァチカン写本出現の意義は大きい。他方、ピエール＝フランソワ・モローを監修編者とし、完成した暁にはゲプハルト版に代わる評価を獲得するに至るかもしれない新たな『スピノザ全集（*Spinoza Œuvres*）』（仏語対訳全集。以下「モロー編全集」と呼ぶ）がフランスで刊行されつつあるが、二〇二二年現在、第三巻『神学政治論』（一九九九年）、第五巻『政治論』（二〇〇五年）、第一巻『初期著作』（『知性改善論』と『短論文』を収録、二〇〇九年）、第四巻『エチカ』（二〇二〇年）の刊行を数えるのみである。

わが国を顧みると、私たちの手許には、ほぼ個人訳全集と言っていい、畠中尚志によるスピノザの主要著作の翻訳が岩波文庫に収められて存在している。その業績は、誤訳の少なさと、とりわけても訳文の格調の高さにおいて、極めて優れたものである。しかしながら、第二次世界大戦中に刊行された『神学政治論』をはじめとして、旧字体に馴染みの薄い若い読者にとっては近づきがたいところもあるし、また、『短論文』をはじめとして、現在の研究状況からすると校訂上の問題も大きく、さらに、『往復書簡集』は完全なものではない。

そこで私たちは、完成時期が未定であるモロー編全集の完結を待つことなく、スピノザ研究が一定程度進んだ現段階を最適の時機と判断し、新訳による『スピノザ全集』を刊行することにした。すなわち、ゲプハルト版を基礎資料としつつも、その後およそ百年にわたって進められてきたスピノザ研究の成果を採り入れ、とりわけ、各著作の新しい校訂版や進行中のモロー編全集を適宜参照し、新たな校訂を加えて翻訳を作成する、というのがその基本方針である。本全集は、今日ではテクストの真正性が否定されている科学論文二つを除外したうえで、スピノザの全著作を収める。本邦初訳の『ヘブライ語文法綱要』と四つの書簡を含み、さらには、多くの著作に関して独自の校訂を加えた本全集は、文字どおり日本（語）版『スピノザ全集』である。

その構成は以下のとおりである。

第Ⅰ巻：『デカルトの哲学原理』『形而上学的思想』
第Ⅱ巻：『神学政治論』
第Ⅲ巻：『エチカ』
第Ⅳ巻：『知性改善論』『政治論』『ヘブライ語文法綱要』
第Ⅴ巻：『神、そして人間とその幸福についての短論文』
第Ⅵ巻：『往復書簡集』
別巻：資料集（詳細年譜・『遺稿集』序文・蔵書目録・文献案内・総索引等）

構成に関しては、各巻のヴォリュームという書籍編集上の理由もあるが、生前に刊行された著作（第Ⅰ巻・第Ⅱ巻）、生前に完成された著作（第Ⅲ巻）、生前には未完成で死後『遺稿集』に収録された著作（第Ⅳ巻）、『遺稿集』刊行後に発見された著作（第Ⅴ巻）、『遺稿集』刊行後に発見された書簡を含む『往復書簡集』（第Ⅵ巻）、という分類・配列にした。また、別巻においては、総索引に加えて、基礎的資料や受容史と研究史の概観などを収め、読者の読解の一助となることを目指した。

翻訳のテクストに関しては、それぞれの著作ごとに固有の問題を抱えているため、底本等は著作ごとに異なる。詳しくはそれぞれの解説を参照していただきたい。

古典の翻訳作業の意義は、研究者をも含む読者に、リーダブルな翻訳と読解に必要な基礎的資料を提供することに尽きる。したがって全体として、個々のテクストのもたらす解釈問題には大きく立ち入らないことを原則とした。私たちは、本全集の刊行を通して、スピノザがもたらした、あるいはもたらすであろう振幅の大きい思索の種が、この地において新たに芽生えることを望むばかりである。

二〇二二年秋

編　者

凡例

一　本全集は現存するスピノザの全著作を訳出したものである。

一　著作の配列は、巻頭の「日本語版『スピノザ全集』への序文」に記したとおり、本全集独自のものである。

一　各巻には著作別の「凡例」を付し、底本その他、当該著作に固有の事項について記載した。

一　各著作本文の欄外上部の算用数字は、ゲプハルト版全集（*Spinoza Opera*, im Auftrag der Heidelberger Akademie der Wissenschaften herausgegeben von Carl Gebhardt, 4 Bde., Heidelberg, Carl Winter, 1925/1972）の対応頁を示す。なお、巻数は省略した。

一　スピノザの著作の参照箇所指示は、著作名・巻数・章番号等で示すが、必要な場合にはゲプハルト版（Gbと略記）の巻数と頁数を付す（例、『神学政治論』第四章第四節 Gb III, 46）。

一　〔　〕は訳者による補足を示す。

一　巻末には、各著作ごとに人名、事項について「索引」を付した。なお、別巻に「総索引」を作成する。

総目次

知性改善論

鈴木泉訳

凡例

一　本翻訳はスピノザ著『知性改善論』(Baruch[Benedictus] de Spinoza, *Tractatus de intellectus emendatione*, 1677)を全訳したものである。翻訳にあたっては『遺稿集』ラテン語版を底本とし、『遺稿集』オランダ語版とゲプハルト版全集を適宜参考にした。

一　本文の欄外上部の算用数字は、ゲプハルト版全集(第二巻)の対応頁を示す。

一　本文中に［　］で示した節番号は、後にブルーダーによって便宜的に付されたものである。本翻訳では『遺稿集』ラテン語版の段落分けに従った。

一　原注は、注の対象となる語句、センテンスの先頭に上付きのアルファベットを付して、脚注として示されているが、本翻訳ではアルファベットは［　］で括ったうえで内容に即して後尾に移し、注の内容は本文の段落のあいだに繰り入れた。アルファベットは三つの系列からなり、第二系列と第三系列にはダッシュを補ってa′、a″のように示した。

一　原文中、イタリック体の箇所は、傍点を付した。

一　オランダ語版においては、細かい表現の変更や、小さな補足、大きな補足が行われているが、必要に応じて本文中に［　］を付して繰り入れるか、訳注において訳出した。

一　訳注や解説で頻繁に参照される『知性改善論』のテクストソースと校訂版およびデカルトの著作の典拠に関しては、左に掲げる略号を用いた。

OP　『遺稿集』ラテン語版（*B.d.S. Opera posthuma, quorum series post praefationem exhibetur*, Amsterdam, 1677）

NS　『遺稿集』オランダ語版（*De nagelate schriften van B.d.S., als Zedekunst, Staatkunde, Verbetering van 't verstant, Brieven en antwoorden, uit verscheide talen in de Nederlandsche gebragt*, Amsterdam, 1677）

Br　ブルーダー版全集（第二巻に所収）（*Benedicti de Spinoza Opera quae supersunt omnia*, ed. Karl Hermann Bruder, vol. 2, Leipzig, 1844）

VL　フローテン＆ラント版全集（第一巻に所収）（*Benedicti de Spinoza Opera quotquot reperta sunt*, ed. J. van Vloten & J. P. N. Land, vol. 1, La Haye, Nijhoff, 1882）

Gb　ゲプハルト版全集（第二巻に所収）（*Spinoza Opera*, im Auftrag der Heidelberger Akademie der Wissenschaften herausgegeben von Carl Gebhardt, Bd. 2, Heidelberg, Carl Winter, 1925/1972）

R　ルッセ版『知性改善論』対訳（Spinoza, *Traité de la réforme de l'entendement*, Introduction, texte, traduction et commentaire, par Bernard Rousset, Paris, Vrin, 1992）

M　モロー編スピノザ全集（第一巻に所収）（*Spinoza Œuvres*, édition publiée sous la direction de Pierre-François Moreau: *Œuvres I — Premiers écrits*, Paris, Presses Universitaires de France, 2009）

P　ポートラ編スピノザ全集（*Spinoza. Œuvres complètes*, édition publiée sous la direction de Bernard Pautrat, Paris, Gallimard, 2022）

AT　アダン＆タンヌリ版デカルト全集（*Œuvres de Descartes*, éd. par Charles Adam et Paul Tannery, nouvelle présentation, 13 vols., Paris, Vrin/CNRS, 1964–1974; rééd. 1996）

目次

3

知性の改善〔1〕について、ならびに知性が事物の真の認識にもっとも良く導かれる道についての論考〔2〕〔3〕

4

読者に告ぐ〔1〕

親愛なる読者よ、私たちがここに未完結にして欠損したまま〔2〕あなたに提供する知性の改善云々に関する論考は、すでに何年も前に同じ著者によって書かれたものである。著者は、これを整え完成させようとつねに心にかけていた。けれども、他の仕事〔3〕によって妨げられ、そしてついには死に連れ去られることによって、望んでいた終結へともたらすことができなかった。しかし、この論考は、優れていて有益な事柄を多く含んでおり、そういった事柄が真理〔4〕を真剣に探究する者にとって少なからず役に立つということを私たちは決して疑わないので、それらをあなたから奪うことを望まなかったのである。そしてこの論考には不明瞭なことがら、まだ粗削りで、推敲の足らないところがあちこちでたくさん出てくるが、それらを無理せず大目に見てくださるように、私たちはあなたにもそうした点を知っておいていただこうと思い、ここに注意を促す次第である。それでは。

5

〔一〕経験が私[1]に、共通の生[2]においてしばしば生じるすべては虚しく取るに足らないものであることを教えてくれた後で、私の気づかいのもととなりまたその対象となっていた[3]すべてのものは、それ自体においては善も悪も有するものではなく、〔そういったことが生じるのは〕ただ［私の］[4]心がそれによって動かされる限りにおけるに過ぎない、ということがわかるに及んで、私はついに決心した。すなわち、自らを与らせ得る[5]真の善で、他のすべてが捨て去られて、ただそれによってのみ心が触発されるような或るものが存在するかどうか、いやむしろ、いったんそれを発見し獲得すると、不断にして最高の喜びを永遠に享受する[6]ような或るものが存在するかどうかを探究してみようと決心したのである。〔二〕私は言う、ついに決心した[7]、と。というのも、そのときには不確実なもののために確実なものを放棄しようとするのは、一見して無思慮に思われたからである。すなわち、名誉や富から獲得される利益のことはわかっていたし、また、もし私が他の新しいもののために真剣に努力するとなると、それらの利益を求めることから遠ざからざるを得ないこともわかっていた、というのは確かである。そして、もしかして最高の幸福がそれらの利益によるとするなら、私は自分がその幸福を失わなければならないということがはっきりとわかっていた。これとは反対に、もし実際には最高の幸福がそういった利益によらないのに、ただそのためだけに努力するとしたら、私はやはり最高の幸福を失うことになる。〔三〕そこで私は、自らの[8]生の秩序と共通の状態[9]を変えることがなくとも、新しい状態に、あるいは少なくとも新しい状態に関する確実性に達することがもしかしたら可能ではないかどうかを心に思いめぐらしてみた[10]。しかし、しばしば試みたものの、それは無駄であった。というのも、生において生じることが多いもので、人々の活動からそう結論することが許されるなら、人々において最高善として評価されているものは、次の三つに帰着する。すなわち、富、名誉[11]、そして快楽[12]である。これら三つによって、精神は、他の何らかの善について思惟することがまったくできないほどに散らされる[13]からである。〔四〕というのも、まず快楽について言えば、心はあたかも何らかの善に落ち着いて満足しているようにそのとりことなり、このことによって、他の善について思惟することをこの上なく妨げられる。しかし、その享受の後には、最高の悲しみが続き、それが精神を宙づりにしないまでも、これを混乱させ愚鈍にする。名誉[14]と富を追求することによってもまた、少なからず精神は散らされる、特に富がそれ自体のために求められるときには[a]。なぜなら、その場合にそれが最高善であると想定されるからである。〔五〕だが、名誉によってなおいっそう精神は散らされる、というのも、名誉はつねにそれ自体によって善であり、すべてがそこに向けられる究極目的である、と想定されるからである。次いで、名誉と富においては、快楽の場合のように後悔が与えられず、反対に、どちらかを所有すればするほど、喜びは増大し、その結果、次第次第にそれを増大するように駆り立てられる。他方、何らかの機会に希望が裏切られると、最高の悲しみが生じる。[15]最後に、名誉は、これに到達するためには、生を必然的に人々の見解に合わせて導かねばならないから、すなわち、共通に人々が避けるものを避け、共通に人々が求めるものを求めることによって、大きな障害となるのである。[16]

[a] これは[17]、もっと詳しくかつもっと判明に、すなわち、求められる富を、それ自体のために、あるいは名誉のために、あるいは快楽のために、あるいは健康のために、また学問と技術の進歩[18]のために求められる富へと区別することによって、説明することもできたであろう。しかし、それはしかるべき場所に取っておく。これらをそう事細かに探究することはこの場所には適さないから。

6

〔六〕このようにして、これらすべてのことが、ある[19]新しい状態のために努力することの妨げとなること、いや

7

それどころか、必然的にそのいずれかを断念しなければならないほどに対立していることがわかったので、私は何が私にとって有益であるかを尋ねるように強いられた。というのも、前に言ったように、私は不確実な善のために確実な善を放棄することを意志しているように思われたからである。しかし、この事柄を少し考えてみた後で、まず私は次のことに気づいた。すなわち、もし私がこれらを放棄して、新しい状態の支度をするなら、すでに言ったことから私たちが明晰に結論できるように、私はその本性上不確実な善を、本性上ではなく（というのも、私は確固とした善〔20〕を求めているのだから）、ただその取得〔21〕に関してのみ不確実な善のために放棄することになる、ということを。〔七〕さて、続いて省察した結果、私は、この場合、深く熟考し〔22〕得るであろう〔23〕限りで、確実な善のために確実な悪を放棄するのであるということがわかるに至った。というのも〔24〕、私は、自分がこの上もない危険に臨んでいて、どんなに不確実な療法であれ、力の限りを尽くして〔25〕求めるように余儀なくされていることがわかっていたからである。それはあたかも、療法を施さないならば確実となる死を予見するときに、どんなに不確実なものであれ療法それ自体を全力をあげて求めざるを得ない致命的な病気に苦しんでいる病人のようなものである――なぜなら、その療法に彼の希望のすべてがかかっていないだろうか。ところが、普通の人々が追い求めているすべてのものは、私たちの存在を維持するのに対して何らの療法をもたらさないばかりか、そのことを妨げるのであって、そういったものは、それらを所有する人々の滅亡の原因であることがしばしば〔26〕であり、［b］〔27〕それら〔28〕によって所有されている人々の滅亡の原因であることがつねである。〔29〕

［b］これらのことは、より事細かに論証されねばならない。

〔八〕実際〔30〕、己れ自身の富のゆえに、死に至るまでの迫害を受けた人々や、また財を手に入れるために数々の危険に身をさらして、ついには自らの愚行の報いを生をもって償った人々の例はきわめて多い。また、名誉を獲得しあるいは護るために、この上なく悲惨な苦しみを受けた人々の例もこれに劣らず少なくない。最後に、過度の快楽のために自らの死を早めた人々の例は数限りないのである。〔九〕さらに、これらの災いは、すべての幸福あるいは不幸がただ次のこと、すなわち私たちが愛によって執着する対象の性質にのみ依存していることから生じるように〔31〕思われた。なぜなら、愛することのないもののためには決して争いは生じないであろうし、それが滅びるにしてもいかなる悲しみもないであろうし、他人に所有されるにしても嫉妬もないであろうし、何らの恐れ、何らの憎しみ、一言で言えば何らの心の情動〔32〕もないであろう。実にこれらすべては、私たちがこれまで述べてきたすべてのもののような、滅ぶことのあり得るものへの愛において生じるのである。〔一〇〕しかし、永遠にして無限の事物に対する愛〔33〕は、ただ喜びによってのみ心〔34〕を育み、この喜びそれ自体〔35〕あらゆる悲しみを免れている。このことこそきわめて望まれるべきであり、全力をあげて求められるべきである。だが私が、「真剣に熟考し得るであろう限りで」という言葉を用いたのは理由のないことではなかった。なぜなら、以上のこと〔36〕を精神によって非常に明晰に知得していたにもかかわらず、私はすべての所有欲、快楽、および名誉を拒むことはできなかったからである。

8

〔一一〕次の一つのことが私にはわかっていた。すなわち、精神がこうした思惟にたずさわっている間は、それらから離れて、新たな状態について真剣に思惟しているということがわかっていたのである。このことは、私にとって大きな慰安となった。なぜなら、これらの悪が、諸療法に屈しようとしないような条件のもとにあるのではないということを、私はわかっていたからである。そして、このような期間は、最初は稀であり、非常に短い時間の間しか持続しなかったけれども、真の善が次第次第に私に知られた後では、この期間はよりしばしばになり、かつより長くなった。特に私が、貨殖や快楽や名誉は、それ自体のために求められて、他のものへの手段としては求められない限り、有害であることがわかった後では。実際、これらが手段として求められるとすれば、

9

限度を有し、決して有害ではなく、むしろかえって、私たちがしかるべき場所で示すであろうように、それが求められる目的に寄与することがきわめて多いのである[37]。

[一二] ここ[38]でほんの簡潔に、私が真の善によって何を知解[39]しているか、また同時に、最高善とは何か、ということを述べておきたい。これを正しく知解するためには、善と悪とはただ相対的にのみ語られるのであり、したがって、同一の事物が異なった関係に応じて善いとも悪いとも語られ得、これは、完全ないしは不完全がそうであるのと同様である、ということに注意しなければならない[40]。というのも、どんなものもその本性において見られると、完全であるとも不完全であるとも語られないのである。特に、生起するすべてのものは永遠の秩序によって、そして自然の一定の諸法則によって生起することを私たちが知るであろう後では。[一三] しかるに、人間の弱さ[41]のために、その思惟によってこの秩序に到達することはないが、しかし人間は自らの本性よりもはるかに力強いある人間の本性[42]を概念し、同時にそうした本性を獲得することを何も妨げることがないと思うので、そのような完全性へと自らを導く手段を求めるように駆られる。そして、それに到達する手段になり得るものはすべて、真[43]の善と呼ばれる。さて、最高善とは、できる限り、他の個体と共にこうした本性を享受することに到達することである。さて、この本性がどのようなものであるかということは、しかるべき場所で示すであろうが、それはまさしく、精神が自然全体と有する合一の認識である[c]。[一四] こうして、以上が私の目指す目的であり、それは、そのような本性を獲得すること、並びに、多くの人々が私と共にその本性を獲得するように努めることであって、換言すれば、他の多くの人々が私と同じように同一のことを知解して、彼らの知性と欲望が私の知性と欲望とまったく合致するようにと、骨を折ることがまた私の幸福になるのである。このためには[d]、そのような本性を獲得するのに十分なだけ自然について知解することが必要である。次いで、できるだけ多くの人が、できるだけ容易に、かつ安全にこの目的に到達するのに望まれるべき社会を形成することが必要である。[一五] さらに、

道徳哲学ならびに児童の教育に関する理説のために骨を折らなければならない。また、健康はこの目的に到達するのに小さくない手段であるから、医学の全体が整備されねばならない。そして、技術によって多くの困難な事柄が容易にされ、私たちはそのおかげで生における多くの時間と便宜を得ることができるから、機械学を決してなおざりにしてはならない。しかし、まず何よりも、知性を治療し、初めに許される限り、これを浄化して、〔44〕知性が首尾よく誤謬なしに、そしてできるだけよく事物を知解するようになる仕方が考案されねばならない。

〔一六〕こうして、今や各人は、私が学問のすべてを一つの〔e〕目的と目標に、〔45〕すなわち、私たちが述べた人間の最高の完全性に到達することに向けようとしていることをわかることができるようになるだろう。こうして、諸学において、私たちをこの目的へと進めることのないものはすべて、不用なものとして退けられねばならないであろう。すなわち、一言で言えば、私たちの働きと同時に思惟はこの目的に向けられなければならないのである。

〔一七〕しかし、私たちはこの目的に到達することに携わり、〔46〕知性を正しい道に戻すように骨を折る間も、生きざるを得ないから、そのゆえに私たちは、まず何よりも、次のようないくつかの生きることの規則〔47〕を善きものとして想定せざるを得ない、すなわち、

一、民衆の理解力に合わせて語り、そして私たちの目標に達するのに妨げとならないすべてのことに従事すること。なぜなら、できるだけ彼らの理解力に順応すれば、彼らから少なからぬ利益を得ることができるからである。このような仕方で、彼らは真理を聴くために好意的に耳を傾けてくれるであろう、ということも付け加えよ。

二、快は、健康を保つのに十分なだけ享受すること。

三、最後に、生と健康を支え、そして、私たちの目標に矛盾しない国家の慣習を模倣するのに十分なだけの金銭その他の事物を求めること。

〔c〕　これらのことはしかるべき場所でもっと詳しく説明される。

〔d〕　ここでは、ただ私たちの目標に必要な諸学を、それらの系列には注目せずに、数え上げることに配慮するのみであるということに注意せよ。

〔e〕　諸学における目的は一つであり、すべての学問はこの目的に向けられねばならない。

〔一八〕このように以上の規則を立てた上で、まず何よりもなさねばならない最初のこと、すなわち、知性を改善し、知性を私たちの目的に達するために必要とされる様式で事物を知解するのに適したものとすること、に取りかかることにしよう。このために、私たちが本性的に有する秩序は、私がこれまで疑うことなく或るものを肯定もしくは否定するのに有していた知得の様式のすべてをここに捉え返し、それによってすべての中で最良の様式を選択し、同時にまた私の力と、私が完成させようと熱望している本性を知り始めるようになる、ということを要求する。

〔一九〕事細かに注意するなら、知得の様式は主に次の四つに還元することができる〔48〕。

一、聞き覚えから、あるいは恣意的と呼ばれるある記号から、私たちの得る知得〔49〕。

二、漠然とした経験〔50〕によって、換言すれば、知性によって規定されない経験によって、私たちの得る知得。しかし、これが漠然とした経験と言われるのは、たまたまそのように起こっただけで、それに矛盾する他の〔51〕いかなる経験も私たちが有していないがために、私たちにおいて揺るぎないものに留まるに過ぎないからである。

三、事物の本質が他の事物から結論されるが、それが十全〔52〕ではない場合の知得。これは、私たちがある結果によって原因を推論するとき、あるいは、つねにある特性を伴っているある普遍的なものによって結論される〔53〕ときに生じる〔f〕。

四、最後に、事物がただその本質を介して、あるいは、その近接原因の認識を介して知得される場合の知得。

[f] このことが生じるとき、私たちは原因について、結果において私たちが観察するもの以外[54]の何ものも知解しない。このことは、そうした場合、原因が、ゆえに或るものが与えられる、ゆえにある力能が与えられる、等々といったきわめて一般的な用語でしか説明されないことから、あるいはまた、原因を、ゆえにこれあるいはあれではない等々と、否定的に表現することからも十分に明らかである。第二の場合には、後で例示するように、明晰に概念される或るものが結果によって原因に帰せられる。だが、それは単に事物の特性に過ぎず、その特殊的本質ではない。

〔二〇〕 これらすべてを例解しよう。単に聞き覚えから、私の誕生日やこれこれの両親を持ったことや、その他同様のことを私は知り、これらについては決して疑ったことがない。漠然とした経験によって、私は自分が死ぬであろうことを知る。というのも、私は自分に似ている他の人々が死んだのを見たから、すべての人が同じ時間の間生きたわけでもなければ、同じ病気で死んだわけでもないけれども、このことを肯定するのである。次いで、
11
漠然とした経験によって、油が炎を保つのに適した糧であり、水がこれを消すのに適していることを知る。また、犬が吠える動物であり、人間が理性的動物であることを知り、このようにして、生の習慣に役立つほとんどすべてのことを知るのである。〔二一〕 さて、他の事物から結論するというのは、次のようにしてである。私たちがこれこれの身体を感覚し、その他の何ものも感覚しない、ということを明晰に知得すると、そのことからと私は言うが、魂が身体と合一しており[g]、この合一がそのような感覚の原因であるということを明晰に結論する。しかし[h]、その感覚と合一がどのようなものであるかを、私たちはそのことから絶対的には知解することができない。[55] あるいは、私が、視覚の本性を識り、同時に視覚には、同一の事物が遠く離れているときにはそれが近くで視られるときよりも小さく見えるという特性があるということを識ると、そのことから、私たちは太陽がその姿より

も大きいことや、その他それと類似することを結論する。〔二二〕[56]最後に、事物がその本質のみを介して知得されるというのは、私が或るものを識っているということから、或るものを識っているとはどういうことかを知る場合や、魂の本質を識っているということから、魂が身体と合一していることを知る場合である。同じ認識によって、私たちは、二足す三は五であること、そして、もし二つの線が第三の線に平行なら、その二つの線もまた相互に平行である等々を識る。しかし、私がこれまでそのような認識によって知解し得た事柄はきわめてわずかであった。

〔g〕この例から、先ほど注意したことが明晰にわかる。なぜなら、この合一によって私たちは感覚それ自体、すなわち結果の感覚[57]以外の何ものも知解していないのであり、この結果から原因を私たちは結論したのだが、その原因については何も知解していないのである。

〔h〕このような結論は、確実ではあるが、非常に用心しなければ、十分に安全ではない、なぜなら、最善の配慮を用いないなら、すぐに誤謬に陥るであろうから。というのも、事物をこのように抽象的には概念するが、真の本質によって概念するのではない場合には、すぐに想像によって混乱させられるからである。なぜなら、人々は、それ自体においては一つであるものを多様であると想像するから。なぜなら、抽象的に、別々に、そして錯雑した仕方で概念するものに対して、他のもっと親しいものを表示するために彼らによって用いられている名称を課すのであり、そのために、初めにこの名称を課していた事物を想像するのがつねであるのと同じ仕方で、それらをも想像するからである。

〔二三〕さて、これらすべてがよりよく知解されるために、私はただ一つの例を用いることにしよう。[58]三つの数が与えられるとしよう。その第三数に対する比が、第二数の第一数に対する比に等しい第四数を求めるとする。この場合、商人がどこでも、第四数が発見されるためには何がなされねばならないかを自分は知っていると言うのは、その親方から論証なしにそのまま聞き覚えただけの操作を今なお忘れていないからではないか。他の人々

12

はしかし、簡単なものの経験によって普遍的な公理[59]を作るのであり、それはたとえば、二・四・三・六のように第四数が自明である場合であって、すなわち、第二数に第三数を乗じ、次いでその積を第一数で除すれば商六が生じることを経験する場合である。この操作なしにすでに比例数として識っていたのと同じ数が産出されたのを見て、彼らはそのことから、この操作がつねに第四の比例数を発見するために善いものであると結論する。〔二四〕しかし、数学者は、エウクレイデスの第七巻定理一九の論証によって、どのような数が相互に比例をなすかということを、比例の本性とその特性、それは第一数と第四数の積が第二数と第三数の積に等しいことであるが、この本性と特性とから知るのである。しかしながら彼らは、与えられた数の十全な比例関係を見てはおらず、もし見るとするなら、それはあの定理によってではなく、直観的に、いかなる操作も行わずに見るのである。

〔二五〕さて、これらの中から最良の知得の様式を選択するために、私たちの目的に達するのに必要な手段がどのようなものか簡単に枚挙することが求められる、すなわち、

一、私たちが完成させようと熱望している私たちの本性を精密に識り、同時に、事物の本性に関して必要なだけ識ること。

二、ここから、諸事物の差異、一致、対立[60]を私たちが正しく推論すること。

三、そうやって諸事物が何を受動し、何を受動しないか、正しく概念されるようになること。

四、そうやってこのことが人間の本性と力能と比較されること。

である。[61]こうすることから、人間の到達し得る最高の完全性が容易に明らかになるであろう。

〔二六〕このように考察した後で、私たちはどの知得の様式を選択しなければならないかということを見ることにしよう。

第一の様式に関して。聞き覚えからは、事物が非常に不確実であることの他に、私たちの例から明らかな通

り、事物のいかなる本質も知得することがない、ということは自明である。そして、ある事物の個別的な実在は、後でわかるように、その本質が認識されなくては識られないのであるから、ここから私たちは、聞き覚えから得られるすべての確実性が学問から排除されねばならないということを明晰に結論する。なぜなら、自分自身の知性の先立つことのない単純な聞き覚えによっては、誰も決して触発されることがあり得ないであろうから。

13 〔二七〕〔i〕第二の様式に関して。誰も自らの求めるあの比例の観念を得ると言われてはならない。事柄が非常に不確実であって終結がないということの他に、この様式では人は自然的な事物において偶有性しか決して知得することはなく、この偶有性は本質が先に認識されなければ決して明晰に知解されない。だから、この様式もまた排除されねばならない。

〔i〕 ここで私は経験について少し長く取り扱いたい。そして、経験論者と最近の哲学者たちの手続き方法を吟味したい。

〔二八〕さて、第三の様式については、私たちは事物の観念を有し、また、誤謬の危険なしに結論するとある意味では言われねばならない。しかしながら、この様式はそれ自体では、私たちの完全性を獲得する手段ではないであろう。

〔二九〕ただ、第四の様式のみが事物の十全な本質を把握し、かつ誤謬の危険がない。だから、この様式が特に用いられるべきである。ゆえに、私たちは、未知の事物をこうした認識によって知解するために、そして同時にそれができるだけ簡潔になされるために、この様式がどのような仕方で使用されるべきであるかを説明することに配慮しよう。〔三〇〕どんな認識が私たちにとって必要であるのかということを識った後では、認識されるべき事物をこうした認識によって認識する道と方法〔62〕が述べられねばならない。これがなされるために、まず注意されるべきは、ここにおいては、無限に続く探究は与えられることはないであろうということである。すなわち、真なるものを探究する最良の方法が発見されるために、この真なるものを探究する他の方法が必要であり[63]、次いで第二の方法を探究するために他の第三の方法が必要である、このようにして無限に進むということはない。というのも、こうした仕方では、私たちは決して真なるものの認識、いやいかなる認識にも到達することはないであろう。実際、これは、物体的な道具[64]と同じ仕方にあるのであって、その場合も同じ仕方で議論されることが許される。なぜなら、鉄を鍛えるためにはハンマーが必要であり、ハンマーを有するためにはそれを作らねばならない。そのためには、他のハンマーと他の道具が必要であり、これらを有するためにはまた他の道具が必要である、このようにして無限に進む。こうした仕方で、人間が鉄を鍛える権能を有さないことを証明しようと努めても無駄であろう。[三二]そうではなく、人間は、最初は本有の道具をもっていくつかのきわめて容易なものを、骨を折ってかつ不完全にではあるが、作ることができ、そしてそれらを作り上げた後で、他の困難なものをより少ない骨折りによってより完全に作り上げ、こうして次第にもっとも単純な作業から道具へ、さらに道具から他の作業と道具へと進み、ついにはあれほど多くのかつあれほど困難なものをわずかな骨折りによって成し遂げるようになったが、これと同様に、知性もまた本有の力[k]をもって、知性的な道具を自らのために作り、それによって、他の知性的作業[l]のための他の力を獲得し、さらにその作業から他の道具、言うならさらに探究する権能を得、こうして次第に進んで、ついには知恵の頂点に達するのである。[三三]さて、知性がこうしたものであることは、何が真なるものかを探究する方法であり、そこから他の道具が作り出されて先に進むのにそれだけは必要である本有の道具とはどんなものであるか、ということが知解されさえすれば、それをわかることは容易なことであろう。このことを示すために、私は次のように論を進める。

15

[k] 本有の力によって、私は、私たちにおいて外的原因から原因されることのないもの(65)のことと解する。これについては、後に、私の哲学(66)において説明することにしよう。

[l] ここでは作業と呼ばれる。それが何であるかということは、私の哲学の中で説明されるであろう。

[三三] 真の観念[m](実際、私たちは真の観念を有している)は、その観念されるものとは異なるあるものである。なぜなら、円と円の観念とは別のものであるから。というのも、円の観念は円のように円周と中心を有する或るものではないからであり、身体の観念も身体そのものではない。そして、観念はその観念されるものと異なったあるものであるからには、それもまたそれ自体知解され得る或るものとなろう。換言すれば、観念はその形相的本質に関しては、他の対象的本質(67)の対象たり得、さらにこの他の対象的本質もまたそれ自体で見れば事象的で知解され得るあるものとなろう、このようにして無際限に進む。[三四] たとえば、ペテロは事象的なあるものである。さて、ペテロの真の観念はペテロの対象的本質であり、それ自体事象的なあるものであって、ペテロ自体とはまったく異なるあるものである。このようにして、ペテロの観念は、自らの特殊な本質を有する事象的なあるものであるから、それはまた知解され得るあるもの、換言すれば、ペテロの観念が形相的に有するすべてのものを自らのうちに対象的に有することになる他のある観念の対象となるであろう。そしてさらに、ペテロの観念の観念がまた同様に他の観念の対象であり得る自らの本質を有する、このようにして無際限に進む。このことは各人が、ペテロが何であるかを自分が知っていること、また自分が知っていることを知っていることに気づくとき、さらに自分が知っていることを知っていることを知っている等のときに、経験し得る。ここから明らかなことは、ペテロの本質を知解するためには、ペテロの観念そのものを知解する必要はなく、ましてペテロの観念の観念を知解する必要はさらにないということである。これは、私が、知るためには自分が知っていることを知っている必要はなく、まして知っていることを知っているということを知っている必要はさらにないと言うのと

同じである。それは、三角形の本質を知解するために円の本質を知解する必要がない〔n〕のと変わらない。むしろ、これらの観念においては反対のことが与えられる。なぜなら、私が知っていることを知っているためには、必然的にまず知らなければならないのであるから。〔三五〕ここから、確実性は対象的本質以外の何ものでもないことが明白である。換言すれば、私たちが形相的本質を感得する様式〔68〕は確実性そのものである。これによってさらに、真理の確実性にとって真の観念を有すること以外のいかなる記号も必要としないということが明白である。なぜなら、すでに示したように、私が知るためには知っていることを知る必要はないからである。これらのことからさらにまた、誰も十全な観念ないしはある事物の対象的本質を持たないならば、最高の確実性が何であるかを知ることはできないということは明白である。疑いもなく、確実性と対象的本質とは同一であるからである。〔三六〕こうして、真理はいかなる記号も必要とせず、すべての疑いが除去されるためには事物の対象的本質、あるいは、同じことだが、観念を有することで十分なのだから、ここから、真の方法は観念の獲得の後に真理のしるしを求めることではなく、真の方法は、真理そのもの、あるいは事物の対象的本質、あるいは観念（これらはすべて同じことを意味表示する）がしかるべき秩序〔69〕で求められる〔o〕ための道である、ということが帰結される。

〔三七〕そこで話を戻すと、方法は必然的に推論や知解について語らねばならない。換言すれば、方法は事物の原因を知解するために推論すること自体ではないし、まして事物の原因を知解するというそのこと自体ではなおさらない。むしろ方法は、真の観念を他の諸知得から区別しその本性を探究することによって、真の観念がいかなるものであるかを知解することなのである。そうすることで私たちは自らの知解する力能を知るようになるとともに、精神に助けとして確実な諸規則を与え、無益なもので疲弊させないようにしながら、精神が知解されるべきすべてのことをかの〔真の観念という〕規範にしたがって知解するように制御するのである。〔三八〕このことから、方法とは反照的認識〔70〕ないしは観念の観念に他ならないということが推論される。そして、初めに観念がなくては観念の観念もないから、ゆえに初めに観念がなければ方法はあり得ない。このゆえに、与えられた真の観念の規範に従って精神がどのように導かれるべきであるかということを示す方法がよい方法であるということになろう。さらに、二つの観念の間にある関係は、それらの観念の形相的本質の間にある関係と同じであるから、このことからして、この上なく完全な存在者の観念の反照的認識が、残りの諸観念の反照的認識よりも優れているということが帰結する。換言すれば、与えられたこの上なく完全な存在者の観念の規範に従って、精神がどのように導かれるべきかを示す方法が、この上なく完全な方法であることになる。［三九］ 〔71〕以上から、精神がより多くのことを知解することによって、同時に、より容易に知解することを進める他の道具を獲得するのはどのようにしてであるかということを、容易に知解する。なぜなら、すでに述べられたことから推論することが許されるように、私たちにおいてまず何よりも真の観念が本有の道具として実在しなければならず、この観念を知解することによって同時に、そうした知得と残りのすべての知得との間にある差異が知解される。このことに方法の一部は存する。そして、精神が、自然について多くのことを知解すればするだけますます自分についてもよりよく知解するということは自明であるから、ここから、方法のこの部分は、精神がより多くのことを知解すればするだけますます完全になり、精神がこの上なく完全な存在者の認識に注意するとき、言うならその認識を反照するとき、もっとも完全になる、ということが明らかである。［四〇］ 次いで、精神はより多くのことを識れば識るだけ、自らの力と自然の秩序をますますよく知解する。しかるに、精神は、自らの力をよりよく知解すればするだけ、ますます容易に自分自身を導き、自らに諸規則を立てることができ、また、自然の秩序をよりよく知解すればするだけ、ますます容易に自らをもろもろの無益な事柄から遠ざけることができる。これらの点に、私たちがすでに述べたように、方法のすべてが存するのである。［四一］ さらに加えて、観念は、その観念されるものが事象的にあるのと同じ様式において対象的にある、ということがある。ゆえに、自然において他の諸事物といかなる相互関

17

係も有しない或るものがもしあるとしたら、たとえ、形相的本質とまったく合致しなければならないその対象的本質があるとしても[72]、それもまた他の諸観念といかなる相互関係[p]も有しないことになり、換言すれば、私たちはその対象的本質自体から何も結論することができないということになろう。反対に、自然において実在するすべてがそうであるように、他の諸事物と相互関係を有するものは知解され、またそれらの対象的本質も同じ相互関係を有することになり、換言すれば、他の諸観念がそれらから導出され、さらに、それらの観念が他の諸観念と相互関係を有し、このようにしてさらに歩みを進めるための道具が増すであろう。これが私たちが論証しようとしたものであった。[四二] 次に、私たちが述べた最後のこと、すなわち、観念はその形相的本質と合致しなければならないということから、さらにまた、私たちの精神が自然の範型をまったく再現するために[73]は、自然全体の起源と源泉とを再現する観念からそのすべての観念を産出して、その観念自体がまた残りすべての観念の源泉となるようにしなければならない、ということは明らかである。

[m] ここで私たちが、私が先ほど述べたことを示すだけでなく、私たちがこれまで正しく進んできたこと、そして同時に、知ることがきわめて必要な他のことを示そうとしていることに注意せよ。

[n] 最初の対象的本質がどのようにして私たちに本有的であるかをここでは吟味しないということに注意。なぜなら、それは自然の探究に属するからであり、そこでそれは詳しく説明され、同時に、観念の他には肯定も否定もまた意志もない、ということが示される。

[o] 魂において求めることがどんなものであるかということは、私の哲学において説明される。

[p] 他の諸事物と相互関係を有するとは、他の諸事物から産出されるか、あるいは他の諸事物を産出することである。

[四三] ここで恐らくある人は、私たちが、よい方法とは与えられた真の観念の規範に従って精神がどのように導かれるべきであるかを示すものであると述べたときに、このことを推論によって証明しているのを不思議に思

うだろう。それが、このことが自明でないと示しているように見えるからである。したがって、はたして私たちがしかるべく推論しているかどうか疑問に思われるかもしれない。もし私たちがよく推論するならば、与えられた観念から始めなければならないが、与えられた観念から始めることは論証を欠いているので、さらに私たちの推論を証明しなければならなくなり、そうするとさらに他の推論を証明しなければならず、こうして無限に進むのである。〔四四〕しかし、これに対して私は答える。もし誰かが自然を探究する際に、ある運命によって次のように歩みを進めるとしたら、すなわち、与えられた真の観念の規範に従って他の諸観念をしかるべき秩序で獲得することによって進めたとしたら、私たちがすでに示したように、真理は自己自身を自ら明らかにするのであるから、彼は自らの真理について決して疑わなかったであろうし〔q〕、その上また、すべてがひとりでに彼に流れ込んできたことであろう。しかし、こうしたことは、決して、あるいは、稀にしか生じないから、そのため私は、私たちが運命によっては獲得できないことを、それでもあらかじめ省察された企てによって獲得し、それと同時に、真理とよき推論とを証明するためには真理それ自体とよき推論そのもの以外に何も道具は要らないということが明らかになるように、これらのことをそのように立てざるを得なかったのである。なぜなら、私はよく推論することによってよき推論であることを立証してきたし、今なおそれを立証しようと努めているからである。

〔四五〕それにまた、こうした仕方で人は自己の内的省察に慣れるということもあるということも付け加えよ。さて、自然を探究するにあたって、それがしかるべき秩序で探究されることが稀にしか生じない理由は、先入見のゆえであり、その原因は後で私たちの哲学において説明するであろう。次いで、後で示すように、大きなそして事細かな〔真の観念の〕区別が必要であるからだが、これはきわめて骨の折れることなのである。最後に、すでに示されたように、まったく変化しやすい人間的な事象の状態のゆえである。なお他にも理由があるが、私たちはそれを探究しない。

18

［q］ ここで私たちが自らの真理を疑わないのと同じように。

［四六］もしかすると、なぜ私は真っ先にそういった秩序で自然の真理を提示したのか、[74] 真理は放っておいてもそれ自身を明らかにするのだから、と尋ねる人がいるかもしれない。私はその人に次のように答え、同時に注意する。すなわち、ひょっとするといたるところで逆説に出会うかもしれないが、[75] それをあたかも虚偽のように退けようとせず、むしろ私たちがその逆説を証明するさいの秩序の考察にまずは重きをおくように。そうすれば私たちが真なるものに到達していたことを確信するであろう、と。これが、私がこうしたことを先立てた理由であった。

［四七］万が一、何らかの懐疑論者が第一の真理そのものについて、そして私たちが規範にしたがって第一の真理から導き出すすべてのことについてそのあとまだ疑いを抱いているとしたら、その者は意識に反して語っているか、そうでなければ私たちは、生まれつきかあるいは先入見のゆえに、すなわち外的な事情のために心においてさえまったくものが見えない人間がいると言わざるを得ない。なぜなら、彼らは自己自身をも感得していないからである。彼らは何かを肯定したり疑ったりしても、自分が肯定しあるいは疑っているということを知らないのだから。彼らは、自分が何も知らないと言う。そして、何も知らないということ自体を自分は知らない、と言う。しかも、このことを絶対的には言わない。なぜなら、何も知らないそのあいだ自分は実在している、と認めるのを恐れるからである。このようにしてついには、何か真理の香りがしかねないものを想定しないようにと、口を噤まなければならなくなるのである。［四八］最後に、彼らと学問について話すべきではない。というのも生と社会習慣に関わる事柄に関してなら、必要に迫られて彼らは、自分が存在することを想定し、自分に有益なことを求め、そして多くのことを誓いによって肯定したり否定したりするからである。それに、たとえ何かが彼ら

19

に証明されたところで、彼らはその議論が証明しているのか失敗しているのか知らないのだから。彼らは否定したり、認めたり、反対したりしても、自分が否定し、認め、反対していることを知らない。こうして、彼らは精神をまったく欠いている自動機械とみなされなければならないのである。〔76〕

〔四九〕私たちの主題を捉え返そう。これまで私たちは第一に、私たちの思惟のすべてをそこへと導くのを努める目的を持った。私たちは第二に、自らの完全性に達し得るのに役立つ最良の知得がどのようなものであるかということを認識した。私たちは第三に、精神が、よく始めるために辿らなければならない第一の道がどんなものであるか、ということを認識した。それは、与えられた何らかの真の観念の規範に従い、一定の諸法則によって探究を続けていく、ということである。これが正しくなされるためには、この方法は次のことを果たさなければならない。第一に、真の観念を残りの知得すべてから区別し、精神を残りの知得すべてから遠ざけることである。第二に、未知の事物がそのような規範に従って知得されるための規則を与えることである。第三に、もろもろの無益な事柄によって疲弊しないように秩序を構成することである。この方法を認識した後で、私たちは第四に、私たちがこの上なく完全な存在者の観念を有したときに、この方法がこの上なく完全になるであろうことを見た。だから、できるだけ早くこうした存在者の認識に到達することが、初めに最大限守られねばならないことになろう。〔77〕

〔五〇〕そこで私たちは方法の第一部から始めよう。それは、私たちが述べたように、真の観念を残りの知得から区別し、分離し、精神を統御して、偽なる知得、仮構された知得、〔78〕疑わしい知得を真の観念と混同しないようにすることである。ともかくこのことをここで詳しく説明するつもりであるが、それは、読者をこれほどに必要な事柄の認識に引き留めておくためであり、また、真の知得と他のすべての知得の間にある区別に注意しないことから、真の観念についてさえ疑う人が多いためである。そのため彼らは次のような人々と変わらない。すなわち、彼らは目覚めているときは目覚めていることを疑ってもいなかったのに、よくあることだが夢の中で自分が確かに目覚めていると思ったのにあとで間違いだとわかったということが一度でもあると、自分の覚醒についてさえ疑うようになった。こんなことが生じるのは、彼らが睡眠[79]と覚醒とをまったく区別しなかったからである。

〔五一〕 それとともに注意しておきたいが、私はここではそれぞれの知得の本質を説明して、それをその近接原因[80]によって説明することはしない。それは哲学に属するからである。むしろ私はただ方法が要請すること、すなわち、仮構された知得、偽なる知得、疑わしい知得がめぐるところのものは何であるのか、そして、私たちがそれぞれの知得からどのようにして解放されるかを与えるだけである[81]、ということのみを述べる。そこで、第一の探究は仮構された観念をめぐるものとなる。

〔五二〕 すべての知得は、実在していると考察される事物についてであるか、あるいはただ本質についてであるかのいずれかであるが、もっとも多い仮構は実在すると考察される事物をめぐって生じるから、そのゆえに私はまずこれについて、すなわち、ただ実在だけが仮構され、仮構作用の対象となる事物が知解され、もしくは知解されていると想定されている場合について語ろう。たとえば、私は私の識っているペテロが家へ帰るとか、私を訪ねるとか、その他同様のことを仮構する[r]。私はここで、そのような観念が何をめぐっているのかと尋ねる。その観念は単に可能的なもののみをめぐっているだけであり、必然的なものをも不可能なものをもめぐっているのではない、ということがわかる。〔五三〕 私が、不可能な事物と呼ぶのは、その本性がそれの実在することに矛盾することを含む事物、必然的な事物と呼ぶのは、その本性がそれの実在しないことに矛盾することを含む事物、可能的な事物と呼ぶのは、なるほどその本性それ自体から、その実在がそれの実在することにも実在しないことにも矛盾を含まず、その実在の必然性ないしは不可能性が、私たちがそれ自体の実在を仮構する間は、私たちに識られていない原因に依存する事物、である[82]。だから、もし外的原因に依存するその必然性ないしは不可能性が私たちに識られていたなら、私たちはそれについて何も仮構することができなかったであろう。〔五四〕 ここから、

21

ある神ないしは全知である何かがあるとすると、それはまったく何も仮構することはできない、〔83〕ということが帰結する。なぜなら、私たちに関して言えば、私は、自分が実在することを識った後では、〔s〕自分が実在することや自分が実在しないことを仮構することができない。また、針の穴を通り抜ける象を仮構することもできない。また、神の本性を識った後では、〔t〕神が実在することや実在しないことを仮構することもできない。その本性が実在することに矛盾を含むキマイラについても同じことが知解されなければならない。〔84〕以上から、私が述べたこと、すなわち、ここで私たちが語っている仮構は永遠真理〔u〕をめぐって生じるものではない、ということが明らかである。〔五五〕しかし先に進む前に、ここでついでに次のことが注意されねばならない。すなわち、ある事物の本質と他の事物の本質との間にある差異は、前者の現実ないしは実在と後者の現実ないしは実在との間にある差異そのものである。したがって、もし私たちがたとえばアダムの実在を単に一般的実在によって概念しようとするなら、それは、アダムそれ自体の本質を概念するために存在者の本性に注意し、ついにはアダムは存在者であると定義するのと同じことになろう。だから、実在は一般的に概念されればされるだけ、ますます錯雑として概念され、またますます容易にそれぞれの事物に仮構して帰せられ得る。反対に、実在がより特殊的に概念されると、それはより明晰に知解され、仮構によってその事物以外の何か或るものに帰することは自然の秩序に注意を払わないならより難しくなる。以上は注意に値する。

〔r〕 私たちが仮説について注意するであろうことを後〔85〕で見よ。これらの仮説は、私たちによって明晰に知解される。しかし、それらがそうしたものとして天体において実在すると私たちが言うことに仮構がある。

〔s〕 こうした事柄は、それが知解されさえすれば、それ自体で明白になるのだから、私たちには例が必要なだけで、他の論証を必要としない。この反対の場合も同じであり、それの偽であることが明らかになるためには、ただこれを検討すれば足り、このことは本質をめぐる仮構について述べるときにすぐに明らかになるであろう。〔86〕

［t］ 以下のことに注意せよ。多くの人が、神が実在するか自分は疑っていると言うけれども、しかし、彼らは名称以外の何も有していないか、彼らが神と呼ぶところの或るものを仮構しているのであり、それは、しかるべき場所で私が示すように、神の本性とは合致しないのである。

［u］ すぐにまた私は、いかなる仮構も永遠真理をめぐるものではないということを示すであろう。永遠真理によって私は、肯定的ではあるが、決して否定的ではあり得ない事柄のことを知解する。かくして、神が存在するということは、第一にして永遠の真理であるが、アダムが思惟するということは永遠真理ではない。キマイラが存在しないということは永遠真理だが、アダムが思惟しないということはそうではない。

〔五六〕 今やここで、一般には仮構であると言われているが、事象が私たちが仮構している通りではないということを私たちが明晰に知解しているような事柄を考察しなければならないときである。たとえば、私は地球が円いことを知っているにもかかわらず、しかしある人に対して、地球は半球で、皿の上にある半分に切った橙《だいだい》のようなものである、あるいは、太陽は地球の周囲を回っている、その他同様のことを言うことを妨げるものはない。これらに注意するなら、私たちは、前もって次のことに気づきさえすれば、すでに言われたこと〔87〕に結びつかないようなことは何も見出さないであろう。すなわち、私たちがかつて誤り得たこと、そして今は自らの誤謬を意識していること、次いで、他の人間たちが同じ誤謬のなかにあるか、あるいは、私たちがかつてそうであったように、その誤謬に落ち込むことがあり得るということを私たちが仮構し得る、あるいは少なくともそのように考えることができるということ、これらのことに気づきさえすれば。私は言うが、いかなる不可能性も必然性も見出さない限りにおいて、私たちはこのことを仮構することができる。〔88〕だから、地球は円くない等々とある人に言うとき、私は自分が恐らく陥った、あるいは、陥ることのあり得た誤謬を記憶に呼び戻し、後で、自分の話している相手が同じ誤謬の中に今なおある、あるいはそれに陥ることがあり得ると仮構する、あるいはそう考えるとい

22

うことをなしているに他ならない。私が今言ったように、このことを仮構するのは、私がいかなる不可能性も必然性も見出さない限りにおいてである。これとは反対に、そのいずれかを知解したならば、私はまったく何も仮構することはできなかったであろうし、ただ私はあることを行ったと言われるべきだったのである。

〔五七〕今や残されているのは、諸問題〔89〕において想定される事柄に注意することである。これは不可能な事柄に関してもまた至るところで生じる。たとえば、私たちが、この燃えている蠟燭が今燃えていないと想定する、あるいはそれがある想像的空間において、言うならいかなる物体もないところで燃えていると想定する、と言う場合である。後者が不可能であることは明晰に知解されるにもかかわらず、これらに類する事柄は至るところで想定される。しかし、このことが生じる場合には、まったく何も仮構されていないのである。なぜなら、第一の場合には、私は、燃えていない他の蠟燭を記憶に呼び戻し［x］(あるいは、その同じ蠟燭を焔なしに概念し)て、その蠟燭について思惟することとそれ自体をこの目前の蠟燭について、焔に注目しない限りにおいて知解する以外の何もしなかったのであるから。〔90〕第二の場合には、周囲にある物体から思惟を引き離して、それ自体で視られた蠟燭に対する観想にのみ精神を向け、その後で、蠟燭がそれ自身を破壊するいかなる原因も有していないことを結論する、ということ以外の何も生じていない。したがって、もし周囲の物体が存在しなかったなら、この蠟燭と焔は不変で、あるいは同様のままで在り続けるであろう。ゆえに、ここにはいかなる仮構もなく、単なる真の主張があるのだ。［y］〔91〕

［x］すぐ後で本質をめぐる仮構について述べるときに、仮構は決して新しい何かを作ったり、あるいは精神に示すということはなく、単に脳において、あるいは想像においてあるものが記憶に呼び戻され、そして精神がすべてを同時に混乱した仕方で注意しているのである、ということが明晰に明らかになるだろう。たとえば、言葉と木が記憶に呼び戻される。そして、精神が区別なしに混乱した仕方で注意するとき、木が語ると考える。同じことが実在についても知解されるので

あり、それはとりわけ、すでに私たちが述べたように、実在が存在者と同じように一般的に概念される場合である。なぜなら、そうすると、同時に記憶に浮かぶすべてに対して容易に適用されるからである。これはきわめて注意に値する。[y] 同じことが、天体の現象と合致する一定の運動を説明するために生じる仮説についてもまた知解されるべきである。ただ、それらの仮説は天体運動に適用されるとそこから天体の本性が結論されるという点が異なる。もっとも、そうした本性は、とりわけそれらの運動を説明するために他の多くの原因が概念され得るので、別のものでもあり得るのだが〔92〕。

〔五八〕今やただ本質のみをめぐる、もしくは何らかの現実、言うなら実在を同時にともなう本質をめぐる仮構に移ろう。これをめぐっては、精神が知解することが少なければ少ないほど、しかし、知得することが多ければ多いほど、それだけ大きな仮構することの力能を有し、また、知解することが多ければ多いほど、それだけその力能が小さくなる、ということを最大限考察しなければならないことになる。たとえば、私たちは、自分が思惟している間は自らが思惟すること、ならびに思惟しないことを仮構することができない、ということを上で見たのと同じようにまた、私たちが物体の本性を識った後では、無限大の蝿を仮構することはできない。また、魂の本性を[z]識った後では、魂が四角であると仮構することはできない、もっとも言葉では何であれ言うことができるが。しかし、私たちがすでに述べたように、人間は自然を認識することが少なければ少ないほど、それだけ容易に多くのことを仮構し得る。たとえば、木が話したり、人が瞬時に石や泉に変化したり、鏡の中に亡霊が現れたり、無が有になったり、神々までもが動物や人間に変化したり、その他こういった種類の無数の事柄を仮構するのである〔93〕。

[z] 人がこの魂という音を記憶に呼び起こし、それと同時にある物体的な像を形成する、ということはしばしば生じることである。実際、これら二つが表象されるとき、人は物体的な魂を想像して、仮構していると容易に考える。というのも、彼が名称と事物それ自体とを区別しないからである。私はここで、読者がこのことを急いで退けることのないように要請

するる。これらのもろもろの例と以下に続くことをできるだけ入念に注意する限り、そのようなことをしない、と私は期待するが。

23

〔五九〕ある人は恐らく、仮構を制約するのは仮構であり、知解ではない、換言すれば、私が何かを仮構し、それが事物の世界においてそのように実在することをある自由によって同意しようと意志した後では、その結果として、私たちはその後それを別の仕方では思惟することができなくなる、と考えるかもしれない。たとえば、私が（彼らのように語るとして）物体の本性をこれこれと仮構し、それがそのように事象的に実在することを私の自由から自分に信じ込ませようとした後では、私はたとえば無限大の蠅のようなものをなお仮構することは許されないし、魂の本質を仮構した後では、魂を四角なものとすることはできない、等々。〔六〇〕しかし、このことは吟味されねばならない。第一に、彼らは私たちが或るものを知解し得ることを否定するか認めるかのいずれかである。もしこれを認めるなら、彼らが仮構について言っていることは必然的に知解についても言われねばならないであろう。反対に、これを否定するなら、私たち、つまり自分が或るものを知っていることを知っている私たちは、彼らが何を言っているのかわかるであろう。すなわち、彼らは、魂が自分自身や実在する事物ではなく、自分自身の内にも他のどこにも存在しないもののみを感覚し、多様な仕方で知得しているのであり、換言すれば、魂はただ己れの力のみによって事物の感覚ないし観念ではない感覚や観念を創造し得る、と言っているのであり、したがって、彼らは魂を部分的には神のように考えているのである。さらに、彼らは、私たちないしは私たちの魂が、己自身ないしは己れの魂を、それどころかその自由それ自体を拘束するような自由を有すると言う。なぜなら、あることを仮構して、これに同意を与えた後では、魂はこれを別の仕方で思惟したり、もしくは仮構したりすることができないし、またその仮構のゆえに他の事柄をもこの最初の仮構に矛盾しないような仕方で思惟するように強いられるからである。[94] ちょうどここでも彼らが、その仮構のゆえに、私がここで検討している不条理な事柄を強いられているように。そういう事柄を吟味しようとして論証で疲弊させられるには及ばない。

〔六一〕むしろ、彼らをその錯乱に任せておいて、私たちは、彼ら自身と交わした言葉から、私たちの事象に関する真なる或るものを汲み取ることを心がけよう。それはつまり次のことである。[a′][95] すなわち、事柄が仮構されたもので本性上偽である場合、精神はそれを吟味し知解してそこから導出されるべきことをよき秩序にしたがって導き出そうとするさい虚偽を容易に見抜く。そしてもし仮構された事柄が本性上真であるなら、精神はそれに注意して知解しそこから帰結することをよき秩序にしたがって導出し始めるときに、いかなる中断もなしに首尾よく続けていくであろう。それは私たちが見たとおりである。今言及したばかりの偽なる仮構から始めて、その不条理およびそこから導出される不条理を示すべく、ただちに知性が姿を見せたのだった。

[a′] 私がこのことを経験から結論しているように見えるかもしれず、論証を欠いているなら無効だと言う人がいるかも知れない。だが、お望みなら論証は次の通りである。すなわち自然の内にはその法則に矛盾するようなものはあり得ず、すべてはその法則に従って生じ、一定の諸結果を一定の法則によって抗しがたい連結において産出するので、ここから、魂は事物を真に概念する場合、その同じ諸結果を対象的に形成し続ける、ということが帰結する。なお後に、偽なる観念について私が述べるところを見よ。

〔六二〕ゆえに、事物を明晰判明に知得してさえいれば、何か或るものを仮構することを恐れることは毛頭ない。なぜなら、人間が瞬時にして野獣に変貌するなどと私たちがたまたま言うとして、それはきわめて普通の言い方であり、したがって、精神においていかなる概念、すなわち観念、言うなら主語と述語の整合性[96]もないからである。というのも、もしそれがあるとしたら、精神は同時にそうしたことがどのようにして生じたのか、そしてな

25

ぜ生じたのかという中項と原因とを見るであろうから。要するに、主語と述語の本性に注意は向けられていないのである。[六三] さらに、最初の観念が仮構されたものではなく、その最初の観念からすべての観念が導出されさえするなら、仮構するという性急さは次第になくなるだろう。次いで、仮構された観念は明晰判明ではあり得ず、ただ錯雑したものであるが、錯雑はすべて、精神が全体的な事物ないしは多くのものから合成された事物を、ただ部分的にしか識らず、しかも識られたものと識られていないものとを区別していないということ、加えて精神がそれぞれの事物に含まれている多くのものに対して何らの区別なしに同時に注意を向けるということから生じる。とすればそこから次のことが帰結する。すなわち、第一に、観念が何らかのこの上なく単純な事物の観念であるなら、それは明晰判明でしかあり得ないということであり、なぜなら、そのような事物は部分的には識られず、全体として識られるかまったく識られないかのいずれかでなければならないからである。[六四] 第二に、もし多くのものから合成された事物が思惟によってすべてこの上なく単純な事物に分割され、そのそれぞれに別々に注意が向けられるなら、すべての錯雑はなくなるだろう、ということが帰結する。第三に、仮構は単純なものではあり得ず、自然において実在する多様な事物および活動に関する錯雑した多様な観念の合成から、あるいはもっとよく言えば、こうしたさまざまな観念に対して、同意なしに同時に注意することから[b']生じる、ということが帰結する。なぜなら、もし仮構が単純であるなら、それは明晰判明であり、したがって、真であることになるのだし、もしそれが判明な諸観念の合成からなるとすれば、それらの合成もまた明晰判明であり、ゆえに真であるということになるからである。たとえば、円の本性を識り、また四角形の本性を識った後では、私たちはもはやこの二者を合成して、円を四角にしたり、また魂を四角にしたり、これに類したことはできないのである。

[六五] あらためて簡潔に結論を述べて、仮構が真の観念と混同されると恐れる必要がまったくないのはどのようにしてであるのか、ということを見よう。なぜなら、先に私たちの述べた第一の仮構、すなわち、事物が明晰に

概念される場合の仮構に関しては、私たちは、明晰に概念される事物とその実在がそれ自体で永遠真理であるなら、そのような事物をめぐって私たちは何も仮構することはできない、ということを見た。しかし、概念された事物の実在が永遠真理でないならば、ただ、事物の実在をその本質と突き合わせ、同時に自然の秩序に注意するよう心がけるだけでよい。第二の仮構は私たちが、自然において実在する多様な事物および活動に関する多様で錯雑した観念に対して、同時に同意なしに注意することであると言ったものだが、これに関してもやはり、この上なく単純な事物は仮構されるのでなく知解されるのだということ、合成された事物もまた同様であって、ただ私たちがそれの合成されるこの上なく単純な諸部分に注意しさえすれば足りるということ、それどころか私たちはそうした部分から真でない活動を仮構することすらできないことを見た。なぜなら、私たちは同時に、そうしたことがどのようにして、そしてなぜ生じるのか、ということを観想せざるを得ないからである。

[b′] 次のことによく注意せよ。仮構はそれ自体として視られるなら夢とそれほど大きく異ならない。違いはただ、目覚めている者には感官の助けによって提供される原因が夢においては提供されないという点にある。目覚めている者はそういう原因のおかげで、その時点でその表象は自分の外にある事物から提示されているのではないと推論している。他方、誤謬は、すぐに明らかになるように、目覚めながら夢を見ていることである。そして、その誤謬がまったく明白であるなら、それは錯乱と呼ばれる。

[六六] こうして以上のことが知解されたので、今や偽なる観念の探究に移り、それが何をめぐっているのか、そして偽なる知得に陥らないために私たちがどのように用心し得るのかということを見よう。仮構された観念の探究の後では、今やこれらはいずれも私たちにとって困難ではないであろう。なぜなら、偽なる観念と仮構された観念との間には、前者が同意を前提しており、換言すれば（私たちが今しがた注記したように）[97]表象がそれ自身

26

に与えられる間、仮構する者の場合にそうであるように、その表象が自分の外の事物から生じたものではないと推論することのできるいかなる原因も与えられず、それが、眼を開け〔98〕ながら、言うなら目覚めていると同時に眠っているのとほとんど変わりがない、ということ以外のいかなる違いもない、からである。かくして、偽なる観念は、仮構された観念と同じ仕方で、その本質が認識されている事物の実在、あるいは本質をめぐっているか、(より適切に語るなら)それに関係しているのである。〔六七〕実在に関係しているものは、仮構と同じ仕方で改善される。なぜなら、識られている事物の本性が必然的実在を前提しているなら、その事物の実在をめぐって誤ることは不可能であるし、事物の実在がその本質のごとくに永遠真理であるのではなく、実在することの必然性あるいは不可能性が外的原因に依存している場合であれば、仮構を話題にしたさいにわれわれが述べたのとすべて同じ仕方で考えればよい。なぜなら、同じ仕方で改善されるからである。〔六八〕本質あるいは活動にさえ関係する他の偽なる観念に関して言えば、そういった知得は自然において実在する事物の錯雑したさまざまな知得から合成されているため必然的につねに錯雑している。たとえば人々が、森や像や獣やその他のものの中に神性が存在し宿るとか、ただそれらを合成することだけから知性が生じるような物体があるとか、死体が推論し、歩き、語るとか、神が欺かれるとか、これに類したことを信じ込む場合がそうである〔99〕。しかし、明晰判明な観念は決して偽ではあり得ない。なぜなら、明晰判明に概念される事物の観念はこの上なく単純であるか、この上なく単純な観念から合成されたもの、換言すればこの上なく単純な観念から導出されたものであるからだ。実際、この上なく単純な観念が偽ではあり得ないことは、各人が、何が真であり、言うなら知性であるか、そして同時に何が偽であるかを知りさえすればわかるはずである。

〔六九〕というのも、真なるものの形相を構成するものに関して言えば、真の思惟が偽なる思惟から、単に外的規定によってではなく、もっぱら内的規定によって区別される〔100〕ことは確かだからである。なぜなら、もしある職

27

人がある作品を秩序に従って概念するなら、そのような作品が決して実在しなかった、または今後も実在しないにしても、それにもかかわらずその思惟は真であり、その思惟は作品が実在してもしなくても同じであるからだ。これとは反対に、もし誰かがたとえばペテロは実在すると言い、にもかかわらずペテロが実在することを知らないなら、その思惟は実際にペテロが実在していてもその人にとって偽である、あるいはこのほうがよければ、真ではない。ペテロが実在するというこの言表は、ペテロが実在することを確実に知っている人にとってのみ真なのである。〔七〇〕ここから、観念においては、それによって真なるものが偽なるものから区別される事象的な或るものがある、ということが帰結する。このことを、真理の最善の規範を持つために（というのもすでに述べたように、私たちは与えられた[101]真の観念の規範から自らの思惟を規定しなければならず、方法は反照的認識なのだから）、そしてまた知性の特性を識るために、今やまさに探究しなければならないであろう。しかし、この差異は、真の思惟が事物をその第一原因から認識することであるということから生じると言ってはならない、なるほど、私が上で説明したように、この点において真の思惟は偽なる思惟とまったく異なってはいるが。というのも、原因を持たず、それ自体によって、そしてそれ自体において認識されるある原理の本質を対象的に含む思惟もまた真であると言われるからである。〔七一〕だから、真の思惟[102]の形相は、他の思惟とは関係なくその同じ思惟自体の内に置かれなければならない。そしてそれは対象を原因として認知するのではなく、ただ知性の力能と本性そのものに依存しなければならない。なぜなら、ある人々が諸事物を創造する以前の神の知性を考えるように、もし私たちが、知性がかつて実在しなかった何か新たな存在者を知得したと想定し（それはたしかにいかなる対象からも生じ得なかった知得である）、そしてそうした知得から知性が他の知得を正当に導出する[103]ものと想定するなら、これらの思惟はすべて真であって、いかなる外的対象によっても規定されず、ただ知性の力能と本性のみに依存することになろうからだ。だから、真の思惟の形相を構成するものは、その同じ思惟それ自体の中に求め、知性の本性から導出されなければならない。[七二] そこで、このことを探究するために、私たちは、その対象が私たちの思惟する力に依存していて、それが自然の内において何らかの対象を有していないということをきわめて確実に知っているある真の観念を眼前に浮かべよう。というのも、そのような観念においては、すでに述べたことから明らかなように、私たちの欲するところをより容易に探究することができるであろうから。たとえば、球の概念を形成するために、私は随意に原因を仮構し、つまり半円を中心の周りに回転させ、この回転からいわば球が生じるようにする。この観念は確かに真であり、自然においていかなる球もいまだかつてそのようにして生じたことはなかったということを知っているにもかかわらず真の知得であり、球の概念を形成するもっとも容易な仕方である。さてここで注意すべきは、この知得が半円が回転すると肯定していることである。この肯定はもし球の概念あるいはそうした運動を規定する原因と結び付けられていなければ、つまりそれだけを切り離してもし裸のままであったなら、偽であっただろう。なぜなら、その場合精神は、半円の概念に含まれてもいないし、運動を規定する原因の概念から生じることもない、単なる半円の運動を肯定することのみに向かうことになるからである。だから、虚偽は、半円の運動や静止のように、ある事物について、私たちがその事物について形成した概念には含まれていない或るものを肯定するというただこのことのみに存する。ここから、半円、運動、量等々の単純な観念のような単純な思惟は真でないことはあり得ない、ということが帰結する。それらの単純な思惟が肯定として含んでいるものはどれも、それらの概念と合致して十全[104]であり、それを越えて広がることはない。だから、私たちは、誤謬の不安なしに随意に単純な観念を形成することが許されるのである。[七三] というわけであとは、私たちの精神がどのような力能によってこれらの単純な観念を形成することができ、その力能がどこまで及ぶのか、ということを求めることだけが残されている。というのも、このことが発見されると、私たちが到達し得る最高の認識が容易にわかることになるだろうからだ。精神のこの力能が無限に広がるものではないということは確実である。なぜなら、私たちが、ある事物について形成する概念の内に含まれていないあることをその事物について肯定するとき、そのことは私たちの知得に欠陥があること、すなわち私たちがいわば毀損されて切断された思惟ないし観念を有しているということを示している。というのも私たちが見たように、半円の運動は、それが精神の内に裸で存在するときには偽であるが、球の概念あるいはそうした運動を規定する何らかの原因の概念に結びつけられていれば、それ自身は真なるものだからである。もし真の、言うなら十全な思惟を形成することが、一見して見て取られるように、思惟する存在者の本性に属するのであれば、非十全な観念は、ただ私たちがある思惟する存在者の一部であり、その思惟のあるものは全体として、あるものは部分的にだけ私たちの精神を構成している、ということからのみ私たちにおいて生じる、ということは確実である。〔105〕

〔七四〕しかし、仮構のさいには注意するに及ばなかったことだが、最大の欺きが与えられるだけにここで考察すべきことがある。それは想像において提示されるものがまた知性の中にもある、言いかえれば明晰判明に概念される、ということが起こる場合、判明なものが錯雑したものから区別されないでいると、確実性すなわち真の観念が、判明でない観念と混ざり合ってしまうという問題である。たとえば、ストア派のある人々はたまたま魂という名称を耳にし、そしてまたそれが不滅であると聞いて、これをただ錯雑した仕方でのみ想像した。同時に彼らはまた、この上なく微細な物体は他のすべての物体に浸透し、それ自体は何物にも浸透されないということを想像し知解した。以上のすべてを一緒に想像すると、この公理の確実性もあいまって、彼らはただちに、精神はこの上なく微細な物体であり、この上なく微細な物体は分割されない等々と確信させられたのである。〔106〕

〔七五〕しかし私たちは、初めに述べたように、聞き覚えからあるいは漠然とした経験により自らの手にしているものを警戒しつつ、私たちの知得のすべてを与えられた真の観念の規範に従って吟味することに努める間は、こうしたことから解放されるのである。加えて、そうした欺きは彼らが事物を余りに抽象的に概念することから生

29

じる。なぜなら、私がその真の対象において概念することを他の事物に適用することができないということはそれ自体で十分明晰だからである。最後に、そうした欺きはまた、全自然の第一の諸要素を知解しないことからも生じる。そのため秩序なしに進むことになって自然を真ではあるが抽象的な公理と混同し、自分自身混乱してしまって自然の秩序を転倒させるのである。しかるに、私たちができるだけ抽象的でなく進み、できるだけ最初に自然の第一の諸要素、換言すれば自然の源泉と起源から始めるなら、私たちはまったくそのような欺きを恐れることはなくなる。〔七六〕さて、自然の起源の認識に関して言えば、私たちがそれを抽象的なものと混同しないかと恐れることはまったくない。なぜならすべての普遍概念がそうであるように、何か或るものが抽象的に概念される場合、そうした概念の対象となる特殊的なものは自然において実際に実在しうるよりもつねに広く知性において把握される。次いで、自然の中には、その差異が非常に細かいので、知性をほとんど逃れるような多くのものがあるので、容易に（もし抽象的に概念されるなら）それらが混同されるということが生じ得る。[107]しかし、私たちが後で見るように、自然の起源は抽象的に、あるいは普遍的には概念され得ないし、実際にそうであるのよりも知性においてより広く広がることもあり得ず、また変化し得るものとのいかなる類似性も有することがないので、（私たちがすでに示した）真理の規範を私たちが有している限り、この観念をめぐっていかなる混乱の恐れもない。この存在者が唯一にして無限であり、[z′]換言すれば一切の存在[a″][108]であって、その他にはいかなる存在もない、ということは確かである。

［z′］　これらは神自身の本質を示す神の属性ではない。このことを私は哲学の中で示すであろう。[109]

［a″］　このことはすでに上で論証された。というのも、そのような存在者が実在しないとするなら、それは決して産出されることはあり得ないからであり、したがって、［その場合］精神は自然がもたらし得る以上に知解し得ることになるが、これが偽であることは上で明らかにされたのである。

〔七七〕以上が偽なる観念についてである。あと残っているのは、疑わしい観念について探究すること、換言すれば、私たちを懐疑の中に引き入れ得るものはどのようなものであり、同時に、どのようにして懐疑が取り除かれるかということを探究することである。私は精神の内における真の懐疑について語っているのであって、至る所で生じるのを私たちが見るような、心は疑っていないのに、自分は疑っていると言葉で言う場合の懐疑について語っているのではない。というのも、これを改善するのは方法にではなく、むしろ強情の探究とその改善に属するからである。〔七八〕かくして、疑われている事物それ自体によって与えられるような疑いというものは魂の内にはない。換言すれば、魂の内に観念がただ一つあるだけでは、その観念が真であろうと偽であろうと、いかなる懐疑もなければ、また確実性もないであろう。ただそのような感得があるだけである。というのも、観念はそれ自体ではそのような感得に他ならないのであるから。むしろ疑いは他の観念によって、すなわち疑われる事物をめぐって確実である或るものをそこから私たちが結論しうるほど明晰判明ではない他の観念によって与えられる。換言すれば、私たちを懐疑に投げ込む観念は明晰判明ではないのである。たとえば、もし誰かが経験や何らかの事情から感官の欺きについて考えるということがなかったなら、太陽はその現れよりも大きいか小さいかなどと疑うことは決してしないであろう。だから農夫は太陽が地球よりもずっと大きいと聞くとたいてい驚く。むしろ懐疑は、感官の欺きを考えることで生じるのである[b″]。そして、もし誰かが懐疑の後で感官についての真の認識を獲得して、遠く離れた事物が感官を介してどのように表象されるかということを会得すると、再び懐疑が取り除かれるのである。〔七九〕ここから次が帰結する。すなわち、きわめて確実な事柄においてさえ私たちを欺くある瞞く神がもしかしたら実在するかも知れないということから、私たちが真の観念を疑いにもたらすことができるのは、私たちが神について[110]の明晰判明な観念を持っていない間においてのみである。換言すれば、私たちが、万物の起源について有する認識に注意するさい、その起源が欺瞞者でないことを、三角形の本性に注目するとき

31

私たちがその三つの角の和が二直角に等しいということを発見するのと同じ認識によって私たちに教えるものを何も発見しないその間においてのみである。だがもし私たちが三角形について有するような認識を神について有するなら、すべての懐疑は取り除かれるのである。そして私たちは、あるこの上ない欺瞞者が私たちを欺くかどうかを確実には知らなくても三角形についてのそのような認識に到達することができるのと同じように、あるこの上ない欺瞞者がいるかどうかを確実には知らなくても神についてそのような認識に到達することができる。そしてそのような認識を持つだけで今言ったように、私たちが明晰判明な観念について持つことのできるすべての懐疑を取り除くには十分であろう。〔八〇〕さらに、人が先立って探究すべきことを探究しながら事物の連結をまったく中断することなしに正しく進み、問題がどのように規定されるべきかをその認識に先立って知るならば、その人はこの上なく確実な観念しか、すなわち明晰判明な観念しか持つことはないであろう。なぜなら懐疑とはある肯定ないし否定をめぐる心の宙吊り状態にほかならず、心はそれを識らないと事柄の認識が不完全にならざるを得ないような或るものに出会っていなければ、事柄を肯定ないし否定しているはずだからである。ここから、懐疑は事物が秩序なしに探究されるということからつねに生じるということが帰結するのである。

[b″] 換言すれば、感官が時々自分を欺いたことを知るのであるが、それを単に錯雑した仕方でのみ知るのである。なぜなら、感官がどのように欺くのかを知らないからである。〔三〕

〔八一〕以上が、方法のこの第一部で述べようと約束したことである。しかし、知性の認識と知性の力に導くことのできるものを何も省かないようにするため、私はまた記憶と忘却についても若干述べておくことにしよう。これについては、記憶が知性の助けによっても強化され、また知性の助けがなくとも強化されるということが、最大限考察されねばならない。なぜなら、第一の点に関しては、事物が知解し得るものであればあるだけ容易に把持され、反対に、そうでなければそれだけ私たちはそれを忘却する。たとえば、私が誰かに脈絡のない沢山の言葉を伝えるとすると、その人は、私が同じ言葉を物語の形式において伝えるのよりもそれを把持するのははるかに難しいであろう。〔八二〕記憶はまた知性の助けがなくとも、すなわち、想像や共通感覚と呼ばれる感官〔112〕がある個別的な物体的事物によって触発される力によって強化される。私は個別的と言うが、というのも想像はただ個物によってのみ触発されるからである。なぜなら、たとえば誰かがたった一つの恋愛戯曲しか読まなかったとすれば、同じ種類の他の複数のものを読まないあいだはそれをもっともよく把持するだろう。その場合、その物語だけが想像において力を有するからである。ところが、もし同じ種類のものが複数存在すると、すべてが同時に想像され、容易に混同されるのである。私はまた物体的と言う。なぜなら、想像はただ物体的なものによってのみ触発されるからである。このように、記憶は知性によって強化され、また、知性の助けがなくとも強化されるから、ここからそれは知性とは異なるあるものであり、それ自体で視られた知性をめぐってはいかなる記憶も忘却もないということが結論される。〔八三〕それでは、記憶とは一体何であろうか。それは、脳に刻印される印象の感覚であり、感覚の限定的な持続[d″]に向けられた思惟を同時に伴うものに他ならない。このことは想起もまた示している。というのも想起の場合、魂はそうした感覚について思惟するが、連続的な持続の相のもとにそうするのではない。こんなふうに、そうした感覚についての観念は感覚の持続それ自体、すなわち記憶自体ではないのである。だが、実際に観念それ自体がある消滅を被るかどうかということは、哲学において私たちは見ることにしよう。そして、もしこのこと〔＝観念の消滅に関わること〕がある人にはかなり不条理に思われるにしても、私たちの主題に対しては、先ほど持ち出した戯曲の例から明らかなように、事物は個別的であればあるだけ容易に把持される、ということを思惟すれば十分であろう。さらに、事物は知解し得るものであればあるだけまた容易に把持される。だから、もっとも個別的なもので、それがただ知解され得るものであれば、それを把持しないということはあり得ないのである。

［d″］ これに対して、もし持続が限定されていないなら、その事物の記憶は不完全である。各人はまた自然からこのことを学んでいるように思われる。というのも、ある人の言うところをよりよく信じるために、私たちはしばしばそれがいつ、どこで生じたのかを尋ねるからである。観念それ自体も精神においてその持続を有するけれども、私たちはしかし持続を運動のある尺度によって規定することに慣れており、またこのことは想像の助けによってなされるので、私たちは純粋な精神による記憶をこれまで観察していないのである。

［八四］ このようにして、私たちは真の観念とそれ以外の知得とを区別し、仮構された観念や偽なる観念、その他の観念は想像、すなわちある種の(いわば)行きあたりばったりでとりとめのない感覚に由来することを示した。そうした感覚は精神の力能そのものからではなく、夢を見ているか起きているかにかかわらず身体がさまざまな動きを受けるにつれて、外部の原因から生じるものである。あるいはお好みならば、ここで想像ということによって、知性と異なるあるもので、それによって魂が受動の関係を有するのでさえあれば、何であれお望みのものを捉えよ。というのも、すでに私たちは想像が漠然とした何か、魂がそれによって受動する何かであると識り、同時にまたどうすれば私たちはそれから解放されるかということも識っているのだから、あとでそれをどのようなものとして捉えようと同じことだからである。だからまた、私がここで身体があることやその他の必要なことをまだ証明していないのに、想像、身体、身体の状態について語っているのを、誰も驚いてはならない。なぜなら、すでに私が言ったように、それの漠然としたあるものであること等々を識った後では、私がどのようなものとして捉えようと同じことだからである。

［八五］ ところで私たちは、真の観念は単純であるか、単純な観念から複合されたものであること、そして真の

33

観念は何か或るものがなぜ、どのようにして存在し、あるいは作られたのかを示すということ、また真の観念の対象的な結果は、対象そのものの形相性という関係に即して魂の内で進むということを示した。これは、古代の人々が言ったこと、すなわち、真の知識は原因から結果に進む[113]というのと同じである。ただし私の知る限り、彼らはここで私たちが考えているように、魂が一定の法則に従って一種の精神的自動機械[114]であるかのように活動するということは決して考えていなかったのだが。〔八六〕以上によって私たちは開始時点で可能な限りで私たちの知性について知見を獲得し、真の観念の規範を獲得した。私たちが真なるものを偽ないし仮構と混同しないかと恐れることがもはやなくなるような、そうした規範である。また私たちは、なぜ想像のもとに決して入ってこないような事柄を私たちは知解するのか、またなぜ想像においては知性にまったく矛盾するものもあれば、ほかに知性に合致するようなものもあるのか、といぶかることもないであろう。それというのもすでに私たちは、もろもろの想像を産出する働きは知性の法則とはまったく異なる他の諸法則に従って生じること、そして魂は想像に関してはただ受動の関係にしかないということを識っているからである。〔八七〕このことからまた、想像と知解とを事細かに区別しなかった人々がどんなに容易に大きな誤謬に陥るかということが明らかである。それはたとえば、延長は場所において存在しなければならず、有限でなければならず、その部分は互いに事象的に区別されるとか、延長は万物の第一にして唯一の基礎であり、あるときには他のときよりもより大きな空間を占めるとか、その他これと同じような多くの事柄であるが、これらはすべて、私たちがしかるべき場所で示すように、まったく真理に矛盾するのである。

〔八八〕次いで、言葉は想像の一部であり、換言すれば、言葉が記憶において身体のある態勢から漠然と合成されるにつれて、私たちは多くの概念を仮構するので、言葉もまた想像と同様に、私たちが非常に用心しないと、多くの大きな誤謬の原因となり得ることを疑うべきではない。〔八九〕加えて、言葉は民衆の恣意と見解に従って

34

構成されてきた。そのため言葉は、知性においてあるとおりのでなく想像においてあるとおりの事物の記号にすぎない。このことは、想像の中にはなく知性の中にだけ存在するすべてに対して、しばしば「非物体的なもの」「無限」等々といった否定的な名辞を民衆は押し付けてきたという事実から明らかである。また「創造されざるもの」「依存せざるもの」「限定されざるもの」「不死のもの」等々のように彼らは実際には肯定的な多くのものを否定的に表現し、逆に実際には否定的なものを肯定的に表現する。それももっともで、そういうものは反対の方がずっと容易に想像されるからである。こうして反対のものがまずは最初の人間たちに出来し、肯定的な名辞の座を奪ったのである。事物の本性ではなくて、言葉の本性が肯定し、否定することを許すがゆえに、私たちは多くのことを肯定し、否定するが、それは事物の本性でなく言葉の本性が肯定し否定するがままにさせているからなのである。〔115〕

〔九〇〕その他に、混乱の他の大きな原因であって、知性が自らに反照することの妨げとなる原因を私たちは避ける。つまり、私たちは、想像と知解とを区別しないと、より容易に想像されるものを私たちによってより明晰であると考え、想像しているものを知解していると考える。このため、私たちは後回しにすべきものを先に置き、かくて進むべき真の秩序が転倒され、何か或るものが正当に結論されることもなくなるのである。

〔九一〕さらに、最後にこの方法の第二部〔e″〕に至るために、私は、初めにこの方法における私たちの目標を提示し、次いでこれに達するための手段を提示することにしよう。それで、私たちの目標は、明晰判明な観念、すなわち、身体の行きあたりばったりの運動からではなく、純粋な精神から作られた観念を持つことである。次いで、私たちは、すべての観念を一つの観念に還元するため、それらを連結して秩序づけ、私たちの精神ができる限り自然の形相性をその全体に関してもその部分に関しても対象的に再現するように、努めるであろう。

〔e″〕 この部の独自な規則は、[116]第一部から帰結するように、自らにおいて純粋知性から私たちが見出す[117]すべての観念を検討し、これを私たちが想像する諸観念から区別することである。この区別は、両者、すなわち想像と知解の特性から導かれねばならないであろう。

〔九二〕 第一のことに関して言えば、すでに述べたように、私たちの最終目的のためには、事物がただその本質のみによって概念されるか、あるいは、その近接原因によって概念されるかが求められる。すなわち、事物がそれ自体において存在するなら、言うなら、一般に言われるように[118]自己原因であるなら、それはただその本質のみによって知解されねばならないであろう。これに対し、事物がそれ自体において存在するのでなくて、それが実在するのに原因を要求するなら、それはその近接原因によって知解されねばならない。なぜなら、結果の認識とは実は、原因のより完全な認識を獲得することに他ならないからである。[f″] 〔九三〕 だから私たちは、事物の探究に携わる限り、抽象的なものから或るものを結論することは決して許されず、知性においてのみ存在するものと事物において存在するものとを混同することのないように十二分に用心しなければならない。むしろ、最良の結論は、ある特殊的で肯定的な本質、言うなら、真にして正当な定義から引き出されるべきであろう。なぜなら、公理[119]は無限に多くのものに広がり、知性を他の個物よりもある個物を観想することへと規定することがない以上、ただ普遍的な公理のみからは個物に下っていくことができないからである。〔九四〕 それゆえに、発見のための正しい道は、ある与えられた定義からもろもろの思惟を形成することである。これは、ある事物をよりよく定義すればするほどそれだけ首尾よく、そしてそれだけ容易に進む。それゆえに、方法のこの第二部全体の枢要は、次のこと、すなわち、よい定義の条件を認識し、次いで、その条件を発見する仕方[120]に存する。こうして、私は最初に、定義の条件について扱おう。

[f″] ここから、私たちが自然については何事も、同時に第一原因、言うなら神の認識をより豊かなものにせずには知解し得ない、ということが明らかであることに注意せよ。

35

[九五] 定義が完全であると言われるためには、事物の内奥の本質を説明し、本質のところに固有性を当てることのないようにしなければならないであろう。これを説明する例として、私は他人の誤謬をあげつらおうとしていると思われないために他の例は省き、ただどのように定義されても変わらないある抽象的な事物、すなわち円の例のみを持ち出すことにしよう[121]。もし円が、中心から円周へと引かれた諸線の等しい図形であると定義されるなら、誰もこうした定義が少しも円の本質を説明するとは思わず、ただそのある特性を説明するに過ぎないということがわかる。そして、このことは、今言ったように、図形やその他の思考上の存在者に関しては大して重要ではないが、しかし、物理的で事象的な存在者に関しては大いに重要である。疑いもなく、事物の特性は、その本質が識られていない間は、知解されないからである[122]。さて、こうした本質を私たちが見過ごしてしまうならば、必然的に、自然の連結を再現する知性の連結を転倒させ、私たちの目標からまったく遠ざかることになるだろう。

[九六] そこで、こうした欠陥を免れるためには、定義に関して次のことが遵守されねばならないであろう[123]。

一、もし事物が創造された事物であるなら、定義は、私たちがすでに述べたように、近接原因を包含しなければならないであろう。たとえば、円はこの法則に従えば、次のように、すなわち、円とは一端が固定され他端が運動する任意の線によって描かれる図形であると定義されねばならず、この定義は明らかな仕方で近接原因を包含している。

二、事物のそうした概念ないし定義は、他の事物との結びつきなしにその事物だけを見てそのすべての特性がそこから結論できることが要求される。それはこの円の定義において見られるとおりである。なぜなら、その定義から、円の中心から円周へと引かれたすべての線が等しいことは明晰に結論されるからである。このことが定義の必要要件であることは、注意する者にはそれ自体で明白であり、それそのものの論証に立ち止まるまでもないことのように思われるし、また、この第二の要件からすべての定義は肯定的でなければならないということも示すまでもないように思われる。私は、知性的な肯定について語っているのであって、肯定的に知解されているにもかかわらず、言葉のいたらなさゆえに恐らくときには否定的に表現されることのあり得る、言葉の上での肯定についてはほとんど顧慮していない。

〔九七〕これに対し、創造されない事物の定義の要件は、次の通りである。

一、その定義はすべての原因を排除しなければならない、換言すれば、対象は、自己の説明のために自己の存在以外には何も必要としないということ。

二、その事物の定義がいったん与えられると、それが存在するかどうかという問題の生じる余地がないこと。

三、その定義は、その精神(＝実質的な意味)に関しては、形容詞化され得るような名詞〔124〕を持たないこと、換言すれば、何らかの抽象的なものによって説明されてはならないこと。

36

四、そして最後に、(これを注意することはそれほど必要ではないのだが)その定義によってそのすべての特性が結論されることが要求される。以上すべてもまた、精確に注意する者には明白であろう。

〔九八〕なお私は、最良の結論は、ある特殊的で肯定的な本質から引き出されるべきであろう、と言った。というのも、観念がより特有であればそれだけ判明であり、したがってそれだけ明晰であるからである。だから、私たちは特殊なものの認識をできるだけ求めねばならない。

〔九九〕他方、秩序に関しては、私たちのすべての知得が秩序付けられ統一されるために私たちはできる限り早く、しかも理性の要請に従いながら、すべての事物の原因となる何らかの存在者がはたして存在するのか、と同

37

時に、存在するとすればそれはどのようなものかと探究するように求められ、さらにその存在者の対象的本質が私たちの持つすべての観念の原因となるように求められる。そうなれば私たちの精神は、すでに述べたように自然を最大限に再現するであろう。なぜなら、精神は自然それ自体の本質、秩序、合一を対象的に有するであろうからだ。ここから見てとれるように、私たちにとりわけ必要なのは、可能な限り原因の系列に従って一つの事象的存在者から他の事象的存在者へと歩みを進め、私たちのすべての観念を物理的事物ないし事象的存在者から導出すること、しかも抽象的で普遍的なものに移行しないで、すなわち抽象的で普遍的なものから事象的な或るものを結論したり、事象的な或るものから抽象的で普遍的な或るものを結論したりせずに、導出を行うことである。なぜならこうしたことはいずれも知性の真の進行を中断するのだから。［一〇〇］だが、注意しなければならないのは、私がここで、原因や事象的存在者の系列ということによって、変化する個物の系列ではなく、ただ確固にして永遠なる事物の系〔125〕列のことを知解している、ということである。じっさい、変化する個物の系列に達することは人間の弱さにとって不可能であろう。なぜならそれら個物の数はあらゆる数を超えて膨大であるし、また同じ一つの事物でも無限に多くの状況があり、その一つ一つが、事物が実在しあるいは実在しないことの原因たりうる。というのもそれら個物の実在はその本質と何の連関も持たず、すなわち(すでに述べたように)永遠真理ではないのだから。［一〇一］しかしながらまた、それらの系列を知解することは必要でもない、実際、変化する個物の本質がその系列、言うなら実在することの秩序からは引き出されないなら。それは、実在することの秩序が、外的規定、関係、あるいはせいぜい状況以外の何ものも私たちに示さないからであり、これらすべては、事物の内奥の本質とはまったくかけ離れているのである。これに対し、事物の内奥の本質は、確固にして永遠なる事物と、同時にまたそれらの事物に、あたかもその真の法典におけるように刻み込まれている法則、それに従ってすべての個物が生起し秩序づけられている法則とからのみ求められるべきである。のみならず、これらの変化する個物は内奥からかつ（いわば）本質的にそうした確固としたものに依存するのであり、それらがなければ存在することも概念されることもあり得ないのである。したがって、これらの確固にして永遠なるものは個物でありながら、にもかかわらずその遍在性とこの上なく広い力能のゆえに、私たちにとってはあたかも普遍的なもの、ないし変化する個物の定義の類、万物の近接原因のごときものということになるであろう。

〔一〇二〕しかし、事態はこうだとすると、これらの個物の認識に私たちが達することのできるためには、少なからぬ困難が伏在しているように思われる。なぜなら、すべてを同時に概念することは、人間知性の力をはるかに超えている事象であるから。しかるに、あるものを他のものに先立って知解する秩序は、私たちがすでに述べたように、それらの実在することの系列からも、永遠なる事物からも求められるべきではない。というのも、そこでは、それらすべては本性上同時に存在するからである。だから、永遠なる事物とそれらの法則とを知解するのに私たちが用いるもの以外に、他の補助手段が必然的に求められねばならない。しかしながら、これを与えることはこの場所には属さないし、またそれは、永遠なる事物とそれらの誤ることのない法則とについての十分な認識を獲得し、かつ、私たちの感官の本性を識った後でなければ、必要でもない。

〔一〇三〕個物の認識に取りかかる前に、次のような補助手段を与えるのが時宜にかなっているであろう。すなわち、その助けはすべて、私たちが自らの感官を用い、かつ、求められる事物を規定するのに十分な実験を一定の法則と秩序に従って行うことができるようになることを目指し、これによって、私たちはついに、その事物が永遠なる事物のどんな法則に従って生じたかを結論し得るし、その事物の内奥の本性を識るようになるであろう。これについてはしかるべき場所で示すことにしよう。ここでは、主題に立ち戻って、ただ、永遠なる事物の認識に達することができるために、また、すでに与えた条件によってそれらの事物の定義を形成するのに必要であると思われることのみを述べることに努めよう。

38

〔一〇四〕このことのためには、私たちが上で述べたこと、つまりは、精神がある思惟に注意して、その思惟を検討し、正当に導き出されるべきものをよき秩序から導き出す際、もしその思惟が偽であったなら、精神は虚偽を見抜くであろうが、その反対に、もし真であったなら、いかなる中断もなしに首尾よく[126]それから真なる事物を導き続けることになるだろう、ということを記憶に呼び戻さなければならない。そして、私は言うが、このことは、私たちの案件に求められるのである。なぜなら、いかなる基礎からも、私たちの思惟が終結させられることはあり得ないからである。[127]〔一〇五〕したがって、もし私たちが万物の中の第一の事物を探究しようとするなら、私たちの思惟をそこへと向かわせるある基礎の与えられることが必要である。次いで、方法は反照的認識それ自体であるから、私たちの思惟を方向づけなければならないこの基礎は、真理の形相を構成するものの認識、および知性とその諸特性と諸力との認識以外ではあり得ない。というのも、この認識が獲得されれば、私たちは自らの思惟を導き出す基礎を有することになり、そして、知性がその能力に応じて永遠なる事物の認識に到達し得る道を——もちろん知性の力を考慮に入れてだが——有することになるだろう。

〔一〇六〕実際、第一部で示したように、もし真の観念を形成することが思惟の本性に属するとするなら、今やここで、知性の力と力能によって私たちが何を知解しているか探究しなければならない。一方、私たちの方法のもっとも重要な部分は知性の力とその本性をもっとも良く知解することであるから、私たちは(方法のこの第二部において私たちの述べたことから)必然的に、これを思惟ないしは知性の定義そのものから導き出さざるを得ない。〔一〇七〕だが、これまで私たちは、定義を発見するためのいかなる規則も有していなかったし、そうした規則を与えることは、知性の本性、言うなら定義とその力能が認識されていなくては私たちにはできないから、ここから、知性の定義がそれ自体で明晰でなければならないか、あるいは、私たちには何も知解することができない、ということが帰結する。しかし、その定義はそれ自体で絶対的には明晰ではない。にもかかわらず、知性の諸特

39

性は、知性から私たちが有するところのすべてと同様、それらの本性が認識されなければ明晰判明に知得することができないのであるから、ゆえに、知性の定義は、もし私たちが明晰判明に知解する知性の諸特性に注意するなら、自ずから識られるであろう。だから、私たちは、知性の諸特性を枚挙し、それらを検討し、そして私たちに本有の道具[g″]について論じることを始めよう。

[g″] 前の二二頁以下を見よ。

[一〇八] 私が特に注目し、明晰に知解する知性の諸特性は次の通りである。

一、知性は確実性を包含しており、換言すれば、事物が、知性それ自体において対象的に含まれているように形相的に存在することを知っている。

二、知性は或るものを知得する。すなわち、ある観念を絶対的に、そしてある観念を他の観念から形成する。たとえば、量の観念を絶対的に形成して、他の思惟に注意しない。これに対し、運動の観念を量の観念に注意することによってのみ形成する。

三、知性が絶対的に形成する観念は無限性を表現する。これに対し、知性は規定された観念を他の観念から形成する。というのも、量の観念を原因によって知得するなら、量を規定しているのだから[128]。たとえば物体がある平面の運動から、平面が線の運動から、そして線が点の運動から生じると知得する場合がそうである。たしかにこうした知得は量を知解するのには役立たず、ただ量を規定するのに役立っているだけである。以上は次からも明らかである。すなわち、私たちはそれらがあたかも運動から生じるかのように概念しているけれども、量が知得されていなければ運動は知得されない。また線を形成するための運動を私たちは無限に続けることができるが、もし私たちが無限量の観念を持っていなかったなら決してそういうことはできなかったであろう。

四、知性は否定的な観念よりも先に積極的な観念を形成する。

五、知性は、事物を持続のもとによりも、ある永遠の相のもとに、そして無限の数のもとに知得する。あるいはむしろ、事物を知得するのに、数をも持続をも注意しない。しかるに、事物を想像するときには、これを一定の数、規定された持続と量のもとに知得する。

六、私たちが明晰判明に形成する観念は、ただ私たちの本性の必然性のみから出てくるように思われ、ただ私たちの力能にのみ絶対的に依存しているように思われるほどである。これに対して、錯雑した観念は、その反対である。というのも、それらはしばしば私たちの意に反して形成されるからである。

七、知性が他の観念から形成する、事物の観念を、精神は多くの仕方で規定し得る。たとえば、楕円形の平面を規定するために、紐に結び付けられた尖筆が二つの中心の周りを運動すると仮構したり、あるいは、ある与えられた直線に対してつねに同じ一定の関係を有する無限の点を概念したり、あるいは、その傾斜角が頂角よりも大きいようにある斜面によって切断されている円錐形を概念したり、その他の無数の仕方で規定し得る。〔129〕

八、観念は、ある対象の完全性をより多く表現すればするだけより完全である。なぜなら、ある小堂を考案した建築家を、見事な寺院を考案した建築家ほどには賞讃しない。

〔一〇九〕愛、喜び等々の思惟に関係する残りの事柄に関しては私は立ち入らない。なぜなら、それらは私たちの現在の主題に対して寄与することがないし、またそれらは知性が知得されない限りは概念することができないからである。なぜなら、知得がまったく取り除かれると、それらすべても取り除かれるのだから。〔130〕

〔一一〇〕偽なる観念と仮構された観念は（私たちが十分に示したように）それによって偽なるないしは仮構された

と言われる積極的なものを有さず、ただ認識の欠陥からのみそのように考察される。ゆえに、偽なる観念と仮構された観念は、そのようなものである限りにおいて、思惟の本質について何も教えることはできない。思惟の本質は先ほど検討した積極的な諸特性から求められねばならず、換言すれば、これらの諸特性がそこから必然的に帰結し、言うなら、それが与えられるとそれらの諸特性も与えられ、それが取り除かれるとそれらすべてが取り除かれる、共通の或るもの〔131〕が立てられなければならない。

以下を欠く

訳注

扉

〔1〕「改善」の原語はemendatio。この語の意味内容については次の三点をおさえておく必要がある。第一に、「浄化」(purificatio)、「清め」(purgatio)等々の類似語との違いである。前者は宗教的色彩が濃く、後者は医学的ニュアンスが強い。第二に、同時代の用法との連関である。これに関しては、さまざまな領域における同時代の用法、具体的には、ヴィエトの『方程式の理解と改善』(*De aequationum recognitione et emendatione*, 1615)、ホッブズの『今日の数学の検討と改善』(*Examinatio et emendatio mathematicae hodiernae*, 1660)、そして、ベーコンの『ノヴム・オルガヌム』(*Novum organum*, 1620, 第一巻一二九、第二巻五二)との連関が指摘されることが多い。第三に、スピノザのコーパス全体との関係である。

〔2〕標題の正統性は「書簡六」と『エチカ』第二部定理四〇備考一から明らかである。

〔3〕副題(「ならびに」以下)に関しては、OPとNSとの関係に微妙な違いがある。NSでは「ならびに知性を完全にするための手段についての」とある。スピノザの原稿・OP・NSに関する文献学的な議論については解説を参照されたいが、この部分に関しては、次のように言うことができよう。後者は『知性改善論』の最初の部分の内容にかない、また『エチカ』第五部の「序言」の表現とも一致する。他方、前者は著作全体の内容と一致し、また「導く」(dirigo)という動詞の使用は、デカルトの『精神指導の規則』(以下、『規則論』と略記)を示唆している(以上に関しては、R, 146を参照)。その文体上の美しさから言っても、メイヤーの手が加わっている可能性は高い(cf. Fokke Akkerman, « La latinité de Spinoza et l'authenticité du texte du *Tractatus de intellectus emendatione* », *Revue des sciences philosophiques et théologiques*, 71-1, janvier 1987)。

読者に告ぐ

〔1〕各種の資料からすると、この「読者に告ぐ」の著者は、NSはイェレス、OPはメイヤーであり、NSに基づいてこの「読者に告ぐ」が作成されたと推定されるので、以下は、例外的にNSを基本に訳出した。

〔2〕OPではimperfectusと一語だが、NSではonvolmaaktと

gebrekkelijk の二つの形容詞を用いている。

〔3〕「仕事」の原語は、NSでは bezigheden、OPでは negotium の複数形。Mにおける校訂者ミニーニは、negotium はラテン語において執筆活動と結び付く閑暇(otium)と対立するので、他の著作の執筆活動を意味することはないとしている。Cf. Filippo Mignini, « Per la datazione e l'interpretazione del *Tractatus de Intellectus Emendatione* di B. Spinoza », *La Cultura*, Anno XVII, N. 1/2, 1979, p. 97. ここでは「仕事」と訳したが、ミニーニに従うならば、『エチカ』から『政治論』に至る他の著作の執筆のために完成に至らなかった、ということを意味していないことになる。

〔4〕「真理」の一語はOPから補った。

本 文

〔1〕『知性改善論』、そして、おそらくはスピノザの著作群が、「経験」と「私」という言葉から始まっていることに関しては注意が必要であり、また、『エチカ』の幾何学的な論証体系との関わりにおいても重要である。この点に関しては、まずは次が基本図書である。Pierre-François Moreau, *Spinoza. L'expérience et l'éternité*, Paris, Presses Universitaires de France, 1994. なお、本全集では頭文字が大文字の場合でも、それがスピノザの原稿においてすでにそのように記されていたか不明であるので、強調等の意味を訳文に反映させることはしていないが、「経験」にあたる原語が、OP、Gbともに Experientia と頭文字が大文字表記されていることは示唆的である。

〔2〕communis の訳語に関しては、「共同の」もしくは「日常の」を代表としていくつかの選択肢があるが、ここではもっともフラットに「共通の」という訳語を選択した。

〔3〕OPでは omnia, a quibus, & quae timebam、NSには alle de dingen, voor de welken, en die ik vreesde とあり、ミニーニ(M)は、後者の voor de welken に注目することによって、もとのラテン語が前置詞 a を除いた与格の quibus であったとして校訂を加えている。その方が、「～を心配すること／～を恐れること」という対が示され、文意が明確になるという理由からである。しかし、もとの a quibus... timebam は「それに関して……気遣っていた」という意味で読めるし、NSの voor de welken...ik vreesde も(voor は～に関してという前置詞なので)同様である。したがってMの校訂には従わず、もとのテクストを尊重してこのように訳しておく。

〔4〕所有代名詞「私の」の追加はNSによるもの。

〔5〕「自らを」(& sui)は、それにあたる表現が、NS本文とその欄外のラテン語表記にも見られないので、編集者による追加の可能性がある。

〔6〕セネカの『ルキリウス宛倫理書簡集』「書簡七二」との対応が指摘されることが多い。

〔7〕原文は me tandem constituisse とあり、自己引用にお

いて「ついに」(tandem)という表現が前にせり出していることに注意。

〔8〕 NSには「自らの」(meae)にあたる表現はない。

〔9〕 原語は institutum である。

〔10〕『知性改善論』冒頭においては、セネカを経由した叙事詩的な表現やセネカ、とりわけ『ルキリウス宛倫理書簡集』に由来する表現が多い。たとえば、「書簡二四」、「書簡七四」、「書簡八二」などを参照。

〔11〕「名誉」が複数形で用いられる場合と単数形で用いられる場合とで、意味内容が違うことに注意されたい。単数の場合は、名誉を獲得しようとする野心を示し、複数の場合はその野心が満たされる対象を示すことになる。

〔12〕『短論文』第二部第五章[六]の末尾を参照のこと。富、名誉、快楽の内実と哲学史的・思想史的由来に関しては諸説あるが、まずは、アリストテレス『ニコマコス倫理学』第一巻第四章(1095a20-)とセネカ『ルキリウス宛倫理書簡集』「書簡六六」を参照のこと。「富」が複数形であることに注意されたい。なお、ポートラ(P)は「快楽」(libido)の性的な含意を強調している。

〔13〕「散らされる」の原語は distrahere。[四]と[五]においても用いられているが、NSはここでは afgetrokken と訳し、[四]と[五]においては、それぞれ opgehouden、vervoert という語を加えて二語で訳している。このような翻訳上の苦労は、たとえば同時代のパスカルにおける divertissement(<divertir)=「気散じ」とは同一視できないことを意味するだろう。

〔14〕 NSはここで改行。

〔15〕 NSはここで改行。

〔16〕『エチカ』第三部定理二九備考、同第四部定理五八備考を参照。

〔17〕 OPは「これらのこと」(haec)としており、その指示対象に対して検討の余地があるのに対して、NSはこの原注がつけられている「これ」(hae)が「富」を受けていることから de rykdom(「富」)と訳している。NSの読みを採用するMの校訂に従う。

〔18〕「学問と技術の進歩」という表現は、ベーコンの表現を想起させる(ベーコン『ノヴム・オルガヌム』第一巻八一、を参照)。

〔19〕「ある」(aliqui)はOPにのみある。なお、ミニーニ、佐藤、秋保はこれを省く。

〔20〕「確固とした善」(fixum bonum)については、セネカ『ルキリウス宛倫理書簡集』「書簡七二」を参照のこと。

〔21〕「続いて省察した結果」(assidua meditatione)という表現がセネカ『ルキリウス宛倫理書簡集』「書簡八二」に見出されることは、プロイエッティによって指摘されている。Cf. Omero Proietti, « Una fonte del « De intellectus emendatione » spinoziano, *Le Lettere a Lucilio* », *La Cultura*, Anno XXIX, N. 1/2, 1991.

〔22〕「熟考し」の原語はdeliberareだが、コイレ、カーリー、バルトゥシャット、ミニーニ(M)、ミシェル・ベサード、ポートラ(P)らは熟考の結果としての「決心」「決定」の意味において訳す。

〔23〕VLは、時制の一致から「し得る」(possim)(接続形現在)をpossemに訂正し、Gbもこれに倣うが、Mは、[一〇]において同様の表現のあることを理由に、これをスピノザに固有の変則的な使用として維持している。

〔24〕「というのも」という説明は、[八]の終わりまで続くものと思われる。Cf. Moreau, *op. cit.*, p. 162.

〔25〕「力の限りを尽くして」の原語はsummis viribusであり、NSの「私のすべての力をあげて」(uit alle mijn vermogen)に対応するラテン語は微妙に異なってtotis viribusである。この違いについては、佐藤一郎訳に学んだ。

〔26〕NSには「こう言われてよければ」(indien men dus mag spreken)という括弧書きがある。

〔27〕原注[b]は、NSでは[八]の一文目の最後につけられている。

〔28〕NSは「富」としている。

〔29〕「富を所有すること」と「富によって所有されること」の対比は、セネカ『ルキリウス宛倫理書簡集』(「書簡八」「書簡三九」「書簡四二」「書簡九四」「書簡九八」「書簡一一九」)に通奏する主題である。Cf. Proietti, *op. cit.*

〔30〕NSには改行なし。

〔31〕OPとNSとでは違いがある。NSでは、「生じる」(orta)という表現がなく、また「これらの災い」の替わりとなる「こうしたもの」(deze dingen)は、富、名誉、快楽を指す。

〔32〕「情動」の原語はcommotio。

〔33〕「滅ぶことのあり得るものへの愛」と「永遠にして無限の事物に対する愛」との対立に関しては、『短論文』第二部第五章[二][六][九][一〇]、第一四章[四]、『エチカ』第五部定理二〇備考、定理三六備考などを参照。

〔34〕NSには「精神」(geest)とあり、対応するラテン語としてmensが記載されている。OPはanimus。

〔35〕ipsaが何を受けているかについては議論がある。OPのipsaのまま読むなら、女性形の「喜び」(laetitia)を指すとするのが順当で、多くの訳者とともにここでもそう取る。他方、NSにはipsaに対応する代名詞がなく、主語はこの文章冒頭の「愛」(de liefde)と読むことができる。Gbはこれに従い、また、Mはipsaをipseと改め、同じく「愛」を受けるとしている。

〔36〕NSでは「この悪」となっている。

〔37〕以上に関しては、貨殖については『エチカ』第四部付録二九、快楽については同第四部定理四四備考、名誉については同第五部定理一〇備考をそれぞれ参照。また、セネカ『ルキリウス宛倫理書簡集』「書簡八二」「書簡九四」「書簡一一七」などをも参照。

〔38〕NSには改行なし。

〔39〕『知性改善論』で「知解する」(intelligere)という動詞が用いられる最初の箇所であり、議論のニュアンスの変化を示している。

〔40〕以上に関しては、『短論文』第一部第一〇章、第二部第四章[五]―[八]、『形而上学的思想』第一部第六章、『エチカ』第四部序言を参照。

〔41〕「人間の弱さ」(humana imbecillitas)に関しては、セネカ『ルキリウス宛倫理書簡集』「書簡八二」を参照。

〔42〕「自らの本性よりもはるかに力強いある人間の本性」は『エチカ』第四部序言における「人間本性の範型」(exemplar)につながる思考である。これに関しても、セネカ『ルキリウス宛倫理書簡集』「書簡一二」を参照。

〔43〕これに関しては、『エチカ』第四部定理一八備考を参照。

〔44〕OPとNSの間に異同があり、NSでは「初めに」は「浄化して」にかかっている。また、「治療すること」と「浄化すること」とが並列されているOPに対して、NSにおいては「考案すること」と「浄化すること」が並列されている。なお、「浄化(する)」(expurgatio/expurgare)はベーコンに由来する。『ノヴム・オルガヌム』第一巻第六一、同第六八、同第六九、同第一一五、第二巻第三二等を参照。

〔45〕デカルト『規則論』第一規則との対比が求められる箇所である。

〔46〕標題にも出ていた「道」(via)という語の、本文における初出である。

〔47〕「書簡三七」を参照。

〔48〕NSは、「三つに」と記しながら、OPと同じく四つを箇条書きにしている。基本的には認識様式を三つとして議論を進める『短論文』と『エチカ』の議論との異同とその意味に関しては、訳注の範囲を越えている。

〔49〕「恣意的と呼ばれるある記号から、私たちの得る」の部分、OPの原文はex aliquo signo, quod vocant ad placitum, habemus。MはNS(uit enig teken, naar believen hebben, gelijk men 't noemt)に合わせて微妙に語句を加えているが、その必要はないと考える。「恣意的」の原語はad placitum。自然的記号との対比において捉えられた記号一般を考えておけばいい。哲学史的には、たとえば、オッカム『論理学大全』第一部第一二章を参照。

〔50〕「漠然とした経験」(experientia vaga)という表現はベーコンの術語にある。『ノヴム・オルガヌム』第一巻第八二、第一〇〇を参照。ただしその内実は、続く説明にあるように、知性によって規制されずに彷徨っているということにある。なお、デカルト『省察』「第五省察」(AT VII, 69)にも同じ表現がある。

〔51〕NSには「他の」(aliud)に対応する語はない。

〔52〕「十全」(adaequata)という術語の初出。

〔53〕「結論される」の主語についてはいくつかの可能性があるが、この「三」の冒頭の文に合わせて「本質」とするR、Mに倣う。

〔54〕 OPにはpropterとあるが、多くの訳者と同様に、NSに倣ってpraeterと読む。

〔55〕 NSはここで改行。

〔56〕 NSはここで改行。

〔57〕 effectus の読みにはいくつかの可能性がある。単数主格(OP)として取るか、表記法を訂正し、effectūsとして、複数対格もしくは単数属格として取るか、NSに倣い多くの解釈者とともに単数対格のeffectumとして取るかである。最後のように訂正するなら「感覚、すなわち結果以外の何ものも」となる。ここでは内容的に見て正当と思われるRに倣い、単数属格として訳出した。

〔58〕 以下の比例数をとっての例解は、『短論文』第二部第一章[三]にあり、また『エチカ』第二部定理四〇備考二に引き継がれる。これらの議論の距離をどのように測定するかは解釈の分かれるところである。

〔59〕 「公理」(axioma)。ここではベーコンの術語の転用である。『ノヴム・オルガヌム』第一巻第二五、第一〇五、第一〇六を参照。

〔60〕 『形而上学的思想』第一部第五章を参照。

〔61〕 これらの手段の区分の意味については、次を参照。Cf. Harold H. Joachim, *Spinoza's Tractatus de Intellectus Emendatione. A Commentary*, Oxford, Clarendon Press, 1940, p. 34, n 2. なおヨアキムは、この部分の箇条書きの区分に、スピノザの原稿に由来する不明瞭さが生じてしまっているとして、「一」(=I)とそれ以降(=II)の二分法にし、「二」「三」「四」をIIの下位区分のa/b/cとする提案をしている。

〔62〕 本文における「方法」という語の初出である。

〔63〕 この箇所と次の「第三の方法」に関して、OPはこのようにいずれも「必要はない」と否定文になっているが、NSは否定のない肯定文になっている。ほとんどの翻訳者はOPに従うが、M、佐藤、秋保はNSに従っている。

〔64〕 道具との比較は、ベーコン(『ノヴム・オルガヌム』序文、第一巻第二)に、鍛冶の例は、デカルト(『規則論』第八規則、AT X, 397)に見られる。ただし、スピノザが、デカルトの(原典が一七〇一年に刊行されたが、草稿はヨーロッパ世界において出回っていたと推測される)この遺稿を参照し得たかどうかに関しては、確たる証拠は存在しない。

〔65〕 OP、NSともに「原因される」とあって否定の表現を欠いており、VLもそれを踏襲しているが、それ以降の多くの校訂や翻訳に倣い、「原因されることのない」(non causatur)に改める。

〔66〕 この「私の哲学」については解説を参照されたい。

〔67〕 「対象的本質」の原語はessentia objectivaである。objectivus に関しては、少なくとも近世においては、主観に対する客観という意味を有しておらず、「知性に対して投影されたもの」、つまりは現代的な理解からすれば主観的とも言えるような意味内容を有する、ということを根拠として「想念的」(畠中尚志)ないしは「思念的」(所雄章)と訳されてきた。

しかしながら、一三世紀後半以降のこの語の用法、とりわけ、スコトゥスの「対象的存在」(esse objectivum)を代表とする一連の用法を考慮に入れる限り、この語が派生した動詞obicere の原義である「〜と向かって／〜の前へ(ob)投げる(iacere)」という意味に由来する「知性に対して投げ与えられるもの」である「対象」という意味は基本的に一貫している。「想念的」ないしは「思念的」という訳語が、単に主観的であるという含意を持たざるを得ないのに対して、知性の対象としてある、という最低限の含意を保持するために、「対象的」という訳語をあてた。また、「形相的」と「対象的」の対立に関しては、デカルトの「第三省察」における議論を踏襲していることにも留意されたい。なお、objectivus の歴史的な奥行きに関する参考文献は、本全集第I巻の『形而上学的思想』第一部訳注21をも参照。

〔68〕「感得する」の原語は sentire である。『エチカ』第五部定理二三備考の有名な一節(「われわれは自分が永遠であることを感得し、かつ経験する」)とともに、スピノザにおける「感得すること」の意味論は重要な主題である。

〔69〕debito ordine をどのように考えるかも、『知性改善論』の解釈の一つの鍵であるが、『エチカ』においては不在で、『知性改善論』において三回(他に[四四][四五])出現するこの連辞が初めて登場する箇所である。

〔70〕「反照的認識」の原語は cognitio reflexiva である。reflexivus は「反省的」と訳されることが多い。一般に、反省的という言葉は、意識が自らに対して距離を取って自らに関わる、という意味を有するが、スピノザの場合、そのような含意は希薄であるので、reflexivus がそれに由来する動詞 reflectere の原義の一つである「自らに跳ね返り、照らす」という意味を込めて「反照的」と訳す。訳語の選択理由は異なるかも知れないが、佐藤一郎訳も同様の訳語をあてている。

〔71〕NSはここで改行。

〔72〕「形相的本質とまったく合致しなければならないその対象的本質があるとしても」という文章は、OPにおいては、直前の「自然において他の諸事物といかなる相互関係も有しない或るものがもしあるとしたら」という接続法で記された仮定節の文章に加えて、直説法の仮定節として提示されている。これに対し、直説法を接続法に訂正して二つの仮定説を並列させたり(VL、Gb)、NSに倣うようにして、二つ目の文章から仮定を含意する si と動詞を取り去って、対象的本質を主語としたりする(M、佐藤)といった校訂の試みがなされてきた。ここでは、Rに倣い、OPのままで読解しうると解釈して訳出した。

〔73〕referre という動詞の理解も、いわゆるスピノザの(スピノザ自身の術語ではないが)並行論との関わりにおいてスピノザ哲学の鍵である。『知性改善論』内部では、[九一]ならびに[九九]を参照。

〔74〕この疑問文は間接疑問だが、パウルスが、否定辞を補足することによって否定文に変更するという訂正の提案を行っ

て以来、Br、VL、Gbなどがそれを踏襲し、またその内容をめぐって、方法論としての『知性改善論』と哲学としての『エチカ』という主題を中心としながら複雑な議論が繰り広げられてきた。これに関しては、スピノザ自身の自らの営みに関する問いと受け止めれば訂正の必要はないと考え、OP = NSのまま訳す。これらの点に関するより詳しい説明は、佐藤一郎訳の注121を参照のこと。

〔75〕 OPにおけるeaが指示するのは、中性複数対格の指示代名詞として「逆説」(Paradoxa)以外にないが、NSの目的格代名詞haarは「もろもろの真理」(waarheden)を指すとするのが順当である。そのように訳す可能性もあり、事実、MはOPのeaを女性複数対格形easに訂正している。

〔76〕 以上、懐疑論批判だが、これに関しては、まずは、ルクレティウス『物の本質について』第四巻四六九以下(Lucretius, *De rerum natura*, IV, 469 sq.)を参照。なお、懐疑論批判冒頭[四七]に出てくる「意識」の原語はconscientia。『知性改善論』においては、名詞形はこの箇所のみ、形容詞形で[五六]に出てくる。

〔77〕 この段落の理解に関しては注意が必要である。これまでの議論の概観が計四項、方法の内容が計三項からなり、議論の概観が三つ(節に対応させれば、[一]—[一七]/[一八]—[二九]/[三〇]—[四八])示された後に、計三項からなる方法の内容が示され、次いで、議論の概観の第四項目(=[三八])が示されている。つまり、「第四に」というのは、最初の三つと連続しているのであって、直前の「第三に」に続くわけではないことに注意。また、この部分は、以下の『知性改善論』の構成を示しているものであるが、その大枠に関しては、解説を参照されたい。

〔78〕 「仮構された知得」の原語はidea fictaである。fingere, fictusの訳語としては他に「虚構」も有力な候補に挙がり、『形而上学的思想』における「虚構的存在者」(ens fictum)との訳語の統一を優先すればそちらの方が望ましいとも言えるが、佐藤一郎訳の提案も参考にして、捏造の意味をも含意し得る「虚構」よりも望ましいと熟慮の末に判断した。

〔79〕 OPの原語はsomnum。NSは「夢」(dromen)と訳しており、Mもsomnium(夢)と校訂している。

〔80〕 「近接原因」の原語はproxima causa。NSにはeersteとあり、Mは「書簡三七」をも考慮して「第一原因」(prima causa)と訂正。「第一原因」と「近接原因」に関しては、『短論文』第一部第三章[二]、『エチカ』第一部定理一六系三、同定理二八備考を参照。ここでは[一九]との関係を考慮して「近接原因」とした。

〔81〕 「書簡三七」を参照のこと。

〔82〕 不可能、必然、可能に関しては、『形而上学的思想』第一部第三章、『エチカ』第一部定理三三備考一、同第四部定義三、同定義四を参照。

〔83〕 「仮構することはできない」の主語は、OPでは「私たち」(nos)であるが、NSではhyであって、これは「ある神ない

しは全知である何か」を受けている。Gbはこれに従い、nosをeumに訂正している。この一文の帰結関係がOPでは理解できないということを主たる理由として、NS＝Gbに従う。

〔84〕『形而上学的思想』第一部第一章、第三章、ならびにデカルト『ビュルマンとの対話』(AT V, p. 160)を参照。

〔85〕原注yを参照。

〔86〕[五八]―[六四]を参照。

〔87〕Mは、OPのdictisを、NSのhet voorgedachteによってfictisと読む。その場合、「すでに仮構されていたこと」となる。

〔88〕NSはここで改行。

〔89〕「諸問題」の原語はQuaestionesである。これに関しても、スピノザが直接に読んだ確証はないが、文脈から言っても、デカルト『規則論』第一二規則(AT X, 428-430)との関係は考慮されていい。

〔90〕NSはここで改行。

〔91〕デカルト『哲学原理』第三部二二項ならびに第四部九五―一〇一項が念頭に置かれている。

〔92〕デカルトの科学方法論が念頭に置かれている。『哲学原理』第三部第一五項、第一九項、第四三―四六項ならびに第四部第一九九―二〇七項。なお、『デカルトの哲学原理』第三部序文(本全集第I巻一四三―一四五頁)をも参照。

〔93〕「人間は自然を認識することが少なければ少ないほど」からこの部分まで『エチカ』第一部定理八備考二に同様の例があり、オウィディウス『変身物語』との関係が指摘されるが、プロイエッティは、同様の例を用いるファン・デン・エンデン――破門後にスピノザが寄宿したと伝えられるラテン語学校の主宰者――の戯曲「フィレドニウス」との関係を指摘している。Cf. Omero Proietti, « Il « Philedonius » di Franciscus van den Enden e la formazione retorico-letteraria di Spinoza (1656-1658) », *La Cultura*, Anno XXVIII, N. 2, 1990.

〔94〕この部分、OPにはcogiteturに対応する主語が明示されていない。VL、Gb、Rはalia(＝「他の事柄」)を補っており、ここではそれに従った。これに対し、MはOPに従う仕方で動詞の活用を単数とする提案をしている。

〔95〕原注a′は、OPでは[六〇]末の「論証」のところにつけられているが、NSはこの箇所につけている。多くの校訂者に倣い、NSに従う。

〔96〕原語はcohaerentia。ストア派に由来し、『知性改善論』で一カ所だけ出現するこの術語は、「結び付き」という自然学的な意味(「書簡三二」Gb IV, 170)とこの箇所のように論理学的な意味を有する。

〔97〕「表象」の原語はrepraesentatioであり、『エチカ』等でこの訳語があてられているimaginatioとは異なることに注意。訳注116も参照。なお、このあたりの議論は、表象・同意・把握という三段階を柱とするストア派の議論との連関を示唆するように思われる。

〔98〕『エチカ』第三部定理二備考末尾と同じ表現である。

〔99〕この箇所も[五八]末尾と同様、オウィディウス『変身物語』との関係が指摘される箇所だが、プロイエッティは、「死体が推論し、歩き、語る」という場面が『変身物語』には見られず、ファン・デン・エンデンの戯曲「フィレドニウス」の反映であるとして、スピノザがこの戯曲を知っていたはずであると指摘する。Cf. Proietti, « Il « Philedonius » di Franciscus van den Enden e la formazione retorico-letteraria di Spinoza (1656-1658) », *op. cit.*

〔100〕「外的規定」(denominatio extrinseca)と「内的規定」(denominatio intrinseca)に関しては、他に、『形而上学的思想』第一部第六章、『エチカ』第二部定義四説明を参照。

〔101〕OPでは、「与えられた」(data)は「規範」(norma)にかかって「真の観念の与えられた規範」となり、NSも同様だが、Mはdataを「真の観念」(ideae verae)にかかる属格形のdataeと訂正する。佐藤、レクリヴァン、Pもこれに従っている。どちらも可能だが、他の箇所([三八][四三][四九][七五])に従う形で、Mに倣う。

〔102〕NSでは「認識」(kennis)である。

〔103〕OPは「導出する」を接続法過去deduceretとしており、「諸事物を創造する」のcrearetと並立する文章になっていて、NSも同様だが、VL、Gb、R、Mらに倣って、「知性」を主語とする不定詞に訂正し、「知得した」(percepisse)とともに「想定する」に支配されるようにした。

〔104〕次の節に出てくる「十全な(adaequata)思惟」との関わりを示すために、動詞adaequareを「合致して十全」と訳した。

〔105〕冒頭の「一見して見て取られるように」(uti prima fronte videtur)に関しては、NSも含めたほとんどの翻訳者のように、もっともらしい仮説を意味していると考えるか、ジョアキム・カーリーのように自明なものと考えるか、解釈は分かれる。後半に関しては、『エチカ』第二部定理一一系を参照。

〔106〕ストア派批判とセネカ『ルキリウス宛倫理書簡集』「書簡五七」との関係については、次を参照。Proietti, « Una fonte del « De intellectus emendatione » spinoziano, *Le Lettere a Lucilio* », *op. cit.*

〔107〕「混同される」という箇所は、OPでは接続法現在一人称複数形所相confundamurだが、Brの提案以来、VL、Gb以降、これを三人称複数所相とし、「多くのもの」(multa)を主語とするようにされており、ここでもそれに従う。Mは訂正の必要なしとしている。

〔108〕NSはこの注をここではなく、「いかなる存在」の「存在」に対応する箇所につけていて、多くの校訂・翻訳はそれに従うが、佐藤一郎訳とともにOPのままとする。なお、Mはさらに前の「実際にそうであるのよりも知性においてより広く広がることもあり得ず」という箇所につけている。

〔109〕『短論文』第一部第一章[九]**、同第七章[一]*と[二]を参照。なお、原注z′、a″、b″については、R、Mを受けて、

秋保亘が、『知性改善論』のテクストの編集作業にまで踏み込んだ大胆な提案をその新訳において行っている。解説を参照。

(110) 「神についての」(Dei)はOPになく、NSにのみある。Gb、R、M、P等多くの校訂・翻訳がその必要を認めているが、Mの訳者ミシェル・ベサードはOPにも正当性を与えている。

(111) この原注は、NSでは、本文の「懐疑は、感官の欺きを考えることで生じるのである」の後に挿入されており、Gbもそれに従って本文に組み入れているが、OPのままの方が議論の流れは一貫しており、挿入はかえって議論を複雑にしてしまうので、R、M、Pと同様、OPを維持する。

(112) 「共通感覚と呼ばれる感官」すなわち「共通感覚」とはアリストテレスに遡る術語であり、視覚・触覚等の複数の感覚器官による複数の感覚を同一の感覚対象に関わる感覚として把握することを可能にするとともに、感覚対象に共通の運動・静止・形・大きさ・数・〈一〉等を感覚することを可能にするものである。アリストテレス「魂について」(中畑正志訳、『アリストテレス全集第七巻』岩波書店、二〇一四年、一二六―一二九頁)を参照。さらに、見ることや聴くことを感覚するという二重化された感覚としての感覚という共通の感覚でもある。こちらに関しては、同「眠りと目覚めについて」(坂下浩司訳「自然学小論集」、同)を参照。時を隔てて、スピノザに近い時代では、デカルトも同様に「言うところの共通感覚」(「第二省察」AT VII, 32)として導入。デカルトにあっては、『規則論』(AT X, 413 sq.)、『方法叙説』第五部(AT VI, 55)、「屈折光学」第四講(AT VI, 109)、『人間論』(AT XI, 176-177)、『情念論』(AT XI, 352-353)等において、心身の相互作用の座として論じられる。

(113) アリストテレス『分析論後書』第一巻第二章冒頭の議論が典型である。

(114) 「精神的自動機械」の原語はautoma spirituale(automaは、automatonの誤りか)であり、まずは[四八]における「精神をまったく欠いている自動機械」との対比において理解されねばならない。ライプニッツは「実体の本性と実体間の交渉ならびに魂と身体との結合についての新説」(一六九五年)第一五節において、同じ語をフランス語で記すことになる。

(115) 「事物の本性ではなくて」以下ここまでの文章をNSは原注に回し、アッピューン、Mもこれに従っている。

(116) 「想像する」「想像」の原語は、imaginari, imaginatioである。本全集において、これらの術語は基本的に「表象する」「表象」と訳しているが、この箇所が典型のように、デカルトの議論を踏襲していると思われる『知性改善論』においては、第I巻の『デカルトの哲学原理』同様、このように訳す。

(117) Mはintellectionisをintellectusに訂正している。

(118) 「自己原因」(causa sui)に関しては、この術語を哲学史上初めて肯定的に用いたのが一六四一年のデカルト(「第一答弁」と「第四答弁」)であり、その後も、特にオランダにおいてこの概念の積極的な使用を一つの主題としてライデン事件(一六四七年)と呼ばれる激しい論争が行われたことなどを考慮に入れると、「一般に言われるように」(ut vulgo dicitur)という表現の意味については考察すべきことが多々ある。この点については、拙稿「スピノザと中世スコラ哲学――(自己)原因概念を中心に」『中世思想研究』四七号、中世哲学会編、二〇〇五年、一六六―一七七頁、を参照。

〔119〕 OPには axiomatis とあり、Gbはこれを axiomatibus(複数形 axiomata の奪格)に訂正したのに倣う。

〔120〕 このあたりの議論には循環が含まれているようにも思われ、このことが『知性改善論』の議論の失敗や未完の理由として議論されることが多いが、その詳細を述べることは訳注の範囲を越えているので、解説を参考にされたい。

〔121〕 定義の説明に円を用いることに関しては、ホッブズとの関連が指摘されることが多い。ホッブズ『物体論』第一部第一章第五節(*De corpore*, 1655)、『今日の数学の検討と改善』第二対話を参照のこと。

〔122〕 「思考上の存在者」(ens rationis)と「事象的存在者」(ens reale)は、(近世)スコラ哲学の用語であり、スピノザ自身『形而上学的思想』第一部第一章において論じている。

〔123〕 定義については、『短論文』第一部第七章[九][一〇]を参照。

〔124〕 「名詞」(substantiva)と形容詞に関しては、『短論文』第一部第一章[九]**、同第一部第三章[一]*、を参照。なお、「実質的な意味」とも訳したラテン語 mens はここでは「言わんとすること」という意味である(日本語で「その心は」と問うのと同様)。聖書解釈をめぐる『神学政治論』第七章を参照。たとえば、神学者たちは独断を押し付けて「聖書すなわち聖霊の言わんとすること」(Scripturas sive Spiritus Sancti mens)を無茶苦茶に解釈する(Gb III, 97)。「聖書の言わんとすること」(mens Scripturae)を理性や常識によって歪曲してはならず、聖書の全認識は聖書からのみ得られねばならない(Gb III, 101)、等々。

〔125〕 『知性改善論』の最重要概念の一つである「確固にして永遠なる事物の系列」(series rerum fixarum aeternarumque)をめぐる問題と諸解釈に関しては解説の補注を参照されたい。

〔126〕 OPは feciliter と誤植になっている。VLは本文では faciliter(「容易に」)と訂正しているが、GbはNSを参照して feliciter(「首尾よく」)と校訂しており、多くの訳者とともにこれに倣う。

〔127〕 この箇所には、さまざまなテクストの異同があるが、OP(ex nullo fundamento cogitationes nostrae terminari queunt)に従った。NSは onze denkingen konnen uit geen andere grontvest bepaalt worden と訳し、Gbはそれに倣って ex nullo alio fundamento cogitationes nostrae determinari queunt(「他のいかなる基礎からも私たちの思惟は規定され

得ない」）としている。このテクストの解釈は『知性改善論』の議論の正否を決めるところがあるので、これに関しては、解説の補注を参照されたい。

〔128〕NSに依ってOPのテクストの訂正をGbは提案するが、R、M、PとともにOPのテクスト（Ideam enim quantitatis si eam per causam percipit, tum quantitatem determinat）に従う。NSにはWant indien 't het denkbeelt van hoegrootheit door d' oorzaak begrijpt, zo bepaalt het het zelfde door de hoegrootheitとあり、Gbはこれに合わせてIdeam enim quantitatis si per causam percipit, tum eam per quantitatem determinat（「というのも、量の観念を原因を介して知得するなら、その場合、その観念を量を通して規定しているのであり」）と訂正を加えているが、その必要はなく、また、NS＝Gbでは、量の観念が量を通して規定されることになるが、これは意味をなさないからである。

〔129〕スホーテンの*De organica conicarum sectionum in plano descriptione Tractatus*, 1646を参照のこと。

〔130〕『短論文』第二部第二章［四］と『エチカ』第二部公理三を参照。

〔131〕以上に関しては、『短論文』第二部への序言［五］と、スピノザに固有の「本質」の定義が与えられる『エチカ』第二部定義二を参照。

政治論

上野修 訳

凡例

一　本翻訳はスピノザ著『政治論』（Baruch［Benedictus］de Spinoza, *Tractatus politicus*）を全訳したものである。翻訳にあたっては、基本的に『遺稿集』ラテン語版所収のテクストに依拠し、モロー編スピノザ全集（第五巻）およびゲプハルト版全集（第三巻）の校訂を参考にした。また訳語の選定に際しては『遺稿集』オランダ語版のオランダ語訳を参考にした。

一　本文の欄外上部の算用数字は、ゲプハルト版全集（第三巻）の対応頁を示す。

一　本文中の段落ごとに付された節番号は『遺稿集』のものである。ただし長い段落は訳者の判断で節内に改行をほどこした。

一　『遺稿集』テクストで引用を表すイタリック体部分は「　」で示した。その他の「　」は語が対象的に言及されるニュアンスを表すために訳者が付加したものである。〔　〕は訳者による補足を示す。

一　訳注や解説で頻繁に参照される諸版に関しては、左に掲げる略号を用いた。

OP　『遺稿集』ラテン語版（*B.d.S. Opera posthuma, quorum series post praefationem exhibetur*, Amsterdam, 1677）

NS　『遺稿集』オランダ語版（*De nagelate schriften van B.d.S., als Zedekunst, Staatkunde, Verbetering van 't verstant, Brieven en antwoorden, uit verscheide talen in de Nederlandsche gebragt*, Amsterdam, 1677）

Gb　ゲプハルト版全集（第三巻に所収）（*Spinoza Opera*, im Auftrag der Heidelberger Akademie der Wissenschaften herausgegeben von Carl Gebhardt, Bd. 3, Heidelberg, Carl Winter, 1925/1972)

M　モロー編スピノザ全集（第五巻に所収）（*Spinoza Œuvres*, édition publiée sous la direction de Pierre-François Moreau: *Œuvres* V — *Traité politique*, Paris, Presses Universitaires de France, 2005）

P　ポートラ編スピノザ全集（*Spinoza. Œuvres complètes*, édition publiée sous la direction de Bernard Pautrat, Paris, Gallimard, 2022）

目次

政治論

君主制統治となっている社会、あるいは選良が統治している社会がいずれも暴政に陥らず、また市民の平和と自由〔1〕が侵されないようにするために、社会はどのように設立されねばならないか。本書はこれを証明〔2〕する。

272

友人に宛てた著者の手紙
——この『政治論』の序文に代わるものとして。〔1〕

「親愛なる友よ、昨日貴方からの嬉しい便りが届きました。私に対する貴方の誠実な心遣いには心から感謝しています。私がいま仕事に取り掛かっていなかったら、この機会等々を逃すはずもありませんが、私はこの仕事のほうがさらに有益だと判断していますし、貴方にもきっとそのほうが気に入ってもらえると信じています。というのも、以前に貴方の発案で始めた『政治論』を起草中なのです。この論著の六章分がすでに完成しました。第一章はいわば作品そのものの序論をなしています。第二章は自然権を論じ、第三章は最高権力の権利を、第四章はいったいどんな政務がひとり最高権力の支配のみにかかっているのか、第五章は国家が考慮しうる究極の事柄はいったい何であるのかを、そして第六章は君主制統治が暴政に陥らないためにはどのように設立されるべきかを論じます。いまは第七章を書いていますが、ここでは先の第六章、つまり、よく整った君主制の秩序に関する章のすべての節を順序立てて証明しています。そのあと、貴族制統治と民主制統治に、そして最後に、法律やその他、政治論に関する特殊問題に進みます。それではこれでさようなら、お元気で、匆々。」

著者の意図はここから明らかである。しかし、病気によって妨げられ死によって連れ去られたため、彼は貴族制の終わりまでしかこの仕事を続けることができなかった——読者自身がこれからご覧になるように。

章目次[1]

273

第一章〔序論〕

一　哲学者たちはわれわれがとらわれる感情を、まるで人間がみずからの過ちによって陥る悪徳のように考える。そのため、感情を笑い、嘆き悲しみ、非難し、あるいは（自分を立派に見せたがる哲学者の場合）呪詛するのが普通になっている。こうして彼らは、どこにも存在しない人間本性をあれこれ賞賛し、現実に存在する人間本性を言葉で攻撃することがうまくなると、自分は何か神聖なことをやっていて智恵の高みに到達するものと思っている。彼らは人間をあるがままのものとしてではなく、そうあってほしいものとしてしか考えない。その結果たいていの哲学者は倫理学と称して風刺ばかり書き、実用に耐えうる政治学はまったく考えてこなかった。彼らの政治学はせいぜい空想の産物と見なされるようなもの、あるいは、政治学などまったく要らないユートピア[1]や詩人たちの描く黄金時代でしか制定しえないような代物なのである[2]。というわけで、実際的な学問のなかで政治学ほど理論と実践が乖離しているものはないとされ、理論家や哲学者ほど公共体[3]を統括するのに不適格な人間はないと目されている。

二　これと反対に、政治家たちは人間のために図るよりは陥れる者、賢者というよりはむしろ老獪な連中だと
思われている。それは不思議ではない。彼らは経験から、人間のある限り悪徳は尽きまいと教えられてきた。そ
274 こで彼らは人間の悪意を先読みすることに努め、経験が長い実践から教えてきた術策——すなわち理性よりは恐

れによって導かれる人間たちが用いるのを常とする術策に訴える。なので彼らはどうしても反宗教的に見え、とりわけ神学者たちにはそうとしか見えない。神学者たちの信じるところでは、最高権力は私人が義務づけられるのとまったく同じ敬虔[4]の諸規則に従って公の政務に当たらねばならないのである。とはいえ、こと政治に関しては、そうした政治家のほうが哲学者よりはるかに実のあることを書いているのは間違いない。経験を師と仰ぐ彼ら政治家は実用から遊離したことはいっさい説いてこなかったからである。

三　私はこう確信している。人間の和合的な生のために考えることのできる国家[5]の種類、群集を導き一定の限界内に抑制しておくべき諸手段といったものは、全部経験が提示してくれているのだと。だからこういう事柄についてどれほど頭をひねっても、かつて一度も試みられず、検証もされず、しかも経験や実践に背馳しないような妙案が見つかるとは私にはとうてい思えない。というのも、人間は何らかの共同の権利[6]の外では生存できないようになっており、しかも共同の法[7]と公の政務は、狡猾であろうと老獪であろうと、ともかく一番頭の切れる人間たちによって制定され処理されてきたのである。とすれば、共同社会に有益で、しかもこれまで一度も発見される機会に恵まれず、共同の政務に没頭し保身を図る人間たちが気付きもしなかったような、そんな何かをわれわれが考えうるとはほとんど信じられそうもない。

四　というわけで政治学に取り組むさい、私は新奇で耳新しいものではなくもっぱら実践ともっともよく一致するものだけに限り、確実で疑いの余地のない論拠によってこれを証明し、または[8]人間本性のあり方そのものから導き出そうと意図した。そしてこの学に関わる事柄を、数学的な事柄の探究なら普通であるのと同じ自由な精神で探究するために、私は人間の行いを笑ったり嘆いたり呪詛したりするのではなく、ただ理解しようと細心の

275

注意を傾けた。そうやって私は人間の感情――愛、憎しみ、怒り、ねたみ、名誉心、憐れみ、その他さまざまな情動――を人間本性の悪徳としてではなく、ちょうど暑さ、寒さ、嵐、雷などが大気の本性に属するように、人間本性に属する諸々の特性として考察したのである。それらの大気現象は不快とはいえ必然的で一定の原因を持っており、われわれは原因によってその本性を理解しようと努める。精神はそういうものでも、感覚に快い事物の認識と同じように真なる考察を楽しむのである〔9〕。

五　じっさい次は確かであって、その真なることをわれわれは『エチカ』で証明した〔10〕。すなわち、人間は必然的に感情に隷属する。不幸な者には同情し幸運な者にはねたみを抱き、しかも憐れみよりは復讐のほうに傾きやすくできている。そのためにだれもが自分の意向どおりに他人が生きるよう、また自分が認めることは他人も認め、自分が認めないことは他人も認めないようにさせたがる。その結果、だれもが等しく一番になろうとして張り合うことになり、可能な限り相手を制しようと努め、そしていざ勝利すると、いかに自分に益したかより、むしろいかに他人を邪魔したかを誇る。そして宗教はその反対になんぴとも隣人を自分自身のように愛し、他者の権利を自己の権利のように擁護するよう教えている〔11〕のをだれもが承知しているにもかかわらず、そうした説得は感情に対してほとんど無力であるということもわれわれは証明した。なるほど病気が感情自体を圧倒してぐったり横たわるだけの臨終の床、あるいは商取引のない教会堂の中ではそれなりの効力があるかもしれない。だがそういう説得が一番必要な市場や法廷では何の効力もないのである。われわれはそれに加えて、理性は感情を抑制し緩和するのに多くをなしうることを示したが、同時に、理性の教える道が険しいことをも見た〔12〕。だから、群集あるいは公の政務に忙殺される人間たちが理性の規範のみに従って生きるように仕向けられることは可能だと信じる人がいるなら、その人は詩人の描く黄金時代かお伽話を夢見ているのである。

六　したがって、その安寧がある人間の信義にかかっていて、担い手たちが誠実にふるまおうとしなければ政務が正しく処理されない統治[13]はまったく安定を見ないであろう。むしろ統治が恒常的でありうるためには、為政者たちが理性によって導かれてであれ感情によって導かれてであれ、いずれにせよ背信へ仕向けられることができないように公事を整備しておかねばならない。それに、どんな思いから人間たちが政務を正しく行うように向かわされるかということは、そもそも統治の安全には関係がない。要はただ正しく政務が行われればよいのである。というのも精神の自由や強さは私人の徳であり、統治の徳[14]は「安全」なのだから。

七　最後に、野蛮であろうと洗練されていようと、人間はみないたるところで絆を結び、何らかの国家状態を形成する。そうである以上、統治の諸原因[15]とその自然的な基礎は理性の教えに求めるべきではなく、むしろ人間たちに共通の本性ないし共通のありかたから導き出さねばならない。これが次の章で私が実行に移そうとかねて心に決めていたことである。

第二章 〔自然権について〕

一 われわれは『神学政治論』で自然権と国法について論じた[1]。そして『エチカ』では罪、功績、正義、不正、人間の自由とは何かということを説明した[2]。しかし本書の読者がこの書に大きく関わる事項についてわざわざ他の著作に当たらなくてもよいように、私はそれらをあらためてここで説明し、論証の形で証明を与えることにした。

二 自然的事物は何であれ、それが現実に存在するかどうかに関わりなく十全に考えることができる。それゆえ、自然的事物の定義からはその存在の始まりも持続も結論されえない。というのも事物の観念的な本質は、その事物が存在しはじめる前でも後でも同一だからである。ゆえに事物の現実存在はその始まりも持続も本質からは出てこず、むしろ存在し続けるために、それが存在しはじめるのに要するのと同一の力能[3]を必要とする。ここから、自然的事物が現実に存在し、したがってまた働くその力能は、神の永遠なる力能そのもの以外ではありえないことが帰結する[4]。なぜなら、もしそれが何かほかの被造的な力能だとすると、そういうものはそれ自身を維持しえず、したがってまた自然的事物を維持することもできず、むしろみずからが存在し続けるために、みずからが造られるのに要したのと同じ力能を必要とするからである。

277

三　このこと、すなわち自然的事物が存在し働く力能はまさに神の力能そのものであるということから、自然の権利[5]とは何かということも容易に理解される。というのは、神は万物に対して権利を有し、神の権利は絶対的に自由なものと見なされた神の力能そのものにほかならぬ以上、その帰結として、自然的事物はどれもが、存在し働く力能を持っているのと同じだけの権利を自然から得ていることになるからである。それというのも、おのおのの自然的事物がそれによって存在し働くところの自然的力能は、とりもなおさず神の絶対的に自由な力能そのものにほかならないのだから。

四　というわけで私は「自然の権利〔自然の法〕」という語で、すべてがそれに従って生じる自然の諸々の法則ないし諸規則そのもの、すなわち自然の力能そのものを意味することにする。こうして全自然の、したがってまた各個体の自然権はその力能の及ぶところまで及ぶ。ということはまた人間各人も、自身の本性諸規則から何をなそうとそれを自然の最高の権利によってなしているのであり、各人は力能がなしえているその分だけの権利を自然に対して持っていることになる。

五　それゆえ、ひたすら理性の規範のみにもとづいて生き、ほかには何も努めないというふうに人間本性がなっていたなら、自然の権利はそれが人類固有と見なされる限りで、もっぱら理性の力能だけで決定されていたであろう。しかし人間たちは理性によってよりもむしろ闇雲な欲望によって導かれる。したがって人間たちの自然的な力能ないし権利は理性によってではなく、何らかの欲求――それによって人間たちが行為へと決定され自己を維持しようと努める欲求――によって定義されねばならない。もちろん、理性から生じるのでないこうした欲望が人間の能動ではなくむしろ受動だということはわかっている。だがここでは自然の普遍的な力能ないし権利

278

を問題にしているのだから、理性からわれわれの内に生じる欲望と、理性以外の原因からわれわれの内に生じる欲望とで違いを認めることはできない。なぜなら、両者はいずれも等しく自然の生み出す結果であり、いずれも等しく、人間が自身としてあり続けようと努めるその自然的な力を説明するからである。〔6〕じっさい、人間は賢くても無知であったとしても自然の一部であって、各人を行為へと決定する一切は自然の力能に——それがこの人間、あの人間の本性によって定義されうる限りで——関係づけられねばならない。というのも、人間は理性に導かれようと欲望のみによって導かれようと、いずれにせよ自然の諸法則と諸規則に従ってでなければ——すなわち（本章の第四節により）自然の権利にもとづいてでなければ——何も行わないからである。

六　ところがほとんどの人は、無知な人間たちは自然の秩序に従わずにこれを乱すだけだと信じ、自然の中の人間をまるで統治の中の統治〔7〕のように考えている。彼らの主張では、人間精神は自然的原因から生み出されるのでなく、他の事物にまったく依存せずに自己決定や理性の正しい使用の絶対的な権限を有する存在として、直接神によって創造されるというのである。しかし経験がいやというほど教えているように、健全な身体を持つことと同様、健全な精神を持つこともわれわれの力の内にはない。それに、おのおのの事物は自身としてあることの維持にできる限り努めるのだから、もし理性の規範に従って生きることも闇雲な欲望に導かれることも等しくわれわれの力のうちにあったなら間違いなく皆が理性によって導かれ、皆がはるかに賢い生き方をしているはずなのに、事実はまったく違う。じっさい、だれもが自分の快楽に引きずり回されるのである。神学者たちはこの不都合を何とかしようとして、人間本性の悪徳、ないし最初の祖先の堕落に由来する罪〔8〕がそうした無力の原因なのだと主張するけれども、うまくいかない。というのも、最初の人間もまた躓くことも誘惑に抗することも等しく力の内にあり、みずからの精神の支配とまっとうな本性をそなえていたというのなら、どうして彼が熟慮のうえでそうと知りながら堕落するなどということがありえたのか。いや、それは悪魔に欺かれたからだと神学者たちは言うだろう。ではその悪魔はだれが欺いたのか。知性を持つ全被造物のあいだでもっとも秀でたこの悪魔〔9〕をいったいだれが惑わし、神に勝ろうとまで狂わせたのか。結局それは健全な精神を持ち、自身としてあることの維持に努めていたその悪魔自身しかいないではないか。またそもそも最初の人間からして、もし彼がみずからの精神の主人であり自己の意志の支配者であったなら、その彼がどうして誘惑され言うなりになるなどということがありえたのか。なぜなら、理性を正しく使用する力を持っているなら欺かれることはありえないわけで、それというのも彼は必然的に、自身としてありみずからの健全な精神を保持しようとできる限り努めるはずだからである。ところで、そうすることは最初の人間の力の内にあったと仮定されている。ゆえに、彼は必然的にみずからの健全な精神を保持したであろうし、欺かれることなどありえなかったであろう。だがこれがそうでないことは最初の人間の物語そのものから明らかである。したがってこう認めざるをえない。理性の正しい使用は最初の人間の力の内にはなかった、最初の人間もわれわれと同じように感情に隷属していたのであると。

七　他方、人間は他の諸個体と同じように自身としてあることの維持にできる限り努めるということはだれも
否定できない。じっさい、もしそこに違いが考えられるとすれば、それは人間には自由な意志があるということ
に由来しなければなるまい。ところがわれわれは人間を自由なものとして考えれば考えるほど、人間は必然的に
自己を維持し精神を支配するはずだと考えざるをえなくなるのである。このことは自由を偶然と混同しない人な
279 ら認めてもらえるだろう。なぜなら「自由」は一個の徳ないし完全性だからである。したがって、人間の無力を
示すものは何であれ人間の自由に関係づけることはできない。だからこそ、存在しないことができるとか理性を
使用しないことができるといった理由で人間は自由だと言うことはできず、そう言えるのはもっぱら、人間がみ

ずからの本性諸法則に従って存在しかつ働く力を持つただその限りにおいてなのである。したがって、人間を自由なものと見なせば見なすほど、人間は理性を使用しないことができるとか、善より悪を選ぶとか言うことはますますできなくなる。同様に、絶対的な意味で自由に存在し、理解し、働く存在である神も、やはり必然的に――すなわち神自身の本性の必然性から――存在し、理解し、働く。なぜなら疑いもなく、神は自由に存在するその同じ自由において働くからである。したがって神はそれ自身の本性の必然性から存在するのと同じように、それ自身の本性の必然性から行う。すなわち絶対的な意味で自由に行うのである[10]。

八　こうしてわれわれは結論する。常時理性を使用し人間的自由の頂点にいることは各人の力の内にはない。にもかかわらず各人は常に自身としてあることの維持にできる限り努め、賢くても無知であってもその人が努めかつ行うことは（みずからの力能の及ぶそのぶんの権利を有する以上）それが何であろうと自然の最高の権利によって努め、行っているのだと。ここから、すべての人間がそのもとに生まれ大部分がそのもとで生きている自然の権利（自然の法）と自然の成り立ちは、だれも欲望せずだれもできないこと以外何も禁止せず、諍いも憎しみも怒りも策略も、一言で言えば欲求が促す何ものもそれは拒みはしないということが帰結する。それは不思議ではない。なぜなら、自然は人間の真の利益と自己保存のみを目標とする人間理性の諸法則によって制限されるのではなく、むしろ人間がその一部分にすぎない全自然の永遠なる秩序に関わる他の無数の諸法則によって制限される。そしてすべての個体はある一定の仕方で、この永遠なる秩序の必然性のみから存在と働きへと決定されるからである[11]。したがって、自然の中に何か笑うべきもの、不条理なもの、悪しきものがあるように見えても、それはわれわれがものごとを部分的に知っているだけで全自然の秩序と連関の大部分を知らず、しかもわれわれの理性の規範どおりにすべてが導かれるよう欲するのでそう見えるのである。だが理性が悪しきものと見なすものも、普遍的自然の秩序と法則の観点からは悪しきものではない。ただわれわれの本性の法則のみから見てそうなのである。

280 九　さらに次が帰結する。すなわち、各人は他者の力のもとにあるあいだは他者の権利のもとにあり、あらゆる暴力を撃退し被害を自分の考えで復讐できるその限りで――一般的に言えば自分の思いどおりに生きることができるその限りで――自己の権利のもとにある。

一〇　他者を拘束し、あるいは、みずからを守りもしくは逃亡するための武器や手段を他者から取り上げ、あるいはまた、恐れを植え付けもしくは恩を売ることで他者を征服して意向を忖度するようにさせ、ついに他者がみずからよりもこちらの考えに従って生きるようにさせる場合、この者は他者をみずからの力のもとに置いている。第一と第二のやり方で他者を支配する者は、他者の身体を掌握するだけで精神までは掌握しない。第三と第四のやり方で他者を支配する者は、他者の身体だけでなく精神をも自己の権利のもとに置いている。ただしそれは他者の恐れや期待が続くあいだだけであって、そのいずれかが消失すれば他者は自己の権利のもとにとどまる。

一一　判断能力もまた、精神が他者によって欺かれうる限りで他者の権利のもとにありうる。ここから、精神は理性を正しく用いることができるその限りで、完全に自己の権利のもとにあるということになる。それどころか、人間の力能は身体の屈強さより精神の強さによって評価されるべきなのだから、もっとも多く自己の権利のもとにあるのは、理性においてもっとも強力で、もっとも理性に導かれる者たちだということが帰結する。そこで私は、理性に導かれるその限りでその人間を完全に自由な人間と呼ぶことにする。なぜなら、その限りで人間は、自分自身の本性のみによって十全に理解されうるような諸原因から行為へと決定されるからである――たとえそうした原因から必然的に行為へと決定されるとしても。じっさい、自由は（本章の第七節で論じたように）行為の必然性を取り除きはせず、むしろ定立するのだから。

一二　ある人に対してしかじかのことをなすであろう、あるいは反対に、なさないであろうとただ言葉だけで約束を与え、自己の権利のためにその履行を差し控えることもできる場合、その約束は約束を与えた者の意志が変わらないあいだだけ有効である。というのも、約束を破棄する権限を持つ者は、実際には権利を譲ったのではなくただ言葉を与えただけなのだから。したがって、自然の権利によって自己の裁定者であるその当人があとで――それが正しいか間違っているかは（人間は誤るものなので）別として――約束から益より害が生じると判断するようになれば、その者は自分自身の考えで約束を破棄すべきものと見なしているわけで、この者は（本章の第九節より）自然の権利によって約束を破棄するであろう〔12〕。

281

一三　二人の人間が一致し力を結合すれば、単独でいるより多くのことがいっしょにでき、したがってまた自然に対して、単独でいるより大きい権利をいっしょになって有する。そしてこんなふうに緊密な関係を結ぶ人々が多ければ多いほど、それだけ大きい権利を全員がいっしょになって有することになるだろう〔13〕。

一四　人間は怒りやねたみ、その他憎しみに類する何らかの感情にとらわれる限り散り散りに分裂し、互いに対立しあう〔14〕。そのため人間は他の動物より有能で老獪かつ狡猾なだけにいっそう相互にとっての脅威となる。しかも人間は（前章の第五節で述べたように）本性上たいていそうした感情に隷属している以上、人間は本性からして敵どうしである。なぜなら私の最大の敵とは、私にとってもっとも恐るべき者、もっとも警戒を要する者のことだから。

一五　ところで（本章の第九節より）各人は自然状態では、他者に屈服させられないように身を守ることのできるあいだしか自己の権利のもとにない。またひとりで万人を相手に身を守ろうとしても無駄である。ここから、人間の自然権は一人ひとりの力能によって決定されて各人の権利であるあいだはまったく無に等しく、現実によりはむしろ意見において成り立つものでしかないということが出てくる〔15〕。なぜなら、そんな権利を手に入れるための保障はまったく存在しないのだから。また各人は恐れの種が多ければ多いほどできることが少なくなり、それだけ持っている権利も少なくなるということも間違いない。さらに、人間は相互の助け合いなしではほとんど生活を維持できず、精神を育むことすらできない。そこでわれわれの結論はこうなる。すなわち、人類固有の自然の権利というものは、人間が共同の法を有し、居住と耕作に適する土地の占有をいっしょになって主張し、身を守り、あらゆる暴力を撃退し、全員の共通の意志決定にもとづいて生きるといったことが可能な場合でなければ、ほとんど考えることすらできないということである。なぜなら（本章の第一三節より）そんなふうにひとつに一致する人間の数が多ければ多いほど、それだけ大きい権利を全員がいっしょになって有するのだから。もしスコラ哲学者たちが、自然状態で自己の権利のもとにあることはほとんど不可能だというこうした理由から人間を「社会的動物」と言いたいのなら〔16〕、私はまったくもって異存はない。

一六　人間たちが共同の法を有し、全員があたかも一つの精神によってのように導かれる場合、彼らの一人ひとりは、自分以外の者がいっしょになって力能のうえで自分よりまさるその分、自身の有する権利がそれだけ少

282

なくなることは間違いない（本章の第一三節より）。つまり、各人は共同の権利が容認してくれる以外、事実上いかなる権利も自然に対して持たず、また共同の合意にもとづいて命令されることは何であれ実行するよう義務づけられ、もしくは（本章の第四節より）権利によってそれへと強いられるということである。

一七　群集[17]の力能によって定義されるこの権利は「統治[18]」と呼ばれる習わしである。そしてこの権利は、公共体の配慮を共同の合意にもとづいて担う者が絶対的にこれを掌握する。すなわち法の制定と解釈ならびに廃止、都市の防衛、戦争と和平の決定といった事柄である。この配慮が一般の群集から構成される議会に属する場合、統治は「民主制」と呼ばれ、選り抜かれた何人かの人間だけで構成される議会にそれが属するなら「貴族制」と呼ばれる。そして公共体の配慮——したがってまた統治——が一人の人間の手中にある場合は「君主制」と呼ばれる。

一八　本章で示してきたことから、自然状態において罪は存在しないということがはっきりする。もしだれかが罪を犯すとしても、それは自分自身に対してであって他者に対してではない。それというのも自然の権利によっては、なんぴともみずから欲するのでない限り他人の意向に従うよう義務づけられず、みずからの意向で決定するのでなければ何かをよい、あるいは悪いと見なすよう義務づけられることもなく、端的に言うなら、だれにもできないこと以外に自然の権利（自然の法）によって禁止されることは何もないからである（本章の第五節と第八節を見よ）。ところが「罪」とは権利をもってなされえない行為のことなのである。もし人間が理性に導かれるよう自然の成り立ちから義務づけられていたなら、必然的に全員が理性に導かれていただろう。じっさい、自然のもろもろの成り立ちは神の成り立ちであり（本章の第二節と第三節より）、神はこれをみずから自由に存在するその同じ自由によって制定した。つまりそれは神的本性の必然性から帰結する成り立ち（本章の第七節を見よ）、したがってまた永遠で、背くことが不可能な成り立ちなのである。ところが人間たちは理性なしに欲求によってもっとも導かれ、にもかかわらず自然の秩序を乱すのでなくそれに必然的に従っている。それゆえ、無知な人、心において無力な人が、賢く生きるよう自然の権利〔自然の法〕にもとづいて義務づけられるということはない。それは病弱な人が健康な体でいるよう義務づけられないのと同様である。

一九　こんなふうに、罪は統治のあるところ――すなわち統治全体が有する共同の権利にもとづいてよいことと悪いことが決定され、共同の決裁ないし合意にもとづくのでない限りだれも（本章の第一六節により）権利をもって何かをなすことにならないような――そういう中でしか考えることができない。じっさい、「罪」とは（前節で述べたように）権利をもってなされえぬこと、権利〔法〕によって禁じられていることであり、これと反対に「恭順」とは、権利〔法〕にもとづいてよしとされ共同の決裁にもとづいてなされるべきとされる事柄を実行しようとする、恒常的な意志のことである。

二〇　ところがわれわれは健全な理性の指図に反してなされることも「罪」と呼び、理性の規範にもとづいて欲求を抑制する恒常的な意志をも「恭順」と呼ぶのが常である。人間の自由が欲求の放縦に、隷属が理性の支配に存するのだったらそれもよかろう。しかし人間の自由は、人間が理性に導かれ欲求を抑えることができればできるほど、それだけ大きいのである。だからわれわれはよほど不適切にでなければ、理性的な生を「恭順」と呼んだり、また自己に反した放縦どころか実は精神の無力にすぎず、自由な人間とよりは奴隷と言われるにふさわしいような事柄を「罪」の名で呼ぶことはできない（本章の第七節と第一一節を見よ）。

284

二一　たしかにそうなのだが、にもかかわらず理性は敬虔〔19〕を実践し平静で善良な心を持つように教えており、こうした教えの実行は統治の中でしか可能ではない。それに統治においては群集があたかも一つの精神によってのように導かれることが必要だが、このことは理性の規範にもとづいて制定された法を群集が持っていなければ、実現不可能である。とすれば、統治の中で生きるのを常としてきた人間たちが理性の指図に反してなされる事柄を指して「罪」と呼ぶとしても、あながち不適切なわけではない。それというのも、最善の統治にふさわしい法（本章の第一八節を見よ）〔20〕は理性の指図にもとづいて制定されねばならないからである。しかし、自然状態において人間が罪を犯すのは自分自身に対してであると私が言った（本章の第一八節）その理由については、第四章の第四節および第五節を見ていただきたい〔21〕。そこでは、統治を掌握し自然の権利によってこれを獲得する者がなおも法律に拘束され罪を犯しうると言えるのはどういう意味においてであるか、ということが示されている。

二二　宗教に関しては、神を愛し全霊をもって崇拝すればするほどそれだけ人間は自由であり、かつもっとも自分自身に対して恭順している、ということもまた確かである。知られざる自然の秩序ではなくて宗教に関する理性の指図のみを眼中に置き、同時にこの指図を、神がわれわれ自身のうちで語るかのように神から啓示された命令、あるいは預言者たちに法であるかのように神から啓示された指図と見なすなら、その限りでわれわれは——人間的な言い方をすれば——神を全霊で愛する者は神に恭順し、反対に闇雲な欲望に導かれる者は罪を犯す、と言う。ただそのさい忘れてならないのは、われわれが神の力の内にあるのは、ちょうど陶工の力の内に粘土の塊があるのと同様であって、陶工は同じ粘土の塊から、ある器は尊い目的のために、ある器は卑しい目的のために作る力を持っている〔22〕ということである。したがって人間はたしかに、われわれの内あるいは預言者の精神の内に法として書き込まれた神の決裁に反して何かをすることはできるけれども、普遍的自然の中に書き込まれ、かつ自然全体の秩序に関わる神の永遠なる決裁に反して何かをすることはできないということ、このことを覚えておかねばならない。

二三　こうして罪ならびに恭順は正義や不正と同じく、厳密な意味では統治の中でしか考えられない。なぜなら自然においては権利によってこの人のものであって他の人のものではないと言いうるようなものは何もなく、あらゆるものはあらゆる人に、すなわち占有を主張する力を有するすべての者に属するからである。それに対し、何がだれのものかということが共同の権利にもとづいて決定される統治の中では、各人に各人のものを認める恒常的な意志を持つ人は「正しい者」と言われ、反対に他人のものを勝手にわがものにしようとする人は「不正な者」と言われる。

二四　なおまた「賞賛」ならびに「非難」が何であるかはわれわれの『エチカ』で説明した。すなわち「賞賛」とは人間の徳の観念が原因のようにして伴う喜びの感情、「非難」とは人間の無力の観念が原因のようにして伴う悲しみの感情のことである〔23〕。

第三章〔最高権力の権利について〕

一　どんな統治でもその状態は「国家状態」と言われ、統治の総体としての身体は「国家」、統治を掌握する者の指揮にかかっている統治の共同政務は「公共体〔公共の事柄〕」と呼ばれる。[1]また人間については、国法にもとづいて国家のあらゆる便宜を享受する限りでは「市民」、国家の制度や法律への服従を義務づけられている限りでは「国民」とわれわれは呼ぶ。[2]そして前章の第一七節で述べたとおり、国家状態には三つの種類、すなわち民主制、貴族制、君主制がある。さてこれらを個別に論じはじめるわけだが、その前にまず国家状態一般にかかわる事柄を証明しておこう。その中ですべてに先んじて考察対象となるのは、国家ないし最高権力の最高の権利[3]である。

285

二　前章の第一五節から明白なように、統治ないし最高権力の権利は自然の権利そのもの——すなわち一人ひとりの力能によってでなく、あたかも一つの精神によってのように導かれる群集の、その力能によって決定される自然の権利そのもの——であって、それ以外の何ものでもない。言いかえれば、自然状態における一人ひとりと同じく、統治全体の身体と精神もまたその力能の及ぶだけの権利を有するのである。したがって市民ないし国民の一人ひとりは、国家が力能のうえで彼自身にまさるそのぶん、少ない権利を有する（前章の第一六節を見よ）。したがってまた市民の各人は、国家の共同の決裁によって主張できること以外は何も権利にもとづいてなすことにならず、何も所有していることにならない。

三　国家がだれかに自分の思いどおりに生きる権利を容認し、したがってまた（それだけなら前章の第一二節によりただ言葉を与えただけになるので）そうする権力を容認するようなことがあれば、まさにそのことによって国家は自己の権利を放棄し、そのような権力を与えた者に自己の権利を譲渡することになる。だがこの権力すなわち自分の思いどおりに生きる権力を二人、あるいはそれ以上の者たちに与えてしまったなら、まさにそのことによって国家は統治を分割したことになる。最後に、もしそうした権限を市民各人に与えてしまえば、まさにそのことによって国家はみずからを破壊したことになり、そのうえは国家でなくなって一切は自然状態に還る。こうしたことはみな先に述べてきたことからきわめて明白である。このようにして、自分の思いどおりに生きることが国家の制度にもとづいて市民各人に許されるなどということはどんな論拠によっても考えることができないということ、したがってまたそうした「自然権」、すなわち各人が自身の裁定者となる自然権は、必然的に国家状態において停止するということが帰結する。私はあえて「国家の制度にもとづいて」と言う。なぜなら、各人の「自然の権利」は（ものごとをよく考えてみれば）国家状態でも停止しない[4]。人間は自然状態においてと同様、国家状態においても自身の本性の諸法則から行為し、自己の利害を気遣うからである。そう、人間はいずれの状態でも期待または恐れに導かれてしかじかのことをなし、あるいはしかじかのことを差し控えると私は言っているのである。二つの状態に違いがあるとすれば、国家状態では全員が同じものを恐れ、安全の原因と生活様式が全員にとって同じであるという点が主要な違いだが、このことはまったく各人の判断能力を除去しない。じっさい、国家の力能を恐れてであろうと平穏を好んでであろうと、国家のあらゆる命令に従おうと決心する人はまったくみずからの意向にもとづいて自己の安全と利害を図っているのだから。

286

四　さらに、国家の決裁ないし法を市民各人が勝手に解釈してよいと考えることもできない。そんなことが許されれば、まさにそのことから各人が自己の裁定者であることになってしまうだろう。それというのももしそうなら各人は難なく権利を装って自分のしたことを言い繕ったり粉飾したりでき、したがってまた自分の思いどおりに生きることができることになるが、これは（前節により）背理だからである。

五　こうしてわかるように、市民各人は自己の権利のもとにでなく国家の権利のもとにある。すなわち市民各人は国家のすべての命令を実行するよう義務づけられ、また何が公正で何が不公正か、何が敬虔で何が不敬虔かを勝手に決定するいかなる権利も持たない。むしろ反対に――統治の身体はあたかも一つの精神によってのように導かれねばならず、したがってまた国家の意志は全員の意志と見なされねばならない以上――、国家が正しい、よい、と決定する事柄は各人の決裁と見なされるべきである。したがって国民は、たとえ国家の決裁を不公正と見なす場合でも、やはりそれを実行するよう義務づけられる。

六　しかしこう反論されるかもしれない。他者の判断に全面的に服するなどということは理性の指図に反し、したがってまた国家状態も理性に矛盾するのではあるまいかと。もしそうなら、その帰結として国家状態は非合理であり、理性に導かれる人間たちによってでなくせいぜい理性を失った人間たちによってでしか創設されえないということになってしまうだろうと。しかし理性は自然に反することは何も教えない以上、「人間たちが感情に隷属しているあいだも各人は自己の権利のもとにとどまるべし」と健全な理性が教えることはありえない（前章の第一五節により）。すなわち理性は（第一章の第五節により）そんなことができる可能性を否定するのである。加えて、理性は平和を求めよと留保なしに教えているが、〔5〕平和はたしかに国家の共同の法が破られざるものとして守られなければ決して獲得されえない。したがって、人間は理性に導かれれば導かれるほど、すなわち（前章の第一一節により）自由であればあるほど、それだけ恒常的に国家の法を守り、かつみずからがその国民であるところの最高権力の命令を実行するであろう。それだけではない。国家状態は共通の恐れを除去し共通の悲惨を追い払うためにおのずと設立される。〔6〕したがって国家状態は、自然状態で一人ひとりがいくら理性に導かれて努力してもできないことを目指すのである（前章の第一五節による）。それゆえ、理性に導かれる人が理性に反する事柄と知りつつ国家の命令を実行しなければならないことがときにあっても、この害は国家状態そのものから引き出される益によって償われてあまりある。なぜなら、二つの悪からより小さい悪を選ぶのもまた理性の法則なのだから。したがってわれわれはこう結論してよい。すなわち国家の法によってなすべきとされることを行う限り、だれも自分の理性の規範に反する何かを行うことにはならない。このことは、われわれが国家の力能――したがってまたその権利――がどこまで及ぶかということを説明すれば、もっと容易に同意してもらえるであろう。

七　すなわち考慮すべき点として、第一に、自然状態においては理性に導かれる人間こそがもっとも力がありもっとも自己の権利のもとにある（前章の第一一節により）のと同じく、理性によって基礎づけられ、理性によって導かれる国家こそがもっとも力がありもっとも自己の権利のもとにある国家だということ。なぜなら、国家の権利はあたかも一つの精神によってのように導かれる群集の、その力能によって決定されるわけだが、この心の合一は国家が健全な理性の教える万人の利益を目指すことなしには、どう理屈をつけても考えることができないからである。

288

八　さらに考慮すべき点として、第二に、国民が自己の権利でなく国家の権利のもとにあるのは、もっぱら彼らが国家の力能ないし威嚇を恐れ、あるいは国家状態を好ましく思うその限りにおいてである（前章の第一〇節により）ということ。ここから、報酬や威嚇によってだれもさせられないような事柄は国家の権利に属さないということが帰結する。たとえば判断能力を譲り渡すことなどだれにもできない。じっさい、全体は部分より大きくないとか、神は存在しないとか、有限であることが一目瞭然の物体が実は無限であるとか、要するに当人の感覚や思考に反する何かを人間に信じるようにさせるどんな報酬、どんな威嚇がありえよう。また同様に、どんな報酬、どんな威嚇によって、人間は自分の憎んでいる人を愛するように、あるいは愛している人を憎むようにさせられうるだろう。さらに、人間本性が最悪中の最悪と見なすほどに強く忌避する事柄もあげておかねばならない。たとえば自分に不利な証言をする、自分自身を苦痛で苛む、肉親を殺害する、死を回避しない等々がそうで、こういうことは報酬や威嚇によってさせられることはだれにもできない。それでも国家はそういうことを命令する権利ないし権力を持つのだと言おうとすれば、それは「人間は発狂し錯乱する権利を持っている」と言うのと同じ意味で理解するほかないであろう。じっさい、だれをも拘束できないそうした権利は錯乱以外の何だというのか。ただ、私がここで特に語っているのは、国家の権利に属しえず人間本性がほとんどの場合に忌避するような事柄についてである。じっさい、愚か者や狂った者はどんな報酬によっても、またどんな威嚇によっても命令を実行するように仕向けられることができないこともあろうし、また、だれかれがしかじかの宗教の虜になってしまったがために統治の法を最悪中の最悪と決めつけることもあるかもしれないが、にもかかわらず国家の法は無効にならない。なぜなら、市民の大部分は国家の法に拘束されているからである。したがって、何も恐れず何も期待しない者たちはその限りで（前章の第一〇節により）自己の権利のもとにあり、そうである以上（前章の第一四節により）統治の敵なのだから、こうした者たちは権利をもって制圧してかまわない。[7]

九　最後に考慮すべき第三点は、多数の人々を憤らせるような事柄はほとんど国家の権利に属さないということである。人間たちは本性に導かれて、共通の恐れのゆえに、〔8〕あるいはまた何らかの共通の被害の復讐を願う願望から結託することは間違いない。また国家の権利は群集の共同の力能によって定義される以上、国家は多数の人々が結託する原因を提供するその限りでみずからの力能と権利を減じることも間違いない。確かに国家はなにがしかの恐れの種を抱えており、ちょうど一人ひとりの市民や自然状態にある一個の人間と同じように、恐れの原因が大きければ大きいほど自己の権利のもとにあることがそれだけ少なくなるのである。以上が、国民に対する最高権力の権利についてであった。次は最高権力の、他の最高権力に対する権利について論じる段である。ただその前に、宗教に関してお決まりのように持ち出される疑問を解消しておく必要があると思われる。

一〇　というのも、われわれに対してこんな反論がありうるからである。国家状態、ならびにわれわれが国家状態において要求されるものとして示したような国民の服従は、神の崇拝へとわれわれが義務づけられる宗教を抹消してしまわないかという反論である。しかし事柄そのものをよく考えれば、そんな危惧の種となるものは何も見つからない。じっさい、精神は理性を使用している限り、最高権力の権利のもとにでなく自己の権利のもとにある（前章の第一一節により）。したがって隣人愛が（本章の第八節により）そうであるように、神の真の認識と愛はそれがなんぴとのものであれ統治に従属させられることはできない。さらに隣人愛の最高の実践は平和を守り和合を結ぶことであることを思えば、国家の法が――ということはすなわち和合と平穏が――許す範囲で一人ひとりに援助を与えるなら、その人は疑いなくみずからのなすべき務めを現に果たしているのである。さらに、外的な礼拝儀式について言えば、神の真の認識とそこから必然的に出てくる神への愛に対してまったく毒にも薬にも

289

ならないのは確かである。だからそんなものに平和と公共の平穏を乱すだけの価値など認めるべきではない。なおまた、自然の権利すなわち（前章の第三節により）神の決裁によれば、私が宗教の擁護者なのでないことは確かである。私には、かつてのキリストの弟子たちのように汚れた霊を追い出したり、奇跡を起こしたりする権能はないのだから。なるほどそういう権能は禁教の地での宣教には大いに必要で、それなしではよく言われるように骨折り損に終わるだけでなく、さらにあらゆる時代が陰惨きわまる例を目にしてきたあまたの厄介ごとが生じるのではあるけれども。というわけで、各人はいずこにあっても神を真の宗教によって崇め、自己を気遣うことができる。それは私人としての義務である。なおまた宣教に関する配慮については神に、あるいは公共体の配慮を担う最高権力に委ねるべきである。だが本題に戻ることにしよう。

一一　市民に対する最高権力の権利ならびに国民の義務は説明されたので、あとは最高権力の他の最高権力に対する権利を考慮することが残っている。これまで述べてきたことからすれば、その認識は今や容易である。じっさい（本章の第二節により）最高権力の権利は自然の権利そのものにほかならない以上、二つの最高権力の関係は自然状態にある二人の人間の関係と同じなのである。ただ、国家は他の国家に屈服させられないようみずからを守ることができるのに対し、自然状態の人間にはそれができないという点だけが違う。言うまでもなく人間は毎日眠らねばならず、ときには病気や心の病にかかり、最後は老いさらばえ、そのほか国家なら免れることのできるさまざまな不都合に隷属するからである。

一二　したがって、国家は自己のために図ることができ、他の国家によって屈服させられずにみずからを守ることができるその限りにおいて自己の権利のもとにある（前章の第九節と第一五節より）。また（前章の第一〇節と第一

290

五節により）他の国家の力能を恐れたり、その国家に妨げられて思うにまかせなかったり、あるいは自国の維持と発展のためにその国家の援助を必要とする限りにおいて、他者の権利のもとにある。というのも、もし二つの国家が相互扶助を提供しようとするなら、両者はいずれかが単独であるときよりもいっしょに多くのことができ、したがってまた単独であるときよりも多くの権利をいっしょに持つことに疑いの余地はないのだから（前章の第一三節を見よ）。

一三　このことは、二つの国家は本性上敵どうしであるということを考えればもっとよくわかる。すなわち人間たちは（前章の第一四節により）自然状態では敵どうしなのだから、国家の外で自然の権利を保持している者たちは敵であり続けている。したがって、もしある国家が他の国家を自己の権利のもとに置こうとして戦争を仕掛け最終手段を用いようと欲するなら、その国家の権利でそう試みてかまわない。なぜなら、戦争するには当の国家がその意志を持つだけで足りるからである。ところが、こと平和に関する限り、相手側の国家が黙認してくれなければ何も決定できない。この帰結として、戦争の権利は単独の国家のものであるのに対し、平和の権利は一つのではなく最低二つ以上の国家のものであることになる。これらの国家はそれゆえ「同盟関係にある」と言われる。

一四　このような同盟が安定しているのは、損害への恐れ、ないし利益への期待といった同盟の原因が眼中にある間だけである。そうした恐れまたは期待がいずれか一方の国家から無くなってしまうと、その国家は（前章の第一〇節により）自己の権利のもとにとどまり、それまで国家どうしを拘束していた絆は自ずと解消する。それゆえ、それぞれの国家には望むときに同盟を解消する権利がそっくりそのままあるのである。また恐れや期待の

291

理由が消失するのと同時に約束を解消したからといって、欺瞞や裏切り行為だと言われることはできない。なぜなら、先に恐れから脱却できたならその国家は自己の権利のもとにあるだろうし、またこの権利をみずからの考えで行使するだろうということ、これは契約当事者のいずれにとっても等しい条件だったからである。それに、だれも先立つ諸般の事情が存在しなければ未来に関わる契約など結びはしないわけで、そうした事情が変化すれば事態全体の理由も変わる。であればこそ、同盟関係にある国家はそれぞれ自己のためを図る権利を手放さず、できる限り恐れから脱し、したがってまた自己の権利のもとにあろうと努め、相手が自分より強大にならないように邪魔しようと努めるのである。それゆえ、自分たちは騙されたと文句を言う国家はみずからの愚かさを責めることはできても、相手の同盟国の不実を責めることはできない。相手は自己の権利のもとにあり、自国の安寧がその究極の掟であるのに、愚かにもそんな相手を信用してみずからの安寧をゆだねたのは自分なのだから。

一五　そろって平和を契約した国家には、相互に守るよう拘束される講和の条件ないし条約について生じるかもしれない問題を調停する権利が帰属する。それというのも、平和の権利は一つの国家のものではなく、契約当事国双方のものだからである（本章の第一三節より）。そしてもし条件に関して一致できないなら、まさにそのことから両者は戦争状態〔9〕に戻る。

一六　いっしょに平和を契約する国家の数が多ければ多いほど、それだけそのおのおのの国家はそれ以外の諸国家にとって脅威が小さくなる。言いかえればそれぞれにとって、それだけ戦争を仕掛ける権力が小さくなり、むしろ反対に、講和の条件を遵守するようそれだけ多く義務づけられる。すなわち（本章の第一三節により）それぞれが自己の権利のもとにある度合いはそれだけ小さくなり、同盟諸国の共通意志に順応するようそれだけ多く義務づけられる。

一七　なおまた、健全な理性と宗教が教える約束の遵守がここで抹消されるわけではまったくない。じっさい理性も聖書も、なされた約束はすべて守るようにとは教えていないからである。たとえば、だれかから内密に保管するよう金銭を託され、預かることを約束したとする。だが保管するように渡されたその金銭が盗まれたものだと知り、または知っていると信じるようになるや否や、私はもはや約束を履行するよう義務づけられず、むしろその金銭がもとの持ち主に返るように努力することが私の正しい行いとなる。同じように、最高権力が他の最高権力に対して何かをすると約束しても、それが自国民の共同の安寧の妨げになると情勢ないし理性が教え、あるいは教えているように思われたなら、もちろんそのときから最高権力は約束を解消することがその義務となる。こうして、聖書は約束遵守を一般的に教えているだけで、例外とすべき個々の事案は各人の判断に委ねている。それゆえ聖書はわれわれが示したことに矛盾することは何も教えてはいない。

一八　だが、たびたび話の本筋を中断して、今後も同じような反論の解消に付き合わなくてもすむように私は注意しておきたい。私はこれらすべてを人間本性――それがどのように考えられようと――の必然性から、すなわち万人に普遍的な自己保存の努力〔10〕から証明したということ、これである。この努力は無知であろうと賢くあろうとにかかわらずすべての人間にそなわっている。したがって、人間を感情によって導かれるものと見なそうと、理性によって導かれるものと見なそうと、事柄は同一であろう。いまわれわれが言ったように、証明は普遍的なのだから。

第四章 〔どんな政務がひとり最高権力の支配のみにかかっているのか〕

292

一 前章でわれわれは最高権力の権利を、最高権力自身の力能によって決定される権利として示した。そしてこの権利は主に、それによって全員が導かれる統治の精神のようなものであるという点に存し、また、何がよく何が悪いのか、何が公正で何が不公正なのか、すなわち個々人あるいは成員全体は何をなし何を差し控えるべきかを決定する権利はただひとり最高権力が有する、ということを見た。同様に、法律を制定する権利、法律に関して問題が生じたさいに個々の事案に即して法律を解釈し、事案が合法か否かを決定する権利（前章の第三、四、五節を見よ）、そして戦争を仕掛け、あるいは講和の条件を定め、提案し、あるいは提示された条件を受諾する権利、こうした権利もまたひとり最高権力にのみ属することを見た（前章の第一二、一三節を見よ）。

二 こうしたこととその実行に必要な手段の一切が、統治の全身体、すなわち公共体に関わる政務のすべてである。なのでこの帰結として、公共体は最高の統治権〔1〕を有する者の指導にのみかかっている、ということになる。こうしてまた、各人の所業を裁き、なんぴとであれその所業の申し開きを求め、犯罪者を刑罰によって罰し、そして市民のあいだの権利問題を調停し、あるいはこれらの事柄を代行する法律の専門家を置くといったことも、ひとり最高権力の権利であるということになる。最後にまた、戦争と平和に必要な全方策を立てて組織する——すなわち都市を築いて城壁をめぐらし、兵を召集し、軍務を割り当ててなすべき任務を命じ、平和のために使節

293

を派遣して報告を受け〔2〕、かつこれらすべてを実行するための経費を徴収するといったことも最高権力のみが持つ権利となる。

三　こんなふうに、公の政務を執行すること、およびそのために官吏を選任することは最高権力だけが持っている権利なのだから、もしだれか国民が自分の一存で、最高会議の知らないところで政務に手出しをしたなら、たとえ意図としては国家に善かれと信じていたとしても統治の簒奪となる。

四　ところで常々問われてきたように、はたして最高権力は法律に拘束されるのか、したがってまた罪を犯すことがありうるのか、という問題がある。けれども「レックス」（lex）〔法律ないし法則〕と「ペッカートゥム」（peccatum）〔罪ないし過ち〕という名称は通常、国家の法に限らずさらに自然的な全事物の共通規則、中でも理性の共通規則に関わる〔3〕。とすれば、国家はいかなる法律〔法則〕にも拘束されず罪を犯すこともありえないとは必ずしも言えない。じっさい、それなしでは国家が国家でなくなってしまう法則ないし規則というものにまったく拘束されないとしたら、国家は自然的な事物としてでなく架空の存在と見なさねばならなくなるだろう。であれば、国家はみずからの崩壊の原因となりうるようなことをなしたり、あるいはそういうことがなされるがままに放置するなら、そのときやはり罪を犯すのである。この場合「罪を犯す」と言っているのは哲学者や医学者が「自然が過ちを犯す」と言うのと同じ意味であって、われわれが「国家は理性の指図に反することをなすとき罪を犯している」と言うことができるのはそうした意味においてである。じっさい、国家は理性の指図にもとづいて行うとき最大限に自己の権利のもとにあり（前章の第七節より）、それゆえ理性に反して行う限りでみずからをまっとうしそこねて罪を犯す。このことは次のように考えればもっとよくわかる。すなわち、われわれが「各人は自己の権利のもとにある事物について欲するとおりに決定できる」と言うとき、この権力は行為する側の力能によってだけでなく、さらに行為をこうむる側の適応能力によっても定義されねばならない。たとえば私が「自分はこの机について何をしてもよい権利を持っている」と言うときに、自分にはこの机に草を食べさせる権利があると考えているわけではない。それと同じで、われわれが「人間たちは自己の権利のもとにでなく国家の権利のもとにある」と言うとき、人間たちが人間本性を失って別な本性を帯びるとか、国家が彼らに宙を飛んだり――あるいは同じくらい不可能なことだが――笑いや吐き気を催させるものを尊敬のまなざしで眺めるようにさせたりするような権利を持つということを意味しているわけではない。われわれが意味しているのは、それが与えられると国家に対する国民の畏敬と恐れが与えられ、それが除去されると国民の恐れや畏敬とともに国家まで一挙に除去されてしまうような、そうしたある種の情況が生起している、ということなのである。こうして、国家は自己の権利のもとにあるためには恐れと畏敬を生じさせる諸々の原因を維持するよう義務づけられ、そうしなければ国家であることをやめる。なぜなら統治を掌握している人間ないし人間たちが泥酔し、遊女と連れだって裸で街を駆け回り、舞台俳優の真似をしてみせ、自身の公布した法律を公然と破りあるいは馬鹿にし、しかもなお威厳を守るなどということは、同時にありかつあらぬというのと同じくらい不可能だからである。そして国民を虐殺し、強奪し、生娘たちを拉致するといった類いの所業は恐れを憤りに転化させ、したがってまた国家状態を敵対状態に転化させずにはいない〔4〕。

五　こうしてわれわれは、国家がどんな意味で法則に義務づけられ、罪を犯しうると言えるのかを見てきた。だが「レックス」を自身で自身を正当化しうる国法のことと解し、また「ペッカートゥム」を国法の禁じる行為と解する――すなわちその本来の意味にとる――なら、国家が法律〔法則〕に拘束され罪を犯しうると言える理由はまったくない。じっさい、国家がみずからのために守るよう義務づけられる恐れと畏敬の諸規則、ならびに諸原因といったものは、国法にではなく自然法[5]〔自然権〕に関わる。というのも、守るべきそういう事柄は〔前節により〕国法にもとづいてではなくむしろ戦争の法[6]〔戦争の権利〕にもとづいて正当化されうるのだから。そして、国家がそういう事柄に義務づけられるのは、自然状態における人間が自己の権利のもとにあることができるために――すなわち自己に敵対しないために――自分自身を死なせないよう用心する義務があるのとまったく同じ理由によるのであり、この用心はもちろん「恭順」ではなく人間本性の「自由」である。ところで国法は国家ひとりの裁定次第であり、国家は自由にとどまるべくみずから以外の何者の意向にも従う義務はない。また自身にとってよい、悪いと認める以外は、何かをよいまたは悪いと見なす義務もない。それゆえ国家は、自己を正当化し、法律を定め、これを解釈する権利を持つのみならず、その法律を無効にし、だれにであれ全権にもとづいて恩赦を与える権利を有するのである。

六　群集が自己の権利を一個の議会、あるいは一人の人間に譲渡する契約ないし法律[7]について言えば、共同の安寧にとってそれを破ることが喫緊であるときは疑いもなく破られねばならない。だがこのことの是非、すなわち、そうした法律を破るのが共同の安寧にとって喫緊であるか否かという判断は、私人ではなくひとり統治の掌握者だけが権利をもって下すことができる〔本章の第三節より〕。それゆえ国法にもとづく限り、ひとり統治の掌握者だけがそうした法律の解釈者としてとどまる。加えて、いかなる私人も権利をもってそうした法律の正当性を主張することはできない。ということはつまり、このような法律は事実上、統治の掌握者に責務を負わせないということである。とはいえその法律が、もし破れば同時に国家の強さを弱めずにはすまないような――すなわち市民の大多数の共通の恐れを憤りに転化させずにはすまないような――そういう性質のものなら、まさにそのことから国家は解体し、契約は終わってしまう。であればこそ、問題となっている契約は国法にもとづいてでなく、戦争の法〔戦争の権利〕にもとづいて正当化されるのである。したがって統治の掌握者がこの契約条項を守るよう義務づけられるとすれば、それは前節で述べたとおり、自然状態における人間が自己に敵対しないために自分自身を死なせない用心へと義務づけられるというのとまったく同じ理由によるのである。

第五章〔国家が考慮しうる究極の事柄はいったい何か〕

295

一　第二章第一一節で示したように、人間は理性にもっとも多く導かれるときにもっとも多く自己の権利のもとにあり、したがってまた（第三章第七節を見よ）、もっとも力がありもっとも自己の権利のもとにある国家は、理性によって基礎づけられ導かれる国家である。だが、できる限り自己を保持する最善の生き方は理性の規範にもとづいて立てられる生き方なのだから、この帰結として、人間でも国家でも、もっとも多く自己の権利のもとにある限りで、そのなすすべては最善だということになる。というのも、権利をもってなされるとわれわれが言うとき、そのすべてが最善の仕方でなされると主張しているわけではないからである。じっさい、権利をもって農地を耕すことと、最善の仕方で農地を耕すことは別である。私が言っているのは、権利をもって自己を守り、保持し、判断する等々と、最善の仕方で自己を守り、保持し、判断することは別だということである。したがってまた、権利をもって命令し公共体の配慮をするということと、最善の仕方で命令すること、最善の仕方で公共体を統治することもまた別なのである。というわけで、どの国家もみな持っている権利について一般的に論じたいま、今度はどの統治であれそれが最適である状態について論じる時である。

二　どの統治であれその最適状態〔1〕とはどういうものか。このことは国家状態の目的から容易に知ることができる。その目的とはすなわち平和、ならびに生命の安全以外の何ものでもない。こうして、人々が和合して生活を

296

送り、法が破られずに守られている統治こそが最善であることになる。なぜなら、たしかに騒擾、内乱、法律の軽視ないし違反といったものは、国民たちの悪意のせいよりは歪んだ統治状態のせいにすべきだからである。じっさい、人間は生まれつき市民なのではない。市民になるのである。それに人間たちの自然な感情はいずこにあっても変わらない。だから、もしある国家が他の国家に比べて悪意が支配し犯される罪が多いとすれば、それは間違いなく、その国家が和合のための備えを十分にせず法の制定にも慎重さを欠き、したがってまた国家の絶対的な権利を実際には獲得していなかったことから起こっているのである。じっさい、騒擾の原因が除去されず、内乱をたえず恐れ、法律がたびたび破られるような国家状態は、生命の多大な危険の中で各人が自分の思いどおりに生きる自然状態そのものとさして変わらない。

三 国民の悪徳、過度の放縦、頑迷が国家のせいであるように、反対に、国民の徳と恒常的な法の遵守は国家の力量（徳）とその絶対的な権利に多く帰すべきである――第二章第一五節から明らかなように。自分の軍隊に一度も反乱が生じなかったことがハンニバルの並外れた力量と見なされているのは、そのためである。[2]

四 国民が恐れから萎縮して武器を取らないでいるだけなら、そういう国家は平和を維持しているというよりはむしろ、内乱なしですんでいると言うべきである。実際、平和とは内乱の不在ではなく一つの力量（徳）であり、この力量は心の強さから生じる。[3] というのも、「恭順」とは（第二章の第一九節により）国家の共同の決裁にもとづいてなさねばならぬ行いを実行しようとする、恒常的な意志のことだからである。それに、国民がひたすら隷従を覚え込むよう畜群のごとく導かれ、平和が国民の無気力にかかっているような国家は正しくは国家とは言えず、むしろ「荒涼の地」[4] と言えるのみである。

五　それゆえ、われわれが「最善の統治とは人々が和合して生を送っている統治のことである」と言うとき私が「人間の生」で意味しているのは、ただ血液循環やそれに類するすべての動物に共通なものだけで定義される生のことではない。むしろ主として、理性、および精神の真の徳〔力量〕と真の生によって定義される〔5〕ような生のことなのである。

六　だが注意されたい。私がこうした目的のために設立されると言った統治はあくまで自由な群集が打ち立てる統治のことであって、群集に対して戦争の権利〔戦争の法〕によって獲得される統治のことではない。じっさい、自由な群集は恐れよりも期待によって導かれるが、征服された群集は期待よりも恐れによって導かれる。そう、前者は生を育むことに、後者はもっぱら死を避けることのみに専心する。あえて言う。前者はみずからのために生きることに専心し、後者は勝者の占有物であるよう強いられるのである。だからこそわれわれは、前者は自由で後者は隷従すると言う。このように、戦争の権利〔戦争の法〕によって獲得する統治の目的は支配することであり、国民よりはむしろ奴隷を持つことである。なるほど自由な群集によって創出される統治と、戦争の権利〔戦争の法〕によって獲得される統治とのあいだには、両者の権利一般に注目するなら本質的な差異はないかもしれない。にもかかわらず、いま述べたように両者はまったく違う目的を持つ。のみならず、みずからが維持されるためにそれぞれにまったく違った手段を必要とするのである。〔6〕

七　ところで、支配欲のみに駆られる君主が統治を安定させ維持するためにどんな手段を用いねばならないかということについては、あの鋭利きわまりないマキャヴェッリが事細かく論じている。〔7〕だが何の目的でそうした

297

のかは十分明らかでないように見える。とはいえ、賢明な人物については何かよい目的があったと信じるべきであろう。もしそうなら、それは次のことを示すことにあったと思われる。すなわち、暴君を放伐しようと多くの人々が努めるがそれはいかにも軽率で、結局は君主が暴君化する原因そのものはいっしょに除去できず、かえって君主に恐れの種を提供してますます暴君化の原因を定立してしまうということ、これである。群集が君主に対して〔暴君除去の〕実例を掲げ、王殺しをまるでかつての偉業のようにほめたたえるとき、起こるのはまさにそういうことなのである。そのほかに、たぶん彼〔マキャヴェッリ〕は、自由な群集はみずからの安寧を一人の人間にまったく委ねきってしまわぬ用心が必要だということを示そうとした。そのように委ねられた人間は——虚栄心のあまり万人に気に入ってもらえると自惚れでもしない限り——日々これ陰謀を恐れねばならず、そうやって群集のために図るよりは自己保身を図るべく強いられ、群集を陥れるよう強いられるのだと。私はきわめて慎重なこの人物について、こんなふうに信じるべきだと思いたい。なぜなら彼が自由の賛同者だったことははっきりしており、そのうえ自由を守るためのきわめて有益な助言を与えてもいるのだから。

第六章　〔君主制統治が暴政に陥らないためにはどのように設立されるべきか〕

一　人間たちはすでに述べたように理性よりも多く感情によって導かれるのだから、群集は理性の導きからでなく何らかの共通の感情からおのずと一致し、あたかも一つの精神によってのように導かれようと欲する、すなわち（第三章の第九節で述べたように）共通の期待や恐れ、あるいは何らかの共通の損害に対する復讐の願望といったものからそうする、ということになる。ところでだれも一人ではおのが身を守り、生きるに必要なものを調達する力が無い以上、孤立への恐れは万人のうちにある。それゆえ人間たちは本性的に国家状態を欲求するようになっており、国家状態をすっかり解消するということは決して起こりえないということになる。

二　だから市民たちが、国家においてしばしば持ち上がる不和や騒擾がもとで国家を解消する（他の団体ならよくあるように）ということは決して起こらない。国家の外見に手を付けなければ争いが鎮まらない場合に、国家を別な形態に変えるだけである。それゆえ、私が統治の維持に必要な手段と言っていたのは、統治の形態を目立った変化なしに維持するための方策、という意味である。

三　最大限に有益なことを最大限に欲望するというふうに人間本性ができていたなら、和合や信義のための術策は何も要らなかっただろう。だが人間本性がそれとほど遠いことは明白なので、統治は必然的に次のように設

298 立されていなければならない。すなわち、欲しようと欲しまいとにかかわらず、支配する者もされる者も全員が共同の安寧にとって大事なことを行うようになっている――言いかえれば、全員が、自発的にであろうと力もしくは必要に強いられてであろうと、理性の規範にもとづいて生きられるようになっている〔1〕――そんなふうに設立されていなければならない。このためには、共同の安寧に関わる事柄が一人の人間の信義に無条件に委ねられないように統治の秩序ができていることが条件である。じっさい、一睡もせずに警戒を怠らず、ときに――それも一番心の強さが必要なときに――気弱になって挫けてしまわないほどしっかりした人などだれもいない。そしてもちろん、自分に望めないようなこと、たとえば自分よりむしろ他人のために見守る、強欲に染まらずねたみも名誉欲も持たない、などといったことを他人に要求するのは愚なことだからである。それがあらゆる感情を引き起こす刺激に日々最大限さらされる立場の人間であれば、なおさらそうである。

四　ところが経験は逆に、平和と和合にとって大事なのは全権力を一人の人間に委ねることだと教えているように見えるかもしれない。というのもトルコ人たちの統治ほど長く目立った変化なしに存立してきた統治はほかにないし、逆に人民の統治ないし民主制統治ほど短命で、騒擾の多発する統治はほかになかったからである。しかし隷従、野蛮、荒涼の地を平和と呼ぶべきなら、人間にとって平和ほど悲惨なものはない。たしかに諍いは主人と奴隷より親と子の間のほうに多く持ち上がるし、そのほうがより苛烈なのが常であるとはいえ、家政にとって大事なことは親権を支配権に変えることでも子どもたちを奴隷として持つことでもない。したがって全権力を一人の人間に委ねることが好都合なのは隷属のためであって、平和のためではないのである。平和は先述のとおり〔2〕内乱の不在に存するのではなく、人々の心の合一ないし和合に存するのだから。

五　たった一人の人間でも国家の最高の権利を獲得できると信じている人々は、ほんとうにひどい思い違いをしている。じっさい、第二章で論じたとおり権利は力能によってのみ決定される。ところが一人の人間の力能ではとてもそれだけの重荷を支えることはできない。それゆえ、群集が国王を選ぶと、王に選ばれた者は将軍や相談役、あるいは友人たちを頼りにし、自分と成員全体の安寧をそういう人々に委ねるようになり、挙句の果ては、まったくの君主制と信じられている統治が実情においては貴族制であるという事態に至る。もちろんそれは公然たる貴族制統治でなく隠然たる貴族制統治ではあるが、それだけに最悪の貴族制統治なのである。加えて、幼い王、病弱な王、老いさらばえた王は当てにならない国王にすぎず、そうした場合、実際に最高権力を掌握しているのは統治の最高政務に携わる者たちや側近である。情欲にとりつかれた王が、情婦や小姓のだれかれの気まぐれからものごとを決めるということがままあるのはいまは言わない。オルシネスは言っている。「かつてアジアでは女たちが支配したというが、一人の宦官が支配するというは何とも初耳」(クルティウスの書、第一〇巻第一章)[3]と。

六　さらにまた、国家は常に外敵よりも自国の市民ゆえに危険にさらされている。このことは間違いない。言うまでもなく善良な市民というものは稀なのだから。その帰結として、統治の全権利を委ねられた者は外敵よりむしろ市民をたえず恐れることになるであろう。したがってまた自己の保身を図り、国民たちのために図るよりは国民を陥れ、なかでも特に賢い国民、裕福な国民をつけ狙うであろう。

七　それだけではない。国王というものは自分の息子たちでさえ愛するよりはむしろ恐れる。息子たちが平和と戦争の術策に長けその力量ゆえに国民に人気があるなら、なおさら国王の恐れは大きくなる。そこで国王は息

300

子たちを教育して恐れの種にならないようにしようと懸命になる。廷臣たちもそういうことに関してはただちに王に恭順し、自分たちの手管で言いなりになる出来の悪い王位継承者を育てることに全力を傾けるのである。

八　以上すべてを考え合わせると、国家の権利が国王にすっかり譲渡されればされるほどそれだけ国王は自己の権利のもとにあることが少なくなり、それだけ国民の状態は悲惨なものになるという結論になる。したがって君主制統治をしかるべく安定させるためには、それを支える堅固な諸基礎を置く必要がある。すなわちそこから君主の安全と群集の平和が同時に出てくるような諸基礎を置き、君主は最大限に群集の安寧のために図るとき、最大限に自己の権利のもとにある、というふうにするのである。では君主制統治のそうした諸基礎とはどんなものか。まずは手短にこれを列挙し、そのあと順序立てて説明しよう。

九　一つないし複数の都市を築き城壁をめぐらさなければならない。それら都市の市民は城壁内に居住する者と農業のために城壁外に居住する者とを問わず、すべて国家の同じ権利を享受する。ただその条件として、各都市は自己防衛ならびに共同防衛に十分な一定数の市民を擁していなければならない。これができない都市は別の条件のもとで支配下に置く。

一〇　軍は例外なく市民のみから構成し、市民以外は除かなければならない。したがって全市民に武装の義務があり、年度の指定された時期に参加を約束した軍事教練に従事していなければ市民にはなれない。次に、各氏族〔4〕の軍は大隊と軍団に区分され、大隊の将軍は築城術の心得〔5〕がなければ選任されてはならない。また大隊と軍団の将軍は終身でよいが、一つの氏族の軍あるいは全軍を指揮する者は戦時にのみ選任され、その指揮権は長くて一年、留任は許されず再任もならない。そしてこの者は、国王の参与（これについては第一五節以下で述べる）あるいは参与経験者の中から選任されねばならない。

一一　全都市の居住民と農民、すなわち全市民は、氏族に区分されねばならない。各氏族は名前と何らかの紋章で区別される。そのいずれかの氏族の出身者はすべて市民の一員として受け入れられ、武器を担い義務をわきまえることのできる年齢に達するとただちにその氏族の名簿に名前が登録される。ただし、悪事[6]のために汚名に問われた者、口のきけない者、狂った者、下僕、あるいは何らかの隷属的な職業で生計を立てている使用人[7]は除く。

一二　農地およびすべての土地は――もし可能なら家屋も含め――すべて公共の権利に属するものとする。すなわち、都市居住民と農民からなる市民にそれを年度ごとの使用料で貸し与える権利――国家の権利――を持つ者に属するものとする。平時では全市民はほかの課税からは自由で無税である。そして使用料は二分して国家の防衛費と王室費に当てられねばならない。なぜなら、諸都市は平時から戦争を想定して城壁を固め、さらに軍艦その他の兵器を備えておく必要があるからである。

一三　氏族のいずれかから国王が選ばれたなら、その王の子孫以外だれも王族[8]とされてはならない。このため彼らは、出身の氏族やその他の氏族から王家の紋章によって区別される。

一四　国王と血統を同じくする王族男子で、在位中の国王から三等親ないし四等親の者は妻をめとることが禁じられる。もし彼らに子どもができたなら、その子どもは私生児と見なされいかなる高位にもふさわしくない者とされ、相続者とも認められず、両親の財産は国王に返還されるものとする。

301

一五　そのほか、国王の参与[9]——国王にもっとも近く官位として国王に次ぐ官職——は数が多くなければならず、市民たちのあいだからのみ選任されねばならない。すなわち各氏族から三人または四人、あるいは（氏族の数が六〇〇以下の場合は）五人が選任され、いっしょにこの参与会議の一部を構成するものとする。終身ではなく任期は三年か四年、あるいは五年。したがって、毎年会議の三分の一か四分の一、あるいは五分の一が新たに選任されることになる[10]。ただしそのさいに、特に各氏族から最低一人は法律専門の参与が選任されるということが守られなければならない。

一六　参与の選抜は国王自身によってなされねばならない。毎年新参与が選任される時期になると、各氏族はその全市民のうち、五〇歳に達し、正規に参与候補にあげられていた者全員の名前を国王に提出し、国王はそこから望む者を一人ずつ選ぶ。ただし、いずれかの氏族からの法律専門の参与の後任が選任される年には、法律専門の参与だけの名簿が国王に提出されねばならない。定められた期間この参与職をつとめた者は留任は不可、退任後五年ないしそれ以上の期間は候補者名簿に載せられないものとする。このように年ごとに一つの氏族から一人ずつ選ぶ理由は、会議の構成員があるときは未経験な新米だけ、あるときは事情に通じた古参者だけというふうにならないためである。もし全員が一挙に退任しそっくり後継者に入れ替わるなら、必ずそうなってしまうだろう。しかし毎年各氏族から一人ずつ選任されれば、会議の新参者は五分の一ないし四分の一、あるいは多くとも三分の一にしかならないであろう。また、国王が他の政務で多忙である等の理由で一時的にこの指名に割く時間が取れない場合は、参与たち自身が暫定的に他の参与を選び、あとで国王が他の者を選びなおすかあるいは会議の選んだ者を事後承認するものとする。

一七　参与会議の第一の仕事は国家の基本法を擁護し、国王が公共の福利のために何を決定すべきか知ることができるように政策の助言を与えることである。したがって、国王はあらかじめこの会議の意見を理解したうえでなくてはどんなことも勝手に決めることは許されない。しかしよくあるように、会議で同じ問題を二度三度と審議しても一致を見ず、意見が対立する場合、会議はそれ以上問題を引き延ばしてはならず、食い違う意見をそのまま国王に伝えなければならない。これについては本章の第二五節で述べる。

一八　参与会議はその他、国王が制定した取り決めや決裁を公布し、何が公共体において決定されているかを配慮し、国王の代理人のようにして統治の全行政の面倒を見ることをもまた仕事とする。

一九　市民はだれもこの会議を通じてでなければ国王に近づくことができず、陳情や嘆願書はすべてこの会議を介して国王のもとに届けられねばならない。他国の使節もこの会議の取り次ぎなしに国王に会見することは許されない。また国王に宛てられた他国からの書簡もこの会議の手で国王に手渡される。要するに、国王はあたかも国家の精神、参与会議は精神の外的感覚器官ないし国家の身体のように見なされねばならない——あたかも精神が身体を通じて国家の状態を把握し、みずからにとって最善であると判断したことを実行するかのように。

二〇　国王の息子たちの養育の監督も参与会議に委ねられる。王の遺した後継者が幼児ないし未成年の場合は

303

その後見人にもなる。ただそのあいだ国王を欠いた会議にならないように、王族たちの中から長老が選任され、後継者が統治の重責を担える年齢に達するまで国王の地位を代行するものとする。

二一　参与会議の候補者は、自国の国政や基本法、国家の状態や状況によく通じた者とする。ただし法律顧問の地位に就きたい者は、自国の国政や国情だけでなく、交渉関係がある他国の国政や国情にも通じていなければならない。いずれにせよ、前科のない五〇歳以上の者でなければ候補者名簿に載せてはならない。

二二　参与会議では、全員出席でなければ統治に関わる事柄について決議してはならない。病気その他の理由で出席できない参与は、みずからの氏族から、同じ役職の経験者、あるいは候補者名簿に載ったことのある者を出して代理出席させねばならない。万が一このことを怠り、会議が審議の延期を余儀なくされたなら、この者は相当な額の罰金を科せられるものとする。もっともいま言ったのは戦争と和平、法律の廃止と制定、通商といった統治の全体に関わる問題の場合のことである。個々の都市だけに関わる問題や嘆願書等々について審議される場合なら、会議の過半数の出席で十分だろう。

二三　すべての点において氏族間の平等を保つため、座る順、提案や発言の順は輪番制とする。これによって会期ごとに一つの氏族が議長を務め、その会期で一番になった氏族は次期は最後にまわる。同じ氏族内の参与のあいだでは先に指名されていた者を一番とする。

二四　参与会議は一年に少なくとも四回招集され、国情を把握し何をさらに定めるべきか検討するために、係の者から統治の行政報告を求める。四回とするのは、これだけ大人数の市民が常時公の政務に時間を割くことは不可能と思われるからだが、会議が開かれないあいだもやはり公の政務は執行されねばならない。そこで閉会中の会議を代行する五〇人あるいはそれ以上が選任されるものとする。彼らは国王の居所に一番近い執務室に日参しなければならない。そうやって、財務、都市の防備、国王の息子たちの養育など、要するに先ほど列挙した大会議〔参与会議〕のあらゆる仕事を日々遂行するのである。ただし、まだ取り決めのない新しい事案で彼らで協議できない事柄はこの限りではない。

二五　参与会議が招集されると、議案が出されるに先立って、その会期の輪番で先の氏族から順に五、六人ないしそれ以上の法律顧問が出て国王のもとに赴くものとする。そして嘆願書や書簡があれば王に手渡し、国情を報告し、国王が何を彼の参与会議で提案せよと命じるかを王自身の口から聞く。これを聞き届けると会議に戻り、輪番の先のほうの者が審議事項を明らかにする。参与のうち何人かが事柄の重大性を感じたならすぐには決を採らず、事態の許す限り票決を延期しなければならない。こうして各氏族の参与は会議が所定の日時まで閉会しているあいだにそれぞれの氏族ごとにその件を審議し、もし事柄が格別に重大なものに思えたなら参与経験者あるいは参与会議の候補者と協議することができるであろう。そしてもし定められた期間内に氏族の中で意見が一致しなければ、その氏族は票決から外される（それぞれの氏族は一票しか投票できないからである）。そうでない場合は、説明を受けた氏族の法律顧問がその氏族内で最善と判断された意見を会議に持っていくこととする。ほかの氏族も同様である。そしてもし各意見の理由説明を聞いてもなお会議の過半数が再考をよしとするなら、会議は再び閉会し、各氏族の最終意見陳述を待つ。そしてその時が来ると最終的に全員出席のもとで票決を行い、一〇〇票以上を得られなかった意見は無効と見なされるものとする。無効とならずに残った意見は会議に出席して

305

いた法律顧問全員によって国王に届けられ、国王が各派の理由説明を聞いたうえで望むものを選べるようにする。そして法律顧問たちは国王のもとを辞し、参与会議に戻る。会議では国王がみずから指定した時間に姿を現すまで全員で待機し、彼が提案されたどの意見を選ぶことにしたか、そして何をなすべく命じるかを聞くのである。

二六　司法行政のために、もう一つ別の会議〔司法会議〕を法律顧問のみから構成しなければならない。その仕事は訴訟の調停ならびに犯罪者の懲罰である。ただし彼らの下す判決はすべて、大会議〔参与会議〕を交代で代行する者たちによって検証されねばならない。すなわち規定どおり裁判手続きを守って出た判決かどうか、えこひいきがなかったかどうかが検証されるのである。もし敗訴した側が、裁判官のだれかが相手側から賄賂をもらっていたとか、何かほかに相手側に好意的であったり自分の側をよく思わなかったりする一般的な理由があったとか、あるいは裁判の一般的手続きが守られていなかった等の事実を立証できるなら、判決は全面的に差し戻しとする。以上はしかし、刑事訴訟において立証でなく拷問で被告人を有罪にするのが常態となっている人々には、たぶん守ってもらえないだろう。私はここで、もっぱら国家の最善の体制にふさわしい裁判手続きのみを考えているのである。[11]

二七　これらの裁判官もまた数が多くなければならず、しかも奇数でなければならない。すなわち六一人、または最低五一人は必要で、しかも一氏族から一名のみが選任されねばならない。任期は終身ではなく、やはり年ごとに何分の一かが退任し、それと同数の、ただし前任者とは別の氏族の四〇歳以上の者が選任されるものとする。

二八　この会議では裁判官が全員出席しない限り判決は言い渡されてはならない。裁判官のだれかが病気その他の理由で会議に長期欠席する場合は、他のだれかを選んで臨時に代行させねばならない。票決のさいは、各裁判官は自分の見解を公然と述べずに秘密投票[12]にすべきであろう。

二九　これらの裁判官ならびに先に述べた大会議の代行者の利益収入は、一部は彼らが死刑判決や罰金刑に処した者からの没収財産とする。そして一部は民事訴訟の判決ごとに敗訴側から訴訟費用総額の何割かを受け取って報酬とし、これは両会議〔参与会議と司法会議〕が享受するものとする。

三〇　これらの二つの会議〔参与会議と司法会議〕の下には、それぞれまた都市ごとに一つずつ会議が従属する。その成員もまた終身で選任されてはならず、当該都市に居住する諸氏族のみから選任されてやはり毎年何分の一かが入れ替わるものとする。しかしこれについては立ち入るまでもあるまい。

三一　軍の俸給は平時では支給されず、戦時において、ふだん毎日の仕事で生計を立てている者に限って日給で支給されるものとする。だが大隊の将軍ならびにその他の士官は、敵からの戦利品以外、戦争から期待されるいかなる利益収入もないものとする。

三二　他国人が市民の娘を妻とした場合、その子どもたちは市民と見なされ母方の氏族名簿に登録されねばならない。両親が他国人の場合でも当該統治内で生まれ教育を受けた者であれば、定められた代価を払っていずれかの氏族の首長から市民権を購うことが許され、その氏族の名簿に載るものとする。たしかにそうすると、欲深

306 い首長が他国人を所定の代価以下で市民の一員に迎えるということはあるだろう。けれどもそれで統治に損害が生じることはありえない。むしろ反対に、市民の増加を容易にし人口流入を促す手段を考え出すべきなのである。市民名簿に載らない者については、公平を期して、少なくとも戦時に関する限り労役もしくは何らかの税金によってその無役を埋め合わせるものとする。

三三　和平の締結あるいはその維持を目的として平時に他の諸国家に派遣される使節は、王族のみから選任されねばならない。ただし派遣費用は王室庫からでなく国庫からまかなう。［しかし王に手腕を買われそうな者は密偵として選任しなければならない[13]。］

三四　王宮に日参して国王の身辺に仕え、かつ国王が王室庫から俸給を支給する者は、国家のすべての官吏ないし職務から外されねばならない。「国王が王室庫から俸給を支給する者」と断るのは、身辺警護の衛兵をそこに含めないためである。というのも、王宮の中で国王の門前警備を交代でつとめる衛兵は、同じ都市の市民以外であってはならないからである。

三五　戦争はその終結によって武器をおさめるためにも、和平という大義なしに始めてはならない。したがって、戦争の権利によって都市が占領され敵が制圧されたなら、ただちに講和条件を定めなければならない。すなわち、駐屯軍によって占領都市を守備しなくてもよいように、講和を受諾した敵に占領都市を対価で購う権限を認めるか、あるいは（そうすると地理的な脅威のために背後の懸念が常に残る場合）都市を完全に破壊したうえで住民を他所に移住させるか、そのいずれかに定めなければならない[14]。

三六　国王は他国の女性と婚姻を結ぶことは許されず、もっぱら血縁の女性か市民の女性とだけ結婚できる[15]。ただし王が市民と結婚した場合、その市民の近親者は国家の公職には就くことができない。

三七　統治は分割不可能でなければならない。したがってもし国王が複数の子どもをもうけたなら、出生上の権利によってその中の長男が王位を継承するものとする。統治が王の息子たちのあいだで分割されたり、あるいは分割されないまま彼ら全員、あるいはその幾人かに引き渡されるということはいっさい容認されてはならず、統治の一部が王の娘の持参金として与えられるなどはもってのほかである。娘たちが統治の継承者となることはいかなる理由によっても容認されないのだから。

三八　国王が男児を残さずに死んだ場合は、王の近親者が統治の継承者と見なされねばならない。ただしその者がたまたま他国の女性と結婚していて離婚を欲しない場合はこの限りではない。

307 三九　市民について言うと、第三章第五節から明らかなように、市民各人は大会議〔参与会議〕によって公布される国王の命令ないし布告（この条件については本章の第一八節と第一九節を見よ）のすべてに――たとえそれが不条理きわまりないものと思われても――従わなければならず、あるいは権利によってそれへと強いられる。――以上が君主制統治の基礎である。この基礎の上にそれをどのように立てれば安定するかということは、次の章で証明する。

四〇　宗教に関して言えば、都市の経費による寺院の造営はいっさい認められず、また思想信条については、騒擾を煽り国家の基礎を転覆するようなものでない限り法を制定すべきではない。したがって、宗教を公に実践してよいと認められた者は、もし寺院を望むなら自前で造営するものとする。ただ国王の場合は、みずからの帰依する宗教のつとめを行う専用の寺院を王宮内に持つこととする。

第七章〔君主制の秩序に関する事柄を順序立てて証明する〕

一　君主制統治の諸基礎が説明されたいま、今度はそれを順序立てて証明していく段である。そのさい特に注意すべきは、法は国王ですら廃することができないくらい強固に確立されてもまったく実践と矛盾しないということである。じっさいダニエル書第六章[1]から明らかなように、ペルシャ人たちは王を神々に伍するものとして崇拝するのを常としていたにもかかわらず、法はひとたび制定されたなら王でも廃止する権利はなかった。また私の知る限り君主が明示的な条件なしに選ばれる所はどこにもない。それどころか、そのことは理性にも、義務づけられた国王への絶対服従にも矛盾しないのである。なぜなら統治の諸基礎は国王の永遠なる決裁であるかのように見なされねばならず、もし王が統治の諸基礎に矛盾することを命じるなら、大臣たちは実行を望まないまさにそのときに服従をまっとうしていることになるのだから。オデュッセウスの例でこれは明快に説明できる[2]。オデュッセウスの仲間たちは、船のマストに縛りつけられながらセイレンの歌声の虜となったオデュッセウスがあれこれ脅かしつつほどくよう命じたにもかかわらず、その縄をほどこうとしなかった。まさにそのとき彼らはオデュッセウスの命令を実行していたのである。あとでオデュッセウスはみながはじめに言ったとおりに従ってくれたことを感謝しており、これは彼の聡明さの証とされている。オデュッセウスのこの例は王たちが裁判官を諭すさいの模範ともなってきた。すなわち、定められた法に反するとわかっていることをだれかが何かのおりに命令することがあれば、それがだれであり、たとえ国王その人であったとしても、断固正義を実行すべしと。じっさい、王も神ならぬ人間であり、セイレンの歌声にしばしば囚われる。だから、もし一切が一人の人間の変わりやすい意志にかかっていたなら、不動のものは何もなくなってしまうだろう。したがって君主制統治が安定したものとなるには、一切がまったく国王の決裁のみにもとづいて生じ、法はすべて国王の顕在化された意志である、というふうに設立されねばならないが、国王の意志なら何でも法であるというふうに設立されてはならない。この点については前章の第三節、第五節および第六節を見ていただきたい。

二　次に注意すべきは、こうした基礎を据えるさいには人間の感情を最大限に考慮する必要があるということである。何がなされるべきかを示しただけでは十分ではない。大事なのは、感情に導かれてであろうと理性に導かれてであろうと、人間たちが結局は実効的で確固とした法を持つようになるにはどうすればよいか、ということである。というのも、統治の法――すなわち公共の自由――を支える手立てとしての法律が実効性を欠くなら、前章の第三節で示したとおり市民はこの自由を確保できる保証はまったくなく、破滅すら招くからである。もし仮に最善の国家が、一撃で瞬時に崩壊し隷従状態に突入するのでないにしても（それはもちろん不可能と思われる）やがてぐらつき始めるというのなら、たしかにそれ以上に悲惨な国家の状態はなく、またもしそうなら、国民は実質と効力を欠いた当てにならない自由の条件を定めて将来の世代に恐るべき隷従の再来を用意するよりは、むしろ自己の権利を一人の人間に完全に譲り渡してしまうほうがずっとよい、ということになるであろう。だが、前章で私が述べた君主制統治の諸基礎が堅固であること、その基礎は大多数の武装した群集の憤りを招くことなしには破壊されえず、しかも国王と群集の双方に同時に平和と安全をもたらすようなものであること――こうしたことをひとたび私が示し、かつ人間の共通の本性〔3〕から導き出すなら、第三章第九節および前章の第三節、第八節から明らかなように、それが最善かつ真なる基礎であることは、もはやだれも疑うことはできまい。以下できる限り簡略に、これらの基礎はまさにそういう性質のものであると示すことにしよう。

三　万人の認めるところによれば、統治を掌握する者の任務は統治の状態や状況を常に把握し、全員の共同の安寧を見守り、国民の大多数にとって有益な事柄を実現することにある。ところが一人の人間がすべてを見渡すことはできないし、四六時中覚めた頭で考えに集中できるわけでもない。しばしば病気や老い、その他の理由で
309 公事に携われなくなったりもする。それゆえ君主には参与が付いていて事態を把握し、助言を与え、しばしば彼を代行してくれることが必要であり、そうやってこそはじめて統治ないし国家は常時同じ一つの精神において成り立つようになる。

四　しかし人間本性は、めいめいが最大の感情をもって私益を追求するようにできており、自身の利益の確保と増大に必要な法をもっとも公平な法と考え、自身の利益の安定に役立つと信じる限りで他人の言い分を擁護するようになっている。なのでこの帰結として、参与は必然的に、みずからの私的所有と利益の基盤が全員の共同の安寧と平和にかかっているような人々から指名されなければならない。したがって明らかなように、市民の各階層、各階級からそれぞれ若干名の参与が指名されるようにすれば、参与会議で多数票を獲得する事柄はすなわち国民の大部分にとって有益な事柄だということになる。たしかにこの会議は相当数の市民からなるため、かなり粗野な者が多数入ってくるのは避けられないかもしれないが、各自が長年情熱を傾けてきた交渉ごとにかけてはだれもが十分に狡猾で抜け目がないのは間違いない。それゆえ、五〇歳以上でかつ何ら恥ずべき不名誉もなく自分の交渉ごとに携わってきた人間のみが指名されるようにすれば、自身の利害に関わる事柄について助言することにかけては十分に有能な人材がそろうだろう。重大な案件についてじっくり考える時間が確保されるならな

310

おさらである。それにまた、会議を少人数にすれば粗野な者たちが入ってこないかというと、まったくそんなことはない[4]。というのも、少人数の会議では、めいめいが自分の言いなりになる愚鈍な連中を仲間に引き入れようと躍起になるので、反対に会議の大部分はそういう種類の人間たちから構成されるからである。こういうことは大規模な会議では起こらない。

五　さらにまた、だれでも人に統治されるよりは統治する方を好むことも間違いない。サルスティウスがカエサル宛第一談話[5]に言うとおり、「実にみずから望んで他人に統治を譲りたがる人間はだれもいない」のである。こうして明白なように、群集の総体は自分たちのあいだで一致できていて、大規模な会議にありがちな意見対立が騒擾に転化しないでいられる限り、自己の権利を少数者あるいは一人の人間に譲渡することは決してない。だから群集がみずからすすんで国王に譲る事柄があるとすれば、それはもっぱら自分たちの力をまったく超えた事柄、すなわち対立の解決や迅速な決着といった事柄に限られる。なぜかというと、戦争遂行の円滑化という戦争上の理由で王が選ばれることはしばしば起こるが、戦争をいっそううまく遂行するために平時に隷従しようとするのは実にまずいやり方だからである。戦争上の理由だけで最高権力が一人の人間に譲り渡され、そのためこの人間がその力量および彼一人に全員から託された事柄を最大限に発揮できるのは戦時でしかない――そんな統治において、なおも「平時」が考えられうるとしてもである。民主制統治なら反対に、統治が力量を発揮するのは戦争よりも平時においてであることを旨とするというのに。ともあれどんな理由で王が選ばれるにせよ、先述のように彼一人では何が統治にとって有益か知ることはできない。そのためには、前節で示したとおり大人数の市民を参与として擁する必要がある。また協議事案に関する何らかの妙案がこれだけの大人数に気づかれずに素通りされるとは考えがたいのだから、国王に報告される参与会議の意見を措いてほかに人民の安寧に役立つ意見は考えられないということになる。したがって、人民の安寧こそ至高の掟ないし国王の至高の権利〔法〕である以上、国王の権利は参与会議が提案する意見からどれか一つを選ぶことであって、会議全体の考えに反して何かを決定したり意見を述べたりすることではないということになる（前章の第二五節を見よ）。とはいえ、参与会議で提案された意見のすべてが国王に報告されるようにすると、王が持ち票の少ない弱小諸都市の意見をいつも優遇するということが起こらないとは限らない。というのも、たとえ意見の出所を伏せて報告するよう会議の規則で決めておいても、完璧に漏れないよう気をつけるのは不可能だからである。それゆえ必然的に、最低一〇〇票を得られなかった意見は無効と見なされると定めておかねばならない。もちろん比較的大きな都市はこのような権利を全力をあげて擁護するはずである。

六　このような会議にはほかにも大きな利点がいくつかある。簡略を旨としなければここで挙げたいところだが、さしあたり一番重要と思われる一点だけ指摘しておこう。それは、徳へと促す刺激として、この〔参与という〕最高の名誉を得る共通の期待にまさるものはないということである。『エチカ』でくわしく論じたように、われわれはみな名誉によってもっとも多く導かれるのだから。[6]

七　この会議の多数派は決して戦争する気にはならず、常に大いに平和を求め愛するであろうことは疑いえない。なぜならまず、戦争は彼らにとって常に自由もろとも自分の財産を失う脅威であるだろう。そのうえ、戦争には出費を強いられる新たな費用が要求される。また自家の家業に精を出す息子や親族も戦争となれば武器をとって従軍することを強いられ、帰還しても見返りのない傷跡以外何も持ち帰れない。前章の第三一節[7]で述べたように軍は俸給が支給されず、しかも同じ章の第一〇節[8]で述べたように、軍は例外なく市民のみで構成されねばな

312

らないからである。

八　平和と和合のためには加えてもう一つ重要なことがある。それはいかなる市民も不動産を持たないようにしておくということである（前章の第一二節を見よ）。そうしておけば、戦争のもたらす危険は全員にとってほぼ同等になる。すなわち市民は全員が利殖のために商取引をしなければならなくなり、アテナイ人がそうであったように住民以外への貸し付けを法律で禁止しておけば、みなが互いのあいだで金を貸し付けねばならなくなるだろう。こうして、たがいに緊密に絡みあった商取引、あるいは発展のために同一の手段を要する商取引に全市民が携わらねばならなくなる。したがって、この会議の多数派は共同の利益や平和の術策に関する限り、たいてい思いが一致するであろう。なぜなら本章の第四節で述べたように、人はそれぞれ自分の利益の安定に役立つと信じる限りで他人の言い分を擁護するのだから。

九　だれもこの会議に対して賄賂を使う気にならないことは疑いない。じっさい、これだけの大人数から一人や二人を自分の味方につけたところでどうなるわけでもあるまい。すでに述べたように最低一〇〇票を得られない意見は無効だからである。

一〇　さらにまた、この会議はいったん安定すれば、成員数削減はできないであろう。それは人間共通の感情を考えればよくわかる。すなわち人はみな名誉によってもっとも多く導かれ、また健康に恵まれた者なら長生きを期待しない人間はいない。そして現状で五〇歳、あるいは六〇歳に達している者を計算し、さらに毎年かなりの数が新たに会議へと指名されることを考慮に入れるなら、武器を担う者の中でこの栄職に昇る大きな期待を持たない人間はほとんどいないであろうことがわかる。したがってだれもがこの会議の権利をできる限り擁護するであろう。注目すべきことに、腐敗というものは徐々に進行するのでなければ防ぐのは難しくないからである。他方また、少数の氏族だけ指名数を減らし、あるいは特定の氏族を排除することを考えるより、どの氏族についても指名数を減らすことのほうが考えやすく、生じる恨みも少なくてすむ。それゆえ（前章の第一五節[9]により）参与の数はその三分の一、ないし四分の一、あるいは五分の一を一挙に取り除きでもしない限り削減できないことになるが、これはかなり大きな変化であって通常一般の実践にまったくそぐわないのである。それに、指名に関する遅滞や怠慢も危惧にはあたらない。それはこの会議が代行すればすむことだから。前章の第一六節を見よ。

一一　こうして国王は群集への恐れに導かれてであろうと、武装した群集の多数派を味方に付けるためにであろうと、あるいは高邁な心から公益を図るためにであろうと、いずれにせよ多数票を得た意見、すなわち（本章の第五節により）統治の多数派にとってより有益な意見をよしとすることになるだろう。あるいは相対立する意見が上がってきたなら、国王は可能な限りそれらの意見の調停に努めるだろう。それは全員を自分の側に付けておくという彼自身の最大関心事のためでもあり、かつまた国王の存在意義を戦時だけでなく平時にもみなに実感してもらうためでもある。したがって、国王は群集の共同の安寧をもっとも図っているときに最大限に自己の権利のもとにあり、最大限に統治を掌握していることになるであろう。

一二　じっさい、国王は自分一人では全員を恐れによって抑え込んでおくことはできず、その力能は前に述べたように兵の数、特に彼らの徳と忠誠に依存している。しかもこういう忠誠が人間たちのあいだで安定するのはいつも相互の必要——それがまっとうなものであろうと恥ずべきものであろうと——で彼らが結びつけられてい

313

るあいだだけである。このため王たちはほとんどの場合兵を抑えるよりは扇動し、彼らの徳はさておいて悪徳には目をつぶるということになる。そしてたいていは、選良[10]に対して圧力をかけるために怠惰で贅沢を重ねて堕落した連中を求め、これを重用し、金銭や寵愛で援助し、手を取り、接吻を与え等々、おのが支配のためならどんな卑屈なことも厭わないのが世の常となっている。こういうわけで、市民が他の連中よりも国王から重んじられ、かつ国家状態ないし公平性の許容範囲で自己の権利のもとにとどまるためには、市民だけで軍が構成され、かつ彼らが〔参与会議の〕指針に沿うということがぜひとも必要なのである。[11]反対に、もし傭兵が導入されてしまったなら、それと同時に市民は完全に征服され、終わりのない内乱の基礎が据えられるのは必定である。傭兵の商売は戦争であり、不和や騒擾の中でこそ彼らは力を得るのだから。

一三　国王の参与は終身でなく三年あるいは四年、長くとも五年の任期で指名されねばならないことは、本章の第一〇節および本章の第九節で述べたことからも明らかである。なぜなら終身にすると市民の大部分が栄職を得る期待をほとんど持てないため大きな不公平が生じ、その結果ねたみやたえざる陰口、ついには騒擾が生じてくることになる――これはもちろん支配欲に駆られた王たちにとって不愉快なことではない。のみならず参与は参与で（後任者への恐れがなくなるので）何ごとにつけても好き放題を始め、王もこれにまったく文句を言わないであろう。というのも、参与らは市民たちからの恨みが大きければ大きいほど王と癒着し、王にへつらう傾向を見せるに決まっているからである。いや五年という年限すらまだ長すぎるかもしれない。それだけ時間があれば（どれほど会議が大規模でも）参与のかなりの部分が賄賂やひいきで腐敗させられることがまったくありえないとは思われないからである。こういうわけで毎年一つの氏族から二人ずつ退任し、同数の後任の補充をする（もちろんこれは各氏族から参与が五人出る場合である）とすることで事態ははるかに安全となるのである。ただし、いずれかの氏族から出ている法律顧問が退任し後任が指名される年はこの限りではない。

一四　それにまた、こういった国家で統治する国王ほど大きな安全を約束される王はない。なぜなら、兵に見放される王はただちに滅びるということは別にしても、王たちにとって常に最大の危険は側近にある者からやってくることは確実だからである。したがって参与が少数であればあるほど、それゆえまたその勢力が大きければ大きいほど、彼らが何者かに統治を譲り渡すかもしれぬという王の危険は大きい。たしかにダビデにとって、彼の参与アヒトフェルがアブサロムの側に寝返ったことほど震撼すべきことはなかったのである[12]。それに加えて、いったん全権力が一人の人間に完全に譲渡されると、あとは一人の人間から他の一人の人間へそれが譲り渡されるのはずっと容易だということがある。じっさい、「二人の雑兵がローマの統治を手渡す役を引き受け、実際に手渡した」(タキトゥスの『同時代史』第一巻)[13]のである。また参与たちが恨みの餌食とならぬようわが身を守る術策と狡猾さについては十分知られていることなので、今は立ち入らない。なぜなら『同時代史』を読んだ人なら、参与はたいていその信義があだとなって破滅したことを知らないはずはない。参与はわが身を守るために、信義に篤いよりも狡猾であることを必要とするのである。とはいえ、参与がひとつの悪事へと一致できないほど数が多く、互いに平等で、かつ四年を超えて留任できないようになっていれば、彼らが国王の脅威になることは決してありえない。ただ、王が参与たちから自由を取り上げようと企て、全市民の感情を等しく害するようなことがあれば別である。というのも(アントニオ・ペレスが見事に言い表しているように)、「あまたの実例が示すごとく、絶対統治の行使は君主自身にとってかくも危険、かつ国民にとってきわめて忌わしく、神と人間のいずれの掟にも反する」のだから[14]。

315

一五　これら以外にも、国王にとっては統治の、市民にとっては自由と平和の獲得の大きな保証のもととなる諸基礎を前章で挙げているが、それについては別途あらためて示すことにする。というのも、まずは最高会議〔参与会議〕に関しそのもっとも重要な事柄を先に証明しておきたいからである。では残っている事柄を、提示されていた順序にそって続けてゆこう。

一六　市民たちは自分たちの都市が大きければ大きいほど、そして城壁が大きければ大きいほど、それだけ強大で、したがってまたそれだけ多く自己の権利のもとにある〔15〕。このことに疑いの余地はない。じっさい、自分たちの住んでいる場所が安全ならそれだけまた自己の自由を守りやすくなり、内外の敵をそれだけ恐れなくてすむからである。そして人間たちは富において強大であればあるほど、それだけまたおのずと身の安全を図るようになるということも間違いない。だが、自己を保持するのにほかの都市の力が必要な都市は、同等の権利は持たず、他者の力を必要とする限りで他者の権利のもとにある。第二章で述べたように、権利はもっぱら力能だけで定義されるからである。

一七　市民たちが自己の権利のもとにとどまり自由を守る、というやはりこの同じ理由から、軍は例外なく市民のみから構成されねばならない〔16〕。じっさい、武装している人間は丸腰の人間よりも多く自己の権利のもとにあり（本章の第一二節を見よ）、他人に武器を与え都市の防衛を任せてしまった市民は、自己の権利をその者に完全に譲り渡し、その者の信義にすべてを委ねたことになるからである。加えて、多くの人々を導く最大のものとして人間の強欲という要素がある。傭兵を集めようとすると巨額の費用がないとできないが、ふだん暇にしている軍を維持するための税負担など市民たちはまず我慢できない。なお、全軍あるいは大軍団の指揮に当たる者はやむをえぬときのみ、それも長くて一年を限度に指名すべきである[17]ということは聖書や史書に親しんでいる人ならだれもが知っていることだが、これはまた理性がほかの何にもまして明確に教えていることでもある。なぜなら、統治の威力を完全に委ねられる人間に十分な時間を認めてしまったら、彼は武勲を独占して国王をしのぐ名声を博すようになり、あるいは、おもねり、気前の良さといった術策――これは籠絡と支配のための将軍たちの常套手段である――を駆使して軍隊の忠誠を独占するだろうからである。最後に私は統治全体のさらなる安全を考えて、こうした将軍は国王の参与もしくは参与経験者のあいだから選ばねばならないとつけ加えた。すなわちそういう人間は相応の年齢に達しており、人間はたいていその歳になると目新しいものよりは旧いもの、冒す危険よりは安全を好むようになるからである。

一八　市民は氏族に区別され、各氏族から同数の参与が指名されねばならないと私は言った[18]。そうすれば大きな都市はその市民人口に見合った数の参与を持ち、公平の観点からそれだけ多くの持ち票が割り当てられることになる。なぜなら統治の力能、したがってまたその権利は、市民の数にもとづいて評価されねばならないからである。また市民たちのあいだの平等を守るこれ以上にうまい手段は考えつけないと私は思う。彼らはみな本性上、自分の種族に帰属したがり、血統によって他から識別されることを欲するようにできているのだから。

一九　また、自然状態において各人がわがものと主張し自己の権利のもとに置いておくのが一番難しいのは、土地およびそれに付随していて隠すことも好きなところに持っていくこともできないもののすべてである。それゆえ、土地およびそれに今言ったような条件で付随している物件は、まずもって国家の共同の権利のものである。すなわちそれは、結合された力でもってそれをおのがものと主張できる人々の総体、あるいはこの人々がそういう権力を与えた人間に属するのである[19]。したがってまた、土地とその付随物は、そこに定住し共同の権利ないし自由を守るために必要であるという以上の価値を市民の側で持ってはならない。なお国家がここから引き出さねばならない利益については、本章の第八節で示しておいた。

316 二〇　国家において特に必要なのは市民ができるだけ平等であることであり、そのためには国王の子孫以外、なんぴとも王族とされてはならない[20]。だがもし国王の子孫はだれでも結婚し子どもをもうけてよいなら、時の経つにつれ王族の数はどんどん増えてゆき[21]、国王にとってもみなにとっても負担となるばかりでなく大きな脅威となってしまうだろう。じっさい暇をもてあました人間たちはたいてい悪事を画策し始めるもので、王たちはたいてい王族が原因で戦争を起こすことになる。というのも、王族に取り巻かれた王たちに安全と安心を与えてくれるのは平和より戦争だからである。が、こうしたことは前章の第一五節から第二七節にかけて述べた事柄と同様、周知のこととしていまは措く。主要な事柄は本章で証明されており、その他はそれ自身で明らかだから。

二一　裁判官の数は、私人の賄賂で大部分が腐敗させられることができない程度に多くなければならず、票決は公開でなく秘密投票をもって行い、裁判官は職務上の特権収入を持つこととする——こういったことはだれでも知ってはいる[22]。しかしどこでも裁判官は年俸を支給されるのが習慣になっていて、そのせいで彼らは訴訟解決をあまり急がず、しばしば審理が延び延びになることが起こっている。他方、財産没収が王たちの利益収入になっているところでは、審理はしばしば「公平や真実でなく富の大きさを眼中に置き、いたるところで密告が行われ、資産家ほど餌食にされる。かくも苦痛で耐えがたいことが、軍備の必要からならまだしも、平時にまかり通っている[23]」。だが裁判官の任期を二年、長くて三年にしておけば、彼らの強欲は後任の者への恐れによって抑制

317

される。また言うまでもないが、裁判官は不動産をいっさい持つことができず、利殖のために同胞市民に自分の金を貸し付けねばならないようになっている。したがって彼らは市民を陥れるよりは、ために図るよう強いられる——とりわけ先述のように裁判官が大人数であればそう強いられるのである。

二二　私は軍のどんな俸給も定めてはならないと言った[24]。それは軍の最大の報酬は自由それ自体だからである。自然状態では各人はもっぱら自由のためにできる限りおのが身を守ろうと努め、武勇の報酬として自立以外を期待しない。それに対し国家状態では、市民全体がこの自然状態における一人の人間と同様に見なされるべきである。このゆえに、市民全員がこの国家状態のために闘うとき、彼らは自分たち自身の身を守り、自分たち自身のために時間を割いている。ところが参与や裁判官、法務官といった人々は自分より他人たちのために時間を割く。それゆえ、こういった人々の場合にはそれに見合った報酬を定めるのが公平なのである[25]。加えて、戦争の勝利を促す刺激としては、自由のイメージ以上に立派で偉大なものはないということも挙げておこう。しかし反対に、もし市民の一部だけが軍務につくよう指定されるなら、当然その人間たちに一定の俸給を定めることも必要になり、国王は必ず彼らを他の市民より重んじるようになるだろう（本章の第一二節で論じたように）。しかもそういう人間たちは戦争の術しか能がないので平時には暇をもてあまし、そのため贅沢を尽くして堕落したあげく家計に貧し、結局は略奪、市民同士の不和、内乱のことしか考えなくなる。したがってこう断言してよい。そういうたぐいの君主制統治は実は戦争状態であって、そこでは軍だけが自由を享受し、それ以外は隷従するのだと。

二三　他国人の市民への受け入れについてわれわれが前章の第三二節で述べたことは自明であると信じる。また疑う人はあるまいと思うが、国王の近親者は王から隔離し、軍務でなく和平に関わる政務で忙しくさせておかねばならない。[26]そうすれば彼らとしても面子が立ち、統治も安泰ということになる。もっとも、トルコ人の専制君主たちにとっては、こうしたことさえ十分安全には思えなかった。そのため自分の兄弟をみな殺しにすることが彼らのしきたりとなっている。それも不思議ではない。統治は一人の人間に完全に譲渡されればされるほど、それだけ他の一人の人間に譲渡されやすくなるからである（本章の第一四節で実例によって論じたように）。だが、われわれがここで考えているのは傭兵の存在しない君主制統治である。この君主制統治はいま述べたような仕方で国王の安全を保証するのに十分であることに疑いの余地はない。

二四　前章第三四節と三五節で述べたことについても、だれも疑いを差し挟むことはできまい。また国王が他国の女性と結婚してはならぬこと[27]を証明するのは簡単である。国家どうしはたとえ同盟関係を結んでいても敵対状態にある（第三章第一四節より）ということのほかに、国王のお家事情で戦争が引き起こされることがないよう特に用心が必要だからである。また社会に持ち上がる論争や意見の不一致はおもに婚姻関係から生じ、しかも二国間の紛争はたいてい戦争の権利にもとづく決着を見る。ここから、統治にとって他の統治とあまりに緊密な関係に入ることは致命的である、ということが帰結する。われわれは聖書の中にこうした破滅的な例を読むことができる。すなわち、エジプト王の娘と結婚していたソロモンが亡くなると、その息子のレハベアムはエジプト王シシャクと悲惨きわまりない戦争をして完全に征服された。[28]またフランス王ルイ一四世と〔スペイン王〕フェリペ四世の娘との結婚も最近の戦争[29]の火種となった。それ以外にも多くの事例を史書に見ることができる。

二五　統治の外見は同一に保たれねばならない。したがって国王は常に一人、かつ同一の性別でなくてはならず、統治は分割不可能でなければならない。[30]私は、王位は長子が出生上の権利によって継承するか、あるいは

319

(遺児がない場合)国王の近親者が継承するものとすると述べたが[31]、これは前章の第一三節からも、また群集による国王選出は可能な限り恒久的でなければならぬという理由からも、同様に明白である。じっさいそうしておかないと必然的に、統治の最高権力がたびたび群集に移ることになるが、そのような変化は甚大であり、それだけにきわめて危険だからである。ところがある人々は、国王は統治の主人であってこれを絶対的な権利によって掌握しており、それゆえ自分の望む者に統治を引き渡し後継者に指名することができる、だから国王の子息は正当な統治継承者なのだ、と主張している[32]。もちろん彼らはまったく誤っている。なぜなら国王の意志が法的な力を持つのは、彼が国家の剣を握っているあいだでしかないからである。統治の権利はもっぱら力能だけで定義されるのだから。したがって国王はたしかに退位はできるが、群集ないしその有力層の黙認なしに統治をだれかに引き渡すことはできない。このことをより明確に理解するには、子どもが親の相続者たりうるのは自然的権利によってではなく国法によってであるということに注意すればよい。すなわち各人が何らかの財産の所有者でいられるのは、もっぱら国家の力能のおかげである。それゆえ自己の財産に関わる本人の決定意志を有効にしているその同じ力能、同じ権利によって、本人が死んだあともその意志が——国家が存続するあいだは——有効であり続けるようになっているのである。国家状態では各人は生前と同じ権利を死後も保持するのだが、それはこの理由からである。なぜなら、いま言ったように、自分の財産について何らかの決定ができるようにしているのは本人の力能というより、むしろ恒久的な国家の力能なのだから。ところが国王の場合、事情はまったく異なる。なぜなら国王の意志は国法そのもの、国王は国家そのものだから、王が死ぬと国家もある意味で消滅し、国家状態は自然状態に戻る。したがってまた最高権力もおのずと群集に還るのである。群集はこのゆえに、権利をもって新たな法律を制定し旧い法律を廃止できるようになる。こうして明らかなように、群集が後継者として欲する人間以外、あるいは古《いにしえ》のヘブライ人たちの国家のような神権制であれば神が預言者を通じて指名する人間以外、なんぴとも権利をもって王位を継承することはない。さらにこのことは、国王の剣すなわち権利は実際上は群集自身ないしその有力層の意志であるということからも導き出せただろう。あるいはまた、理性をそなえた人間は、人間をやめ家畜扱いされるところまで自己の権利を放棄することなど決してありえない、ということからも導き出せただろう。しかしこういうことにはこれ以上踏み込む必要はない。

二六 なお、宗教の権利、ないし神を崇拝する権利はだれも他人に譲渡できない。このことは『神学政治論』の最後の二つの章でくわしく論じたので、ここでくり返すのは余計である。さて、以上をもって私は最善の君主制統治の諸基礎について、簡略とはいえ十分明瞭に証明したものと考える。それらもろもろの基礎がたがいに一貫した関係にあり統治が正しい比例をそなえていることは、注意して一度に見渡すならだれでも容易に確かめることができるであろう。あとはただ、ここで私が考えているのは自由な群集[33]が設立する君主制統治であって、これらの諸基礎はそうした自由な群集にとってのみ役に立つのだと念押しするだけである。じっさい、君主制ではない別の統治形態に慣れてきた群集がそこで受容されてきた諸基礎を根こそぎにし、統治全体の組織を変えようとすれば、それは統治全体の崩壊という大きな危険を伴わずには不可能であろう。

二七 だが、死すべきもののすべてにそなわる悪徳をただ平民[34]だけのものと思っている人々は、われわれが以上書き記してきたことをたぶん笑ってあしらうだろう。すなわち、民衆は節度がなく、怖がらせておかないと脅威となる[35]、平民は卑屈に隷従するかおごりたかぶって支配するかのいずれかであり、彼らに真理や分別は無縁である、等々。だが、自然は一つしかなくすべてのものに共通である。ところがわれわれは権勢と洗練に目を欺かれ、その結果二人の人間が同じことをしているのに、この人はそういうことをしても罰せられないがあの人は許され

320

ない、などとよく言う。それはしていることが違うからではなく、している人間が違うからである。高慢は支配者たちにつきものである。人間はたった一年の指名でも高慢になる。まして恒久的な栄職についている王族がどうなるかは言うまでもない。ところが彼らの高慢は奢りや贅沢や浪費、悪徳のある種のとりあわせ、ある種巧みな他愛なさ、背徳のもつ優雅さ等々で粉飾されているので、一つひとつを見れば目立つはずの不道徳な恥ずべき悪徳が、経験の浅い無知な者には立派で見栄えよく見えてしまうのである。次に、民衆は節度がなく怖がらせておかないと脅威となるということだが、それは自由と隷従を調合することが決して簡単ではないからである。最後に、平民が真理や分別に無縁だとしても不思議ではない。統治の主要な政務が彼らに知らされずに行われ、漏れてくるわずかな情報からあれこれ憶測するほかないならそれは当たり前である。じっさい、判断を差し控えることは稀な徳なのだから。したがって、一切を市民に隠して行いながら、彼らが曲解したりことあるごとに邪推したりしないようにと望むのはまったく馬鹿げている。なぜなら、民衆が節度を保ち、わずかしか情報のない事柄については判断を差し控え、あるいは事前に得られたわずかの情報をもとに正しい判断を下せるくらいなら、とっくに彼らは支配されるより支配するほうにふさわしくなっているだろうから。しかし先ほど言ったように自然はすべてのものにとって同一であって、だれでも支配を驕るようになるし、だれでも怖がらせておかないと脅威となる。そしてどこでも真理は、たいていの場合敵意をいだく者、隷属させられている者たちによって損なわれる——とりわけ審理において権利や真実でなく富の大きさを眼中に置く[36]ような一人、ないし少数の人間たちが支配するところでは。

二八　次に、傭兵は軍の規律に慣れていて寒さや飢えをものともしない。それで市民の集団を城攻めや野戦ではるかに劣ると馬鹿にするのが常である。だが、健全な精神を持った人なら、そのせいで統治はより不幸である

321

とかより不安定だとは主張すまい。反対に、他国のものを欲しがらずに自国のもののみを守ることができる統治、それゆえまた戦争をあらゆる手段で回避し平和の守りに全力を傾けるような統治こそ、あらゆる統治のうちでもっとも安定した統治だということ、これは公平にものごとを評価する人ならだれも否定しないであろう。

二九　なおまた、このような統治の場合、政略をほとんど隠しておけないことは私も認める。しかし市民たちに隠れて暴君の邪悪な秘密主義をとるくらいなら、統治のまっとうな政略を敵国に筒抜けにしておく方がよほどましである。この点はだれもが私とともに認めてくれるだろう。統治の交渉事を秘密裏に運ぶことができる者は統治を絶対的に牛耳り、戦時の敵に対してと同じように平時の市民を陥れるものである。機密が統治にとってしばしば有益であることはだれも否定できないが、その同じ統治が機密なしでは存続できないと証明することはだれにも決してできないであろう。だが反対に、公共体をだれかにすっかりまかせておきながら同時に自由を維持するということはまったく不可能である。したがって、わずかな損失を最悪のもので避けようとするのはまったくまずいやり方である。ところが絶対統治を渇望する人々は、交渉事を秘密裏に行うことは国家にとってきわめて重要であるといった類いの主張を飽きもせずくり返してきた。こうした主張は実用性を装っているだけに、いっそう恐ろしい圧政へと急変するのである〔37〕。

三〇　最後になるが、たしかに私の知る限り、いかなる統治も上述の条件をすべて満たして設立された事実はない。とはいえ、野蛮を脱した統治がそれぞれどのような原因で存続し、またどのような原因で滅びたかを考察すれば、われわれは経験そのものによってもこうした君主制統治の形態が最善であると示すことができる。しかしもしここでそれをやろうとしたら、読者をひどく退屈させずにはすまないであろう。とはいえ、記憶にとどめておくに値すると思われるひとつの例だけは言及せずにすませたくない。それは王への類まれな忠誠心に溢れ、王国の制度を同じく変節なしに守り通したあのアラゴン人たちの統治の例[38]である。すなわち、彼らはムーア人のくびきから脱するとただちに自分たちの国王を選ぶことに決めた。ところがどのような条件を付けて選ぶべきか十分意見が一致しなかったので、ローマ教皇に助言を求めることにした。教皇はこの件についてキリストの代理人として申し分なくふるまい、彼らに対して、なぜヘブライ人たちの例に懲りずそんなに熱心に王を求めるのかと叱って、しかし、もしどうしてもというのなら次のようにしなさいと説いた。すなわち、十分に公平で、かつ人々の気風に合うような規約を定めたうえでなければ王を選んではならないこと、そしてまずは何らかの最高会議を設けてこれにスパルタ人たちの民選監督官にならって王を牽制させ、王と市民のあいだの紛争調停の絶対的な権利を持たせること。この助言を聞き入れた彼らはもっとも公平と自分たちに思われる法を制定し、その解釈者、したがってまた至高の審判者を、王ではなくこの会議とした。この会議は「十七人会」と名付けられ、その議長は「正義」と呼ばれた。この「正義」と「十七人会」は投票でなく籤によって終身で選ばれた。そして彼らは、政治に関わる会議であろうと教会の会議であろうと他の会議が一市民に対して下した判決について、いや王自身が下した判決ですら、これを取り消し糾弾する絶対的な権利を有した。こうして市民ならだれでも、この会議の裁きの前に国王その人をすら引き出す権利を持っていたのである。そのうえ、最高会議は国王を選んだりその権力を剥奪したりする権利もはじめは有していた。ところが長い歳月が経ってから「短剣王」の異名をとるドン・ペドロという王が、人気取りをしたり、付け届けをしたり、約束を与えたり、ありとあらゆる奉仕を果たしたりして、ついにこの権利を廃止させてしまった（成功と同時に彼は衆目を前に短剣で手を切断し――むしろありそうなのは手を傷つけたということだろうが――、国王の血を流さずして国民が王を選ぶことはまかりならぬと言い添えたという）。ただし廃止には次の条項が付いた。すなわち「だれかが彼ら国民を犠牲にして暴力で統治を始めようとしたなら、彼らは以前と同じようにこの暴力に抗して武器をとることができる。相手が国王であろうと将来の王位継承者であろうと、そのように統治を始める者に容赦はない[39]」という条項である。実のところ、こうした条項によって彼らは以前の権利を廃棄したというより、むしろ是正したのである。なぜなら第四章の第五節および第六節で論じたように、国王が支配の力能を奪われうるのは国法にもとづいてではなく戦争の法〔戦争の権利〕にもとづいてであって、王の暴力はもっぱら国民の暴力によって撃退されるしかないからである。取り決められた条項はこのほかにもあるが、さし当たりわれわれの主題には関係がないので措く。これらの慣例は、みなの意見にもとづいて立てられたからであろう、信じられないほど長きにわたって破られることがなく、王の国民に対する信義も、国民の王に対する信義も、ともに変わることがなかった。ところが相続によってカスティーリャ王国が最初のカトリック王と呼ばれていたフェルディナンド[40]の手に移ったあと、このアラゴン人たちの自由はカスティーリャ人たちの反感を買うことになり、彼らはそういう権利は廃止してはどうかと国王フェルディナンドにしつこく説いた。しかしフェルディナンドはまだ絶対統治に慣れていなかったのであえてこれを試みようとはせず、参与たちにこう応えた。「アラゴン人たちによく知られた条項付きで彼らの王国を受け取ったということもあるし、それら条項を守ると厳かに誓った手前もある。また約束を破るのは人の道に反するということも。しかしそれ以上に私はこう考えるに至った。すなわち安全の理由が国王と国民とで等しく、その結果重要性において王が国民にまさるのでも国民が王にまさるのでもないようになっていれば、そのあいだわが王国は安定していられるだろう。というのも、どちらかが力において優位に立てば、劣位になったほうは以前の平等を回復しようとし、のみならず被った損害の苦痛のゆえに復讐に努め、結局その一方あるいは両方が滅びてしまうことになるのだから[41]」。これは実に賢い言葉であって、奴隷にでなく自由人に命令するのを習いとした王の口から出た言葉であるだけに十分驚嘆に値しうる[42]。こうしてアラゴン人たちはフェルディナンドのあとも、もはや権利においてではなく自分たちより強い王たちの好意のおかげではあるが、自由を保持した。だがそれもフェリペ二世〔43〕までで、この王は〔ネーデルラント〕連合州に対して行ったのと比べればたしかに上首尾に、しかし劣らず残忍に、アラゴン人たちを抑圧したのである。そのあとフェリペ三世〔44〕がすべてを原状回復したかに見えるけれども、アラゴン人たちの多くは（棘を蹴り飛ばすのはまずいやり方なので）強い者に巻かれ、あるいはそうでない者も恐れに震え上がり、結局のところ「自由」という麗々しい言葉と形骸化した慣例以外、何も保持しなかったのである。

三一　こうしてわれわれは結論する。国王の力能がもっぱら群集自身の力能だけで決定され、かつこの群集自身の支持によって維持されるようにしておくだけで、群集は国王のもとでも十分大きな自由を保持できるのだと。そして君主制統治の諸基礎を据えるにあたって私が従ってきたのは、唯一この規則だったのである。

324

第八章〔貴族制統治について〕

貴族制統治は大人数の貴族から成り立っていなければならないこと。この統治の優れた点。そしてそれは君主制統治と比べてさらに絶対統治に接近しており、それゆえ自由の維持にいっそう適しているということ。[1]

一　以上は君主制統治についてであった。では貴族制統治ならどのように設立されれば永続できるか、これから述べることにしよう。貴族制統治とは、一人の人間でなく、群集の中から選り抜かれた何人かの人間たちの掌握する統治のことだとわれわれは言った。[2]その人間たちを以下、「貴族」[3]と呼ぶことにする。私は「選り抜かれた何人かの人間たちの掌握する統治」と断る。というのもこの統治と民主制統治の大きな違いは、統治にたずさわる権利が貴族制統治ではもっぱら選抜にのみかかっており、民主制統治ではとりわけ何らかの生得の権利あるいは偶然の運で獲得された権利（これについては後述する）にかかっているという点だからである。[4]したがって、たとえある統治の群集がそっくり残らず貴族に編入されるとしても、統治にたずさわるこの権利が世襲でなく、また共同の法律にもとづいて他者に継承されるのでもないなら、この統治は完全に貴族制のままだろう。なぜなら、その場合でも特別に選抜されるのでなければだれも貴族のうちに編入されないからである。ところで貴族の数が二人しかいないと、互いに自分のほうが強くなろうと努め、それぞれの力が大きくなりすぎて統治はたやすく二派に分裂するだろう。三人ないし四人、あるいは五人が統治を掌握するなら、三派、四派、五派に分裂するだろう。しかし統治が委ねられる人間の総数がずっと多くなれば、それだけ派閥は無力になる。この帰結として、貴族制統治を安定させようと思うなら、貴族の数の下限を決定すべく、統治自体の規模を考慮に入れることが必須となる。

二　そこで中規模の統治の場合、統治の最高権力を委ねるべき選良が一〇〇人いれば足りると仮定してみよう。そしてそのうちのだれかが死亡すると、彼らは同僚となる貴族を選抜する権利があると仮定する。もちろんこの者たちは自分の子どもたちや近親者たちを後任につかせようとあらゆる努力を傾けるにちがいない。その結果、統治の最高権力はいつも、たまたま貴族の子どもや近親者に生まれついた人間たちの手中にあるということになるだろう。そんなふうに偶然の運で栄職に昇った一〇〇人の中で、術策や深慮に秀でて一目置かれるような人間はせいぜい三人程度しか見出せないだろう。そこで統治の権力は一〇〇人の手中にではなく、たった二、三人の、有能で、万事を容易に自分の周りに引き寄せることに長けた者たちの手中にあることになる。そして彼らは人間の欲望の流儀に従ってめいめいに君主制への道を切り開くことができることになってしまう。したがって正しく計算するなら、規模から見て最低一〇〇人の選良が必要な統治の場合、その最高権力は最低五〇〇〇人の貴族に委ねられねばならない〔5〕。こうしておけば有能な人材が必ず一〇〇人は見いだされるだろう。仮定では栄職を望み獲得する人間が五〇人いればそのうち一人は選良に匹敵する者が常に見つかるだろうし、その他にも選良たちと力量を競い、それゆえ統治にたずさわるにふさわしい人間も何人かはいるはずだからである。

三　貴族は統治全体の首都の市民であることが多いので、国家ないし公共体の名はその都市からとられる。たとえばかつての共和国ローマ、今日のヴェネツィア共和国、ジェノヴァ共和国のように。ただオランダ共和国は

325

一個の州の名をとっており、この統治の国民がほかよりも大きい自由を享受しているのはこのためである。さて、この貴族制統治の支えとなるべき諸基礎を決定しようとすれば、その前に、一人の人間に譲渡された統治と、十分に大きい議会に譲渡された統治とのあいだにある違いが実に大きいことに注目する必要がある。すなわち第一に、統治の総体を支えるには（第六章の第五節で述べたように）一人の人間の力能ではとうてい及ばないが、同じことを明白な背理なしに十分大きい議会について言うことはできない。なぜなら議会は大規模でなければならぬという肯定は、同時に、そうした議会であれば統治を支えられないはずはないという否定を意味するのだから。ゆえに、参与はたしかに国王には必要だが、こうした議会にはまったく不要である。第二に、国王は死ぬが議会は恒久的である。したがって統治の力能は十分な規模の議会にいったん譲渡されれば決して群集に還ることはない。君主制統治では、前章の第二五節で論じたようにこうはいかない。第三に、国王の統治は王の幼少、病気、老い等々の理由でしばしば脆弱になるが、こうした議会の力能は反対に常に同一であり続ける。第四に、一人の人間の意志はかくも変わりやすくうつろいやすいため、君主制統治の場合、法はすべて国王の顕在化された意志であるというのはいいが、国王の意志なら何でも法であるというのであってはならない（前章の第一節で述べたように）。同じことはしかし十分な規模の議会の意志について言うことはできない。なぜなら（いま述べたとおり）この議会はまったく参与を必要としない以上、必然的に、議会が表明したすべての意志が法でなければならないからである。こうしてわれわれは、十分な規模の議会に譲渡される統治は絶対的であるか、あるいは絶対統治にもっとも接近していると結論する。というのも、もし絶対統治が与えられるとすれば、それは実際には群集の総体が掌握している統治だからである。

四　とはいえ、この貴族制統治は、その統治が（いま示したように）決して群集に還らず、議会の意志が群集との相談なしにすべて無条件に法である限り、やはりまったく絶対統治と見なされねばならない。したがってまた、この統治の諸基礎はもっぱらその議会の意志と判断によって支えられねばならず、群集による監視が支えになってはならない。というのも、群集は審議と票決から遠ざけられているからである。したがって、それが実践においてなぜ絶対統治でないのかという原因はただ一つしかありえない。すなわち、命令する者たちにとって群集は恐るべき脅威であり、そのため群集がある種の自由を獲得するということ、これである。群集はこの自由を明示的な法律によってでないにしてもやはり暗黙裡にわがものと主張し、これを獲得するのである。

五　こうして明らかとなるように、この種の統治は、それが最大限に絶対制に近づくように――すなわち群集ができるだけ脅威とならないように、そして群集が統治自身の構成のされ方から必然的に認められねばならない自由以外のどんな自由も保持せず、この自由が群集の権利というよりむしろ統治全体の権利であって選良だけがそれをわがものと主張し保持する、というふうに設立するなら、最適の条件をそなえるであろう。このような仕方で実践と理論が最大限に一致することは前節から明らかであり、また事柄としても自明である。というのも、平民が多くの権利をわがものと主張すればするほど、それだけ貴族は統治をより少なく手中にするということに疑問の余地はないのだから。低地ドイツでは一般に「ギルド」と呼ばれる職人団体がそういう権利を慣例的に有している。

六　また、統治が議会に絶対的に委ねられたからといって、平民の抑圧的な隷属を招く危険はまったく心配に当たらない。というのも、これほど大きな議会の意志決定は気まぐれよりはむしろ理性によって可能となるからである。たしかに人間たちは悪しき感情からは分裂してしまうし、まっとうな事柄――あるいは少なくともそう見える事柄――を欲求する限りにおいてでしか、あたかも一つの精神によってのように導かれることができないのだから。

七　というわけで、貴族制統治の諸基礎の決定にあたっては、その基礎がもっぱら統治の最高会議の意志と力能だけで支えられるようにし、そうやって最高会議が可能な限り自己の権利のもとにあるように、また群集からいかなる危険も負わないようにしておくことがとりわけ肝要である。さて、そんなふうに最高会議の意志と力能のみが支える諸基礎を決定するために、まず平和の諸基礎のうちどれが君主制統治にのみ固有で、この統治に不向きであるかということから見てゆこう。というのも、不向きなものを貴族制統治に適切な同等物で置き換え、その他はもとのままに据え置くというふうにすれば、騒擾の原因はすべて間違いなく除去されるだろうし、あるいは少なくとも君主制と同じ程度にこの統治は安全となるからである。いやそれどころか、この統治は（本章の第三節および第六節を見ればわかるように）平和と自由を損なわずに絶対統治に近づくという点では君主制統治にまさり、そのぶん君主制にまして安全で、かつよりよい条件をそなえるであろう。じっさい、統治の形態は最高権力の権利が大きければ大きいほどそれだけ理性の指図に一致し（第三章第五節より）、したがってまたそれだけ平和と自由を維持するのに適するからである。そこで第六章の第九節〔から第一二節〕[6]で述べた事柄をざっと振り返って、この統治に不向きなものは捨て、適合するものがどれであるかを見てゆくことにする。

八　まず第一に、一つあるいは複数の都市を築いて城壁をめぐらす必要があることは疑いようがない。ただ防備の重点から言えば、まずは統治全体の首都、次に国境に位置する諸都市というふうにしなければならない。統治全体の首都であり最高の権利を有する都市は他の都市より強大でなければならないからである。なお、この統治では全住民を氏族に区分することはまったく余計である〔7〕。

九　軍に関して言うと、この統治で求められる平等は全員のではなくもっぱら貴族の平等であり、また何といっても貴族の力能は平民の力能より大きいのだから、国民のみから軍を形成することはこの統治の法律ないし基本法に属さない〔8〕のは確かである。むしろ特に必要なのは、軍事の心得がなければ貴族に編入されないことである。しかしある人々の望むように国民をまったく軍に入れないのは実にまずい。というのも、軍の俸給は国民に支払われれば領内に留まるが、国外からの傭兵に支払われるなら消失してしまうということは別にしても、そのようにすることは統治の弱体化を招くからである。比類なき精神力で戦うのは自分たちの故郷のために戦う人々であることは確かなのだから。ここからまた、将軍、軍団司令官、中隊長などは貴族のみから選ばれるべきだと主張する人々も同じように間違っていることが明らかとなる。じっさい、兵から名誉や栄職を得る期待をすべて奪っておいて、どんな武勇でもって戦えというのか。だが逆に、貴族が自己の防衛や騒擾鎮圧、あるいはその他何らかのやむをえない場合に国外から傭兵を入れることまで法的に禁止するなら、それは配慮を欠くのみならず貴族の最高の権利にも矛盾するであろう（この点については本章の第三節、第四節、第五節を見よ）。なおまた一つの軍隊ないし全軍の将軍については、戦時にのみ、それも貴族のなかから選任され、その指揮権は一年のみ、かつ留任も再任も不可とする〔9〕。この法律は君主制統治でも必要だが、とりわけこの統治における必要性は大きい。なぜなら先に述べたように〔10〕統治は自由な議会から一人の人間に譲渡されるよりも一人の人間から他の一人の人間に譲渡されるほうが容易とはいえ、それでも貴族が自分たちの将軍によって制圧されることは結構起こるし、そうなると公共体のこうむる被害ははるかに大きいからである。それも当然で、君主が放伐されても暴君がすげ替わるだけで統治そのものは変わらないが、貴族制統治においてそういうことが起これば、これは統治の転覆と要人の破滅を伴わずにすまないからである。そのきわめて陰惨な例はローマを見ればよい[11]。なお、君主制統治において従軍は無給でなければならないのはなぜかという理由は先に述べたが[12]、そういう理由はこの統治にはあてはまらない。なぜなら国民は審議と票決から排除されているがゆえに他国人と同じように見なされねばならず、したがって他国人と同等の条件で軍へと募集されるべきだからである。またここでは、彼らが他の国民より議会から優遇される危険はない。いやむしろ——ありがちなことだが——彼らはそれぞれ自分の功績を特別視するだろうから、そういうことがないように貴族は兵に対して一定額の兵役報酬を決めておくのが賢明である。

一〇　また貴族以外はみな他国人であるという同じ理由から、農地、家屋、およびすべての土地をもっぱら公共の権利に属するものとして年単位で住民に賃貸することは[13]、統治全体の危険を伴わずにはできない。というのも国民は統治にまったく関与していないので、所有する財産がどこへでも持っていけるものばかりだと簡単に敵の都市へ逃げてしまうからである。それゆえ、この種の統治では農地や地所は国民に賃貸するのでなく売り渡すのでなければならない。ただしオランダで行われているように、一年の収入の一部を毎年納める等々の条件を付けて。

一一　以上をふまえ、今度は最高会議を支え強固にする諸基礎に話を移そう。この議会の成員は中規模の統治でほぼ五〇〇〇人でなければならないと本章の第二節で述べた。したがって、どうすれば統治が徐々に少数の者の手に落ちず、むしろ反対に成員数を統治の規模拡大に比例して増やせるか、また貴族たちのあいだの平等を可能な限り保つにはどうすればよいか、さらに、どうすれば議会の決定が迅速になされ共同の福利が図られるようになるか、そして最後に、どうすれば貴族すなわち議会が力能において群集を凌駕し、しかも群集がそのことで何も不利をこうむらないようにできるか、その手段が求められなければならない。

一二　一つめの課題を実現するさいの最大の困難はねたみ[14]から生じる。すでに述べたように人間は本性上敵どうしであって、法律で互いに結びつけられ縛られていても本性は失わないのだから。諸々の民主制統治が貴族制統治に変わり、最後は君主制統治に変わってしまうのはこのためではないかと私は踏んでいる。というのも、多くの貴族制統治はまずは民主制統治であったと考えてまったくさしつかえないと私は思うからである。すなわち、まずある群集が新天地を求め、これを発見し耕し始める。だれも統治をすすんで他人に譲ろうとはしない以上、彼らは命令する平等な権利を彼ら全体として保持していたに違いない。しかし、自分たちのあいだで各人相互に対して同じ権利を持つのは公平だと考えても、合流してくる他国人と自分たちとで権利が同等なのは不公平だとだれもが考える。というのもそこは自分たちが苦労して求め血を流して獲得した統治の中だからである。他国人もこれに文句は言わない。言うまでもなく彼らは統治するためにでなく私事を営むためにやって来たのであり、平穏に仕事をする自由が認められさえすれば十分だと思っている。ところがそのうちに他国人の合流によって群集はふくれあがり、彼らもその国の風習を次第に身につけ始める。そしてついに、栄職に到達する権利がないという一点を除けばどんな違いもわからなくなる[15]。そんなふうに他国人の数は日々増え続ける一方で、逆に市民たちの数は多くの理由から減少してゆく。じっさい氏族のなかには血統が絶えてしまうものがしばしばあり、悪事のために市民から除名される者もあれば、家業の逼迫のために公共体をないがしろにする者も多く出てくる。そういうなかで有力者たちは自分たちで統治を独占することしか考えない。こうして統治は少しずつ少数者の手に移り、派閥のために最後は一人の人間の手中に落ちるというわけである。ほかにもこの種の統治が崩壊する原因は挙げることもできるが[16]、よく知られたことばかりなので省く。次は問題のこの統治がそれによって維持されね

330

ばならないもろもろの法律について、順序立てて示すことにしよう。

一三　この統治の第一の法律は、貴族と群集との人数比を規定する法律でなければならない。群集が増大すれば貴族の数も増えるように両者のあいだの比率を保たなければならないからである（本章の第一節により）。この比率は（本章の第二節で述べたことから）ほぼ一対五〇。群集に対する貴族の数の不均衡が大きくならないようにこう決めておく。じっさい（本章の第一節により）貴族の数が群集をはるかに上回ることは統治の形態がそのままで可能である。危険はむしろ貴族の数の少なさにのみ存するのである。[17] この法律が破られず守られるにはどのような注意が必要かということについては、しかるべきところですぐ述べる。

一四　若干の氏族のみから貴族が選ばれるような所もないわけではない。しかし明示的な法によってそう定めるのは致命的である。なぜなら氏族が断絶することも結構あるということ、および排除された他の氏族が恥辱を強いられずにはいられないということは別としても、貴族の位を世襲にすることはそもそもこの統治の形態に矛盾するからである（本章の第一節より）。じっさい世襲にすれば、統治は本章の第一二節で描かれたあの小規模な市民の掌握する民主制の観をむしろ呈してしまうだろう。かといって反対に、貴族に自分の息子や親族から選ばないように、したがってまた命令する権利が若干の氏族に集中しないように予防策を講じようとしても、それは不可能、いやむしろ、本章の第三九節で論じるように不条理ですらある。他方、貴族が明示的な法によらずにこの権利を獲得し、しかも他の人々が排除されないようになっていさえすれば、統治の形態はそれでも十分維持され、貴族と群集の比率は常に保たれうるだろう。（他の人々と私が言っているのは、国内で出生しその国の言葉を用いている人々、また他国人を妻として持たず、汚名に問われてもおらず、下僕でもなく、また何らかの隷属的な職業で生計を立てているのでもない人々――ここには酒類を商う者も含めるべきである――のことである。）

一五　さらに若年者が選任されないように法律で決めておけば、命令する権利を少数の氏族が独占することは決して起こらない。したがって、三〇歳以上の者でなければ候補者名簿に載せてもらえないと法律で定めておかねばならない。

一六　第三に、貴族は全員が一定の時期に都市の一定の場所に集まり、病気や他の公の政務といった支障がないのに議会を欠席した者は相当額の罰金を科されるものと定めておく。こうしておかないと、家業にかまけて公の配慮を怠る者が多く出てくるだろう。

一七　この議会〔最高会議〕の任務は法律の制定と廃止、および同僚となる貴族および統治の全官吏の選任である。じっさい、この議会が有するとわれわれが考えているように最高の権利を有する者が、他者に法律の制定と廃止の権限を与えるようになることはありえない。それは同時に自己の権利を放棄し、権力を与えたその者に自己の権利を譲り渡すことだからである。じっさいそうであって、たとえ一日でも法律の制定と廃止の権限があれば統治の全形態を変えてしまえるのだから。だが統治の日常的な政務については、自己の最高の権利を保持したままで、適宜所定の手続きによって一時的に他者に任せることは可能である。なおまた、統治の官吏がこの議会以外の議会によって選任されればこの議会の成員はもはや貴族とは呼べず、後見人つきの子どもと呼ぶべきであろう。

一八　この議会に総裁ないし統領を立てる慣わしになっている所もある。たとえばヴェネツィアでは終身、ジェノヴァでは期限付きでそうしている。だが大変用心深く運用しているのを見れば、統治にとって相当な危険を伴うことは明らかである。たしかにこのようなやり方をとれば統治が君主制統治に近づくことは疑えない。それに彼らの歴史から推察する限り、こういうふうになった理由は彼らが議会が設立される前まで総裁や統領に国王に対するごとくに服していたということ以外にはない。したがって、総裁を立てることは国柄によって必要かもしれないが、貴族制統治そのものとして見た場合必須の要件とはならない。

一九　とはいえ、こうした統治の最高権力は成員一人ひとりでなく議会全体の手中にあるのだから（さもなければ単なる烏合の衆であろう）、貴族の全員が法律に拘束されてあたかも一つの精神によって統べられる一個の身体を構成するかのようになっていることが、やはり必要である。だが法律の擁護者たち自身が罪を犯すことがありえ、しかもまったく不条理なことに、彼らだけがみずからの欲求を懲罰の恐れで抑えるという大義をもって懲罰をおのれへの見せしめとして引き受けて同僚の懲罰に当たらなければならないというふうになっているなら、法律はそれ自身によって簡単に破られる。したがって、この最高会議の秩序と統治の法が守られ、しかもそのことによって可能な限り貴族たちのあいだの平等が保たれるような、そういう何らかの手段が求められる。

二〇　かといって一人の総裁ないし統領を立ててこれにも議会の投票権を与えるなら、必ず大きな不平等が生じないではいない。それはおもに、職務遂行をより安全にするために必然的に議会がその者に容認せざるをえない力のゆえである。それゆえすべてを正しく考慮すれば、次のように定めておく以上に共同の安寧にとって有益なことはない。すなわち、この最高会議の下に若干名の貴族からなる別の会議〔護法官会議〕を設け、議会と官吏に関する統治の法が遵守されているか監視することにその任務を限定する。この者たちはそのため、違反した統治の官吏、つまりだれであれみずからの職務に関する法を犯した者を法廷に召喚し、定められた法によってこれを裁く権限を有する。以下、この貴族たちを「護法官」[19]と呼ぶことにする。

二一　護法官は終身で選任されるものとする。期限付きにすると任期を終えたあと統治の他の官職に就けることになり、本章の第一九節で論じたような不条理に陥るからである。しかし支配の期間があまり長いと高慢になるので、この官職に選ばれるのは六〇歳以上、かつ上院議員（これについては後述）[20]の経験者に限るとしておく必要がある。

二二　護法官の人数の決定は、護法官と貴族との比は貴族全体と群集との比に等しいこと、および適正な数を下回ると貴族は群集を治めることができなくなることを考えれば難しくない。こうしてやはり護法官と貴族の人数比は貴族と群集のそれと同じ、すなわち（本章の第一三節により）一対五〇でなければならない。

二三　さらにこの会議〔護法官会議〕[21]が安全に任務を遂行できるように軍の一部を割り当て、欲するところをこれに命令できるものとする。

二四　護法官に限らずいかなる官吏に対しても俸給は定めない。そのかわり、公共体の運営を正しく行わなければ大損になるように利益収入を定める。たしかにこの統治の官吏の場合、労力に応じて報酬を定めるのが公平

333

なことは疑えない。なぜならこの統治の大部分は平民であり、彼らが公共体でなく私事のみを配慮しているあいだその安全を見守ってくれるのは貴族だからである。とはいえしかし(第七章第四節で述べたとおり)だれも自分の利益の安定に利すると信じる限りでしか他人の言い分を擁護しないのだから、必然的に、公共体に配慮する官吏は共同の福利のためにもっとも配慮するときに、もっとも多く自己の便宜を図っていることになるというふうに仕組を作っておく必要がある。

二五　そこで、護法官――その任務はいま言ったとおり統治の法が破られないように監視することである――の利益収入を次のように定める。すなわち、領内に居住する家長に対し、毎年少額ではあるが銀貨四分の一オンスを護法官に納めるよう義務づける。こうすれば護法官たちは住民人口を知ることができ、したがってまたそこに占める貴族の割合を監視することも可能となる。次に、新任の貴族は選任されるさいに相当額――たとえば銀貨二〇ポンドないし二五ポンド――を護法官に払わなければならない。また欠席した貴族(招集された議会に出席しなかった貴族)に科せられる罰金も護法官に渡される。さらに、職務違反で護法官の裁きを受けた官吏は一定額の罰金あるいは財産没収を受け、その一部が護法官に差し出されねばならない。ただし護法官全員にではなく、護法官会議の招集を任務として毎日詰めている護法官(本章の第二八節を見よ)にのみ差し出すのである。

護法官会議が常に適正な数で成り立っているようにするために、次のようにしておく。最高会議の定例会議が開かれると、まず何よりも先に適正数に関する質疑がなされねばならない。護法官たちがなおざりにしていたことがわかったなら、上院(これについてはすぐに述べる)[22]の議長はこれを最高会議に警告し、護法官会議の議長に黙過[23]の理由を問いただすとともに最高会議に意見を求める責任がある。もしそのとき上院の議長も黙するなら、最高裁判所の議長が問題を取り上げる。最高裁判所の議長も黙するなら他の貴族のだれかがこの問題を取り上げ、護法官会議の議長、上院の議長、最高裁判所の議長のすべてに黙過の理由を問いただすものとする。

　次に、若年者を排除する法律が厳格に守られるために次のようにしておく。すなわち三〇歳に達し、明示的な法で統治から排除されているのでないすべての者は、怠らず護法官の立ち会いのもとで名簿に登録してもらい、受け入れられた者は何か栄職のしるしになるものを規定の金額を払って護法官から受け取る。こうして彼らは特権的に敬意を表されるある種の装飾の着用が特別に許される。また同時に、いかなる貴族も共通の登録名簿にない者を選抜にあたって推すことができないと法で定め、これを重罰事項とする。さらに、なんぴとも任命された職位ないし職務を拒否してはならないと定める。

　最後に、統治の基本法全体を徹底的に恒久的にするため、最高会議に基本法に関わる動議——たとえば将軍を務める者の任期延長、貴族の数の削減といった類の動議——を提出する者は反逆罪と定めておく。その者は死罪となって全財産が没収されるだけでなく、その処刑が末永く記憶されるように公共の場に何らかの碑が建てられる。だがそれ以外の統治の一般法を確固としたものにするには、いかなる法律もまずは護法官会議、次いで最高会議において、それぞれ四分の三ないし五分の四の賛成票を得ない限り廃止も制定もできないと定めておけば十分である。

二六　なおまた最高会議の招集、およびそこで決定すべき議題の提出は護法官の権利とする。護法官は議決投票権はないが議会の上席が認められる。ただし着席するに先立ち、この最高会議の安寧と公共の自由にかけて祖国の法が破られぬよう全力を尽くし共同の福利を図ると誓約する義務があり、そのうえで秘書官を通じ議題を順に開示するものとする。

335

二七　すべての貴族が議決および統治の官吏選抜において平等な権限を持ち、かつあらゆる案件の決裁が迅速になされるようにするには、やはりヴェネツィア人たちが守っている手続きが推奨される。すなわち、まず統治の官吏を指名するために議会から数人を籤で選ぶ。この者たちが順に官吏候補の名前を挙げ、今度は貴族各人がその官吏候補からだれを選任すべきか可否投票する。投票はだれの意見かあとで特定されないように秘密投票とする。こんなふうにすれば議決に占める重みはすべての貴族のあいだで平等になり、政務は迅速に決裁され、のみならず――どの議会でも特に必要なことだが――各人は恨まれる恐れなしに自分の意見を表明する完全な自由を持つことになる。[24]

二八　護法官会議やその他の議会でも、最高会議と同じ手続きが守られねばならない。すなわち秘密投票である。だが護法官会議の招集およびこの会議での協議議題の提出については、護法官会議の議長がその権利を握っている必要がある。議長は他の一〇人かそれ以上の護法官とともに日参して、官吏に対する平民の苦情や内密の告発を聞き、必要ならば告発者たちを保護下に置き[25]、護法官会議を招集するものとする。日参する護法官のうち一人でも事態を危急と見れば、定例の会期前に議会を招集しなければならない。議長およびいっしょに日参する者は最高会議によって護法官の中から選ばれ、それも終身ではなく六カ月任期とし、三年ないし四年たたない限り再任されてはならない。そして先に述べたように、没収財産や罰金あるいはその一部がその利益収入となるよう定める必要がある。護法官に関してはほかにもあるが、しかるべきところで述べることにする。

二九　最高会議の下に設ける二つめの議会は「上院[26]」と呼ぶことにする。その任務は公の政務の執行である。たとえば統治の法を布告し、法に従って諸都市の防備を整えること、軍への命令、国民に対する課税とその使途の決定、他国使節の応対、使節派遣先の決定、というような仕事である。ただし、使節自身の選任は最高会議の任務とする。このことは特に守られねばならない。それは貴族が最高会議によらずに統治の官職に迎えられることがないようにするためである。そうしておかないと貴族たちは上院に取り入ろうとするだろう。なおまた、戦争と和平に関する決定のように、現在のあり方を何らかの仕方で変えるような事柄はすべて最高会議に付託されねばならない。それゆえ戦争と和平に関する上院の決議は、有効になるために最高会議の権威による承認が必要となる。同じ理由で私は、新たな課税の決定は上院ではなく最高会議にのみ権限があると考える。

三〇　上院議員の人数を決定するためには以下を考慮することが必要となる。すなわち、まず第一に上院議員の地位に就ける期待がすべての貴族にとって等しく大きいこと。次に、にもかかわらず任期を満了した上院議員がそのあとあまり期間をおかずに再任されうること。これは統治が常に事情に通じた経験者によって運営されるようにするためである。そして最後に、上院議員の中に智恵と力量に秀でた人間が数多く見いだされるようにすること。以上の条件をすべて満たそうとすれば、考えられるのはただ一つ、次のように法律で定めるしかない。すなわちだれも五〇歳に達しないうちは上院議員の地位に就くことができず、四〇〇人、つまり全貴族の約一二分の一に当たる数の上院議員が一年で改選され、しかも任期終了後二年を経ていれば再任も可とする。このようにすれば、貴族の約一二分の一[27]が、わずかな期間を置くだけで上院議員の役職に就いていられるだろう。この数は護法官の交代数と合わせるなら、五〇歳以上の貴族の総数がそれをひどく上回ることはあるまい。したがってすべての貴族は上院議員もしくは護法官の地位を得る大きな期待を持つことができ、にもかかわらず、先に述べたように、同じ貴族がわずかな期間を置くだけで上院議員の地位を常に保持することもできるであろう。それに、この上院に思慮と術策に長けた逸材が一人もいないということも（本章の第二節で述べたことにより）決して起こらない。そしてこの法律は多数の貴族の大きな恨みを買わずには破れないので、常時効力を持たせるには次のような予防策を講じておけば十分である。すなわち、先に述べた年齢に達した貴族は護法官にその証拠を示し、護法官はその氏名を上院議員候補者名簿に記載して最高会議の場で読み上げる。そうやってその者は、他の候補者といっしょに最高会議の上院議員席の隣に設けられた彼ら専用の席を与えられるとしておけばよい。

三一　上院議員の利益収入は、彼らにとって戦争より平和のほうが都合がよいというふうにしておかねばならない。そこで、他地域と取引される輸出入品の一〇〇分の一、ないし五〇分の一が彼らに割り当てられるように
337 する。こうすれば間違いなく彼らはできる限り平和を擁護し、決して戦争を起こそうとはしないだろう。また、上院議員の中に商人がいる場合、上院議員自身もこの税を免除されてはならない。なぜならそういう免責は商取引における甚大な損失なしには認められないからであり、それを知らない人はいないと思う。それからこれと反対に、上院の現職議員ないし議員経験者は軍のいかなる職務をも遂行してはならないと法律で定める必要がある。さらに、本章の第九節で戦時に限り軍隊に認められると述べた将軍ないし指揮官については、その父ないし祖父が上院の現職議員である者、あるいは父ないし祖父が上院議員の地位を辞して二年たたない者から指名してはならないと法律で定める。こういう法を上院の外の貴族たちが全力で擁護することは疑いの余地がない。こうして結果的に、上院議員たちは常に戦時より平時のほうが利益収入があることになり、統治のよほどの必要によってやむをえぬときでなければ主戦論を張ることはないだろう。

しかしこう反論されるかもしれない。そうやって護法官や上院議員にそこまで大きな利益収入を定めるとなると、貴族制統治といっても国民の側の負担はどの君主制統治とも変わらないではないかと。だが言うまでもなく国王の宮廷はもっと経費がかかり、しかも平和を守るのに何の役にも立たない。そして平和を守るためなら、ど

れほど代価を払っても払いすぎることはないのである。のみならず、まず第一に、君主制統治では一人ないし少数の人間にしか与えられないものすべてが、この種の統治では多くの人間に与えられる。次に、国王とその役人たちは統治の経済的負担を国民とともに担ってはくれないが、この統治ではその反対である――貴族は常に富裕層から選ばれ、そういう人々が公共体の大半を担うのだから。最後に、君主制統治が強いる負担は、実は王室費よりむしろ国王の隠しごとに由来する。じっさい市民は平和と自由を守るために課せられる統治の負担なら少々重くても我慢し、平和という益のために甘受する。いったいオランダ人ほど多くの、しかも重い税金を払わなければならなかった国民がかつてあっただろうか。ところがオランダ人はそれで疲弊するどころか逆に富においてかくも強大となり、万人がその幸運を羨んでいたのである。だから君主制統治の課す負担でも、もしそれが平和のために課せられるのだったら市民への圧迫にはならない。国民が負担に押しひしがれるのは、いま言ったように、この種の統治につきものの隠しごとのせいなのである。なぜかと言えば、王たちは平時より戦時にこそ力量の見せ所があるわけだし、独裁を欲する者は国民を弱体にしておくことに全力を傾けなければならないのだから。あのきわめて思慮に長けたオランダ人、V・H[28]が指摘したような他の事柄についてはいまは言わない。私の課題はどんな統治であれその最適状態がどういうものかを記述することであって、そういう事柄は直接関わらないからである。

三二　上院には護法官の中から最高会議によって指名された数人が、議決投票権なしで臨席しなければならない。そうやって彼らはこの議会に関する法の遵守を監視し、議題が最高会議に付託されることになったときに最高会議を招集する労をとる。なぜなら先ほど述べたように、最高会議の招集と議題提出の権利は護法官の手中にあるからである。しかしそういう類いの議題は、票決の前にまず当番の上院の議長が事案ならびに提案事項に関する上院の見解を説明し、そのうえで通常の手続きに従って票決するものとする。

三三　上院は全体が毎日集まるわけではなく、大きな議会はどれもそうであるように時期を定めて一堂に会する。しかしそれ以外の期間も統治の政務は継続されねばならないため、上院議員のある一部が選ばれ、上院が閉会しているあいだこれを代理する必要がある。その任務は、必要とあらば上院を招集すること、公共体に関して上院で決裁された事柄を執行すること、上院と最高会議に宛てられた書状に目をとおし、そして最後に上院に提出する議題を協議することである。だが私は以上を含めこの議会全般の仕組がもっとわかりやすくなるように、事柄全体のよりきめ細かい記述を与えることにしよう。

三四　すでに述べたように一年ごとに選ばれる上院議員は、これを四組あるいは六組に分かつ。上院の上座に
は、最初の組が最初の三カ月あるいは二カ月、そのあと今度は次の組が、というふうに、順番を守って各組が同
じ期間をおいて着席するものとし、はじめの期間に一番になった組は次の期間は最後となるようにする。さらに、
それぞれの組ごとに議長、および必要なときにこれを代行する副議長が選ばれねばならない。すなわちそれぞれ
の組から二人ずつ選んで一人はその組の議長、一人はその組の副議長となり、最初の期間に上座に着く組の議長
339 がその期の上院議長を務め、欠席の場合は同じ組の副議長が代行する。以下同様で、その他の組も先述の順番を
守って同じようにする。また、最初の組からは数人が籤か投票で選ばれ、上院が閉会したあとその組の正副議長
とともに上院を代理するものとする。ただしこれは彼らの組が上座に着く期間に限られ、最初の期間が終われば
次の組から同数の人間が籤か投票で選ばれねばならない。そして最初の組と交代に、今度は彼らがその組の正副
議長とともに上院の代理を務める。以下同様。いま言った三カ月あるいは二カ月に一度籤か投票で選ばれる者を

「政務官[29]」と呼ぶことにするが、その選抜が最高会議によって行われる必要はない。なぜなら本章の第二九節で述べたような理由はここでは当てはまらず、まして第一七節で述べた理由など論外だからである。したがって上院とそこに臨席する護法官が選抜を行うので足りる。

三五　しかしその数となると、正確に決定することは私にはできない。けれども、簡単に買収されてしまわないくらいに多くなければならないのは確かだろう。彼らは自分たちだけで公共体について決裁することはできないにしても、上院の開催を延期したり、あるいは最悪の場合、大事な事柄は黙過してどうでもよい事柄だけ提案し上院を欺くということもないとは限らないからである。それに数が少なすぎると、一人か二人の欠席だけで公の政務の遅滞をきたすおそれがあることは言うまでもない。とはいえ、そもそも大きな議会が毎日公の政務に携わることができないからこそ政務官を設けるのである。だからここは中庸を求め、人数の面での難点を任期の短さで補うほかない。したがって、二カ月あるいは三カ月に一度、三〇人程度が選ばれるとすれば、そうした短い期間で買収されないほどには十分多いと言える。後任者は前任と後任の引き継ぎ時点でしか選ばれてはならないと注意しておいたのはこのためである。

三六　なお、先に述べたように、彼ら政務官の職務は、彼らのたとえ幾人かでも必要と判断すればただちに上院を招集し、協議事項を提出すること、そしてこれを閉会し、決裁された公の政務の執行にあたることである。では無駄な質問で長引かされないためにどういう手続きが必要か、以下手短に述べよう[30]。すなわち、政務官たちは上院に提出する議題とその解決策について協議し、全員が意見の一致を見ればすぐに上院を招集、議会で問題を手続きに従って説明したうえで、彼らの考えを提示する。そして、さらに意見を募るまでもなく、ただちに手

341

続きに従って票決に入るものとする。政務官のあいだで意見が割れた場合は、案件に関し政務官の過半数が主張する意見をまず最初に議会で提示する。もしこの意見が上院と政務官を合わせても過半数の賛成を得られず、保留と反対を合計した票数――先ほど注意したようにこれは秘密投票の投票駒で確認される――のほうが多かったなら、政務官のあいだで次に支持の多かった意見を提示する、というふうに他の意見へと降りていくものとする。それでもなお、どの意見も上院の過半数の賛成を得られない場合は、議会は続く一日ないし短期間、閉会し、その間、政務官たちはもっと支持を得られそうな何か他の方策がないか検討するものとする。もし代案が見つからないなら、あるいはたとえ見つかっても上院の過半数が賛成しなかったなら、今度は上院議員の各人に意見の表明が求められねばならない。そうやって出された意見になお議会の過半数が賛成しなければ、これまでに出された意見がそれぞれ再び票決に付されねばならないが、今度は前のように賛成票だけでなく、保留票や反対票も数え上げられねばならない。賛成票が保留票ないし反対票より多ければその意見は有効、逆に反対票が保留票ないし賛成票より多ければ無効となる。しかしどの意見に関しても保留票が反対票や賛成票より多いという事態になった場合、そのときは護法官会議が上院に加わり上院議員といっしょに投票する。ただしこの秘密投票には賛成用と反対用の投票駒だけを用い、保留用の駒は除いておく。上院から最高会議に付託される事柄についても同様の手続きを踏まなければならない。以上が上院についてである。

三七　法廷については、第六章第二六節で叙述した君主のもとでのそれと同じ基礎で支えるわけにはいかない。というのも（本章の第一四節より）血統や氏族の考慮はこの種の統治の諸基礎にそぐわないからである。次に、裁判官たちが貴族の間からしか選任されない場合、彼らは後任の同僚貴族を恐れて特定の貴族に対して不公平な判決を言い渡さないように抑止され、また当然罰すべき貴族の処罰を保留するようなことがたぶんないように抑止されうるかもしれないが、しかし反対に平民に対しては憚りなく何でもあえて行い、平民のなかの裕福な者を餌食として日常的につけ狙うかもしれない――こういう理由でジェノヴァ人の慎重なやり方がよいと考える人がたくさんいるのを私は知っている。すなわち貴族の中からでなく、他国人から裁判官を選任するというやり方である[31]。しかし特殊な事情を度外視して考察するなら、貴族でなく他国人を招聘して法律の解釈に当たらせるというのは私には何か不条理な制度に思われてならない。じっさい裁判官とは法律の解釈者でなければ何であろう。それゆえ私は、ジェノヴァ人たちはこうした政務に関しても、やはりこの種の統治の本性そのものでなくみずからの民族の気質を重視したのであろうと考えたい。というわけで、特殊事情を排して考察しようとしているわれわれとしては、この種の政治体制の形態に一番よくあった手段を考え出さねばならない。

三八　しかし裁判官の数に関してはこの種の体制のあり方をもとに特定の数が要請されるわけではない。ただ君主制統治と同様、この統治でも裁判官の数は私人が買収できないくらい多くなければならないということは特に守られねばならない。というのも、裁判官の任務は私人のあいだで不当な行いがなされないように備えること、したがって貴族と平民とを問わず私人間の紛争を調停し、万人が義務づけられる法に違反すればそれが貴族であろうと護法官であろうと、あるいは上院議員であろうと容赦なく処罰することに尽きるからである。なお、統治下の都市のあいだで起こりうる紛争は最高会議が調停に当たるものとする。

三九　裁判官の任期についてはどの統治でも原理はかわらない。この統治でも年ごとに裁判官の何分の一かが退任するようにしておけばよい。裁判官はみな違う氏族出身者である必要はないが、近親者が二人同時に裁判官席に着くことは避ける必要がある。同じことは他の議会でも守られねばならない。ただ最高会議は別で、次のよ

342

うに法律で定め、選任の際の用心をしておくだけでよい。すなわち近親者の指名は不可、他の人が近親者を指名した場合この近親者に票を入れることも不可、統治の官吏を指名する際は二人の近親者が籤を引くことは不可、というふうに。これほど大きく、しかも特定の利益収入が定められていない会議においてはこれで十分だと私は言う。したがって統治はそのことで何も支障をこうむらないのだから、最高会議から近親者を排除する法律を作るのは――本章の第一四節で述べたとおり――理屈に合わない。それが不条理であることは明白である。じっさい、貴族たち自身によってそうした法〔権利〕が制定されるとすれば、それは彼らがまさにそのことによって全員で自己の権利を完全に放棄することなしにはありえず、それゆえそういう法〔権利〕を擁護するのは貴族でなく平民だということになるが、これは本章の第五節と第六節で述べたことに真っ向から矛盾するからである。反対に貴族と群集との人数比を同一に守るよう定める統治のあの法律は、貴族たちの権利と力能が保持され、その数が群集を治めることができないほどに少なくならないようにすることを最大の目的としている。

四〇　なお、裁判官は最高会議によって貴族すなわち〔本章の第一七節により〕立法者の中から選任されねばならない。彼らの下す判決は民事でも刑事でも、しかるべく手続きが守られかつ党派心にもとづかぬ限りで有効となるであろう。こうした事柄については法律によって、護法官たちが調査判断し裁定を下す権限が与えられることになるからである。

四一　裁判官の利益収入は、第六章の第二九節で述べたのと同様でなければならない。すなわち、民事訴訟で下された個々の判決について、敗訴側から訴訟費用総額の何割かを受け取るのである。ただ刑事判決については一つだけ違いがあって、裁判官によって没収された財産、および軽犯罪に科せられた一定額の罰金が彼ら裁判官だけに渡されるようにする――ただしなんぴとをも拷問で自白させることは許されないという条件を付けて。このようにしておけば、平民を不当に扱ったり貴族を憚って優遇したりといったことは十分防げるだろう。なぜなら、同僚貴族へのそうした恐れは正義の美名にくるまれた〔利益収入に対する〕強欲によって適度に抑制されるであろうし、また裁判官は数が多いうえに票決が公開でなく秘密投票なので、たとえ敗訴して腹を立てる貴族がいても特定の裁判官のせいにしようがない。それに裁判官たちには護法官に対する畏怖があるので、不公平な、あるいは少なくとも不条理な判決を出さないように、そして彼らのうちの誰かが人を陥れることがないように阻止されるであろう。加えて、裁判官はこれだけたくさんいるのだから、中には不公平な裁判官が怖がるような同僚が常時一人や二人はいるであろう。最後に平民について言えば、裁判官に関わる調査、判断、裁定をなす権限を法的に与えられた先述の護法官に訴え出てよいことになっていれば、彼らは十分保護されるであろう。なぜなら護法官たちは大勢の貴族の憎しみを免れえないだろうが、反対に平民にとっては常に一番好ましい存在となり、できる限り平民の喝采を得ようとするのは確実だからで、そのために彼らは機会を逃さず法廷の違法な判決を取り消し、どの裁判官でも審問し、不公平な裁判官を懲罰するであろう。じっさいこういうことほど群集の心を動かすものはないからである。このような見せしめは稀にしか起こりえないかもしれないが、それは支障ではなく、むしろ有益でさえある。なぜなら、そもそも日常茶飯事のように違反者たちへの見せしめが行われるような国家は（第五章の第二節で論じたように）どこかが間違って出来上がっているのだし、それに見せしめは世に知れ渡るには大いに珍しくなければならないからである。

四二　知事として諸都市や地方へ派遣される者は、諸都市の防備、財務、軍備等々への配慮が上院議員の任務である以上、本当なら上院議員の地位から選任すべきである。しかしある程度遠い地方に派遣されるとたびたび

344

上院に登院するのが難しくなるであろう。この理由から、上院そのものからは伝来の領地内の都市に赴任する知事のみを召し出し、それより遠い地に派遣したい場合は上院議員の地位に相応の年齢の者から別途選任するものとする。しかしもちろん、もし周辺諸都市が議決投票権をまったく禁じられるなら、こうしたやり方だけで統治全体の平和が十分に確保されると私は思わない。周辺諸都市が公然と軽視されるほどそろって無力であるならともかく、そんなことはまず考えられないからである。したがって、周辺諸都市にも国家の権利が与えられ、それぞれの都市から二〇人か三〇人、または四〇人(人数は都市の規模に応じなければならない)の選ばれた市民が貴族に編入され、毎年そのうちの三人か四人または五人が上院議員に、終身で一人が護法官に、それぞれ選任される必要がある。そしてこのように上院に入っている者が、選ばれてきた都市の知事として護法官といっしょに派遣されるものとする。

四三　なおまた各都市に対して任命する裁判官はその都市の貴族の中から選任されねばならない。だがこれについては、この統治のみに固有な諸基礎に属する事柄ではないので詳述するまでもないと考える。

四四　どの議会であれ、秘書官あるいはそれに類する官吏は議決投票権がないので、平民から選任しなければならない。だがそうした官吏は長い政務経験で政策に通じているのでしばしばその助言が過度に頼られ、全統治の政情のほとんどが彼らの指導にかかっているという事態がしばしば生じる。オランダの破滅がこれだった[32]。そのような事態は多くの選良からの大きなねたみなしにすまないからである。それに、抜け目のない手腕が上院議員でなく官吏の助言からしか出てこないような上院は、ほぼ無気力な者たちばかりの集まりになることは請けあってよい。そんな統治はひとにぎりの王室参与に支配される君主制統治と大差ないのである。この点については

345

第六章の第五、六、七節を見ていただきたい。まったくのところ、統治がこうした悪にさらされるかどうかはそれが正しく設立されているか否かによる。なぜなら統治の有する自由は、それが十分しっかりとした基礎を持たない場合危険なしには擁護されず、貴族たちはそういう危険を自分がこうむらないために平民のなかから名誉を望む者を官吏として登用し、政局が急変するやいなや、この者たちは自由を付け狙う勢力の怒りをなだめるための犠牲に供される。だが自由の諸基礎が十分しっかりしているところでは貴族たち自身がこの自由を守る名誉を求め、課題実現の抜け目のない手腕がもっぱら自分たちの協議のみから出てくるように努めるのである。われわれはこの種の統治の基礎を置くにあたって、まさにいまの二点に特に留意してきた。すなわち、平民は審議からも票決からも排除され（本章の第三節と第四節を見よ）、したがって統治の至高の権力は全貴族が、権威は護法官と上院がそれぞれ掌握し、また上院を招集して共同の安寧に関わる協議事項を提出、論議し、執行する権利は上院の中から選任された政務官が掌握するようにしておくこと〔33〕、これである。あとは、上院や他の議会の秘書官の任期は最長四年ないし五年と定め、同じ任期内に任命される副秘書官を加えてこれを補佐させるようにするか、あるいは上院の場合は秘書官を一人でなく複数置いて政務ごとに分担させるか、そのいずれかに定めておけば、官吏たちの力能が重みを持つようなことにはならないであろう。

四五　財務官もまた平民から選任されねばならない。彼らは上院のみならず、護法官会議に対しても財務報告をするよう義務づけられる。

四六　宗教に関わる事柄については『神学政治論』で詳説したとおりである。とはいえ、そこで扱うのにふさわしくないので省いた事柄もある。それは、全貴族が同じ宗教――『神学政治論』で詳述したようなもっとも単純でもっとも普遍的な宗教[34]——に属さなければならない、ということである。というのも、貴族が宗派に分かれないように、またそれぞれに自宗派をひいきすることがないように、そして迷信にとらわれて国民の言論の自由を奪おうとしたりしないように特別の用心が必要だからである。次に、思うところを述べる自由は各人に与えられるべきであるとはいえ、大きな集会は禁止されねばならない。したがって、たしかに貴族の宗教でない宗教に帰依する人々にも欲しい数だけの寺院を建造する自由を容認すべきだが、ただそれは一定の規模内の質素なもので、互いに一定程度離れていなければならない。これに対し、祖国の宗教に専用の寺院で大事なのは壮大で豪奢であること、そして主要祭儀を執り行えるのは貴族ないし上院議員に限られ、したがって貴族だけが洗礼や結婚の聖別、按手を執り行うことができ、ひとことで言えば彼らがあたかも教会の聖職者、祖国の宗教の擁護者かつ解釈者のごとくに認められるというふうになっていることである。だが説教や教会の財務および日常業務については、上院によって若干名が平民のあいだから選任されてこれに当たる。この者たちは上院の代行のようなものであるため、上院にすべてを報告するよう義務づけられる。

四七　以上がこの種の統治の諸基礎に関わる事柄である。その他、それほど主要というわけではないが大事な事柄があるのでつけ加えておこう。すなわち、貴族は他から区別されるようにある種の特別な服ないし装束を身につけて歩き、特別な称号で挨拶されねばならぬこと。平民はみな貴族に道を譲らねばならぬこと。また、もし貴族のだれかがやむをえない不運で財産を失い、かつそのことをはっきり説明できるなら、公庫から全財産を補償されるということ。だが反対に、散財、奢り、賭博、淫蕩などで財産を浪費したことがだれの目にも明白な場合、あるいは返済できるはずのない巨額の借金をしていることが明らかな場合、その貴族は地位を剥奪され、あらゆる栄職や任官の資格なき者と見なされること。じっさい、自身とおのれの私事さえ満足に治めることができない者がまして公事のために図ることなどできるはずがないからである。

四八　法律が宣誓を強いる場合、人々は神にかけて誓うように言われるより、祖国の安寧と自由、そして最高会議にかけて誓うように言われるほうがはるかに偽証に気をつけるであろう。なぜなら神にかけて誓う人は私的な福利を賭して誓い、それがどの程度のものかは本人の評価次第だが、自由と祖国の安寧を賭して誓う人は彼が評価するのではない万人の共同の福利にかけて誓い、もしそれが偽証ならまさにそのことによって自分は祖国の敵であると宣言しているのだから。

四九　公共体の費用で設立される大学は才能を育むというよりむしろ抑圧するために設置される。しかし自由な公共体においては、みずからの名声をかけて自前で教えようと申請する人ならだれでも公に教えることが許されるときにこそ、学問と技芸はもっともよく育まれるであろう。だがこれに類する事柄は別なところにとっておく。ここではもっぱら貴族制統治だけに属する事柄を扱うと決めていたからである。

第九章〔多数の都市が掌握する貴族制統治について〕

一　ここまでわれわれは貴族制統治について、統治全体の首都たる一都市からのみ名前が取られる場合を考察してきた。今度は多数の都市が掌握する場合の貴族制統治について論じる段である。〔1〕私としてはこちらのほうが先のよりも好ましいと考えている。では両者のどこが違い、どの点が他方にまさっているのか。これを知るために、われわれは先の統治のもろもろの基礎を一つひとつ調べ上げ、その中でこの統治に不向きなものを捨て、支えとなるべき他の基礎で置き換えるというふうに進めることにする。

347

二　というわけで、諸都市が国家の権利にあずかる場合、それらはどの都市もその他の都市なしには単独で存続できず、しかも反対に、一都市でも抜ければ統治全体の大きな不利益が生じざるをえない、というふうに造営され防備されねばならない。じっさい、このようにしておけば常に諸都市の合一が保たれるであろう。だがその成り立ちからして自己を保持することはおろか他の諸都市への脅威ともなりえないように出来ている都市は、もとより自己の権利のもとにはなく、むしろ完全に他の諸都市の権利のもとにある。

三　前章の第九節と第一〇節で論じたような事柄は貴族制統治一般の本性から導かれる。貴族と群集の数の比率、貴族に推挙されるために必要な年齢や身分についても同様である。だからこうした点に関しては、統治が一個の都市に掌握されていようと多数の都市に掌握されていようと違いは生じようがない。だが最高会議には別のやり方がなければならない。というのも、最高会議の開催地が統治の諸都市のどれか一つに定められると、その都市は事実上首都になってしまうからである。したがって、かわりに輪番制にするか、あるいは最高会議の開催地を、国家の権利を持たずすべての都市に属するある場所に定めるかしかない。が、いずれも言うは易く行うは難しであって、何千人もの人間がたびたび都市から出張したり、あるいは会議ごとに違った場所に集まらなければならなくなる。

四　ではこの件に関して何が必要で、どのようにこの統治の議会を制定すべきか。その正しい答えをこの統治自身の本性と条件から導き出せるように、以下のことを考慮しなければならない。すなわち、都市はどれも一私人に力能でまさっている分だけ一私人より多くの権利を有すること（第二章第四節により）。したがってまたこの統治に属する諸都市（本章の第二節を見よ）は、それぞれの城壁内ないしみずからの管轄内において、その力の及ぶ限りの権利を有すること。次に、全都市は同盟ではなく、一つの統治を構成するものとして互いに一つに結ばれ合一し、各都市は他の都市に力能でまさっているその分、それだけ多くの権利を統治に関して獲得するというふうになっていること。これである。じっさい、等しくないもののあいだに平等を要求する人は何か不条理なことを要求している。たしかに市民ならば平等と見なされるべきだが、それは市民一人ひとりの力能が統治全体の力能に比べれば取るに足らないからである。だが都市の場合、どの都市の力能も統治自身の力能の大きな部分を構成しており、しかもその構成部分は都市の規模が大きければ大きいほどそれだけ大きい。それゆえ都市はすべて平等と見なされることはできず、むしろ各都市の権利はその力能と同じく、都市の規模によって評価されねばならない。しかし一方、一個の統治を構成するように諸都市を結びつける絆となるのは（第四章の第一節により）何よりもまず上院と法廷である。とすればすべての都市がこの絆によって結ばれ、しかもできる限りそれぞれが自己の権利のもとにあるようにするにはどうすればよいか。それをここで簡略に示しておこう。

五　すなわち、各都市の貴族――その人数規模は（本章の第三節により）その都市の規模に比例しなければならない――はそれぞれに、自分たちの都市に対して最高の権利を有すると私は考える。彼らはそれぞれの都市の最高会議において、都市の防備、城壁拡張、課税、法律の制定と廃止等々、ひとことで言えばみずからの都市の保守と増強に必要と判断するすべてを行う最高権力を有するのである。しかし統治の共同の政務を処理するためには一つの上院を、しかも前章で述べたのとまったく同じ条件で設立しなければならない。とすると、この上院と先の統治の上院の違いはただ一つ、都市間に生じうる紛争の調停の権威が付け加わるということだけだとわかる。首都がないこの統治では、先の統治のように最高会議がそういう調停に当たる（前章の第三八節を見よ）わけにいかないのだから。

六　なお最高会議はこの統治の場合、統治そのものの改革の必要が出てきたとか、上院議員たちが手に負えないと思うような厄介な政務が持ち上がってきたといった場合でなければ招集すべきではない。したがって全貴族が最高会議に呼び出されること自体、非常に稀であろう。というのも、すでに述べたとおり（前章の第一七節）、最高会議の主要な任務は法律の制定と廃止、および統治の官吏の選任にある。ところが法律ないし統治全体の共通の法は、ひとたび制定されれば変えられてはならないからである。それでも何かの事情で新たな法を制定したり、すでに制定された法を変える必要が出てきたなら、そのときはまず上院で審議されることができる。そこで意見の一致を見れば各都市に上院から使者が派遣され、使者はそれぞれの都市の貴族たちに上院の意見を報告説

349

明する。そのうえで諸都市の過半数が上院の意見に賛成するならその意見は有効、さもなければ無効とする。これと同じ手続きはまた、将軍や他国に派遣する使節の選任、および宣戦や講和条件の受諾に関する決定にも適用することができる。しかし統治のそれ以外の官吏の選任については、それぞれの都市は（本章の第四節で論じたとおり）できる限り自己の権利のもとにとどまり、力能で他の諸都市にまさっている分だけ多くの権利を統治において獲得しなければならない以上、必然的に以下の手続きが守られねばならない。すなわち、上院議員はそれぞれの都市の貴族によって選ばれねばならない。つまり各都市の貴族が自分たちの議会[2]で、その都市の貴族数との比で一対一二にあたる数の上院議員を同僚の市民の中から選任し（前章の第三〇節を見よ）、そして第一組、第二組、第三組等々にどの上院議員が入ってほしいか指名するのである。他の都市の貴族も同様で、彼らの人数規模に比例しただけの上院議員を選び、われわれが先に上院の下位区分として述べたような組に配分することになるであろう（前章の第三四節を見よ）。このようにすれば、上院のそれぞれの組に、各都市からその規模に比例した数の上院議員が出ていることになる。ただ上院の正副議長については都市の数より少ないので、政務官として選任された者の中から上院によって籤で選ばれねばならない。なおまた統治の最高裁判官の選任については、先と同様の手続きが取られねばならない。つまり各都市の貴族が自分たちの人数規模に比例した数の裁判官を同僚の中から選ぶのである。こうして、それぞれの都市は官吏の選任に関して可能な限り自己の権利のもとにあり、また上院でも法廷でも、力能において他にまさっている分だけ多くの権利を有することになる――ただし、統治に関わる事柄の決定、ならびに紛争の調停に際しての上院と法廷の手順は前章の第三三節と第三四節で述べたようなものと仮定しておく。

七　次に、大隊の将軍と軍団司令官もやはり貴族の中から選任されねばならない。なぜなら、各都市が統治全体の共同の安全のために、それぞれその規模に応じた数の兵を供出するよう義務づけられるのが公平だとすれば、維持すべき軍団の数に応じて、統治に供する軍の部分を統括するのに必要なだけの数の軍団司令官、将軍、旗手等々をそれぞれの都市の貴族の中から選任してよいということもまた公平だからである。

350

八 上院から国民が〔直接に〕課税されることはあってはならない。むしろ上院が決定した公の政務の遂行経費については、国民ではなく各都市が上院による査定の対象となり、各都市がその規模に応じて経費を負担する義務を負うべきである。そして各都市の貴族がこの負担部分を、その都市の住民から適当と判断する仕方で徴収する。すなわち査定によって徴収してもよいし、あるいは——このほうがずっと公平だが——間接税を課すことによって徴収してもよい。

九 この統治の諸都市はすべてが海運都市とは限らず、海運都市のみから上院議員が出されるのでもないとはいえ、上院議員に対して前章の第三一節で述べたのと同様の利益収入を定めることは可能である。この目的のために、諸都市を相互により緊密に結びつけるもろもろの手段をこの統治体制に見合った形で考えることができるだろう。なお上院、法廷、そして統治全般に関して前章で扱ったその他の事柄については、この統治にも適用すべきである。こうしてわかるように、多数の都市が掌握する統治では、最高会議を招集する一定の期日や場所を指定する必要はない。ただ上院と法廷には、どこか議決投票権を持たない村か都市の中にその場所が提供される必要がある。しかし個々の都市に関わる事柄にまた話を戻そう。

一〇 都市ごとの最高会議がその都市と統治全体の官吏を選任する手続き、および案件決裁の手続きについて

351

は、前章の第二七節および第三六節で論じたのと同じでなければならない。いずれの場合も考え方は変わらないからである。次に、この議会のもとには護法官会議が従属する。この護法官会議と都市の最高会議との関係は、前章で述べた護法官会議と統治全体の最高会議との関係に等しい。その職務も都市の管轄内では先と同様であり、利益収入についても同様である。もし都市の規模が小さくて貴族の数が少なく護法官を一人か二人しか出せないなら、二人では護法官会議を作れない。その場合は、生じた事案を勘案した上でその都市の最高会議が裁判官を護法官に任命するか、あるいは案件を最高護法官会議に付託するものとする。というのも、各都市からもまた、上院の設置されている場所に護法官の若干名が派遣されていなければならないからである。派遣された護法官たちは統治全般の法の遵守を見守り、上院に議決投票権なしで臨席するものとする。

一一　各都市の政務官もまたその都市の貴族によって選任されねばならず、この政務官たちが、いわばその都市の上院を構成するものとする。政務官の数は私には決定できない。またその必要もないと思う。なぜならその都市の政務のうち、重要なものはその都市の最高会議で処理され、統治全般に関わる政務は上院の大会議で処理されるからである。なお、政務官の数が少ない場合、彼らの会議は大きな議会のような秘密投票ではなく、公開投票が必要になるだろう。じっさい小規模の議会で秘密投票にすると、少しでも老獪であればだれがどの票を入れたのかがわかり、警戒心の薄い人をありとあらゆる仕方で籠絡してしまえるからである。

一二　なおまた各都市の裁判官はその都市の最高会議によって任命されねばならないが、出される判決については統治の最高裁判所への上訴が許される。ただ被告人の有罪が明白である場合、あるいは本人が負債を認めている場合はこの限りではない。だがこうした事柄はこれ以上立ち入るまでもない。

352

一三　こうしてあとは、自己の権利のもとにない諸都市について論じるだけである。それが統治の属州ないし地方に形成されており、かつ住民が同じ民族、同じ言語に属するなら、必然的に村と同様、あたかもその近隣諸都市の一部のごとくに見なされねばならず、自己の権利のもとにあるいずれかの都市の支配下に置かれねばならない。それはなぜかというと、貴族はこの統治の最高会議によってではなく各都市の最高会議によって選ばれるので、その数は都市の司法圏内の住民数に比例して多かったり少なかったりする（本章の第五節により）。したがって当然、自己の権利のもとにない都市の群集は自己の権利のもとにある他の都市の群集の市民名簿に登録され、その都市の指揮に依存する必要があるのである。だが戦争の権利によって占領されて統治に加盟した諸都市の場合は、統治の同盟者であるかのように見なして恩恵による敗者の義務を負わせるか、あるいは国家の権利を享受する植民者を送り込んでそこの人々をどこかに移住させるか、あるいはその都市を完全に破壊し尽くすか〔3〕、そのうちのいずれかしかない。

一四　以上がこの種の統治の諸基礎に関する事柄である。この種の統治は一都市からのみ名をとっている統治より条件がよい。私は次のことからそう結論する。すなわち、それぞれの都市の貴族たちは人間の欲望の常として、都市でも上院でも自分たちの権利を維持することに専心し、可能ならこれを増大しようと努力するだろう。したがってできる限り群集を自分の側につけようとし、恐れよりは恩恵による統治を行って自分たちの数を増やそうと努めるだろう。たしかに貴族の数が多ければ多いほど自分たちの議会から選ぶ上院議員の数も多くなり（本章の第六節により）、したがってまた（同じ節により）それだけ多くの権利を統治において獲得することになるからである。そのさい、それぞれの都市が自己のためを図って他の都市をねたみ、しばしば意見が合わず論争に時間を費やすことになっても一向にかまわない。たしかにローマ人たちが協議している間にサグントゥムが滅びることはあろう。[4] だが逆に少数の者たちが自分たちの感情だけで万事を決定するなら、そのとき自由が滅び、共同の福利が滅びる。なぜなら、人間の持って生まれた能力は一挙にすべてを見通すには鈍すぎるが、それでも、協議し人の言うことを聞き、意見を戦わせることで研ぎ澄まされる。あらゆる方策を試してみれば、最後には自分たちが欲する方策——だれもが賛成し、しかもだれも以前に考えつかなかったような方策——に行き当たるのである。［オランダにおいてわれわれはそうした例を多く目にしてきた。[5]］けれどこのオランダの統治は伯爵[6]あるいはその代理なしでは長く立ち行かなかったではないか、と反論されるかもしれない。それに対する答えはこうである。オランダ人たちは自由を維持するには伯爵をなくして統治の身体から首を切り離せば足りると考え、統治そのものの改革に思い至らなかった。むしろ統治の四肢は以前に設立されたままそっくり残ったのである。その結果オランダはまるで首のない身体のように伯爵なき伯爵領にとどまり、統治そのものは何とも名づけようのないものとして残ったのである。だから国民の多くが、統治の最高権力がだれの手中にあるのか知らなかったとしても不思議ではない。たとえそれほどでなかったとしても、やはり統治を事実上掌握していた人々の数はあまりに少なく、群集を統治し手強い敵対勢力を制圧するにはとうてい及ばなかった。その結果、敵対勢力は彼らにたびたび陰謀をしかけても咎めを受けず、ついには彼らを失脚させることに成功するという事態も生じたのである。[7] こうして、この共和国の突然の転覆はいたずらに協議に時間を費したがゆえに生じたのではない。原因はこの統治の体制上の不備と統治する者の数の少なさだったのである。

一五　また多数の都市が掌握するこのような貴族制統治は、そうでない貴族制統治より好ましい。というのも、この貴族制統治の全国最高会議は（本章の第九節により）招集の時期も場所も指定されないので、前節で述べたよう

353

に急襲を受けて制圧されたりしないための予防策が不要だからである。それにこの統治では有力な市民たちの脅威もより小さい。なぜなら、そこでは多数の都市が自由を享受しているため、統治を乗っ取ろうとする者が一都市を占拠しても、それだけでは残りの都市に対する統治を獲得するのに十分ではないからである。最後に、この統治では自由は多くの人々に共通である。なぜなら、一都市のみが支配する所では、それ以外の都市の福利は支配者たるこの一都市にとって有利である限りでしか考慮されないのだから。

第一〇章〔貴族制統治の崩壊について〕

一　二種の貴族制統治の諸基礎についての説明と提示がすんだので、残るのは、そうした統治がそれ自身の過ちで崩壊したり、別の形態に変化したりすることはありうるかという問いである。この種の統治の崩壊の第一の原因は、かの鋭敏なフィレンツェ人[1]が『ディスコルシ』第三巻第一章で観察しているとおりである。いわく、統治は人間の身体と同じく「何かが日々溜まってゆき時々処理が必要となる」。したがっていずれ何かが起こって、統治が確固として存在し始めたその始まりにまで引き戻されることが必要である。もししかるべき時間内にそのことが起こらなければ欠陥は悪化し、統治もろとも除去するほかなくなる。しかるに――と彼は言う――そのことは偶然に生じるか、あるいは、法律、または抜きん出た力量をそなえた人物の、抜け目ない分別から生じるか、そのいずれかでありうると。ここが一番重要な点であるのは疑いない。すなわち、そのような不都合への備えがなければ統治の存続はそれ自身の力量にでなくただの運に依存することになるが、反対にこうした悪に対して適切な対処が取られているなら統治がみずからの欠陥から滅びることはなく、たとえ滅びるとしても――やがて詳しく説明するように――それはもっぱら何らかの不可避の運命によってである、ということである。さてそのような欠陥に対して最初に行われた対処法は、至高の独裁官を一カ月ないし二カ月任期[2]で五年ごとに任命することだった。独裁官は元老院議員やあらゆる官吏の行状を調査してこれを裁き、制裁し、そうやって統治を初めに立ち戻らせる権利を有していたのである。しかしいやしくも統治の不都合を避けようとするのなら、対処法はあく

354 まで統治の本性に合致し、かつ統治の諸基礎から導き出せるようなものを採用しなければならない。さもないと、難を逃れようとして別な艱難に陥るであろう。たしかに人間は、支配する者であろうとされる者であろうと刑罰や罰金への恐れで抑制する必要があり、罪を犯しても咎めを受けないとか罪を犯して益を得てよいといったことにならないようにしておかねばならない。これはそのとおりである。しかし反対に、そういう恐れが善人にも悪人にも見さかいなく共通のものなら、必然的に統治は最大の危険にさらされるということもまた確かである。独裁官の権力というものは絶対的であるがゆえに、だれにとっても脅威とならざるをえない。要請どおり決められた時期に独裁官が任命されるようになっていればなおさらそうである。なぜならその場合、名誉への欲望に駆られてだれもがこの栄職に最大の野心を燃やし、しかも平和時には確実に徳より資産のほうに目が行くので、結果として高慢な人間ほど栄職を獲得しやすくなるからである。恐らくこの理由から、ローマ人たちは時期を制定せず、たまたまやむを得なくなったときにだけ独裁官を任命するのを慣例としていた。しかしそれでも、キケロの言葉を引くなら「独裁官のうわさ〔3〕は善き人々にとって忌まわしいものだった」のである。たしかにこの独裁官の権力はまったくのところ国王のような権力なのだから、いかに短期間であっても統治が時々君主制に変化させられるということは公共体にとって大きな危険なしにはすまない。加えて、独裁官を立てる一定の時期が指定されないなら、先の独裁官と次の独裁官とのあいだをどれほど置くか何の基準もなくなる——先に述べたようにこれこそ極力守られねばならぬことなのに。そうやって事態もまたひどく曖昧になり、簡単にうやむやにされてしまうであろう。というわけで、独裁官の権力は恒久的かつ安定的であればともかく、もしそうなら統治の形態を変えずには一人の人間に委ねることはできないため、結局それ自身まったく不確実であるだろうし、したがってまた公共体の安寧と存続もひどく不確実なものとなるであろう。

二　だが反対に、独裁官の剣が統治の形態を変えることなしに永続的で、かつ悪人に対してのみ脅威であるということが可能なら、統治の欠陥は除去や改善ができないほど大きくなることはないということ、これは疑いの余地がない（第六章第三節により）。われわれが最高会議の下に護法官会議を置くべきだと言ったのは、まさにこの条件を満たすためであった。そのようにすれば、護法官のこの独裁的剣はだれかの自然的人格の手中にでなく、国家的人格――その成員が人数規模が十分大きいために統治を分割しあうことも（第八章第一節と第二節より）あるいは共謀して悪事を働くこともできないような国家的人格――の手中で永続的なものとしてあることになる。[4]それに加えて、護法官は統治のそれ以外の役職を兼任することが禁じられており、軍に俸給も払わない。また年配でなければならないので、目新しくて危険の大きいものより現行の無難なものを好む。こういうわけで彼らは統治の危険要因にはならず、したがってまた善人にでなく悪人に対してのみ脅威でありえ、事実そうなるであろう。なぜなら、彼らは悪事を実行するには弱すぎるが、悪い意図をくじくには十分強い。というのも、彼らは（護法
355 官会議は恒久的なので）そうした悪事を早期に阻止することができるだけでなく、そのうえ人数が十分に多く、とりわけ票決は秘密投票、そして判決は護法官会議全体の名で出されるということがあるため、恨みを恐れず有力者のだれかれを躊躇なく告発し断罪することになるからである。

三　ところでローマの護民官[5]も常設であったが、やはりスキピオのような人の力能を凌駕することはかなわなかった[6]。のみならず護民官たちは有益と判断した事案を元老院に諮らなければならず、しばしば籠絡されることもあった。元老院議員たちは、自分たちができる限り恐れないですむ人物を平民が支持するように仕向けたのである[7]。これに加え、貴族に対抗する護民官の権威は平民の好意によって擁護されていて、護民官たちが平民を招集すると、いつもそれは議会を招集するというよりむしろ騒擾を扇動するように見えた[8]。以上のような不都合は

しかし、先の二つの章で詳述した統治で生じる余地はない。

四　とはいえ護法官のこの権威が遂行できることは、もっぱら統治の形態が守られるようにすること、つまり法律が破られないように、罪を犯して益を得る者がないように禁じることに限られ、法律で禁止できないような悪徳についてははびこるのを食い止められないであろう。たとえば暇をもてあました人間たちの陥る悪徳がそうであり、これがもとで統治の崩壊が結果することも稀ではない。じっさい、人間たちは平和になって恐れから解放されると残忍で野蛮な人間から次第に文明的で洗練された人間になり、次いで洗練された人間から軟弱で無気力な人間になって、徳においてでなく奢りと贅沢で他人にまさることに専念するようになる。その結果、祖国の風習を嫌って異国の風習を身につけ、すなわち隷従し始めるのである。[9]

五　こうした欠陥を避けようとして多くの人々が贅沢を禁止する法律を作ろうと努めてきたが無駄であった。違反しても他者への侵害とならないような法は、すべて笑いものとなるのが落ちだからである。そういう法は人間たちの欲望と貪欲を抑制するどころかむしろ逆に助長する。「われわれは禁止されたものを手に入れたがり、いけないとされるものを欲望するのが常」なのだから。[10] それに、宴会、賭博、華美な衣装といった類いの完全に禁止することが不可能な事柄についていくら法を定めても、暇を持て余した人間たちはそれを言い抜ける工夫に事欠かない。そもそもこういう事柄はただ過度だけが悪なのだが、過度かどうかは当人の資産次第であって一般的な法律で決定できるものではないからである。

六　そこで私はこう結論する。いま言っているような平和につきものの悪徳は、直接的にではなく間接的に禁止すべきである。すなわち、人々の大多数に賢く生きるよう努めさせるのではなく（それは不可能だから）、彼らが結果的に公共体の利益を大きくするような感情によって導かれるように統治の諸基礎を据えるのである。したがって富裕層については、倹約家にするのは無理でもせめて強欲にしておくように極力努めなければならない。この強欲という感情は人間に普遍的で恒常的である。それが名誉への欲望によって促進されるようになっていれば、人々の大部分は栄職に就こうとして、不名誉にならない仕方で私財を増やすことに最大の努力を払い、最大の汚名を避けるに違いない。

七　先立つ二つの章で説明した二種の貴族制統治の基礎に注目するなら、このことがそうした基礎から出てくることがわかるだろう。じっさい、統治を担う者たちの数はいずれでも非常に多いので、富裕層の大部分に国政参加や統治の栄職への道が開かれる。さらに（第八章第四七節で述べたように）返済不能の負債を抱えた貴族はその身分を剥奪され、ままならぬ不運で財産を失った貴族は全財産を補償されるというふうに定めておけば、全員が自分の財産を保持しようと力の及ぶ限り努めることは疑いない。また、貴族および栄職の候補者が特別な装束でそれと認められるように法律で決めておけば、彼らが他国の装束に憧れたり祖国の服装を嫌ったりすることはまずあるまい。これについては第八章の第二五節と第四七節を見ていただきたい。ほかにも統治ごとにその土地柄と人々の気風に合う手段をいろいろ考え出すことができる。いずれにせよそのさい、国民が法律に強いられてでなく自発的にみずからの職務を果たすようになるよう格別の注意が必要である。

八　というのも、人々を恐れによって導くことしか考えないような統治は、欠陥はないかもしれないが徳をそなえることにはならないからである。むしろ人間たちは、自分たちは導かれているのでなく自分の意向と自由な

357

決意で生きているのだと思えるようなふうに導かれねばならない。そうやってやはり自由がいい、資産を増やしたい、統治の栄職に就いてみたいといった気持ちのみから抑制されるようになるのである。なお、銅像だの凱旋式だのといった徳への刺激物は、自由のしるしよりは隷従のしるしである。じっさい、徳に報酬が与えられるのは奴隷であって、自由人ではない。もちろん人間たちがそういう刺激に大いに奮い立つことは私も認める。だがそうした報酬は、初めのうちこそ偉大な人物に与えられるが、そのあとますます高まる羨望の対象となって、いずれ怠惰で権勢を鼻にかけるだけの連中に与えられるようになる。これは良識あるすべての人々の大きな憤りなしにすまない。次に、親の代の凱旋式や銅像を誇示する人々は、自分たちが特別扱いされないのを不当に感じる。最後に、他はともかく一つ確実に言えるのは、一人の人間が目立った徳のゆえに特別な栄誉を公的に与えられるなら、それと同時に平等——すなわちそれが無くなると共同の自由が必然的に滅びるところの平等——はどうやっても維持できなくなるということである。

九　以上をふまえて、今度はこの種の統治がそれ自身の過ちが原因で崩壊することがありうるかどうか見てみることにしよう。恒久的な統治がありうるとすれば、それは必然的に、法がいったん正しく制定されると破られない統治であろう。というのも、統治の魂はまさに法だからである。それゆえ法が保たれれば、必然的に統治も保たれる。ところで、法は理性、ならびに人間の共通の感情という二つのものによって擁護されない限り難攻不落であることはできない。つまり理性の助けだけを支えにしているようではまったく実効性はなく、簡単に負かされてしまう。しかしわれわれはすでに、二種の貴族制統治の基本法がいずれも理性と人間の共通の感情の双方に合致することを示している。それゆえこう断言してよい。すなわち、このような統治がもし存在するなら、それらは必然的に恒久的であろう。あるいは、たとえ滅びることがありえてもそれは自身の過ちが原因ではなく、もっぱら何らかの不可避的な運命によるのだと。

一〇　だがこういう反論があるかもしれない。上述の統治の法がたとえ理性と人間の共通の感情によって支えられているとしても、やはりいつか負かされてしまうことがありうるのではないか。なぜなら、より強力な反対感情によって負かされることが決してないような感情は存在しない。死への恐れさえ、それに反する欲望によってしばしば負かされてしまうのをわれわれは見ているからである。恐怖にかられて敵から逃れようとする人々は他のどんなものへの恐れによっても引き止めることができず、敵の剣を逃れるためなら急流にも飛び込み、燃え盛る火の中へも走りこむ。とすれば、国家がどれほど正しく整序され法が最善の仕方で制定されていても、いったん統治に大きな艱難がふりかかってくると、当然だれもがある種の恐慌に陥る。そうなるとみなが法律や将来への考慮を失ってもっぱら目の前の恐れに説き伏せられ、武功で際立つ一人の人間に顔を向ける。そしてこの人間を法律の縛りから解き放って統治を継がせ（これは最悪の見本である）、公共体の全体をこの人間の信義に委ねてしまう。まさにこれこそローマの統治が滅亡した原因だったのだと。しかしこのような反論に対して私はこう答える。第一に、正しく設立された公共体では、正当な原因がなければそういう恐慌は生じない。したがって、そうした恐怖とそれが引き起こす混乱は、人間の思慮で避けえたかもしれないような類いの原因に帰することはできないと私は主張する。次に注意すべきこととして、われわれがここまで詳述してきた公共体では（第八章第九
358
節および第二五節により）一人の人間が一身に衆目を集めるほど名声で他に抜きん出るという事態は生じえない。むしろ必ずほかにも多くの人が支持する競争相手がたくさんいる。したがって、たとえ恐怖から何らかの混乱が公共体内に生じても、法律を濫用してだれかを軍の指揮権に迎えようとすれば、ただちに他の候補たちを推す人々の異議を生じさせずにはいまい。そしてこれを調停するにはかつて全員の承認によって制定された法に訴え

るしかなく、結局、現行の法律に則って統治に関する事柄を処理するしかないのである。というわけで、われわれは留保なしにこう断言できる。一都市によって掌握された統治はもちろん、多くの都市が掌握しているならなおさらのこと、この統治は恒久的である、言いかえれば、いかなる内的原因によってもそうした統治は崩壊しえず、他の統治形態に変化することもありえないと。

第一一章〔民主制統治について〕

一　ついに私は第三の完全に絶対的な統治、すなわち民主制統治とわれわれが呼んでいる統治に移る。すでに述べたように貴族制統治との一番の違いは次の点にある。すなわち、貴族制統治ではだれが貴族にされるかはもっぱら最高会議の意志と自由な選抜にかかっており、その結果だれも議決投票権や統治の役職に就く権利を世襲で有することはなく、自分からその権利を正当に要求することもできないが、それに対し、これから扱う民主制統治においてはそれができるのである。[1]というのも、市民を親に持つ者、祖国に生まれた者、公共体の名誉市民、あるいはその他の理由で法律が市民権を認めた者であれば、だれでも――と私は言う――最高会議での議決投票権、ならびに統治の役職に就く権利を正当に要求でき、犯罪や汚名といった理由がない限り拒否されることは許されないからである。

二　それゆえ、仮に一定の年齢に達した年配者、相応の年齢の長子、あるいは公共体の国庫に一定額を納める者に限り、最高会議での議決投票権と統治の政務に携わる権利があるというふうに法で定めるとして、たしかにこのやり方だと最高会議を構成する市民の人数規模は先に論じた貴族制統治のそれより小さくなるが、それでもこの種の統治はやはり民主制と呼ばれるべきであろう。なぜなら公共体を統治するようになる市民は選良として最高会議によって選ばれるのではなく、法律によってそうなっているからである。たしかにこういう理由から、選良でなくたぶんたまたま運よく裕福になった者やたまたま長子に生まれた者が国政参加することになるこの種の統治は、貴族制統治より劣るように見えるかもしれない。とはいえ実践ないし人間に共通の条件から見ると結局は同じことになる。というのも、貴族たちには裕福な者、自分の近親者や親友たちがいつも選良に見えるだろうからである。たしかに貴族たちがどんな感情にもとらわれず、かつ公共の安寧への熱意だけに導かれて同僚を選ぶのだったら、貴族制統治に匹敵する統治は他にないであろう。だが事態はまったく逆であることは経験そのものが十二分に教えている。とりわけ寡頭体制においてはそうであって、そこでは競争がないために貴族たちの意志はまったく法律の縛りがきかない。彼ら貴族は議会に選良が入ってこないよう熱心に努め、議会内で自分の言いなりになる仲間を求める。その結果、この種の統治においては貴族の選任は何人かの人々の恣意的で法律の縛りのきかない絶対的な意志に依存することになり、そのため事態はますますもって不幸なものとなるのである。しかし本論に戻ろう。

三　前節に述べたことから明らかなように、民主制統治にも様々な種類を考えることができる。だがそれを一つひとつ論じるつもりはない。私が扱おうとするのはそのうちのただ一つ、すなわち祖国の法律にのみ義務づけられ、のみならず自己の権利のもとにあり、しかもまっとうな生活を送っている人なら、まったくだれであろうと最高会議での議決投票権および統治の役職に就く権利を持っているような民主制統治である。「祖国の法律にのみ義務づけられる」と断るのは、他の統治のもとにあると見なされる他国人をそこから除外するためである。「統治の法律に義務づけられるだけでなく、それ以外の点では自己の権利のもとにある」とつけ加えたのは、夫の力の内にある妻、主人の力の内にある奉公人、そしてまた親の力の内にあるあいだの子どもと後見人の力の内にあるあいだの遺児を除外するためである。「まっとうな生活を送っている人」と最後に言ったのは、犯罪や生

359

活上の不品行の類で汚名に問われた者を特に除外するためである。

四　だが女性が男性の力のもとにあるのは自然によってそうなのか、それとも制度によってそうなのかと問う向きもたぶんあるだろう。[2] 制度によってそうなっているだけなら、女性を統治支配から排除する理由など何もないはずだから。しかし経験そのものに当たってみると、それは女性の弱さに由来することがわかるであろう。じっさい、男性と女性がいっしょになって統治するなどということはかつてどこにもあったためしがなく、およそ男と女が見いだされるような地ではどこでも男性が統治し女性が指導下に置かれていて、そういう仕方で両性が和合して生きているのをわれわれは見ている。しかしその反対に、かつて君臨していたと伝説の伝えるアマゾネスの場合、彼女らは祖国の地に男たちが滞在することを許さず、女児だけを育て、自分たちの生んだ男児は殺していた。[3] もし女性が自然によって男性と同等で、心の強さと才知——人間の力能したがってまた権利はこれに大きく存する——を同等にそなえていたなら、たしかにこれほど多様な民族があるのだからその中には両性が対等に統治しているところや、あるいは男が女の指導下に置かれ才知において女に劣るように教育されているところがありそうなものである。ところがそうなっているところはどこにもない。それゆえわれわれはまったくこう断言してよい。女性は自然によって男性と同等の権利を持たず、必然的に男性に権利において譲る。したがって、両性が対等に統治したり、ましてや男性が女性の指導下に置かれたりすることは起こりえないのだと。それに人間の感情を考察すればわかるように、男が女を愛するのはたいていの場合情欲に関係した感情からであり、彼女たちが美しければそれだけその才知と賢さを評価する。そのうえ男は自分の愛する女性たちが他の男たちに何らかの好意を見せるのにはほとんど耐えられない。その他これに類することを考慮すれば苦もなくわかるであろう。男性と女性が対等に統治するなら、平和への甚大な被害なしにはすまないのである。だがこれについては十分である。

以下を欠く

訳注

扉

〔1〕 NSでは「自由」が「安全」(veiligheit)となっている。

〔2〕 この副題は恐らくOPの編者によって付けられたもの。

友人に宛てた著者の手紙

〔1〕 OPではタイトルページの次に、このように序文に相当する書簡が編者によって掲げられている。引用されているのは書簡八四(Gb IV, 335-336)。恐らくイェレス宛と思われる。本全集第六巻『往復書簡集』にスピノザ最後の書簡として収められているもの。イェレスにはスピノザはオランダ語で書き送るのが常であった。それゆえ本翻訳はMに倣い、NSのオランダ語バージョンを正文として訳出する。OPにあるラテン語バージョン(Gbはこれを採っている)はおそらくその翻訳であろう。両者のあいだには若干の異同があって、「国家」(staat)が「社会」(societas)に、「究極の事柄」(het uitterste)が「究極かつ最高の事柄」(extremum & summum)に、「順序立てて」(ordentelijk)が「方法的に」(methodice)となっている。また「ひとり最高権力の支配のみに」の「のみ」(alleenlijk)はラテン語では訳出されていない。章内容からすれば「社会」よりは「国家」のほうがふさわしいし、methodice(方法的に)という語彙はスピノザが使うものではない。このことはラテン語バージョンが第三者(おそらく『遺稿集』の編者)による翻訳であることを強く示唆する。

章目次

〔1〕 OPにもNSにも目次はない。本翻訳のために章目次を作成し、冒頭に置かれた「友人に宛てた著者の手紙——この『政治論』の序文に代わるものとして。」をもとに各章の内容に見合った表題を補った。

第一章

〔1〕 スピノザの蔵書にはトマス・モア『ユートピア』があった。

〔2〕 こうした批判は、ニッコロ・マキャヴェッリ『君主論』第一五章冒頭をほうふつとさせる。ちなみにマキャヴェッリの著作は当時のオランダで共和主義的視点からさかんに読まれており、スピノザもまたそのよき読者であった。蔵書目録にリプシウス編『マキャヴェッリ著作集』が見られる。本書

第五章第七節には名指しで登場する。

〔3〕「公共体」の原語はrespublica。「共和国」という意味もある。

〔4〕「敬虔」の原語はpietas。必ずしも宗教的な信仰の篤さに限らず、公序良俗と義務一般の尊重をも意味する。畠中訳は『神学・政治論』では「敬虔」、『エチカ』では「道義心」の訳語を当てている。

〔5〕「国家」の原語はcivitas。もとは都市国家の意味。

〔6〕「共同の権利」の原語はcommune jus。次の訳注7を参照。

〔7〕「共同の法」の原語はjura communia。juraはjusの複数形である。ラテン語のjusの原義は「正しいこと」という意味で、フランス語のdroit、ドイツ語のRechtと同様、権利と法の両方の意味をあわせ持つ。権利は法によって正しいとされているからこそ権利でありうる。したがってjusは主体に即して言えば「権利」、客観的には「法」ということになる。以下文脈によっていずれかの訳語を当てるが、この二重の意味に留意されたい。ただ本書の場合、複数形のjuraは「法」と訳すのが適当な場合が多い。なおまた、法を意味する語としてはほかにlexという語がある。こちらはより具体的な法律条項という意味合いが強いので、「法律」「律法」などの訳語を当てる。

〔8〕「または」(aut)。OPではこうなっている箇所がNSのオランダ語訳ではen(英語のandに相当)となっている。Mのプロイエッティによる校訂はNSをもとに、autをatque(かつ)に変更する処理を行っている。第七章第二節にostendero... atque deduxero(私が示し、かつ〔……〕導き出すなら)という類似の表現があるというのがその根拠である。おそらくautの持つ排他的選言のニュアンスを不適当と見ての介入と思われるが、慎重なOPの編者たちがatqueをautと見間違うとは考えにくい。それに、autは必ずしもaut...aut...(〜それとも〜)の構文におけるほどに強い排他的選言を含意するわけではない。じっさいそうでないautの例は『エチカ』にも多く見られる。たとえば、永遠性は「持続または時間では説明されえない」(第一部定義八の説明)の「または」、あるいは「おのおのの事物はそれが事象性または有を多く持てば持つほど、それだけ多くの属性が帰される」(第一部定理九)の「または」などがそうである。いずれにせよNSはある程度の言い換えや意訳を含んでいるので、よほど強い根拠がない限りそれに準じた修正変更には慎重でなければなるまい。なおGbはautのままにしている。

〔9〕『エチカ』第三部序言に本節と同趣の記述が見られる。

〔10〕『エチカ』第三部定理三一の系と備考、定理三二の備考、定理五五の備考、第四部定理四の系を参照。

〔11〕たとえば新約聖書「ローマ人への手紙」第一三章第九節。

〔12〕『エチカ』第五部定理二〇の備考、定理四二の備考。

〔13〕「統治」の原語はimperium。imperare(命令する)に由来するラテン語で、「統治権」とも。NSはこれにHeerschappy

という語を当てている。

〔14〕「徳」(virtus)という語は必ずしも道徳的なニュアンスにとどまらない。力強さや力量をも意味する。以下、文脈によって「力量」「武勇」とも訳す。

〔15〕原語はconditio。NSはgesteltheit（状態・ありかた）という訳語を当てている。

第二章

〔1〕『神学政治論』第一六章(Gb III, 189)。「自然権」(jus naturale)と「国法」(jus civile)についてはこのあとの訳注5を参照。

〔2〕罪、功績、正義、不正については『エチカ』第四部定理三七の備考二、人間の自由については第四部定理六七から七三。

〔3〕「力能」の原語はpotentia。何かをなす力という意味。これと区別するために、物理的な力を意味するvisは「力」ないし「暴力」と訳し、他者に及ぶ力を意味するpotestasは「支配」「力」「権限」「権力」などの訳語を当てることにする。もっとも、potentiaとpotestasの使い分けは厳密に一貫しているわけではない。

〔4〕『エチカ』第一部定理二五、定理三四を参照。

〔5〕「自然の権利」の原語はjus naturae。前章の訳注7で述べたように、jusは「法」と「権利」の両方の意味をあわせ持っている。jus naturaeは、客観的な意味では、個々の事物を活動へと決定する神（＝自然）から与えられた本性諸規則、すなわち「自然の法」であり、同時にまた当の自然的事物に即せば、他の自然的事物に対して何かをなしうる「自然の権利」でもある。いずれにせよ「自然の」(naturae)という属格のニュアンスは見逃せない。というのも、本章の冒頭に出てきたように、「自然的な」(naturale)という形容詞を冠した「自然権〔自然法〕」(jus naturale)という用語が別に存在するからである。この「自然権」のほうは神（＝自然）に属する権利というよりむしろ、「国家的」(civile)と対比されて「自然的」(naturale)と特徴づけられるjusのことと思われる（たとえば第三章第三節）。そこで本翻訳では煩を厭わず、「自然の権利」(jus naturae)、「自然権」(jus naturale)とそれぞれ訳し分けることにする。ちなみに、ホッブズ『市民論』はほとんどの場合jus naturaleを用いている。ときおりjus naturaeという言い方もされることがあるが、違いは特に意識されていないように思われる。

〔6〕スピノザによれば欲望は意識を伴った自己保存欲求であり、人間の本質そのものである。したがって理性もまたそうした欲求の一形態であるとスピノザは考える。『エチカ』第三部定理六、定理九の備考、第四部付録の第一項、第二項を参照。

〔7〕「統治の中の統治」(imperium in imperio)。『エチカ』第三部序言にも同様の文脈で現れる表現(Gb II, 137)。『神学政治論』では、律法解釈権を独占する大司祭を抱え込んだ不安

定な古代ヘブライ国家の王政を論じるくだりに同じ表現がある(第一七章 Gb III, 220)。同様の言い回しは当時の政治論において珍しいものではない。たとえば同時代の共和主義政治理論家ピーテル・ドゥ・ラ・クールもその著書『国家論、あるいは政治的衡量』の中で、議会において党派性が高じると「統治の中の統治」(regeering in regeering)や内戦を引き起こすことがあると述べている(Pieter de la Court, *Consideratien van staet, ofte polityke weeg-schaal*, Amsterdam, 1660, p. 273)。(この著作の著述には兄弟のヨーハンも関わっていると見られるが一六六〇年には亡くなっており、その寄与に関しては諸説がある。初版は一六六〇年だが未見、頁付は一六六一年の版によった。後ほど訳注で示すように、スピノザはこの著作を丹念に読み込んだうえで本書『政治論』を書いていると思われる。)ドゥ・ラ・クールについては、第八章の訳注5を参照。

〔8〕最初の人間アダムの堕落による原罪のこと。神学によれば神によって造られた最初の人間アダムは完全だった。

〔9〕悪魔ルシフェルはもとは天使だったが、神に反逆して失墜したとされる。

〔10〕『エチカ』第一部定義七、定理一七、定理三二を参照。

〔11〕『エチカ』第一部定理二九、第四部定理四を参照。

〔12〕ホッブズ『市民論』第二章第六—八節に約束に関する同趣の議論がある。蔵書目録を見る限りスピノザがホッブズのこうした議論に通じていたことは間違いない。あとの訳注15を参照。

〔13〕『エチカ』の次の箇所を参照。「たとえばまったく同じ本性の二つの個体が互いに結合すれば、単独であるより二倍強大な一個体を複合する。とすれば人間にとって人間ほど有益なものはない。すなわち人間が自身としてあることを維持するためには、皆がすべてにおいて一致し、全員の精神と身体がいわば一つの精神と一つの身体を複合するようになり、そうやって皆がいっしょに、できるかぎり自身としてあることを維持しようと努め、皆がいっしょに、共通の利益を追求する、ということにまさるものは望みえないのである」(『エチカ』第四部定理一八の備考 Gb II, 223)。

〔14〕『エチカ』第四部付録第一〇項を参照。

〔15〕上掲ホッブズ『市民論』の自然権論を念頭に置いていると思われる。ホッブズは言っている。「自然は各人にあらゆるものごとに関する権利を与えた」。だが人間たちがこのように万物に対する権利を共通に有していたとしても、人間たちにとってそのことはまったく役に立たなかった。なぜなら「この権利の効果は、いかなる権利も全然存在しなかった場合とほとんど同じ」だからである。というのは、誰かがあらゆるものについて「これは私のものである」と言うことが可能であったとしても、「等しい権利と等しい力によってその同じものを自分のものと主張する隣人たちのせいで、それを享受することはできなかっただろうから」(『市民論』第一章第一〇、一一節)。

〔16〕 アリストテレス『政治学』1253a, 1278b を参照。

〔17〕「群集」の原語は multitudo。多数の人間の謂。一国の国民全体を指す「人民」(populus)でもなく、一般庶民を指す「民衆」(vulgus)や階層としての「平民」(plebs)でもなく、むしろ多数の人間の集団を意味する抽象度の高い用語である。『エチカ』や『神学政治論』にはほとんど見られず、『政治論』で初めて基本的な用語として現れる。なお、この用語はすでにホッブズの『市民論』で用いられているものである。ホッブズによれば、群集とは「何かある一つのものではなくて多数の人々」のことであり、「その一人ひとりが自分自身の意志を持ち、提示されるすべてのことに関して自分の判断を持つ」。したがって「群集にそれ自身の行為として帰せられねばならないようないかなる行為もない」。むしろたとえその全員もしくは多数が合意した場合でも、そこには「単一の行為ではなく、人の頭数だけの行為がある」(『市民論』第六章第一節)。ホッブズにおいて「群集」はこのように一個の行為主体として数えることのできないものを意味するが、スピノザはそのことを十分踏まえた上で用語を選定していると思われる。前節の「全員があたかも一つの精神によってのように導かれる」の「あたかも」(veluti)という表現は、それゆえ単なる文彩ではあるまい。むしろ統治を発生的に定義する「群集の力能」という逆説をそれは表すのである。

〔18〕「統治」(imperium)。第一章の訳注13を参照。

〔19〕 第一章の訳注4を参照。

〔20〕 第一八節への参照は一見つながりがわかりにくいかもしれない。しかし、自然は無知な人間を賢く生きるように義務づけない(第一八節)からこそ、彼らを和合へと導く合理的な法体制が必要である、という趣旨と見れば十分理解できる。ちなみにワーナムによる校訂(Spinoza, *The Political Works*, ed. and trans. with an introduction by A. G. Wernham, Oxford, Clarendon Press, 1958)は、OPにあるこの参照指示を手稿からの転写ミスとして削除している。手稿の次の行にあった「(本章の第一八節)」がOPでは誤って前の行のこの箇所に挿入され、結果的に参照指示の繰り返しが生じてしまったのだろうというのである。だが問題の参照指示は「～を見よ」(vide...)となっていて同じ形の繰り返しではないし、またOPとは独立に手稿から訳されたと推定されるNSも同文である以上、この推理は説得力に欠ける。

〔21〕 Mはこの文の文頭のCur autem... をCum autem... にしているが誤植であろう。OPはもとよりGbをはじめとする諸版もCurとなっている。

〔22〕 旧約聖書の「エレミヤ書」第一八章第六節、新約聖書の「ローマ人への手紙」第九章第二一節に出てくる比喩。

〔23〕『エチカ』第三部定理二九の備考を参照。

第三章

〔1〕 それぞれ原語を示しておく。「国家状態」(status civilis)、「国家」(civitas)、そして「公共体」(respublica)。「国家状態」

は「自然状態」の対語。ホッブズが用いている用語である(ただし「自然の状態」(status naturae)というふうに属格の形で)。

〔2〕jusは法と同時に権利という意味もあわせ持っているので、「国法」(jus civile)は「国家の権利」とも訳せる。「市民」(cives)、そして「国民」(subditi)は、それぞれcivisとsubditusの複数形。subditusは下に置かれている者を意味するので「臣民」という訳もありうるが、スピノザは国家体制にかかわらずここでの定義通りの抽象的な意味で用いている。

〔3〕「最高権力」の原語はsummae potestates。複数形になっているのは、諸州の連合からなる当時のオランダ共和国の集団的な主権的権力を指す常套用語をそのまま使っているため。

〔4〕書簡五〇を参照。「私とホッブズとの際立った違いは、私はつねに自然的権利をそっくりそのまま維持しているということです」(Gb IV, 238-239)。「自然権」と「自然の権利」の対比については、第二章の訳注5を参照。

〔5〕ホッブズも同様に、平和の追求を理性の教える根本的な自然の法としている(『市民論』第二章第二節)。

〔6〕「おのずと設立される」(naturaliter instituitur)。naturaliterは文字通りに訳せば「自然的に」という副詞。『エチカ』には出てこない。本書『政治論』ではこの箇所のほか、第六章第一節、第七章第一六、二五節に現れ、いずれも人間ないし群集のふるまいを特徴づける語として用いられている。

〔7〕「制圧してかまわない」(cohibere licet)。「制圧する」(cohibere)は直前の「国家の法に拘束されている」の「拘束されている」(continentur)との対比で理解すべきであろう。

〔8〕Mはこの箇所に「期待」を補って「共通の恐れないし期待のゆえに」と修正している。あとの第六章第一節で、「(第三章の第九節で述べたように)共通の期待や恐れ、あるいは何らかの共通の損害に対する復讐の願望といったものから」群集は一致団結すると述べられているのがその理由である。しかしNSもこの箇所はOPと同文である以上、修正には慎重でありたい。むしろ義憤による群集の結託がここでは問題なのだから、このままのほうが文意が通る。じっさい歴史が示すように、憤った人々は暴政に対する共通の恐れのゆえに結託する——たとえ確たる共通の希望ないし期待がなくても。

〔9〕戦争状態は必ずしも戦闘状態を意味しない。ホッブズによれば、実際の戦闘状態になくても戦闘の「態勢」(disposition)が知られていれば、そしてその反対の保証がないなら、それですでに戦争状態である(『リヴァイアサン』第一三章)。

〔10〕「努力」の原語はconatus。必ずしも目標達成的な努力を意味しない。それはあらゆる事物がそれによって存在し活動する事物自身の現実的本質であり、人間の場合は衝動や欲望と言い換えられる。『エチカ』第三部定理九の備考を参照。

第四章

〔1〕原語はsummum imperium。文字通り最高の命令権の

こと。主権に相当する。

〔2〕「報告を受け」(audiendi)。Mのラモンの仏語対訳、カーリーの英語訳、畠中訳は「受け入れる」の意に取っているが、NSのオランダ語訳 te verhoren(聴取する)に従ってこのように訳す。Pのポートラ訳もこれと同じ。

〔3〕『神学政治論』第四章の分析(Gb III, 57-58)を参照。それによれば、"lex"という言葉自体は、同じ種に属する個体が一緒になって活動するさいに従う「同じ一つのある限定された一定の仕方(ratio)」を意味する。それゆえ同じ言葉が「自然の必然性に依存する法則」という意味でも、人為的な「人間の意向に依存する法律」という意味でも用いられる云々。

〔4〕第三章第九節に出てきた「国家は多数の人々が結託する原因を提供するその限りでみずからの力能と権利を減じる」という箇所がここに関連している。なお「憤り」(indignatio)については『エチカ』の定義を参照。「「憤り」は、他人に害悪をもたらした人に対する憎しみである」(第三部諸感情の定義二〇)。

〔5〕原語は jus naturale。jus はすでに注意したように法と権利の二重の意味がある。

〔6〕原語は jus belli。戦争状態においてなすべき、また当然なしてよい事柄。同じく法と権利の二重の意味がある。

〔7〕「契約ないし法律」(contractus seu leges)。各人相互の間で結ばれるいわゆる社会契約ないし国家契約のことではない。念頭に置かれているのは自由な人民が統治を第三者に委ねるさいに、この第三者に要求する遵守条項であろう。グロティウス(フローティウス)の『戦争と平和の法』(Hugo Grotius, *De iure belli ac pacis libri tres: in quibus ius naturae & gentium, item iuris publici praecipua explicantur*, Paris, 1625)第一巻第三章第一七節にこの種の問題の考察が見られ、本書『政治論』の第七章第三〇節はそれと同じ事例に触れている。ちなみに『政治論』で「契約」(contractus)という語が出てくるのはこの箇所のみ。他方、ホッブズの『市民論』およびスピノザ自身の『神学政治論』に頻出する国家契約という意味の「信約」(pactum)は一度も出てこない。

第五章

〔1〕「最適状態」(optimus status)。OPでは「最適」(optimus)の語が欠落している。NSには de beste とあるので、補って読む。

〔2〕マキャヴェッリ『君主論』第一七章、同『ディスコルシ』第三巻第二一章にこのハンニバルの事例が出てくる。

〔3〕ホッブズによる平和の定義(『市民論』第一章第一二節)が批判対象として意識されているのかもしれない。

〔4〕原語は solitudo(孤立あるいは孤独の地、荒涼の地)。ローマ帝政期の史家タキトゥスに「彼ら荒涼の地と為す処を平和と呼ぶ」(Ubi solitudinem faciunt, pacem appellant)とある(『アグリコラ』(Cornelius Tacitus, *Agricola*)第三〇節)。ローマ帝国による侵略支配への悲憤を表したもの。スピノザ

の蔵書目録にこの著作が見える。

〔5〕 NSのオランダ語訳では「真の理性、徳、そして精神の生によって定義される」(door de ware reden, door de deucht, en door 't leven des gemoeds bepaalt word)となっている。OPに従って読む。

〔6〕 この節の議論は、設立による国家と獲得による国家というホッブズの二分法を承け、そのうえで批判的にこれに応じている。すなわち、ホッブズによれば前者は成員相互の同意から、後者は征服者の圧倒的な暴力への屈服から生じる。いずれも死への恐れに強いられた契約の上に成り立つという点では変わらず、主権として見られる限りホッブズは両者に本質的な差異を認めない(『市民論』第八章第一節、第九章第一〇節)。それに対しスピノザは、主権という権利一般として見ればそうだが、目的およびそのための方策はまったく異なるとここで応じている。なお、このあとに論じられる君主制も、ここで述べられている「自由な群集が打ち立てる統治」、すなわち戦争の権利によって征服された群集ではないという意味での「自由な群集」が創出する統治の一形態である。この時期、オランダ共和国では共和派に対する総督派の巻き返し(暴徒による共和派指導者ヨーハン・デ・ウィットの虐殺は一六七二年である)があり、なりゆきによっては内側から君主制に移行する可能性もあった。

〔7〕 先に触れたように、スピノザの蔵書にはリプシウス編『マキャヴェッリ著作集』があった。マキャヴェッリはフィレンツェ共和国の「自由と平和のための十人委員会」秘書官として活躍した経歴がある。だが後にロレンツォ・デ・メディチに『君主論』を献呈し、メディチ家政権下で顧問の役割を務めた。『君主論』の著者であると同時に、共和主義にコミットする『ディスコルシ』の著者でもあるマキャヴェッリは今日の目から見れば両立し難い立場を含んでいるように見えるかもしれない。だがスピノザの時代、マキャヴェッリはホッブズとともに共和派の政治家や知識人たちのあいだでさかんに読まれていた。ドゥ・ラ・クール兄弟がその先鞭をつけたのである(cf. Stefano Visentin, "Between Machiavelli and Hobbes: The Republican Ideology of Johan and Pieter De la Court" in *The Dutch Legacy: Radical Thinkers of the 17th Century and the Enlightenment*, eds. Sonja Lavaert & Winfried Schröder, Leiden, Brill, 2017)。ここでスピノザはドゥ・ラ・クールとともに、マキャヴェッリを君主の専横に対する警鐘者として評価している。なお、スピノザがこのように著作の中で固有名によって人物に言及することは稀である。

第六章

〔1〕 Mに従い、sponte vel vi vel necessitate coacti, 〈pos〉sint ex rationis praescripto vivere と補って読む。

〔2〕 第五章第四節を参照。

〔3〕 クルティウス『アレクサンドロス大王伝』第一〇巻第一

章第三七節。クルティウスはローマの史家。この著作はスピノザの蔵書のうちにあった。彼がこれに親しんでいたことは、『神学政治論』の序言にある「迷信以上に群集を効果的に支配するものは何もない」というこの書からの引用(Gb III, 6)からも推察できる。

〔4〕「氏族」と訳した原語はfamilia。このあとの第一五節にあるように、スピノザは一つの国家でほぼ六〇〇の氏族を目安に想定している。

〔5〕Mに従い、vel(あるいは)を補ってqui unius familiae 〈vel〉 integrae militiae imperet と読む。第七章第一七節を参照。

〔6〕「悪事」(scelus)。たんなる犯罪(crimen)ではなくて、むしろクーデターの陰謀のような意味で本書は用いている。たとえば、第七章第一四節と第二〇節、第八章第一二節、第一〇章第二節。

〔7〕Mに倣い、第八章第一四節の同様の表現に合わせて qui... et famuli sunt. 〈vel〉 qui servili aliquo officio vitam sustentant と補って読む。下僕は主人の意向のもとにあるため、独立した市民と見なされない。同時代の政治理論家ドゥ・ラ・クールにも同様の見解がある。依存的な使用人の排除は野心的なリーダーを頂くギルドの危険に対処するためであった。Cf. Eco O. G. Haitsma Mulier, *The Myth of Venice and Dutch Republican Thought in the Seventeenth Century*, trans. by Gerard T. Moran (Speculum historiale, 11), Assen, Van Gorcum, 1980, pp. 145-148.

〔8〕「王族」と訳した原語はNobili。普通は「貴族」と訳される語だが、あとに出てくる貴族制のPatriciusとの区別のために前者を「王族」、後者を「貴族」と訳すことにする。

〔9〕「参与」の原語はconsiliarius。英語ならcounselに当たる。決定権に与らないが、意見を述べ助言を与える役職。顧問とも。

〔10〕会議の構成と運営についての同様の構想は、スピノザも参照していたと思われる当時の政治理論家ドゥ・ラ・クールにも見られる。が、三〇〇〇人規模というこの大きさはスピノザに独特である。貴族制の最高会議はさらに大きく、五〇〇〇人をスピノザは見積もっている(第八章第二節とそれへの訳注5を参照)。

〔11〕「以上はしかし……」以降の二文は故意か偶然かNSでは落ちている。

〔12〕「秘密投票」と訳した原語はcalculis indicare。文字どおりには「石によって示す」という意味である。賛否に色分けした投票用の駒を他から見えないようにして投じる仕組。ドゥ・ラ・クール『国家論、あるいは政治的衡量』にそのイラストがある。

〔13〕[ ]内はOPにはなく、NSにのみある。そのオランダ語原文を示しておく。Maar men moet zodanige bespieders verkiezen, die aan de Koning bequaam zullen schijnen.

〔14〕マキャヴェッリ『君主論』第五章、同じく『ディスコル

シ』第二巻第二三章を参照。

〔15〕実際、ヴェネツィア共和国の総督（ドージェ）も同様の制約を受けていた。ちなみにヴェネツィアは共和国のモデルとして当時のオランダでよく引き合いに出されていたことが知られている。Cf. Haitsma Mulier, *op. cit.*

第七章

〔1〕旧約聖書「ダニエル書」第六章、とくにその第一五節。

〔2〕ホメロス『オデュッセイア』第一二巻。

〔3〕OPには「共通の本性」とのみある。NSのオランダ語文(de gemene natuur der menschen)に従って「人間の共通の本性」と補って読む。

〔4〕ホッブズへの批判。『市民論』第一〇章第一〇節を参照。

〔5〕Epistola ad Caesarem de Republica ordinanda, I, 1, 4. この書簡は一七世紀当時は古代ローマの政治家で歴史家ガイウス・サルスティウス・クリスプスのものとされていたが、実際には不詳である。

〔6〕『エチカ』第三部定理二九の備考、同部諸感情の定義四四の説明。

〔7〕OP、NSともに第三〇節となっているが誤りであろう。校訂諸版にしたがって訂正。

〔8〕同じく第一一節となっているのを訂正。

〔9〕OPでは「前章の第一四節により」となっているが、明らかに第一五節の誤り。諸版に倣い訂正して読む。

〔10〕原語はoptimi。エリートのこと。

〔11〕「市民だけで軍が構成され、かつ彼らが〔参与会議の〕指針に沿うということがぜひとも必要なのである」(necesse est, ut militia ex solis civibus componatur, et ut ipsi a Consiliis sint)。ここは訳者のあいだで一致しない箇所である。Mのラモンによる仏語対訳は「軍ともろもろの議会が市民だけで構成されることがぜひとも必要」(il est nécessaire que l'armée et les Conseils soient composés des seuls citoyens)と大幅に意訳し、後半部の et ut ipsi a Consiliis sint をそれとして訳出していない。アッピューン訳(*Traité politique*, traduction et notes par Charles Appuhn, in *Œuvres de Spinoza*, vol. 3, Paris, Garnier-Flammarion, 1929)は「軍が彼ら〔市民〕だけで構成され、かつもろもろの議会に入るのは彼らのみであることがぜひとも必要」(il est nécessaire que la force armée soit composée d'eux seuls et qu'ils soient seuls à entrer dans les conseils)と訳し、クリストフォリーニの伊語対訳(Spinoza, *Trattato politico*, testo et traduzione a cura de Paolo Cristofolini, Pisa, Edizioni ETS, 1999/2011)は「軍隊が市民だけで構成され、かつこの市民がもろもろの議会の表現となることがぜひとも必要」(è necessario che l'esercito si composto di soli cittadini, e che questi siano espressione dei consigli)という訳を与えている。いずれもConsiliisを「もろもろの議会」ととっている点では同じで、畠中訳も「軍隊が国民からのみ構成されること、ならびにこの国民に

よってのみもろもろの会議体が構成されることが必要」と訳している。しかし、もしそうならば、Consiliis は違う綴りの Conciliis でなければならない。スピノザは議会ないし会議体を指すときは例外なく concilium という語を用いており、その複数奪格であれば Conciliis であるはずだからである。他方、NSは同じ Consiliis に Raatslieden（参与）というオランダ語を当て、「軍が市民だけで構成され、かつ彼らがその参与であることがぜひとも必要」（zo is nootzakelijk dat het krijgsheir uit burgeren alleen bestaat, en dat zy zijn Raatslieden zijn）と訳している（カーリーの英語訳、it is necessary that the militia should consist of citizens only, and that citizens should be his counsellors はこれに従っていると思われる）。だが、軍を構成する市民すなわち兵士が軍の「参与」ないし助言者であるというのは奇妙だということは別にしても、もし「参与」（ないし助言者）ならば、Consiliis は違う綴りの Consiliariis でなければならない。思うに、consilium の複数奪格の consiliis が Conciliis や Consiliariis と綴りが似ていて紛らわしいこと、そしてこの語が OP においてキャピタライズされている（通常は制度機関名や役職名）ことが紛糾を招いているように思われる。Pのポートラによるフランス語訳はこの問題を明瞭に意識していて、「軍が市民だけで構成され、かつ彼らが指針に沿うということがぜひとも必要」（il est nécessaire que la milice soit composée uniquement de citoyens, et que ceux-ci se conforment aux conseils）という訳を与えている。じっさい、consilium には指針ないし相談、協議、決議、決定といった意味がある。a… sint も「構成する」という意味はなく、むしろ「〜に沿う」という意味であろう。本翻訳はこれに従う。キャピタライズの問題は残るが、NSのオランダ語訳を見るにつけ、活字に移す編集の段階で consiliis が consiliariis（参与）と混同されてキャピタライズされた可能性も考えられる。

〔12〕 旧約聖書「サムエル記下」第一五章第七節から第一四節。

〔13〕 タキトゥス『同時代史』第一巻第二五節。それによると、皇帝ネロへの反乱の中で新皇帝となったガルバ（第六代ローマ皇帝）に対し、これを倒してみずから帝位に就こうと画策したマルクス・サルウィウス・オトは、ガルバの身辺警護兵のバルビウス・プロクルスと、身辺警護兵の兵長ウェトゥリウスという二人の平民兵士を手なずけて計画実行の下手人とした。ちなみにこれらの皇帝の在位は数カ月と短い。

〔14〕 アントニオ・ペレスの回想録（*Las obras y Relaciones de Antonio Perez, secretario de Estado que fue del Rey de España, Don Phelippe Secondo*, Paris, Ivan de Mirlirambirila, 1644）からの引用（原著のスペイン語からラテン語に訳している）。アントニオ・ペレスは国王フェリペ二世の秘書官だったが、王との確執から逮捕。脱獄してアラゴンの裁判所に保護を求める。フェリペ二世は「アラゴン王」の名において裁判所にペレスを起訴し異端審問にかけようとした。そのため、アラゴンでは王が司法を侮辱したとして暴動が発生、フェリ

ペ二世は鎮圧軍を差し向ける事態となる。この回想録は一六世紀から一七世紀にかけてヨーロッパ内で版を重ねるが、スピノザは一六四四年の版を持っていた。

〔15〕 第六章第九節。

〔16〕 第六章第一〇節。

〔17〕 同じく第六章第一〇節。

〔18〕 第六章第一一節および第一五節。

〔19〕 第六章第一二節。

〔20〕 第六章第一三節から第一四節。

〔21〕 第六章第一三節、一四節に述べられた規定を参照。

〔22〕 第六章第二六節から二九節。

〔23〕 タキトゥス『同時代史』第二巻第八四節からの引用。

〔24〕 第六章第三一節。

〔25〕 第六章第二九節。

〔26〕 第六章第三三節。

〔27〕 第六章第三六節。

〔28〕 旧約聖書「歴代誌下」第三章から第一二章。

〔29〕 フランドル戦争のこと。一六六七年フランス国王ルイ一四世がフランドル(スペイン領南ネーデルラント)に対する王妃マリー・テレーズの相続権を主張して起こした戦争。オランダは英国およびスウェーデンと同盟してフランスの進出を阻止した。

〔30〕 第六章第三七節。

〔31〕 第六章第三八節。

〔32〕 たとえばホッブズ『市民論』第一〇章第一八節、第九章第一二、一三節、第七章第一五節。

〔33〕 すなわち戦争の権利によって獲得されたのではない群集。第五章の訳注6を参照。

〔34〕 「平民」と訳した原語はplebs。「民衆」(vulgus)より階級的な意味合いがある。貴族対平民のように。

〔35〕 タキトゥス『年代記』第一巻第二九節に出てくる表現。「民衆は節度がなく、怖がらせておかないと脅威となる」(nihil in vulgo modicum; terrere ni paveant)。

〔36〕 さきほど第二一節でタキトゥスから引用されていた言い回し。訳注23を参照。

〔37〕 タキトゥス『年代記』第一巻第八一節に出てくる次の表現をアレンジして用いている。「この言葉はもっともらしく聞こえるが、じっさいは、空々しい瞞着でしかなかった。自由を装っていただけに、いっそう恐ろしい圧政へと、将来急変することになるのである」(speciosa verbis, re inania aut subdola, quantoque maiore libertatis imagine tegebantur, tanto eruptura ad infensius servitium)。

〔38〕 アラゴン連合王国のこと。中世イベリア半島のアラゴン王国は一〇三五年ラミロ一世が建国。以後イスラム教徒を圧迫しつつ南方に国土を拡大し、一一三七年からカタルーニャとともに連合王国となった。一三、一四世紀にはバレンシアも加え、シチリア、サルデーニャなどを併合。一四七九年フェルディナンド二世のときカスティーリャ王国と合体、スペ

イン統一国家の基礎となった。アラゴン王国に関する以下の記述は先述のアントニオ・ペレスの回想録に依拠している。

〔39〕 上記ペレスの回想録からの引用。

〔40〕 アラゴン王フェルディナンド二世のこと(在位一四七九—一五一六)。カスティーリャ王女イサベルと結婚、イサベルの即位後はカスティーリャ王としてフェルディナンド五世と呼ばれた。

〔41〕 上記ペレスの回想録からの引用。

〔42〕 原文は次のように反実仮想の形になっており、直訳するとわかりにくいかもしれない。Quae sane sapientia verba non satis mirari possem, si prolata fuissent a Rege, qui servis, non liberis hominibus imperare consuevisset.「これは実に賢い言葉であって、もしそれが自由人にでなく奴隷に命令するのを習いとした王の口から出たものであったなら、私は十分驚嘆することはできなかっただろう」。

〔43〕 スペイン国王フェリペ二世(在位一五五六—九八)。熱烈なカトリック教徒。スペイン、ポルトガル、ナポリ、ミラノ、ネーデルラント、アメリカ大陸、フィリピンにわたる世界帝国を支配した。プロテスタントを弾圧して反宗教改革の先頭に立つ。一五六八年その暴政に反抗してネーデルラント諸州が蜂起。オランダ独立の端緒となった。

〔44〕 スペイン国王フェリペ三世(在位一五九八—一六二一)。フェリペ二世の子。一六〇九年にオランダの実質的独立を承認した。

第八章

〔1〕 他の章の冒頭にはこうした要旨のようなものはない。君主制に対する貴族制の優位の強調などから見て、OP編者による挿入も考えられる。

〔2〕 第二章第一七節。

〔3〕 原語はpatricii。「平民」(plebs)の反対語。いわゆる封建土地貴族や宮廷貴族ではなく、オランダ共和国の政府を独占していた都市の有力な商人「レヘント」(regent)に相当すると見てよい。こうした「貴族」の呼称は、当時の共和主義者がしばしば引き合いに出していたヴェネツィア共和国をモデルにしている。本章の訳注5、15を参照。

〔4〕 貴族制では貴族の大評議会が同僚として選抜する人々だけが国政に携わる権利を持つが、民主制では一定の経済的寄与を果たしている者ならだれでも国政に携わる権利が与えられるとスピノザは考えている(第一一章第一節を参照)。この節で言われる「何らかの生得の権利あるいは偶然の運で獲得された権利」とは、民主制において選抜なしに認められるこのような権利のことである。ちなみにスピノザは、歴史的にはどの貴族制統治も最初は民主制であったと見ている。本章の第一二節を参照。

〔5〕 法外な数に見えるかも知れないが、実際に、たとえばサヴォナローラによる改革でヴェネツィア共和国の大評議会にならって設立されたフィレンツェの大評議会は、およそ一五

〇〇―二二〇〇余人に及ぶ貴族から輪番で五〇〇ないし七五〇名が出て構成された。ちなみに当時のフィレンツェ都市国家の規模は一〇万人前後である(サヴォナローラ『ルネサンス・フィレンツェ統治論』須藤祐孝編訳・解説、無限社、一九九八年、訳者註、二九二―二九四頁)。ここでスピノザがおそらく念頭に置いているヴェネツィア共和国の大評議会(Maggior Consiglio)も、構成員は最大で二七〇〇人を超えた。ところでヴェネツィア共和国は、先にも触れたように当時のオランダの共和主義者にとって一つの理想モデルであった。たとえばドゥ・ラ・クールは少数のレヘントの寡頭制に反対し、共和国の理想を「限りなく人民主権に接近した貴族制」に求める。この「人民」とはしかし、群集を排除した富裕層のことである。市民の平等性という理想と、現実に要請される権力とのあいだの緊張解決がドゥ・ラ・クールの問題であった。そのための理想的モデルとして参照されるのが大評議会を持つヴェネツィア共和国だったのである。Cf. Haitsma Mulier, *op. cit.*, pp. 141-145, p. 170. 先にも触れたように、スピノザの蔵書の中にはドゥ・ラ・クールの『国家論、あるいは政治的衡量』があった。われわれの哲学者が詳細にこの著作を読んでいたことは間違いない。Haitsma Mulier の前掲書第五章を参照。

〔6〕原文にはないが、文脈から必要と思われるので補った。

〔7〕君主制ではこのことが必要となる。第六章第一一節を参照。

〔8〕君主制においてはこのことが必要である。第六章第一〇節を参照。

〔9〕君主制においてもこれに対応する規定がある。第六章第一〇節を参照。

〔10〕第七章第一四節を参照。

〔11〕よく知られているものとしてカエサルの例がある。元老院派を武力制圧したカエサルは終身独裁官に就任し、共和政ローマを終わらせて帝政への道を開いた。

〔12〕第七章第二二節を参照。

〔13〕君主制ではこのことが必須となる。第六章第一二節を参照。

〔14〕「ねたみ」の原語はinvidia。「恨み」でもある。『エチカ』によれば「ねたみ」とは「他人の幸せから悲しくなり、また反対に他人の災厄から楽しくなるように人間を変状させる憎しみ」である(第三部諸感情の定義二三)。ここでは同等の権利を認められた他国人という「他人の幸せ」の表象から生じる憎しみを指している。

〔15〕マキャヴェッリ『ディスコルシ』第一巻第六章にヴェネツィア共和国についての同様の分析がある。いわく、ヴェネツィアでは行政に参与しうるすべての人々を「貴族」という称号で一括していた。それは次のような事情からである。最初の住民はしばしば議会で会合し都市のことを審議していた。そのうち人口も増えて一つの都市政府を形成するのに十分になったので、新しく移住してきた新参者には参政権を認めな

いこととした。やがてそうした新参移住者の数が著しく増えてきたため、参政権を持っていたもとの人々を「貴族」、その他の人々を「平民」と呼ぶこととなった云々。

〔16〕貴族制国家の崩壊についてはアリストテレスの『政治学』の論述がよく知られていた(1305b–1307b)。

〔17〕上述のドゥ・ラ・クールもまたこの点を強調し、オランダ共和国の現状を憂えている(『国家論、あるいは政治的衡量』第二部第二巻第六章)。実際、当時の商人貴族に当たるレヘント層は財産の分散を嫌って少子化の傾向にあり、血が絶えるリスクも大きかった。

〔18〕「総裁」「統領」の原語はそれぞれ、rector、princeps。ヴェネツィア共和国のドージェ(doge)はこれに当たる。ドゥーチェ(Duce)とも。

〔19〕原語はsyndicus。NSはWetverdediger(文字通り、法の守護者)という訳語をあてている。

〔20〕本章の第二九節。

〔21〕貴族の最高会議(大評議会)の下にはこの護法官会議のほか、このあとに見るように執行機関としての上院と司法機関としての最高裁判所が置かれる。

〔22〕本章の第二九節。

〔23〕最高裁判所については本章の第三七節で述べられる。

〔24〕平等と統一を保つには、決議のさいの秘密投票が必要である。こうした秘密投票の強調は一七世紀の共和主義に共通のテーマであった。Haitsma Mulier, *op. cit.*, p. 153.

〔25〕OPでは「告発者たちを保護下に置き」(accusatores asservandos)となっているところが、NSでは「告発された者たちを監視下に置き」(de beschuldigden te beschutten)となっている。ラテン語のasservo、オランダ語のbeschuttenはいずれも「保護下に置く」と「監視下に置く」の両方の意味があるので厄介である。GbはOPのテクストを保持し、MはNSに従ってaccusatores(告発者たち)をaccusatos(告発された者たち)に修正して読ませている。論理的には①「告発者たちを保護下に置く」、②「告発者たちを監視下に置く」、③「告発された者たちを保護下に置く」、④「告発された者たちを監視下に置く」の四つの読みがありうるわけだが、②はともかく、ほかはいずれもそれなりに可能な解釈である。告発される官吏は多くの場合貴族の有力者である。告発した平民が身の危険にさらされる恐れはあるだろうし(①)、あるいは告発された貴族がよからぬ行動に出る恐れもあるだろう(④)。また告発された貴族が憤った平民から危害を受ける恐れもあるかもしれない(③)。諸家の解釈が分かれるところだが、本翻訳ではOPのテクストを保持し、①をとる。その理由は、NSはOPがもとにしたラテン語手稿のあくまで翻訳であって、明白な誤りでない限りNSをもとにOPのテクストに修正を加えることは慎むべきであること、そしてラテン語asservoの両義性を考えるとNSが意味を取り違えた可能性は大いにありうるが、それに比べてOPが手稿のaccusatosをaccusatoresに読み違えた可能性はそれと同じくらい大きいとは思われないこ

とである。

〔26〕 原語はSenatum。NSではStaatsraatというオランダ語が当てられている。古代ローマの場合は「元老院」と訳されるが、スピノザが念頭に置いているのはむしろ、当時のオランダで理想的共和制のモデルとしてしばしば引き合いに出されていたヴェネツィア共和国のSenatoであろう。ヴェネツィア共和国では国政の執行機関として大評議会(Maggior Consiglio)の下に上院(Consiglio dei Pregadi)が置かれていた。これが後にSenatoと呼ばれるようになる。

〔27〕 OPではこのようになっているが、NSでは「四分の一」(een vierde deel)となっている。

〔28〕 すなわち、すでに何度か言及してきたピーテル・ドゥ・ラ・クール(Pieter de la Court, 1618-85)のこと。オランダの政治理論家。フランス語の姓名(彼はフランダースからオランダに逃れてきた新教徒の家系である)をそのままオランダ語に置き換えて、Pieter van den Hooft ないし Pieter van der Hove の名で著作をあらわした。V・Hはその頭文字である。訳注5で触れたように、その著書『国家論、あるいは政治的衡量』がこの章のスピノザの議論の下敷きとなっているのは間違いない。

〔29〕 原語はconsul。古代ローマの場合は「執政官」と訳される語だが、ここではそのような最高職の意味合いはないのでこのように訳しておく。

〔30〕 ドゥ・ラ・クール『国家論、あるいは政治的衡量』第二部第四巻第五章で紹介されているヴェネツィア共和国政府の票決モデルにほぼ従っている。

〔31〕 ドゥ・ラ・クール『国家論、あるいは政治的衡量』第二部第五巻第八章にこの手法が紹介されている。

〔32〕 ヨーハン・オルデンバルネフェルト(Johan van Oldenbarneveldt)とヨーハン・デ・ウィット(Johan De Witt)を念頭に置いているのだろう。彼らは身分としては都市の参事の法律顧問(Raadpensionaris)にすぎず、議会での投票権もなかった。にもかかわらず同盟諸州の実質的な要となり、オランダ共和国の実権を握っていたのである。両者ともに総督派の巻き返しによる政変で失脚。オルデンバルネフェルトは一六一九年に処刑され、デ・ウィットは本書の執筆の始まる少し前の一六七二年、陸軍の軍備を軽視してフランスの侵攻を許したとされ、総督派の暴民に虐殺されている。

〔33〕 OPでは「上院を招集する権利と共同の安寧に関わる事柄は上院の中から選任された政務官が掌握する」(jus denique Senatum convocandi, resque, ad communem salutem pertinentes, penes consules, ex ipso Senatu electos, esset)となっているが、「共同の安寧に関わる事柄の掌握」は政務官の職務として奇妙である(第三六節を参照)。NSのオランダ語訳(het recht van de Staatsraat te beroepen, en van zaken, tot de gemene welstant behorende, daar in voor te stellen, en daar af te spreken en te handelen…)に合わせて補って読む。

〔34〕 『神学政治論』第一四章(Gb III, 177-178)に出てくる「普

遍的信仰」(fides catholica)のこと。聖書の分析と解釈から導出された神に関する七つの教義からなっている。オランダ共和国はその独立以来、カルヴァン派が正統として政治的ヘゲモニーを握っていたが、その内部で人間の救いをめぐってアウグスティヌス的な決定論をとるホマルス(Gomarus)とペラギウス的な自由意志論をとるアルミニウス(Arminius)との論争が起こり、後者のレモンストラント派と前者の反レモンストラント派の分派抗争に発展、ドルトレヒト教会会議(一六一八―一九年)における分裂をもたらした。同じ対立はその後正統派フーティウス(Voetius)とレモンストラント派コケユス(Coccejus)の神学論争となって再燃し、後者が与するデカルト主義への当局の介入(一六七六年ライデン大学におけるデカルト哲学の講授禁止)を招くことになる。この対立には総督派と共和派という政治対立も絡んでいた。こうした状況が『神学政治論』(一六七〇年)の背景にあり、スピノザの「普遍的信仰」は情況への一つの理論的介入であった。

第九章

〔1〕実際、オランダ共和国はスペイン支配からの独立を勝ち取った北部七州(いわば七つの小共和国)の連合からなる「ネーデルラント連邦共和国」(Republiek der Zeven Verenigde Nederlanden)であった。

〔2〕前節に述べられていた都市ごとの最高会議のこと。

〔3〕OPでは「そこの人々をどこかに移住させるか、あるいはその人々を完全に破壊し尽くすか」(et gens alio ducenda, vel omnino delenda est)となっている。だがNSのオランダ語訳は「そこの人々をどこかに移住させるか、あるいはその場所を完全に破壊し尽くすか」(en het volk elders zenden, of de plaatsen gantschelijk uitroejen)となっており、Mの校訂はこれに準じてdelenda(破壊されるべき)をdelendaeと修正し、「人々」(gens)でなくこの文の冒頭の「諸都市」(urbes)にかかるようにしている。本翻訳もこれに倣った(なおGbは「都市」という語を補って〈urbs〉omnino delenda estと読ませ、畠中訳は「その都市をまったく破壊する」と訳している)。じっさい、すでに第六章第三五節の戦争による占領に関するくだりで「都市を完全に破壊したうえで住民を他所に移住させる」とあり、スピノザが参照しているであろうマキャヴェッリのテクストからもこのように修正して読むのが妥当であろう(第六章訳注14を参照)。

〔4〕リーウィウス『ローマ建国史』第二一巻にこの話が出てくる。ハンニバルの率いるカルタゴ軍がローマの盟邦サグントゥムを包囲、ローマの元老院が援軍派遣の議論に時間を費やしているあいだにサグントゥムは滅ぼされた。スピノザはここでもドゥ・ラ・クールの『国家論、あるいは政治的衡量』を参照し、そこで引かれているこの挿話に言及していると思われる。

〔5〕［ ］内はOPにはなく、NSにのみある。

〔6〕「伯爵」は第七章第三〇節で言及されていたスペイン王

フェリペ二世のこと。一五五五年、オランダは父王カルロス一世を継承したフェリペの統治の下に置かれ、「植民地」のごとき強権支配を受けるようになる。これに対する反乱はいわゆる「オランダ独立戦争」に発展、一五八一年、北部ネーデルラント七州(ユトレヒト同盟)はオランダ共和国の独立を宣言した。フェリペ二世の廃位は勝ち取られたものの、政治制度そのものに大きな転換は見られなかった。これが後の、総督を君主と担ぐオランニエ派とそれに対抗する共和主義的な都市貴族(レヘント)派の権力闘争の種を蒔くことになる。

〔7〕ここで言及される「共和国の突然の転覆」は、レヘント側のリーダーであった法律顧問オルデンバルネフェルトの捕縛と処刑(一六一九年)、同じく法律顧問ヨーハン・デ・ウィットの虐殺(一六七二年)を念頭に置いているのであろう。いずれも総督派が仕組んだクーデターであった。第八章第四四節への訳注32を参照。

第一〇章

〔1〕マキャヴェッリのこと。

〔2〕「一カ月ないし二カ月任期で」(in mensem unum, aut duos)。NSでは「一カ月、一年、あるいは二年任期で」(voor een maant, voor een jaar, of voor twee jaren)となっている。Mは、NSのこのような乱れはおそらくスピノザが草稿で「一カ月ないし二カ月」と書いたあと「一年」に訂正したために生じたのであろうと推測し、全軍の将軍の指揮権は一年(第八章第九節)、護法官会議議長は六カ月(第八章第二八節)とされていることからもかかる推測は妥当として、OPのこの箇所を「一年任期で」(in annum unum)と修正している。しかしここで言及されていると思われる共和政ローマの独裁官の任期は(実際の運用はともあれ)六カ月以内であったと伝えられる。それに独裁官権力は「いかに短期間であっても」危険であると強調するここの文脈を考慮するなら——たしかにNSの乱れは問題として残ってしまうが——もとのままに残すべきだと判断する。ちなみにGbはOPのまま。

〔3〕引用されているキケロの原典(*Epistulae ad Quintum fratrem*, III, 6[8], 4)でこのように「うわさ」(rumor)となっている所がOPとNSでは「傲慢」(tumor/opgeblazentheit)となっており、「独裁官の傲慢は善き人々にとって忌まわしいものだった」という意味になっている。しかし原典の当該箇所は明らかにカエサルの到来のうわさがもたらしている危惧と不安を主題としており、そこから引用するさいにスピノザが語を取り違えたとは考えにくい(スピノザはキケロの読者である)。むしろ、OPとNSの編者たちが引用原典を確かめずに——おそらくはrとtの筆跡のあいまいさから、そして「高慢な人間ほど栄職を……」というここでの文脈から——誤って活字に起こしたものであろう。GbはOPのテクストを保持しているが、本翻訳はMに倣って訂正して読む。

〔4〕「自然的人格」(persona naturalis)は一人の人間としての人格、「国家的人格」(persona civilis)は集団を代表する人為

的人格のこと。ホッブズの用語でもある。

〔5〕ローマの護民官(plebis tribunus)は貴族から平民を守るために任命された。マキャヴェッリ『ディスコルシ』第一巻第三章、第三巻第一章を参照。

〔6〕スキピオ・アフリカヌスは共和政ローマの軍人で英雄。政敵に狙われて収賄の告発を受けるが、護民官はスキピオの偉業のゆえにこれを取り下げさせた(紀元前一八五年)。ここでもスピノザはおそらくドゥ・ラ・クールの『国家論、あるいは政治的衡量』(第二部第六巻第三章)を参照している。

〔7〕マキャヴェッリ『ディスコルシ』第一巻第四八章を参照。

〔8〕ローマの護民官は平民議会(concilium plebis)を招集し、そこで任命を受けた。スピノザの貴族制は群集排除の原理に立っており、制度上のこうした平民の介入を極力避けている。

〔9〕クルティウス『アレクサンドロス大王伝』第六巻第六章にも同趣の記述がある。

〔10〕オウィディウス『愛の歌』(Publius Ovidius Naso, *Amores*)第三巻第四節からの引用。スピノザの蔵書目録にオウィディウス作品集が見られる。

第一一章

〔1〕第八章第一節を参照。

〔2〕女性の排除をめぐるこの第四節は今日の読者にとって小さからぬ躓きであろう。これはまた、研究者が(若干の例外を除いて)十分に扱うことができてこなかった箇所でもある。じっさい、MもPも問題に触れるような注解はなく、カーリーの英語訳、クリストフォリーニのイタリア語訳、畠中訳も訳注は素通りしている。だが現代の視点から性急に判断したり、あるいは逆に一七世紀という時代的制約を云々したりする前に、まずはテクストが何を言っているかを知る必要がある。

この節は前の第三節の結論を受けている。すなわち民主制とはいえ、統治にかかわる権利が認められるのはもっぱら自己の権利のもとにある市民に限られ、そうでない市民——他者の権利のもとにある市民——はそこから排除される。該当する者には奉公人、子ども、後見人のもとにある遺児と並んで「夫の力の内にある妻」が含まれるという結論である。もし彼らに最高会議での議決投票権を認めたなら彼らはみずからの主人、親、後見人、夫の意向に添う投票行為をとらざるをえず、結果として議決の公平性が損なわれる。詳述されていないが、これがおそらく排除の理由であろう。それにしても女性の場合、他者の権利のもとにあるということは奉公人や子どもの場合ほど自明ではない。そこでこの第四節の問いが出てくる。すなわち、それは「自然によって」(ex natura)なのか、それとも「制度によって」(ex instituto)なのか。

スピノザの答は「自然によって」である。もっとも、それは哲学的な根拠や、ましてや何らかの神学的なドグマから導かれる答ではない。ここで言われているとおり、答はもっぱら「経験そのもの」——『神学政治論』が言うところの「ヒストリア(歴史資料)」(Gb III, 98, 102-3, 118, 185)——から導出されるのである。すなわち、もし制度によってたまたまそうなっているだけなら権利の差異は偶然にすぎず、論理的には(1)男女が対等に治める統治、(2)男が女の権利のもとにある統治、(3)女が男の権利のもとにある統治、の三つが可能である。ところが知られている限りでのヒストリアにはなぜか(1)と(2)は該当がなく(3)のみがある。このような事実上の偏りを説明する原因は自然による「女性の弱さ」しかない。この弱さが(1)を困難にし、アマゾネスの例が示すように(2)を困難にし、(3)のみに事実上の存在の余地を与えてきたとすれば説明がつく(この論証は『知性改善論』第一九節に出てくる「四つの知得の様式」の三番目、すなわち「ある結果によって原因を推論する」必ずしも十全ではない結論、に相当すると思われる)。加えてスピノザは(1)を困難にしてきた要因として、男が「情欲に関係した感情」なしに女性を評価することができず、他の男を排して愛する女性を独占しようと努め、結果として議会の公正を保持することができなくなるという男の側のある種の弱さを挙げる。自然による「女性の弱さ」、女性を前にした男たちの感情統御における無能力が(1)と(2)の欠落を説明するのである。

女性に関するこうした主張は、政治論的な問いへのあくまで過去のヒストリアをもとにした答であり、それ以上でも以下でもない。じっさいこの種の主張は『政治論』の本節のみに現れ、スピノザの他の著作や書簡にはまったく出てこないことは注目に値する。国家のありうる諸制度と諸手段については「全部経験が提示してくれている」(第一章第三節)という本書の基本方針にスピノザはここでも従っているのである。なおこの節の解釈に関してはアレクサンドル・マトゥロンの論考(Alexandre Matheron, "Femmes et serviteurs dans la démocratie spinoziste", in *Études sur Spinoza et les philosophies de l'âge classique*, Lyon, ENS Éditions, 2011, pp. 287-304)が今なお重要であることを付け加えておく。

〔3〕　クルティウス『アレクサンドロス大王伝』第六巻第五章第二四—三二節に、アレクサンドロス大王がアマゾネス、すなわちアマゾン族と遭遇する話が出てくる。この著作はスピノザの蔵書のうちにあった(第六章の訳注3を参照)。ただ男児殺害云々の記述はない。おそらくスピノザは、これも蔵書中にあったホッブズ『市民論』の、次のような言及も目にしていたであろう。「かつてアマゾネスという女たちは敵に対して戦争を行い、子孫についても自分たちの好きなように決定したのであるし、またいまでもなお多くのところで女たちが最高命令権を握っていて、彼らの子どもたちについての決定は夫たちでなく彼女ら自身が行っている」(『市民論』第九章第三節)。ホッブズはアマゾネスを、子どもに対する元来の支配権は女性に属するという主張の例証として挙げている。彼によればそうした支配権の根拠は「母親は子どもを自分の意のままに、かつ正当な権利をもって、育てることもできるし捨てることもできる」ということに存する(同、第二節)。

解説

鈴木　泉

スピノザの初期著作の一つである『知性改善論』（正確には『知性の改善について、ならびに知性が事物の真の認識にもっとも良く導かれる道についての論考』*Tractatus de intellectus emendatione, et de via, qua optime in veram rerum cognitionem dirigitur*）には、執筆時期・著作の性格・未完（成）の理由等々をめぐって無数の問題がある。本解説では、現在の研究状況を踏まえて、できる限りバランスの取れた情報を提供した上で、補注において考察されるべき問題を整理したい。

執筆時期の問題

『知性改善論』は、スピノザの死後、『遺稿集』ラテン語版と『遺稿集』オランダ語版に収められた未完の著作である。ある時期まで、この著作は一六六〇年代の初めにレインスブルフにおいて執筆されたとされ、同じく初期著作である『短論文』の後に位置づけられてきた[1]。

「書簡六」（オルデンバーグ宛）には次のようにある。

> どのようにして事物は存在し始めたのか、またどんな結びつきで事物は第一原因に依拠しているのか、という貴

方の新たな質問に関してですが、その問題について、また知性の改善についても、まとまった小冊子(integrum opusculum)を起草し(composui)、私はいまその著述(descriptio)と推敲(emendatio)に忙殺されています。

この一文は、多様な解釈を許すが、この「まとまった小冊子」が『知性改善論』のみ、もしくは『知性改善論』と形而上学の主題を扱う何らかの著作との二部構成からなる著作、を指すと伝統的には解釈されてきた[2]。

このような伝統的にして標準的な解釈に対して、大胆な仕方で問題提起を行う研究者が一九八〇年代に出現する。イタリアの研究者フィリポ・ミニーニ(Filippo Mignini)である。彼の解釈によるなら、『短論文』と『知性改善論』の執筆時期は逆転されねばならず、「書簡六」における「知性の改善」という表現にもかかわらず、「まとまった小冊子」は『短論文』のみを指す。その論拠は以下の通りである。

「書簡六」の執筆時期に関してもいくつかの説があるが、ミニーニはこれを一六六一年一二月と推測した上で、descriptio と emendatio という二語に関する解釈(それぞれ「清書」と「手直し」)、composui(書き上げた)という完了過去の時制も含めた動詞の解釈を通して、「まとまった小冊子」の指すものは『短論文』以外にない、と解釈するのである。『エチカ』が書き始められたのが一六六二年以降であり、『知性改善論』が「清書」と「手直し」という最終段階に達していないとするなら「書き上げた」とは言えないからである。そして、この「まとまった小冊子」の「知性の改善」に関する箇所は、『知性改善論』ではなく、『短論文』の第二部を指すと結論づけた。さらに、ミニーニは『知性改善論』の執筆時期を一六五八―一六五九年、『短論文』のそれを一六六〇―一六六一年に位置づけた[3]。

スピノザ研究史における最大級の新説の提示の一つと言うことのできる、以上のミニーニ説が大きな衝撃をもって受けとめられたことは疑いがない。その影響は大きく、カーリーの英語訳、モロー編全集、ポートラ編全集の著作配列も、ミニーニの提案を受け入れている。ミニーニ説が定説となり、『知性改善論』に次いで『短論文』が執筆されたということが確立されたとまでは言えないにしても、マトゥロンが言うように、執筆順に関する伝統的にして（かつての）標準的な解釈が十分な根拠を有するものではないことは明らかにされた、というのが現状における妥当な評価であろう。[4]

そして、実際、ピエール＝フランソワ・モローがその浩瀚な博士論文を『知性改善論』冒頭の経験に関する議論から始め、『エチカ』第五部の名高い永遠の経験についての議論で締めくくったこともゆえなしとしない。自らの思索史を恐らくは背景にしながらスピノザ独自の方法の意義を説く『知性改善論』から読み始め、哲学的経験を論証によって解き明かす『エチカ』へと読み進めることは、哲学へのプロレゴメナから哲学へと至る、この方面におけるスピノザの思索を、思索史という探求の秩序においてとともに、自らの日常の生の経験から哲学的経験へと歩む事柄の秩序においても辿るために相応しい順序であるように思われるのである。

執筆の事情とテクスト

『知性改善論』執筆の発端に関しては、以上の通りである。それでは、その後、スピノザはこの著述をどのように展開し、そのテクストは私たちのもとにどのように届けられたのか。

実は、恐らくはスピノザの手許にもっとも長く残されてきた草稿であろう『知性改善論』だが、『エチカ』を代表とする他の著作とは対照的に、書簡においてその執筆や進展に関して言及されている箇所は思いのほか少ない。一六六六年六月一〇日付の「書簡三七」（バウメーステル宛）、そして一六七五年一月にチルンハウスからスピノザに宛てた「書簡五九」とその返信「書簡六〇」のみである。一六六六年の書簡は、真の方法をめぐって真の観念とその他の観念、すなわち仮構された観念、偽なる観念、疑わしい観念との区別の必要性を述べているが、ミニーニによるなら、このような説明そのものは『知性改善論』の内容を踏まえているが、『知性改善論』の草稿をバウメーステルがじかに読んでいないことを示している。[5] 他方、それから八年半後の書簡においては、前年のスピノザとチルンハウスとの面談を前提に、同じく方法が話題となり、『知性改善論』第九五節と九六節と同様の定義論が示され、また仮構された観念、偽なる観念、疑わしい観念等をめぐる方法については、「まだ秩序立てて書いたものはないので、他の機会に取っておく」とされている。この記述もまた、『知性改善論』の執筆やその進展についての情報を与えることはなく、ミニーニが解釈するように、少なくとも『知性改善論』の草稿が友人たちをも含めて人々に読まれていなかったことを示す。

それでは、『知性改善論』の遺稿は、どのようにして二つの遺稿集に収められることになったのであろうか。そして、ラテン語原典とオランダ語訳との間にはどのような関係があるのだろうか。大きな解釈を年代順に三つ紹介する。OPとNSとの間にはテクスト上の異同が多いが、ゲプハルトは、その異同について、最初の原稿がすぐにオランダ語に訳されたのに対し、その原稿に一五年ほどかけてスピノザが手を加え続けたものがOPのテクストであると想定した。[6] これに対し、アッカーマンは、一六七七年のスピノザの死に至るまで、自筆原稿しか残されておらず、死後初めて、『遺稿集』出版のためのラテン語の推敲とオランダ語への翻訳がなされたとする。ラテン語の推敲に力が大きかったのはメイヤー、オランダ語への訳者はフラーズマーカーとされ、フラーズマーカーのオランダ語訳にあたっては、メイヤーによって整えられたOPのための原稿のみならず、スピノザ自身の原稿（またはその写し）が用いられ、この点がOPとNSとの異同を生んだとされる。[7] ついで、ミニーニは、スピノザの生前には自筆原稿は一つしかなかったとする点においてはアッカーマンと共通するものの、NSがOPのラテン語から訳されたのではなく、OPとNSが別個に、恐らくはスピノザの自筆原稿をもとに成立したとする。そして、OPはラテン語の校閲者の手が入り、フラーズマーカーによって訳されたNSには（恐らくは）編者イェレスの手も加わったことが、両者の異同の主たる理由だとしている。その根拠として、ミニーニは、遺稿がアムステルダムの印刷出版業者ヤン・リューウェルツの許に送られてから印刷に回すまでの編集期間がわずか四カ月ほどであること、OPとNSに共通の文献学上の誤りの存在、さらに、OPとNSにおける『知性改善論』の原注の異同の存在をあげている。こうして、ミニーニによるなら、OPとNSとはスピノザの自筆原稿に対して独立した関係を有することになる[8]。

さらに、『知性改善論』においては、原注の扱いというやっかいな問題がある。OPの場合、原注は三つの系列からなるアルファベットで示され、第一系列においてはaからzのうちiと同字として用いられるj、uと同字として用いられるv、字母のないwの三つは飛ばされて全部で二三、第二系列はa、b、zの三つ、第三系列はcが飛ばされてaからgまでの六つの計三二からなる、というかなり複雑な構成になっている（NSでは別の記号を用いており、本文そのものに組み込まれているものもあるので計三二）。このことに関して、ミニーニはスピノザの自筆原稿の未完成状態やOPとNSの原稿作成の独自な進行などに理由を見ている。これに対し、近年、秋保はアルファベットの使用に関して興味深い提案を行った[9]。

以上に関して、本翻訳では、本全集の基本的方針を踏襲すると共に、『知性改善論』がまずは何よりもラテン語で記されたことも重視し、基本的にOPに依拠しつつ、OPとNSに大きな違いがある場合には、文法上と内容上の整合性と正当性を独自に判断し、その旨を訳注において断った。

全体の構成

『知性改善論』には章立てや節番号はついていない。研究者の間で用いられる節番号は、一九世紀前半に出版された全集の編者ブルーダーが与えたものであり、また、たとえば岩波文庫の畠中尚志訳が付している小見出しもブルーダーによって与えられたものである。段落の変更はあるが、文章はいわばベタで続いているのである。したがって、『知性改善論』の参照箇所の指示には、ブルーダーによって与えられた節番号は有用であるため、本翻訳でもその節番号を利用するが、それはあくまでも便宜的なものであると理解すべきである。しかし、それほど長いテクストとは言えないにしても、何らかの目印なしに読み通すことは困難だろう。そこで、『知性改善論』全体の最低限の構成をスピノザ自身の言葉でもって概観し、全体の見取り図を得ることとしよう。

『知性改善論』は、一見してそう思われるよりも、きわめてよく考え抜かれた構成になっており、また、その用語法は一貫している。その用語法に注目しながら、あらかじめ大枠の構成を掲げることにしたい。すなわち、『知性改善論』は大きく二つの部分に分けられ、前半が課題を提示し、後半がその課題に至るための方法を提示する[10]。さらに前半は三つの部分から構成され、目的・手段・道をそれぞれ論じる。後半は二つの部分から構成され、それぞれ方法の第一部、方法の第二部を形成する。ルゥセのきわめて説得的な注解を参考にしながら、そのミニマムな構成を表にするなら、それは次の通りである。

前半：課題
　第一部：目的（第一節から第一七節）
　第二部：手段（第一八節から第二九節）
　第三部：道（第三〇節から第四八節）
蝶番：一般的な計画（第四九節）
後半：方法
　第一部：真の観念（第五〇節から第九〇節）
　第二部：定義と導出（規則と秩序）（第九一節から第一一〇節）
　　第一段階：定義と規則（第九一節から第九八節）

第二段階：導出と秩序（第九九節から第一一〇節）

以上の構成は、蝶番となる第四九節において、これ以上にないほどに明晰に要約されている。すなわち、

> 私たちの主題を捉え返そう。これまで私たちは第一に、私たちの思惟のすべてをそこへと導くのを努める目的(finis)を持った。私たちは第二に、自らの完全性に達し得るのに役立つ最良の知得がどのようなものであるかということを認識した。私たちは第三に、精神が、よく始めるために辿らなければならない第一の道がどんなものであるか、ということを認識した。それは、与えられた何らかの真の観念の規範に従い、一定の諸法則によって探求を続けていく、ということである。これが正しくなされるためには、この方法は次のことを果たさなければならない。第一に、真の観念を残りの知得すべてから区別し、精神を残りの知得すべてから遠ざける(cohibere)ことである。第二に、未知の事物がそのような規範に従って知得されるための規則(regula)を与えることである。第三に、もろもろの無益な事柄によって疲弊しないように秩序(ordo)を構成することである。この方法を認識した後で、私たちは第四に、私たちがこの上なく完全な存在者の観念を有したときに、この方法がこの上なく完全になるであろうこと(futuram)を見た(vidimus)。だから、できるだけ早くこうした存在者の認識に到達することが、初めに最大限守られねばならないことになろう。（第四九節、強調引用者。以下同）

読者は、まずもってこのスピノザ自身による『知性改善論』全体に関する見取り図をいつも念頭におきながら、自らがどこにいるかを確認することが望まれよう。

前半第一部は、日常の生の経験を反芻することから始めて、課題を提示する。その第一部「目的」は、うつろいや

すい生における善の経験を記述しながら、実存的と呼ばれることもあるような決断を経て、最高善の獲得・精神と自然全体の合一の認識が目的として語り出される。デカルトの『方法叙説』冒頭の議論との近さと遠さを深く示す印象的な導入である。背景に、父の死と貿易商の仕事の不首尾、さらにはユダヤ教会からの破門を見ないわけにはいかないが、生の経験と「不断にして最高の喜びを永遠に享受するような或るもの」の存在の探求という営みの緊密な結び付きという『エチカ』に通底するスピノザの思考の通奏低音がはっきりと示されている点においても印象的である。

前半第二部「手段」は、その目的に達するための手段としての知性の改善に関して、私たちの認識様式の吟味が行われ、最良の認識様式が示される。そして、前半第三部「道」は、最高善の獲得という目的に達するための手段としての知性の改善を始めるための道が、真の観念の内在的な規範からの出発と辿るべき法則による探求として示される。「道」(via)と「方法」(methodus)との関係を正確に理解することは、両者が並置されることもあるので(たとえば、第三〇節)テクスト的にも難しいし、また、methodusという語がmeta(に沿って)+hodos(道)から構成されているという本来的な意味に戻って考えた場合も難しいが、差し当たりは、一般的に提示された歩むべき「道」に対し、その歩みの具体的なありようが、蝶番を折り返しとする後半(第五〇節以降)において「方法」として提示されていると緩やかに理解しておこう。さて、そのような方法の内容に関しては、ほぼ同じ事柄がすでに語られていた。

> むしろ方法は、真の観念を他の諸知得から区別しその本性を探究することによって、真の観念がいかなるものであるかを知解することなのである。そうすることで私たちは自らの知解する力能を知るようになるとともに、精神に助け(auxilia)として確実な諸規則を与え、無益なもので疲弊させないようにしながら、精神が知解されるべきすべてのことをかの〔真の観念という〕規範にしたがって知解するように制御する(cohibere)のである。(第三七節)

方法の第一部に関しては、主にデカルトの術語を用いながら、真の観念を仮構された観念、偽なる観念、疑わしい観念との区別において解明しようとするものだから、比較的分かりやすい。それでは、方法の第二部を構成する二つの議論はそれぞれどのようなものか、第二部の要約的な部分を見ることにしよう。

私は、初めにこの方法における私たちの目標(scopus)を提示し、次いでこれに達するための手段を提示することにしよう。それで、私たちの目標は、明晰判明な観念、すなわち、身体の行きあたりばったりの運動からではなく、純粋な精神から作られた観念を持つことである。次いで、私たちは、すべての観念を一つの観念に還元するため、それらを連結して秩序づけ(ordinare)、私たちの精神ができる限り自然の形相性をその全体に関してもその部分に関しても対象的に再現するように、努めるであろう。(第九一節)

前半部分が、方法の第二部第一段階の内容を、後半部分が、方法の第二部第二段階の内容を告げている。以上の内容は、この少し先において次のように言い換えられる。

発見のための正しい道は、ある与えられた定義からもろもろの思惟を形成することである。これは、ある事物をよりよく定義すればするほどそれだけ首尾よく、そしてそれだけ容易に進む。それゆえに、方法のこの第二部全体の枢要は、次のこと、すなわち、よい定義の条件を認識し、次いで、その条件を発見する仕方に存する。(第九四節)

明晰判明な観念がよい定義であることの条件がどのようなものであるかということの探求が、方法の第二部第一段階の課題であり、その条件を実質的に発見する仕方の探求が、方法の第二部第二段階の課題である。

そこで、以下第九八節までは、よい定義の条件が、被造物ないしは様態と創造者ないしは実体の二つの場合に分けて論じられる（前者の場合には、いわゆる発生的定義が論じられることになる）。

これに対し、第九九節以下においては、直前の数節において捉えられたよい定義の条件を満たす定義をどのようにして発見していくのかということが論じられることになる。

以上は『知性改善論』のテクストに即した形式的な纏めに過ぎない。議論を補いながらその概略を説明し直せば、それは次のような三つの方法となるだろう。

一 （反）方法としての反照的認識：方法が、探求に先立ってあらかじめ手に入れられねばならないものであるとするなら、方法による探求も方法そのものの探求も決して着手されることはない。私たちは、常にすでに真の観念を有しているのであり、それが真であることを知っている。すでに手にしている真の観念が真であることを浮かび上がらせる方法が反照的認識と呼ばれる。そして、このすでに手にしている真の観念が規範と呼ばれ、それが規範である限りで、この規範としての真の観念の反照的認識、あるいは再帰的認識によって知解することによって、他の様々な知得から区別することができる。方法の第一部はその区別の作業であり、それと共に、そのような真の観念を有する知性とその力の（想像との区別による）提示である。規範としての真の観念とそれを形成することのできる知性とその力とを純化して取り出す作業である。この方法は、私たちの外や私たちを超えるところにではなく、すでに自らに内在している限りでの規範を見出すものである限りで、内在的方法と言い換えることができよう（この方法が、いかなる方法との対抗関係にあるか、ということは別に論じられるべき主題である）[11]。

しかしながら以上は、真の観念という規範、およびそれを形成する知性とその力の特性に関する提示に過ぎなかった。これだけでは、規範としての真の観念に従って知性がどのように導かれ、思惟を形成していけばいいのか、というその制御の仕方を明らかにしていない。そこで二つの課題が立てられる。まず、規範としての真の観念を提示するだけではなく、その内的徴表を明らかにすることによって、知性自らが自らを統御するその規則を立てることである。そこで、

二　定義の諸規則：一連の定義論を通して、本質ないしは近接原因による認識のみが知性の運動の正しい道であることを示す。

だが、これだけでは、思惟が全体としてどのように導かれるべきであるのか、というその秩序が明らかではない。もろもろの観念は、それ自体で見るならば、すなわち「事物のそうした概念ないし定義は、他の事物との結びつきなしにその事物だけを見てそのすべての特性がそこから結論できることが要求される」（第九六節）のである以上は、それらの事物の全体からなる自然の認識を導くために、どのような秩序が取られねばならないのか、ということが論じられねばならない。そもそも、「精神が自然全体と有する合一の認識」（第一三節）こそが目的であるのだから、諸事物の全体性に関する認識を可能にする秩序が示されなければならないのである。これを欠くときに、知性は言わば思考の方位を失うために、「もろもろの無益な事柄によって疲弊」（第四九節）してしまうことになる。こうして、方法の第二部第二段階が要請されるのである。

三　導出と秩序：「確固にして永遠なる事物の系列」の議論は、以上の議論の文脈において提示される。

以上が、『知性改善論』の全体の見取り図である。

解釈上の問題

しかしながら、『知性改善論』に関しては、執筆の時期以外に無数の事柄が解明されるべきものとして残っているというのが実状である。少なくとも三つの系列の、それも互いに関係し合う問題を挙げることができる。いずれに関しても確立された定説はないし、また、一見すると定説と思われるものも、根拠は薄弱であると言わざるをえない。その限りで、この書物は今後の読解に開かれている。それらを確認することにしよう。

まず、未完(成)の理由である。「読者に告ぐ」において明確に述べられているように、スピノザはこの書の完成を望んでいたが、完成させることはできなかった。したがって、未完成であることは事実である。しかし、その理由は何か。「ついには死に連れ去られることによって、望んでいた終結へともたらすことができなかった」と述べられているが、時間が許せば完成は可能だったのか、それとも完成を困難にする理論的な難点がそこには含まれているのか[12]。

第二に、『エチカ』との関係である。『知性改善論』は本文と注において、「私の哲学」(mea Philosophia)への参照を求めている。そして、その「私の哲学」とは『エチカ』を指すと考えられることが多い。そこで、『知性改善論』はしばしば「私の哲学」=『エチカ』への導入と解釈される。ここまでは一般に認められることだろう。しかし、仮にミニーニらの解釈を採用するとして、一六五〇年代に書き始められた『知性改善論』と一六六二年に書き始められて一六七五年に完成した『エチカ』とはどのように関係するのだろうか。別の言葉で言えば、「私の哲学」=『エチカ』への導入としての『知性改善論』の書かれざる結論は、私たちを『エチカ』の冒頭に連れて行くのだろうか、あるいはそれとは別のところに連れて行くのだろうか。そして、このことは未完(成)の理由と関わりはあるのだろうか。

第三に、『知性改善論』に固有な難解箇所の読解の問題である。たとえば、「確固にして永遠なる事物の系列」(series rerum fixarum et aeternarum)という表現はさまざまな解釈を許容し、また、その内容は『エチカ』を代表とする他の著作における関係諸概念との解明を必要とする。そこにあるのは、展開だろうか、それとも『知性改善論』の孕む問題性を解消するように飛躍と断絶とを含む、つまりは『知性改善論』の理論的難点を示すものだろうか(13)。

これに、哲学史的・思想史的場面における影響や連続／断絶性の測定という問題が加わる。セネカの影響が強いこと、ベーコンやデカルトの思索の影響とそこからの離脱が見られるのは事実だが、たとえば、デカルトの『精神指導の規則』をスピノザが読んだのか(14)、という事実問題から始まって、その初版を所有していた『ポール・ロワイヤル論理学』（初版一六六二年）との関係といった解釈問題に至るまで、これらに関しても決着はついていない。

こうして、『知性改善論』の内容に関しては、肝心のことが開かれた問いに留まっている。まさに、本巻所収の三つの作品の末尾に共通する「以下を欠く」という言葉は、『遺稿集』の編者が導入したものと推測されるものの、その意味を単に時間的な意味に由来する欠如として理解するわけにはいかないのであり、その欠如の理由を考えることは、この著作それ自体の意味と他の著作、とりわけ『エチカ』との関係を再考することを要請する。

そこで、一つの試みとして、訳注の範囲内では展開できなかった、方法の第二部第二段階に対する補注を、以下、追加して議論を散種することにしたい。

*

本翻訳の作成にあたっては、畠中尚志訳の他、とりわけても佐藤一郎訳に関しては、イタリア語の文献やNSとの異同に関してなど、裨益されるところが大きかった。また、二〇二三年末に刊行された秋保亘訳にも、原注の扱いや訳語の選択など、学ぶところが多かった。記して感謝したい。

注

（1）　たとえば、入門書であるがゆえにその当時のスタンダードな解釈を提示していると評価することができる工藤喜作の『スピノザ』（清水書院、一九八〇年、九八―一〇二頁）がその典型である。

（2）諸家の解釈に関して、詳しくは、スピノザ『知性改善論／神、人間とそのさいわいについての短論文』（佐藤一郎訳、みすず書房、二〇一八年、四六九―四七五頁）を参照。

（3）ミニーニの議論に関して、ミニーニによるMの序文を参照。また、詳しくは前掲訳書、四七五―四七七頁を参照。さらに、プロイエッティは、スピノザが受けたファン・デン・エンデンの私塾におけるラテン語学習、とりわけテレンティウスの作品の影響といった人文学的・文献学的研究から、『知性改善論』の執筆時期をさらに遡らせて一六五六年七月二七日と一〇月の間に位置づけた。一六五六年七月二七日は、スピノザがユダヤ教会から破門された日付である。これに関しても同書、四七七―四七八頁を参照。本全集第Ⅴ巻解説二〇一―二〇四頁も参照。

（4）Cf. Alexandre Matheron, « Note sur les travaux de Filippo Mignini », *Bulletin de l'Association des amis de Spinoza*, 10, 1983.

（5）Cf. M, 32.

（6）Cf. Gb II, 319.

（7）F. Akkerman, « La latinité de Spinoza et l'authenticité du texte du *Tractatus de intellectus emendatione* », *Revue des sciences philosophiques et théologiques*, 71-1, 1987, pp. 26-27.

（8）以上は、ミニーニによるMの序文を参照。

（9）スピノザ『知性改善論』秋保亘訳、講談社学術文庫、講談社、二〇二三年、六七頁、一一七―一一八頁を参照。

（10）以下は、ルッセの注解書Rに負うところが多い。

（11）この点に関して、方法・メトドスをめぐる透徹した論考である次のものを出発点にすることが望ましいと考える。加藤信朗「ホドスとメトドス――哲学の道について」『哲学の道――初期哲学論集』創文社、一九九七年、所収。

（12）後者の代表的な解釈は、「定義論の挫折」を語る次のものである。清水禮子『破門の哲学』みすず書房、一九七八年、二〇一頁以下、を参照。

（13）この点に関しては、解釈に踏み込むので、補注において簡単に論じる。

（14）Cf. J. D. Sánchez Estop, « Spinoza, lecteur des *Regulae*. Notes sur le cartésianisme du jeune Spinoza », *Revue des sciences philosophiques et théologiques*, 71-1, 1987.

補注　方法の第二部第二段階と「確固にして永遠なる事物の系列」

『知性改善論』末尾を飾る方法の第二部第二段階の議論は、次のような構成になっている。

導出の秩序と基礎（第九九―一〇五節）
　「確固にして永遠なる事物の系列」とその法則（第九九―一〇一節）
　附録：経験の問題（第一〇二―一〇三節）
　演繹の基礎（第一〇四―一〇五節）
知性の力と力能（第一〇六―一一〇節）
　知性の問い（第一〇六節）
　その定義の問題（第一〇七節）
　知性の諸特性の吟味（第一〇八節）
　所見：思惟の他の事象（第一〇九節）
　知性の定義への立ち戻り（第一一〇節）

まず、「確固にして永遠なる事物の系列」が問題とされる箇所（第九九―一〇一節）の要点を確認しよう。

一　議論の出発点は、知得ないしは観念の秩序づけ、あるいは統一という点にある。観念の秩序づけを可能にするためには、原因の系列に従って歩みを進めることが求められている。

二　この原因の系列が「確固にして永遠なる事物の系列」と言い換えられていること。

三　「確固にして永遠なる事物の系列」は「変化する個物の系列」とは区別されているが、それでもそれらの諸事物が「個物である」と言われていること。

四　「確固にして永遠なる事物の系列」によって、事物の内奥の本質が求められている、とは言われるが、本質そのものとは同一視できないこと。

五　「確固にして永遠なる事物の系列」には「あたかもその真の法典におけるように」「法則」が「刻み込まれている」と銘記されていること。

これに対し、やや問題的ではあるが注意すべきことは以下の通りである。

a　この一連の議論の冒頭において、もろもろの観念を秩序づけることを可能にするために、「できる限り早く、しかも理性の要請に従いながら、すべての事物の原因となる何らかの存在者(quoddam ens)がはたして存在するのか、と同時に、存在するとすればそれはどのようなものかと探究するように求められ、さらにその存在者の対象的本質が私たちの持つすべての観念の原因となるように求められる。そうなれば私たちの精神は、すでに述べたように自然を最大限に再現するであろう」と述べられているが、存在者がensと単数形で語られるのは(この一連の議論においては)ここだけであること。

b　この存在者の探求は、すでに同じような表現において示唆されているが(第三八節、第四九節参照)、第四九節が未来形において示しているように、これは要請であり、少なくとも『知性改善論』そのものの目的ではないように思われること(言い換えると、それへの導入ではあるということ)。

以上を確認した上で、「確固にして永遠なる事物の系列」をめぐる一連の議論が、その後の議論とどのように関係するのか見ることにしたい。

次の二つの節は、「確固にして永遠なる事物の系列」の認識から変化する個物の認識への下降の困難を述べ、変化する個物の認識を可能にする助けとして実験の重要性と感官の本性の認識の必要性を説く。この二つの節は、挿入の節であり、その議論の場をいったん提示したに過ぎない。スピノザその人は、そこに原理的な困難を見ているわけではないのであって、それは『知性改善論』の主題ではない、ということに過ぎない。

むしろ問題となるのは、方法の第二部第二段階の蝶番となる次の二節、およびその後の一連の知性の諸特性の吟味を行う議論との関係である。「定義論の挫折」(清水禮子)とも論難される箇所の発端である。その箇所を引用しよう。

〔一〇三〕……ここでは、主題に立ち戻って、ただ、永遠なる事物の認識に達することができるために、また、すでに与えた条件によってそれらの事物の定義を形成するのに必要であると思われることのみを述べることに努めよう。／〔一〇四〕このことのためには、私たちが上で述べたこと、つまりは、精神がある思惟に注意して、その思惟を検討し、正当に導き出されるべきものをよき秩序から導き出す際、もしその思惟が偽であったなら、精神は虚偽を見抜くであろうが、その反対に、もし真であったなら、いかなる中断もなしに首尾よくそれから真なる事物を導き続けることになるだろう、ということを記憶に呼び戻さなければならない。そして、私は言うが、このことは、私たちの案件に求められるのである。なぜなら、いかなる基礎(fundamentum)からも、私たちの思惟が終結させられることはあり得ないからである。〔一〇五〕したがって、もし私たちが万物の中の第一の事物を探究しようとするなら、私たちの思惟をそこへと向かわせるある基礎の与えられることが必要である。次いで、方法は反照的認識それ自体であるから、私たちの思惟を方向づけなければならないこの基礎は、真理の形相を構成するものの認識、および知性とその諸特性と諸力との認識以外ではあり得ない。というのも、この認識が獲得されれば、私たちは自らの思惟を導き出す基礎を有することになり、そして、知性がその能力に応じて永遠なる事物の認識に到達し得る道を——もちろん知性の力を考慮に入れてだが——有することになるだろう。(強調引用者。以下同)

一見して明らかな通り、議論の転換はあるが、断絶はない。まさしく、「主題に立ち戻って」、「確固にして永遠なる事物の系列」に関する議論が展開されるのである。だが、ここにおいて議論のどのような転換がなされているのだろうか。

第一〇三節までの議論において、諸観念の導出にあたって、「確固にして永遠なる事物の系列」によらなければならないことはすでに明らかにされた。そして、その先に、何らかの存在者の認識が要請されていることも示唆されている。だが、以上の議論は、未だ余りに形式的である。そのような「確固にして永遠なる事物」の認識がいかにして可能であるか、ということは論じられていない。よい定義の条件とその条件が発見されるための方向は定まったと言えるが、それがどこからどのようにして発見されるのか、ということは明らかになっていない。

しかし、「確固にして永遠なる事物」の認識を可能にし、それを発見するための新たな条件が必要とされるわけではない。「すでに与えた条件」に従って、事物の定義を形成すればよい。すなわち、「私たちが上で述べたこと」を「記憶に呼び戻して」定義を形成すればよい。何が呼び戻されねばならないのか。方法の第一部において(第五九—六一節)、「精神がある思惟に注意して、その思惟を検討し、正当に導き出されるべきものをよき秩序から導き出す際、もしその思惟が偽であったなら、精神は虚偽を見抜くであろうが、その反対に、もし真であったなら、いかなる中断もなしに首尾よくそれから真なる事物を導き続けることになるだろう」ということはすでに明らかにされていた。精神が己の思惟に注目する際、真なる事物は、それ自体で事物の導出において顕現し、真なる事物を導き続けることを可能にする。まさしくこれは、事物の系列の導出という「私たちの案件に求められる」ことである。

しかも、事物の系列の導出に関しては、「私たちにとりわけ必要なのは、可能な限り原因の系列に従って一つの事象的存在者から他の事象的存在者へと歩みを進め、私たちのすべての観念を物理的事物ないし事象的存在者から導出すること、しかも抽象的で普遍的なものに移行しないで、すなわち抽象的で普遍的なものから事象的な或るものを結論したり、事象的な或るものから抽象的で普遍的な或るものを結論したりせずに、導出を行うことである。なぜならこうしたことはいずれも知性の真の進行を中断するのだから」(第九九節)と言われていた。精神が己の思惟に注目する際の真なる事物の顕現は、まさしくこの知性の真の進行を可能にしている。基礎というものは、知性における思惟の進行を停止させるものではないからである[1]。

それでは、そこから知性の進行の始まる支えとしての基礎はどこに求められるべきなのか。答えはすでに与えられている。方法の第一部がすでに示していたように(=反照的認識)、真理の形相を構成するもの、知性そのものに他ならない。知性そのものを、そしてその諸特性と諸力とを認識することによって、永遠なる事物の認識に到達し得る道を獲得することができるのである。こうして、方法は第二部末尾に至って、方法の第一部へと回帰することによって幸福な円環を迎える。後は、その道を実地に辿ることである。

だが、スピノザはここでも『知性改善論』の意図に忠実である。知性の定義を与えることはこれまでのところではできない。しかし、「知性の諸特性は、知性から私たちが有するところのすべてと同様、それらの本性が認識されなければ明晰判明に知得することができないのであるから、ゆえに、知性の定義は、もし私たちが明晰判明に知解する知性の諸特性に注意するなら、自ずから識られるであろう」(第一〇七節)から、まずは、知性の諸特性を明晰に知解して、それを列挙すればよい。列挙したものから、実際にその本性を認識するのは、哲学の仕事である。だから、『知性改善論』はその列挙と列挙された諸特性に関する所見を述べ、最後に「思惟の本質は先ほど検討した積極的な諸特性から求められねばならず、換言すれば、これらの諸特性がそこから必然的に帰結し、言うなら、それが与えられるとそれらの諸特性も与えられ、それが取り除かれるとそれらすべてが取り除かれる、共通の或るものが立てられなければならない」(第一一〇節)と述べて中断する。中断するが、それは知性の本質を探求する哲学の仕事に引き継ぐための中断である。

以上は議論のとば口である。『知性改善論』は未完成ではあるが、未完ではない、と解説者は考える。『知性改善論』はその完結した役目を果たし、哲学に引き継がれる。だが、実際に結実した哲学に他ならない『エチカ』との隔たりは大きい。『知性改善論』内部における議論の他に、最低限次のことが問いとして残される。

i　「確固にして永遠なる事物の系列」と『エチカ』

「確固にして永遠なる事物の系列」は、『エチカ』においてどのように実質的に機能しているのか。直接無限様態か、ドゥルーズが力説するように[2]それは共通概念の予感であるのか、等々。

ii　未完(成)の理由と『エチカ』

『知性改善論』がそれなりに完結した書物である、ということと、それが完成しなかったということは別の問題である。「読者に告ぐ」が言うように、「著者は、これを整え完成させようとつねに心にかけていた。けれども、他の仕事によって妨げられ、そしてついには死に連れ去られることによって、望んでいた終結へともたらすことができなかった」に過ぎないのか、つまりは、時間が残されていたならば、完成したのか。そして、もし完成した場合、『知性改善論』は『エチカ』の冒頭に連れて行くのだろうか。いや、それはむしろ、『エチカ』第二部の冒頭に連れて行き、そこから第一部へと遡行する、という方向性なのではないか。あるいは、マトゥロンが鮮やかに論証しているように[3]、観念の形相的事象性と対象的事象性との並行論を認めることのないデカルト主義者を説得する手段として効力を有さないという判断から、再び著作が書き始められねばならなかったのか(しかし、ならばなぜ、『知性改善論』はスピノザ・サークルの友人たちの間においてさえ、その写本が回覧された痕跡がないのだろうか)、等々。

「以下を欠く」の意味は、改めて考え直さねばならない。

注

(1)　この問題含みの箇所――「スピノザのテクストの文献学的な歴史においてもっとも有名であり、スピノザ主義の解釈の歴史においてもっとも議論されたものの一つである」(R, 405)――の解釈について、テクストを『遺稿集』通りに読む点に関しては、Jean-Luc Marion (« Le fondement de la *cogitatio* selon le *De intellectus emendatione*. Essai d'une lecture des §§ 104–105 », *Les études philosophiques*, 3, 1972)に、その全般的な解釈に関しては、R, 405–408に倣う。

(2)　Cf. Gilles Deleuze, *Spinoza, Philosophie pratique*, Paris, Minuit, 1981, p. 162.

(3)　Alexandre Matheron, « Pourquoi le *Tractatus de intellectus emendatione* est-il resté inachevé? », in *Études sur Spinoza et les philosophies de l'âge classique*, Paris, ENS Éditions, 2011.

文献一覧

『知性改善論』のテクストソース

B.d.S. Opera posthuma, quorum series post praefationem exhibetur, [Amsterdam], [Rieuwertsz], 1677, pp. 355–392.（『遺稿集』ラテン語版[OP]）

De nagelate schriften van B.d.S., als Zedekunst, Staatkunde, Verbetering van 't verstant, Brieven en antwoorden, uit verscheide talen in de Nederlandsche gebragt, [Amsterdam], [Rieuwertsz], 1677, pp. 405–446.（『遺稿集』オランダ語版[NS]）

『知性改善論』の校訂版(主要なものを年代順に)

Benedicti de Spinoza Opera quae supersunt omnia, ed. Karl Hermann Bruder, 3 vols., Leipzig, 1843–1846.（ブルーダー版全集[Br]第二巻に所収）

Benedicti de Spinoza Opera quotquot reperta sunt, ed. J. van Vloten & J. P. N. Land, 2 vols., La Haye, Nijhoff, 1882–1883.（フローテン&ラント版全集[VL]第1巻に所収）

Spinoza Opera, im Auftrag der Heidelberger Akademie der Wissenschaften herausgegeben von Carl Gebhardt, 4 Bde., Heidelberg, Carl Winter, 1925/1972.（ゲプハルト版全集[Gb]第二巻に所収）

Spinoza, *Traité de la réforme de l'entendement*, Introduction, texte, traduction et commentaire, par Bernard Rousset, Paris, Vrin, 1992.（ルゥセ版『知性改善論』対訳[R]）

Spinoza Œuvres, édition publiée sous la direction de Pierre-François Moreau: *Œuvres I—Premiers écrits*, Paris, Presses Universitaires de France, 2009.（モロー編スピノザ全集[M]第1巻に所収。ミニーニによる校訂）

『知性改善論』の翻訳(主要なものを年代順に)

Traité de la réforme de l'entendement et de la meilleure voie à suivre pour à la vraie connaissance des choses, texte, traduction et notes par A. Koyré, Paris, Vrin, 1937.（コイレによるフランス語訳）

Traité de la réforme de l'entendement, traduction et notes par Charles Appuhn, in *Œuvres de Spinoza*, vol. 1, Paris, Garnier-Frères, 1907; rééd. Paris, Garnier-Flammarion, 1964.（アッピューンによるフランス語訳。新版はGbを参照）

“Treatise on the Emendation of the Intellect”, in *The Collected Works of Spinoza*, vol. 1, edited and translated by Edwin Curley, Princeton, New Jersey, Princeton University Press, 1985.（カーリーによる英語訳）

Spinoza, *Traité de la réforme de l'entendement*, préface, traduction et commentaires de André Scala, Paris, Presses Pocket, 1990.（スカラによるフランス語訳）

Baruch de Spinoza, *Abhandlung über die Verbesserung des Verstandes*, Neu übersetzt, herausgegeben, mit Einleitung und Anmerkungen versehen von Wolfgang Bartuschat, Lateinisch-Deutsch, Hamburg, Felix Meiner Verlag, 1993/2003.（バルトゥシャットによるドイツ語対訳）

Spinoza, *Traité de l'amendement de l'intellect*, traduit du latin par Bernard Pautrat, Paris, Éditions Allia, 1999; révisée et reprise in *Spinoza. Œuvres complètes*, édition publiée sous la direction de Bernard Pautrat, Paris, Gallimard, 2022.（ポートラ編スピノザ全集［P］に所収。ポートラによるフランス語訳）

Spinoza, *Traité de la réforme de l'entendement*, présentation et traduction par, André Lécrivain, Paris, Éditions Flammarion, 2003.（レクリヴァンによるフランス語訳）

Spinoza, Opere, a cura e con un saggio introduttivo di Filippo Mignini, traduzioni e note di Filippo Mignini e Omero Proietti, Milano, Arnoldo Mondadori Editore, 2007.（ミニーニによるイタリア語訳）

Spinoza. Œuvres, édition publiée sous la direction de Pierre-François Moreau: *Œuvre I — Premiers écrits*, Paris, Presses Universitaires de France, 2009.［*Tractatus de intellectus emendatione / Traité de la réforme de l'entendement*, texte établi par Filippo Mignini et traduction par Michelle Beyssade］.（Mに所収のベサードによるフランス語訳）

スピノザ『知性改善論』（『世界の大思想 第九巻 スピノザ』）河出書房新社、一九六六年（森啓による邦訳。Gbに依拠）

スピノザ『知性改善論〔改訳〕』岩波文庫、岩波書店、一九六八年（畠中尚志による邦訳。Gbに依拠）

スピノザ『知性改善論／神、人間とそのさいわいについての短論文』みすず書房、二〇一八年（佐藤一郎による邦訳。OPに依拠）

スピノザ『知性改善論』講談社学術文庫、講談社、二〇二三年（秋保亘による邦訳。OPに依拠）

『知性改善論』の注釈・研究（主要なもの）

Akkerman, Fokke, « La latinité de Spinoza et l'authenticité du texte du *Tractatus de intellectus emendatione* », *Revue des sciences philosophiques et théologiques*, 71-1, 1987, pp. 23–29.

Auffret-Ferzli, Séverine, « L'hypothèse d'une rédaction échelonnée du *Tractatus de intellectus emendatione* de Spinoza », *Studia Spinozana*, 8, 1992, pp. 281–294.

Boss, Gilbert, « Méthode et doctrine dans le *Traité de la réforme de l'entendement* », *Studia Spinozana*, 2, 1986, pp. 93–108.

Canone, Eugenio et Pino Totaro, « Index locorum du *Tractatus de intellectus emendatione* », in *Spinoza to the Letter: Studies in Words, Texts and Books*, eds. Fokke Akkerman and Piet Steenbakkers, Leiden, Brill, 2005, pp. 69–106.

Darbon, André, *Études spinozistes*, Paris, Presses Universitaires de France, 1946.

Deleuze, Gilles, *Spinoza et le problème de l'expression*, Paris, Minuit, 1968.

Deleuze, Gilles, *Spinoza, Philosophie pratique*, Paris, Minuit, 1981.

Dijn, Herman De, "Spinoza's Logic or Art of Perfect Thinking", *Studia Spinozana*, 2, 1986, pp. 15–25.

Dijn, Herman De, "Conceptions of Philosophical Method in Spinoza: Logica and mos geometricus", *The Review of Metaphysics*, 40-1, issue no. 157, 1986, pp. 55–78.

Dijn, Herman De, *Spinoza. The Way to Wisdom*, West Lafayette, Indiana, Purdue University Press, 1996.

Garrett, Aaron V., *Meaning in Spinoza's Method*, Cambridge, Cambridge University Press, 2003.

Guéroult, Martial, *Spinoza*, 2 vols., Dieu (Ethique, 1) et L'âme (Ethique, 2), Paris, Aubier, 1968, 1974.

Joachim, H. H., *Spinoza's Tractatus de intellectus emendatione. A Commentary*, Oxford, Clarendon Press, 1940.

Lagrée, Jacqueline (sous la direction de), *Spinoza et la norme*, Besançon, Presses Universitaires de Franc-Comtoises, 2002.

Macherey, Pierre, *Hegel ou Spinoza*, Paris, La Découverte, 1990.

Marion, Jean-Luc, « Le fondement de la *cogitatio* selon le *De intellectus emendatione*. Essai d'une lecture des §§ 104–105 », *Les études philosophiques*, 3, 1972, pp. 357–368.

Mark, Thomas Carson, "Ordine Geometrica Demonstrata: Spinoza's Use of the Axiomatic Method", *The Review of Metaphys-*

ics, 29-2, 1975, pp. 263–286.

Matheron, Alexandre, « Note sur les travaux de Filippo Mignini », *Bulletin de l'Association des amis de Spinoza*, 10, 1983, pp. 9–12.

Matheron, Alexandre, « Pourquoi le *Tractatus de intellectus emendatione* est-il resté inachevé? », in *Études sur Spinoza et les philosophies de l'âge classique*, Paris, ENS Éditions, 2011, pp. 541–551.

Matheron, Alexandre, « Les modes de connaissance du *TRE* et les genres de connaissance de *l'Éthique* », in *Études sur Spinoza et philosophies de l'âge classique*, pp. 467–529.

Matheron, Alexandre, « Idée de l'idée et certitude dans le *Tractatus de intellectus emendatione* et dans l'*Ethique* », in *Études sur Spinoza et les philosophies de l'âge classique*, pp. 531–540.

Mignini, Filippo, « Per la datazione e l'interpretazione del *Tractatus de Intellectus Emendatione* di B. Spinoza », *La Cultura*, 17-1/2, 1979, pp. 87–160.

Mignini, Filippo, « Données et problèmes de la chronologie spinozienne entre 1656 et 1665 », *Revue des sciences philosophiques et théologiques*, 71-1, 1987, pp. 9–21.

Mignini, Filippo, « Le texte du *Tractatus de intellectus emendatione* et sa transmission », in *Spinoza to the Letter: Studies in Words, Texts and Books*, eds. Fokke Akkerman and Piet Steenbakkers, Leiden, Brill, 2005, pp. 189–207.

Moreau, Pierre-François, *Spinoza. L'expérience et l'éternité*, Paris, Presses Universitaires de France, 1994.

Parkinson, G. H. R., *Spinoza's Theory of Knowledge*, Oxford, Clarendon Press, 1954.

Proietti, Omero, « *Lettres à Lucilius*. Une source du *De intellectus emendatione* de Spinoza », in *Lire et traduire Spinoza*, Groupe de recherches spinozistes, Paris, Presses de l'Université de Paris Sorbonne, 1989, pp. 39–60.

Proietti, Omero, « Il « Philedonius » di Franciscus van den Enden e la formazione retorico-letteraria di Spinoza (1656–1658) », *La Cultura*, 28-2, 1990, pp. 267–321.

Proietti, Omero, « Una fonte del « De intellectus emendatione » spinoziano. Le *Lettere a Lucilio* », *La Cultura*, 29-1/2, 1991, pp. 327–339.

Sánchez Estop, J. D., « Spinoza, lecteur des *Regulae*. Notes sur le cartésianisme du jeune Spinoza », *Revue des sciences*

philosophiques et théologiques, 71-1, 1987, pp. 55-66.
Schneider, Ulrich J., „Definitionslehre und Methodenideal in der Philosophie Spinozas", *Studia Leibnitiana*, 13-2, 1981, S. 212-241.
Violette, René, « Méthode inventive et méthode inventée dans l'introduction au *De intellectus emendatione* de Spinoza », *Revue philosophique de la France et de l'étranger*, 167-3, 1977, pp. 303-322.
Zweerman, Theo, *L'introduction à la philosophie selon Spinoza. Une analyse structurelle de l'introduction du Traité de la réforme de l'entendement, suivie d'un commentaire de ce texte*, Louvain, Presses universitaires de Louvain / Assen/Maastricht, Van Gorcum, 1993.
秋保亘『スピノザ——力の存在論と生の哲学』法政大学出版局、二〇一九年
上野修『スピノザ考——人間ならざる思考へ』青土社、二〇二四年
桂寿一『スピノザの哲学』東京大学出版会、一九五六年
工藤喜作『スピノザ哲学研究』東海大学出版会、一九七二年［＝学樹書院、二〇一五年］
國分功一郎『スピノザの方法』みすず書房、二〇一一年
佐藤一郎『個と無限——スピノザ雑考』風行社、二〇〇四年
清水禮子『破門の哲学——スピノザの生涯と思想』みすず書房、一九七八年
竹内良知『スピノザの方法について』第三文明社、一九七九年
松田克進『近世哲学史点描——デカルトからスピノザへ』行路社、二〇一一年

その他、解説や訳注で言及された一次文献

Arnauld, Antoine et Pierre Nicole, *La logique ou l'art de penser*, Paris, 1662.（アルノー&ニコル『ポール・ロワイヤル論理学』）
Bacon, Francis, *Novum organum*, London, 1620.（ベーコン『ノヴム・オルガヌム』）
Descartes, René, *La Dioptrique*, Leiden, 1637.（デカルト「屈折光学」）
Descartes, René, *Principia philosophiae*, Amsterdam, 1644.（デカルト『哲学原理』）
Descartes, René, *Les Passions de l'âme*, Paris, 1649.（デカルト『情念論』）

Descartes, René, *L'homme*, Paris, 1664.（デカルト『人間論』）

Descartes, René, *Regulae ad directionem ingenii*, Amsterdam, 1701.（デカルト『精神指導の規則』）

Descartes, René, *Entretien avec Burman*.（デカルト『ビュルマンとの対話』）

Hobbes, Thomas, *De corpore*, London, 1655.（ホッブズ『物体論』）

Hobbes, Thomas, *Examinatio et emendatio mathematicae hodiernae*, London, 1660.（ホッブズ『今日の数学の検討と改善』）

Leibniz, Gottfried Wilhelm, « Système nouveau de la nature et de la communication des substances, aussi bien que de l'union qu'il y a entre l'âme et le corps », 1695.（ライプニッツ「実体の本性と実体間の交渉ならびに魂と身体との結合についての新説」）

Lucretius Carus, Titus, *De rerum natura*.（ルクレティウス『物の本質について』）

Schooten, Frans van, *De organica conicarum sectionum in plano descriptione Tractatus*, Leiden, 1646.（スホーテン『円錐曲線作図器論』）

Seneca, Lucius Annaeus, *Ad Lucilium epistulae morales*.（セネカ『ルキリウス宛倫理書簡集』）

Viète, François, *De Aequationum recognitione et emendatione*, Paris, 1615.（フランソワ・ヴィエト『方程式の理解と改善』）

アリストテレス『分析論後書』『新版 アリストテレス全集』第二巻、高橋久一郎訳、岩波書店、二〇一四年

アリストテレス『魂について』『新版 アリストテレス全集』第七巻、中畑正志訳、岩波書店、二〇一四年

アリストテレス「眠りと目覚めについて」『新版 アリストテレス全集』第七巻、坂下浩司訳、岩波書店、二〇一四年

アリストテレス『ニコマコス倫理学』『新版 アリストテレス全集』第一五巻、神崎繁訳、岩波書店、二〇一四年

オウィディウス『変身物語』上・下、中村善也訳、岩波文庫、岩波書店、一九八一—一九八四年

その他、解説や訳注で言及された研究文献

加藤信朗「ホドスとメトドス——哲学の道について」『哲学の道——初期哲学論集』創文社、一九九七年、三—五三頁

鈴木泉「スピノザと中世スコラ哲学——（自己）原因概念を中心に」『中世思想研究』四七号、中世哲学会編、二〇〇五年、一六六—一七七頁

解説

上野 修

『政治論』(*Tractatus politicus*)はスピノザの最後の著作である。『エチカ』の出版が見送られたあと一六七七年二月に没するまで、スピノザはこの著述に携わっていた。タイトルどおり統治ないし国家に関するこの論考は一一章から成り、序論、原理的考察に続いて、君主制、貴族制、民主制が順に論じられ、最後の民主制の章に入ったところで途絶している。著者の死後、未完の草稿は友人たちの手で『遺稿集』(一六七七年)に活字となって収められ、世の知るところとなった。

しかし――フランス語版全集(P)のこの著作の訳者ポートラの言うように――『政治論』の真価が気づかれるようになったのは、そう昔のことではない。長らく『遺稿集』の注目の的はやはり『エチカ』であったわけで、未完の『政治論』はその影に隠れてしまった。それにこの著作は『神学政治論』ほどセンセーショナルな作品でもない。思想の自由や社会契約の話はなく、叙述はどちらかといえば学術的で、統治の実務や制度に関わるこまごまとした記述が多くを占める。要するに『政治論』は著作として読者への訴求力に欠けていたのだと(1)。たしかに他の著作に比べると、『政治論』はその後もしかるべき扱いに恵まれない時代が続いた。たとえば一八四三年に出たセセによる最初のフランス語訳全集にはなぜかこの作品が入っていない。収められるのは一八年後の第二版からである。一九世紀後半の社会主義者や二〇世紀に入ってからのマルクス主義者のあいだでも、『エチカ』はともかく、この著作に限っては目立った言及はない[2]。『政治論』にようやく光が当たるようになるのは、時代が下って一九七〇年代、マトゥロン、モロー、ネグリらが社会契約論的系譜からのスピノザの逸脱に注目し始めたころからである[3]。

いずれにせよ、スピノザの著作の中では『政治論』はあまり読まれてこなかった。この作品の位置づけが必ずしも明確でなかったのはそのためであろう。しかし位置づけの鍵は、まさにその読まれなさに求めることができる。

位置づけ

『遺稿集』編者によって冒頭に置かれた書簡の引用からわかるように、スピノザは友人（おそらくイェレス）の勧めによって『政治論』の執筆を始めている。背景には『神学政治論』（一六七〇年）がその寛容政策を頌《たた》えていた祖国オランダ共和国の危機があった。オランダ史上、一六七二年は「災厄の年」として知られる。四倍の兵力を誇るフランス陸軍の侵攻、それを許した共和派指導者ヨーハン・デ・ウィットの失脚、かわってオランニエ公ウィレム三世の総督就任。そして暴徒化した総督支持の民衆によるデ・ウィット兄弟の虐殺。『政治論』の扉、タイトルのあとに付された次の文言は、こうした背景なしには読めない。「君主制統治となっている社会、あるいは選良が統治している社会がいずれも暴政に陥らず、また市民の平和と自由が侵されないようにするために、社会はどのように設立されねばならないか。本書はこれを証明する」。もし『政治論』が総督派の君主的イデオロギーを批判し、自由の危機を訴え擁護する著作であったなら、後の時代にもう少し読まれていてもよかったはずである。だがそうではなかった。

そうした著作でないことはすでに第一章すなわち序論から明らかである。スピノザは冒頭から、政治的人間に理性や倫理性を求めるあらゆる哲学との決別を宣言する。いわく、たいていの哲学者は倫理学と称して風刺ばかり書き、実用に耐えうる政治学はまったく考えてこなかった。それは彼らが人間をあるがままのものとしてではなく、そうあってほしいものとしてしか考えていないからである。だが政治学は倫理学ではない。むしろ政治学はマキャヴェッリのような政治家の怜悧と狡猾に学ぶべきである。スピノザによれば統治は、支配する者もされる者も、欲しようと欲しまいとにかかわらず結局は理性の規範に従っているかのようにふるまうようになる一つの機構として構想されなければならない[4]。そのために必要なのは、人間たちを理性の立場から諭したり揶揄したりすることではない。むしろ彼らに共通のどうしようもない感情の本性を幾何学の作図問題を解くようにして理解し、そこから――それが君主制であろうとなかろうと――支配が暴政に陥らないような統治の「自然的な基礎」を導出すること。これが政治学に求められるすべてである。

> だが、たびたび話の本筋を中断して、今後も同じような反論の解消に付き合わなくてもすむように私は注意しておきたい。私はこれらすべてを人間本性――それがどのように考えられようと――の必然性から、すなわち万人に普遍的な自己保存の努力から証明したということ、これである。この努力は無知であろうと賢くあろうとにかかわらずすべての人間にそなわっている。したがって、人間を感情によって導かれるものと見なそうと、理性によって導かれるものと見なそうと、事柄は同一であろう。いまわれわれが言ったように、証明は普遍的なのだから。(第三章第一八節)

こうして『政治論』は倫理に与せず、誰のために弁ずるでもなく、ただ証明する。倫理やモラルへの関心を離れられない後のさまざまな政治思想にこの著作がアピールしなかったとしても、それは不思議ではない。

ここからスピノザにおける本書の位置づけが見えてくる。スピノザの考える政治学はエチカとモラルの外部にある。言いかえれば、『政治論』は知的単独者の倫理を扱う『エチカ』や共同体の宗教規範を扱う『神学政治論』の延長上にはなく、むしろそれらが認識として関与しないある対象を相手にしている。それは、このあと見るように、国家の最高権力の実力を定義する自然の力能、「群集の力能」にほかならない。その意味で『政治論』は、『エチカ』と『神学政治論』に伍するスピノザの第三の主著なのである。それら三著はそれぞれ倫理、人倫、政治に関わり、離接的総合のようにしてスピノザ哲学の全体を構成する。そうした離接的総合を可能にしているのはしかし、『エチカ』前半部を占める「神ないし自然」「人間精神」「感情」といったスピノザ哲学全体の形而上学的基礎部分である。したがって『政治論』は他の二著から独立に、しかも共通の同じ形而上学的基盤に立つものとして読まれなければならない。

内容構成

『政治論』は、大きく見れば統治存在の原理を扱う前半（第一―五章）、およびその応用として制度設計を扱う後半（第六―一一章）の二つのブロックから成る。前半の原理論は、政治学の基本方針の提示（第一章）から「群集の力能」による統治一般の本質定義へと進み（第二章）、次いで統治の本質的諸特性の導出（第三章）、統治の存在条件の分析（第四章）、そして統治の最適状態の決定（第五章）という展開になっている。後半は原理論を承けて、そのような最適状態をもたらしうる実装可能な政治制度を、三つの統治形態それぞれについて提示する。すなわち、君主制（第六・七章）、貴族制（第八・九・一〇章）、民主制（第一一章）というふうに。提示は「証明」を伴うが、どの政体を選択すべきかという点に眼目はない。むしろ、三つの統治形態それぞれが最適状態になる証明である。ブルーダー版の仮の章題名を付して示すと、全体は次のようになる。

原理論

第一章　序論

第二章　自然権について
第三章　最高権力の権利について
第四章　国務について
第五章　国家の最適状態について

制度論

第六章　君主制について
第七章　君主制について（続き）
第八章　貴族制について
第九章　貴族制について（続き）
第一〇章　貴族制について（終わり）
第一一章　民主制について（未完）

以下、それぞれのブロックを概観しよう。

原理論

『政治論』を読むさいの注意として、スピノザが用いるjus（ユースと読む。複数形はjura）というラテン語がある。この語は伝統的に、ドイツ語のRecht、フランス語のdroitと同様、法と権利という「正しいこと」の両面を意味する。何にでも権利があるわけではなく、法によって当然の権利とされるもののみが権利である。権利があるところ法があり、法なしに権利はない。その意味で権利は法でもある。日本語は相当する一つの言葉がないので権利と法のいずれかを訳語に当てるしかないが、『政治論』を読むさいはこの両義性を常時意識しておかなければならない。訳文では「戦争の権利〔戦争の法〕」のように示している場合もある。

さらに、jus はスピノザのジュリディカル／フィジカル（すなわち法制的／物理的、ないし法理論的／自然学的）とでも言うべき区別によって概念的に二重化する。これはスピノザに特有な語法と思われる。たとえば自然権という概念があるが、ホッブズと違ってスピノザでは「自然権」(jus naturale)と「自然の権利」(jus naturae)は同じではない。「自然権」はホッブズと同様、何の義務も負わない自然状態の権利だが、「自然の権利」はスピノザ的な「神＝自然」の力能、またその力能の一部としてそのつど及ぶところまで及んでいるフィジカルな権利のことである。先述のように権利は法でもあるので、この「自然の権利」は「自然の諸々の法則ないし諸規則」とも言われる。次はその定義である。

> というわけで私は「自然の権利〔自然の法〕」という語で、すべてがそれに従って生じる自然の諸々の法則ないし諸規則そのもの、すなわち自然の力能そのものを意味することにする。こうして全自然の、したがってまた各個体の自然権はその力能の及ぶところまで及ぶ。ということはまた人間各人も、自身の本性諸規則から何をなそうとそれを自然の最高の権利によってなしているのであり、各人は力能がなしえているその分だけの権利を自然に対して持っていることになる。（第二章第四節）

こうして『政治論』においては、ホッブズの自然権はジュリディカルな権利とフィジカルな権利へと二重化する。すなわち、法理論的な架構としての「自然権」と、及ぶところまで及ぶ各個体の物理的な力能としての「自然の権利」への二重化である。そして言うまでもなくこのそれぞれが権利と法の両義性を持ち、自然権は自然法でもあり、自然の権利は自然の法則でもある。[5]

たとえば第三章第三節の次のような議論は、こうしたjus の両義性と二重化を押さえないと理解しがたい。すなわち、統治は最高の命令権である以上、それを無視して思いどおりに生きる権利が市民各人に許されるような統治はありえない。したがって各人のいわゆる「自然権」(jus naturale)は国家状態で必然的に停止する。だがそれはあくまで「制度にもとづいて」停止するということであって、各人の「自然の権利」(jus naturae)そのものは停止しない。なぜなら人間は自然状態においてと同様、国家状態においても自身の本性の諸法則から行為し自己の利害を気遣うからであると。この議論は『政治論』の自余の議論展開の基調となる。すなわち、もし全員がそうした気遣いからそろって同じものを恐れあるいは期待し、勝手な思いどおりにでなく国家の命令に従うようになっていれば、そのとき、あたかも自然権が停止しているかのような事態がフィジカルに実現するであろう。

私たちは社会契約が自然権を停止させ国家状態に移行させるというホッブズの教説を知っている。だがスピノザでは及ぶところまで及ぶ各人のフィジカルな「自然の権利」が、ある集団的な仕方でジュリディカルな自然権を停止させる。「それが自然状態において常に生じていることなのですから」とスピノザはある書簡で答えていた。国家状態は、スピノザ的な意味では自然状態なのである。[6]

『政治論』が国家、ないし統治と呼んでいるのはこのような状態にほかならない。統治の定義は次のように与えられる(第二章第一六—一七節)。人は報酬を期待し威嚇を恐れる限りで他者の意向に服し他者の権利のもとにある。他方、人間は単独でいるよりも共同するほうが全体としてなしうる力能が大きくなり、それだけ全体として大きな権利を持つ。[7]この二点からスピノザは、各人がそれぞれに、その中で自分以外の成員全体の増幅された力に等しく圧倒されるような、ある種の集団的存在、すなわち「群集」(multitudo)を導き出す。「人間たちが共同の法を有し、全員があたかも一つの精神によってのように導かれる場合、彼らの一人ひとりは、自分以外の者がいっしょになって力能のうえで自分よりまさるその分、自身の有する権利がそれだけ少なくなる」。「一つの精神」は何か生気論的なアニマのようなものではなく、法のことである。各人は共同する他者たちの力能を恐れあるいは期待するがゆえに法に従い、まさにそのことによって当の増幅された力を互いに対して出現させる。そうやって各人は共同の権利が容認してくれる以外、事実上いかなる権利も自然に対して持たず、共同の合意にもとづいて命令されることは何であれ実行するよう義務づけられ強いられるであろう。各人を強いるそうした自然の権利、それが統治(imperium すなわち命令権)と呼ばれてきたものにほかならない。統治は群集の力能によって定義される。それはどの国家にも当てはまる普遍的な定義である。

『政治論』の特色は国家という名の統治を自然の力能の一つのタイプとして見ることによって、主権としての法理論的な至高性と同時に、その物理的な限界を見据えるところにある。統治は自然の権利である以上、何でも命令できるわけではない。どんな権限をもってしても机に草を食べさせることはできないのと同様、権力は行為する側の力能によってだけでなく、さらに行為をこうむる側の適応能力によっても定義されねばならないのである。したがって「人間たちは自己の権利のもとにでなく国家の権利のもとにある」と言うとき、それはフィジカルな意味においても解されねばならない。すなわち「それが与えられると国家に対する国民の畏敬と恐れが与えられ、それが除去されると国民の恐れや畏敬とともに国家まで一挙に除去されてしまう」ような、そうした「ある種の情況が生起している」ということ、これがその意味するところである(第四章第四節)。

こうして最高権力は常に至高性と実力とのギャップにさらされており、「あたかも一つの精神によってのように導かれる群集」という物理的な効果が維持されているあいだだけ自己の権利のもとにある。じっさい、暴政によって人々を憤らせ群集の大部分に結託の機縁を与えてしまったなら、その国家は国家であることをやめる。『政治論』はこのような群集の力能の臨界点を「戦争の権利(戦争の法)」と解釈し、最高権力に事実上理性と信義を強いる自然的な規範をそこに見ている。したがって人々が法のもとで和合して生きるようになっているということと、統治が国家の絶対的な権利を実際に獲得しているということ、これは同一の事態であって、それにまさる統治状態はない（第五章第二節）。統治の徳は安全、セキュリティーであると『政治論』序論にあたる第一章は言っていた。もし最善の統治というものがあるとすれば、それは「戦争の権利」のリスクに対する最大のレジリエンシーを備えた統治でなければならない。スピノザはそう考えているのである。

制度論

『政治論』の後半部はそうした要件を満たす統治の制度設計に当てられる。原理にもとづく理論的な構成の形をとるが、決して机上の空論ではない。群集制御の手段は歴史の中で怜悧狡猾な政治家たちがあらかた試してきているので、哲学者が新規に何か妙案を考え出すことなどできはしないとスピノザは考える。『政治論』は彼の著作としては珍しく外部参照が豊富だが、それはこういう理由からである。タキトゥス、リーウィウス、クルティウスらローマの名だたる史家への参照。アラゴンの政治家アントニオ・ペレスからの引用。そして明示的にではなくても、ホッブズの『市民論』は言うまでもなく、当時共和主義者のあいだで広く読まれていたマキャヴェッリの『君主論』ならびに『ディスコルシ』、同時代の政治経済学者ドゥ・ラ・クールの『国家論、あるいは政治的衡量』等々、実践に深く関わる政治的著作が議論の下敷きとなっているのは間違いない。序論にあるように、「新奇で耳新しいものではなくもっぱら実践ともっともよく一致するもの」だけを考慮し、かつ「確実で疑いの余地のない論拠によってこれを証明し、または人間本性のあり方そのものから導き出す」こと。これが制度を論じる基本方針となる。

統治は「あたかも一つの精神によってのように云々」という定義からして本質的に分割不可能である。その掌握形態は三種、すなわち一人の人間が掌握する（君主制）、選ばれた複数の人間たちが掌握する（貴族制）、群集全体が掌握する（民主制）のいずれかしかなく、どの場合も掌握は統治権の分割不可能性ゆえに絶対的でなければならない。この理論的要請を実践といかに一致させるか。制度論の全体はこの問題をめぐっている。

まず君主制（第六・七章）。解決しなければならない問題は、国王となった一人の人間に統治を委ねきってしまわないで、しかもこの一人の人間のみがそれを絶対的に掌握しているかのように見える制度上の外見をどのようにして保つか、ということである。じっさい生身の一人の人間が常時国家の状態を監視し対処するなどということは物理的に不可能である。王になった人間は必ず有力な助言者や軍人に依存するようになり、彼らの離反を日々恐れねばならなくなるであろう。それに王権は常に市民の脅威にさらされているため、王は保身のためにありとあらゆる策略をこらして市民を陥れようとするだろう。要するに、国家の権利が国王にすっかり譲渡されればされるほどそれだけ国王は自己の権利のもとにあることが少なくなり、それだけ国民の状態は悲惨なものになる。これは経験が教えるところである。

そこでスピノザは、法はすべて国王の顕在化された意志であるというふうになっているが、国王の意志なら何でも法であるというふうにならないような国家の基礎、そして君主の安全と群集の平和が同時に出てくるような国家の基礎を考える。王に必要なのは助言者なのだから、これを参与として制度化すればよい。すなわち市民の各階層、各階級からそれぞれ若干名の参与が王によって指名され、参与会議を構成する。すべての法案審議・政策審議はこの会議が行い、王はこの会議から票決で上がってくる案を裁可する以外の権限を持たない。参与会議は三〇〇〇人規模の大人数でなければならず、年限で部分的に入れ替わり、司法会議がその下に付属する。そして軍は市民のみから構成され全市民に武装の義務がある。国土はすべて公有とし、市民に賃貸されて国家の収入源となる。以上のようにしておけば、国王は「群集への恐れに導かれてであろうと、武装した群集の多数派を味方に付けるためにであろうと、あるいは高邁な心から公益を図るためにであろうと、いずれにせよ多数票を得た意見、すなわち統治の多数派にとってより有益な意見をよしとする」ことになるであろう。それに市民は市民で、参与という名誉職への期待から全力で参与会議の存続を守ろうとするだろうし、みずからの生存に関わる国土防衛以外の戦争を嫌い、平和裏の商取引に専念するだろう。また参与会議は大人数なので贈賄や簒奪はよほどのことがない限り困難であろう。こうした君主制の基礎は国王と群集の双方に同時に平和と安全をもたらし、また大多数の武装した群集の憤りを招くことなしには破壊されえない。それゆえそれは堅固であろうとスピノザは結論する。ただ生身の王は死ぬので、そのたびに統治権が群集に還るというリスクを避けるために血統で王位継承が決まるように定めておく必要がある。いずれにせよ、こうやって国王の力能がもっぱら群集自身の力能だけで決定され、かつこの群集自身の支持によって維持されるようにしておけば、群集は国王のもとでも十分大きな自由を保持できるであろう。

次は貴族制である（第八章）。貴族制は群集の中から選ばれた複数の人間たちの議会が掌握する統治である。『政治論』はこの最高会議の構成員を「貴族」と呼ぶ（したがって階級の名前ではない）。解決すべき問題は二つある。一つは、君主制と違って統治を掌握する人間が複数であるという問題。君主制の場合、法はすべて国王の顕在化された意志であるというふうになっているので、意志の単一性の問題はない。だが複数の人間が統治を担う貴族制の場合、この単一性をどのようにして担保するか。そしてもう一つは、統治を担うのは貴族のみであってそれ以外の群集は排除される、という問題。君主制では参与となって統治に関わる権利は基本的にどの市民にもあるが、貴族制では貴族だけがそうした権利を持つ。それゆえそこから排除された群集が統治にとって脅威であれば、そのぶん統治は自己の権利のもとにあることが少なくなる。そうならないようにするにはどうすればよいか。スピノザはそれぞれに解を与えている。

意志の単一性の問題は、最高会議を構成する貴族の数を膨大なものにすることで対処できる。四、五人程度なら四派、五派に分裂するだろう。少々数が多くても、少数の辣腕の貴族が目立つ程度ならやはりその数だけの派閥に分派するだろう。したがって最高会議は、辣腕であろうとなかろうと貴族のだれもが自分以外の貴族たちの数に圧倒され勝手ができないほどに大規模でなければならない。スピノザは五〇〇〇人規模を見積もっている。これだけの人数があれば派閥は作りにくく、また妙策が誰にも気づかれないでいることもあるまい。もちろんこの規模の大会議はそうたびたび開けないので、最高会議のもとに上院と法廷を常設し、指名された貴族が実務に当たるようにする。

排除の問題は本質的である。この種の統治が実践において絶対的でないとすれば、その原因は外部の群集（すなわち平民）がおのがものと主張する暗黙の自由以外にはない。したがって、「群集ができるだけ脅威とならないように、そして群集が統治自身の構成のされ方から必然的に認められねばならない自由以外のどんな自由も保持せず、この自由が群集の権利というよりむしろ統治全体の権利であって選良だけがそれをわがものと主張し保持する」というふうに統治を設立しなければならない。そのためには貴族を世襲にまかせず、最高会議による選抜制にする。任期はないが生身の貴族は死ぬので、彼らの数が群集全体の五〇分の一を割らないように欠員を適宜補充しておくのである。選抜にすると貴族たちは自分の身内を推挙するに決まっているけれども、大人数の議会で指名決定するのだから五〇人に一人ぐらいの割合で優秀な選良も入ってくるだろう。こうして構造的に貴族以外の群集を統治掌握から排除すると同時に彼らが貴族に選ばれる可能性を残し、名誉欲と国政参加の意欲を醸成しておくのである。加えて、外部の群集が不利を被ることがないように、いつでも訴え出ることのできる護法官会議を設け、貴族全体のやはり五〇分の一に当たる規模の護法官を年配の貴族から終身指名し、常時公正の監視に当たらせる。こうしておけば排除された群集の権利は統治全体の権利として擁護されるだろう。しかし構造的な排除は君主制におけるような市民の均一な平等を不可能にする。それゆえ国土の公有や全市民からなる軍は無理である。そこで土地は市民の私有を認め、軍は俸給をもって募集するしかない。ただ重要な指揮官は任期付で貴族から指名する。

以上はヴェネツィア共和国やジェノヴァ共和国のように一都市を核とする貴族制統治についてである。『政治論』はさらに、オランダ共和国のような諸都市からなる連合貴族制を考える（第九章）。この種の統治の問題は、相対的に自律的でしかもライバル関係にある各都市の貴族会議をどのように一つにまとめるか、という点にある。そのためには「どの都市もその他の都市なしには単独で存続できず、しかも反対に、一都市でも抜ければ統治全体の大きな不利益が生じざるをえない」というふうに諸都市を造営防備する必要がある。そして各都市の貴族会議の上にその代表から成る全国最高会議を置き、全体に関わる重要案件のみを適宜そこで審議決定する。ただし全都市は同盟ではなく互いに合一して一つの統治を構成するのだから、各都市は他の都市に力能でまさっているその分、それだけ多くの権利を統治に関して獲得するというふうに最高会議の議員構成を設定しておかなければならない。スピノザによれば、この種の貴族制統治は一都市の掌握する貴族制統治より好ましい。なぜなら全国最高会議は招集の時期も場所も固定されていないため議会が急襲制圧される危険はないし、たとえ簒奪者が一都市を占拠しても、それだけでは残りの都市に対する統治を獲得するのに十分ではない。それに、この統治では貴族は自分たちの都市だけで勝手に決められないので、統治全体の群集の自由はより共通的なものとなるからである。

もしこうした条件を満たす統治が存在するなら、それは人間共通の理性と感情に合致するがゆえに必然的に長持ちするであろうと『政治論』は結論する。証明により、統治形態を崩壊させる内的原因がないからである（第一〇章）。その意味で、こうした統治は平和と自由を損なわずに絶対統治に近づくであろう。じっさい、統治の形態は最高権力の権利が大きければ大きいほどそれだけ理性の指図に一致し、したがってまたそれだけ平和と自由を維持するのに適するのだから。もちろんこれは理想であるとスピノザは承知している。だが単なる理念ではない。それはむしろ理論と実践を一致させうるモデル、すなわち法理論的な要請とフィジカルな群集の力能を最大限に一致させうるような統治モデルなのである。したがって、たとえば五〇〇〇人という貴族会議の規模を現実離れしていると言ってはならない。ジェノヴァやヴェネツィアの共和国貴族会議が実際にその規模であったことをスピノザは知っているのである。

最後の第一一章（未完）は三つ目の統治形態、民主制を扱っている。民主制は群集の全体が統治を掌握する統治形態であって、理論的には絶対統治そのものである。しかしいかにして実践と一致させるかは自明ではない。スピノザがどのようなモデルを与えようとしていたのかは未完ゆえに必ずしも明らかではないが、民主制と貴族制の本質的な違いをどこに見ていたかはかろうじて読むことができる。貴族制ではだれが貴族にされるかは世襲ではなく、もっぱら最高会議の意志と自由な選抜にかかっていた。ところが民主制には選抜がなく、たとえば一定の年齢に達した年配者であること、長子であること、一定額を国庫に納めていること、といった定められた条件を満たせばだれでも国政に参加する権利がある。それゆえだれが統治を担うかは、民主制では実質的に世襲となるだろうとスピノザは考えている。「選良でなくたぶんたまたま運よく裕福になった者やたまたま長子に生まれた者が国政参加することになるこの種の統治は、貴族制統治より劣るように見えるかもしれない」。貴族も身内の裕福な長子が選良に見えるに決まっているので変わらないといえば変わらないが、ただ大規模な会議による選抜という装置が貴族制にはあった。それがない民主制は、統治の最高会議をどう構成すればよいか。実践上国政参加の条件に制限を加えるなら、貴族制と同様、排除を持ち込むことは避けられない。ならば、全群集が統治を掌握するという理論的要請と、実践上のこの排除とをどう一致させればよいのか。おそらく解決すべき問題はそこにあるはずだが、スピノザの解は未提示に終わっている。『政治論』は他国人、女性、奉公人、子どもといった排除されるべき者たちのリストを挙げるところで途絶するのである。

ここまで見てきてわかるように、『政治論』はホッブズにおけるような代表の論理、すなわち君主にせよ議会にせよ、第三者が市民各人の自然人格を代表する人為的人格となる、というタイプの議論がまったく見られない。主権に相当する「統治」は代表機能によってでなくもっぱら群集の力能のみによって定義される。とすれば、スピノザが民主制をどのように描きえたのかは、手がかりが限られているだけに依然一つの問題である。

テクストソース

冒頭に掲げられた友人への書簡は「いまは第七章を書いています」と報告していた。そして著述は第一一章のはじめの方で終わっている。スピノザは死の直前までこの著作の執筆にかかりきりだったわけで、他の著作のように草稿の写しが友人たちの間で回覧される余裕はなかったであろう。手直しや書き直しの時間も彼にはたぶん残されていなかった。したがって、友人たちが死後ただちに『遺稿集』ラテン語版(OP)の準備にかかったさい、この手稿ないしその清書以外の何らかのヴァージョンを利用できた可能性はほぼないと見てよい。『遺稿集』ラテン語版(一六七七年)の編纂は一年足らずで完成している。彼らが初めて見る原稿をごく限られた時間で活字に組むことができたということは、スピノザの遺した草稿がかなり完成度の高いものであったことを示唆する。晩年のスピノザのラテン語はしっかりしていて、ブラッシュアップはごく表層的な程度で済んだようである。『政治論』はご覧のようにすべての段落に整然と番号が振られているが、これも編者による付加ではなくもとの手稿にあったものである(本文中に節番号による参照指示が記されていることからこれは明らかである)。

友人たちは他方、『遺稿集』オランダ語版(NS)の同時出版の準備も並行して行っていた。『政治論』の翻訳はフラーズマーカーが担当したと見られる。モロー編スピノザ全集(M)『政治論』の校訂者プロイエッティの文献学的な研究によれば、オランダ語訳は組み上がったラテン語版から訳されたのではなく、同一のスピノザの草稿を融通しながら並行して行われたと推測される。もしそうなら、ラテン語版との比較は原草稿を推測する有益な手立てとなりうる。[8]

スピノザの手稿は残されていないので、以上述べたOP所収の『政治論』(*Tractatus politicus*)、およびNSのオランダ語訳『政治論』(*Staatkundige verhandeling*)がこの作品に関する唯一のソースとなる。

翻訳の方針

凡例に記したように、翻訳にあたっては基本的にOP所収のテクストに依拠し、モロー編スピノザ全集(第五巻)およびゲプハルト版全集(Gb)(第三巻)の校訂を参考にした。前者のプロイエッティによる校訂はオランダ語版との異同を綿密に示し、OPのミスと思われる箇所をNSをもとに修正している。本翻訳も概ねこれに従い、問題になりそうなケースのみ訳注で断る。

『政治論』にはすでに述べたjus(法/権利)のほかに、スピノザの他の著作にはない訳語の問題がいくつかある。まず国家に関わるターム。本翻訳では第三章冒頭の命名的定義を考慮して、imperiumを「統治」、civitasを「国家」、respublicaを「公共体」と訳した。imperiumは命令権、統治、支配、主権といった意味だが、たいてい単数形で出てくることからもわかるようにスピノザは抽象度の高いタームとして用いているように思われる。そのため国家ではなくあえて「統治」と訳した。civitasは人民と領土を含めた具体的な存在としての「国家」。スピノザは「統治の身体」と定義している。「公共体」という訳語を当てたrespublicaはふつう共和国と訳される語だが、res publicaと綴られることもあるようにもとは公共の事柄という意味であり、「統治の共同政務」とスピノザは定義している。ただヴェネツィアやジェノヴァなど具体的な国家を指すときは「共和国」と訳した。またpotentiaは政治論的文脈では「力」でもよいのだが、あえて『エチカ』の神ないし自然の力能との連関を意識して「力能」と訳した。

また、もろもろの制度に関わる名称をどう訳すかという問題。貴族制の章に出てくるsenatusはふつう「元老院」と訳される。しかしスピノザは古代ローマの共和政よりはむしろヴェネツィア共和国のモデルを念頭に置いていると思われるので、ローマの場合を除き「上院」と訳すことにした。他にも伝統的タームが数々あるが、スピノザの議論が史実上の国家制度の分析ではなく原理からの理論的な構成であることに鑑み、なるべくニュートラルな訳語を当てるよう心がけた。たとえばconsulは古代ローマを思わせる「執政官」ではなく単に「政務官」というふうに。その他についても、当時の近代的な語感に馴染むようにNSのオランダ語訳を参考にした。なお訳語の選定に当たっては福岡安都子、川添美央子の両氏から有益な助言をいただいた。ここに感謝したい。

最後に、訳注は内容的な解釈論議に踏み込むことは控え、読解に役立つ背景情報の提供にとどめることにした。上述のとおり『政治論』は歴史書やマキャヴェッリ、ホッブズの著作、当時の政治理論など多くの書物を下敷きにしている。モロー編スピノザ全集は校訂者プロイエッティによる実に詳細かつ膨大な文献考証を全テクストにわたって付しているが、本翻訳の訳注では読解にとって重要と思われるごく主要なもののみに限定して示すことでよしとした。

注

（1）　Pのポートラによる訳注（*Spinoza. Œuvres complètes*, édition publiée sous la direction de Bernard Pautrat, Paris, Gallimard, 2022, p. 1687）。

（2）　上野修『スピノザ考——人間ならざる思考へ』青土社、二〇二四年、第一一章を参照（「フランス社会主義におけるスピノザの不在」、上野修・杉山直樹・村松正隆編『スピノザと十九世紀フランス』岩波書店、二〇二一年の再録）。

（3）　Alexandre Matheron, *Individu et communauté chez Spinoza*, Paris, Éditions de Minuit, 1969; Pierre-François Moreau, *Spinoza*, Paris, Seuil, 1975; Antonio Negri, *L'Anomalie sauvage — puissance et pouvoir chez Spinoza*, traduit par François Matheron, Paris, Presses Universitaires de France, 1982.（杉村昌昭・信友建志訳『野生のアノマリー——スピノザにおける力能と権力』作品社、二〇〇八年）

（4）　この定式化は第六章第三節にある。

（5）　前掲上野『スピノザ考』第七章を参照（「スピノザ『政治論』におけるjus（法／権利）の両義性」、『スピノザーナ』一五号、スピノザ協会、二〇一四―一六年の再録)。

(6) 書簡五〇(Gb IV, 239)。

(7) ちなみに「自己の権利のもとにある」「他者の権利のもとにある」といった対語的な権利の語法は『政治論』に独特のものであって、『エチカ』にも『神学政治論』にもそれとしては見られない。

(8) Cf. M. 45-69.

文献一覧

『政治論』のテクストソース

B.d.S. Opera posthuma, quorum series post praefationem exhibetur, [Amsterdam], [Rieuwertsz], 1677, pp. 265-354.（『遺稿集』ラテン語版〔OP〕）

De nagelate schriften van B.d.S., als Zedekunst, Staatkunde, Verbetering van 't verstant, Brieven en antwoorden, uit verscheide talen in de Nederlandsche gebragt, [Amsterdam], [Rieuwertsz], 1677, pp. 301-403.（『遺稿集』オランダ語版〔NS〕）

『政治論』の校訂版（年代順に）

Benedicti de Spinoza Opera quae supersunt omnia, ed. Heinrich Eberhard Gottlob Paulus, 2 vols, Iena, 1802-1803.（パウルス版全集 第Ⅱ巻に所収）

Benedicti de Spinoza Opera quae supersunt omnia, ed. Karl Hermann Bruder, 3 vols., Leipzig, 1843-1846.（ブルーダー版全集第Ⅱ巻に所収）

Benedicti de Spinoza Opera quotquot reperta sunt, ed. J. van Vloten & J. P. N. Land, 2 vols., La Haye, Nijhoff, 1882-1883.（フローテン&ラント版全集〔VL〕第1巻に所収）

Spinoza Opera, im Auftrag der Heidelberger Akademie der Wissenschaften herausgegeben von Carl Gebhardt, 4 Bde., Heidelberg, Carl Winter, 1925/1972.（ゲプハルト版全集〔Gb〕第Ⅲ巻に所収）

Spinoza, *The Political Works*, ed. and trans. with an introduction by A. G. Wernham, Oxford, Clarendon Press, 1958.（ワーナム版スピノザ政治論集『政治論』全文と『神学政治論』抄）

Baruch de Spinoza, *Politischer Traktat / Tractatus politicus*, Neu übersetzt, herausgegeben, mit Einleitung und Anmerkungen versehen von Wolfgang Bartuschat, Lateinisch-Deutsch, Hamburg, Felix Meiner Verlag, 1994/2010.（バルトゥシャットによる校訂）

Spinoza, *Trattato politico*, testo e traduzione a cura di Paolo Cristofolini, Pisa, Edizioni ETS, 1999/2011.（クリストフォリーニによる校訂）

Spinoza Œuvres, édition publiée sous la direction de Pierre-François Moreau: *Œuvres V — Traité politique*, texte établie par Omero Proietti, traduction, introduction, notes glossaires, index et bibliographie par Charles Ramond, Paris, Presses Universitaires de France, 2005.（モロー編スピノザ全集[M]第五巻。プロイエッティによる校訂）

『政治論』の翻訳（主要なものを年代順に）

Abhandlung über Politik, in *Benedict von Spinoza's sämtliche Werke, aus dem Lateinischen mit einer lebensgeschichte Spinozas* von Berthold Auerbach, Stuttgart, J. Scheible's Buchhandlung, Bd. 4, 1841.（アウエルバッハによるドイツ語訳）

Traité politique, in *Œuvres de Spinoza*, traduction par Émile Saisset, Paris, Charpentier, nouvelle édition, revue et augmentée, 1861.（セセによるフランス語訳スピノザ全集第二版に所収）

Staatkundig vertoog of Verhandeling, uit het Latijn door Willem Meijer in *Spinoza's werken*, vol. 5, Amsterdam, Van Looy, 1901.（メイヤーによるオランダ語訳）

Abhandlung vom Staate, Auflage, neu übertragen und eingeleiter, sowie mit Anmerkungen und Registern versehen von Carl Gebhardt, in *Benedictus de Spinoza, sämtliche Werke*, herausgegeben von Otto Baensch, Artur Buchenau, Carl Gebhardt und Carl Schaarschmidt, Leipzig, Dürr/Meiner, 1907.（ゲプハルトによるドイツ語訳）

Traité politique, traduction et notes par Charles Appuhn, in *Œuvres de Spinoza*, vol. 3, Paris, Garnier-Frères, 1929; rééd. Paris, Garnier-Flammarion, 1964.（アッピューンによるフランス語訳）

Traité de l'authorité politique, in *Spinoza Œuvres complètes*, texte traduit, présenté et annoté par R. Caillois, M. Francès et R. Misrahi, Paris, Gallimard, 1954/1978.（フランセスによるフランス語訳）

A Treatise on Politics in Benedict de Spinoza, The Political Works, edited and translated with an introduction and notes by Archibald Garden Wernham, Oxford, Clarendon Press, 1958.（ワーナムによる英語対訳）

Spinoza, *Traité politique*, traduction et notes par Sylvain Zac, Paris, J. Vrin, 1968.（ザックによるフランス語訳）

Spinoza, *Tractatus politicus / Traité politique*, texte latin, traduction par Pierre-François Moreau, Paris, Réplique, 1979.（モロ

ーによるフランス語対訳）

Baruch de Spinoza, *Politischer Traktat / Tractatus politicus*, Neu übersetzt, herausgegeben, mit Einleitung und Anmerkungen versehen von Wolfgang Bartuschat, Lateinisch-Deutsch, Hamburg, Felix Meiner Verlag, 1994/2010.（バルトゥシャットによるドイツ語対訳）

Spinoza, *Trattato politico*, testo e traduzione a cura di Paolo Cristofolini, Pisa, Edizioni ETS, 1999/2011.（クリストフォリーニによるイタリア語対訳）

Spinoza, *Trattato politico*, traduzione con testo a fronte e introduzione di Gabriella Lamonica; postfazione di Annamaria Loche, Milano, FrancoAngeli, 1999.（ラモニカによるイタリア語対訳）

Political Treatise, translated by Samuel Shirley, introduction and notes by Steven Barbone and Lee Rice, Indianapolis/Cambridge, Hackett, 2000; reprise in *Spinoza Complete Works*, Indianapolis/Cambridge, Hackett, 2002.（シャーリーによる英語訳）

Spinoza, Œuvres, édition publiée sous la direction de Pierre-François Moreau: *Œuvres V — Traité politique*, texte établie par Omero Proietti, traduction, introduction, notes glossaires, index et bibliographie par Charles Ramond, Paris, Presses Universitaires de France, 2005.（Mの第五巻に所収。ラモンによるフランス語対訳）

Spinoza, *Traité politique*, traduction par Bernard Pautrat, Paris, Éditions Allia, 2013; révisée et reprise in *Spinoza. Œuvres complètes*, édition publiée sous la direction de Bernard Pautrat, Paris, Gallimard, 2022.（ポートラ編スピノザ全集［P］に所収。ポートラによるフランス語訳）

Benedictus de Spinoza, *Staatkundige verhandeling*, uit het latijn vertaald en toegelicht door Karel D'huivetters met een inleiding van Jonathan I. Israel, Amsterdam, Wereldbibliotheek, 2014.（ドゥイフェッタースによるオランダ語訳）

スピノザ『国家論』岩波文庫、岩波書店、一九四〇年（畠中尚志による邦訳。Gbに依拠）

スピノザ『政治論』（『世界の大思想　第九巻　スピノザ』）河出書房新社、一九六六年（井上庄七による邦訳。ワーナム版に依拠）

『政治論』の注釈・研究

Balibar, Étienne, *Spinoza et la politique*, Paris, Presses Universitaires de France, 1985.（エティエンヌ・バリバール『スピノザ

と政治』水嶋一憲訳、水声社、二〇一一年)
Balibar, Étienne, "Spinoza, l'anti-Orwell — la crainte des masses", *Les Temps modernes*, 470, 1985, pp. 353-398.
Balibar, Étienne, "*Potentia multitudinis, quae una veluti mente ducitur*", in *Ethik, Recht und Politik bei Spinoza*, herausgegeben und eingeleitet von Marcel Senn und Manfred Walther, Zürich, Schulthess, 2001, pp. 105-137.
Bartuschat, Wolfgang, "The Ontological Basis of Spinoza's Theory of Politics", in *Spinoza's Political and Theological Thought*, ed. C. De Deugd, Amsterdam/Oxford/New York, North-Holland Publishing Company, 1984, pp. 30-36.
Bartuschat, Wolfgang, *Spinozas Theorie des Menschen*, Hamburg, Felix Meiner Verlag, 1992.
Blom, Hans Willem, "Politics, Virtue and Political Science: An Interpretation of Spinoza's Political Philosophy", *Studia Spinozana*, 1, 1985, pp. 209-230.
Bove, Laurent, *La stratégie du conatus: affirmation et résistance chez Spinoza*, Paris, Vrin, 1996.
Courtois, G., "Le *jus sive potentia* spinoziste", *Archives de philosophie du droit*, 18, Paris, 1973, pp. 341-364.
Cristofolini, Paolo, "*Esse sui juris* e scienza politica", *Studia Spinozana*, 1, 1985, pp. 53-71.
Den Uyl, Douglas J., *Power, State and Freedom: An Interpretation of Spinoza's Political Philosophy*, Assen, Van Gorcum, 1983.
Giancotti, Emilia, "La teoria del'assolutismo in Hobbes e Spinoza", *Studia Spinozana*, 1, 1985, pp. 231-258.
Harris, Errol Eustace, "Spinoza's Treatment of Natural Law", in *Spinoza's Political and Theological Thought*, 1984, pp. 63-72.
Klever, Wim N. A., "Power: Conditional and Unconditional", in *Spinoza's Political and Theological Thought*, 1984, pp. 95-106.
Kwek, Dorothy H. B., "Power and the Multitude: A Spinozist View", *Political Theory*, 43-2, 2015, pp. 155-184.
Laveran, Sophie, "Le problème de la composition politique chez Spinoza: hypothèses ontologiques et perspectives pratiques", *Philonsorbonne*, 6, 2012, pp. 41-63.
Lazzeri, Christian, *Droit, pouvoir, et liberté — Spinoza critique de Hobbes*, Paris, Presses Universitaires de France, 1998.
Matheron, Alexandre, *Individu et communauté chez Spinoza*, Paris, Éditions de Minuit, 1969.
Matheron, Alexandre, "Femmes et serviteurs dans la démocratie spinoziste", *Revue philosophique*, 2, 1977, pp. 181-200.
Matheron, Alexandre, "Spinoza et le pouvoir", *La Nouvelle Critique*, 109, 1977, pp. 45-51.(工藤・桜井編『スピノザと政治的なもの』一九九五年に日本語訳所収)

Matheron, Alexandre, "La fonction théorique de la démocratie chez Spinoza", *Studia Spinozana*, 1, 1985, pp. 259–273.

Matheron, Alexandre, "Le problème de l'évolution de Spinoza du Traité théologico-politique au Traité politique", in *Spinoza, Issues and Directions*, ed. Edwin Curley and Pierre-François Moreau, Leiden, New York, København, and Köln, E. J. Brill, 1990, pp. 258–270.

Matheron, Alexandre, "L'indignation et le conatus de l'État spinoziste", in *Spinoza: Puissance et ontologie*, ed. Myriam Revault d'Allonnes et Hadi Rizk, Paris, Kimé, 1994, pp. 153–165.

Moreau, Pierre-François, "*Jus* et *Lex*: Spinoza devant la tradition juridique, d'après le dépouillement informatique du *Traité Politique*", *Raison présente*, 43, 1977, pp. 53–61.

Moreau, Pierre-François, "La notion d'imperium dans le *Traité Politique*", in *Spinoza nel 350° anniversario della nascita*, ed. Emilia Giancotti, Napoli, Bibliopolis, 1985, pp. 355–366.

Mugnier-Pollet, Lucien, *La philosophie politique de Spinoza*, Paris, Vrin, 1976.

Negri, Antonio, *L'Anomalie sauvage — puissance et pouvoir chez Spinoza*, traduit par François Matheron, Paris, Presses Universitaires de France, 1982.（アントニオ・ネグリ『野生のアノマリー――スピノザにおける力能と権力』杉村昌昭・信友建志訳、作品社、二〇〇八年）

Negri, Antonio, "*Reliqua desiderantur* — Congettura per una definizione del concetto di democrazia nell'ultimo Spinoza", *Studia Spinozana*, 1, 1985, pp. 143–181, repris in Negri, *Spinoza subversif*, 1994.

Negri, Antonio, *Spinoza subversif — Variations (in)actuelles*, Paris, Kimé, 1994.

Ramond, Charles, "Le 'traité politique' de Spinoza — Vers une démocratie sans valeurs?", *Revue de Théologie et de Philosophie*, Troisième série, 147-2, 2015, pp. 133–147.

Rice, Lee C., "Individual and Community in Spinoza's Social Psychology", in *Spinoza, Issues and Directions*, ed. Edwin Curley and Pierre-François Moreau, Leiden, New York, København, and Köln, E. J. Brill, 1990, pp. 271–285.

Röd, Wolfgang, "Spinozas Staatsphilosophie und der Geist der Geometrie", in *Ethik, Recht und Politik bei Spinoza*, 2001, pp. 173–188.

Steffen, Hermann, *Recht und Staat im System Spinozas*, Bonn, H. Bouvier u. Co. Verlag, 1968.

Terpstra, Marin, "An Analysis of Power Relations and Class Relations in Spinoza's *Tractatus Politicus*", *Studia Spinozana*, 9, 1993, pp. 79–105.

Ueno, Osamu, "Spinoza et le paradoxe du contrat social de Hobbes: le « reste »", *Cahiers Spinoza*, 6, 1991, pp. 269–296.（上野『精神の眼は論証そのもの』一九九九年に日本語版所収）

Walther, Manfred, "Die Transformation des Naturrechts in der Rechtsphilosophie Spinozas", *Studia Spinozana*, 1, 1985, pp. 73–104.（工藤・桜井編『スピノザと政治的なもの』一九九五年に日本語訳所収）

Yovel, Yirmiyahu, "Spinoza, the Psychology of the Multitude and the Uses of Language", *Studia Spinozana*, 1, 1985, pp. 305–333.

Zac, Sylvain, *Essais spinozistes*, Paris, Vrin, 1985.

Zourabichvili, François, *Le conservatisme paradoxal de Spinoza — Enfance et royauté*, Paris, Presses Universitaires de France, 2002.

浅野俊哉『スピノザ――共同性のポリティクス』洛北出版、二〇〇六年

上野修『精神の眼は論証そのもの――デカルト、ホッブズ、スピノザ』学樹書院、一九九九年［＝上野修『デカルト、ホッブズ、スピノザ――哲学する十七世紀』講談社学術文庫、講談社、二〇一一年］

上野修『スピノザ考――人間ならざる思考へ』青土社、二〇二四年

河井徳治『スピノザ哲学論攷――自然の生命的統一について』創文社、一九九四年

河村厚『存在・感情・政治――スピノザへの政治心理学的接近』関西大学出版部、二〇一三年

工藤喜作「スピノザの国家論――ホッブズと関係して」神奈川大学人文学研究所編『国家とエスニシティ――西欧世界から非西欧世界へ』勁草書房、一九九七年所収

工藤喜作・桜井直文編『スピノザと政治的なもの』平凡社、一九九五年（一九九一年に開催されたスピノザ協会主催国際シンポジウム「スピノザと政治的なもの」のための論集。工藤喜作「スピノザにおける哲学と政治」、加藤節「スピノザにおける政治――対立から和解へ」、齋藤博「スピノザと政治的なるもの」、アレクサンドル・マトゥロン「スピノザと権力」、桜井直文「スピノザにおける力と権力――『政治論』の用語法をめぐって」、上野修「二つの「あたかも」――スピノザ『政治論』のために」、柴田寿子「スピノザ政治論とカルヴィニズム――社会契約論から日常権力の解析学へ」、マンフレート・ヴァ

ルター「スピノザの法哲学における自然法の変形」、ウィム・クレーファー「スピノザの政治学における結合原理」、森尾忠憲「オランダの憲法論争とスピノザ」を収める）
柴田寿子『スピノザの政治思想——デモクラシーのもうひとつの可能性』未來社、二〇〇〇年
森尾忠憲『デモクラシー論の先駆——スピノザの政治理論』学文社、一九八三年

その他、解説や訳注で言及された一次文献・研究文献

De la Court, Pieter, *Consideratien van staet, ofte Polityke weeg-schaal*, Amsterdam, 1660.（ドゥ・ラ・クール『国家論、あるいは政治的衡量』）
Grotius, Hugo, *De iure belli ac pacis libri tres : in quibus ius naturae & gentium, item iuris publici praecipua explicantur*, Paris, 1625.（グロティウス『戦争と平和の法』）
Mulier, Eco O. G. Haitsma, *The Myth of Venice and Dutch Republican Thought in the Seventeenth Century*, trans. Gerard T. Moran (Speculum historiale, 11), Assen, Van Gorcum, 1980.
Ovidius (Publius Ovidius Naso), *Amores*.（オウィディウス『愛の歌』）
Pérez, Antonio, *Las obras y Relaciones de Antonio Perez, secretario de Estado que fue del Rey de España, Don Phelippe Secondo*, Paris, Ivan de Mirlirambirila, 1644.（アントニオ・ペレス『アントニオ・ペレスの作品と回想録』）
Visentin, Stefano, "Between Machiavelli and Hobbes: The Republican Ideology of Johan and Pieter De la Court", in *The Dutch Legacy: Radical Thinkers of the 17th Century and the Enlightenment*, ed. Sonja Lavaert and Winfried Schröder, Leiden, Brill, 2017.
アリストテレス『政治学』、『新版 アリストテレス全集』第一七巻、神崎繁・相澤康隆・瀬口昌久訳、岩波書店、二〇一八年
クルティウス・ルフス『アレクサンドロス大王伝』谷栄一郎・上村健二訳、西洋古典叢書、京都大学学術出版会、二〇〇三年
サヴォナローラ、ジローラモ『ルネサンス・フィレンツェ統治論』須藤祐孝編訳・解説、無限社、一九九八年
タキトゥス『ゲルマニア　アグリコラ』國原吉之助訳、ちくま学芸文庫、筑摩書房、一九九六年
タキトゥス『同時代史』國原吉之助訳、ちくま学芸文庫、筑摩書房、二〇一二年
タキトゥス『年代記——ティベリウス帝からネロ帝へ』上・下、国原吉之助訳、岩波文庫、岩波書店、一九八一年

ホッブズ、トマス『市民論』近代社会思想コレクション01、本田裕志訳、京都大学学術出版会、二〇〇八年
ホッブズ、トマス『リヴァイアサン』上・下、加藤節訳、ちくま学芸文庫、筑摩書房、二〇二二年
ホメロス『オデュッセイア』上・下、松平千秋訳、岩波文庫、岩波書店、一九九四年
マキアヴェリ『君主論』池田廉訳、中公文庫、中央公論社、一九七五年
マキァヴェッリ、ニッコロ『ディスコルシ――「ローマ史」論』永井三明訳、ちくま学芸文庫、筑摩書房、二〇一一年
リウィウス『ローマ建国以来の歴史 5』安井萠訳、西洋古典叢書、京都大学学術出版会、二〇一四年
『聖書』新共同訳、日本聖書協会、一九八七年

知性改善論 索引

事項索引

- 索引は本文のみを対象とし，事項として言及される箇所を掲げた.
- 主要な参照箇所は太字で示した.
- 事項の現れる文脈が複数のページにわたる場合は，二分ダーシ(–)で示した.
- 関連項目がある場合は→で示した.

ア 行

愛(する) amor(amare) 14
悪 malum →善／悪
欺く神 Deus deceptor →神
与えられた真の観念の規範 datae verae ideae norma →規範
医学 Medicina 16
生きることの規則 vivendi regula 16
維持する conservare 13
一致 convenientia 20
一般的 generalis／特殊的 particularis 31, 34
一般的実在 generalis existentia →実在
疑わしい知得 perceptio dubia →知得
運動 motus 57
——の観念 motus idea 56
永遠(な) aeternus／永遠に in aeternum 11
永遠真理 veritas aeterna 31–32, 38, 39, 53
永遠(にして無限)の事物 res aeterna (et infinita) 14, 55
永遠の相のもとに sub specie aeternitatis 57
永遠の秩序 aeternus ordo 15
延長 extensio 48

カ 行

快 delicia 16
懐疑 dubium 44, 45
懐疑論者 scepticus 28
改善(する) emendatio(emendare) 7, 9, 17, 39, 44
外的規定 denominatio extrinseca →内的規定／外的規定
外的原因 causa externa →原因
快楽 libido 12, 14
確実 certum／不確実 incertum 11, 13
確実性 certitudo／不確実性 incertitudo 11, 21, 24, 42, 44, 56
覚醒 vigilia 30, 38
学問と技術の進歩 augmentum scientoarum et artuum 12
仮構(する) fictio(fingere) 30–33, 34–38
仮構された観念 idea ficta →観念
仮構された知得 perceptio ficta →知得
仮説 hypothesis 31, 34
確固とした善 fixum bonum →善／悪
確固にして永遠なる事物の系列 series rerum fixarum et aeternarum／変化する個物の系列 series rerum singularium mutabilium 53, 54
悲しみ tristitia →喜び／悲しみ

事項索引(知性改善論)

可能 possibile／不可能 impossibile　30, 33
神 Deus　31-32
　欺く—— Deus deceptor　45
　この上なく完全な存在者(としての神) ens perfectissimum　25, 29
　最高に完全な存在者 ens summe perfectum　25, 29
神の属性 attributum Dei　43
感覚／感得(する／感じる) sensatio(sentire)　19, 24, 28, 44, 47
完全 perfectum／不完全 inperfectum　15
完全性 perfectio　15, 16, 21, 29, 57
観念 idea　26
　疑わしい—— idea dubia　44
　仮構された—— idea ficta　30, 37, 47, 57
　観念の—— idea ideae　24
　毀損されて切断された—— mutilata et trancata idea　42
　偽なる—— idea falsa　38, 47, 57
　十全な—— idea adaequata　24
　真の—— idea vera　23, 29, 44, 48
　積極的な—— idea positiva／否定的な—— idea negativa　57
　単純な—— idea simplex　39, 41, 47-48
観念されるもの ideatum　23, 25
記憶 memoria　33-34, 46
機械学 Mechanica　16
聞き覚え auditus　17-18, 20, 42
記号 signum　17, 49
技術 ars　16
基礎 fundamentum　55
毀損されて切断された思惟，言うなら観念　→思惟，観念
偽なる知得 perceptio falsa　→知得
規範 norma　25, 28, 29
　(与えられた)真の観念の——(datae) verae ideae norma　25, 27, 40, 42, 48
　真理の(最善の)——(optima) veritatis norma　40, 43
希望 spes　12-13
キマイラ Chimaera　31
逆説 paradoxa　28
究極目的 finis ultimus　→目的
享受(する) fruitio(frui)　11, 12, 15
共通感覚 sensus communis　46
共通の或るもの aliquid commune　58
近接原因 proxima causa　→原因
偶有性 accidentia　21
経験(する) experientia(experiri)　11, 21, 23, 36
　漠然とした—— experientia vaga　17-18, 42
経験論者 empiricus　21
形相 forma
　真なるものの—— forma veri　39
　真の思惟の—— forma verae cogitationis　40
形相性 formalitas　49
　自然の—— formalitas naturae　49
形相的に formaliter／対象的に obejective　23, 56
形相的本質 essentia formalis　→本質
原因 causa　18, 24, 41, 52
　外的——(外部の——) causa externa　23, 30, 39, 47
　近接—— proxima causa　18, 30, 50, 51, 54
　自己—— causa sui　50
　第一—— causa prima　40
原因の系列 series causarum　53
健康 valetudo　12, 16
現実 actualitas　31, 34
合一 unio　19
合一の認識 cognitio unionis　15
後悔 poenitentia　12
合成 compositio　37, 39
肯定(する) affirmatio(affirmare)／否定(する) negatio(negare)　17, 18, 26, 28, 29, 32, 41, 42, 45, 49, 52
肯定的名辞 nomina affirmativa　→名辞
幸福 felicitas／不幸 infelicitas　14
　最高の幸福 summa felicitas　11
公理 axioma　50
心 animus　11

国家 civitas　16
言葉 verbum　49
誤謬 error　32-33, 38
個物 singularia　50, 54
個別的 singulare　46-47
個別的な実在 singularis existentia　→実在
固有性 propria　51

サ　行

差異 differentia　20
財 opes　13
再現する referri　26, 49, 51, 53
最高善 summum bonum　→善／悪
最高に完全な存在者 ens summe perfectum　→神
最高の幸福 summa felicitas　→幸福／不幸
最高の喜び summa laetitia／最高の悲しみ summa tristitia　→喜び／悲しみ
作業 opera　23
　知性的―― opera intellectualia　22
錯雑した(に) confusa(confuse)　19, 31, 37
錯乱 delirium　36, 38
死 mors　13
思惟 cogitatio
　毀損されて切断された―― mutilata et trancata cogitatio　42
　真の，言うなら十全な―― cogitatio vera et adaequata　42
　単純な―― cogitatio simplex　41
思惟ないしは知性の定義 cogitationis et intellectus definitio　55
しかるべき秩序 debitus ordo　→秩序
思考上の存在者 ens rationis　→存在者
自己原因 causa sui　→原因
事象的(な) realis　23
事象的存在者 ens reale　→存在者
自然 natura　15, 25-26, 27, 34, 39, 43, 51, 53
自然(全体)の起源と源泉 origo et fons (totius) Naturae　26, 43
自然の形相性 formalitas naturae　→形相性
自然の秩序 ordo naturae　→秩序
自然の範型 naturae exemplar　→範型
自然の法則 lex naturae　→法則
自然の連結 concatenatio naturae　→連結
持続 duratio　46-47, 57
実験 experimenta　54
実在 existentia　31
　一般的―― generalis existentia　31
　個別的な―― singularis existentia　21
　必然的―― existentia necessaria　39
自動機械 automa(ta)　29
　精神的―― automa spirituale　48
児童の教育に関する理説 doctrina de puerorum educatione　16
事物が実在しあるいは実在しないことの原因 causa ut res existat aut non existat　53
事物の十全な本質 essentia rei adaequata　→本質
事物の内奥の本質 intima essentia rei　→本質
事物の本質 essentia rei　→本質
事物の連結 concatenatio rerum　→連結
社会 societas　15, 28
十全な adaequata　17, 20, 21, 24
十全な観念 idea adaequata　→観念
主語と述語 subjectum et praedicatum　37
手段 medium　15, 49
浄化する exprugare　16
状態 institutum　12-13, 14
情動 commotio　14
触発される affici　11, 21, 46
真なるものの形相 forma veri　→形相
真の，言うなら十全な思惟 cogitatio vera et adaequata　→思惟
真の思惟の形相 forma verae cogitationis　→形相
真の善 verum bonum　→善／悪
真の知識は原因から結果に進む veram scientiam procedere a causa ad effectus　48
真の知得 perceptio vera　→知得
真理 veritas　24, 27-28
　第一の―― prima veritas　28

真理の(最善の)規範 (optima) veritatis norma →規範
真理の形相 forma veritatis 55
睡眠 somnum 30
推論 ratiocinatio 24, 27
ストア派 Stoici 42
すべての個物が生起し秩序づけられている法則 leges secundum quas omnia singularia et fiunt et ordinantur →法則
生 vita 11-12, 16
整合性 cohaerentia 36
精神 mens 12, 14
精神的自動機械 automa spirituale →自動機械
積極的な観念 idea positiva／否定的な観念 idea negativa →観念
絶対的に無限 absolute infinitum →無限性／無限(な)
善 bonum／悪 malum 11, 13, 15
確固とした善 fixum bonum 13
最高善 summum bonum 12, 15
真の善 verum bonum 15
想起 reminiscentia 46
相互関係 commercium 26
想像(する) imaginatio(imaginari) 19, 33, 34, 46, 47, 48, 49, 50, 57
創造された事物 res creata／創造されない事物 res increata 51-52
想像的空間 spatium imaginarium 33
存在者 ens
思考上の―― ens rationis 51
事象的(な)―― ens reale 51, 53

タ 行

第一原因 causa prima →原因
第一の真理 prima veritas →真理
対象的に objective 36, 49
対象的本質 essentia objectiva →本質
対立 oppugnantia 20
魂 anima 34-35
単純な思惟 cogitatio simplex →思惟
知恵 sapientia 22
知解(する) intellectio(intellegere) 34-36, 38, 43, 46-47, 48, 49, 50
力 vis 25
本有の―― vis nativa 22-23
知性 intellectus 7, 9, 16, 17, 22, 40, 49, 55
知性的作業 opera intellectualia →作業
知性的な道具 instrumentum intellectualis →道具
知性の真の進行 verus progressus intellectus 53
知性の力(能)と本性 intellectus vires (et potentia) et natura 40-41, 55
知性の特性 intellectus proprietas 56-58
秩序 ordo 29, 36, 43. 45, 49, 53
しかるべき―― debitus ordo 24, 27
自然の―― ordo naturae 25, 38, 43
知得(する) perceptio(percipere) 29
――の様式 modus percipiendi **17-21**
疑わしい―― perceptio dubia 30
仮構された―― perceptio ficta 30-38
偽なる―― perceptio falsa 30, 38
真の―― perceptio vera 29
注意する attendere 31, 33, 36, 37-38
抽象的な事物 res abstracta 51
抽象的に abstracte 19, 43
直観的に intuitive 20
治療する mederi 16
定義 definitio **50-52**, 55
よい――の条件 conditio bonae definition 50
哲学 philosophia 23, 30, 43, 46
私(たち)の―― mea(nostra) philosophia 23, 26, 27
天体の現象 coelorum phaenomena 34
同意 assensus 35-38
道具 instrumentum 22, 25-26
知性的な―― instrumentum intellectualis 22
物体的な―― instrumentum corporeum 22
本有の―― instrumentum innatum 22-23, 25, 56

道徳哲学 moralis philosophia　16
特殊的 particularis　→一般的／特殊的
特殊的で肯定的な本質 essentia particularis affirmativa　→本質
特殊的なもの particularia　43
特殊な本質 essentia pecurialis　→本質
特性 proprietas　17-18, 40, 51, 52
特有的 specialis　52
富 divitiae　11-12, 13

ナ　行

内的規定 denominatio intrinseca／外的規定 denominatio extrinseca　39, 53
人間の本性 humana natura　15, 20
人間の弱さ humana imbecillitas　15

ハ　行

漠然とした経験 experientia vaga　→経験（する）
範型 exemplar
　自然の—— naturae exemplar　26
反照的認識 cognitio reflexiva　25, 40, 55
必然性 necessitas／必然 necessarium　30, 33
必然的実在 existentia necessaria　→実在
否定的名辞 nomina negativa　→名辞
人々の見解 captus hominum　→理解力
比例（比例関係） proportio（proportionalitas） 20, 21
　——数 numerus proportianalis　20
不確実 incertum　→確実／不確実
不可能 impossibile　→可能／不可能
不完全 inperfectum　→完全／不完全
不幸 infelicitas　→幸福／不幸
物体的な道具 instrumentum corporeum　→道具
普遍（者） universale　17, 43, 54
変化する個物の系列 series rerum singularium mutabilium　→確固にして永遠なる事物の系列／変化する個物の系列
遍在性 ubique praesentia　54
忘却 oblivio　46
法則 lex　29, 48, 54
　自然の—— lex naturae　15, 36
　すべての個物が生起し秩序づけられている—— leges secundum quas omnia singularia et fiunt et ordinantur　53
方法 methodus　21-26, 30, 40, 44
吠える動物 animal latrans　18
本質 essentia　18-19, 21, 34, 50
　形相的—— essentia formalis／対象的—— essentia objectiva　23, 24, 25, 26, 53
　事物の—— essentia rei　17, 21
　事物の十全な—— essentia rei adaequata　21
　事物の内奥の—— intima essentia rei　51, 53
　特殊的で肯定的な—— essentia particularis affirmativa　50, 52
　特殊な—— essentia pecurialis　23
本性 natura　20
　——の必然性から ex naturae necessitate　57
本有の力 vis nativa　→力
本有の道具 instrumentum innatum　→道具

マ　行

道 via　7, 16, 21, 29
民衆の理解力 captus vulgi　→理解力
無限性／無限（な） infinitas/infinitum（infinitus）　43, 56
　絶対的に—— absolute infinitum　56
名辞 nomina　32, 34
　肯定的—— nomina affirmativa／否定的—— nomina negativa　49
明晰判明な（に） clarus（clare） et distinctus（distincte）　36-37, 45
名誉 honor　11, 12-15
目的 finis　16, 17, 20, 29
　究極—— finis ultimus　12
目標 scopus　16-17, 49, 51
物語 historia　46

ヤ　行

有益 utile　13
夢 somnium　38
よい定義の条件 conditio bonae definition
　→定義
喜び laetitia／悲しみ tristitia　12, 14
　最高の喜び summa laetitia／最高の悲しみ summa tristitia　11, 12

ラ・ワ行

利益 commodum　11
理解力(見解) captus
　人々の―― captus hominum　12
　民衆の―― captus vulgi　16
力能 potentia　20, 24, 34, 41, 47
　知性の―― intellectus potentia　40
量 quantitas　57
　――の観念 quantitatis idea　56
療法 remedium　13, 14
類 genus　54
連結 concatenatio
　自然の―― concatenatio naturae　51
　事物の―― concatenatio rerum　45
私(たち)の哲学 mea(nostra) philosophia
　→哲学

政治論 索引

固有名索引

- 索引は本文のみを対象とした.
- 当該固有名の現れる文脈が複数のページにわたる場合は，二分ダーシ(–)で示した.
- 関連項目がある場合は→で示した.

ア 行

アジア Asia　122
アテナイ人 Atheniensis　139
アヒトフェル Achitophel　142
アブサロム Absolom　142
アマゾネス Amazonae　202
アラゴン人 Arragonensis　152–154
ヴェネツィア人 Veneti／ヴェネツィア共和国 Respublica Veneta　156, 165, 169
オデュッセウス Ulixes　134
オランダ人 Hollandi, gens Hollandica, Belga／オランダ Hollandia／オランダ共和国 Hollandorum respublica／連合州 Confoederatorum Provinciae　154, 156, 161, 172, 179, 190
オルシネス Orsines　122

カ 行

カエサル Julius Caesar　137
カスティーリャ人 Castellani／カスティーリャ王国 regnum Castellae　153
キケロ Marcus Tullius Cicero　193
共和政ローマ respublica Romana　→ローマ人／ローマ／共和政ローマ
キリスト Christus　107
クルティウス Quintus Curtius Rufus　122

サ 行

サグントゥム Saguntus　190
サルスティウス Sallustius　137
ジェノヴァ人 Genuenses／ジェノヴァ共和国 respublica Genuensis　156, 176
シシャク Susacus　147
スキピオ Scipio Africanus　194
スパルタ人 Lacedaemonii　152
ソロモン Salomon　147

タ 行

タキトゥス Cornelius Tacitus　142
ダビデ David　142
ドイツ(低地ドイツ) (inferior) Germania　158
ドゥ・ラ・クール(あのきわめて思慮に長けたオランダ人，V. H.) Pieter de la Court　172
トルコ人 Turcae　121, 147

ハ 行

ハンニバル Hannibal　117
フェリペ2世 Philippus secundus　154
フェリペ3世 Philippus tertius　154
フェリペ4世 Philippus quartus　147
フェルディナンド(フェルナンド) Ferdinan-

do II　153
ペドロ(アラゴン王ペドロ 4 世) Pedro IV　152
ヘブライ人 Hebraei　148, 152
ペルシャ人 Persae　134
ペレス Antonio Perezius(Pérez)　142

マ　行

マキャヴェッリ(かの鋭敏なフィレンツェ人) Niccolò Machiavelli　118, 192
ムーア人 Mauri　152

ラ　行

ルイ 14 世 Ludovicua(Louis) XIV　147
レハベアム Reghabeam　147
連合州 Confoederatorum Provinciae　→オランダ人／オランダ／オランダ共和国／連合州
ローマ教皇 pontifex Romanum　152
ローマ人 Romani／ローマ Roma／共和政ローマ respublica Romana　142, 156, 161, 190, 193, 194, 198

事項索引

- 索引は本文のみを対象とし，事項として言及される箇所を掲げた.
- 主要な参照箇所は太字で示した.
- 事項の現れる文脈が複数のページにわたる場合は，二分ダーシ(–)で示した.
- 関連項目がある場合は→で示した.

ア　行

悪徳(欠陥) vitium　85, 87, 91, 117, 149, 150, 192, 195–196
悪魔 diabolus　92
あたかも一つの精神によってのように una veluti mente　→精神
安全 securitas　88, 102, 116, 135, 142, 143–144, 145, 147, 153, 159, 165, 166, 167, 187
安寧 salus　88, 109, 110, 114, 119, 121, 123, 136, 137, 138, 140, 165, 168, 180, 182, 193, 201
威嚇 mina　→報酬／威嚇
憤り indignatio　113, 114, 135, 197
畏敬 reverentia　113–114
栄職 honor　139, 141, 150, 156, 160, 162, 168, 181, 193, 196
王 rex　→国王(王)
王族 nobili　124, 127, 131, 145, 150
愚か者や狂った者 stultus aut vesanus　105

カ　行

神 Deus　**89–90**, 91–92, 93, **99–100**, 106–107, 142, 149
感情 affectus　85, 87–88, 92, 95, 100, 103, 110, 117, 120, 121, 135, 136, 139, 158, 190, 196, 197, 198, 201, 202
官吏 minister　112, 131, 164, 166, 167, 169, 177, 179–180, 185, 186, 187, 192
議会(会議) concilium　97, 114, 157–158, 160, 161, 164–165, 168–169, 172, 173, 174–175, 184, 186, 188, 194, 201

最高会議 summum concilium 112, 143, 152, 159, 161, 164-165, 167, 168, 169-170, 171, 172, 173, 175, 176-177, 184, 185, 187, 188, 194, 200, 201
貴族 patricius 155-156, 158, 160-161, 163-172, 175-181
貴族制 aristocratia／貴族制統治 imperium aristocraticum **97**, 101, 122, 155-162, 165, 171, 183, 189-191, 192, 196, 197, 200-201
機密 silentium 151
恭順 obsequium →罪／恭順
共同の福利 bonum commune 161, 167, 168, 182, 190
共同の法 jura communia →法
公事 res publica 88, 136, 182
軍 militia 123-124, 130, 138-139, 141, 143-144, 146, 160-161, 166, 171, 187, 198
君主 princeps, monarcha 118-119, 123, 134, 136, 142, 160, 175
群集 multitudo 86, 87, 97, 99, 101, 104, 106, 114, 118-119, 120, 122, 123, 135, 137, 140, 148-149, 154, 157-158, 159, 161, 162-163, 166, 177, 178, 183, 189, 190
　自由な—— multitudo libera 118-119, 149
君主制 monarchia／君主制統治 imperium monarchicum **97**, 101, 122-133, 134-154, 156, 157, 159, 162, 165, 171-172, 179, 193
軍隊 exercitus 117, 144
軍団 legio 123, 187
軍団司令官 tribunus militiae 160, 187
敬虔 pium／不敬虔 impium 86, 99, 103
継承(相続) haereditas／継承者(相続者，後継者) haeres, successor 123, 125, 132, **148-149**, 153, 155
契約 contractus 109, 114-115
欠陥 vitium →悪徳(欠陥)
決裁 decretum 98, 99-100, 101, 103, 107, 117, 126, 134-135, 169, 173, 174
権利 jus →自然の権利，力能
　共同の—— commune jus 86, 97, 98, 100, 144-145
　国家の—— civitatis jus 103, 105-106, 108, 113, 123, 124
　自己の——のもとにある sui juris esse／他者の——のもとにある alterius juris esse **94**, 96, 103, 104-109, 112-113, 116, 123, 141, 143, 144, 159, 183, 186, 189, 201
　宗教の—— religionis jus 149
　戦争の——(戦争の法) jus belli 108, 114, 118, 131, 147, 153, 189
　統治の—— imperii jus 148, 158
権力(力) potestas 91-94, 102, 105, 109, 113, 121, 142, 152, 156, 164, 193, 201, 202
　最高権力 summae potestates 86, 101, 104, 106-107, 110, 111, 112, 122, 137, 148, 156, 165, 180, 185, 190
公共体(共和国) respublica 85, 101, 111, 116, 126, 151, 156, 162, 166-167, 173, 174, 182, 190, 193, 196, 198, 200
公正 aequum／不公正 iniquum 103, 111
講和 pax →平和(和平，講和)
国王(王) rex 122-123, 124-125, 126-129, 131, 132, 134-135, 137-138, 140-142, 144, 145, 146-149, 152-154, 157, 171-172
　——殺し parricidium 119
国法 jura civilia(jus civile) →法
国民 subditus **101**, 103, 105, 106, 112, 113, 117-118, 122-123, 135, 136, 142, 153, 157, 160-161, 171-172, 181, 187, 190, 196
国家 civitas 86, **101-106**, 107-115, 116-117, 120, 122-123, 126, 129, 133, 135, 136, 144-145, 147, 148-149, 198
　——の精神 civitatis mens／——の身体 civitatis corpus 101, 126, 136
　——の法 civitatis jura →法
国家状態 status civilis →自然状態／国家状態
護法官 syndicus／護法官会議 syndicorum concilium **166-169**, 170, 172, 175, 177, 178, 179, 180, 188, 194, 195

護民官 plebis tribunus　194

サ　行

最高権力 summae potestates　→権力(力)
最高裁判所 supremum judicium　167, 188
最初の人間 primus homo　91-92
裁判官 judex　129-130, 145-146, 175-178, 186, 188
参与 consiliarius／参与会議 concilium consiliariorum　125-129, 136, 137-138, 141, 142, 144, 146, 153, 157, 179
使節 legatus　111, 126, 131, 170, 186
自然 natura
　——の成り立ち institutum naturae　93
　——の法則 naturae leges／——の規則 naturae regulae　90, 91, 93-94, 102, 112-114　→法律
自然権 jus naturale　89, 90, 96, 102, 114　→自然の権利
自然状態 status naturalis／国家状態 status civilis　88, 96, 97, 99, 101, 102, 104, 105, 106, 107, 108, 113, 114, 115, 116-117, 120, 141, 144, 146, 148
自然的事物 res naturalis　89-90, 112
自然の権利 jus naturae　90-91, 95, 97-98, 99, 101, 102, 107, 108
氏族 familia　123-125, 127-128, 130, 140, 141-142, 144, 160, 162, 163-164, 175, 176
支配権 dominium　121
司法会議 concilium jurisperitorum　129
市民 cives　**101-103**, 105, 106, 107, 111, 117, 120, 122-124, 125, 126, 128, 130-132, 135, 136, 138-139, 141-146, 150, 151-152, 156, 162, 163, 172, 184, 191, 200
市民権 jus civis　130, 200
社会 societas　86, 147
社会的動物 animal sociale　96
自由(な) libertas(liberis)　86, 88, 90, **92-93**, **94-95**, 97, 98, 99, 104, 114, 118, 119, 124, **135**, 138, 142, 143, 145, **146**, 149, 150, 151, 153-154, 157, **158-159**, 160, 162, 169, 172, 179-180, 181, 182, 190, 191, **197**, 200
宗教 religio　87, **99-100**, 105, **106-107**, 110, 133, **180-181**
　——の権利 religionis jus　→権利
術策 ars　85-86, 122, 139, 142, 144, 156, 170
上院議員 senator／上院 senatus　167, 169-175, 178-181, 185-189
将軍 dux exercitus, imperator　122, 123, 130, 144, 160, 168, 171, 186, 187
女性 foemina／娘 filia　122, 132, 147, **202**
神学者 theologus　86, 91-92
『神学政治論』 *Tractatus theologico-politicus*　89, 149, 180
信義 fides　→約束(信義，忠誠)
税 exactio, tributum, vectigal　124, 131, 143, 169, 170, 171, 172, 185, 187
正義 justitia／不正 injustitia　89, 100, 134, 152, 178
政治家 politicus　85-86
政治学 politica　85, 86
聖書 Scriptura　110, 144, 147
精神 mens　87, 88, 91-92, 94, 96, 98, 106, 118
　あたかも一つの——によってのように una veluti mente　96, 101, 104, 111, 120, 159, 165
制度(成り立ち) institutum　93, 97-98, 101, 102, 152, 176, 202
政務官 consul　174-175, 180, 186, 188
絶対統治 imperium absolutum　→統治(統治権)
戦争(内乱) bellum　97, 108, 109, 111, 117, 121, 124, 127, 130, 137, 138-139, 141, 145, 146, 147, 151, 170, 171
戦争状態 status belli　109, 146
戦争の権利(戦争の法) jus belli　→権利
選良 optimi　141, 156, 158, 179, 200-201
総裁 Rector　165
騒擾 seditio　117, 120, 121, 133, 141, 159, 160, 194
相続者 haeres, successor　→継承(相続)／継承者(相続者，後継者)

タ　行

大隊 cohort　123, 130, 186
他国人 peregrinus　130-131, 146, 161, 162, 163, 176, 201
力 potestas　→権力（力）
力 vis　→暴力（力）
知事 Proconsul　178-179
中隊長 centrio　160
罪 peccatum／恭順 obsequium　89, 91, 97-100, 113-114, 117, 165, 193, 195
哲学者 philosophus　85-86, 112
統治（統治権）imperium　88, **97**, 98, 99, 100, 101, 102, 105, 111, 112, 120-121, 137, 142, 151, 155-157, 162, 192-193, 197, 198-199
——全体の身体と精神 totius imperii corpus et mens　101, 103
——の形態 forma imperii　120, 149, 151, 159, 163, 164, 193, 195, 199
——の権利 imperii jus　→権利
——の掌握者 qui imperium tenet　97, 99, 101, 113, 114-115, 136, 140, 155, 157, 183-184, 190, 199
——の魂 anima imperii　197
——の中の—— imperium in imperio　91
獲得される—— imperium quod acquiritur／創出される—— imperium quod creatur　118
最善の—— imperium optimum　99, 116-117, 118
人民の—— imperium popularium　→民主制／民主制統治／人民の統治
絶対—— imperium absolutum　142, 151, 153, 155, **157-158**
同盟 foedus　108-109, 147, 184, 189
統領 Princeps　165
徳（力量，武勇）virtus　88, 92, 100, 117, 118, 122, 137, 138, 140-141, 146, 150, 156, 160, 170, 172, 192, 193, 195, 196, 197
都市 urbs　97, 111, 123, 124, 130, 131, 138, 143, 144, 156, 159, 176, 178-179, 183, 184-188, 189, 190-191, 199

ナ　行

内乱 bellum　→戦争（内乱）
成り立ち institutum　→制度（成り立ち）
人間本性 humana natura　85-87, 88, 90-91, 92, 94, 95, 102, 105, 106, 110, 113, 114, 120, 136, 144, 162

ハ　行

派閥 factio／派 pars　**155-156**, 162
秘書官 qui a secretis sunt　179-180
平等 aequalitas　127, 142, 144, 145, 153, 161, 162, 165-169, 184, 197
不敬虔 impium　→敬虔／不敬虔
不公正 iniquum　→公正／不公正
不正 injustitia　→正義／不正
武勇 virtus　→徳（力量，武勇）
兵 milites　111, 140-141, 142, 160
平民 plebs　149, 150, 158, 160, 167, 169, 176, 177, 178, 179, 180, 181, 194
平和（和平，講和）pax　97, 104, 106-107, 108, 109, 111, 116-117, 121, 123, 131, 135, 136, 138-139, 143, 145, 146, 151, 159, 170, 171-172, 179, 186, 195, 202
法 jura
——は統治の魂 anima imperii jura sunt　197
共同の—— jura communia　86, 96, 104
国法 jura civilia（jus civile）　89, 101, 113-115, 148, 153
国家の—— civitatis jura　103, 104, 105, 106, 112
統治の——すなわち公共の自由 imperii jura sive libertas publica　135
俸給 stipendia　131, 138, 146, 160, 166, 194
報酬 praemium／威嚇 mina　105, 130, 146, 161, 166, 197
法廷 forum, tribunal　87, 175, 178, 185, 186, 187
法務官 praetor　146

法律 lex　101, 111, 112–114, 117, 135, 148, 155, 158, 160, 162, 163, 164, 165, 168, 170, 176, 182, 185, 192, 195, 196, 198–199, 200, 201
暴力（力） vis　91, 94, 96, 153

マ　行

民衆 vulgus　149–150
民主制 democratia／民主制統治 imperium democraticum／人民の統治 imperium popularium　**97**, 101, 121, 137, 155, 162, 163, 200–201
娘 filia　→女性／娘
名誉 gloria　138, 139, 160, 180, 193, 196

ヤ　行

約束（信義，忠誠） fides　88, 95, **109–110**, 120, 121, 140, 144, 152, 153, 198
ユートピア utopia　85
傭兵 miles mercenarius, milites stipendiarii, milites auxiliares　141, 143, 147, 150, 160
預言者 prophetae　99, 148

ラ・ワ行

利益収入 emolumenta　130, 145, 166, 167, 169, 171, 177, 178, 187, 188
力能 potentia　89, 90–91, 93, 94, 96, 97, 101, 102, 104–105, 106, 108
──ないし権利　90, 93, 96, 97, 101, 104, 106, 111, 122, 143, 144, 148, 184, 186, 202
議会の──　157, 159
貴族の──　160, 177
群集の──　97, 101, 104, 106, 154
国王の──　140, 154
国家の──　101, 104, 105, 106, 108, 148
最高権力の──　111
自然的事物の──　89–90
自然の──　90–91
統治の──　101, 144, 148, 157, 184
都市の──　184, 186
人間の──　90–91, 93, 94, 96, 113, 122, 202
力量 virtus　→徳（力量，武勇）
理性の規範 praescriptum rationis／理性の指図 dictamen rationis／理性の教え（理性の導き） documenta rationis　87, 88, 90, 91, 93, 94, 97, 98–99, 103, 104, 110, 112, 116, 120, 121, 135, 144, 159, 197
隣人愛 charitas　106
和平 pax　→平和（和平，講和）

ヘブライ語文法綱要 索引

• 人名索引，事項索引とも，本文のみを対象とし，出現箇所をページ上部のノンブルで示した．なお事項索引は，原則として各章の初出箇所を掲げた．

人名索引

エズラ Hgezra　13
キムヒ Moses Khimghius　124
デ・バルメス Abraham de Balmes　19
ブクストルフ Johannes Buxtorf　13
ヤルヒー（ラシ）R. Schelomo Jarghi　47

事項索引

• 主要な参照箇所は太字で示した．
• 事項の現れる文脈が複数のページにわたる場合は，二分ダーシ（–）で示した．
• 関連項目がある場合は→で示した．
• 対応するラテン語は名詞（形容詞）を単数（男性）主格形に，動詞を不定法能動態現在に直してある．
• 文法用語等でヘブライ語のものは，そのカタカナ音写で項目を立てた．
• 記号等のカテゴリーを［　］で補足した（例：［母音符号］）．

ア　行

アイン［文字］*Hgain*（ע）　13
アズラー［アクセント記号］*azla*（◌֨）　33
アトナフ［アクセント記号］*athnagh*（◌֑）　24
アレフ［文字］*Alef*（א）　12
暗黙のうちに理解する subintelligere　16, 28, 29, 68, 69, 72
異態動詞（形）Verbum Deponens　101, 188
一覧表 catalogus　39, 42, 43, 44
ヴァウ［文字］*Vau*（ו）　12
「動きのあるシェヴァ」“*scheva* mobile”　→ シェヴァ・ナア／「動きのあるシェヴァ」
遠隔原因 causa remota　123

オランダ語で Belgis(Belgice)　115, 129
音節 syllaba　19

カ　行

ガアヤー[補助記号] *gahgja*(◌ֽ)　27, 64
活用 Conjugatio　101
カドマー[アクセント記号] *khadma*(◌֨)　32
カフ[文字] *Kaf*(כ / ך)　12
カメツ[母音符号] *khamets*(◌ָ)　16
　双子の—— geminum *khamets*　51, 91, 140
カメツ・ハトゥフ *khamets ghatuph*　54, 89, 107, 109, 121, 126, 147, 180, 184
カルデア語 Chaldaicus(Chaldaeus)　177, 188
関係 relatio　35
関係詞としての名詞 Nomen Relativum／前置詞としての名詞 Nomen Praepositivum　36, 62, 65, 82
規則 regula　22
キブツ[母音符号] *khibuts*(◌ֻ)　17
ギメル[文字] *Gimel*(ג)　12
休音の〔文字〕 quiescens　14, 102, 158, 160
「休止しているシェヴァ」“*scheva* quiescens”　→シェヴァ・ナフ／「休止しているシェヴァ」
曲用(する) declinatio(declinare)　38, 65, 68, **69**, 70, 71, 74, 75, 77, 91, 105
屈折(する) flexio(flectere)　38, 73, 76, 195
形式 formula　53, **99**
形容詞としての名詞 Nomen Adjectivum　36
欠如〔動詞形〕 [verbum] defectivum　157, 175, 180, 195
原形代名詞 Pronomen Primitivum　77
喉音字 Gutturalis　14
口蓋音字 palati [litera]　14
語幹 thema　142
古形 obsoletum　78, 108
語根 radix　117, 151
コフ[文字] *Khof*(ק)　13
固有実詞としての名詞 Nomen substantivum proprium　36

サ　行

ザイン[文字] *Zain*(ז)　12
ザケフ・カトン[アクセント記号] *zakheph khaton* (◌֔)　25
サメフ[文字] *Samech*(ס)　13
作用原因 causa efficiens　123
ザルカー[アクセント記号] *zarkha*(◌֮)　31
シェヴァ[母音符号] *scheva*(◌ְ)／単純シェヴァ *scheva* simplex　16
　——・ナア *scheva nahg*／「動きのある——」“*scheva* mobile”　19, 113
　——・ナフ *scheva nagh*／「休止している——」“*scheva* quiescens”　19, 112
歯音字 dentium　14
実詞化する substantivare　76, 99, 102
実詞としての名詞 Nomen substantivum　36
支配(する) regimen(regere)　49
支配状態 Status Regiminis　51
従僕アクセント accentus servilis　26
縮合する contrahere　149, 153, 159, 178
〔シェヴァを〕縮約する corripere　19, 28, 113, 149, 169
受動者 patiens　54, 94, 133
シュレク[母音符号] *schurekh* (וּ)　17
〔文法的〕女性 foemininus　47
叙法(法) modus　100
シリア語の Syriacus　13
シン[文字] *Schin*(שׁ)　13
唇音字 Labialis　14
スィルーク[補助記号] *silukh*(׃)　24
スィン[文字] *Sin*(שׂ)　13
スペイン語で Hispanice　129
セゴール[母音符号] *segol*(◌ֶ)　16
　双子の—— geminum *segol*　39, 42, 43, 48, 61, 89, 194
舌音字 linguae [litera]　14

接辞 affixum　79, 190
絶対状態 Status Absolutus　51
絶対状態の不定詞〔としての名詞〕[Nomen] Infinitivum in Statu Absoluto　55
前置詞としての名詞 Nomen Praepositivum →関係詞としての名詞／前置詞としての名詞
洗練 elegantia　68, 71, 89, 113, 116, 125, 132, 163
〔不定詞の〕相 species　94, 96, 97
双数 numerus dualis　45, 62
属性 attributum　35, 53, 193
属格 genitivus　62

タ　行

代償する compensare　19, 29, 64, 107, 111, 129, 134, 156, 164, 175, 181, 193
代名詞 Pronomen　36
ダゲッシュ(を打つ)[補助記号] *dagesch* (dageschare)　14
タルハー[アクセント記号] *targha*(֖)　24
ダレット[文字] *Dalet*(ד)　12
単純シェヴァ *scheva* simplex　→シェヴァ[母音符号]／単純シェヴァ
単数 singularis　38
〔文法的〕男性 masculinus　47
知性 intellectus　35
〔ギリシア語動詞の〕中間〔態〕の活用 medii Conjugatio　101
中立〔動詞形〕[Verbum] Neutrum　115, 123, 193
ツァデー[文字] *Tsade*(צ / ץ)　13
通性 communis　47
テット[文字] *Tet*(ט)　12
添加語尾の paragogicus　44
統語論 Syntaxis　68, 72, 76, 97, 103, 118, 133, 134
動詞形 Verbum　**101**
同綴異義 amphibolia　87
特徴 characteristica　99

ナ　行

二重化する dupilicare　14, 18, 28, 64, 164, 169, 174, 183
ヌン[文字] *Nun*(נ / ן)　13
能動者 agens　54, 75, 94, 123-125, 128-132, 133-135

ハ　行

パタフ[母音符号] *pathagh*(ַ)　16
　盗まれた── *pathagh* furtivum　**18**, 149
〔シェヴァを〕発音する pronunciare　19, 27, 113, 169
ハテフィーム *ghatephim*／複合シェヴァ *scheva* compositum　21, 28
反復する geminare　183, 189, 195
非分離の前置詞 Praepositio Inseparabilis　84, 105
表現(する) expressio(exprimere)　16
表示(する) significatio(significare)　11
ヒレク[母音符号] *ghirekh*(ִ)　17
不規則 anomalus　101, 160
複合シェヴァ *scheva* compositum　→ハテフィーム／複合シェヴァ
副詞としての名詞 Nomen Adverbium　36
複数 pluralis　38
普通名詞 Nomen appellativum　36, 64
不定詞としての名詞 Nomen Infinitivum　36
分詞としての名詞 Nomen Participium　36
分離(する)アクセント accentus distinguens　32, 110, 113
ヘー[文字] *He*(ה)　12
　既知の── *He* notitiae／指示の── *He* Indicativum　64
ペー[文字] *Pe*(פ / ף)　13
ベガッドケファット[文字カテゴリー] *begadkephat*　14
ヘット[文字] *Ghet*(ח)　12
ベート[文字] *Bet*(ב)　12

変異（する）variatio（variare）　53
変化（させる）mutatio（mutare）　18
変状（させる）affectio（afficere）　192
母音 vocalis　11, **16**
方言 dialectus　15, 52
ホレム［母音符号］*gholem*（◌ֹ）　17

マ　行

マカフ［補助記号］*makhaf*（־）　26, 55, 119
マソラー学者たち Masorethae　24, 78, 108
マピーク［補助記号］*mappikh*　15
密着する adhaerere　19
ミレエル［アクセント位置の分類］*millehgel*　26, 42
ミレラア［アクセント位置の分類］*millerahg*　26, 42
名詞 nomen/Nomen　35
メム［文字］*Mem*（מ / ם）　13
文字 litera　11, **12**

ヤ・ラ行

様態 modus　35, 75, 98, 115, 192
ヨッド（ヨット）［文字］*Jod*（*Jot*）（י）　12
ラビア［アクセント記号］*rabiahg*（◌֗）　25
ラメッド［文字］*Lamed*（ל）　13
類推（的）analogia（analogus）　42, **52**, 157, 176, 183, 195
例外 exceptio　47
レーシュ［文字］*Resch*（ר）　13

ヘブライ語文法綱要

秋田　慧訳

凡 例

一　本翻訳はスピノザ著『ヘブライ語文法綱要』(Baruch[Benedictus] de Spinoza, *Compendium grammatices linguae Hebraeae*, 1677)を全訳したものである。翻訳にあたっては『遺稿集』ラテン語版に依拠し、ゲプハルト版全集を適宜参考にした。

一　本文の欄外左の算用数字は、ゲプハルト版全集(第一巻)の対応頁を示す。

一　ページ上部には『ヘブライ語文法綱要』日本語訳独自のノンブルを、ページ下部には『知性改善論』索引から始まる本巻横組部分の通しノンブルを配した。『ヘブライ語文法綱要』において、目次のほかページ番号の表示にあたっては上部のノンブルを用いた。

一　原文に現れるヘブライ語は可能な限り正確に『遺稿集』ラテン語版の表記をそのまま転記した。ただし一部不鮮明な印字や活字化困難な表記については訳注においてその旨を記した。また、子音字をともなわない母音符号およびアクセント記号には視認性の観点から原文にない点線の円(◌)を追加した。

　例：「ダゲッシュの点が ◌ַ パタフの下に置かれて ◌ָ カメツとなる」

一　本文内の「　」は、原文においてヘブライ語に対するラテン語訳がなされた箇所に対応する日本語訳、およびラテン文字による音写がなされた箇所に対応するカタカナ表記に主として用い、一部では初出用語ないし強調のイタリック体に対応して用いた。上記ラテン語訳の箇所には丸括弧に立体で原文のラテン語を、ヘブライ語の音写には丸括弧にイタリック体で原文のラテン文字による音写を、それぞれ併記した。

　例：「単数形 אַב「父」(pater)は男性」、「これは פתח「パタフ」(*pathagh*)と呼ばれる」

一　〔　〕は訳者による補足を示す。

一　活用等の一覧表に関しては、読みやすさを考慮して配置の調整や分割など

の編集を加えたところがあるが、必要に応じて訳注においてその旨を記した。

一　本翻訳では参照の便宜のために原文にない段落番号および表番号を追加し、各章中でそれぞれ［1］および［表 VIII-1］のように1から付番した。段落分けは『遺稿集』ラテン語版の字下げに機械的に準じたもので、ブルーダー版全集に付された番号とは異なる。

一　訳注や解説で頻繁に参照されるテクストソースと校訂版に関しては、下に掲げる略号を用いた。

OP　『遺稿集』ラテン語版（*B.d.S. Opera posthuma, quorum series post praefationem exhibetur*, Amsterdam, 1677）

VL　フローテン＆ラント版全集（第二巻に所収）（*Benedicti de Spinoza Opera quotquot reperta sunt*, ed. J. van Vloten & J. P. N. Land, vol. 2, La Haye, Nijhoff, 1883）

Br　ブルーダー版全集（第三巻に所収）（*Benedicti de Spinoza Opera quae supersunt omnia*, ed. Karl Hermann Bruder, vol. 3, Leipzig, 1846）

Gb　ゲプハルト版全集（第一巻に所収）（*Spinoza Opera*, im Auftrag der Heidelberger Akademie der Wissenschaften herausgegeben von Carl Gebhardt, Bd. 1, Heidelberg, Carl Winter, 1925/1972）

目 次

凡 例

ヘブライ語文法綱要

9

読者への覚え書き[1]

286 篤実なる読者へ。貴殿の手許にあるこの『ヘブライ語文法綱要』は、友人たち[2]のなかでもとりわけ熱心に「聖なる言語」を学ぼうとしていた幾人かの求めに応じて、著者〔スピノザ〕が執筆を引き受けたものです。というのも、著者が幼い頃からヘブライ語に沈潜し、長じてからも不断の努力を捧げてきたこと、そして言語の魂に徹底的に肉薄し熟達していたことを、友人たちはよく知っていたのです。著者と交誼があり、この書物がどのようにして書かれていたかを知る者[3]であれば誰でも、他の多くの著作と同様に著者の時ならぬ死のせいで未完成のままになっているからといって、これを繙くのを厭いはしないでしょう。篤実なる読者よ、われわれはこの著作をあるがままの形で貴殿に提供しますが、著者の仕事と貴殿の役に立ちたいというわれわれの熱意との双方が貴殿にとって喜ばしいものになるであろうことに、われわれは何らの疑いを容れません。

第1章　文字と母音一般について

287 [1] どんな言語であれ、その基礎が文字と母音である[1]からには、ヘブライ人たちのもとで文字や母音とは何であったかを、われわれは何よりもまず述べねばならない。文字とは、口から発せられた響きが聞こえ始めるところでなされる、口の動きの標識である。たとえば א は喉が開くときに喉で聞こえる響きの起点を表示する。ב は唇が開くときに唇で聞こえる響きの起点を〔表示する〕。また ג は舌と口蓋の先端で〔聞こえる響きの起点を表示する〕、などのように。母音とは、特定の、決定された響きを指示する標識である。このようにして、ヘブライ人たちのもとで母音が文字ではないことをわれわれは理解する。それゆえにヘブライ人たちのもとで母音は「文字の魂《アニマ》」、母音のない文字は「魂無き肉体」と呼ばれている[2]。しかし、諸々の文字と母音との違いのより明瞭な理解のために、指で〔穴を〕押さえて演奏する管笛を例にとることで、より適切な説明がなされうる。すなわち、〔ヘブライ語の〕母音は音楽のための管笛で言えばその響きにあたり、文字は指で押さえられる穴である。さて、このことについてはもう十分であろう。

第2章　文字の姿、音価、名称、分類、および特質[1]について

288 [1] ヘブライ人たちは22個の文字を持っており、それらの姿と順序は古代の著作家たちの間で受け入れられたもので、אבגדהוזחטי 等である。

א　ヨーロッパのいかなる他の言語の文字でも説明できない。われわれがすでに述べたように、喉を開くことを表示する。その名前は「アレフ」(*Alef*)である[2]。

ב　*b* 名前は「ベート」(*Bet*)[3]。

ג　*g*「ギメル」(*Gimel*)、もし点がなければ柔らかい〔音〕[4]。

ד　*d*「ダレット」(*Dalet*)、点がなければ柔らかい。

ה　「ヘー」(*He*)と呼ばれる。響きの起点が喉のより深い部分にあることを表示する。

ו　*v*「ヴァウ」(*Vau*)、および「ウ」(*U*)でもある[5]。古代人によってそれ以外の音で発音されることは決してなかったはずだと私は信じている。これは母音ではなく文字、唇において聞こえる響きの起点を示す文字である。

ז　*z*「ザイン」(*Zain*)。

ח　*gh*「ヘット」(*Ghet*)[6]。

ט　*t*「テット」(*Tet*)。

י　「ヨット」(*Jot*)[7]。舌と口蓋のあいだで聞こえる響きの起点を表示する。そして、ו「ウ」(u)と同様に、י「イ」(i)も、響きを伴わない場合がある。

כ　〔文字の〕真ん中に点がある場合は *k*、〔名前は〕「カフ」(*Kaf*)。そうでな

い場合は勢いのある *ch*、あるいはギリシア語の χ となる〔8〕。

ל　*l*「ラメッド」(*Lamed*)。

מ　*m*「メム」(*Mem*)。

נ　*n*「ヌン」(*Nun*)。

ס　*s*「サメフ」(*Samech*)。

ע　*hg*「アイン」(*Hgain*)。

פ　「ペー」(*Pe*)、真ん中に点がある場合 *p*。そうでない場合は *ph* のように勢いのある〔音〕となる〔9〕。

צ　*ts*「ツァデー」(*Tsade*)。

ק　*kh*「コフ」(*Khof*)。

ר　*r*「レーシュ」(*Resch*)。〔文字が〕語中〔10〕にあれば柔らかく、語頭にあれば粗い〔音〕。

שׁ　「シン」(*Schin*)、右脚の上に点がある場合 *sch*。もし左〔脚の〕上にある場合、サメフと同じ発音〔11〕である。

ת　*th*〔12〕、柔らかい。点がある場合は勢いがあり、*t* のような〔音〕を持つ。

289 [2] これらのうちの五つの文字 כמנפצ は、語頭あるいは語中における形と、語末において延ばして表記された形とで異なっていることに注意されたい。「カフ」〔כ〕が語末に現れる場合、ך のようにその脚〔右下部分〕が下へと延ばされる。また「メム」〔מ〕は ם のように下部が閉じられる。残りの三文字〔נפצ〕も כ と同様、ןףץ となるように延ばされる。最後に、ヘブライ人たちは短縮のために א と ל とを ﭏ のように組み合わせる習慣がある。このような字形はシリア語のものであるが、エズラ〔13〕が古代ヘブライ文字の一つとして選んだものであり、またファリサイ人たちが自分たちの神聖な〔書物〕において迷信的に模倣していたものである。とはいえ著者たちはこの他の字形もかなり頻繁に使っている。ブクストルフによる語彙集〔14〕を参照してほしい。

[3] 他にも文法学者たちのもとでは、文字はよく使われる五つのクラス、すなわち喉音字・唇音字・歯音字、そして舌音字および口蓋音字に分けられる。אהחע (*ahachahg*)〔の四文字〕は喉音字〔15〕、בומף (*bumaph*)は唇音字、גיכק (*gicaqh*)は口蓋音字、דטלנת (*datlenath*)は舌音〔字〕、זסצרש (*zastserasch*)は歯音〔字〕と呼ばれる。

[4] 語中では、各々の文字は、長い、短い、または極めて短い母音を持たなければならない。ただし、「黙音の〔文字〕」(mutae)または「休音の〔文字〕」(quiescentes)と呼ばれる אהוי (*ehevi*)の四文字はその限りではない。

[5] したがって〔休音でない限り語中に置かれたすべての文字は必ず母音を持っているはずだから〕、二つの母音の間に挟まれた子音〔16〕が二重化され〔17〕ねばならない場合であっても、〔その音を表す文字が〕明示的には〔18〕二重化されず、דגש「ダゲッシュ」(*dagesch*)と呼ばれる点で表される。ちょうど פִּקְקֵד (*pikked*)の代わりに פִּקֵּד となるように。

[6] 二つの母音の間にある喉音字は二重化されえない。というのも、〔各喉音字が〕喉の特定の開き方や気息の方法を示しているからである。まさしくラテン人たちのもとでのHの文字と同様、ヘブライ人たちのもとでも二つの母音の間で喉音字が二重化されることはない。また、ר (*r*)の文字〔の音〕は語中では常に柔らかく、同じように二つの母音の間で二重化されない習慣がある。従ってこれら אהחער の五文字には決してダゲッシュが打たれない。次に、たとえ二つの母音の間にあって二重化されるべき文字はすべてダゲッシュ点によって表記されねばならないとは言えても、その逆、すべてのダゲッシュ点が文字の二重化を指示しているとは言えないことに注意すべきである。それぞれの箇所でわれわれが指摘したように、בֿ גֿ דֿ כֿ פֿ תֿ「ベガッドケファット」(*begadkephat*)の文字に打たれる〔ダゲッシュの〕点〔19〕は、柔らかい〔音〕から硬い〔音〕へと変えるために用いられる。最後に、語末に現れる ה〔ヘー〕の文字に時折打たれ

290 る点は、その理屈についてはふさわしい場所で述べるが、ダゲッシュではなく מפיק「マピーク」(*mappikh*)と呼ばれるものである。

[7] 語頭に置かれた בֿ גֿ דֿ כֿ פֿ תֿ〔ベガッドケファット〕の文字は粗い、すなわちダゲッシュを打たれている。ただし、これは先行する語のウルティマ〔最終音節〕が休音文字群〔אהוי〕のいずれか一つでない場合に限る。実際、その休音文字がマピークを伴う ה〔ヘー〕でない場合、または先行する語が休音文字で終わりながらも強いアクセントを〔最後の音節に〕持つものでない場合、そのうちのほとんどは〔語頭のベガッドケファットはダゲッシュがなく〕柔らかい。最後に、聖書では同じ調音器官に属する文字どうしが他の文字の代わりに、つまり ע〔アイン〕の代わりに א〔アレフ〕が、ז〔ザイン〕の代わりに ס〔サメフ〕が、פ〔ペー〕の代わりに ב〔ベート〕が、ת〔タウ〕の代わりに ט〔テット〕等が使われている。こういうことになってしまったのは、聖書がさまざまな方言を用いる人間たちによって書かれ、しかもこの方言はこの部族のものであの方言はあの部族のもので、というように区別することがもはや不可能になってしまっているからであると私は考えている。だがこの言語が他の部族と共通のものであった〔単一の部族に固有のものではなかった〕ことは聖書自体から明らかである。たとえばエフライム族は ש の代わりに ס「サメフ」(*Samech*)をどこであれ使っていた[20]が、これらの文字の調音器官は同じであった。それゆえ、いくら聖書の中ではしばしばある文字が同じ調音器官に属する他の文字の代わりに使われていることがよく知られているからといって、〔いまのわれわれが〕これに倣ってよいものではないだろう。実際、これは諸方言が混同されたということでしかないだろうから。

16

第3章　母音について、すなわち、母音〔符号〕の形、名称、音価、および特質について

[1] われわれがすでに述べたように、ヘブライ人たちの間では母音は〔アルファベットとしての〕文字ではなく、いわば文字の魂の如きものである。したがって、これら〔母音〕は〔書き入れられない状態のまま〕暗黙のうちに理解されている[1]か、あるいは文字に付記される点によって以下のように表現される。

[2] בַ もし一本の線が文字の下に引かれていれば、文字の〔音の〕後にa〔ア〕の響きが聞かれることを表示し、これは פתח 「パタフ」(*pathagh*)と呼ばれる[2]。

בָ もし一本の線に点があるものなら、a〔ア〕とo〔オ〕の複合された響きを表示し、קמץ 「カメツ」(*kamets*[3])と呼ばれる。

בֶ もし点が三つあれば、響きはe〔エ〕、あるいはむしろギリシア語のη〔エータ〕に近いものが表示され、סגול 「セゴール」(*segol*)と呼ばれる。

בֵ ただ二つの点が互いに横に並んでいれば、a〔ア〕とi〔イ〕の複合された響きが表示され、צרי 「ツェレー」(*tsere*)と呼ばれる。

בְ 他方、もし〔二つの点が〕互いに縦〔並び〕ならば、より短いe〔エ〕の響きが表示され、שוא 「シェヴァ」(*scheva*)と呼ばれる。

291 בִ 次に、もし一つの点が文字の下に記されていれば、文字の〔音の〕あとにi〔イ〕の響きが聴取されることが表示され、חירק「ヒレク」(*ghirekh*)と呼ばれる。

בֹ これに対して、もし文字の上端よりも上に〔一つの点が〕記されていれば、o〔オ〕のような響きが表示される[4]。

בֻ もし三つの点が文字の下にあって、文字の進む向きに対して傾いた方向、右下へ落ちてゆく方向に伸びる直線上に並んでいれば、ユプシロン(υ)のような響きが表示され、קבוץ「キブツ」(*kibbuts*[5])と呼ばれる。

בוּ 最後に、もし中ほどに点を打ったヴァウが文字に添えられているならば、o〔オ〕とu〔ウ〕の複合された響き、あるいはギリシア語のȣ[6]〔に相当する響き〕を表示し、שורק「シュレク」(*schurekh*)と呼ばれる。

[3] 二重母音ai〔アイ〕は、דְבַרַי (*debarai*)のように、パタフと、その後のי ヨットとによって記される。強アクセントがない場合については次章にて〔述べる〕。二重母音au〔アウ〕は、דְבָרָיו (*debarau*)のように、◌ָ カメツとその後に続くヨットとヴァウによって記される。または קַו (*khau*)すなわち「線」(linea)のようにパタフ〔とヴァウ〕によっても記される。なお、ポルトガルのユダヤ人たちはこれを *debarav* のように〔語末の ו (ヴァウ)を子音として〕発音する習慣がある。最後に、eu〔エウ〕はツェレーの後にヴァウを置くことで明示される。ちょうど שַׁלֵו (*schaleu*)のように。彼らがこれら以外にも〔二重母音を〕有していたのかについては、古代人の発音様式の大部分がわれわれの知るところでない以上、私も確言することはできない。

[4] すべての母音、つまり響きは、常に文字の〔定める音の〕後に聞かれる。ただし単語の終わりで、喉音字 החע〔ヘー・ヘット・アイン〕のいずれかが、

ツェレー・ヒレク・ホレム・シュレクの後に来る場合を除く。なぜならこの場合には、たとえば שֹׁמֵעַ (*schomeahg*)や גָבוֹהַ (*gaboah*)、פָּתוּחַ (*pathuagh*)など〔7〕のように、このパタフ ◌ַ が文字〔の音〕より前に聞かれるからで、これは「盗まれた〔パタフ〕」(furtivum)と文法家たちから慣習的に呼ばれている。

〔5〕 しばしば用法が求めるところとして、二つの母音に挟まれた文字が何らかの原因から二重化されなければならない場合に、二重化されるべき文字にダゲッシュ点を書き入れることによってこれ〔二重化〕が示されているとわれわれはすでに述べた。さらに、言語の用法がその二重化を要求しているところの文字が、第2章でわれわれが注意したような、二重化されえない喉音字のうちの一つになってしまうこともしばしばある。このような状況が生じたときには、〔喉音字に〕先行する母音が以下の方法で変化させられる。すなわち、二重化されるはずだった喉音字の前にある母音がもし ◌ַ パタフであった場合、たとえば הַעוֹבֵר (*hahgober*)の代わりに הָעוֹבֵר (*hahgober*)となるように、喉音字に書き入れられるべきだったダゲッシュの点が ◌ַ パタフの下に置かれて ◌ָ カメツとなる。ただし、たとえば הַעָנָן (*hahganan*)の代わりに הֶעָנָן (*hehganan*)となるように、
292 名詞によっては ח〔ヘット〕や ע〔アイン〕の前にある ◌ַ パタフが ◌ֶ〔セゴール〕にも変化する〔8〕。もしこれがヒレク ◌ִ であれば、点が〔もう一つ〕加えられて ◌ֵ ツェレーとなる、ちょうど מִהֵם (*mihhem*)の代わりに מֵהֵם (*mehem*)となる具合に。最後に、もし二重化されるべき喉音字に母音 ◌ֻ キブツが先行した場合、וֹ ホレムか וּ シュレクのいずれかへと変化する。しかしながら、これは普遍的なことではない。そればかりか、反対にまったく変わらないものも時折、見出される。実際、キブツのあとで ר〔レーシュ〕が二重化されることもある〔9〕。とはいえ、なぜ母音 ◌ָ カメツ、◌ֵ ツェレー、◌ֶ セゴール、וֹ ホレム、および וּ シュレクが、二つの母音に挟まれた二重化されるべき文字に先んじては、すなわち、二重化されるべき文字に従う〔強〕ダゲッシュ点の前では決して現れないのかは、こ

れらのことから明らかである。

[6] 諸音節[10]は、長いものと短いものとに適宜分けられる。すなわち ◌ַ パタフは短い a〔ア〕になり、◌ָ カメツは長い音節にも短い[11]音節にもなる。すなわち、実際、長い a〔ア〕の如くにも、オミクロン〔短い o(オ)〕の如くにも、いずれにもなる可能性があり、それはちょうど、פָּקָדָה[12] (*pakedah*)ではどちら〔のカメツ〕も長い a〔ア〕となるが、他方 גָּרְנִי (*gorni*)ではギメルの下のカメツがオミクロン〔短い o(オ)〕として発音される。◌ֶ セゴールは短く、◌ֵ ツェレーは長く、そして ◌ְ シェヴァはもっとも短い音節である。◌ִ ヒレクは、その後に休音のヨットがあれば長い i〔イ〕であり、それ以外の場合は短い〔i(イ)である〕。大概は、長い o〔オ〕である וֹ ホレムは、休音の ו ヴァウ(*vau*)をその後ろにとるが、時に ה〔ヘー〕あるいは א〔アレフ〕をとることもある。◌ֻ キブツは短く、最後に、וּ シュレクは長い。私は、この分類がかのアブラハム・デ・バルメス師[13]にとって愉快ではないことを知っている。たしかにそれは理由がないわけではないが、その分類が大きな有用性を持つことは以下の諸事から確立するであろう。ここで第一に注意しておかなければならないのは、通常 דגש〔ダゲッシュ〕点をもって代償される文字は、先行する音節を短から長〔音節〕へと変えることによっても補われうるということである。たとえ二重化を受ける文字が喉音字以外のものであったとしても、である。ちょうど、הֵתֵל (*hethel*)が הִתֵּל (*hitthel*)または הִתְתֵּל (*hiththel*)の代わりになるように。

[7] ◌ְ シェヴァは、もっとも短い音節なので、ある場合は縮約されて先行する音節に密着する[14]が、ある場合には発音されもする。それゆえに、ヘブライ文法学者らによって、前者は נָח「〔シェヴァ・〕ナフ」(*nagh*)すなわち「休止している」(quiescens)〔シェヴァ〕、後者は נָע「〔シェヴァ・〕ナア」(*nahg*)すなわち「動きのある」(mobile)〔シェヴァ〕と、呼ばれている。

293 [8] シェヴァは、語頭に現れる場合でも、語中にあって長音節のあとに現れる場合でも発音される。בְּרֵאשִׁית (*bereschith*)でのように、בּ〔ベート〕の下の ְ〔シェヴァ〕は語頭に現れているから発音される。また以下の例のように、語中にあって長い音節のあとに現れているから発音される。すなわち、פְּקֻדָה (*pakedah*)、בֵּרְכוּ (*berechu*)、יִירְאוּ (*jireu*)、פּוֹקְדִים (*pokedim*)、הוּבְאוּ (*hubeu*)などのように。次に、もし二つのシェヴァが語中で互いに連続している場合には、第二のシェヴァのみが発音される。תִּפְקְדוּ (*tiph-kedu*)のように、そこでは第一のシェヴァ〔の母音〕は縮約され、第二〔のシェヴァの母音〕は発音される。このことからまた、פִּקְּדוּ (*pikkedu*)のように、ダゲッシュを打たれた文字の下に記されたシェヴァも発音される。というのも、קּ にある〔ダゲッシュ〕点は ק〔コフ〕を二重化すること、そしてその〔重ねられた二つのコフのうち〕第一のものを縮約すべきことを示すからである。そして、この同じ理由から、語中にある一つの文字が、二つの母音に挟まれていながら二重化を受けていない場合にも、シェヴァが発音される。つまり הִנְנִי (*hineni*)における最初の נ〔ヌン〕の下のシェヴァは発音されるべきであるように、である。というのも、もし〔このシェヴァが〕縮約されなければならないなら、נ〔ヌン〕もまた縮約されて先行する音節のヒレクに密着しなければならないことになり、הִנְנִי (*hineni*)の代わりに הִנִּי (*hinni*)と書かねばならないことになってしまうだろうから。

[9] その他の場合にはシェヴァは常に縮約されるのだが、ここであらためて注意されたいのは、すべての発音されるべきシェヴァが語頭または語中に現れることをわれわれは〔前段落で〕注意したのだということである。実際、語末において〔シェヴァ〕は決して発音されない。さらに、よりよい理解のために、すべてのシェヴァが絶対的な音節、すなわち単独で聞かれうる[15]音節であるが、常に先行または後続する〔音節〕に密着していなければならないということを、ここで記しておかねばならない。それゆえに、シェヴァはいかなる単音節〔語〕にも打たれることがないと

いうことになる。このことから明らかなのは、縮約されたシェヴァとは、先行する音節に密着する「もっとも短い e」〔の音節〕に他ならないこと、また一方で発音される〔シェヴァ〕とは、後続する音節に密着する「もっとも短い e」〔の音節〕に他ならないことである。それは音節の前で知覚されるため、発音がいっそうはっきりとするのである。ここから帰結するように、〔シェヴァは〕語頭においては先行する音節に密着しえず、反対に語末においては後続する音節に密着しえず、それゆえに、語末〔のシェヴァ〕においては、長い音節の後であろうと、短いもの〔音節〕の後であろうと、また文字の下にダゲッシュがあろうと、柔らかい〔文字〕であろうと、最後に一つであろうと二つであろうと、常に〔語末のシェヴァは〕縮約されるのである。しかし語の中間では、長い音節の後に〔シェヴァが〕
294 現れるとき、その〔シェヴァ自身の〕後続の音節に密着することを、あるいはもし〔シェヴァが語中で〕二つ現れる場合は、最初のものが〔そのシェヴァよりも〕先行するもの〔音節〕に、2番目のものが〔そのシェヴァよりも〕後続するもの〔音節〕に密着することを、発音のあり方が要請する。さらにここで明らかとなるように、何であれ二つのシェヴァ〔の連続〕は、語頭では決して起きないし、語の中間の長い音節の後でも起きないということである。なぜならば、二つのシェヴァが〔両方とも〕後続の音節に密着することはできないからである。

[10] 喉音字は、発音される ◌ְ シェヴァを持つことができず、また縮約すべきシェヴァを持つことも稀である。むしろその代わりに、חֲטֵפִים「ハテフィーム〔16〕」(*ghatephim*)と呼ばれる三つの音節、短〔音節〕と最短〔音節〕との中間のものがあり、◌ֲ、◌ֳ、◌ֱ と記される。第一のもの〔◌ֲ〕は ◌ַ パタフより短い音節を示し、第二のもの〔◌ֳ〕は、短い o すなわちオミクロン〔に相当する〕短い ◌ָ カメツよりもさらに短い音節を示し、最後に、第三のもの〔◌ֱ〕は ◌ְ シェヴァ〔17〕すなわち短い e〔エ〕と、◌ְ シェヴァすなわち最短の e との中間〔音節〕を示す。これら〔ハテフィーム〕は、単純シェヴァ〔18〕の前では決して現れないこと、および、語頭であれ、語中であ

れ、語末であれ、〔3種のうち〕いずれかひとつが他のものと互いに連続しないことにおいて、シェヴァから区別されている。ただし、その他の事柄については、シェヴァとすべてにおいて一致する。すなわち、〔ハテフィームだけが〕単独で現れることもなく、その下にアクセントが置かれることもない。

[11] 母音に関する諸規則のうち、とりわけ今しがたわれわれがシェヴァについて述べたこと、すなわち何であれ二つのシェヴァが語頭には決して現れないこと、そして喉音字が発音される ◌ְ シェヴァを決して持ちえない一方、その下に縮約すべきシェヴァを持つことは稀であること、これらは明確に守られねばならない規則である。実際に、これらの用法は際立っているのだから。

23

第4章　アクセントについて

[1] アクセント[1]に関して慣習的に従われている規則は、ヘブライ人の言語を学ぶ者にとっては教えてくれるものというよりもむしろ、疲れさせるものである。仮にそれらが言語の理解や流暢さへの道をなすものであったなら、忍容されもしたかもしれない[2]。しかし、もし君が〔ヘブライ語〕経験のもっとも豊かな人々に尋ねたとしても、どうしてこれだけ多くのアクセント記号があるのかなど知らないと、口を揃えて告白することだろう。私個人としては、これは何の理由もなくできたものでは
295 ないと信じている。私がかつて胸中に抱いていた考えとしては、発明者がこれら〔アクセント〕を導入したのは、ただ音節〔の調子〕を高めたり抑制するため、また発話と発話とを区切るためだけではなく、われわれがふだん会話の中で声や表情によって表現している魂の機微をも表現するためだったのではないか、というものである。実際、われわれが皮肉を込めて語るときの響きと、率直に語るときの響きとは異なっている。さらにわれわれは他人を褒めたたえるとき、尊敬しているとき、あるいはなじるとき、果ては侮るときというように、それぞれの感情に応じて声や表情を変えている。〔アクセント以前の〕文字の発明者たちがこうしたものを記号によって指示するのを諦めた帰結として、われわれは書かれたものよりも生の声によって、自らの精神をよりよく表現できるという事態になった。そこで私は、ヘブライ語のアクセント発明者が果たしてこのありきたりの欠陥を取り除こうと望んだのかどうかと疑ったのだが、吟味を重ねたところ、これら〔アクセント〕が魂の機微どころか文そのものをも混乱させる代物に過ぎないと見出すに至った。聖書が率直に語っているときにも皮肉を込めて語っているときにも同じ調子を用いることに

なったり、一つの同じアクセントが句点〔ピリオド〕やセミコロンや二重点〔コロン〕の諸特性を併せ持っていたりする。アクセントが膨大にありながら、同時に足りなくて苦労しているようにも見える。これらが導入されたのは、安息日ごとに公共の集会で聖書を朗読するのがファリサイ人にとって習慣となった後のことであって、(祈りの繰り返しのせいでそうなりがちであったように)あまりに早く朗読されないようにするためであったと、私は信じている。かかる理由により、これらのうち些細な事柄はファリサイ人や暇なマソラー学者たちに[3]委ねておき、私はここで何かしら役に立つと見えることだけを記すことにしよう。

[2] アクセントは、発話を分離したり結合したりするため、そしてまた音節〔の調子〕を高めたり抑制したりするためにも用いられる。1節あるいは1行の完結を表示するアクセントはなく、הָאָֽרֶץ:[4] のように二つの点「:」でこれを示す習慣であり、この記号は סִילוּק「スィルーク」(*Silukh*)と呼ばれている。われわれがすでに見たとおり、常にではないが大抵の場合、ある発話が他から切り離されていることを〔スィルークは〕明らかにする。一方、一つの節あるいは行のうちの諸部分は、アクセントによって区別される。ここでいう節の諸部分とは、ただ〔述語〕動詞だ
296 けでなく、名詞の諸格をも指すものとする[5]。アクセントは至る所でコンマの特性を持っていて、主格や動詞を、対格やその他の格から区別するために用いられる。つまり対格が主格のあとに続く場合がそうである。〔対格が〕動詞と主格との間に挿入される場合は、動詞・対格・主格は〔この順で〕節の単一の部分を構成する。それは、ちょうど接続詞「および」(et)[6]で一組にされる二つの動詞が、主格以外の名詞を間に挟むことがないのと同様である。したがって、もし1節のうちに区別すべき部分がただ一つしかない場合、それは טַרְחָא「タルハー」(*targha*)と呼ばれる、語の下に ב֖ と記されるアクセントで区別される。そしてもし区別するべき二つの部分〔場所〕がある場合、最初〔のアクセント〕は טַרְחָא タルハーで記され、2番目は אַתְנָח「アトナフ」(*athnagh*)と呼ばれる、אֱלֹהִ֑ים「エロ

ーヒーム」(*elohim*)でのように語の下に הָ֑ と記されるアクセントで区別される。このアクセント〔アトナフ〕は1行のうちの部分を区別することを意図するすべてのものの中で主要なものであるが、このことは間もなく明らかになるだろう。二つある極めて珍しい例を除いて、1行はただ一つのアトナフを持つ。そして、1行に区別されるべき三つの部分がある場合、最初の部分は טרחא タルハーで記され、2番目は אתנח アトナフ、そして3番目は再び טרחא〔タルハー〕〔で記される〕。さらに、〔区別される部分が〕もし四つあるならば、一般的に最初の部分は、דֶּ֔שֶׁא「デシェ」(*désche*)のように、語の上に〔縦に並んだ〕二つの点で記される。このアクセントは、זָקֵף קָטוֹן「ザケフ・カトン」(*zakheph khaton*)と呼ばれるのが習慣である。2番目は טרחא〔タルハー〕で、3番目は אתנח〔アトナフ〕、そして4番目は再び טרחא〔タルハー〕〔で記される〕。さらにもし、1行の中に五つの区別されるべき部分がある場合には、最初の部分は、אֱלֹהִ֗ים のように、語の上に打たれ רָבִיעַ「ラビア」(*rabiahg*)と呼ばれる一つの点によって記される習慣である。そして2番目は זקף קטון〔ザケフ・カトン〕で、さらに3番目は טרחא〔タルハー〕で、4番目は אתנח〔アトナフ〕、そして最後に5番目が טרחא〔タルハー〕で記される。もしくは、最初が זקף קטון〔ザケフ・カトン〕で、2番目が טרחא〔タルハー〕、3番目が אתנח〔アトナフ〕、4番目が再び זקף קטון〔ザケフ・カトン〕で、最後に5番目が טרחא〔タルハー〕で記されることもある。これが最後であるが、もし六つの部分があったとしたら、最初の部分が רביע〔ラビア〕で、2番目が זקף קטון〔ザケフ・カトン〕、3番目が טרחא〔タルハー〕、4番目が אתנח〔アトナフ〕、5番目が再び זקף קטון〔ザケフ・カトン〕、最後に6番目が טרחא〔タルハー〕で記される。このようにして、さらに多くの部分を区別しなければならなくなった場合には、形も異なるさらにいくつもの別のもの〔アクセント記
297 号〕が導入される習慣である。とはいえ、זקף קטון〔ザケフ・カトン〕と רביע〔ラビア〕は特性において端的に同じであるため、しばしば互いに他方に代用されることもあるのだが、これらについて〔論じるのを〕私は控える。そして、行の部分であって、自らのうちに複数〔の部分〕を持つようなも

のを、その後に続くものから区別するアクセントを指示するために奉仕する、それゆえ文法学者たちから「従僕」(serviles)と名付けられた〔7〕、諸々〔の記号〕についてもまた、私は控える。しかし、注意するべきは、טרחא〔タルハー〕は、発話の諸部分を区別するばかりではなく、סִילוּק〔スィルーク〕と אַתְנַח〔アトナフ〕を指示することにも奉仕するのである。なぜなら、טַרְחָא〔タルハー〕の後には、אתנח〔アトナフ〕もしくは סילוּק〔スィルーク〕以外の、区別を行うアクセントは続くことはできないからである。逆に言えば תרחא〔タルハー〕が先行しない אתנח〔アトナフ〕も סילוק〔スィルーク〕もないのだが、このことの理由をわれわれはすぐに述べるだろう。語の下にも上にもアクセントがまったくないもの〔8〕は、たとえば כִּי־טוֹב (*Ki-thob*)というように、文法学者が מקף「マカフ」(*makhaf*)と呼ぶ短い〔水平〕線を引くことで、その後に続くものと結び付けられる習慣である。

[3] さて、すでにわれわれが述べた通り、アクセントは音節〔の調子〕を高めたり、〔逆に〕抑えたりすることにも奉仕する。というのも、それら〔アクセント記号〕は、具体例でわれわれが示したように、語をなす文字のうち、その音節〔の調子〕を高めるか抑えるかする必要のあるものの上または下に置かれなければならないのであった。実際、דֶּשֶׁא は ד の上に זקף קטון〔ザケフ・カトン〕があるために〔9〕、「デシェ」(*desché*)ではなくて「デシェ」(*désche*)と発音されねばならない。この逆に、אֱלֹהִים は ה の上に רביע〔ラビア〕があるために、〔最終音節 *him* に強勢を置いて〕「エロヒム」(*elohím*)と発音されるのであって、〔最後から2番目の音節 *lo* に強勢を置く〕「エロヒム」(*elóhim*)とはならない。そして、〔アクセント記号を書き加える位置が〕音節の下であれ上であれ、アクセントがウルティマ〔＝最終音節〕に置かれるすべての単語は מִלְרַע「ミレラア」(*millerahg*)と呼ばれる。それは「下から」(de infra)を表示する。他方、もし上であれ下であれ、〔強勢が〕ペヌルティマ〔＝最後から2番目の音節〕にあるなら、それは מִלְעֵיל「ミレエル」(*millehgel*)と呼ばれる。それは「上から」(desuper)を表示す

る。ただし、スィルークは下でも上でもなく、マカフと同様、語の後に記されるのだが、それゆえにスィルークやマカフの前の語では、アクセントを〔あえて〕付けなければならない音節の下ではなくとも[10]、下に短い〔垂直〕線を引くことで示される。ちょうど、הָאָֽרֶץ[11]「ハアレツ」(*haaretz*)のように、スィルークの前で אָֽ の下に短い〔垂直〕線があるが、それはアクセントがその母音カメツのもとにあらねばならないことを示している。同様に、עֹֽשֶׂה־פְּרִי「オセー・ペリ」(*hgoseh peri*)も、מקף〔マカフ〕の前[12]、ע〔アイン〕のもとに短い線を持つが、その線は、ホレム〔の調子〕が高められねばならないことを示し、この〔垂直〕線は גַּעְיָא「ガアヤ
298 ー」(*gahgja*)と呼ばれる習慣である。しかし、もしマカフの前の語が、כִּי־טוֹב のように、母音をただ一つしか持たない場合は、それ〔ガアヤー〕は〔付けられることなく〕無視される。

[4] 次に、多音節〔の語〕は二つのアクセントを持つのが習慣とされ、すなわち一つはウルティマもしくはペヌルティマ〔の音節〕にあり、われわれが今しがた示したように、その語がミレエルであるかミレラアであるかが指示されるのである。他のもう一つのアクセントは、アンテペヌルティマ〔＝ペヌルティマより一つ前の音節〕もしくは、その前〔の音節〕にあり、その音節の調子が高められねばならないことを指示する。ちょうど、בְּמֽוֹעֲדֵיכֶם〔ベモーアデーヘム〕や הַנּֽוֹעָדִים〔ハノーアディーム〕のように。ところで、このアクセントは大抵の場合ガアヤーであるが、とりわけ複合シェヴァの前ではほぼ常に〔そうである〕。われわれは、さらに、וַֽיְבָֽרֲכֵהִי のように、三つのアクセントを持つ多音節も珍しくないことも観察するであろう。

[5] どの音節が高められ、もしくは引き伸ばされねばならないのか、もしくはどの語が二つのアクセントないし三つのアクセントを記すべきであるのかを判別するためには、これらの規則を特に遵守しなければならない。発音されるべきシェヴァについてわれわれは前章ですでに述べた

が、その〔シェヴァの〕直前のすべての母音には גַֽעְיָע ガアヤー(*gahgja*)〔13〕
が記される。これはつまり、〔その母音が〕わずかばかり延長された上で、
後に続くシェヴァが後続の音節に密着することが、よりよく判別される
ようにするためである。そしてここから帰結するのは、複合シェヴァの
前のすべての母音にも、それが長いものであれ、短いものであれ、
נֵֽעֲשָׂה のように、このアクセント〔＝ガアヤー〕が記されねばならないとい
うことである。実際、複合シェヴァは決して縮約されない〔で発音され
る〕、つまり、決して先行する音節には密着せず、後続する音節に密着
するのだから。さらに加えて帰結するのは、単純シェヴァの前の長母音
は〔調子が〕高められねばならないということ、換言すれば、その〔単純〕
シェヴァが縮約されずに後続する音節に密着することがはっきりと認識
されるように、このアクセント〔＝ガアヤー〕で記されねばならないとい
うことである。このことから、פְּֽקֻדָּה、בֵּֽרְכוּ、שֽׁמְרִים、הֽוּבְאוּ は、גַֽעְיָא〔ガア
ヤー〕のアクセントが記されている。そしてまた הִֽנְנִי のように、たとえ
〔最初の音節が〕短いとしても、これに後続する発音されるシェヴァのた
めに、〔その短い母音の音節は〕確かに延長される。ところが、ダゲッシュ
を打たれた文字のもとにあるシェヴァは、確かに発音されなければいけ
ないのであるにもかかわらず、その先行する〔音節の〕母音は〔הִֽנְנִי のよう
に〕ガアヤーで記されない。〔ただし、これは〕二重化されるべき文字が、
ダゲッシュの点を受け入れない文字あるいは二重化が許されない文字の
一つでない限りにおいてであって、それらについては第2章を見よ。そ
れゆえに、私はこれ〔＝単純シェヴァの文字にダゲッシュがあると、ガアヤー
無しでも先行する短母音が長母音化すること〕が起きるのは次のような理由
からだと考える。すなわち、ダゲッシュは、その〔書かれてはいないが〕暗
黙のうちに理解されている〔二重化されたうちの一つ目の〕文字が先行する
299 母音に密着すべきであることを示しているのであり、それにより、〔最
初の文字の〕シェヴァは縮約されるべきであることが示されているからな
のだと。ことに、ダゲッシュのゆえに発音されねばならない〔単純〕シェ
ヴァの前にある母音は、〔あたかも〕二つのシェヴァが後に続く母音のご

44

とくに考えられなくてはならないのである。その〔二つのシェヴァの〕最初のものは、われわれがすでに述べたように縮約されるのであり、そして2番目のシェヴァは発音される。換言すれば、その最初のもの〔＝シェヴァ〕は先行するもの〔＝音節〕に密着し、2番目のもの〔＝シェヴァ〕は後続するもの〔＝音節〕に密着しているのである。

[6] 次に、いかなるシェヴァであれ、もしあるシェヴァの後の母音が延長されねばならないなら、その同じシェヴァの前の母音もまた延長されるべきであろう。この規則は、シェヴァが明示されたものであろうと暗黙のうちに理解されるべきものであろうと、普遍的なものである。הַֽכְּנַֽעֲנִי を具体例にとれば、直後に複合シェヴァがあるために単純シェヴァ〔כְּ〕の後の〔短母音〕パタフ〔נַ〕が〔前段落の規則に従い〕延長されるのに加え、その同じ単純シェヴァ〔כְּ〕の前のパタフ〔הַ〕もまた延長されなければならない。ちょうど וַֽיִּשְׁתַּֽחֲווּ や תִּֽתְנַֽחֲלוּ なども同様で、同じ理由から二つのガアヤーをそれぞれ持つ。そして、シェヴァが暗黙のうちに理解されるべきものである場合であっても、これと同じことになるだろうと私は言う。たとえば מִֽמָּֽחֳרַת は、〔あたかも〕מִֽמְּמָֽחֳרַת と〔書かれているかのように〕読むべきだから、両方の מ のもとにガアヤーがある。つまり、〔この例でダゲッシュを打たれたメムのもとにある〕カメツは、実はその直前に דָּגֵשׁ〔ダゲッシュ〕点によって代償された〔暗黙のうちに理解されるべき〕シェヴァを持っているのであって、その後に複合〔シェヴァ〕が続いているために延長されねばならないし、同様に דגש〔ダゲッシュ〕点によって代償されたシェヴァの前にある母音〔ヒレク〕もまた延長されている。これと同じようにして、וִֽיבָֽרֶכְךָ、הַֽמַּֽעֲשֶׂה[14]、בְּֽמַֽחֲנֶה、הַֽנַּֽעֲרָה その他多くのものに二つのガアヤーが記されている。

[7] アクセントとガアヤーのいずれもないままに、同じ語の中で二つの長母音が〔連続して〕与えられることはない。したがって、仮にペヌルティマとアンテペヌルティマの音節がともに長母音だったとすると〔その

少なくとも一方にアクセントまたはガアヤーが付されることになるから〕、アクセントがアンテペヌルティマになければならず、あるいはアクセントがウルティマにある場合はアンテペヌルティマにガアヤーが付されることになる。たとえば、אָנֹכִי〔アーノヒー〕は、アクセントがウルティマにある場合、その〔アンテペヌルティマの〕カメツが〔ガアヤーを付され〕延長されている。ただし、〔אנכי であっても〕アクセントが何であれペヌルティマにある場合には、דָּן אָנֹכִי のように〔ガアヤーが〕放棄されている。נְשִׂיאֵיהֶם、הַכּוֹכָבִים、וַהֲקִימוֹתִי[15] 等も同様にアンテペヌルティマにガアヤーをとっている。ある語がもし〔二つよりも〕さらに多くの長母音を持っていたとしても、二つの長母音がアクセントもガアヤーもなく〔連続して〕現れることは決してないということは常に守られねばならないであろう。たとえば　בִּשְׁבוּעוֹתֵיכֶם[16] のように。

300　[8] ここではさらに、時折シュレクの代わりにキブツが用いられて長母音と見なされることにも注意されたい。たとえば מִשְּׁבֻעָתִי では、שְׁבוּעָה という名詞のシュレク〔の記号〕がキブツ〔の記号〕に変えられており、その他の場合では常に短母音であるはずのキブツが、〔ここでは〕長母音として延長されている。

[9] 次に注意するべきは、מְנֻקָּתָה〔の נִקָּ〕や מוֹלַדְתִּי〔の לֵד〕等のように、シェヴァが密着している短〔音節〕は、長〔音節〕と見なされるということ。そしてシェヴァが密着した短〔音節〕の前が長〔音節〕のときは、ちょうどアクセントを持たない長〔音節〕の前にある長〔音節〕でのように、延長されるのである。הִתְיַצְּבוּ の最初の二つ〔の短音節すなわち *hith* および *yats*〕は、両者それぞれにシェヴァが密着しているゆえに〔延長されていて〕長い。そのうち最初の〔縮約された〕シェヴァは明白に表示されているが、他方、後者の〔縮約された〕シェヴァは צ〔ツァデー〕の中のダゲッシュによって代償されている。ただし、第3章〔[9]段落〕でわれわれがすでに注意したように、二つのシェヴァが単語の冒頭に〔連続して〕現れないようにするた

めの、単純シェヴァの代わりに用いられている短〔音節〕は〔シェヴァが密着していることで長音節と見なされるものから〕除く。たとえば、תִפְקְדוּ の最初〔の音節〕が短いままなのはシェヴァの代わりに用いられているからである。さらに、短い〔音節〕の前の短い〔音節〕が延長されることもある。ここでいう〔二つの短い音節のうちの〕二つ目には、ちょうど〔ヘットに複合シェヴァを持つ〕וַיֶּחֱרְדוּ の代わりに〔単なるセゴールを持つ〕וַיֶּחֶרְדוּ[17] と書かれるように、複合シェヴァの代わりに短〔母音〕が用いられている。なお、複合シェヴァにはガアヤー〔によって延長された音節〕が常に先行するということをわれわれは〔本章[5]段落で〕すでに述べた。

[10] 最後に、◌ַ パタフを伴う י ヨッドの前の ו ヴァウは、ガアヤーがあったり無かったり、無作為に記されている。ちょうど、וַֽיְדַבֵּר と וַיְדַבֵּר[18] のように。

[11] そして、これらが、母音のみによって認識できる限りでのこのアクセントの主要規則である。まだ前置詞によって識別される〔規則〕が残っているが、それについてわれわれは適当な場所[19]で説明するであろう。

[12] その他、昨今のユダヤ人たちは、彼らが「ザルカー」(*zarkha*)と呼ぶ音楽的アクセント ◌֮ を用いて、ガアヤーをそれに先行する音節に移動させているようだが、これについて私から述べることは何もない。なぜなら、ヘブライ語で話すこと[20]は望んでいても朗誦することを望んでいるわけではない人々にとって、これは模倣されるべきものではないからである。

[13] ただし、まだ注意すべきことはある。ガアヤーの代わりに他のアクセントがしばしば用いられること、そして二つのアクセントを持つ若干の単語において、ここまで挙げた諸規則にもとづけば延長されないはずの一音節が延長されることである。

[14] このようなことが起きるのも、そもそも分離するアクセント〔21〕には通常その前に従僕アクセントが先行するのであって、ごく稀な場合を除けば、二つの分離アクセントが互いに連続して現れることはないからなのだと、私は言う。たとえば、〔分離アクセントである〕アトナフの直後
301 に、〔同じく分離アクセントである〕スィルークや זָקֵף קָטֹן〔ザケフ・カトン〕が続くことはない。逆もまた同様で、スィルークの後にも、極めて稀な場合でない限りザケフ・カトンは続かないし、アトナフも同様に〔続かない〕。そしてそれゆえに、もしそれらの〔分離〕アクセントのうちの一つの後に続く語が、それらの〔分離〕アクセントのうちのまた一つを持たねばならない場合、その語には二つのアクセントが記され、そのうちただ一つの音節だけが延長される〔その結果分離アクセントの連続が避けられる〕習慣である。たとえそれ以外の場合には延長すべきでない音節だったとしても〔延長されるの〕である。たとえば「イザヤ書」第7章18節 יְאֹרֵי מִצְרָיִם וְלַדְּבוֹרָה において、〔ר の上にある〕ザケフ・カトンのせいで וְלַדְּבוֹרָה が ל〔ラメッド〕の上に別の〔従僕〕アクセント〔22〕を持つことになり、その音節は、〔מִצְרָיִם に置かれている〕アトナフが先行しているせいで、共通の規則に反して延長される。同様に、「民数記」第28章20節および28節〔それぞれの最初にある〕וּמִנְחָתָם も、〔前節の最後にある分離アクセント〕スィルークの直後に続いているからこそ〔従僕アクセントが加わり〕二つのアクセントを持つのであり、共通の規則に反して מ〔メム〕の下の音節が延長されている。これは「申命記」第12章1節 לְרִשְׁתָּהּ כָּל־הַיָּמִים〔における הּ〕にも言える。さらに同じ理由から「申命記」第13章11節〔23〕の וְכָל־יִשְׂרָאֵל でも、短い線つまりマカフの共通の規則〔24〕に反して כָּל の上に〔本来なかった〕アクセントがあることが確認される。こういう仕方で、まだ多くの例が確認できる。さらにその中の多くの例は、この同じ理由からガアヤーがアクセントに変化するものもある。

[15] 最後に、分離アクセントの中でも קַדְמָא「カドマー」(*Khadma*)と呼ばれる一つには注意するべきである。これは常に語の後に上から הָעֹולִים

というように記されるのだが、その点で、אַזְלָא「アズラー」(*azla*)と呼ばれる、そこにアクセントがあるべき音節の上に記されるのが常である別の従僕〔アクセント〕から区別される。したがって、〔語の後につく〕קַדְמָא〔カドマー〕のアクセントで記されるべき語がもしミレエルであった場合、これには〔カドマーとは別に〕もう一つ、ペヌルティマにアクセントがあるはずだと指示するアクセント〔つまりアズラー〕が必要になる。たとえば יָדַיִם が、もしこのアクセント〔＝カドマー〕で記されねばならない場合、その語が〔ペヌルティマにアクセントを持つ〕מִלְעֵל〔ミレエル〕であると見分けられるように、ダレット〔ד〕の上にもアクセント אַזְלָא〔アズラー〕が記されることが求められるだろう。

[16] これら以外にも、私は、ある語になぜ二つのアクセント記号が記されるのかについて、もう一つの理由を見出している。つまり、間もなく述べる理由によって〔ウルティマにアクセントを持つ〕ミレラアの語が〔ペヌ
302 ルティマにアクセントを持つ〕ミレエルにされるとき、それより前にある諸音節はそのままで、ウルティマのアクセントもそのままにして、そこにアクセントが生じるはずのペヌルティマには別の〔アクセント〕が記されることになる。とはいえ、第二のアクセントが何ら役に立つものでない以上、この規則も単に無用なものである。

[17] 〔本来であれば〕今こそ、ウルティマにアクセントを持つ語とは一体何なのか、またアンテペヌルティマ[25]にアクセントを持つ語とは一体何なのか、すなわち、何が מִלְעֵיל〔ミレエル〕であるべきであって、何が מִלְרַע〔ミレラア〕であるべきかを、私が明らかにすべき時であった。しかしながら、このことはただ母音と文字のみによっては識別され得ないので、動詞について述べ終える段になるまで控えておくことにしよう。ここではただ、アトナフおよびスィルークが、ミレラアである単語をしばしばミレエルにしてしまうということを付け加えておく。たとえば אָנֹכִי のようにウルティマとアンテペヌルティマの音節がともに長いものは、

アトナフもしくはスィルークのアクセントで記されなければならない場合、דָּן אָנֹכִי の〔אָנֹכִי の〕ように、מִלְעֵיל〔ミレエル〕にされなければならない。ただし、ここでペヌルティマが、われわれがすでに述べたように決してアクセントを持つことのないシェヴァだったとしたら、動詞であれば ◌ְ〔シェヴァ〕をカメツに、名詞[26]であれば〔シェヴァを〕◌ֶ〔セゴール〕に変化させることも〔付け加えておく〕。たとえば、もし〔動詞〕פָּקְדוּ をアトナフのアクセントで記さなければならないなら、קְ の下にあったシェヴァが ◌ָ カメツに変化して פָּקָדוּ となる。〔名詞〕שִׁמְךָ〔シムハー〕も、もしそれがアトナフのアクセントを持つとしたら、שְׁמֶךָ〔シュメーハー〕とならねばならない。一方、女性形の分詞においては、〔上記のような条件下でのシェヴァは〕◌ָ カメツにも、◌ֶ セゴールにも変わる。このことはアクセントが זָקֵף קָטוֹן〔ザケフ・カトン〕でなければならない時でも起こる。次に注意すべきは、アトナフおよびスィルークの両アクセントが、先行する分離アクセントの特質を、あたかも奪うかのように無効化することである。それゆえに、これらのうちどちらに先行するにせよ、その分離アクセントは常にタルハーであることになる。それは常にアトナフまたはスィルークが後に続く予定であることを示しているに過ぎず、したがって、分離するものとしての特質はもはやない。というのも、〔タルハーは〕語を מִלְעֵיל〔ミレエル〕にしないのであって、また、ザケフ・カトンもしくは他の分離アクセントの直後に続いてもよく、さらにはそれ自体〔タルハー〕の直後にアトナフまたはスィルークが続いてもよい。二つの分離アクセント同士が互いに連続して現れないことをわれわれは上で述べたのだが、このことは טַרְחָא〔タルハー〕を除いたすべて〔の分離アクセント〕についてそう解されねばならない。タルハーがそれゆえにアトナフとスィルークの分離する特質を失わせていることをわれわれはすでに述べた[27]。

第5章　名詞について

303 [1] ラテン人によって品詞は八つに分類されている[1]が、ヘブライ人によっていくつに分類されていたかについては議論の余地がある。というのも、ただ間投詞や接続詞そしていくつかの小辞だけを除いた、すべてのヘブライ語の言葉が名詞としての機能と特性を持っている[2]からである。文法学者たちはこのことに注意を向けていなかったために、言語の用法からすればごく規則的であるはずの多くのものを不規則だと信じてしまっていただけでなく、〔ヘブライ語で〕話すのに不可欠なもっと多くのものを見過ごしていたのだ。ヘブライ人たちの品詞分類がラテン人たちのそれと同じ数だったかより少なかったかはともかくとして、いずれにせよわれわれはここで、先に述べたように間投詞や接続詞そしていくつかの小辞だけを除いたすべてを、名詞に割り当てることとしよう。このことの理由、そしてこのことからヘブライ語における明快さがいかに立ち上がってくるかについては、後続の記述からはっきりするだろう。私が何をもって名詞としているか、今から説明する。「名詞」(nomen)によって私は、知性のもとに落ちてくる何かあるものをわれわれがそれによって表示する、あるいは指示するような言葉のことと解しておく[3]。ただし、この「知性のもとに落ちてくる何かあるもの」とは、「諸事物および諸事物の諸属性・諸様態・諸関係」であっても「諸行為および諸行為の諸様態・諸関係」であってもよく、こうすることにより、さまざまな名詞の種類を容易に数え上げることになる。たとえば אִישׁ は人間〔そのもの〕を指す名詞であり、〔形容詞〕חָכָם「学のある」(doctus)、גָּדוֹל「大きい」(magnus)などは人間の諸属性であるし、〔分詞〕הֹלֵךְ「歩いている」(ambulans)や יוֹדֵעַ「知っている」(sciens)は様態であり、〔前置詞〕בֵּין

「〜のあいだ」(inter)や תַּחַת「〜の下」(sub)、עַל「〜の上」(super)などは、人間が他の事物に対してとる関係を示す名詞である。同様に〔不定詞〕הָלוֹךְ「歩くこと」(ambulare)は行為の名詞であり、時とはいかなる関係も持っていない。ラテン人が不定詞と呼ぶ様態が、ヘブライ人にとっては曇りなく純粋な名詞であり、それゆえ〔ヘブライ語の〕不定詞は現在も過去も識別せず、端的に言っていかなる時をも識別しない。次に、〔副詞〕
304 מְהֵרָה「素早く」(cito)は歩行の様態であるし、הַיּוֹם「今日」(hodie)、מָחָר「翌日」(cras)などは時の関係であって、他の様態によっても表現されるものだが、これら〔他の様態〕については章を改める。

[2] このように、名詞の種類には六つある。(1)実詞としての名詞[4]、これがさらに固有〔実詞としての名詞〕と普通〔実詞としての名詞〕に分けられることはすでに注意した。(2)形容詞としての〔名詞〕。(3)関係詞としての〔名詞〕、すなわち前置詞。(4)分詞としての〔名詞〕。(5)不定詞としての〔名詞〕。(6)副詞としての〔名詞〕。これらに加えて、אֲנִי「私」(ego)や אַתָּה「君」(tu)、הוּא「彼」(ille)などといった、実詞としての名詞の代わりとして機能する代名詞もあるが、これについては別の章で触れる。その他にここで述べておかねばならないのは、固有実詞としての名詞によってわれわれは唯一つの個体しか表示することができない[5]ということである。実際、あらゆる個体はそれ自身のみに対応した、それ固有の名詞を持ち、あらゆる行為も同様である〔すなわち複数の対象を指示することがない〕。そしてここから導かれるのは、固有実詞としての名詞も、不定詞も、そしてあたかも諸行為に対する諸形容詞であるかのように振る舞う副詞も、諸行為と数において一致していなければならないのだが、これらの場合は〔数において一致した結果としても〕単数でしか表現されることがないということである。これら以外のものは単数と複数の両方〔で表現されうる〕。これら以外のもの、と私は言うが、然り、諸々の前置詞もまた複数形をとる。このことについては第10章を見られたい。人間は、とりわけヘブライ人はそうなのだが、あらゆる事物に人間の属性を付与する

ものだ。たとえば「大地は聞き、聞かれた」(terra audivit, auscultata est)というように。ひょっとすると、諸事物のすべての名詞を男性か女性かに分けたのはこのせいだったかもしれないし、他の理由からかもしれない。なお、名詞がどのような理屈で単数から複数へと屈折するのかについては知られているので、後に述べることにしよう。

第６章　単数形から複数形への名詞の屈折について

[1] 諸々の名詞が単数形から複数形へと屈折されるさい、〔文法的〕男性
〔の名詞〕には長音のヒレクと ם〔メム〕とを加えることによって、〔文法
的〕女性には長音の「オ」(o)と ת〔タウ〕とを加えることによって〔屈折が〕
なされる。たとえば גַן「園」(hortus)は、〔文法的〕男性の類に属するから、
複数形において גַנִים となる。同じように、עֵץ「木」(arbor)、אַח「兄弟」
(frater)は、それぞれ עֵצִים、אַחִים となる。いっぽう אות 印《しるし》(signum)は、
305 〔文法的〕女性の類に属するから、複数形において אותות となる。נֵר「蠟
燭」(candela)が נֵרות に、עור「皮」(cutis)が עורות になる、等も同様であ
る。ただし、〔文法的〕男性が複数形において〔文法的〕女性であるかのよ
うに屈折するもの、逆に〔文法的〕女性が〔複数形において文法的〕男性であ
るかのように屈折するもの、さらにわずかだが、どちらの仕方でも屈折
するものは、〔上述の規則から〕除外される。たとえば、単数形 אַב「父」
(pater)は男性の類に属しながらも、〔複数形においては文法的女性複数の
語尾をとり〕אַבוֹת「父祖たち」(patres)となる。その逆に נָשִׁים「女たち」
(foeminae)は、女性の名詞でありながら、単数形を欠く上、〔文法的〕男性
〔複数〕であるかのような語尾だけをとる。一方で הֵיכָל「神殿」(templum)
は、確かに הֵיכָלִים および הֵיכָלוֹת の両方に従う語尾をとる。さらに、た
とえば גְדוֹלוֹת のような、〔文法的〕女性〔複数〕としての曲用〔＝格変化〕を受
けるがどちらの性とも言えない名詞について〔1〕も注意すべきである。

[2] 次に〔2〕、なぜ母音が〔他の母音に〕変化させられるのかの理由は明白である。すなわち、ある語句がもし מלעיל〔ミレエル〕でないかぎり三つの

長〔音節〕が二つのアクセントを要求するから[3]だとか、またもし語句がミレエルでないかぎり〔上記複数形語尾に含まれる〕ヒレクやホレムの前ではペヌルティマにパタフを持つことができないから、等である。これらすべてを列挙した一覧表[4]が本書の最後に設けられることになるだろうが、それは先行する〔諸章の内容〕を暗記するよりは実用上便利だからというだけであって、これらをそこに置くことに費やす労力に見合うだけの価値があると私が判断したわけではない。

[3] さらに、ה〔ヘー〕で終わる名詞の場合、〔文法的〕男性であれ〔文法的〕女性であれ、〔複数形にするには〕ウルティマの音節〔母音〕ごと ה〔ヘー〕または ת〔タウ〕が削除される。まさに עָלֶה「葉」(folium)が複数形で עָלִים、נְקֵבָה「女性」(foemina)が נְקֵבוֹת、また אִשָּׁה「妻」(mulier)が אִשּׁוֹת になるように。ところで、〔文法的〕女性であって ה〔ヘー〕で終わるものが、〔単数形でも〕しばしばその ה〔ヘー〕を ת〔タウ〕へと変化させた上で、〔最後の文字に〕先立つ二音節を双子のセゴール ◌ֶ に、あるいはもしアクセントがアトナフまたはスィルークであった場合はカメツ ◌ָ とセゴール ◌ֶ に、変える場合があること[5]にも注意を払わなければならない。実際、עֲטָרָה「王冠」(corona)は〔双子のセゴールを持つ〕עֲטֶרֶת になるだけでなく、アトナフまたはスィルークを伴う場合 עֲטָרֶת にもなる。同様に、פוֹקְדָה「視察している(者)」(visitans)から פוֹקֶדֶת に、あるいは〔アクセントがアトナフやスィルークなら〕פֹּקָדֶת になる。ただし、もしペヌルティマの文字が ח〔ヘット〕または ע〔アイン〕であれば、〔最後の文字に先立つ二〕音節はパタフに変わる。ちょうど שֹׁמְעָה や בֹּרְחָה とはならず、שׁוֹמַעַת「聴いている(者)」(audiens)や בֹּרַחַת「逃げている(者)」(fugiens)になるように。このことは צַפַּחַת でのように、〔分詞でなく〕実詞においても起こる。いずれにせよ、これらの諸形式に属しており ת〔タウ〕で終わる〔文法的〕女性の名詞もすべて、ה〔ヘー〕で終わるものと同じやり方で複数形へと屈折されることになる。

[4] これ以外でも、たいていの名詞が複数形においてさまざまに音節〔母音〕を変化させる。たとえば、もしペヌルティマが ◌ָ カメツであったと
306 したら、一般には、そのカメツはシェヴァに変えられる。ちょうど、דָּבָר「言葉〔単数〕」(verbum)が דְּבָרִים「言葉〔複数〕」(verba)になり、זָקֵן「年老いた〔男性〕〔単数〕」(senex)が זְקֵנִים「年老いた〔男性〕〔複数〕」(senes)に、שָׂמֵחַ「喜び〔単数〕」(laetus)が שְׂמֵחִים「喜び〔複数〕」(laeti)に[6]、נָקִי「清い〔単数〕」(purus)が נְקִיִּם[7]「清い〔複数〕」(puri)、רָחוֹק「遠い〔単数〕」(longinquus)が רְחוֹקִים「遠い〔複数〕」(longinqui)、さらに בָּרוּךְ「祝福された〔単数〕」(benedictus)が בְּרוּכִים「祝福された〔複数〕」(benedicti)になるように。同様に、たとえば〔より音節数の多い〕זִכָּרוֹן「記憶」(memoria)や גִּלָּיוֹן「巻物」(volumen)におけるペヌルティマのカメツもシェヴァに変化して〔複数形〕זִכְרוֹנוֹת や גִּלְיוֹנִים になる。ただし、もし〔単数における〕ウルティマがカメツであったとしたら、あるいはもし〔カメツを持つ〕単音節の名詞であったとしたら、多くの場合その ◌ָ〔カメツ〕は変わらないままであり、時折パタフに変わることもある。たとえば כּוֹכָב「星〔単数〕」(stella)が כּוֹכָבִים「星〔複数〕」(stellae)に、שָׂר「大臣〔単数〕」(princeps)が שָׂרִים「大臣〔複数〕」(principes)に、יָם「海〔単数〕」(mare)が יַמִּים「海〔複数〕」(maria)になり、שׁוֹשָׁן「薔薇〔単数〕」(rosa)が שׁוֹשַׁנִּים「薔薇〔複数〕」(rosae)となるように[8]。さらにここで、〔ペヌルティマにカメツを持ちながら〕ה〔ヘー〕で終わるものにも言及しておかねばならない。というのも、われわれがすでに述べたように、複数形においてこれらは ה〔ヘー〕とともにウルティマの音節を放棄して、あたかも単音節語であるかのように、あるいはウルティマの音節が ◌ָ〔カメツ〕であったかのように、屈折されねばならないからである。たとえば、שָׂדֶה「地所〔単数〕」(ager)や קָנֶה「葦〔単数〕」(calamus)等は、複数形にするにあたり ה〔ヘー〕とともに ◌ֶ〔セゴール〕を放棄した上で、単音節語の規則通りに複数形でも ◌ָ〔カメツ〕を維持するから、שָׂדוֹת「地所〔複数〕」(agri)や קָנִים「葦〔複数〕」(calami)となる[9]。同様に、מַמְלָכָה「王国〔単数〕」(regnum)は、複数形ではウルティマの ◌ָ〔カメツ〕を ה〔ヘー〕とともに放棄した上で、〔単数形での〕ペヌルティマ〔にあったカメツ〕を複数

形でも維持するから、ウルティマが ◌ָ〔カメツ〕だったかのように מַמְלָכוֹת「王国〔複数〕」(regna)へと屈折される。これと原因を同じくして、ת〔タウ〕で終わるものも複数形においてはペヌルティマの ◌ָ〔カメツ〕を保持する。ちょうど תוֹלָעַת「虫〔単数〕」(vermis)がתוֹלָעִים「虫〔複数〕」(vermes)となるように。それどころか、たとえウルティマの音節を捨て去らない場合であってさえ、〔そのペヌルティマの〕◌ָ カメツを維持することもある。ちょうど זָוִית[10]「角《かど》〔単数〕」(angulus)が זָוִיוֹת「角〔複数〕」(anguli)になり、עָמִית「知人〔単数〕」(socius)が עָמִיתִים「知人〔複数〕」(socii)、そして גָלוּת「捕囚〔単数〕」(captivitas)が גָלֻיוֹת[11]「捕囚〔複数〕」(captivitates)になるように。

[5] ペヌルティマのツェレーもまた、シェヴァへと変えられる。ただし、ホレムやシュレクの前では〔ツェレーは〕維持される。つまり עֵנָב「ブドウ〔単数〕」(uva)は עֲנָבִים「ブドウ〔複数〕」(uvae)のように〔ペヌルティマの〕ツェレーをシェヴァに変えるが、אֵילוֹן は〔複数形でもペヌルティマの〕ツェレーを保持し、אֵלוֹנִים と屈折される。他方、そのウルティマの音節がツェレー ◌ֵ である名詞は、〔そのツェレーに〕先行する母音が、複数形において常に維持される母音群、あるいは ◌ְ〔シェヴァ〕に変えられることのない母音群のうちの一つであった場合、それ〔＝該当するツェレー〕をシェヴァへと変える。たとえば、מַקֵל「棒〔単数〕」(baculus)は מַקְלוֹת「棒〔複数〕」(baculi)となり פּוֹקֵד「視察している(者)〔単数〕」(visitans)は פּוֹקְדִים「視察している(者)〔複数〕」(visitantes)となり、עִוֵּר「盲人〔単数〕」(caecus)は עִוְרִים「盲人〔複数〕」(caeci)となる。ただし、זָקֵן「年老いた〔男性〕〔単数〕」(senex)が זְקֵנִים「年老いた〔男性〕〔複数〕」(senes)、זְאֵב「狼〔単数〕」(lupus)が זְאֵבִים「狼〔複数〕」(lupi)となるように、シェヴァの後、あるいは変化させられた結果シェヴァとなった音節の後にあるもの〔ツェレー〕は保持される。

307 [6] 単音節語は、ה〔ヘー〕または ת〔タウ〕で終わる二音節の諸語と同様、◌ֵ ツェレーを維持する。נֵר「蠟燭〔単数〕」(candela)が נֵרוֹת「蠟燭〔複数〕」

(candelae)となり、עֵד「証人〔単数〕」(testis)が עֵדִים「証人〔複数〕」(testes)となり、רֵעֶה「知人〔単数〕」(socius)が רֵעִים「知人〔複数〕」(socii)となり、שְׁאֵלָה「質問〔単数〕」(interrogatio)が שְׁאֵלוֹת「質問〔複数〕」(interrogationes)となるように。

[7] さらに、単音節語でありながらツェレーがヒレクに変えられるものもある。しかしわれわれは、残りの個々の例外とともに、それらを本書の最後に約束されている一覧表のために取っておくことにしよう。

[8] ペヌルティマのセゴールはシェヴァへと、ウルティマ〔のセゴール〕は ◌ָ カメツへと、それぞれ変えられる。これは、複数形においてすべての名詞がミレラアであることと、ペヌルティマが ◌ֶ〔セゴール〕であるものは〔そのままでは〕すべてミレエルであることと〔の衝突〕による。仮にそこで2番目のセゴールが複数形でも保持されていたとしたら、複数形に共通の用法に反して、複数形がペヌルティマにアクセントを持たねばならないことになってしまう。この理由に従って、מֶלֶךְ「王〔単数〕」(rex)から מְלָכִים「王〔複数〕」(reges)、אֶבֶן「石〔単数〕」(lapis)から אֲבָנִים「石〔複数〕」(lapides)、צֶדֶק「正義〔単数〕」(justitia)から צְדָקוֹת「正義〔複数〕」(justitiae)、זֶבַח「犠牲〔単数〕」(sacrificium)から זְבָחִים「犠牲〔複数〕」(sacrificia)、נֶחָמָה「慰め〔単数〕」(consolatio)から נְחָמוֹת「慰め〔複数〕」(consolationes)、חֵטְא「罪〔単数〕」(peccatum)から חֲטָאִים「罪〔複数〕」(peccata)、בֹּקֶר「朝」(mane)〔単数〕から〔ラテン語ではこれに相当する形のない〕複数形 בְּקָרִים になる[12]。さらに、セゴールが ◌ָ カメツになるウルティマの変化、またペヌルティマがシェヴァになるこの変化は、容易に類推できる。というのも、ה〔ヘー〕で終わる多音節語が、しばしばその ה〔ヘー〕を ת〔タウ〕に変化させるのみならず、音節を双子の ◌ֶ セゴールに変えることがあるとわれわれはすでに示している。たとえば、עֲטָרָה が עֲטֶרֶת に、פְּקֻדָּה が פְּקֻדֶּת に、といったように。ここでさらに注目するべきこととして、前述の通り ה〔ヘー〕もしくは ת〔タウ〕で終わる諸々の名詞が複数形においてその

ה〔ヘー〕もしくは ת〔タウ〕ごとウルティマの音節を放棄する以上、〔元来〕ペヌルティマにあったセゴールが〔上述の〕ウルティマとしての理由を得て、◌ָ〔カメツ〕に変えられる、ということである。ただし、あらゆる分詞や、分詞から形作られるものでのように、〔本来の〕シェヴァの代わりにペヌルティマにセゴールが用いられているものは〔双子のセゴールがシェヴァとカメツになる規則からは〕除外される。たとえば、アトナフもしくはスィルークのせいで פְקֻדָּה の代わりに פְקֻדֶּת が、また תּוֹלְדָה の代わりに תּוֹלֶדֶת が用いられることがあるが、〔それらは〕複数形になると再びシェヴァを引き受け、פּוֹקְדוֹת や תּוֹלְדוֹת のようになる。最後に、二つ〔のシェヴァ〕が語頭に並び立ってはならないから、そこにシェヴァが密着しているペヌルティマのセゴールがシェヴァに変化させられることはありえない。それゆえに、複数形でも〔シェヴァの前のセゴールは、そのまま〕保持されるか、もしくはパタフに変化させる。ちょうど אֶשְׁנָב「明かり窓〔単数〕」(fenestra)が אֶשְׁנַבִּים「明かり窓〔複数〕」(fenestrae)になり、מֶרְכָּבָה「クアドリガ(四頭立ての戦車)〔単数〕」(quadriga)が מַרְכָּבוֹת「クアドリガ〔複数〕」(quadrigae)となるように。セゴールの前に חֹלֶם ホレムを持つものは、〔複数形では〕それ〔=ホレム〕をシェヴァに変える。ちょうど בֹּקֶר「朝」(mane)が複数形で בְּקָרִים となり、אֹהֶל「テント」(tentorium)が〔複数形で〕אֳהָלִים となる、等のように。〔巻末に付される予定の〕一覧表でも触れるが、יוֹם「日〔単数〕」(dies)が複数形で יָמִים となり、רֹאשׁ「頭〔単数〕」(caput)が רָאשִׁים「頭〔複数〕」(capita)となるような、単一音節であって時に〔ホレム〕それ自体をカメツに変えてしまういくつかのものを除けば、多くの場合〔ホレムは〕そのまま保持される。実際、גּוֹי「民〔単数〕」(gens)は、複数形では גּוֹיִם となり、また אוֹר「光〔単数〕」(lux)は אוֹרִים となる等。他にも、פּוֹקֶדֶת のように ת〔タウ〕で終わるとともに双子のセゴールを持つものにおいても、常に〔ホレムは〕保持される。パタフは複数形でも決して変わることはない。ただし、יַיִן「葡萄酒〔単数〕」(vinum)が יֵינוֹת「葡萄酒〔複数〕」(vina)となり זַיִת「オリーブ〔単数〕」(oliva)が זֵיתִים「オリーブ〔複数〕」(olivae)となるように ◌ְ の前に置かれる場合と、בַּהֶרֶת が複数形

で בֶּהָרוֹת となる場合を除く。

[9] ヒレクもまた、先述の規則の中で参照したものや、複数形において〔ヒレク〕それ自体を省略するもの、さらに一覧表で参照することになるごく少数の名詞、これらを除いて、常に無変化に留まる。ただし、私がここでしているのは固有のヒレクについてに限っての話であり、以下のような場合ではない。すなわちシェヴァの前の語頭において、二つのシェヴァが語頭で並び立たないようにするために〔ヒレクが結果的に〕用いられ、添加語尾の ה〔ヘー〕を語末にとる[13]ことがそこから知られるような場合〔は、複数形においてヒレクが変化する〕。つまり、אִמְרָה「発言」(dictum)は、אֹמֶר の代わりに用いられているのに過ぎず、それゆえに複数形では אֲמָרוֹת となる。同様に、דִמְעָה「涙」(lacrima)も דֶּמָע の代わりとして用いられているのであって、複数形において דְּמָעוֹת となる。というのも、すでにわれわれが示した通り、ウルティマのセゴール ◌ֶ は、◌ָ カメツに変えられねばならず、ウルティマの ◌ָ カメツは、複数形でも保持されねばならないし、ペヌルティマのホレムおよび ◌ֶ〔セゴール〕はシェヴァに変化させられねばならないからである。

[10] キブツおよびシュレクは、複数形にするときにも決して変化させられない。とりわけ、シュレクには注目するべきことがある。すなわち、ות で終わるものは、〔タウ ת で終わっているにもかかわらず〕複数形においてもシュレクを常に省略しないということ。これは ה〔ヘー〕や ת〔タウ〕で終わるその他の〔シュレクを伴わない〕名詞であったなら、われわれがすでに述べてきたように複数形において常にウルティマの音節を省略することになるのとは異なっている。実際、מַלְכוּת「王国〔単数〕」(regnum)は、複数形において מַלְכוּיוֹת となるし、חֲנוּת「店」(officina)は חֲנוּיוֹת となるのだから。

[11] 最後になるが、二つのシェヴァが語頭に並び立たないようにすると

いう理由がない限り、〔複数形への変化で〕変化させられることはありえない。というのも、ほとんどの変化は長音節〔母音〕から短音節〔母音〕への変化であることをわれわれは見ているのだから。ところがこれに反して פְּרִי「果実」(fructus)は複数形 פֵּרוֹת を持つし、כְּלִי「器」(vas)は〔複数形〕כֵּלִים を持つ〔すなわち短音節から長音節に変わっている〕。このことが示すの
309 は、単数形における文字 י〔ヨッド〕が添加語尾であって、もしそれがなければ現れていたはずのツェレー〔14〕がシェヴァに変化させられているのだろうということである。それというのも複数形では添加語尾の י〔ヨッド〕を放棄するのだが、その結果としてツェレーを複数形において維持している、もっとよい言い方をすれば、「再び取り戻して」いるのだから。

[12] これらの規則を通して、ほとんどすべての単数形を複数形へと屈折させることを、また複数形の〔もとの〕単数形を探り当てることを、一人ひとりがたやすく学び取ることだろう。残すところ、双数についてわずかばかりのことを付け加えるだけとなった。

[13] 複数形のほかに、一群の名詞は、それが〔文法的〕男性であれ〔文法的〕女性であれ、〔それらに〕י〔ヨッド〕と מ〔メム〕、および母音のパタフとヒレクとを加えることで、双数形へと屈折される。たとえば複数形で יָמִים となる יוֹם「一日」(dies)は〔双数形では〕יוֹמַיִם「二日」(duo dies)となり、また שָׁנָה「一年」(annus)は שְׁנָתַיִם「二年」(duo anni)となる。二つで一対である事物や二つの部分からなる事物について、それが複数あることを表現するためにかつてこの語尾をそのまま用いていたことを〔古代ユダヤ人の〕後代の者たちが閑却してしまわなかったとしたら、〔本来ならば〕これと同じ仕方で上述の諸規則に従うことで、すべての名詞を屈折させることができたはずだった〔が、実際には一部の名詞にしか適用できない〕。たとえば יָד「手」(manus)の複数形は יָדוֹת ヤドット(*jadoth*)の代わりに〔双数形を用いた複数表現〕יָדַיִם ヤダイム(*jadajim*)でもあり、また אֹזֶן「耳〔単

数〕」(auris)から אָזְנַיִם「耳〔複数〕」(aures)など、ひとが一対のものを有するその他のものも同様である。ところで、「鉗子」(forcipes)は二つの部分からなるために מֶלְקָחַיִם と呼ばれるのであり、מִטְפְּרַיִם[15]「はさみ」(forfices)も〔同様の理屈である〕。

[14] このような理由から、今ではこの語尾を双数表示のために用いることは、もっぱら聖書の中で双数を表すためにこのように屈折されて見出される名詞でなければ許されない。

第7章　男性および女性について

[1] それによって男または男に関連する事物が表示される名詞は、〔文法的〕男性である。一方、それによって女または女に関連する事物が〔表示される名詞は〕、〔文法的〕女性である。その他の事物を表現する役割を担うものは通性[1]であり、それら〔通性の名詞〕の大半が聖書中では常に男
310 性か常に女性かのいずれかとして現れているのも、偶然に過ぎない[2]。現に、〔聖書中〕ただ一カ所でのみ女性として現れるがそれ以外のすべての箇所で男性であるようなものもあるし、ただ一カ所でのみ女性[3]として現れるものと逆の例として כָּנָף「翼」(ala)は、ほとんどの箇所では女性として現れるが「歴代誌(パラレイポメナ)下」第3章の二カ所[4]の〔男性として現れる〕例外があるために、学者たちからは文法的性が通性であると見なされている。だが、仮にこの「歴代誌」という書物がわれわれのもとに残されていなかったとしたら〔文法学者たちが〕同じ語を女性として数えていただろうことに疑いの余地はなく、そのような例外を非常に多く入手できていたならひょっとすると規則ぜんたいを捻じ曲げてしまい、今は諸例外のうちに数えられているものを共通の規則として、また反対に多くの〔今ある〕諸規則を諸例外として、考えるようになっていたかもしれない。というのも、ひとことで言ってしまえば、聖書の〔文法〕を記述した者は数多あったにもかかわらず〔言語としての〕ヘブライ語の文法を記述した者は〔これまで〕皆無だったからである。さて、本題に戻ろう。「創世記」第32章8節[5]のように、同じ文の中で一つの名詞が異なる性で参照される箇所を見てみよう。אִם יָבוֹא עֵשָׂו אֶל הַמַּחֲנֶה הָאַחַת וְהִכָּהוּ「もしエサウが一方の陣列にやって来てこれを撃ったとしても[6]」(Si veniet Hgesau ad aciem unam, et ceciderit eum)、この点についてラビ・

シェロモー・ヤルヒー〔7〕が次のように述べているのに私はまったくもって同意する。すなわち、כָּל דָּבָר שֶׁאֵין בּוֹ רוּחַ חַיִּים זָכְרֵהוּ וְנָקְבֵהוּ「生命の息吹の通っていないものは何であれ、男性形でも女性形でも表現せよ」(omnem rem, cui non est spiritus vitae, exprime tam masculino, quam foeminino genere)と。上に示した引用箇所への彼の註解を参照されたい。

[2] 形容詞は ת〔タウ〕を、もしくは ◌ָ カメツとともに ה〔ヘー〕を加えた上で、先に述べた諸規則に従って音節を変えることによって、男性から女性へと性が変換される。たとえば חָכָם「知恵のある〔男性〕」(sapiens)からその女性形 חֲכָמָה、גָּדוֹל「偉大な〔男性〕」(magnus)から גְּדוֹלָה「偉大な〔女性〕」(magna)、בָּרוּךְ「祝福された〔男性〕」(benedictus)から בְּרוּכָה「祝福された〔女性〕」(benedicta)、פֹּקֵד「視察する男」(visitans vir)から פּוֹקְדָה および פּוֹקֶדֶת「視察する女」(visitans foemina)、אִישׁ「男」(vir)から אִשָּׁה「女傑」(virago)、そして גְּבַר「主人」(dominus)から גְּבִירָה「女主人」(domina)、というように〔8〕。

[3] 双子のセゴール ◌ֶ を持つものはこの例外であり、その〔セゴールの〕両方を ◌ְ〔シェヴァ〕に変えなければならない。ただし、語頭に〔シェヴァが〕二つ並んでしまわないようにする〔9〕ために第一の〔シェヴァ〕はパタフに変えられる。たとえば מֶלֶךְ「王」(rex)は、先に述べた諸規則に従えば מְלְכָה となるはずのところ〔そうならず〕〔10〕、מַלְכָּה「女王」(regina)となる。

[4] 男性であって語尾に ה〔ヘー〕をとるものは、ウルティマを ◌ָ〔カメツ〕にする。たとえば יָפֶה「美しい〔男性〕」(pulcer)なら יָפָה「美しい〔女性〕」(pulcra)に、רֹאֶה「見ている〔男性〕」(videns)なら女性形 רֹאָה など。

311 [5] 次に、語尾が י〔ヨッド〕であるものは、前述の通りにするか、単純に ת〔タウ〕を付加することで女性に変換される。שֵׁנִי「第二の〔男性・単数〕」

(secundus)からは שְׁנִיָּה ないし שֵׁנִית「第二の〔女性・単数〕」(secunda)に、そして שְׁנַיִם「第二の〔男性・複数〕」(secundi)からは שְׁנִיּוֹת「第二の〔女性・複数〕」(secundae)、というように。そしてこうした現象はとりわけ、属する氏族や土地を表す形容詞に多く見られる。たとえば、עִבְרִי「ヘブライ人〔男性・単数〕」(Hebraeus)とその女性形 עִבְרִיָּה ないし עִבְרִית「ヘブライ人〔女性・単数〕」(Hebraea)のように。これらの形容詞はすべて、故郷の土地や家柄をあらわす諸々の固有名詞をもとにして、ヒレクを伴う ִי〔ヨッド〕を加えた上、名詞の支配に関する次章で述べることとなる諸規則に従い音節を変化することで形作られる。たとえば יִשְׂרָאֵל〔イスラエル〕から יִשְׂרְאֵלִי〔イスラエル人〕ができ、עֵבֶר〔エベル〕から עִבְרִי〔ヘブライ人〕が[11]、חֶבֶר〔ヘベル[12]〕から חֶבְרִי〔ヘベル人〕が、そして כּוּשׁ「エチオピア」(Aethiopia)から כּוּשִׁי〔エチオピア人〕が、そして יְרוּשָׁלֵם から יְרוּשַׁלְמִי「ヒエロソリュマ[13]人」(Hierosolymitanus)が、それぞれ得られる。これらの男性形を複数にするには עִבְרִים「ヘブライ人たち」(Hebraei)や כּוּשִׁים「エチオピア人たち」(Aethiopes)のように、単に ם〔メム〕を加える。なお、それをもとにして〔形容詞を〕作ることになる名詞がすでに複数形の語尾を持っていた場合は、これ〔語尾のメム〕を切り落とす必要がある。すなわち、〔複数形語尾を持つ固有名詞〕מִצְרַיִם「エジプト」(Aegyptus)からは〔形容詞〕מִצְרִי「エジプトの／エジプト人〔男性・単数〕」(Aegyptiacus)が作られる。これらも、すでに述べたものと同様、単に ת〔タウ〕を加えるか、◌ָ カメツのあとに ה〔ヘー〕を加えることで女性形に変えられる。ただし、複数形では常に、ה〔ヘー〕を語末にとる女性形と同様、מִצְרִיּוֹת や עִבְרִיּוֹת のように屈折される。

[6] このように、先行する ◌ָ〔カメツ〕を伴う ה〔ヘー〕や ת〔タウ〕といった単数形の語尾および複数形の〔語尾〕וֹת が形容詞の女性形に固有であることから、ヘブライ人たちは単数で ה〔ヘー〕または ת〔タウ〕で終わる実詞や複数で וֹת に終わる実詞の多くを〔文法的〕女性に結び付けるようになったと思われる。ひょっとして彼ら〔ヘブライ人たち〕がこの〔女〕性の諸

形容詞に〔語尾の〕起源を求めてしまっていたのでなかったとすればの話だが。だがこのことについてはもう十分であろう。

51

第8章　名詞の支配について

[1] 諸事物は、〔それだけで〕絶対的に表示されるか、あるいは、他のものと結び付けることでより明瞭で判然とするように表示される。たとえば、「世界は大きい」(mundus est magnus)というときの「世界」(mundus)が絶対状態で示されているのに対して、「神の世界は大きい」(mundus Dei est
312 magnus)というときの「世界」(mundus)は〔「神」という語と〕結び付けられた状態である。後者の形は、それによってより生産的に表現したり明確に言い表したりできるもので、支配状態と呼ばれている〔1〕。それがいったいどのようにして表現される習慣であるのかを順序立てて述べることにし、まずは単数形においてどのようになるかから始めよう。

[2] 語末が ◌ָ〔カメツ〕またはホレムの後に続く ה〔ヘー〕で終わる名詞は、その ה〔ヘー〕を ת〔タウ〕に、また ◌ָ〔カメツ〕を ◌ַ パタフに変える。たとえば〔単に「祈り」を表示する〕 תְּפִלָּה は支配状態で תְּפִלַּת となり、「何者かの祈り」を表示する。そして עָשָׂה「為すこと〔2〕」(τὸ facere)は、支配状態で עֲשׂוֹת「何者かの為すことの……〔3〕」(τοῦ alicujus facere)となり、たとえば יוֹם עֲשׂוֹת יְהֹוָה אֱלֹהִים「主なる神の〔創造を〕為すことの日」(dies τοῦ facere Domini Dei)のようになる〔4〕。

[3] 双子の〔二音節連続する〕、あるいは一つだけの ◌ָ〔カメツ〕を持つものは、支配状態においてペヌルティマ〔のカメツ〕をシェヴァに、そしてウルティマ〔のカメツ〕をパタフに変える。たとえば、〔絶対状態〕 דָּבָר「言葉」(verbum)からは〔支配状態〕 דְּבַר が、כִּכָּר「タレント〔5〕」(talentum)からは כִּכַּר זָהָב「黄金1タレント」(talentum auri)が作られ、さらに חָכָם「賢い」

(sapiens)からは、「ヨブ記」第9章において神が חֲכַם לֵבָב「心において賢い」(sapiens cordis)と呼ばれる場合のように、חֲכַם となる。同様に、בָּרוּךְ「祝福された〔男〕」(benedictus)や שָׁלוֹם「平和」(pax)、פָּקוּד「視察すること」(visitare)そして זָקֵן「年老いた〔男性〕」(senex)なども〔支配状態では〕ペヌルティマの ◌ָ〔カメツ〕をシェヴァに変える。さらに、צְדָקָה「正義」(justitia)や בְּרָכָה「祝福」(benedictio)といったものもウルティマのカメツをパタフに、またペヌルティマをシェヴァに、さらにわれわれがすでに述べたように ה〔ヘー〕を ת〔タウ〕にすることで צִדְקַת や בִּרְכַּת となる。ここで最初のシェヴァがヒレクへと変えられているのは、単純に語のはじめに二つ〔のシェヴァが〕連続してはならないからなのだが、この同じことを何度も繰り返さなくても済むように、シェヴァの前に置かれたすべてのヒレクやパタフについて常に言えることだと断言しておかねばならない。

[4] ツェレーは、ペヌルティマに置かれたものは場合によってシェヴァに、ウルティマに置かれたものは場合によってパタフに変えられる。たとえば、〔絶対状態〕שֵׂעָר「頭髪」(capillitium)からは〔支配状態〕שְׂעַר[6]が、פֵּאָה「角《かど》」(angulus)[7]からは פְּאַת が、זָקֵן「年老いた〔男性〕」(senex)からは זְקַן が、そして מַקֵּל「杖」(bacillum)からは מַקַּל が作られる。とはいえ、大抵の場合〔ツェレーは〕ペヌルティマでもウルティマでも変化を受けることなくそのまま残る。実際のところ、これや、これに類する多くのことは不確定である。ひとつの同じ名詞であってもツェレーが場合によって変わったりそのままであったりするのに気がつくだろうが、これは聖書の中で諸方言が混同されていることを示しているのである。まさにそのせいで、ツェレーであれ、ウルティマのカメツであれ、至る所で恣意的に変わったりそのまま残ったりしうる。ただし、たとえば הֵיכַל「寺院」(templum)でのように、この言語〔ヘブライ語〕の通常の類推[8]に従って残さなくてはならないことになっている、י〔ヨッド〕の前に置かれた
313 ツェレーはこの例外である。そして、אַשְׁמוּרָה は聖書中どこであれ支配

状態として אַשְׁמוֹרֶת をとるが、תַלְאוּבָה および תַעֲלוּמָה は〔支配状態としてそれぞれ〕תַלְעוּבַת[9] および תַעֲלוּמַת の形をとる。いずれも聖書には見出されない形だとしても、אַשְׁמוֹרֶת の代わりに אַשְׁמוּרַת と書き、また תַלְאוּבַת の代わりに תַלְאוּבֶת と書くことも許されているのだと、私は主張する。さらに、ここでツェレーやカメツについて私が述べていることは、確たる規則に従っているわけではないすべてのものについても同様に述べられるべきである。後者については別の箇所でたっぷりと扱おうと思うが、ここでは差し当たり一つの事項を補足しておこう。それは私が今述べたこと、この章の意図、およびこの言語の普遍的な認識に少なからず関わってくると私の考える事柄である。

[5] 前章でわれわれは、女性形の語尾である ָה〔-*ah*〕や ת および〔女性〕複数形の וֹת は、諸々の形容詞と分詞とに固有のものであると述べた。もちろんそれは、形容詞としての名詞は属性であって、同じ一つの属性があるときは男性に、あるときは女性に結び付けられ、それぞれ二種類の語尾を必要とするのに対し、実詞ではそういうことは起こらない。したがって、男〔の対象〕も女も表現していないような実詞が ה〔ヘー〕や ת〔タウ〕で終わっている場合[10]に常に〔文法的〕女性に結び付けられるのも、用法によってそうなったに過ぎないか、あるいはひょっとすると、（われわれが〔前章で〕すでに述べたように）〔このタイプの語尾が〕形容詞女性に自らの起源を〔古くは〕有していたせいなのかもしれないのである。しかし、ここで私が主張したいのはまた別のこと、すなわち、実詞のこれらの〔ה や ת の〕語尾が形容詞や分詞に起源を有していたのと同様にして、名詞が支配状態になるときに受ける変異もまた、不定詞や分詞の〔語形〕変化にその起源を有している[11]、ということである。なぜなら、ヘブライ語のすべての名詞は（この言語に熟達したすべての人々に気づかれていたように）諸動詞形の諸形式によって形作られる[12]からである。加えてまた、実詞としての名詞の第一の、そして基本的な用法は、事柄を絶対的に示すことであって〔他と〕結び付けて示すことではないということもある。

というのも、後者〔他と結び付けて示すこと〕は固有名詞とは相容れず、だ
からこそ〔固有名詞は〕支配状態で見出されることが決してない。一方で
行為は、能動者にも受動者にも結び付けずに〔13〕叙述されることがほと
んどなく、したがって絶対状態で見出されることも非常に稀である。ど
んなものであれ、不定詞としての名詞と分詞〔としての名詞〕の変異の仕
314 方から、実詞がどのように変異するかも容易に知られるし、後者〔実詞
の変異〕が前者〔不定詞・分詞の変異〕に起源を有していたことにもまた疑い
の余地がない。それゆえ、それら〔不定詞〕の諸形式と支配〔状態〕への変
異の仕方を、あたかもすべての〔種類の〕名詞の変異の規準であるかのよ
うに以下に示そう。〔さまざまな変異の仕方を〕より円滑に記憶に留めるこ
とができるように。

諸不定詞の形式〔14〕

［表 VIII-1］

絶対状態		支配状態
*「視察すること」(Visitare)	פָּקוֹד	פְּקוֹד、および支配〔状態〕におけるカメツ・ハトゥフ〔を伴う〕〔15〕 פְּקָד、さらにまたカメツ・ハトゥフ〔を伴う〕 פְּקֻדָּה から פְּקוֹדֶת とも
「視察されること」(Visitari)	נִפְקֹד	常に絶対状態
	הִפָּקֵד	הִפָּקֵד
「頻りに視察すること」(Frequenter visitare)	פִּקֵּד および פַּקֵּד	פַּקֵּד
「頻りに視察されること」(Frequenter visitari)	פֻּקֹּד	פֻּקֹּד
「人が視察するように仕向ける、命じる」(Facere, vel constituere aliquem visitantem)	הַפְקֵד	הַפְקִיד
「視察するよう命じられること」(Constitui visitans)	הָפְקֵד	הָפְקֵד

「自らに命じて視察させること」(Se constituere visitantem)	הִתְפַּקֵּד	הִתְפַּקֵּד
「近づくこと」(Appropinquare)	נָגוֹשׁ	גֶּשֶׁת
「あらわにすること」(Detegere)	גָּלֹה	גְּלוֹת
	גָּלוֹת	גְּלוֹת
「巡ること」(Circuire)	סוֹב	סוֹב および〔カメツ・〕ハトゥフとマカフ〔16〕とともに、סָב־
「見つけること」(Invenire)	מָצוֹא	מְצוֹא および מְצֹאת、〔後者は〕מְצֹאֶת の代わりと言える。上記〔本表第1行〕פְּקוֹדֶת も参照のこと。
「開けること」(Aperire)	פָּקֹחַ	פְּקַח〔17〕

*〔原注〕 絶対状態の不定詞と、過去形〔三人称単数男性〕はしばしば一致する。実際、〔不定詞〕דַּבֵּר〔18〕「話すこと」(τὸ loqui)は〔そのままで、定動詞過去形〕「彼は話した」(locutus est)をも表示するし、〔不定詞〕גָּדֵל「大きくなること」(crescere)や בָּשֵׁל「調理されること〔19〕」(coqui)も〔そのままで〕過去形でもある(これについては適切な箇所で示すつもりである)。そのため、不定詞の形式は双子のカメツを持つ פָּקָד か、あるいは ָ〔カメツ〕と ַ〔パタフ〕を持つ פָּקַד であったことは疑いない。そして、これらの形式から支配〔状態〕における פְּקַד が形作られたのだし、もちろん פָּקַד、פָּקֹד、פָּקֵד からも〔作られたのである〕。活用については紙面を割いて後述するから、目下のところはこれで十分としたい。

315 [6] これらが不定詞の基本的な形式および変化である。続けて分詞へと進む。

諸分詞の形式〔20〕

[表 VIII-2]

Reg.〔絶対〕	R.〔支配〕	〔空所〕	
מְפַקֵּד	פֹּקֵד および פֹּקֵד	פֹּקֵד	「視察している(者)」(visitans)、男性単数。

מְפֻקָּדִים	פֹּקְדֵי	פֹּקְדִים	複数男性
מְפֻקָּדָה		פֹּקְדָה および פֹּקֶדֶת	単数女性
מְפוֹקֶדֶת および מְפֻקֶּדֶת	פֹּקֶדֶת		
מְפֻקָּדוֹת	פֹּקְדוֹת	פֹּקְדוֹת	複数女性
מַפְקִיד	פְּקוּד	פָּקוּד	「視察された」(visitatus)、単数男性。〔第一相〕動詞形の形容詞〔21〕。
מַפְקִידִים	פְּקוּדֵי	פְּקוּדִים	複数男性
מַפְקִידָה מַפְקֶדֶת	פְּקוּדַת	פְּקוּדָה	〔単数〕女性〔22〕
מַפְקִידוֹת	פְּקוּדוֹת	פְּקוּדוֹת	複数女性〔23〕
מֻפְקָד	נִפְקַד	נִפְקָד	「視察された(者)」(visitatus)、分詞、単数男性。
מֻפְקָדִים	〔空所〕	〔空所〕	〔空所〕〔24〕
מֻפְקָדָה および מֻפְקֶדֶת	נִפְקֶדֶת	נִפְקָדָה および נִפְקֶדֶת	単数女性
מֻפְקָדוֹת	נִפְקְדוֹת	נִפְקָדוֹת	複数女性
מִתְפַּקֵּד	מְפַקֵּד	מְפַקֵּד	「頻りに視察している(者)」(frequenter visitans)、単数男性。
מִתְפַּקְּדִים	מְפַקְּדֵי	מְפַקְּדִים	〔複数男性〕
מִתְפַּקְּדָה および מִתְפַּקֶּדֶת	מְפַקֶּדֶת	מְפַקְּדָה および מְפַקֶּדֶת	単数女性
מִתְפַּקְּדוֹת	מְפַקְּדוֹת	מְפַקְּדוֹת	複数女性
	פֻּקָּד	פֻּקָּד	「頻りに視察された」(frequenter visitatus)、〔第三相動詞形の〕形容詞、単数男性。
	פֻּקָּדֵי	פֻּקָּדִים	〔複数男性〕
	פֻּקֶּדֶת	פֻּקָּדָה および פֻּקֶּדֶת	単数女性
	פֻּקָּדוֹת	פֻּקָּדוֹת	〔複数女性〕

316 ［表 VIII-3］　受動

支配 2〔25〕	受動〔26〕	
נִפְקַד	נִפְקָד	「視察された（者）」（visitatus）、男性単数。
נִפְקְדֵי	נִפְקָדִים	複数男性
נִפְקֶדֶת	נִפְקָדָה נִפְקֶדֶת	単数女性
נִפְקְדוֹת	נִפְקָדוֹת	複数女性
מְפֻקַּד	מְפוֹקָד 等 および מְפֻקָּד	単数男性、「頻りに視察された（者）」（frequenter visitatus）。
מְפֻקְּדֵי	מְפֻקָּדִים	複数男性
מְפֻקֶּדֶת	מְפֻקָּדָה および מְפֻקֶּדֶת	単数女性
מְפֻקָּדוֹת	מְפֻקָּדוֹת	複数女性
	מֻפְקָד	「視察するよう命じられた（者）」（constitutus ut visitaret）、単数男性。
	מֻפְקָדִים	複数男性
	מֻפְקֶדֶת および מֻפְקָדָה	単数女性
	מֻפְקָדוֹת	複数女性
פְּקוּד	פָּקוּד および פָּקֵד	「視察された」（visitatus）、動詞形の形容詞、単数男性。
פְּקוּדֵי	פְּקוּדִים および פְּקֻדִים	複数男性
פְּקוּדוֹת	פְּקוּדוֹת および פְּקֻדוֹת	複数女性〔27〕
פְּקֻדַּת	פְּקוּדָה および פְּקֻדָה および פְּקֹדֶת	〔単数女性〕

317 〔ページ境界をまたぎ、表 VIII-3の続きと見なす〕 受動

	פוּקָד および פֻקָד	「頻りに視察された」(frequenter visitatus)、形容詞、単数男性。
	פֻקָדִים および פוּקָדִים	複数男性
	פוּקָדָה および פֻקֶדֶת および פֹּקֶדֶת	単数女性
	פֻקָדוֹת および פוּקָדוֹת	複数女性

［表 VIII-4］ 能動

支配	能動〔Act.〕	
פֹּקְדֵי および פֹּקַד および פֹּקֵד	פֹּקֵד	「視察している(者)」(visitans)、〔単数〕男性
פֹּקְדֵי	פֹּקְדִים	複数男性
פֹּקֶדֶת	פֹּקְדָה および פֹּקֶדֶת	単数女性 יוֹלַדְתְּ や שֹׁכַנְתְּ や יוֹשַׁבְתִּי のように、פֹּקַדְתְּ または פֹּקַדְתִּי とも。
פֹּקְדוֹת	פֹּקְדוֹת	複数女性
מְפַקֵּד	מְפַקֵּד*	「頻りに訪れている(者)」(frequenter visitans)、単数男性。
מְפַקְּדֵי	מְפַקְּדִים	複数男性
מְפַקֶּדֶת	מְפַקְּדָה および מְפַקֶּדֶת	単数女性
מְפַקְּדוֹת	מְפַקְּדוֹת	複数女性

*〔מְפַקֵּד「頻りに訪れている(者)」(frequenter visitans)に対する原注〕

この〔第三相〕分詞の支配は聖書中には見出されないばかりか、ここで、そしてほぼ常にそのように受け取られるところの意味内容〔28〕においては、

〔他の語と〕結び付けては表現され得ないようにも見える。しかし、この〔第三相の〕形式が場合によっては第一〔相〕のものと表示を同じくして用いられることがあるため、支配〔状態の形〕を持っていた可能性を斥けるものは何もない。

318 〔ページ境界をまたぎ、表 VIII-4 の続きと見なす〕 能動

支配	〔絶対〕〔29〕	
מַפְקִיד	מַפְקִיד	「人に視察を命じている(者)」(Constituens aliquem visitantem)
מַפְקִידֵי	מַפְקִידִים	
מַפְקִידַת מַפְקֶדֶת	מַפְקִידָה および מַפְקֶדֶת	単数女性。さらに、ここから מַפְקֹדֶת〔30〕が形作られる。
מִתְפַּקֵּד	מִתְפַּקֵּד	「自らを視察させている(者)」(se visitans)、あるいは「自らを視察するようにしている(者)」(ferens se ut visitans)、単数男性。
מִתְפַּקְּדֵי	מִתְפַּקְּדִים	複数男性
מִתְפַּקֶּדֶת	מִתְפַּקְּדָה および מִתְפַּקֶּדֶת	単数女性
מִתְפַּקְּדוֹת	מִתְפַּקְּדוֹת	複数女性

［表 VIII-5］ 「増大している(者)」(Crescens)

גְּדֶל および גְּדַל	גָּדֵל	単数男性
גְּדֵלֵי	גְּדֵלִים	複数男性
גְּדֵלַת	גְּדֵלָה	単数女性
גְּדֵלוֹת	גְּדֵלוֹת	複数女性

［表 VIII-6］ 「やって来ている(者)」(Veniens)

בָּא	בָּא	単数男性
בָּאֵי	בָּאִים	複数男性
בָּאַת	בָּאָה	単数女性
בָּאוֹת	בָּאוֹת	複数女性

［表 VIII-7］

גֹלֵה	גֹלֶה	「覆いを取っている（者）」(Detegens)、単数男性。
גֹלֵי	גֹלִים	複数男性
גֹלַת	גֹלָה	単数女性
גֹלְוֹת	גֹלוֹת	複数女性

319　［表 VIII-8］　さらに、同様に、

支配	〔絶対〕〔31〕	
מַגְלֵה	מַגְלֶה	「覆いを取ることをした者」(Qui facit detegere)、単数男性。
מַגְלֵי	מַגְלִים	〔複数男性〕
מַגְלַת	מַגְלָה	単数女性
	以下略	
שׁוֹמַע	שׁוֹמֵעַ および שׁוֹמַע	「聞いている（者）」(audiens)、単数男性。
שׁוֹמְעֵי	שׁוֹמְעִים	複数男性
שׁוֹמַעַת	שׁוֹמְעָה および שׁוֹמַעַת	単数女性
שׁוֹמְעוֹת	שׁוֹמְעוֹת	複数女性
	同様に、	
שְׂבַע	שָׂבֵעַ	「満足した（者）」(Saturatus)
שְׂבֵעֵי	שְׂבֵעִים	複数男性
שְׂבֵעַת	שְׂבֵעָה	単数女性
שִׂבְעוֹת	שְׂבֵעוֹת	複数女性

[7] これらの他にもまだ分詞には別の形式があるが、目下のところはこれで十分としたいと思う。無変化としてここで挙げられた母音は支配状態でも保たれることを遵守すれば、名詞を絶対状態から支配状態へと変化させることを学ぶのはごく容易いものであるのだから。すなわち、そ

の第一音節〔の母音〕がシェヴァである二音節〔語〕としても数えられるべき単音節〔語〕、たとえば כְּתָב「文書」(scriptum)や זְאֵב「狼」(lupus)といったもの〔の母音〕や、双子のセゴール、パタフ、ヒレク、およびシェヴァ[32]、ホレムも、たしかに מקף〔マカフ〕の前では〔ホレムが〕短い「オ」に変えられるが、大抵の場合は保たれるのをわれわれは見ている。シュレクは滅多に、あるいは決して変えられることがないと言ってもよいほどだが、〔シュレクの〕代わりにキブツが時折用いられることがある。これは支配状態になったからではなくて、一方〔＝キブツ〕を他方〔＝シュレク〕の代わりにしてもよいからである。実際、シュレクはホレムとキブ
320 ツから複合された音節であり、それゆえにシュレクの代わりにホレムやキブツが置かれているのもしばしば見られる。しかし、עָוֶל、אָוֶן、מָוֶת、その他同種のものは、言語の通常の用法に従うなら、支配状態として עֶוֶל、מֶוֶת、אֶוֶן 等をとるはずである〔が多くの場合そうなっていない〕[33]。われわれは、〔行の〕最後あるいは行[34]の中間において、セゴールの前ではカメツが、セゴールの代わりに用いられること、また、行の途中においても、〔行の〕一部を他から区別するために עֲטֶרֶת の代わりに עֲטָרֶת、פּוֹקֶדֶת の代わりに פּוֹקָדֶת が用いられることを、先に述べた[35]。それゆえ、絶対状態の עָוֶל などが支配状態 עֶוֶל の代わりに用いられるのである。

[8] だが、〔二つの〕音節をホレムに変えるさいに休音の ו ヴァウにする用法は、この言語〔ヘブライ語〕ではごく普通であることに留意すべきである。きわめて頻度の高いこの用法は、これらの名詞に関してもまた優勢であったと考えられる。というのも、支配状態での עֶוֶל は聖書中にただ一度しか見出されず[36]、他のすべての箇所で עָוֶל（「欺瞞」(fraus)）からは עוֹל が、אָוֶן「邪」(pravitas)からは און が作られており、この形を持つ他のいくつかのものも同様となっているのだから。

[9] 最後に、複数形の語尾についてもいくらか述べ添えておきたい。複

数語尾 וֹת は支配状態で常に保たれる一方、יִם〔の支配状態〕は ם〔メム〕を省いた上でヒレクをツェレーに変える。さらに、双数形 ◌ַיִם も上記の支配形〔◌ֵי〕を保持する。したがって、ם〔メム〕をヒレクとともに省いた上でパタフをツェレーに変える。ちょうど עֵנַיִם「両眼」(oculi)から支配状態 עֵנֵי となるように。さらに、この結果、ヒレクを伴う ְ の前のすべてのパタフは、この支配状態の形式を引き継ぎ、たとえば בַּיִת「家」(domus)が בֵּית となり、יַיִן「葡萄酒」(vinum)が יֵין となったのだと私は思う。

[10] さて、先へと進む前に、ここで私は「名詞」とは名詞全般のことだと解している、ということにとりわけ留意しておかねばならない。すべての名詞は、(すでにわれわれが述べたように)固有名詞の場合を除いて、属格[37]を支配するか、属格によって支配されるかする。そして特に、常に〔他と〕結び付けられて表示される関係詞あるいは前置詞は、ほぼ常に属格を支配するが、〔属格によって〕支配されることも時折ある。これらすべてのことについて見通しをよくするため、以下、具体例によって例証しよう。

321　［表 VIII-9］

בֵּית אֱלֹהִים	「神の家」(Domus Dei)	両方が実詞である。
לֵב חָכָם	「賢者の心」(Cor sapientis)	第一[38]〔の語〕が実詞、第二が形容詞。
חֲכַם לֵבָב	「心の賢い」(Sapiens cordis)	上例の逆。
גְּדוֹל הָעֵצָה	「助言の偉大な」(magnus consilii)	
אוֹהֲבֵי טוֹב	「善を愛している者たち[39]」(Amantes boni)	第一が分詞である。
רוֹאֵי הַשֶּׁמֶשׁ	「太陽を見ている者たち」(videntes solis)	

בְרֹא אֱלֹהִים	「神による創造」(τὸ creare Dei)	第一が不定詞である。
יוֹם בְרֹא אֱלֹהִים	「神による創造の日」(dies τοῦ creare Dei)	不定詞〔creare ברא〕が、〔Deus אֱלֹהִים を〕支配する[40]と同時に、〔dies יוֹם によって〕支配されもする。
מַשְׁכִּימֵי קוּם	「起床の早い人たち」(maturantes τοῦ surgere)	すなわち、「早く起きる習慣のある人たち」(qui solent cito surgere)。
מַשְׁכִּימֵי בַבֹּקֶר	「朝の早い人たち」(maturantes τοῦ in mane)	属格の前置詞[41]〔בַ〕と、支配状態の分詞。
לִפְנֵי יְהוָֹה	「神の面前で」(Ante Dei)	תָּוֶךְ「内側」[42](intus)から作られた〔支配状態の前置詞〕תּוֹךְ「～の内側で」(inter)のように、לְפָנִים「前に」(antea)から作られた支配状態の前置詞。
עֲדֵי עַד	「果ての果てまで」(usque τοῦ usque)	すなわち、果てのない時間。ここでは、前置詞〔עַד〕が、支配するとともに支配を受けてもいる。
מַכַת בִלְתִי חָרָה	「不歇の疫病[43]」(plaga τοῦ non desinentis)	すなわち「疫病であって、終熄しないもの」(plaga, quae non desinit)。副詞「不……」(non)〔בִלְתִי〕が〔plaga מַכַת によって〕支配を受けている。
אֵין חָכְמָה	「知恵の無い」(non sapientiae)	ここでは逆に、「～が無い」(non)〔אֵין〕が〔「知恵」sapientia חָכְמָה を〕支配している。絶対状態では אַיִן だが、支配状態では、すでに述べたように、בַּיִת でのようにパタフとヒレクが〔丸ごと〕◌ֵ ツェレーに変えられる。ここで[44]読者諸賢には、第5章で名詞についてわれわれが述べたこと〔の重要性〕を慎重に吟味するよう、繰り返し繰り返し、思い返していただきたい所存である。実際、われわれがそこ〔＝第5章〕で述べたことを正確に把握することなしには何者もこの言語を学ぶのに大きな成果を得ることはできないだろう。すなわち、動詞形も、分詞も、前置詞も、そして副詞も、ヘブライ語においては一点の曇りなく名詞なのである。

第9章　名詞の二種類の用法と、その曲用について

[1] 普通名詞〔1〕によってわれわれは、不特定の一個体や複数、もしくは一つないし複数の、特定の、既知のものを表示しようとする。ラテン人〔ラテン語〕のもとではこれらはまったく区別されないが、ヘブライ人〔ヘブライ語〕また他の人々〔の言語〕のもとでは〔そのような特定・不特定の区別が〕大いにある。確かに、אִישׁ はそれがどの人であれ「人」(vir)を、あるいは אִשִׁים はそれがどの人々であれ「人々」(vires)を表示するのである。しかし、その人(人々)についてすでに語った、あるいはその人(人々)のことが既知であると想定されるような人(人々)を表示したい場合、パタフを伴った הַ を名詞の前に置いた上で、その名詞の最初の文字を二重化すなわちダゲッシュを打たなければならない。ただし、最初の文字が二重化を受け入れない文字のうちの一つであった場合、ה〔ヘー〕は、パタフの代わりにカメツを持たねばならない。ちょうど、וְהָאִישׁ גַּבְרִיאֵל「そして、その人ガブリエルは」(et vir ille Gabriel)〔における הָ〕のように。しかし、注目するべきは、◌ָ カメツと同様 דגשׁ〔ダゲッシュ〕もガアヤーによって代償することができるということである。ちょうど הַמְכָחֶה / הַחִוִּי〔2〕などのように。なお、この ה〔ヘー〕は、これが既知の事物を指示することから הַיְדִיעָה すなわち「既知の ה〔ヘー〕」と通常呼ばれているが、私はこれを「指示の〔ה ヘー〕」とも呼ぶことにする〔3〕。

[2] もちろんのこと、この種の ה〔ヘー〕の用法は普通名詞、形容詞、そして分詞においてのみ可能であって、固有名詞や不定詞、さらに副詞においては可能ではない。なぜなら、われわれはこれら〔固有名詞・不定

詞・副詞〕によって単一の事物以外の何事も指示することがなく、また同じ種類のものを複数で指示することもないからである。また、関係を表すものも絶対状態では決してなく、支配状態でしか指示されない。このהַ〔ヘー〕については、属格を支配するときに〔הַ が〕名詞の前には決して置かれないことにとりわけ注意すべきである。そのことの原因は本章で明らかにしていこうと思う。

〔3〕 さらに、ヘブライ人にとってはすべての名詞が曲用不可能であるから、格はほとんどの場合さまざまな前置詞の表示のみによって表現され
323 る。「表示によって」と私は言う。というのも、われわれがすでに述べたように、前置詞は(〔それ自体が〕確かに名詞であるから〔4〕)実際には属格を支配する。しかし、ちょうどギリシア人〔ギリシア語〕にとっては前置詞が奪格〔として〕の属格を支配しながらもそれら〔前置詞〕の表示によってのみ属格が奪格に相当するものとみなされている〔5〕ように、ヘブライ人にとってもまた、すべて〔の前置詞〕が属格を支配しながらもそれらの表示によってのみ属格がその他の諸格に相当するものとみなされている。

〔4〕 一般的に、諸格〔変化の機能〕の役割を果たす前置詞は ל、אל、ב、מ そして מן や עִם 等である。これらのうち、ל と ב は名詞に前置〔6〕された上でシェヴァが付される。一方、〔独立形〕מן の代わりに מ が用いられる場合、ヒレクが付された上で、〔本来の形 מן の二文字目であるところの〕נ〔ヌン〕が後続する文字に打たれる דגשׁ〔ダゲッシュ〕の点によって代償される。これらすべてはあとに続く具体例で確認できる。

〔5〕 さて次に、シェヴァを伴った לְ、および אֶל は与格を、そして בְּ、מִ、מִן および עִם は奪格を、それぞれ表示する。しかし、対格は〔それを表示する〕前置詞を持たず、その代わりに小辞 אֶת が用いられる習慣である。これ〔אֶת〕は決して属格を支配することがなく、常に対格を支配する。その他の諸格は〔対応する〕前置詞をもたない。それゆえ、われわれが先

に属格はその他の諸格を支配すると述べたが、それは与格ならびに奪格に相当するものとみなされるという表示にのみ解されねばならない。なぜならこれらは前置詞のみによって表現されるからである。とはいえ、これらすべてはあとに続く具体例によって明瞭に理解されるだろう。

［表IX-1］　不特定の〔7〕普通名詞の例

	単数	
主格	דָבָר	「言葉」(verbum)
属格	דָבָר	どんな種類のものであれ先行する名詞が支配形で置かれていることで〔属格であると〕認識される〔8〕。
与格	לְדָבָר	前置詞〔לְ〕が支配状態にあると同時に与格の機能を表現していること、そして名詞〔ここでは דָבָר〕が属格に置かれていること〔9〕を理解されたい。さらに ל が目的地を指示している場合、語尾に ה〔ヘー〕を補うことで同じことが可能であることにも注意されたい。たとえば לְאֶרֶץ「地へ」(ad terram)の代わりに אַרְצָה というように。
324 対格	דָבָר	能動の動詞があることで〔対格であると〕認識される。
呼格	דָבָר	
〔奪格〕	מִדָּבָר	この場合は上記の与格と同様に理解すること。
	複数	
主格	דְבָרִים	
属格	דְבָרִים	
与格	לְדְבָרִים	
対格	דְבָרִים	
呼格	דְבָרִים	
奪格	בִּדְבָרִים	または מִ

［表 IX-2］ 指示の ה〔へー〕を伴う名詞の例

単数		複数	
主格	הַדָּבָר	主格	הַדְּבָרִים
属格		属格	
与格	לְהַדָּבָר の代わりに לַדָּבָר	与格	לְהַדְּבָרִים の代わりに לַדְּבָרִים
対格	אֶת הַדָּבָר	対格	אֵת הַדְּבָרִים〔10〕
呼格	הַדָּבָר	呼格	הַדְּבָרִים
奪格	בְּהַדָּבָר の代わりに בַּדָּבָר	奪格	בְּהַדְּבָרִים の代わりに בַּדְּבָרִים

［表 IX-3］ 形容詞を伴う実詞、男性の例

		指示の ה〔へー〕を伴う場合〔11〕	
主格	אֵל גָּדוֹל 「大いなる神」(Deus magnus)	主格	הָאֵל הַגָּדוֹל
属格		属格	
与格	לְאֵל גָּדוֹל	与格	לָאֵל הַגָּדוֹל
以下略		対格	אֵת הָאֵל הַגָּדוֹל

［表 IX-4］ 〔形容詞を伴う実詞、〕女性の例

		指示の ה〔へー〕を伴う場合	
主格	מְנוֹרָה יָפָה 「美しい燭台」(Candelabrum pulcrum)	主格	הַמְּנוֹרָה הַיָּפָה
属格		属格	
与格	לְמְנוֹרָה יָפָה	与格	לַמְּנוֹרָה הַיָּפָה
以下略		対格	אֵת הַמְּנוֹרָה הַיָּפָה
		以下略	

325 ［表 IX-5］ 関係詞としての名詞の例

主格	תּוֹךְ	「……のあいだ」(inter)
属格		

与格	לְתוֹךְ / אֶל תּוֹךְ	「そのあいだへ」(ad τὸ inter)
対格	תּוֹךְ	
奪格	בְּתוֹךְ / מִתּוֹךְ 等	「そのあいだにおいて／そのあいだから」(in & de τῷ inter)

[6]〔上の例において〕תּוֹךְ が支配状態〔の形〕にあること、また、ちょうど עָוֶל「欺瞞」(fraus)から עוֹל〔が形作られるの〕と同じように、これが תָּוֶךְ から形作られていることに注意されたい〔12〕。ところで、私が支配状態〔の形〕の例を選んだのは、すでに述べたように、前置詞は絶対状態にあるとはほぼ考えられないからであり、それゆえ〔前置詞は〕指示の ה〔へー〕と一緒に曲用されることが決してないからである。なぜならば、ה〔へー〕が一般的に、すでに説明された、既知の事物を想定するのに対し、支配形は〔直後に置かれる〕属格によって説明されるべき、決定されるべき事物、言い換えれば、まだ知られていない事物を想定するからである。これが大抵の場合の〔指示の〕ה〔へー〕と支配形である、と私は言う。しかし、常にそのような事物が想定される、とは言わなかった。なぜなら実際にはしばしば、きわめて洗練されたかたちで〔13〕、支配形の代わりに指示の ה〔へー〕を、また逆に、指示の ה〔へー〕の代わりに支配形を用いることが許されているからである。たとえば、〔指示の ה を伴う〕כָּל־הַנְּבִיאֵי の代わりに、כָּל־נְבִיאֵי「すべての預言者たち」(omnes prophetae)と洗練されて語られるのである。なぜなら〔指示の ה と絶対形複数からなる〕הַנְּבִיאִים が既知の預言者たちを表示する一方、支配形 נְבִיאֵי は暗黙のうちに理解される属格によって〔14〕、たとえば神の、真理の〔預言者たち〕、というように、すでに認識されている何らかの事物に属する預言者たちを表示する。同様に、〔指示の ה に相当するパタフを持つ〕בַּמִּזְרָקִים の代わりに הַשּׁוֹתִים בְּמִזְרְקֵי יַיִן〔15〕「葡萄酒を献酒皿《パテラ》で飲んでいる人々」(qui bibunt in pateris vinum)と、より洗練されたかたちで述べられる。これらについて、詳しくは統語論のところで〔述べる〕。ここでは、極めて一般的ではあるが、以下のことに注意しておけば十分である。すなわち、属格〔として想

定されるもの〕が既知の事物として暗黙のうちに理解されうる場合には、支配形と指示の ה〔へー〕とは同じ効力を持つということ。ただし、このことは前置詞については成り立たない〔16〕。

［表 IX-6］　関係詞としての名詞のもう一つの例

	単数		複数	
	主格	קֶדֶם「前」(ante)	主格	קַדְמֵי「はるかに前」(multo ante)
	属格		属格	
	与格	לְקֶדֶם	与格	לְקַדְמֵי
326	対格	קֶדֶם	対格	קַדְמֵי
	奪格	מִקֶּדֶם	奪格	מִקַּדְמֵי「すっかり前から」(ab omni ante)。「箴言」第 8 章〔23 節〕の מִקַּדְמֵי אֶרֶץ は「大地に先立つ一切のものから」(ab omnibus anteitatibus terrae) を表示する。

［表 IX-7］　関係詞としての名詞のもう一つ〔の例〕

חוּץ	「外」(foras)	
מְחוּץ	「外側に面した部分」(pars, quae foras respicit)	以下のやり方で、名詞〔であるか〕のように曲用される。
主格	מְחוּץ	「外から」(de τῷ foras〔17〕)
属格		
与格	אֶל מְחוּץ	「外へ、外から」等 (ad τὸ, de τῷ foras)
対格	מְחוּץ	
奪格	בְּמְחוּץ	以下略、残りも同様。

［表 IX-8］　不定詞の例

主格	פָּקוֹד	「視察すること」(τὸ visitare)
属格		
与格	לִפְקוֹד	
対格	פָּקוֹד	
奪格	בִּפְקוֹד	
	כִּפְקוֹד מִפְקוֹד	

分詞も、形容詞と同様に曲用される。

［表 IX-9］　副詞の例

主格	לֹא	「……せず」(non)
属格		
与格	לְלֹא	「……せぬことのために」(ad τὸ non)
対格	לֹא	
奪格	מִלֹּא	「……せぬことにより」(de τῷ non)

［表 IX-10］　その他いくつかの副詞の例

主格	מָתַי	「いつ」(Quando)
属格		
与格	לְמָתַי	「いつまで」(ad τὸ quando)すなわち、 「その時に向かって」(in id tempus)
対格	מָתַי	
奪格	בְּמָתַי	以下略

主格	חִנָּם	「無為に」(frustra)
属格		
与格	אֶל חִנָּם	「無為の方へ」(ad τὸ frustra) 以下略。

主格	עוֹד	「ここまで」(adhuc)
属格		
与格	לְעוֹד	「ここまでの方へ」(ad τὸ adhuc)
対格	עוֹד	
奪格	מֵעוֹד בְּעוֹד	「ここまでから、ここまでにおいて」(de & in τῷ adhuc)、すなわち「その時に、その時から」(in tempore / a tempore)。

327 ［表 IX-11］ 副詞の例

主格	טֶרֶם	「未だ……せず、……する寸前」(adhuc non, vix)
属格		
与格	לְטֶרֶם	「寸前の方へ、未然の方へ」(ad τὸ vix, nondum)
対格	טֶרֶם	
奪格	מִטֶּרֶם / בְּטֶרֶם	「未然から、未然において」(de, in τῷ nondum)すなわち「未だ……せぬ時において、未だ……せぬ時から」(in / a tempore, quo nondum)等。

[7] どのような種類のものであれ、すべての名詞がどのような理屈で曲用されるのか、これらの実例によって各人が容易に見てとることができるだろう。しかしながら、〔そうした結果表される〕意味内容についてわれわれが疑いえない場合には、さまざまな格の前置詞が洗練のために省略されてしまうことに注意を払わねばならない。たとえば「箴言」第22章21節、לְהָשִׁיב אֲמָרִים אֱמֶת לְשֹׁלְחֶיךָ「真実をもって、あなたを遣わした人々に言葉をお返しするために」(ad referenda dicta cum veritate eis, qui te miserunt)のように。なぜなら、אֲמָרִים〔「言葉」〕が絶対状態である以上、それ〔＝אֲמָרִים〕によって属格の אֱמֶת〔「真実」〕が支配されているということはありえず、そうではなくて、ここでは省略されているがその〔אֱמֶת の〕前に置かれているはずの前置詞 בְּ によって〔אֱמֶת が支配されている〕と言わざ

るをえないのだから。同様に、「列王記上」第２章７節 וְהָיוּ בְּאֹכְלֵי שֻׁלְחָנֶךָ 「そして彼らは、あなたの食卓(で)食べている人々からの者であった」(et erunt ex comedentibus (τοῦ ad) mensam tuam)では、分詞の支配形〔אֹכְלֵי〕による支配が生じるため、〔その直後に〕属格として置かれる〔はずの〕前置詞 אֶל または עַל 〔「……で」(ad)〕が暗黙のうちに理解されている〔18〕。この作法ではまだ多くのことがあるが、それらについて専門的には統語論の部で〔述べる〕。

第10章　前置詞と副詞について

[1] 先の第5章においてわれわれは、前置詞とは、ある一つの個体が他の〔個体〕に対してどのような関係を持つかがそれによって示されるような名詞であるとすでに述べた。さらにわれわれは、一つの同じ関係が〔文法的〕数において単数形だけでなく複数形としても表現されることをすでに述べた。このうちの前者、すなわち諸々の前置詞が疑いなく名詞であるということ自体は直前の二つの章の内容から十分に明らかにされたものと私は信じている。他方、〔前置詞が〕数において複数形をも持つということの方は、ひょっとするとまだ読者の多くが不条理だと思っている
328 いるかもしれない。しかし、それらが名詞であることが明らかになった以上、どうしてそうでない〔＝複数形を持たない〕などということがあろうか。これに対して君はきっと「諸関係は、おのおのの下部に複数の個体を有する種であるとは言えず[1]、その点ではむしろ複数形を欠く固有名詞と共通しているはずだ」と言うことだろう。だがそうではなく、一つひとつの種の〔関係の〕もとに複数の関係が属することはないとしても、〔ヘブライ語の〕前置詞の方は数において単数形から複数形へと現に屈折されているのである。そんなことがいかにして起こりうるのかについて手短に説明しようと私は決心した。

[2] 確かに前置詞が複数の〔異なる種の〕関係を同時に指示することはできないが、〔前置詞によっては〕支配状態においてのみならず絶対状態においてさえ、単数形から複数形へと屈折されているものがある。ここでいう絶対状態にある前置詞とは、さまざまな関係がそれぞれ抽象的に概念化された、あるいは表現されたものに他ならない。ただし、それら〔絶対

状態の前置詞〕は関係そのものを表現するというより、他の事物に対して何らかの関係にあるような場所や時間を表現しているのである。たとえば、בֵּין「……のあいだ」(inter)からその複数形 בֵּינוֹת ができるが、これが指示しているのは、ある個体の他のものに対する単一の関係ではなく、他の諸々のものとのあいだにある諸々の場所である(この事柄については「エゼキエル書」第10章2節を見よ)。あるいは、すでに私が述べたように、前置詞そのもの、すなわち抽象的に概念化された関係でもある。たとえば אָחוֹר から〔2〕、אֲחוֹרִים という「後ろ〔複数〕」(posteriora)、あるいはラテン語としてぎこちない言い回しになるが「後方性諸部」(posterioritates)とでも言うべき形が作られる。たとえ聖書中には同じように作られた形が見出されないとしても、このような仕方で複数形の前置詞や副詞も形作られうる。

〔3〕 さらに、支配状態にある前置詞もまた、それらがさまざまな関係を指示するものである限りは、単数形としてだけでなく複数形としても曲用される〔3〕。これは関係が重畳されて概念化されなければならないからであったり、強調して表現されなければならないからといった理由から生じる。たとえば、〔前置詞・単数〕אַחַר「……の後に」(post)の複数形は אַחֲרֵי であり、〔複数形では〕「大いに……の後に」(multum post)を表示する。このことについてはラビたちが口を極めて注意を促していた。同様に אֶל「……の方へ」(ad)は複数形 אֱלֵי を持つ。これは「大いに……の方へ」(multum ad)、すなわち「この方へと能う限り進んだ」ことを表示している。同様に〔前置詞・単数〕עַל「……の上に」(supra)からは〔複数形〕עֲלֵי が、עַד「……まで」(usque)からは עֲדֵי〔が複数形として派生する〕。ここで עֲדֵי עַד は「永遠の方へ」(in aeternum)、すなわち概念化が可能なあらゆるものとして「果ての果てまで」(usque τοῦ usque)を表示する。同様に מִקַּדְמֵי אֶרֶץ は「大地以前の一切より」(ab omni ante terrae)を表示する。同
329 様にして、ほぼすべての前置詞が数において単数形としても複数形としても曲用されうる。

[4] ただし、לִפְנֵי「……の前に」(ante)は単数形を持たない前置詞であるから、前述のものから除外しなくてはならない。これが複数形として曲用されているのは単数形を欠く実詞の פָּנִים「顔」(facies)ないし「前面」(anteriora)から形作られているためである。

[5] 最後に扱う副詞もまた名詞、すなわち、それによって何らかの行為が様態・時間・場所・能動者・順序などに応じて限定されるような名詞であると、われわれはすでに述べた。たとえば、「良く」(bene)、「悪く」(male)、「急いで」(festinanter)、「明日」(cras)、「昨日」(heri)、「中で」(intus)、「外で」(foras)、「一緒に」(simul)、「第一に」(primo)、「第二に」(secundo)等である。しかし、これらが複数形を欠くことは理にかなっている[4]。また自明だが、前置詞のように抽象的に概念されることもできない。この理由のゆえに、たとえラテン人が副詞をも「大いなる善意によって」(perbenigne)や「とても早い朝に」(multo mane)等のようにしばしば強調しているとしても、だからといってヘブライ人においても前置詞と同じように複数形として表現されねばならないとしたら、ヘブライ人からすればやはり不条理に思われたことだろう。実際、関係を指示する前置詞は実詞としての名詞のように属性を持ったり、より強調して表現されうる。これに対して、行為の様態たる副詞は、あたかも動詞形にとっての形容詞のごときものであるから、〔前置詞と〕同様に強調しようとするのは、属性の中から属性を考案する、または形容詞に形容詞を加えることに他ならない[5]。ところで副詞は、私がすでに述べたとおり、あたかも動詞形にとっての形容詞のごときものである以上、それ〔形容詞〕にとっての実詞〔に相当するもの〕、つまり単数形しか持たない動詞形と、数において一致しなければならない[6]。したがって〔ラテン語では〕「とても早い朝に」(multo mane)や「大いなる善意によって」(perbenigne)等と表示されるべきところを、ヘブライ人は極めてしばしば動詞形そのものを強調するか、一つの副詞を用いる代わりになるような動詞形もしくは名詞を用いている。たとえば、〔副詞を用いる〕「彼はとても朝早くに起き

た」(multo mane surrexit)はヘブライ風には「起きるのには幾分早い時間だった」(matutinavit admodum ad surgendum)と表現される。そして〔副詞を用いる〕「彼は大いなる善意で行った」(perbenigne egit)は、〔ヘブライ風には〕「彼は行うに善意の人であった」(benignus admodum egit)となるが、これについては統語論の部でわれわれがあらためて説明するだろう。

[6] しかし、実詞に属する形容詞のように、副詞さえも時には実詞化
されることには注意すべきである。実際、副詞は複数形へと屈折されこ
そしないものの反復されることはよくある。ちょうど מֳעְלָה מֳעְלָה「高
330 く高く」(sursum sursum)つまり「できる限り高く」(ad summum usque gra-
dum)や、逆に「できる限り下に」(ad infimum usque gradum)を表示する
מָטָה מָטָה「下に下に」(infra infra)のように。同様に מְאֹד が「とても」(ad-
modum)を表示するのに対して、מְאֹד מְאֹד は「最大限」(summo gradu, ad-
modum, et nimis)を表示している。そして מְעַט「少なく」(parum)に対して
מְעַט מְעַט は「もっと少なく」(paulatim)〔を表示する〕。その他に対しても同
様である。

第11章　代名詞について

[1]〔動詞の〕活用の話に進む前に、代名詞について触れる必要がある。なぜなら、後者〔＝代名詞〕なしには、前者〔＝活用〕を扱うことはできないからである。代名詞とは何か、そして何種類に区別されるのかは、万人の知るところである。ここで私は〔代名詞が〕単数形から複数形へどのように屈折されるのか、男性形〔代名詞〕が女性形からどのように区別されるのか、そしてどのように曲用されるのかを、この順で述べようと思う。

［表 XI-1］　原形〔人称〕代名詞[1]

単数			複数		
「私」(ego)[2]	אֲנִי		אֲנַכְנוּ	「われわれ[3]」(nos)	一人称ではいずれにせよ通性である。なぜなら、男であるか女であるかは話者自身が十分に示しているからである。
	אֲנוֹכִי		נַכְנוּ		
			אָנוּ		
「君」(tu)	אָתָּה	男性	אַתֵּם	「君たち」(男性)(vos)	
「君」(tu)	אַתְּ	女性	אַתֵּן	「君たち」(女性)(vos)	添加語尾の ה とともに אַתֵּנָה
「彼」(ille)	הוּא		הֵם	「彼ら」(illi)	添加語尾の ה とともに הֵמָּה
「彼女」(illa)	הִיא		הֵן	「彼女ら」(illae)	添加語尾の ה とともに הֵנָּה

[2] このように、これらの複数形語尾は通常とは著しく異なる。なぜなら、男性が ִים で終わらず、女性も וֹת で終わらないからである。さらに、女性に属する諸形の語尾は、形容詞のものとも異なる。女性形の

〔二人称単数代名詞〕אַתְּ はもともと אַתִּי であったかのように思われるし、〔三人称単数代名詞〕הִיא はもともと הוא〔というつづり〕であったのが、異なる母音によって男性形から区別されていたのだろう〔4〕。実際、聖書の中で、よりしばしば、このように記述されているものが見受けられ、マソラー学者たちはそのいずれに対しても修正を施しているが、疑いなくそれが古形であったために違いない。

331

［表 XI-2］　指示代名詞あるいは直示詞

「これ」(hic)〔男性形・単数〕	זֶה	複数形を欠く。
	זוּ	
	לָז	
「これ」(haec)〔女性形・単数〕	זֹה	
	זֹאת	
	זוֹ	
「これら」(hi, hae)〔男性形・女性形複数〕	אֵלֶה	単数形を欠く。
	אֵל	

〔3〕 あたかも関係詞のように〔前置きされる〕指示代名詞の ה は、単数にも複数にも用いられる。もしくは、その〔ה の〕代わりに、後続〔音節〕にダゲッシュを伴った שֶׁ〔も同様である〕。だが、聖書中でより頻繁に見られるのは אֲשֶׁר である。

〔4〕 所有代名詞は分離されたままでは現れず、以下のように、名詞の支配形の語尾に付着される〔5〕。

［表 XI-3a］ 実詞 דָּבָר「言葉」(Verbum)の例。支配形〔単数〕דְּבַר から作られる。

名詞も〔人称〕接辞も、ともに単数の場合		
	דְּבָרִי	「私／の言葉」(Verbum mei) ないし 「私の／言葉」(meum)〔6〕
アクセントが אתנח〔アトナフ〕あるいは סילוק〔スィルーク〕のとき、דְּבָרֶךָ	דְּבָרְךָ	「君(男性)／の〔言葉〕」(tui)〔7〕
	דְּבָרַךְ〔8〕 および דְּבָרֵךְ	〔君(女性)／の言葉〕
	דְּבָרוֹ	「彼(男性)／の〔言葉〕」 (ejus)〔9〕
	דְּבָרָהּ	〔彼女／の言葉〕

［表 XI-3b］

〔人称〕接辞が複数の場合		
	דְּבָרֵנוּ	「私たち／の〔言葉〕〔Verba〕」 (nostri)
	דְּבַרְכֶם	「君たち(男性)／の〔言葉〕」 (vestri)
	דְּבַרְכֶן	〔君たち(女性)／の言葉〕
	דְּבָרָם	「彼ら(男性)／の〔言葉〕」 (eorum)
	דְּבָרָן	〔彼女ら／の言葉〕

［表 XI-3c］

332	支配形複数 דִּבְרֵי から〔דְּבָרַי に〕なる。 注意：ר〔レーシュ〕の下に ָ〔カメツ〕が置かれていないことに注意せよ。アクセントが אַתְנַח	דְּבָרַי	「私／の言葉〔複数〕」(Verba mei)、ないし「私の／言葉〔複数〕」(mea)

〔アトナフ〕あるいは סִילּוּק〔スィルーク〕でない場合は、ָ〔カメツ〕の代わりにパタフが付される。		
	דְבָרֶיךָ〔10〕	「君（男性）／の〔言葉（複数）〕」（tui）
	דְבָרַיִךְ	〔君（女性）／の言葉（複数）〕
	דְבָרָיו	「彼（男性）／の〔言葉（複数）〕」（ejus）
	דְבָרֶיהָ	〔彼女／の言葉（複数）〕

［表 XI-3d］

名詞も〔人称〕接辞も、ともに複数の場合		
注意：名詞が複数である場合、二人称および三人称〔の人称接辞〕は、常に支配形複数〔דִבְרֵי〕に付される。	דְבָרֵינוּ	「われわれ／の言葉〔複数〕」（Verba nostri）ないし「われわれの／言葉〔複数〕」（nostra）
	דִבְרֵיכֶם	「君たち（男性）／の……」（vestri）
	דִבְרֵיכֶן	〔君たち（女性）／の……〕
	דִבְרֵיהֶם	「彼ら（男性）／の……」（eorum）
	דִבְרֵיהֶן	〔彼女ら／の……〕

[5] このようにして、支配形 תְּפִלַּת「何者かによる祈り」（oratio alicujus）からは〔単数で〕 תְּפִלָּתִי や תְּפִלָּתְךָ 等となり、複数では תְּפִלּוֹתַי 等となる。同様に、実詞 בַּיִת「家」（domus）の〔単数〕支配形 בֵּית からは、בֵּיתִי「私の家」（domus mea）となる。そして複数支配形 בָּתֵּי からは בָּתֶּיךָ「君の家〔複数〕」（domus tuae）等となる。

［表 XI-4］ 名詞も接辞もともに単数である分詞の諸例〔11〕。

［表 XI-4a］ 男性形 פּוֹקֵד の例

פּוֹקְדִי および פּוֹקְדֵנִי	「私／の視察者」(visitans mei)ないし「私の／視察者」([visitans] meus)
פּוֹקֶדְךָ	「君(男性)／の……」(tui)
דֵךְ	〔君(女性)／の……〕
פּוֹקְדוֹ	「彼(男性)／の……」(ejus)
פּוֹקְדָת	〔彼女／の……〕

［表 XI-4b］ 女性形 פֹּקֶדֶת の例

פֹּקַדְתִּי	「私の／視察者(女性)」(Visitans mea)
פֹּקַדְתְּךָ	「君(男性)の／……」(tua)
תֵּךְ	〔君(女性)の／……〕
פֹּקַדְתּוֹ	「彼(男性)／の視察者(女性)」(Visitans ejus)
תָהּ	〔彼女の／……〕

［表 XI-4c］ 男性複数形 פֹּקְדֵי の例

פֹּקְדַי	「私／の視察者たち(男性)」(visitantes mei)
פֹּקְדֶיךָ	「君(男性)／の……」(tui)
דַיִךְ	〔君(女性)／の……〕
פֹּקְדָיו	「彼(男性)／の……」(ejus)
	以下略、実詞と同様。

333

［表 XI-4d］ 女性複数形 פֹּקְדוֹת の例

פֹּקְדוֹתַי	「私／の視察者たち(女性)」(visitantes mei)
פֹּקְדוֹתֶיךָ	「君(男性)／の……」(tui)

תַיִךְ	〔君(女性)／の……〕
	以下略、実詞と同様。

［表 XI-4e］　支配形の不定詞 פְקוֹד の例〔12〕

פָקְדִי	「私／の視察すること」(visitare mei)ないし「私の／視察すること」([visitare] meum)
פָקְדְךָ	「君(男性)／の……」(tui)
דֵךְ	〔君(女性)／の……〕
פָקְדוֹ	「彼(男性)／の……」(ejus)
דָהּ	〔彼女／の……〕
פָקְדֵנוּ	「われわれ／の……」(nostri)
פָקְדְכֶם	「君たち(男性)／の……」(vestri)
כֶן	〔君たち(女性)／の……〕
פָקְדָם	「彼ら(男性)／の……」(eorum)
דָן	〔彼女ら／の……〕

［表 XI-4f］　関係詞〔13〕 בֵין「あいだ」(τὸ inter)、単数の例

בֵינֵנִי および בֵינִי	「私／のあいだ」(inter mei)ないし「私のあいだ」(inter me)〔14〕
בֵינְךָ	「君(男性)／の……」(tui)
נֵךְ	〔君(女性)／の……〕
בֵינוֹ	「彼(男性)／の……」(ejus)
נָהּ	〔彼女／の……〕
בֵינֵנוּ	「われわれ／のあいだ」(inter nostri)
בֵינְכֶם	「君たち(男性)／の……」(vestri)
以下略	

［表 XI-4g］　関係詞複数 בֵינֵי「あいだ（複数）」（τὰ inter）の例〔15〕

בֵינָי	「私／のあいだ〔複数〕」 （inter mei）
בֵינֶיךָ	「君（男性）／の……」（tui）
בֵינַיִךְ	〔君（女性）／の……〕
בֵינָיו	「彼（男性）／の……」（ejus）
בֵינֶיהָ	〔彼女／の……〕
בֵינֵינוּ	「われわれ／の……」（nostri）
בֵינֵיכֶם	以下略
כֶן	
הֶם	
הֵן	

334 ［表 XI-4h］　同様に、単数 תַחַת および複数 תַחְתֵי から、〔下表のように〕作られる。

תָחְתֵנִי	תַחְתָי
תַחְתְךָ	תַחְתֵיךָ
תֵךְ 以下略	תַחְתַיִךְ 以下略

［表 XI-4i］　ただし、אֶל「……の方へ」（ad）、עַל「……の上に」（super）や אַחַר「……の後に」（post）、עַד「……まで」（usque）は単数形には接辞が付かず、複数〔支配形〕の עֲלֵי、אֱלֵי、אַחֲרֵי、עֲדֵי から〔16〕〔下表の接辞形を得る〕。

עָלַי	אֵלַי	אַחֲרַי	עֲדַי
עָלֶיךָ	אֵלֶיךָ	אַחֲרֶיךָ	以下略
עָלַיִךְ	אֵלַיִךְ	אַחֲרַיִךְ	
以下略	אֵלָיו	以下略	
	אֵלֶיהָ		
	אֵלֶינוּ		
	以下略		

［表 XI-5］　いっぽう、非分離の前置詞は複数形を持たない。

ב		ל		מִן 「……から」(de)からは、〔以下の形が〕作られる。	
בִּי	「私／の中で」(in mei)ないし「私の／中で」([in] me)	לִי	「私／の方へ」(ad mei) ないし「私の／方へ」([ad] me)および「私のために」(mihi)	מִמֶּנִּי および מִנִּי	〔一人称単数〕
בְּךָ	「君(男性)／の〔中で〕」(tui)	לְךָ および לָךְ	〔君(男性)の……〔17〕〕	מִמְּךָ	〔二人称単数男性〕
בָּךְ	〔君(女性)の中で〕	לָךְ	〔二人称単数女性〕	מִמֵּךְ	〔二人称単数女性〕
בּוֹ	「彼(男性)／の〔中で〕」(eo)	לוֹ	〔三人称単数男性〕	מִמֶּנּוּ および מֶנְהוּ および מִנֵּהוּ	〔三人称単数男性〕
בָּהּ	〔彼女の中で〕	לָהּ	〔三人称単数女性〕	מִמֶּנָּה	〔三人称単数女性〕
בָּנוּ	〔一人称複数〕	לָנוּ	〔一人称複数〕	מִמֶּנּוּ	〔一人称複数〕
בָּכֶם	〔二人称複数男性〕	以下略		מִמְּכֶם および מִכֶּם	〔二人称複数男性〕
כן	〔二人称複数女性〕			כֶן כן	〔二人称複数女性〕
בָּהֶם	〔三人称複数男性〕			מִמְּהֶם および מֵהֶם および מִנְּהֶם	〔三人称複数男性〕
הן	〔三人称複数女性〕			הן הן הן	〔三人称複数女性〕〔18〕

335 ［表 XI-6］ 副詞の例

כְּמוֹ	「あたかも」(sicut)	אַיֵּה	「どこに？」(ubi?)	הִנֵּה	「ほら、ねえ」(ecce)からは〔以下の形が〕作られる。
כָּמֹנִי				הִנְנִי〔19〕	
כָּמוֹךָ		אַיֶּךָּ אַיֶּכָּה	「君(男性)はどこに？」(ubi tu?)	הִנְּךָ	
כָּמוֹנוּ		אַיֵּךְ	(〔二人称単数〕女性)	הִנּוֹ הִנֵּנוּ	
以下略		אַיּוֹ	「彼(男性)は……」(ille)	以下略	
		אַיֶּכֶם	「君たち(男性)は……」(vos)		
		כֶן	(〔二人称複数〕女性)		
		אַיָּם	「彼ら(男性)は……」(illi)		
		יָן	(〔三人称複数〕女性)		

［表 XI-7］ そして、副詞 אַיִן「無い」(non)の支配形が אֵין になることはすでに述べたが、この支配形から〔下表のような形が〕作られる。

אֵינֶנִּי	「私／の“無い”」(non mei) ないし「私が〔無い・しない〕」(ego)〔20〕	אֵינֶנּוּ	「われわれ／の“無い”」(non nostri)ないし「われわれが〔無い・しない〕」(nos)
אֵינְךָ	「君(男性)／が……」(tui)	אֵינְכֶם	(〔二人称複数〕男性)
אֵינֵךְ	(〔二人称単数〕女性)	כֶן	(〔二人称複数〕女性)
אֵינֶנּוּ および אֵינוֹ	「彼(男性)／が……」(ejus)	אֵינְהֶם および אֵינָם	(〔三人称複数〕男性)
אֵינֶנָּה および אֵינָהּ	(〔三人称単数〕女性)	הֶן	(〔三人称複数〕女性)

עוֹד「ここまで」(adhuc)からは、〔下表の接辞形が〕作られる。

עוֹדִי	「ここまで私は」(adhuc ego)	עוֹדֵנוּ	「ここまでわれわれは」(adhuc nos)
עוֹדְךָ	「……君(男性)は」(tu)	עוֹדְכֶם	「君たち(男性)は」(vos)
עוֹדֵךְ	(女性)	כֵן	(女性)
עוֹדֵנוּ および עוֹדוֹ	「……彼(男性)は」(ille)	עוֹדָם	「彼ら(男性)は」(illi)
עוֹדָה および עוֹדֵנָה	(女性)	דָן	(女性)

[6] この仕方でその他も〔同様に導かれる〕。支配形の母音がそのまま保持
336 されるのではなく、さまざまな仕方でさらに変化する。このことは、名
詞が少なくとも一つの音節、アクセントを自らのもとに引き寄せる一つ
の長音節によって加音されるために起こる。これは、アクセントを伴う
複数形〔語尾〕として付加されたもう一つの長〔音節〕のせいで、なぜ母音
が最短〔母音〕へと変えられるかということに対する唯一の原因でもある。
実際、そうならずにもし דָבָר が複数形で当たり前のように דָבָרִים とな
っていたとしたら〔21〕、そしてその他諸々も同様だったとしたら、〔דָבָרִים
のような形では〕必然的に二つのアクセントを(第4章でわれわれが述べた内
容に従って)書き入れたり、先行する音節を延長したりしなければならな
くなってしまっただろうし、甚だしい不愉快が頻繁に生ずることを避け
られなかっただろう。

[7] したがって、接尾辞が母音に引き起こす変化の上記の原因から、支配形の規則と複数形の規則がともに出てくる。たしかにアクセントを伴った接尾辞の前では、〔接辞形変化の〕すべての箇所で支配形複数の諸規則に従って母音が変化させられた可能性もあったことは私も認める。しかし実際にはそうならなかったのはなぜか、その原因を説明することは

容易ではないだろう。実際、接辞を伴う名詞が支配形の表示を持つものである以上、מֶלֶךְ という名詞の支配形複数 מַלְכֵי から、〔人称代名詞の接尾辞を伴う〕מַלְכִי「私／の王」(rex mei)に〔実際に〕なるのと同様にして、名詞 דָבָר の支配形複数 דִבְרֵי から〔仮定される形〕דִבְרִי を「私／の言葉」(verbum mei)〔として〕作り出すこともありえたかもしれない。絶対形〔複数〕דְבָרִים から דְבָרִי と〔実際にそうなっている形に〕する代わりに、である。もちろん、もしすべての箇所で支配の諸規則に従っていたとしたらしばしば生じてしまう同綴異義が、この理屈で回避されるのも稀ではないことを私は知っている。実際、もし仮に〔支配形複数 דִבְרֵי から仮定される接辞形〕דִבְרִי から「私／の言葉」(verbum mei)になり、そして זָכָר「男」(mas)の支配形複数である זִכְרֵי が〔もとになって仮定される接辞形〕זִכְרִי になるのだとしたら〔22〕、これらの名詞は דֶבֶר「疫病」(pestis)および זֵכֶר「記憶」(memoria)と混同されてしまい、〔後者の実際の接辞形〕דִבְרִי「私／の疫病」(pestis mei)および זִכְרִי「私／の記憶」(memoria mei)とまったく同じ形になってしまっただろう。この例と同じようにして他の多くの名詞も、付加された接尾辞の前で仮に支配形複数の諸規則に従っていたとしたら、混同されていただろう。この理屈がいかに重要であるように見えようとも、彼らヘブライ人がその混乱を回避したいと欲していたのだと敢えて断言することは、私はしない。というのも、ヘブライ人たちは、何についてよりも同綴異義を回避することについて思い悩むことがもっとも少なかったように見受けられるからだ。冗長になるのを仮に私が厭わなければ、ここでもっと多くの例を挙げて示しもしたのだが。もしそうしていれば、次のような事実を信じることもそう難しくなかっただろ
337 う。すなわち、דְבָרִי「私の／言葉」(verbum meum)、זְקָנִי「私の顎鬚」(barba mea)等であれば〔絶対形単数である〕דָבָר や זָקָן の支配形単数である דְבַר および זְקַן からのように、接尾辞が名詞の支配形の複数だけでなく、〔支配形〕単数にも加えられつつも、同時に絶対状態にあった♀カメツが〔接辞形において〕保持されてもいるという事実を。なぜなら、ヒレクおよびホレムの前のペヌルティマはカメツでなければならないからである。

ただし、たとえば זַיִת「オリーブ」(oliva)や בַּיִת「家」(domus)のように名詞が מִלְּעֵיל〔ミレエル〕である場合〔23〕、あるいは、たとえば סַפִּיר「サファイア」(sapphirus)や רַתּוֹק「鎖」(catena)のように、ヒレクまたはホレムを打つべき文字が דָּגֵשׁ〔ダゲッシュ〕点を持つ場合は除く。同様に、確かに支配形〔単数〕である חֲצַר「広間」(atrium)から〔接辞形〕חֲצֵרוֹ「彼の広間」(atrium ejus)が作られるが、これは絶対状態 חָצֵר でのツェレーが保持されているためである。なぜなら、われわれがすでに述べたように〔24〕、ホレムおよびヒレクの前のペヌルティマはパタフにはなりえないからである。この仕方で同様に、支配形のウルティマがパタフであり、かつペヌルティマがシェヴァであるすべてのものは、接尾辞〔の付いた形〕においては絶対状態でのウルティマ〔の母音〕を保持する。ところがもし、支配形のペヌルティマがシェヴァではなく、複数形でも維持されるもの、すなわちパタフ、アクセントのないホレム、ヒレク等のうちの一つであった場合は、支配形複数の規則に従って接尾辞が名詞に付加されるということになる。たとえば、分詞 פֹּקֵד の支配形複数 פֹּקְדֵי〔25〕から פּוֹקְדִי「私の視察者〔単数〕」(visitans meus)となり、実詞 מַקֵּל の支配形複数 מַקְלוֹת から מַקְלִי「私の杖〔単数〕」(bacillum meum)となるように。

[8] 次に、単音節〔語〕も、接尾辞の前で支配形複数の規則に従う。実際、שָׂר「大臣」(princeps)、חֵץ「矢」(sagitta)、および עֵד「証人」(testis)等の支配形複数である שָׂרֵי、חִצֵּי、および עֵדֵי 等から、〔接辞形は〕שָׂרִי、חִצִּי、および עֵדִי 等になる。

[9] それから、מִלְּעֵיל〔ミレエル〕の名詞は、われわれがすでに述べたように、加えられた接尾辞の方へアクセントが移動するゆえに、数において複数の支配形に従わねばならない。この注意は、ペヌルティマがセゴールであるか、もしくはセゴールの前がホレムであるものすべてに関する。これゆえ、実詞 מֶלֶךְ、צֶדֶק および זֶבַח の支配形複数である מַלְכֵי、צִדְקֵי および זִבְחֵי から、〔接辞形〕מַלְכִּי「私の王」(rex meus)、צִדְקִי「私の正義」

(justitia mea)および זְבָחִי「私の犠牲」(sacrificium meum)が作られる〔26〕。さらに、実詞 אֹזֶן の支配形複数である אָזְנֵי から אָזְנִי「私の耳」(auris mea)となり、同じ仕方で、実詞 גֹּדֶל、רֹחַב および אֹרֶךְ 等の支配形複数から、גָּדְלִי「私の大きさ」(magnitudo mea)、רָחְבִּי「私の幅」(latitudo mea)および אָרְכִּי「私の長さ」(longitudo mea)等となる。

338 [10] これに加えて、〔元来〕ה〔ヘー〕で終わるものの、それ自身〔ה〕を ת〔タウ〕に変えるとともに先行する二つの音節をセゴールに変える習慣のある名詞については、この第二の形へと変換された上で、両方のセゴールを以下のような仕方で変えない限りは、接辞を持つことがない。たとえば、תִּפְאָרָה「栄光」(gloria)、עֲטָרָה「王冠」(corona)、גְּבִירָה「女主人」(domina)などの〔形の〕代わりに、しばしば תִּפְאֶרֶת、עֲטֶרֶת、גְּבֶרֶת が洗練されて用いられるが、これらのものが接尾辞を持つのは、この第二の形にした上で両方のセゴールを、双子のセゴールを持つ名詞、すなわち支配形複数において最初のセゴールをパタフまたはヒレクに、2番目のものをシェヴァに変える習わしであるものと同じ仕方で変えた場合のみに限られる。これに従い、תִּפְאֶרֶת から תִּפְאַרְתִּי「私の栄光」(gloria mea)となり、עֲטֶרֶת から עֲטַרְתִּי「私の王冠」(corona mea)となり、גְּבֶרֶת から גְּבִרְתִּי「私の女主人」(domina mea)となるのである。ペヌルティマがホレムである名詞が〔支配形複数および接辞形で〕それ〔＝ホレム〕をカメツ・ハトゥフへと変える〔27〕のと同じく、קְטוֹרֶת が קְטוּרָה の代わりに採られている限りは接尾辞をこの形で持つことになり、קְטָרְתִּי「私の薫香」(suffumigium meum)となる。またそこから、פּוֹקְדָה のような形では接尾辞を持たず、分詞の例〔28〕においてわれわれがすでに示した通り、פּוֹקֶדֶת の形でしか〔接尾辞を〕持たないということになる。

[11] ה〔ヘー〕で終わりながら、上記のような変化をしない習慣である残りのもの〔＝語〕については、すでに述べた原因〔29〕のために〔元の〕ウルティマの ◌ָ カメツは保たれるが、支配形で通常そうなるように ◌ַ パタフに

変えられることはないことを除けば、あとは支配形で通常そうなるように末尾の ה〔ヘー〕を ת〔タウ〕に変えるだけである。それゆえ תְּפִילָּה から、その支配形は תְּפִילַּת であるところ、〔接辞形ではカメツを持つ〕תְּפִילָּתִי「私の祈り」(oratio mea)となる。そして、בַּקָּשָׁה から、その支配形は בַּקָּשַׁת であるところ、〔接辞形〕בַּקָּשָׁתִי「私の懇願」(petitio mea)となる。同じ仕方で、それ以外のものも支配形単数に〔接尾辞が〕加えられる。

[12] さらに、ה〔ヘー〕で終わりながら、支配形でもこれ〔ה〕が保たれるようなものは、接尾辞の付く形ではたいていの場合これ〔ה〕が省かれる。ちょうど שָׂדֶה「地所」(ager)〔に対する〕שָׂדְךָ「君の地所」(ager tuus)や、מַעֲשֶׂה「仕事」(opus)〔に対する〕מַעֲשִׂי「私の仕事」(opus meum)など、支配形で ה〔ヘー〕を ת〔タウ〕に変えないその他のものも同様である。ה〔ヘー〕はたいていの場合〔省かれる〕と私は述べたが、絶対に省かれるというわけではない。なぜなら、たとえば שָׂדֵהוּ「彼の地所」(ager ejus)や מַעֲשֵׂהוּ「彼の仕事」(opus ejus)のように、三人称の〔接尾辞を伴う〕場合では通常〔ה は〕保たれるからである。これらは単数の表示を受け入れた名詞に対し
339 て接尾辞が加えられるやり方についてであるが、同様に複数の表示を受け入れたものに対して〔接尾辞が〕加えられる仕方についても、僅かながら述べておきたい。

[13] וֹת で終わる複数形の名詞には、支配形〔複数〕から何も変化させないままの形に、接尾辞が、単数であれ複数であれ、また一人称・二人称・三人称いずれのものであれ、加えられる。たとえば בְּרָכָה「祝福」(benedictio)は〔絶対〕複数形 בְּרָכוֹת を持つが、その支配形〔複数〕は בִּרְכוֹת であり、ここから בִּרְכוֹתַי / בִּרְכוֹתֶיךָ / בִּרְכוֹתָיו「私の・君の・彼の祝福〔複数〕」(benedictiones meae, tuae, illius)等となる。同様に、אֹרַח「道」(via)は〔絶対〕複数形 אֳרָחוֹת を持つが、その支配形〔複数〕は אָרְחוֹת であり、ここから אָרְחוֹתַי / אָרְחוֹתֶיךָ「私の・君の道〔複数〕」(viae meae, tuae)等となる。וֹת で終わるその他のものについても、同様の仕方でなされる。

106

[14] ただし、ִים で終わる〔複数形〕であって、支配形単数に従うものは、接尾辞が〔すべての人称の〕単数もしくは一人称複数のときは〔接尾辞のつく基体が〕複数形でもこれ〔＝支配形単数由来[30]の語幹〕が保持されるが、一方で二人称および三人称複数の接尾辞は、実詞 דָּבָר の最初の例においてわれわれが示した通り、何も変化させないままの支配形複数[31]に対して加えられる。

[15] 最後に、たとえば מֶלֶךְ / זֶבַח / שֶׁמֶן 等のように単数形に〔接尾辞を加える場合に〕おいて支配形複数に従うものは[32]、複数形に〔接尾辞を加える場合に〕おいてはそのもの〔＝絶対複数〕に対して接尾辞が加えられる。ちょうど、双子のカメツを持つもの〔＝名詞〕と同じように。実際、〔双子のカメツを持つ〕 דָּבָר が〔絶対複数形〕 דְּבָרִים を〔とるように〕、מֶלֶךְ は〔絶対〕複数形 מְלָכִים をとる。そして、דָּבָר におけるのと同様、ここから〔接辞形は〕 מְלָכַי〔一人称複数〕/ מְלָכֶיךָ〔二人称単数男性〕/ מְלָכָיו〔三人称単数男性〕/ מַלְכֵיהֶם〔三人称複数男性〕等となる。さらに、שֹׁרֶשׁ「根」(radix)も同様に〔そのものに接尾辞を加える絶対〕複数形 שָׁרָשִׁים をとり、ここから שָׁרָשַׁי / שָׁרָשֶׁיךָ / שָׁרָשָׁיו というように、すべての箇所で二重のカメツ[33]が保たれ、それゆえアクセントも二重になる。これらが所有代名詞についてであった。

[16] あとは、諸々の代名詞〔じたい〕の曲用についても簡潔に加えよう。それら〔代名詞〕のうち、指示代名詞、関係〔代名〕詞[34] אֲשֶׁר「〜ところの男・女・もの〔単数〕、〜ところの男・女・もの〔複数〕」(qui, quae, quod, et qui, quae, quae)等、および שֶׁ を除いたものはいずれも曲用されないのだが、〔代名詞の曲用は〕以下のような仕方で補完される[35]。

340 ［表 XI-8a］〔人称代名詞〕

主格		
הוּא	אַתָּה	אֲנִי
「彼は」(ille)	「君は」(tu)	「私は」(ego)

与格		
לוֹ	לְךָ	לִי
「彼に」(illi)	「君に」(tibi)	「私に」(mihi)
対格は、小辞 אֵת が以下の仕方で〔母音変化して〕補われる。		
אֹתוֹ	אֹתְךָ	אֹתִי
「彼を」(illum)	「君を」(te)	「私を」(me)
奪格		
בּוֹ	בְּךָ	בִּי
「彼において」(in eo)	「君において」(in te)	「私において」(in me)
複数も同様である。		

［表 XI-8b］　名詞として曲用する指示代名詞

主格 属格	זֶה および הַזֶּה	単数 「これは」(hic)
与格	לַזֶּה	
対格	הַזֶּה	
奪格	בַּזֶּה מִזֶּה 以下略	
主格 属格	זֹאת および הַזֹּאת	複数 「これらは」(haec)
与格	לַזֹּאת および לַזֹּאת	
主格 属格	אֵלֶּה および הָאֵלֶּה	「彼ら、彼女ら、それらは」(hi, hae, haec)
与格	לְאֵלֶּה לָאֵלֶּה	

［表 XI-8c］　関係〔代名〕詞

אֲשֶׁר		שֶׁ	
主格 属格	אֲשֶׁר	主格 属格	שֶׁהָיָה 「～であったところの……」 （qui fuit）
与格	לַאֲשֶׁר	与格	לְשֶׁהָיָה
以下略		以下略	

第12章　不定詞としての名詞について、すなわち、それらのさまざまな形と相について

[1] 不定詞としての名詞、すなわち諸行為の〔名詞〕は、ある行為を、その能動者または受動者に〔1〕結び付けながら表現する。たとえば「ある人の、視察すること」(τὸ visitare alicujus)は能動者に、「ある人の、視察されること」(τὸ visitari alicujus)は受動者に、〔視察という行為が〕それぞれ結び付けられている。さらに、これらの名詞は、能動者または受動者に結び付けられるだけでなく、行為を単純に表現することもあれば、強意的に表現することもある。たとえば「視ること」(visere)と「視察すること〔2〕」(visitare)と、あるいは「砕くこと」(frangere)と「粉砕すること」(confringere)とにおいて、それぞれの前者は「視る」あるいは「砕く」という単純な行為を表現している一方、後者は「視る」あるいは「砕く」という行為が意図をもって、あるいは頻繁に行われることを表現している。

341

[2] 能動者に帰属する行為を単純に〔第一相において〕表現するヘブライ語の諸形式〔3〕は פָּקוֹד、פָּקֵד、פָּקָד および פְּקַד であり、それらの支配形は（第8章〔表 VIII-1〕でわれわれが述べたように）פְּקוֹד および פְּקַד である。一方、受動者に結び付けられた行為を単純に〔第二相において〕表現しているのは נִפְקוֹד、הִפָּקֵד と הִפָּקוֹד である。そして、能動者に結び付けられる行為を強意的に、ないし反復的に〔第三相において〕表現する形は פַּקֵּד、פִּקֵּד、פָּקּוֹד である。これらの形式は、2番目の文字が二重化されることによって、前者の形から特に区別される。それゆえに、〔後者の形では〕דָּגֵשׁ〔ダゲッシュ〕をどこであれ持つことになる。最後になるが、強意的に表現される行為が受動者に結び付けられるときは、גֻּנֹּב のように、2番目の文

字に付されたダゲッシュも保持したままで、◌ֻ〔キブツ〕またはホレムによって、聖典の中では表現されている。

[3] さらにまた、ヘブライ人たちは行為をその根本の原因に結び付ける〔4〕ことを常とする。すなわち、何らかの行為が何者かによってなされるようにする原因、あるいは何らかの事物がその役割を果たす〔5〕ようにさせる原因に結び付けるのである。たとえば、פָּקוֹד は、「視察すること」(visitare)を表示するが、הַפְקִיד、הַפְקֵד ないし הִפְקִיד は、「視察するよう人に命じること」(constituere aliquem visitantem)を表示する。同様に、מָלוֹךְ は「支配すること」(regnare)を表示するが、הַמְלִיךְ 等は、「支配するよう人に命じること」(constituere aliquem regnantem)すなわち「〔人をして〕支配者〔たらしめること〕」(regem)を表示する。同様に、אָכוֹל「食べること」(comedere)から、הַאֲכִיל「人が食べるようにすること」(facere, ut aliquis comedat)が作られ、また בּוֹא「入ること、来ること」(venire)からは、הָבִיא「入らしめること」(facere venire)つまり「引き入れること」(adducere)となる。יָדוֹעַ「知ること」(scire)〔からは〕הוֹדִיעַ「知らしめること」(facere ut sciat)つまり「ことを明らかにする」(revelare)〔となる〕。なおまた、これらには受動の形として、הָפְקַד「視察するよう命じられること」(Constitui, ut visitaret)や הָמְלַךְ「支配するよう命じられること」(Constitui, ut regnaret)等がある。

[4] 諸行為の名詞だけでなく諸事物の〔名詞〕自体も、同じ仕方で、先に述べたように事物がその役割を果たすようにさせる原因に結び付けられる。つまり、מָטָר「雨」(pluvia)から、הַמְטִיר「雨があるようにすること」(facere,
342 ut pluvia sit)すなわち「雨が降るように〔すること〕」(ut pluat)が作られ、また אֹזֶן「耳」(auris)から הַאֲזִין「耳がその役割を果たすようにさせること」(facere, ut auris suo officio fungatur)すなわち「耳を傾けること」(auscultare)が作られ、שָׁלוֹם「平和」(pax)から הַשְׁלִים「平和を確立すること」(statuere pacem)すなわち「平定すること」(stabilire)が作られるといった

ように。これと同じ仕方でまだ多くのものが〔作られる〕。

[5] したがって、不定詞の相[6]は、能動者もしくは受動者のいずれかのみに結び付けられる限りにおいては、六つある。明らかに、第一〔相〕は פָּקוֹד 等〔に代表される形〕で、「視察すること」(visitare)。第二〔相〕は הִפָּקֵד や נִפְקוֹד 等で、「視察されること」(visitari)。第三〔相〕は פַּקֵּד 等で、「繰り返し視察すること」(frequenter visitare)。第四〔相〕は פֻּקַּד で「繰り返し視察されること」(frequenter visitari)。第五〔相〕は הַפְקִיד 等で、「人が視察するようにさせること」(efficere, ut aliquis visitet)、すなわち「視察するよう人に命じること」(constituere aliquem visitantem)。最後に、第六〔相〕は הָפְקַד で「視察するよう命じられること」(constitui visitans)。以上、われわれがすでに述べたように、これらの〔不定詞の〕相は、能動者もしくは受動者のいずれかのみに結び付けられたものとして行為を表現している。

[6] しかしながら、同じ一つの人格が同時に能動者でも受動者でもある事態がしばしば生じる以上、ヘブライ人たちは、新たな、第七相の不定詞を形作る必要があった。それは、能動者と受動者とに同時に結び付けられた形で行為を表現するもの、すなわち、能動の形と受動の形とを同時に持つものである。たとえば、〔ラテン語で言うところの〕「私自身を自ら視察すること」(visitare me ipsum)は、いかなる類の代名詞を用いてもヘブライ語では表現されえない。なぜなら、〔ヘブライ語で不定詞と三人称代名詞を用いた表現である〕פָּקֹד אוֹתִי は「他人の、私を視察すること」(τὸ visitare alterius me)つまり「他人が私を視察するということ」(quod aliquis me visitat)を表示してしまい、一方〔ヘブライ語で不定詞と一人称代名詞を用いた表現である〕פָּקְדֵי または פָּקֹדִי も「私の、他人を視察すること」(τὸ visitare mei alterum)つまり「私が他人を視察するということ」(quod ego alterum visito)を表示してしまうからである。それゆえに、能動者に、言い換えれば内在原因に[7]結び付けられる行為を表現できるような、不定

詞のもう一つの相を案出し、それを הִתְפַּקֵּד のように、第三〔の相〕の〔不定詞における〕ダゲッシュされた文字の前に音節 הִתְ を置くことによって表現することを常とする必要があった。それは、すでにわれわれが述べたように、「彼自身を視察すること」(se ipsum visitare)または「彼自身を視察するよう命じること」(constituere se visitantem)、またはつまるところ、「彼自身を視察するに任せること」(praebere se visitantem)を表示するが、より広汎には統語論の部でわれわれが説明するであろう。

98

第13章　活用について

[1] ここまでわれわれは、不定詞としての名詞〔1〕が時間との関係なしに
343 表現される限りにおいて、そのさまざまな変化を示してきた。すなわち、支配によって生じる変化、あるいは前置詞が付加されることによって生じる変化、あるいは接尾辞によって生じる変化、そして最後に、異なった表示ごとに生じる変化、である。ここでわれわれに残すところとなったのは、これら以外の〔不定詞の〕変化、名詞の中でもこの種類〔＝不定詞〕にしか見られないさまざまな変化の諸原因を説明することである。不定詞としての名詞が、いずれの時間に結び付けられるかという時制に応じて、あるいはどのような様態で表現されるかという叙法〔2〕に応じてさまざまに異なった形に変化することそれ自体はあらゆる言語に共通しているのであって、すでに他の諸言語に通暁している読者諸賢に向けて書いている以上、時制とは何か、叙法とは何かをここであらためて説明することは控え、この件に関してヘブライ語にしか見られない事柄に絞って述べてゆこうと思う。

[2] ヘブライ人は過去と未来以外のいかなる時間にも行為を結びつける習慣がなかった。このことの理由は以下のようであると思われる。すなわち、時間を切り取った部分としてこれら二つ〔＝過去・未来〕の他には何ひとつ彼らが識別しなかったこと、そして、現在という時間を、あたかも点、すなわち過去の終点であって、未来の始点であるような点であるかのように考えていたこと。時間はその各点がいずれも〔時間の〕ある一部分の終極でありながら他のある一部分の始原であるような点からなる一つの線に准《なぞら》えられていたように思われる。そしてこれらの時間は主

に人称の諸標識によって、すなわち人称の標識をある不定詞の特定の諸
形式に前置または後置することによって区別されている。「主に」(prae-
cipue)、と私は言う。というのも、〔他と異なり例外的に〕過去の三人称は
人称標識を持たないということのみによってそれと識別されるからであ
る。たとえば、פָּקַד、פָּקָד、פָּקֹד、פָּקֵד は第一類〔3〕の諸不定詞の諸形式であ
って、実詞としての名詞の機能〔4〕を有する。それでいて、文の中にあっ
てそれらはしばしば、その主格〔形容詞が付せられるところの基体〕と性・
数・格において一致するとともに、過去の時間に結び付けられた何らか
の行為を表示しているところの、形容詞としても用いられる。たとえば
〔人称標識を伴わない三人称男性過去〕הוּא פָּקַד / הוּא יָכוֹל / הוּא חָפֵץ がそれぞれ
「彼は視察した」(ille visitavit)、「彼は……することができた」(ille potuit)、
「彼は欲した」(ille voluit)を表示しているいっぽう、〔女性単数の標識を伴
う〕הִיא פָּקְדָה / הִיא יָכְלָה / הִיא חָפְצָה はそれぞれ「彼女は視察した」(illa visita-
vit)、「彼女は……することができた」(illa potuit)、「彼女は欲した」(illa
voluit)を表示している〔5〕。ここから、不定詞の諸形式が〔人称標識を伴わ
ないままでは〕あたかも実詞化された形容詞のようなものであることが明
らかであるが、〔不定詞に加えて〕時間と人称とが決定されている場合に
は、すでにわれわれが述べた通り、まるで何らかの実詞と〔一致している
か〕のように、自らに対して主格となるものと性・数・格において一致
344 していなければならない。したがって、この過去・男性の三人称〔単数〕
は、もっぱら人称の特徴〔6〕を欠いていることのみによって、それと知ら
れる。一方これ以外、つまり一人称および二人称はこれらの諸形式に後
置される固有の特徴をそれぞれ持っており、פָּקַדְתָּ は「君(男性)は視察し
た」(tu vir visitavisti)、פָּקַדְתְּ は「君(女性)は視察した」(tu foemina visitavis-
ti)、そして פָּקַדְתִּי は「私は視察した」(ego visitavi)など〔7〕、後にあらため
て見ることになる通りである。

〔3〕 次に、不定詞・支配形の諸形式は פְּקֹד および פְּקַד であり、未来を表
示するにはこれらに対して人称の特徴を前置し、過去の場合と同様、あ

たかも形容詞であるかのように用いられる。すなわち、אֶפְקֹד または אֶפְקַד で「私は視察するだろう」(ego visitabo)、תִּפְקֹד で「君(男性)は視察するだろう」(tu visitabis)など、後にあらためて見ることになる通りである。特定の時間に結び付けられる限りにおいての諸不定詞についてはかくのごとしである。

[4] さて、これやあれやの叙法[8]で表現される限りにおいてこの〔不定詞としての〕名詞が受ける変化にどのようなものがあるかを見ていくことにしよう。とはいえ、これらの変化によってヘブライ人が戸惑うことはなかったようだ。というのも、ちょうど格が前置詞のみによって、あるいは文の構成によって〔識別〕されるように、叙法もまたほとんどの場合何らかの副詞のみによって識別されるのだから。理に適ったことだが、ほとんどすべての民族は[9]、名詞がさまざまに異なった格に応じて変化することをまったくもって余計なことだとして無視してしまったようだ。さまざまな叙法の区別もまた、まったくもって余計なことのように思われる。実際のところ私の知る限りどんな民族も疑問法[10]を直説法から区別しなかったが、だからといってそこから何らの混乱も生じないことは現在のわれわれであっても見るところであるし、いわんや、その言語を盛んに用いていた頃のヘブライ人たちにあってはなおのこと、命令〔法〕を除いたすべての叙法が直説〔法〕と一致していたとしても何の混乱も生じなかったに違いない。

[5] したがって、ヘブライ人はただ命令法だけを他から区別しているのである。すなわち、不定詞の支配形を持ちながら、何らの人称標識をも伴うことなく[11]、また何らの時間にも結びつけることなく、פְּקֹד あるいは פְּקַד で「君(男性)が視察せよ」(visita tu vir)、פִּקְדִי で「君(女性)が視察せよ」(visita tu foemina)、פִּקְדוּ で「君たち(男性)が視察せよ」(visitate vos viri)、そして פְּקֹדְנָה で「君たち(女性)が視察せよ」(visitate vos foeminae)というように屈折される。とはいえ、この〔命令〕法はあまりに居丈

高であって、同輩の相手の前でも、ましてや位の高い相手の前ではなお
さら用いられることがなく、われわれはその代わりに未来形を用いるの
345 を慣習としている。それゆえ、ここまでわれわれが扱ってきた過去およ
び未来〔の形〕は、行為が何らかの時間に結び付けられて表現されうるそ
の他の法の場合と同じく直説〔法〕のものであると認めて構わない。

[6] かくてわれわれは不定詞としての名詞がさまざまな仕方で変えられる原因のすべてを示した。まだ述べていない形も含め、われわれはこれらの変化を「諸活用」(Conjugationes)と呼ぶことにしよう。さらに、このように活用されている限りにおいて、われわれは不定詞としての名詞を「諸動詞形」(Verba)と呼ぶことにしよう。それらの諸活用の数がいくつあるかについてはわずかなことだけを述べよう。というのも、(これはあらゆる言語に共通の欠点なのだが)すべての不定詞が同じやり方で活用されるわけではないからである。

[7] 普通、文法家たちは諸活用を七つに分ける習慣である。なぜならこれまでの章で示してきたように、一つの同じ行為に対して七つの不定詞の類が見出されるからである。とはいえ、仮にこの〔ヘブライ語の動詞形を7活用に分けるだけの〕分け方で十分なのだとしたら、明らかにラテン語には能動と受動の二つ、またギリシア語には能動と受動と中間の三つだけしか活用の別がないということになり〔12〕、そのせいで不規則動詞が規則動詞と混同されてしまうことになる。凡百の文法家たちが実際にこの秩序に従った結果やってしまっているように。

[8] しかしもし彼ら〔文法家たち〕が、この七つの不定詞の類はしばしば同一の機能を持っている以上、本性においてではなくただ活用の仕方においてのみ異なるに過ぎないと言うのであれば、ラテン語でも諸々の能動〔動詞〕から活用の仕方においてのみ異なる異態動詞があることで数えられる〔異態動詞とそれ以外という〕全部で二つの活用しかないということに

なってしまうだろう。

[9] そこで、これら〔諸活用〕をもっと容易な秩序に沿って教えることができるよう、われわれとしては諸活用を以下のように〔構成文字の音韻的特徴に沿って〕八つに分けよう[13]。それらのうち、不定詞がいかなる喉音字も休音字も含まずに成っているような諸動詞形の活用を、第一〔活用〕とする。第二〔活用〕とは、不定詞が א〔アレフ〕で終わる諸動詞形のもの。第三〔活用〕は、不定詞が ה〔ヘー〕で終わる諸動詞形のもの。不定詞が ח〔ヘット〕または ע〔アイン〕または ר〔レーシュ〕のいずれか[14]で終わる〔諸動詞形の〕第四〔活用〕。不定詞の第一文字が י〔ヨッド〕である第五〔活用〕。不定詞の中央文字が休音の ו〔ヴァウ〕、י〔ヨッド〕、א〔アレフ〕のいずれかである第六〔活用〕。不定詞の第一文字が א〔アレフ〕、ה〔ヘー〕、ח〔ヘット〕、ע〔アイン〕のいずれかである第七〔活用〕。不定詞の中央文字が喉音
346 字 ח〔ヘット〕、ע〔アイン〕または休音でない א〔アレフ〕、あるいは ה〔ヘー〕のいずれかである第八〔活用〕。ただし時間、叙法、そして活用全般に関することはすでに十分述べたことと思う。

[10] とはいえ、動詞形が過去と未来のいずれかに結び付けられているか、さもなくば命令法におかれた形容詞であると私が述べてきたこと、そしてまた不定詞が私にとって実詞化された形容詞以外の何物でもないと言ったことは、他の諸言語によく慣れ親しんだ読者諸賢の多くがともすれば不条理と思われることだろう。さらにもう一つ不条理だと考えられるであろうことを述べておく。名詞は明らかに対格〔目的語〕を支配する。それが名詞の本性に背馳しないことは、抽象化された形で行為を表現する名詞が対格あるいはそれぞれの動詞形に属する〔対格以外の〕格を支配するところのヘブライ語そのものが自ら立証している。具体例として「イスラエルの子らに対する神の愛」(Amor Dei erga filios Israelis)は聖書において אהבת יהוה את בני ישראל すなわち「神の・イスラエルの子らを・愛」(amor Dei filios Israelis)のような形で表現されている。すなわち「愛」

(amor)という名詞〔15〕が、あたかもその〔対応する〕動詞形 אהב すなわち「……を愛すること」(amare)であるかのように対格を支配しており〔16〕、これと同様の多くの他の例が見出されるのだが、それらについては統語論〔の部〕に〔ひとまず措く〕。

〔11〕 とはいえ、この理由から、上述したような〔行為を表示する実詞としての〕名詞そのものを不定詞として用いても構わないことをここで看過すべきではない。ちょうど לְאַהֲבָה אֵת יְהוָֹה〔直訳すれば〕「神に対する愛に」(amori Deum)を「神を愛するために」(ad amandum Deum)〔の意味〕として、לְיִרְאָה אֵת יְהוָֹה「神に対する畏怖に」(timori Deum)を「神を畏れるために」(ad timendum Deum)としてとり、他に לְאַשְׁמָה בָה「そこでの罪過に〔17〕」(debito in ea)など、同じやり方で多くの例がある。

第14章　諸動詞形のうちの第一活用[1]について

[1] 単純動詞形・能動の変化表

この〔第一活用の〕不定詞の形式はわれわれがすでに何度か述べたように、絶対状態においては פָּקֹד、פָּקַד、פָּקָד そして פָּקֵד である。しかし支配状態においては פְּקֹד や פְּקַד である。このような絶対形から、過去は以下のように形作られる。

347　［表 XIV-1］

女性	男性		女性	男性
פָּקֲדָה	פָּקַד	「彼〔2〕は視察した」(ille visitavit)	פָּקֲדָה	פָּקֹד
פָּקַדְתְּ	פָּקַדְתָּ	「君は視察した」(tu visitavisti)	פָּקֹדְתְּ	פָּקֹדְתָּ
פָּקַדְתִּי		「私は視察した」(ego visitavi)	פָּקֹדְתִּי	
פָּקֲדוּ		「彼らは視察した」(illi visitaverunt)	פָּקֲדוּ	
פְּקַדְתֶּן	פְּקַדְתֶּם	「君たちは視察した」(vos visitastis)	פְּקֹדְתֶּן	פְּקֹדְתֶּם
פָּקַדְנוּ		「われわれは視察した」(nos visitavimus)	פָּקֹדְנוּ	

פָּקֵד および פָּקָד のその他の変化は第一の形式 פָּקַד のものに準ずる。

［表 XIV-2］　命令は支配の諸形式から以下のやり方で形成される。

女性	男性	
פָּקְדִי および פִּקְדִי	פְּקֹד または פְּקַד	「君よ、視察せよ」(visita tu)
פְּקֹדְןָ または פְּקֹדְנָה	פִּקְדוּ または פָּקְדוּ	「諸君よ、視察せよ」(visitate vos)

［表 XIV-3］　未来は命令から以下のやり方で形成される。

女性	男性		女性	男性
	אֶפְקֹד	「私は視察するだろう」(ego visitabo) あるいは、〔右列の別形〕。		אֶפְקֵד
תִפְקְדִי	תִפְקֹד	「君は視察するだろう」(tu visitabis)	תִפְקְדִי	תִפְקֵד
תִפְקֹד	יִפְקֹד	「彼は視察するだろう」(ille visitabit)	תִפְקֵד	יִפְקֵד
	נִפְקֹד	「われわれは視察するだろう」(nos visitabimus)		נִפְקֵד
תִפְקֹדְנָה	תִפְקְדוּ	「君たちは視察するだろう」(vos visitabitis)	תִפְקֵדְנָה	תִפְקְדוּ
	יִפְקְדוּ	「彼らは視察するだろう」(illi visitabunt)		יִפְקְדוּ

そして、「ダニエル書」第 8 章 22 節での מַלְכֻיוֹת יַעֲמֹדְנָה や「サムエル記上」第 6 章 12 節 וַיִּשַּׁרְנָה הַפָּרוֹת 等のように יִפְקֹדְנָה〔も見られる〕。

[2] 不定詞に関する諸注意

その他の名詞が曲用されるように、不定詞もまた〔曲用される〕ということを私たちはそれぞれの箇所で示した[3]。ここで私はさらに、非分離の前置詞 ל・ב・כ・מ によって[4]のみそれら〔不定詞〕の格が示されるの
348 ではなく、同様に他のどんな〔前置詞〕によっても〔示される〕ことを付け加えておく。たとえば、〔前置詞と不定詞による表現〕לִפְנֵי שַׁחֵת יְהוָֹה「神の、ソドムを滅ぼすことの前に」(ante τοῦ perdere Dei Sodomam)すなわち「滅ぼすより前に」(antequam perderet)や、「喪失するまで」(donec perierint)としての עַד אָבוֹד「喪失すること〔に至る〕まで」(usque τοῦ perire)等[5]。

[3] さらにまた各々の動詞形には十分に多くの不定詞の形式があったはずだということから、一つの同じ動詞形がこれやそれの形式において用いられていることも明らかである。たとえば〔不定詞の異なる形式が現れる例として〕「民数記」第 6 章 5 節の גָּדֵל と「サムエル記下」第 5 章 10 節 גָּדוֹל「大きくなること」(crescere)、また דְּבֵר[6] と דַּבֵּר「話すこと」(loqui)、そしてこのような方法は他のものにも適用される。たとえ(「イザヤ書」第 47 章 14 節に לַחְמָם とあるが[7])双子の ◌ָ カメツを持つ不定詞が聖書中には〔直接は〕見出されないとしても、ヘブライ人が不定詞のこの〔双子の

カメッツを持つ〕形式やその他ひとそろいの形式を持っていたであろうことを私は疑っていない。というのも、私がすでに述べたように、ヘブライ人にとって動詞形はその主格〔＝主語〕と性・数・格において一致する形容詞であるのだから〔8〕。翻って、これら形容詞が主格を伴わず孤立している場合には、いずれの性にも属さない実詞であるかのように扱われる不定詞を指示する。したがって、過去の〔形〕であれ命令の形であれ、主格を伴わず孤立した形を君が選んできたなら、必ず不定詞を表現することになるだろう。それどころか、私が適切な場所で後述するつもりだが、分詞を実詞として扱うことも、〔分詞を〕不定詞の代わりとすることも許される。よく注意されたい。「イザヤ書」第33章1節 כַּהֲתִימְךָ שֹׁדֵד。

[4] さらに、支配〔状態〕においては ת〔タウ〕に変化する添加語尾の ה〔ヘー〕によって不定詞が加音される習慣もある。実際 קָרוֹב から〔加音されて〕קָרְבָה「近づくこと」(appropinquare)〔が作られる〕が、その支配形は קְרוֹבֶת となる。この支配形には以下のような方法で〔人称〕接尾辞が加えられる。すなわち、קָרְבָתִי / קָרְבָתְךָ / קָרְבָתוֹ「私の／君の／彼の、近づくこと」(appropinquare mei, tui, illius)等のように。同様に יְכוֹל「……できること」(posse)からは יְכָלָה が作られ、支配においては מִבִּלְתִּי יְכֹלֶת יְהוָה「神の、……できないことのゆえに」(propter non posse Dei)でのように יְכֹלֶת となる〔9〕。そして各種の接尾辞が加えられた場合、יְכָלְתִּי「私の……できること」(posse mei)や יְכָלְתְּךָ「君の……できること」(posse tui)また יְכָלְתוֹ「彼の……できること」(posse illius)等のようになる。

[5] さらに、われわれは不定詞に ה〔ヘー〕の代わりに נ〔ヌン〕を加えることもできる。その例は「エステル記」第9章5節に見られ、ここでは אֲבֹד の代わりに אָבְדָן「滅びること」(perire)が使われている。

[6] さらにまた、支配形の פְּקֹד がアクセントを失った場合、לִפְנֵי מְלָךְ־מֶלֶךְ「王の治めることより前に」(ante τοῦ regnare regis)〔10〕のように、ホレム

がカメツ・ハトゥフに変わる。

349 [7] 最後に、「エズラ記」第10章〔16節〕で、לִדְרוֹשׁ「捜し求めるために」(ad inquirendum)の代わりに לִדַרְיוֹשׁ が使われていることに対し、文法家たちは他には無いことだと注意を促している。これは私にとっても異常なものだと思われるので、これについてあえて何かを確定させようとは思わない。

[8] 過去に関する諸注意

われわれがすでに述べたように、פָּקֵד、פָּקָד、פָּקֹד そして פָּקַד は、過去〔動詞形〕としては性が男性、数が単数であるのに対して、不定詞としてはいずれの性別にも数にも結び付けられていない点で、〔形を同じくする〕不定詞から区別される。それらの違いはひとつながりの発話によって容易に認識される。

[9] 〔過去〕女性形 פָּקְדָה は、アクセントが אתנח〔アトナフ〕や סִילוּק〔スィルーク〕のとき、そのシェヴァをカメツ、ホレム、またはツェレーのいずれかに変える。つまり、男性形から母音を変化させることなく ה〔へー〕を加えることになる。〔男性形〕פָּקָד からは〔アクセントを持つ〕女性形 פָּקָדָה が、そして〔男性形〕פָּקֹד からは פָּקֹדָה が、最後に פָּקֵד からは פָּקֵדָה、というように。

[10] פָּקַדְתָּ は〔人称〕代名詞 אתה「君」(tu)から取られた ת〔タウ〕を二人称の特徴として持っている。この代名詞〔由来〕の ה〔へー〕が בָּגַדְתָּה のように用いられることもあるが、大抵の場合は省略される習慣である。

[11] 〔語根が〕ת〔タウ〕で終止する動詞形はここ〔＝二人称〕でも一人称でも、これ〔＝タウ〕を失い、後の ת〔タウ〕に打たれるダゲッシュ点によって代償される。たとえば〔不定詞〕כָּרַת「引き裂くこと」(scindere)は、כָּרַתָּ、כָּרַתְּ、

כָּרַתִּי「君(男性・女性)が引き裂いた、私が引き裂いた」(tu scidisti, ego scidi)となる。二人称女性単数形 פָּקַדְתְּ が女性の〔人称〕代名詞 אַתְּ「君(女性)」(tu)から取られた語尾を持つだけでなく、われわれが上で述べた〔11〕古形の אַתִּי から〔取られた語尾を持つ〕古形の פָּקַדְתִּי が פָּקַדְתְּ の代わりに生じた。たとえば「ルツ記」第3章3節〔12〕では וְשָׁכַבְתְּ の代わりに וְשָׁכַבְתִּי「眠れ」(dormies)が見られ、マソラー学者たちによって疑いなく古形であると注釈されている多くのものがこれと同じような仕方で〔作られた〕。

[12] פָּקַדְתִּי は〔人称〕代名詞 אֲנִי「私」(ego)に由来する語尾を持つ。性は、一人称が常にそうであるように、通性である。

[13] 複数 פָּֽקְדוּ の語尾は、〔人称〕代名詞のものと同じである。それらの複数形も、われわれが上で注意を促しておいたように、その他の〔動詞形でない〕形容詞と同じ ִים にはならず、וּ という語尾になる。音調をととの
350 えるために添加語尾の ן〔ヌン〕を伴ったものも見出される。たとえば יָֽדְעוּן「彼らは知っていた」(cognoverunt)のように。古代人たちには休音の א〔アレフ〕と ה〔ヘー〕によってこの〔三人称複数の〕男性を女性から区別する習慣があったと私は考えている。つまり「彼らは視察した」(illi visitaverunt) פָּֽקְדוּא と「彼女らは視察した」(illae visitaverunt) פָּֽקְדָה とのように。このことの聖書中の例は「申命記」第21章7節の〔女性形〕יָדֵינוּ לֹא שָׁפְכֵה「われわれの手は〔血を〕流さない」(Manus nostrae non effuderunt)や「ヨシュア記」第10章24節の〔男性形〕אַנְשֵׁי הַמִּלְחָמָה הֶהָלְכוּא「進軍した軍人たち」(milites qui iverunt)に見出される。しかしながらこれらの休音〔文字〕は、発音上知覚される違いがありえず、また添加語尾の文字と混同されることもありえたため、後代の人々によって無視されることになったものと思われる。

[14] さらに、アクセントが אתנח〔アトナフ〕や סִילוּק〔スィルーク〕であると

き、三人称女性単数でのように、ペヌルティマのシェヴァは◌ָ〔カメツ〕や◌ֵ〔ツェレー〕、あるいはホレムに変化し、פָּֽקְדוּ の代わりに פָּקָֽדוּ、פָּקֵֽדוּ あるいは פָּקֹדוּ のようになる。

[15] 最後に פְּקַדְתֶּם、פְּקַדְתֶּן および פָּקַדְנוּ の語尾は〔人称〕代名詞 אַתֶּם、אַתֶּן「君たち(男性・女性)」(Vos)および אֲנַחְנוּ「われわれ」(Nos)から取っている。

351 [16] 命令に関する諸注意

私は命令を未来の前に置いた。というのも後者〔未来〕は前者〔命令〕から形作られるだけでなく、命令の代わりに未来がごく頻繁に用いられるからである。それゆえヘブライ語の未来形は直説〔法〕にも命令法にも対応していると言ってよい。

[17] その〔命令の〕形式は פְּקֹד および פְּקַד、さらに加えたいのであれば פְּקֻד でもあるとわれわれは述べた[13]。これらに添加語尾の ה〔ヘー〕が加えられることも稀ではなく、פְּקֹד から פָּקְדָה が、そして פְּקֻד から פִּקְדָה「男よ、視察されよ」(visita tu vir)が作られる。そしてここから、不定詞の形式 יִרְאָה や הַאֲבָה は[14]、アトナフまたはスィルークのアクセントを伴う場合 פְּקֳדָה となる。一方、アクセントを失った場合は、不定詞でもそうなるように、〔פְּקֹד の〕ホレムがカメツ・ハトゥフに変化して פְּסָל־לְךָ「汝の為に打ち割れ」(dola tibi)のようになる。

[18] 未来に関する諸注意

אֶפְקֹד や אֶפְקַד に添加語尾の ה〔ヘー〕が付け加えられると、וֹ〔ホレム〕や◌ַ〔パタフ〕は◌ְ〔シェヴァ〕に変化し、אֶפְקְדָה「私は視察するだろう」(ego visitabo)のようになる。しかし אתנח〔アトナフ〕または סילוק〔スィルーク〕のアクセントにおいてはホレムが残り、◌ַ〔パタフ〕が◌ָ〔カメツ〕に変化し、אֶפְקֹדָה や אֶפְקָדָה のようになる。

[19]〔二人称単数女性〕תִּפְקְדִי に添加語尾の ן〔ヌン〕が付く場合、תִּפְקָדִֽין「君(女性)は視察するだろう」(tu foemina visitabis)となる。そして תִּפְקַד の形からは תִּפְקָדִֽין が作られる。つまり直後のヒレクのせいで ◌ַ〔パタフ〕が ◌ָ〔カメツ〕に変化している。

[20]〔一人称複数〕נִפְקֹד に添加語尾の ה が付け加えられる場合、ホレムも ◌ְ〔シェヴァ〕に変化して נִפְקְדָה のようになるが、אתנח〔アトナフ〕や סילוק〔スィルーク〕のアクセントを伴う場合、一人称単数でのように חֹלֶם〔ホレム〕が保たれ、◌ַ〔パタフ〕は ◌ָ〔カメツ〕に変化する。

[21]〔二人称複数男性〕תִּפְקְדוּ は添加語尾の ן〔ヌン〕を伴う場合 תִּפְקְדוּן、תִּפְקָֽדוּן、תַּפְקֹדוּן となる。しかし、もし分離アクセント〔15〕を持っていた場合には単数の形が保たれて〔ק の母音がシェヴァに変化せず〕תִּפְקֹדוּ、תִּפְקָֽדוּ「君たち(男性)は視察するだろう」(vos viri visitabitis)となる。さらに、単音節〔語〕の前では、アクセントはペヌルティマになければならないので、יִשְׁפּוּטוּהֶם「彼ら(男性)は彼ら自身を裁くだろう」(judicabunt ipsi)でのように、ホレムの代わりにシュレクを用いることが許される。最後に、筆が滑って二度〔繰り返して〕קָרְחָה と書いてしまっている「レビ記」第21章5節 לֹא יִקְרְחֶה קָרְחָה は、写本作業上の誤りであると私は考えている。

[22]〔二人称複数女性〕תִּפְקֹדְנָה および תִּפְקַדְנָה は、תִּלְבָּשְׁןָ「彼女らは着るだろう」(vestient)のように ה〔ヘー〕が省略されてもよく、三人称単数女性の תִּפְקֹד から三人称複数〔女性〕תִּפְקְדוּ を作ることもできる。このようなときには単数と同様に複数でも、三人称女性が二人称男性に一致する。たとえば「エレミヤ書」第49章11節で תִּבְטַחְנָה の代わりに וְאַלְמְנוֹתֶיךָ עָלַי תִּבְטָחוּ「そして君の寡婦たちは私を信頼するだろう」(et viduae tuae mihi confident)となるように。われわれがすでに述べたように、ט が ◌ְ〔シェヴァ〕の代わりに ◌ָ〔カメツ〕を持っているのは סילוק〔スィルーク〕のせいである。

第15章　受動の動詞形について

[1] 受動の特徴は動詞形に接頭辞として付けられる נ〔ヌン〕であるが、これはしばしば〔脱落して〕ダゲッシュによって代償されなければならないことになる。というのも、いかなる動詞形にも二つの〔種類の〕特徴が
352 〔同時に〕その前に置かれることはないからである。ゆえに、この不定詞の形式は הִפָּקֵד、הִפָּקוֹד、נִפְקַד および נִפְקוֹד である。これらの〔前〕端における נ〔ヌン〕は、他の特徴 ה〔ヘー〕があればそのせいでダゲッシュによって代償されることとなる。したがって、これらの形式のうち直近の〔最後の〕二つからは、以下のように形作られる。

［表XV-1a］　過去

女性	男性
נִפְקְדָה	נִפְקַד または נִפְקוֹד「視察された」 （Visitatus est）
נִפְקַדְתְּ	נִפְקַדְתָּ
	נִפְקַדְתִּי
	נִפְקְדוּ
נִפְקַדְתֶּן	נִפְקַדְתֶּם
	נִפְקַדְנוּ

［表XV-1b］　未来

女性	男性
אִפָּקֵד および אֶפָּקֵד	
תִּפָּקְדִי	תִּפָּקֵד

תִּפָּקֵד	יִפָּקֵד
נִפָּקֵד	
תִּפָּקֵדְנָה および תִּפָּקַדְנָה	תִּפָּקְדוּ יִפָּקְדוּ

［表 XV-1c］　命令

女性	男性
הִפָּקְדִי	הִפָּקֵד
הִפָּקֵדְנָה	הִפָּקְדוּ

［表 XV-1d］　命令の別形式

女性	男性
נִפְקְדִי	נִפְקֵד
נִפְקֹדְנָה	נִפְקְדוּ

〔2〕 諸注意

不定詞 נִפְקֵד が聖書のどこにも見出されないといえども、絶対的に、
すなわちいずれの〔文法的〕性にも属さない実詞であるかのように用いら
れるときには、不定詞がすべての叙法の形式を表現していることは上で
353 述べたことから明らかである。そして完全にこの上記の形が נִפְקֹד の他
に不定詞を表現することができないという理由はまったくない。とりわ
け過去形において נַחְתוֹם と נֶחְתָּם「封された」(obsignatum est)のように[1]
これやあれも使うことができる。

〔3〕 さらに ת〔タウ〕で終わる動詞形はそれを一人称と二人称では省略し、同じようにダゲッシュによって代償する。このことは、ת〔タウ〕やその他の二重化されるべき文字が起こる場合はいずれの箇所でも遵守されねばならないであろう。そしてそれらの始めのシェヴァは תִּצְפֹּנְנָה の代わりに תִּצְפֹּנָּה のように「休止している〔シェヴァ〕」でなければならない。

すなわち、もしこうならないなら、◌ְ〔シェヴァ〕は、(第3章で言われたことによって)そうでなければ常に縮約されるのに発音されなければならなくなってしまう〔2〕。次に、動詞形が אתנח〔アトナフ〕や סילוק〔スィルーク〕のアクセントを持つとき、ウルティマの音節は、それがもし長ければ保存され、普通ならそうなるようにシェヴァに変化させられることもないということ、このことも遵守されねばならない。「もし長ければ」と私は言う。すなわち、もし〔短い〕パタフであるならば、〔長い〕カメツへと変化するだろうと。たとえば未来形 אִפָּקֵד から、添加語尾の ה〔ヘー〕が加えられて אִפָּקְדָה「私は視察されるだろう」(visitabor)となる。しかしもし分離するアクセントを持つならば、אִפָּקֵדָה のようにツェレーは保存されるだろう。しかし נִפְקְדָה「彼女は視察された」(illa visitata est)であるなら、男性形 נִפְקַד のパタフが保たれることはなく ◌ָ〔カメツ〕に変化し、נִפְקָדָה のようになる。反対に男性形 נִפְקֹד のホレムは、長母音であり、保存され、נִפְקֹדָה となる。そしてこの規則は動詞形が「動きのあるシェヴァ」〔3〕をペヌルティマに持つすべての場合に遵守されねばならない。これをここで説明する必要はないだろう。

[4] 命令 הִפָּקֵד は、聖書の中で頻繁に使用されるため規則的であると考えられている。ところが נִפְקֵד や נִפְקְדִי 等はたった一度しか聖書の中に現れないので(すなわち「ヨエル書」第3章11節〔4〕)、不規則と見なされ、あるいは完全に無視されている。聖書の目的は言語を教えることであって、事柄を教えることではないと〔人々が〕信じていたのか、私にはわからない。

[5] 最後に、この活用の未来に、能動の動詞形の場合と同じように、添加語尾の ה〔ヘー〕を洗練のために付け加えることもできる。たとえば אִכָּבֵד の代わりに אִכָּבְדָה「私は名誉を与えられるだろう」(honorabor)となるように。そして複数形の ו の後にヌンを加え、יִכָּרְתוּ の代わりに יִכָּרְתוּן「彼らは切られるだろう」(exscindentur)となるようにしても、洗

練が損なわれることはない。このことは後に続く諸活用でも慣行となっている。

第16章　ダゲッシュを打たれた動詞形(あるいは強意動詞形)について、およびその能動形について

354 [1] この動詞形の表示についてわれわれはすでに手短に触れはしたが、これはただその起源を示そうとしたからであった。だが、〔この動詞形に〕多くの用法があり、すでにその用法について述べるべき段階にある以上は、これについてより正確に説明しなければならない。この〔強意〕動詞形の用法のうち、主要かつ一般的なものは単純動詞形を強調することである。別の様態としては、中立〔自動詞形〕から[1]能動〔他動詞形〕を作ること、より広い表示を獲得すること、感情[2]を込めて表現すること、その他諸々、がある。たとえば、שָׂמַח は「喜ぶこと」(laetum esse)を表示するが、שִׂמַּח は中立〔自動詞形〕から能動の動詞形をつくり、「人を喜ばせること」(aliquem laetitia afficere)を表示する。さらにここで、דָבָר「言葉」(verbum)から דִבֵּר「言葉を発すること」(verba facere)すなわち「話すこと」(loqui)を作るような名詞由来動詞形[3]についても言及すべきであろう。また、שָׂלַח が「人を、ある処へ送ること」(aliquem aliquo mittere)を表示する一方で、שִׂלַּח は「人を立ち去らせること」(aliquem dimittere)あるいは「集会を〔散会すること〕」(concionem〔dimittere〕)や「奴隷に〔いとまを出すこと〕」(servum〔dimittere〕)等といった表示を持つ。またさらに、שָׂבַר が単に「壊すこと」(frangere)(オランダ語で言えば[4] **schillen**)を表示するのに対して שִׂבֵּר は「力ずくで破壊すること」(vi frangere)あるいは「粉砕すること」(confringere)を表示する。

[2] この種の動詞形には、חָטָא「彼は罪を犯した」(peccavit)に対する חִטֵּא「彼は罪を償った」(expiavit)のように、単純形の動詞形と反対の表示を

持つものもある。しかしそれはこの用法にのみ限られるように見受けられ、今やヘブライ語から失われているので、聖書に見出されるもの以外にこのような仕方で新しい形を作り出すことは許されない。とはいえ、この不定詞の形式は פַּקֵּד、פִּקֵּד、פַּקּוֹד および פִּקּוֹד である。

［表 XVI-1a］　過去

女性	男性	
פִּקְּדָה	פִּקֵּד	三人称単数
פִּקַּדְתְּ	פִּקַּדְתָּ	二人称〔単数〕
פִּקַּדְתִּי		一人称〔単数〕
פִּקְּדוּ		三人称複数
פִּקַּדְתֶּן	פִּקַּדְתֶּם	二人称〔複数〕
פִּקַּדְנוּ		一人称〔複数〕

［表 XVI-1b］　命令

女性	男性	
פַּקְּדִי	פַּקֵּד	〔二人称単数〕
פַּקֵּדְנָה	פַּקְּדוּ	〔二人称複数〕

［表 XVI-1c］　未来

女性	男性	
אֲפַקֵּד		一人称単数
תְּפַקְּדִי	תְּפַקֵּד	二人称〔単数〕
תְּפַקֵּד	יְפַקֵּד	三人称〔単数〕
נְפַקֵּד		一人称複数
תְּפַקֵּדְנָה	תְּפַקְּדוּ	二人称〔複数〕
	יְפַקְּדוּ	三人称〔複数〕

355　[3] 不定詞に関する諸注意

פַּקֵּד の形式に添加語尾 ה〔へー〕が洗練されて加えられると פַּקְּדָה とな

り、さらにアトナフまたはスィルークのアクセントを加え、シェヴァをツェレーに変えることで פַּקֵּדָה「頻りに訪れること」(frequenter visitare)の形を得る。

[4] さらに、不定詞の中でもこの種のものには強調のため ה〔ヘー〕が前置されることもあり、例として וְהַקְטֵר אשר יקטירון「そして彼らの焚いた香を焚くこと」(et illud suffumigare, quod suffumigabant)(〔オランダ語では〕**En dat geduurig wierooken**)というものがある。הַדַּבֵּר「その[5]話すこと」(illud loqui)も同様であり、〔オランダ語で言うところの〕**dat hoog spreeken** ないし **dat kaekelen zal gedaan zijn** である[6]。かくのごとく、この〔定冠詞〕ה〔ヘー〕は行為を指示するためというよりは憤慨や非難、反感などの感情をこめてその行為を表現するためのものであり、このために、こうした指示の ה〔ヘー〕がダゲッシュを打たれた動詞形以外には前置されることがないのだと私は信じている。

[5] 次に、もし中央の〔第二〕語根が ר〔レーシュ〕であったなら、これにダゲッシュを打つことはできないのだから、その前の短音節が長いものへと変えられる。すなわち、ַ〔パタフ〕から ָ〔カメツ〕へ、ヒレクからツェレーへ、בַּרֵךְ の代わりに בָּרֵךְ、בִּרֵךְ の代わりに בֵּרֵךְ「祝福すること」(benedicere)というように(「民数記」第23章24節を見よ)。

[6] ところで、中央の語根が ר〔レーシュ〕であろうと通例ダゲッシュを打たれる他の文字であろうと、ほとんどの文法家たちはダゲッシュ点がホレムに取って代わられると考えている[7]。だが彼らは間違っている。確かにこのような活用はホレムとツェレーを持ってはいるが、強意ではなく単純〔動詞形〕、すなわちその不定詞が、われわれがすでに述べたように、いずれの〔文法的〕性とも関係を持たないものと捉えた場合の分詞の形を持つような、単純変化である。たとえば、זֹעֵם「呪うこと」(detestari)は〔強意ではなく〕単純動詞形であって、その不定詞が〔形容の基体

となる〕実詞を伴わない分詞と同形なのだが、これに添加語尾として ה〔ヘー〕を加えた זוֹעֲמָה は〔8〕、ちょうど不定詞 שָׁמוֹר「見張ること」(observare)や זָכוֹר「保護すること」(custodire)と同様、不定詞の代わりに〔9〕しばしば用いられる。これらについてはのちに統語論の部で触れる。ここでは、この活用の諸動詞形について特に述べる。たとえば בִּין「理解すること」(intelligere)や קוּם「立ち上がること」(surgere)のような、語根の中央にヴァウやヨッドを持つ活用の諸動詞形の強意にダゲッシュが打たれ
356 ることはない。なぜなら、בִּין から בּוֹנֵן が作られ、קוּם から קוֹמֵם が作られるように〔10〕、第三語根が第二語根の代わりに補われるからである。とはいえ、これらについてはそれぞれの箇所で〔述べよう〕。思うに、文法家たちを欺いてきたのは、שָׁרַשׁ「根をおろす」(radicem agere)という単純変化動詞形の中立形が与えられていると彼らが信じていなかったこと以外のなにものでもない。だからこそ彼ら〔文法家たち〕は、「イザヤ書」第40章24節に見られるその分詞 שֹׁרֵשׁ を強意の〔ツェレー？〕動詞形の活用の過去形だと〔11〕考えてしまったのだし、受動の שֹׁרַשׁ を強意動詞形の שֵׁרֵשׁ と混同してきたのだ。この混同にはこの動詞形の二重の表示が少なからず関与した。すなわち、(仮に聖書の符号学者たちが信用に値するとして)一方が他方と正反対なのである。たとえば、「ヨブ記」第31章8節では「根こそぎにされること」(eradicari)であるのに対して、「エレミヤ書」第12章2節では「根をおろしていること」(radicari)である。「エレミヤ書」のこの箇所を私は実際のところ שָׁרְשׁוּ とすべきところを符号学者たちが誤って שֹׁרָשׁוּ と〔母音符号を〕打ってしまったのではないかと疑っている。だが、これについては十分であろう。

〔7〕 ところで、פַּקֵּד がアクセントを失うと、דַּבֶּר־לָךְ「君に話しかけること」(loqui tibi)のように、ֵ〔ツェレー〕が ֶ〔セゴール〕に変わる。

〔8〕 最後に、第二および第三語根が同じ文字である動詞形の強意は通常、第一の〔語根〕を複製して第二と第三語根との間に置く。たとえば קִלֵּל

「洗練されていること」(tersum esse)から קִלְקֵל、סָכַד־「覆うこと」(tegere)から סִכְסֵךְ「覆い隠す〔庇護する〕こと」(obtegere)、גָּלַל「回すこと」(volvere)から גִּלְגֵּל「転がすこと」(revolvere)等といったように。

[9] 過去に関する諸注意

過去形はツェレーを常にパタフまたはセゴールへと変える。たとえば、שִׁבֵּר に対して שִׁבַּר「彼は粉砕した」(confregit)や דִּבֶּר「彼は話した」(locutus est)というように。

[10] 命令に関する諸注意

いっぽう、命令形はツェレーをパタフに、またマカフの前ではセゴールに変え、פַּקֵּד は פַּקַּד あるいは פַּקֶּד へ、また פַּקֵּדְנָה の代わりに פַּקַּדְנָה というようになる。その他すべての形は不定詞と一致する。

[11] 未来に関する諸注意

אֲפַקֵּד には添加語尾として ה〔ヘー〕が加えられて אֲפַקְּדָה となるが、アトナフまたはスィルークのアクセントがあるときは אֲפַקֵּדָה となる。ま
357 た、יְפַקְּדוּ や תְּפַקְּדוּ には添加語尾として נ〔ヌン〕が付され יְפַקֵּדוּן という
ようになる。このように、添加語尾の ה〔ヘー〕はペヌルティマを長〔音節〕から短〔音節〕へ、נ〔ヌン〕は逆に短から長へと、許される限り変える。最後に、תְּפַקֵּדְנָה は常に、命令形でのように、תְּפַקַּדְנָה となる。

第 17 章　強意動詞形・受動について

［表 XVII-1a］　不定詞

פֻּקֹּד

［表 XVII-1b］　過去

女性	男性	
פֻּקְּדָה	פֻּקַּד	三人称単数
פֻּקַּדְתְּ	פֻּקַּדְתָּ	二人称〔単数〕
פֻּקַּדְתִּי		一人称〔単数〕
פֻּקְּדוּ		三人称複数
תֶּן	פֻּקַּדְתֶּם	二人称〔複数〕
פֻּקַּדְנוּ		一人称〔複数〕

［表 XVII-1c］　命令

欠落

［表 XVII-1d］　未来

女性	男性	
אֲפֻקַּד		一人称単数
תְּפֻקְּדִי	תְּפֻקַּד	二人称〔単数〕
תְּפֻקַּד	יְפֻקַּד	三人称〔単数〕
נְפֻקַּד		一人称複数
תְּפֻקַּדְנָה	תְּפֻקְּדוּ	二人称〔複数〕
	יְפֻקְּדוּ	三人称〔複数〕

[1] この動詞形の用法は非常に稀であり、聖書にはこれ以外の不定詞の形式は見出されない。それどころか、たった一カ所[1]を除いては聖書中で見かけた記憶が私にはない。とはいえ、この未来形 אֻפֻקַּד が〔表中の פֻּקֹּד とは〕別の形式である פֻּקַּד から作られていること、さらにヘブライ人たちが不定詞として פֻּקֹּד に加えて פֻּקַּד も[2]持っていただろうことを私は疑っていない。というのも、われわれがすでに示したように未来形がどこであれ不定詞から作られることを別にすれば、のちに見ることになるように[3]、この〔強意動詞形の受動〕不定詞のその他の活用においてもウルティマにパタフをとり、残りもこの活用と一致するからである。さらに、カメツ・ハトゥフをとる第三の形 פָּקַּד があっただろうことも私は疑っていない。なぜなら、読者諸賢が第19章で見ることになるように、ֻ〔キブツ〕と ָ〔カメツ・〕ハトゥフとが等価なものであることはその他の活用においても観察されることだからである。

[2] ただし、〔語根の〕中央がダゲッシュを打つことのできない ר〔レーシュ〕であるときは、טוֹרַף「ずたずたにされること」(dilaniari)でのように、〔キブツが〕ホレムに変えられる。

[3] 最後に、この受動は母音によって能動から十分に区別されるので、
358 受動の特徴である נ〔ヌン〕もこの活用において非常にしばしば、無視される。一方で、これ〔＝ヌン〕が加えられ、פֻּקַּד ではなく規則的に נְפֻקַּד と書かれる習慣もある。たとえば יְדֵיכֶם נְגוֹאֲלוּ בַדָּם「汝らの手は血に塗れている」(manus vestrae perpollutae sunt sanguine)のように。この例での〔נְגוֹאֲלוּ の〕ג〔ギメル〕はその後に続く א〔アレフ〕にダゲッシュを打つことができないため、חֹלֶם〔ホレム〕を付されている。聖書中で稀にしか現れないために、文法家たちはこれを、あたかも単純動詞形の受動と強意〔動詞形〕との合成によってできた例外であるかのように記している[4]。もちろん、すでにわれわれが述べたように、彼らが記述したものは、聖書の文法であって言語の〔文法〕ではない。とはいえ未来形においては〔前

述のヌンが〕常に無視されるものだと私は信じている。なぜなら、そうでないと諸々の人称の特徴のせいでダゲッシュによって補わねばならなくなり、ひいては文字 פ〔ペー：第一語根〕や ק〔コフ：第二語根〕が二重化されねばならなくなるが、そんなものはほとんど発音不可能だっただろうからである〔5〕。

第18章　表示において能動である派生動詞形について

[1] この〔派生〕動詞形が、事物や行為の名詞から派生ないし形作られること、言い換えれば、単純動詞形からだけでなく実詞としての名詞からも形作られることを、われわれは第12章で示した。まず、〔派生動詞形が〕単純動詞形から形成される場合には、視察する当人にあたる能動者の対格と、その〔対格で表される〕人に命じて視察させる人にあたる遠隔原因の主格[1]とを持つ。一方、〔派生〕動詞形が〔実詞としての〕名詞から形成される場合には単純動詞形と等価である。その理由はこのあと述べてゆくことによって容易に理解されるだろう。というのも、この〔派生〕動詞形によって表現されるのは、誰かが何らかの事物に作用してその役割を果たさせる[2]こと、言い換えれば、その〔事物に〕みずからの働きを実現させることなのだと、われわれはすでに述べている。したがって、単純動詞形から形作られている場合にこの動詞形が表示するのは、ある者が作用原因[3]、すなわち能動なり中立なりの動詞形の主格であることによってそれとわかるものをして、みずからの働きを実現させるという事態であるのに対して、〔実詞としての〕名詞から形作られる場合に表示するのは、ある者が単に事物を利用しているという事態に他ならない。さらに
359 ここから、この〔派生〕動詞形が能動者の対格を常に持つとは限らず、われわれが多くの例を用いて上に示したように、第一の形の〔単純〕動詞形と同様に、中立であっても能動であってもよいことになる。この不定詞の形式は הִפְקִיד、הָפְקִיד、הַפְקֶד そして הַפְקֵד 等である。

[2] そしてそれら〔形式〕から、各時制は以下のように形作られる。

［表 XVIII-1a］　過去

女性	男性	
הִפְקִידָה	הִפְקִיד	三人称単数
הִפְקַדְתְּ	הִפְקַדְתָּ	二人称〔単数〕
	הִפְקַדְתִּי	一人称〔単数〕
	הִפְקִידוּ	三人称複数
הִפְקַדְתֶּן	הִפְקַדְתֶּם	二人称〔複数〕
	הִפְקַדְנוּ	一人称〔複数〕

［表 XVIII-1b］　命令

女性	男性	
הַפְקִידִי	הַפְקֵד	二人称単数
הַפְקֵדְנָה	הַפְקִידוּ	二人称複数

［表 XVIII-1c］　未来

女性	男性	
	אַפְקִיד	一人称単数
תַּפְקִידִי	תַּפְקִיד	二人称〔単数〕
תַּפְקִיד	יַפְקִיד	三人称〔単数〕
	נַפְקִיד	一人称複数
תַּפְקֵדְנָה	תַּפְקִידוּ	二人称〔複数〕
	יַפְקִידוּ	三人称〔複数〕

または、三人称 הַפְקֵדִי〔4〕、二人称 תַּפְקֵד、一人称 אַפְקֵד。

〔3〕 諸注意

この〔動詞形の〕特徴は ה〔ヘー〕であって、大部分の文法学者たちが「ホセア書」第11章3節の例のテクストに対して誤解しているように ת〔タウ〕に変化することは決してない。実際、モーゼス・キムヒ〔5〕が正し

く考えたように*、תִרְגָלְתִי は〔実詞としての〕名詞であって、後続する動詞形 קָחַם に対応する主格なのだから〔この派生動詞形の特徴へーがタウになる
360 具体例と考えることはできない〕。最後のヨッドは添加語尾であり、しばしば名詞に洗練のために付け加えられるものである。実際、אֹהֶבֶת から אֹהַבְתִי が、אוֹיֶבֶת から אוֹיַבְתִי が作られ、同様にして תִרְגֶלֶת から תִרְגַלְתִי が作られ、これ〔תִרְגַלְתִי〕は「歩くことや話すことに慣れるよう子どもに教える女性」(foeminam, quae pueros docet, ut assuescant ambulare, loqui) 等を表示する。そうでないと考えるのはまったくテクストに通じていない者である。さらに文法学者たちはこの動詞形の特徴が、「イザヤ書」第63章3節に関して、א〔アレフ〕にも変化していると信じている。私はこのことの例は聖書には一切与えられていないと考えているが、その可能性を否定もしない。というのも、その特徴が הִתְ である〔循環〕動詞形では ה〔へー〕が א〔アレフ〕に、そしてヒレクが ◌ֶ〔セゴール〕に変化する習慣があるからだが、このことに関しては第20章を見られたい。

*〔原注〕 קחם זכר תרגלתי נקבה על דרך תפלצתך השיא אותך : קחם が男性であるのに תרגלתי は女性、これは「エレミヤ書」第49章16節に תִּפְלַצְתְּךָ הִשִּׁיא אוֹתָךְ とあるのと同様である。

第19章　派生動詞形・受動について

[1] この〔動詞形の〕不定詞の形式は הֳפְקֵד と הָפְקַד である。そして הֻפְקֵד でもあっただろうと私は考えている。つまり、この受動はキブツやカメツ・ハトゥフによって能動から区別されている。以下の通り。

［表 XIX-1a］　過去

女性	男性	
הָפְקְדָה הֻ.....	הָפְקַד および הֻפְקַד	三人称単数 〔単数〕
הָפְקַדְתְּ הֻ..... 以下略	הָפְקַדְתָּ および הֻפְקַדְתָּ	二人称〔単数〕
	הָפְקַדְתִּי	一人称〔単数〕
	הָפְקְדוּ	三人称複数
....תֶּן	הָפְקַדְתֶּם	二人称〔複数〕
	הָפְקַדְנוּ	一人称〔複数〕

［表 XIX-1b］　命令

女性	男性	
הָפְקְדִי	הָפְקַד	単数
הָפְקַדְנָה	הָפְקְדוּ	複数

〔表 XIX-1c〕　未来

女性	男性	
	אָפְקַד および אֻפְקַד	一人称単数
תָפְקְדִי〔1〕 / תֻפְקְדִי	תָפְקַד / תֻפְקַד	二人称〔単数〕
תָפְקַד / תֻפְקַד	יָפְקַד / יֻפְקַד	三人称〔単数〕
	נָפְקַד / נֻפְקַד	一人称複数
תָפְקַדְנָה / תֻפְקַדְנָה	תָפְקְדוּ / תֻפְקְדוּ	二人称〔複数〕
	יָפְקְדוּ / יֻפְקְדוּ	三人称〔複数〕

〔2〕この動詞形の命令は滅多に使われることがないが、「エゼキエル書」第32章19節に見える。添加語尾の ה〔ヘー〕を伴ったものは「ヨブ記」
361 第21章2節に見出される〔2〕。そしてそれは「君が視察するようになれ」(fiat, ut visiteris)を表示している〔3〕ように思われ、また「エゼキエル書」の例のほうは רְדָה וְהָשְׁכְּבָה אֶת עֲרֵלִים「降りて、君が無割礼の者たちとともに横たえられねばならないようになれ」(descende, et fiat, ut debeas jacere cum incircumcisis)であるように思われる。なおまた、私が十分詳細に説明した能動の表示から、過去および未来でのその表示は容易に理解される。ところで、別の誰かの行為次第であることを人に命じることは誰にもできないのだからというのを理由にして、これらの動詞形は命令を欠いていると多くの人が主張してしまう。しかし実際には命令〔法〕が「命じること」(jubere)だけでなく「望むこと」(velle)をも表示することから〔上記の主張は〕容易に反駁される。神がモーセに「汝はこの山にて死すべし」(Morere in hoc monte)と〔命令法で〕言ったとき、モーセに自死を命じたわけではなく、モーセの生涯に関する自身の決裁と意向を表現しただけなのである。

第20章　循環動詞形[1]・能動について

[1] われわれがこれを循環動詞形と名付けたのは、それによって表現するものが、われわれがすでに述べたように、能動者みずからがその〔行為の〕受動者でもあることであるから、あるいはむしろ、動詞形の後に置かれる格がその主格と別の事物のものでない〔主格と同一の対象である〕[2]から、である。ちょうど、「人が自らを視察する〔面倒を見る〕、〔すなわち〕養生する」(homo se visitat, recreat)であったり、「自らに祈る」(sibi precatur)、「自らに注意を払う〔用心する〕」(sibi cavet)などのように。あるいは、「人が自分自身に命じて他の人を視察させる」(homo se constituit visitantem alterum)や「自らを散歩させる」(se applicat ad ambulandum)、「〔自らを〕知らしめる」(ad intelligendum)などのように。

[2] この動詞形の表示は二重であり、そのうちの一方は動詞形 פָּקַד、もう一方は動詞形 הִפְקִיד と関連している。というのも、פָּקַד が「ある人が誰か他の人を視察する」(aliquis alterum visitat)を表示する以上、「ある人が自分自身を視察する」(aliquis se ipsum visitat)を表示できる別の動詞形が必要であったからである。また הִפְקִיד が「ある人が他の人に命じて視察させる」(aliquis alterum visitantem constituit)を表示する以上、同様に、それによって「ある人が自分自身に命じて視察させる」(aliquis se ipsum constituit visitantem)が表示されうるような動詞形も必要であった。

[3] この動詞形は、形式 פַּקֵּד や פַּקֵּד の前に置かれる音節 הִתְ によってそれと知られる。たとえば、הִתְפַּקֵּד「自らを視察すること」(se visitare)あるいは「自らに命じて視察させること」(se visitantem constituere)や[3]、

הִתְיַצֵּב「自らを立たせる〔佇む〕こと」(se sistere)（スペイン語で言うところの[4] pararse)、הִתְהַלֵּךְ「自らを散歩させる〔歩き回る〕こと」(se ambulationi dare)（スペイン語で言うところの pasearse あるいは andarse)のように。ただ
362 し、私がすぐに示すことになるように、この音節〔הִתְ〕は時制のさまざまな特徴のせいで取り除かれ、ダゲッシュで代償されたりすることがある。

[4] そして、もし第一〔語根〕が歯音字 ס〔サメフ〕または שׁ〔シン〕のいずれかであれば、〔音節 הִתְ の〕ת〔タウ〕と〔配置が〕入れ替えられる。一方もし〔第一語根が歯音字〕ז〔ザイン〕または צ〔ツァデー〕のいずれかであれば〔ת は〕ただ入れ替えられるだけでなく、ז〔ザイン〕と接する場合は ד〔ダレット〕に、צ〔ツァデー〕と接する場合は ט〔テット〕に、それぞれ変えられる。たとえば、שָׁמַר「見張ること」(custodire)からは הִשְׁתַּמֵּר「自らを見張ること」(se custodire)あるいは「自らに命じて見張らせること」(se custodientem constituere)が作られ、צָדַק「公正であること」(justum esse)からは הִצְטַדֵּק「自らを弁護すること」(se justum defendere)（オランダ語で言うところの[5]**zich ontschuldigen**)が、そして זַמֵּן「物事を時宜に合わせること」(rem aliquam tempestive parare)からは הִזְדַּמֵּן「自分自身を時宜に合わせること」(se ipsum tempestive parare)が、それぞれ作られる。

[5] 最後に、ה〔ヘー〕は א〔アレフ〕に変えるとともに〔הִתְ の〕ヒレクをセゴールに変えることが許される。הִתְחַבֵּר の代わりに אֶתְחַבֵּר[6]「一つになる」(jungit se)とするように。

[6] したがって、この不定詞の形式は הִתְפַּקֵּד、הִתְפַּקֵד、אֶתְפַּקֵּד、הִשְׁתַּמֵּר、הִצְטַדֵּק および הִזְדַּמֵּן であり、さらに疑いなく הִתְפַּקִד という形式もこれらに加えるべきである。というのも、この動詞形の過去形はまたヒレクで終わることが確認されるからである(「レビ記」第……章[7]、「エゼキエル書」第38章最終節を見よ)。さらに、その第一の表示が動詞形 פָּקַד または פָּקֵד と関連しており、第二〔の表示〕が動詞形 הִפְקִיד〔と関連しているの〕だ

から、パタフやツェレーと並んでヒレクでも終わっていたはずなのである。

［表 XX-1a］　過去

女性	男性	
הִתְפַּקְּדָה	הִתְפַּקֵּד / הִתְפַּקַּד / הִתְפַּקִּד および הִפַּקֵּד	三人称単数
הִתְפַּקַּדְתְּ / הִתְפַּקִּדְתְּ	הִתְפַּקַּדְתָּ / הִתְפַּקִּדְתָּ	二人称〔単数〕
	הִתְפַּקַּדְתִּי / הִתְפַּקִּדְתִּי	一人称〔単数〕
	הִתְפַּקְּדוּ	三人称複数
תֶּן	הִתְפַּקַּדְתֶּם / הִתְפַּקִּדְתֶּם	二人称〔複数〕
	הִתְפַּקַּדְנוּ	一人称〔複数〕

［表 XX-1b］　命令

女性	男性	
הִתְפַּקְּדִי	הִתְפַּקֵּד / הִתְפַּקַּד	単数
הִתְפַּקֵּדְנָה / הִתְפַּקַּדְנָה	הִתְפַּקְּדוּ	複数

［表 XX-1c］　未来

女性	男性	
	אֶתְפַּקֵּד / אֶתְפַּקַּד	一人称単数
תִּתְפַּקְּדִי	תִּתְפַּקֵּד / תִּתְפַּקַּד	二人称〔単数〕
תִּתְפַּקֵּד / תִּתְפַּקַּד	יִתְפַּקֵּד / יִתְפַּקַּד	三人称〔単数〕
	נִתְפַּקֵּד / נִתְפַּקַּד	一人称複数
תִּתְפַּקֵּדְנָה / תִּתְפַּקַּדְנָה	תִּתְפַּקְּדוּ	二人称〔複数〕
	יִתְפַּקְּדוּ	三人称〔複数〕

363　[7] 諸注意

〔語根の〕最後のツェレーがパタフに交替することは、この動詞形と、

単純〔動詞形〕および強意〔動詞形〕とで共通している。だが、הִפְקִיד〔のヒレクがパタフに変えられないの〕と同様、ヒレクは保たれ、二人称および一人称では当然パタフに変えられない。「エゼキエル書」第38章最終節には〔一人称単数〕הִתְגַּדִּלְתִּי「私は私自身を偉大なものと定めた」(magnum me constitui)および〔一人称単数〕הִתְקַדִּשְׁתִּי「私は私自身を聖なるものと定めた」(me constitui sanctum)があり、「レビ記」第11章44節や第20章7節にも〔二人称複数〕וְהִתְקַדִּשְׁתֶּם「そして諸君は諸君自らを聖なるものとした」(et constituite vos sanctos)〔があり、いずれも語幹末の終止母音ヒレクが保たれている〕。

[8] アトナフまたはスィルークのアクセントにより ◌ָ〔カメツ〕に変えられる場合を除けば、命令や未来においてと同様、過去においてもパタフは常に保持される。

[9] そして、動詞形のうち、第一〔語根〕が ת〔タウ〕または ט〔テット〕あるいは ד〔ダレット〕であるものは、特徴〔הת〕の ת〔タウ〕を失うとともに、ダゲッシュによって代償される。たとえば、הִתְטָהַר の代わりに הִטָּהַר「彼は自らを清めた」(purificavit se)となるように。

[10] 未来においては、人称の特徴が原因となって〔接頭辞 הת の〕ה〔ヘー〕が完全に無視されるが、ת〔タウ〕をダゲッシュによって代償してもよい。たとえば、תִּתְנַבֵּא の代わりに תִּנָּבֵא「君は君自身を預言者と定めるだろう」(constitues te Prophetam)となるほか、過去において הִתְנַבֵּאתִי の代わりに הִנַּבֵּאתִי「私は私自身を預言者と定めた」(me Prophetam constitui)または「預言を行うように仕向けた」(ad prophetizandum applicui)となるように。

[11] その他にも、アトナフまたはスィルークが原因となって「動きのある」シェヴァ[8]が ◌ָ〔カメツ〕に変えられることがある。また、語末が ו

〔シュレク〕で終わる複数形には ן〔ヌン〕が〔加えられ〕、不定詞や、不定詞のような語尾を持つすべてのものには洗練のために ה〔へー〕が加えられる。最後に〔9〕、未来の三人称複数女性と二人称複数男性とは、単数でもそうなっているように、互いに一致する〔10〕が、これらの動詞形においては述べるのを私は見送った。なぜなら、これらすべてのことが述べられる単純動詞形と共通しているからである。

第21章　循環動詞形・受動について

[1] この動詞形は、私の知る限りすべての文法家たちによって看過され
364 てきたように思われる。だからこそ私は、それについて明確にしなければならなくなるまではあえて触れずにいたのである。循環動詞形・能動の表示が動詞形 פָּקַד あるいは動詞形 הִפְקִיד のいずれにも関連するのに対して、〔循環動詞形〕受動の〔表示が〕 נִפְקַד に関連することは決してなく、常に הָפְקַד のみに関連する。つまり、「自分自身によって視察されること」(visitari a se)を表示することは決してなく、「自らを視察されるに委ねること」(praebere se visitandum)あるいは「自分自身が〔何者かから〕視察を受けるようにすること」(facere, ut ipse visitetur)を〔表示する〕。このことに対する理由は、(統語論において示すつもりであるが)ヘブライ語においては受動の動詞形が能動者の奪格をその〔動詞形の〕後に決してとらないためである。実際、たとえば קוֹלִי נִשְׁמַע「私の声が聞かれた」(vox mea audita est)でのように、能動者をわざわざ置かずにただ受動者のみを示したいような場合の短縮を目的とするのでない限り、ヘブライ人たちは受動を用いない。たとえば「私の声が神によって聞かれた」(vox mea audita est a Deo)のように〔能動者と受動者の〕両方を示さなければならない状況では、動詞形を能動の表示で用い、יְהוָֹה שָׁמַע קוֹלִי「主が私の声を聞いた」(Deus audivit vocem meam)のようにする。実際、קוֹלִי נִשְׁמַע מִיְהוָֹה〔「私の声が神によって聞かれた」〕[1]のような〔受動の動詞形のあとに能動者の奪格を置く構文〕は一般的な言葉遣いとしては忌避されるだろう。そして、〔循環〕動詞形 הִתְפַּקֵּד は「自分自身を視察すること」(se ipsum visitare)を表示する限りでは受動をとることができないが、「ある人が、その人自身が視察するよう定めた」(aliquis se visitantem constituit)を表示する限り

では〔循環〕受動 הָתְפַּקֵד をとることができる。すなわち、われわれがすでに述べたように、「自らを視察されるに委ねること」(praebere se visitandum)あるいは「視察を受けるようにすること」(efficere, ut visitetur)を表示する。たとえば、「民数記」第2章最後から2番目の〔33〕節 וְהַלְוִיִּם לֹא הָתְפָּקְדוּ「そしてレビ人たちは彼ら自身を(イスラエルの子孫に)数えられるに委ねなかった」[2](et Levitae non praebuerunt se numerandos inter filios Israelis)のように。また、「申命記」第24章4節 אַחֲרֵי אֲשֶׁר הֻטַּמָּאָה「(彼女が)自らを汚されるに委ねた後に」(postquam se praebuit inquinandum)あるいは「〔自らを〕汚されるようにした後で」(postquam fecit, ut inquinaretur)では、ת〔タウ〕が ט〔テット〕のために〔脱落し[3]〕、能動におけるのと同様、ダゲッシュによって代償されている。

[2] さらに、この動詞形はその能動から、派生動詞形の受動が〔派生・能動〕הִפְקִיד から異なるのと同じように異なっている。הִפְקִיד から受動 הָפְקַד および הֻפְקַד が作られるように、הִתְפַּקֵד から הָתְפַּקַד および הֻתְפַּקַד / הֻתְפַּקֵד が、われわれが例に示したやり方で作られる。

[3] 次に、能動におけるのと同様に、この〔脱落した〕ת〔タウ〕をダゲッシュによって補うことも許されている。たとえば、אַחֲרֵי הֻכַּבֵּס אֶת הַנֶּגַע「疫癘《えきれい》〔の患部〕がそれ自体取り除かれた後に」(postquam fecit, ut plaga ipsius levaretur)のように[4]。〔受動者である〕「疫癘」(plaga)が〔ヘブライ語では〕対格で置かれていることに注意されたい。このことについては統語論にて。

365 [4] 最後に、ה〔へー〕の代わりに נ〔ヌン〕(これは強意〔動詞形〕でも単純動詞形でも受動の特徴である)を用いたり、ת〔タウ〕をダゲッシュによって代償してもよい。たとえば、「申命記」第21章8節 וְנִכַּפֵּר לָהֶם הַדָּם「そしてその血は彼ら自身を贖うだろう」(et sanguis dabit se ipsis expiandum)では וְנִתְכַּפֵּר の代わりに〔וְנִכַּפֵּר となっている〕。このことからも、文字 נ〔ヌン〕が受動に普遍的な特徴であると私は確信しているのだが、単純動詞形の

受動を除いたすべて〔の形〕で、第 17 章で述べた理由によって、大抵の場合は省かれる。したがって、この〔種の〕不定詞の形式は הָתְפַּקַד、הֻתְפַּקֵד または הֻפַּקֵד、נִתְפַּקֵד または נִפַּקֵד である。

[5] なおまた、その過去形、命令形および未来形の残りの部分は能動と一致する。

第22章　第二活用の動詞形〔1〕について

〔1〕 א〔アレフ〕、すなわち喉音字であり休音にもなる文字で終わるものを、われわれは第二活用の動詞形と言った。これらと第一〔活用の〕動詞形とがどういった点で異なるかは、変化表から明らかになるだろう。

〔2〕 単純能動動詞形の変化表

その不定詞の形式は מְצוֹא、מְצָא、מוֹצֵא、מָצוֹא、מָצֵא、מָצָא であり、あるいは添加語尾の ה〔ヘー〕を伴った מָצְאָה、そして מְצֹאֶת の代わりとなる מְצֹאת である。

［表 XXII-1a］　1：過去

女性	男性	
מָצְתָה または מָצָאת	מָצָא	三人称単数
מָצָאת	מָצָאתָ	二人称
	מָצָאתִי	一人称
	מָצְאוּ	三人称複数
תֶן	מְצָאתֶם	二人称
	מָצָאנוּ	一人称

［表 XXII-1b］　2：別形

女性	男性	
מָצְאָה	מָצֵא	三人称〔単数〕
מָצֵאת	מָצֵאתָ	二人称
	מָצֵאתִי	一人称

	מָצְאוּ	三人称〔複数〕
תֶן	מְצֵאתֶם	二人称
	מָצֵאנוּ	一人称

［表 XXII-1c］　3：別形〔2〕

女性	男性	
מָצְאָה	מָצָא	三人称〔単数〕
מָצְאת	מָצְאתָ	二人称
	מָצְאתִי	一人称
	מָצוּ	三人称〔複数〕
תֶן	מְצְאתֶם	二人称
	מָצְאנוּ	一人称

〔3〕これらの中に〔第二母音がパタフとなる〕פָּקַד の形は存在しない。それゆえ、他の人称においても同様に二つ目の ָ〔カメツ〕やツェレーが維持される。これが第一活用の動詞形でのようにパタフに変化することはな
366 い。さらに מָצוֹא の形は過去〔時制〕において存在せず、また使用されたこともないと私は信じている。最後に、上記の第二と第三の形式においては、しばしば א〔アレフ〕が無視される。מָלֵאתִי の代わりに מָלֵתִי「私は満たされている」(plenus sum)となるように。

［表 XXII-2a］　命令

女性	男性	
מִצְאִי	מְצָא または מָצוֹא〔3〕	単数
מְצֶאנָה または מְצֶאן	מִצְאוּ	複数

［表 XXII-2b］　未来

女性	男性	
	אֶמְצָא	一人称単数
תִמְצְאִי	תִמְצָא	二人称
תִמְצָא	יִמְצָא	三人称
以下略		

[4] 添加語尾の ה〔へー〕を伴った命令は、第一活用の動詞形でのようにシェヴァをヒレクに変化させることがなく、一方〔のシェヴァ〕をそのままにしてカメツと並べる。これにより、מְצָא の代わりに מְצָאָה「君が見出せ」(inveni tu)となる[4]。このことと、過去〔時制〕についてすでにわれわれが注意を促したこととは、この動詞形に固有のことである。その他の場合においては、第一活用の動詞形に一致する。こうして私はこの活用の受動動詞形の変化表へと移りたい。

単純受動動詞形の変化表

［表 XXII-3a］　不定詞

1：	2：	3：
נִמְצָא	נִמְצוֹא	הִמָּצֵא

［表 XXII-3b］　過去

1：			2：			または〔第三語根〕א〔アレフ〕が脱落した場合。		
女性	男性		女性	男性		女性	男性	
נִמְצָאָה נִמְצְאָה	נִמְצָא および נִמְצֵא	三人称 単数	נִמְצָאת	נִמְצָא	三人称 〔単数〕	נִמְצְתָה	נִמְצָא	三人称 〔単数〕
נִמְצְאָתָה または נִמְצֵאת	נִמְצֵאתָ	二人称	נִמְצִאת	נִמְצֵאתָ	二人称	נִמְצֵת	נִמְצֵתָ	二人称

	נִמְצֵאתִי	一人称		נִמְצִאתִי	一人称		נִמְצֵתִי	一人称
	נִמְצְאוּ	三人称 複数		נִמְצְאוּ	三人称 〔複数〕		נִמְצוּ	三人称 〔複数〕
תֶן	נִמְצֵאתֶם	二人称	תֶן	נִמְצִאתֶם	二人称	תֶן	נִמְצֵתֶם	二人称
	נִמְצֵאנוּ	一人称		נִמְצִאנוּ	一人称		נִמְצֵנוּ	一人称
						または		
						נִמְצִת	נִמְצִתָ	
						以下略	נִמְצִתִי	

367 [5] 命令と未来に限っては、第一活用の命令と未来にあらゆる点で一致する。さらにまた、この活用のその他の動詞形は、מָצָא および נִמְצָא の二つが動詞形 פָּקַד および נִפְקַד と一致しないのをわれわれがすでに〔前掲の表で〕見たのと同じように、第一活用の動詞形と一致しない。つまり、〔第二活用では〕どこであれパタフの代わりに ָ〔カメツ〕が書かれるべきであり、あるいはその代わりに一人称と二人称においてはヒレクが使われるべきであること〔をわれわれはすでに見た〕。ただし הִמְצִיא は例外であり、このヒレクは一人称と二人称においてツェレーに変化するから、הִמְצֵאתָ、הִמְצֵאתִי、הִמְצִיאוּ[5]、הִמְצֵאתֶם 等のようになる。次にツェレーが פָּקֵד と פִּקֵד のようにパタフに変化することなくいつも維持されること、また最後に、三つ目の א〔アレフ〕を省略してもよいこと〔をわれわれはすでに見た〕。

第23章　第三活用の動詞形について

[1] この活用、すなわち ה〔ヘー〕で終わる動詞形のものは、前述の〔第二活用〕と大きく異ならない。それどころか前述の〔第二〕活用としばしば一致し、〔第三活用で〕ה〔ヘー〕の代わりに א〔アレフ〕を用いるか ה〔ヘー〕の役割を補うこともあれば、逆に〔第二活用で〕א〔アレフ〕の代わりに ה〔ヘー〕を用いるか〔א の〕役割を補うこともある。ただし、〔第二活用と第三活用とで〕とりわけ異なっていることもある。すなわち、א〔アレフ〕で終わる動詞形では大抵の場合〔א が〕そのまま残る一方、二人称と一人称で ◌ָ〔カメツ〕がヒレクに変化することが滅多にないのに対して、ה で終わる〔動詞形〕では〔ה が〕そのまま残ることが滅多にない一方、◌ָ〔カメツ〕が長いヒレクに変化し、短い〔ヒレク〕には滅多に変化しないことである[1]。さらに、〔第三活用では〕ה〔ヘー〕に点 מַפִּיק〔マピーク〕を書き入れることがあり、〔第二活用のような〕双子の ◌ָ〔カメツ〕ではなく第一活用の動詞形のような ◌ָ〔カメツ〕と ◌ַ〔パタフ〕〔の組み合わせ〕が打たれることにおいても異なっている。この種のものとして4例、すなわち גָבַהּ、כָמַהּ、נָגַהּ、תָמַהּ が観察され[2]、第一活用の動詞形と同様に活用されているので、私はこれらをそれ〔＝第一活用〕に結び付ける。さらにまた、ה〔ヘー〕で終わるこの動詞のいくらかは、いくつかの特異な特徴を有するのだが、それについては変化表を掲げたうえでしかるべき場所で注意を促すことにして、ここで私は一般的なものだけを言い添えるにとどめる。すなわち、そうしたすべての特徴が生じる理由は、第一に、ヒレクやツェレーやシュレクの後の ה〔ヘー〕は י〔ヨッド〕に、そして חוֹלֶם〔ホレム〕の後〔の ה〕
368 は ו〔ヴァウ〕に変えられる習慣であるということ。第二に、最終〔語根〕の ה〔ヘー〕は、音節が付け加えられたり、〔他の語との間で〕支配が生じた

りといったことが原因で、ת〔タウ〕に変化しうるということ。そして最後に、休音文字群や喉音字群どうしの間で一つを他のものの代わりに用いたり、あるいはこれらを無視したりするのが許されているということ。シェヴァの後の ה〔ヘー〕が大抵の場合省略されるとわれわれは上ですでに示したが、名詞において観察されることは動詞形でも同様であると、以下の変化表より明らかになるだろう。

[2] 第三活用の単純動詞形の変化表

不定詞は以下の形式を持つ。גָלָה / גָלָא[3]、גָלֹא、גָלוֹ、גְלֵי、גָלוֹת、גְלֹה および גְלוֹת、または添加語尾の י〔ヨッド〕を伴い גְלוֹתִי となる。

［表 XXIII-1a］ 過去

女性	男性	
גָלְתָה、גָלָה、גָלְתָ	גָלָה	三人称単数
גָלִית および גָלִיתְ	גָלִיתָ	二人称
	גָלִיתִי	一人称
	גָלוּ または גָלְיוּ	三人称複数
תֶן	גָלִיתֶם[4]	二人称
	גָלִינוּ	一人称

［表 XXIII-1b］ 命令

女性	男性	
גְלִי	גְלֵה	単数
גְלֶינָה	גְלוּ および גְלְיוּ	複数

［表XXIII-1c］　未来

女性	男性	
	אֶגְלֶה	一人称単数
תִגְלִי	תִגְלֶה	二人称
תִגְלֶה	יִגְלֶה	三人称
	נִגְלֶה	一人称複数
תִגְלֶינָה	תִגְלוּ	二人称
	יִגְלוּ および יִגְלְיוּ および יִגְלָיוּ	三人称

[3] 諸注意

ה〔ヘー〕の代わりに א〔アレフ〕が用いられうること、あるいは実際、過去形の一人称と二人称、および未来形の全体で〔ה が〕省略されうること、そしてヨッドがその代わりに用いられずに、まったく מָצָא と同様に活用されうることに、われわれはすでに注意を促した。しかしここではとりわけ、未来形の〔語幹末の〕ה〔ヘー〕を取り除いた場合、そのアクセントが第一音節に移動し、シェヴァがセゴールに変化し、一人称 אֶגֶל、二人称 תִגֶל、三人称 יִגֶל 等のようになることに注意すべきである。しかしもし語幹[5]の中央が無音または休音である場合[6]、יִשְׁבֶּה「捕虜を捕まえること」(captivum capere)の代わりの יִשְׁבְּ や、יִשְׁקְ「飲むこと」(bibere)
369 でのように、シェヴァも保存される。しかしもし ה〔ヘー〕がヨッドに変化するなら、音節も置き替わり、אֶגְלֶה、תִגְלֶה、יִגְלֶה の代わりに、一人称 אֶגְלִי、二人称 תֶגְלִי、三人称 יֶגְלִי 等々のようになる。

[4] 動詞形においてはさらに、もう一つの ה〔ヘー〕を付け加えなければならなくなった〔元々語根にあった〕ה〔ヘー〕が ת〔タウ〕ではなくヨッドに変えられる習慣である。たとえば、חָסָה は女性形で חָסְתָה とならずに

חָסָיָה となる。またたとえば、אֶגְלֶה も、添加語尾の ה〔ヘー〕が加えられて אֶגְלְתָה となるのではなく אֶגְלָיָה となる。

[5] 最後に未来形の二人称と三人称〔複数〕תִּגְלוּ と יִגְלוּ に添加語尾の נ〔ヌン〕を付け加える習慣はない。ただし、それら〔二人称と三人称複数〕の第二の形式 תִּגְלְיוּ および יִגְלְיוּ に限っては〔ヌンが付され〕、יִרְבְּיֻן および יִשְׁתָּיוּן 等となる。

[6] 第三活用の動詞形・受動の変化表

［表 XXIII-2a］ 不定詞の諸形式

1	2	3	4	5
נִגְלָה	נִגְלֹה	נִגְלוֹת	הִגָּלֵה	הִגָּלוֹת

［表 XXIII-2b］ 過去

(1)		
女性	男性	
נִגְלְתָה および נִגְלָת	נִגְלָה	〔三人称単数〕
נִגְלֵית	נִגְלֵיתָ	〔二人称単数〕
以下略		

または、(2)		
〔女性〕	〔男性〕	
נִגְלְתָה	נִגְלָה	〔三人称単数〕
נִגְלִית	נִגְלִיתָ	〔二人称単数〕
以下略		

［表 XXIII-2c］　命令

〔男性〕	〔女性〕	
הִגָּלִי	הִגָּלֵה	〔単数〕
הִגָּלֶינָה	הִגָּלוּ	〔複数〕
	または、	
נִגְלִי	נִגְלֶה	〔単数〕
נִגְלֶינָה	נִגְלוּ	〔複数〕

［表 XXIII-2d］　未来

女性	男性	
אֶגָּלֶה		〔一人称〕単数
תִּגָּלִי	תִּגָּלֶה	〔二人称〕
תִּגָּלֶה	יִגָּלֶה	〔三人称〕
נִגָּלֶה		〔一人称〕複数
תִּגָּלֶינָה {	תִּגָּלוּ	〔二人称〕
	יִגָּלוּ	〔三人称〕

370 [7] 未来の ה〔ヘー〕が取り除かれた場合にアクセントも音節もそのために変えられはしないことを除けば、この動詞形には、われわれが上記において注意を促さなかった特別なことは何もない。実際、〔語根の〕ה〔ヘー〕が取り除かれた場合、一人称〔単数〕אֶגָּל、二人称 תִּגָּל、三人称 יִגֶּל 等のように活用されるからである。その他、複数の二人称と三人称が常に ה〔ヘー〕を省略するだろうかとか、あるいは、能動でそうなるように〔ה が〕י〔ヨッド〕にも変化するだろうか、ということについて私は疑問を抱いている。とはいえ、前述の〔動詞形〕に対してわれわれがすでに注意を促したその他の事柄はすべて、この動詞形にも及ぶと私は信じている。

[8] 第三活用の強意動詞形の変化表

［表 XXIII-3a］ 不定詞の諸形式は以下の通り。

1	2	3	4	
גִּלָּה	גַּלֵּה または גַּלֵּי	גַּלֹּה	גַּלּוֹת	あるいは添加語尾の י〔ヨッド〕を伴い גַּלּוֹתִי

［表 XXIII-3b］ 過去

女性	男性	
גִּלְּתָה	גִּלָּה	三人称単数
גִּלֵּית	גִּלֵּיתָ	二人称〔単数〕
以下略、		
または、	גִּלָּה	〔三人称単数〕
גִּלִּית	גִּלִּיתָ	〔二人称単数〕
以下略		

［表 XXIII-3c］ 命令

〔女性〕	〔男性〕	
גַּלִּי	גַּלֵּה または גַּל	〔単数〕
גַּלֶּינָה	גַּלּוּ および גַּלְּיוּ	〔複数〕

［表 XXIII-3d］ 未来〔7〕

女性	男性	
אֲגַלֵּה		一人称単数
תְּגַלִּי	תְּגַלֵּה	二人称
תְּגַלֵּה	יְגַלֵּה	三人称
נְגַלֵּה		一人称複数

תְּגַלֶּינָה	תְּגַלּוּ および תְּגַלְיוּ	二人称
	יְגַלְיוּ および יְגַלּוּ	三人称

[9] この未来の ה〔ヘー〕が省略されたとしても動詞形は מִלְרַע〔ミレラア〕のままであり、音節も変化しない。実際、ה〔ヘー〕が省略されて一人称〔単数〕אֲגַל、二人称〔単数〕תְּגַל、三人称〔単数〕יְגַל 等のようになる。

[10] 第三活用の強意動詞形・受動の変化表

［表 XXIII-4a］　不定詞

(1) גֻלָּה	(2) גֻלֹּה または גֻלּוֹת

［表 XXIII-4b］　過去

女性	男性		または
גֻלְּתָה	גֻלָּה	三人称〔単数〕	גֻלָּה
גֻלֵּית	גֻלֵּיתָ	二人称	גֻלִּיתָ
	גֻלֵּיתִי	一人称	以下略
	גֻלּוּ	三人称複数	
תֶן	גֻלֵּיתֶם	二人称	
	גֻלֵּינוּ	一人称	

371

［表 XXIII-4c］　未来

女性	男性	
אֲגֻלֶּה		一人称単数
תְּגֻלִּי	תְּגֻלֶּה	二人称
תְּגֻלֶּה	יְגֻלֶּה	三人称
以下略		

[11] 第17章でわれわれは◌ֻ〔キブツ〕の代わりに◌ָ〔カメツ・〕ハトゥフを用いることができることに注意を促したが、他の何よりもこの活用の動詞形がその例証となっている。たとえば「箴言」第24章31節に כָּסּוּ פָנָיו「彼の顔は覆われた」(opertae sunt facies ejus)、そして「詩編」第72編最終節に כָּלּוּ תְפִילוֹת「ダビデの祈りはすべて終わった」(finitae omnino sunt orationes Davidis)とある。

[12] 他にも、語幹の中央にダゲッシュが打たれない時に◌ֻ〔キブツ〕がホレムに変えられるが、これは第一活用の動詞形と共通である。これらの諸活用において、第一〔活用〕の動詞形と異ならない限り、あらためて私が注意を促すことはない。

[13] 第三活用の派生動詞形・能動の変化表

［表XXIII-5a］　この不定詞の形式は〔以下〕。

1	2	3	4	5
הִגְלָה	הַגְלָה	הַגְלֵה	הַגְלוֹת	הִגְלוֹת

［表XXIII-5b］　過去

女性	男性	
הִגְלְתָה および הִגְלָת	הִגְלָה および הֶגְלָה	三人称単数
הִגְלֵית	הִגְלֵיתָ	二人称
以下略。 または、		
הִגְלְתָה	הִגְלָה	三人称〔単数〕
הִגְלִית	הִגְלִיתָ	二人称〔単数〕
以下略		

［表 XXIII-5c］　命令

女性	男性	
הַגְלִי	הַגְלֵה	単数
הַגְלֶינָה	הַגְלוּ	複数

［表 XXIII-5d］　未来

女性	男性	
אַגְלֶה		一人称単数
תַּגְלִי	תַּגְלֶה	二人称
以下略		

[14]〔語根の〕ה〔へー〕が省略される場合の未来および命令には双子のセゴールが打たれ、אַגְלֶה〔や〕תַּגְלֶה の代わりに אֶגֶל や תֶּגֶל 等のようになる。
372 もし語幹の中央が無音あるいは休音であるなら[8]、ַ〔パタフ〕は維持され、そして יַשְׁקֶה「彼は飲ませた」(bibere fecit)、つまり「彼は飲む物を与えた」(bibendum dedit)の代わりに יַשְׁקְ となり、יַרְאֶה「彼は見させた」(videre fecit)、つまり「彼は示した」(ostendit)の代わりに יַרְא となるように、ֶ〔セゴール〕はְ〔シェヴァ〕に変化する。

[15] 他にも、この〔第三活用の派生・〕受動として הָגְלָה、הָגְלֵה あるいは הָגְלוֹת、そして循環・受動として הִתְגַּלֵּה、הִתְגַּלָּה あるいは הִתְגַּלּוֹת[9] も、過去、命令、未来でも前述と同じやり方で語尾をとる。そしてこの活用の単純動詞形において私が言及しなかった特別なことは何もない。

第24章　第四活用の動詞形[1]について

[1] これらの動詞形にしか見られない特徴はいずれも、以下のような諸事実に由来するものである。すなわち、ח〔ヘット〕および ע〔アイン〕が長音節には決して付着しない事実、そして ◌ְ〔シェヴァ〕が長〔音節〕の後かもう一つの縮約されるべきシェヴァの前では決して現れないが、短〔音節〕の後では稀に現れる事実である。ツェレー、ヒレク、ホレムあるいはシュレク[2]の後にある場合には語末〔の文字 ח や ע〕が「盗まれたパタフ」(これについては第2章[3]で述べた)をとることも、この事実から導かれる。そして、通常は二重のシェヴァを語尾に持つ二人称女性[4]では、〔これら二つのシェヴァのうち〕第一の〔シェヴァの〕代わりにパタフをとる事実である。

[2] したがって、この活用の単純動詞形・能動は以下のような不定詞の形式を持つ。すなわち、(1)[5] שָׁמוֹעַ、(2) שָׁמֵעַ[6] または שָׁמַע、(3) שְׁמוֹעַ または שְׁמַע、そして添加語尾の ה〔ヘー〕を伴う שָׁמְעָה および שִׁמְעָה である[7]。ただし、פָּקָד のような、双子の ◌ָ〔カメツ〕を伴う שָׁמָע は与えられない[8]。なぜなら、すでにわれわれが述べたように、ח〔ヘット〕または ע〔アイン〕が長音節に付着することがないからである。

[3] 過去もまた、「盗まれたパタフ」を持つのではなく、縮合された[9] שָׁמַע「彼は聞いた」(ille audivit)、שָׁמַעְתָּ「君は聞いた」(tu audivisti)等をとる。他方、女性形では שָׁמְעָה「彼女は聞いた」(illa audivit)や、שָׁמַעַתְּ「君(女性)は聞いた」(tu foemina audivisti)が שָׁמָעְתְּ の代わりに〔現れる〕。実際、私が述べたように、縮約されるべきシェヴァの前の ע〔アイン〕や ח〔ヘット〕

は他のシェヴァをとらない。このことについては第 3 章の章末附近を参照〔10〕のこと。

373 [4] その他、過去の פָּקֵד としては שָׁמֵעַ であったはずで、פָּקֹד としては שָׁמוֹעַ であったはずだった。しかし実際には、われわれが述べたように、これは通常縮合されて〔שָׁמֵעַ ではなく〕שָׁמַע となる習慣であるし、同様に、命令の שְׁמוֹעַ は שְׁמָע に、未来の אֶשְׁמוֹעַ は אֶשְׁמַע に〔縮合される習慣である〕。

[5] そして、これらの規則は以下の〔章に述べる〕諸々の動詞形においても遵守されなければならないが、冗長に説明する必要はあるまい。それでも一点だけここに言い添えておくと、「イザヤ書」第 19 章 6 節では הָזְנְחוּ あるいは הֻזְנְחוּ の代わりに הֶאֶזְנִיחוּ「(それらは)拒まれることになるだろう」(fiet, ut retro abjiciantur)〔11〕が採られているが、この形が果たしてこの〔第四〕活用の派生動詞形・受動に固有のものなのか、それともすべて〔の活用〕に共通のものなのか、そして、הָזְנַח や הָשְׁמַע の代わりに הֶאֶזְנִיחַ や הֶאֶשְׁמִיעַ〔をとる〕ように、הָפְקַד の代わりに הֶאֶפְקִיד〔12〕をとってもよいのか、私は疑っている。

第25章　第五活用の動詞形について

[1] 第一の〔語根〕文字が休音の י〔ヨッド〕であるような動詞形は、これをしばしば無視するか、あるいは ו〔ヴァウ〕に変える。単純能動動詞形は不定詞 יָשַׁב、יָשֵׁב および יָשׁוֹב、または יְשֹׁב の代わりに、しばしば שַׁב、שֵׁב そして שֹׁב をとる。それどころか、添加語尾の ה〔ヘー〕または ת〔タウ〕が加わった場合、י〔ヨッド〕は常に無視され、יָשְׁבָה の代わりに שְׁבָה、そして ישֶׁבֶת の代わりに שֶׁבֶת となる。י〔ヨッド〕は過去では常に保たれるが、命令ではほとんどの場合無視され、未来では休音化するか無視される。たとえば、形式 יָשַׁב および יָשֵׁב から〔י ヨッドを落として〕、命令の שַׁב および שֵׁב が作られる。それゆえに、これら〔第五活用〕の命令が不定詞 יְשֹׁב から作られていないという点でも第一活用の動詞形と異なるのだが、これはおそらくは中央の語根文字が ו〔ヴァウ〕である動詞形、これらについてはあらためて述べる、と混同しないようにするためにそうなったのであろう。これらの動詞形は、したがって、命令において以下の通り活用される。

374 ［表 XXV-1a］　命令

単数女性	〔単数〕男性
שְׁבִי	שַׁב　または שֵׁב　または שְׁבָה
複数〔女性〕 שֵׁבְנָה	〔複数男性〕 שְׁבוּ

［表 XXV-1b］　未来

〔単数〕女性	単数男性	
אֵשַׁב または אֵשֵׁב		一人称
תֵּשְׁבִי	תֵּשַׁב または תֵּשֵׁב	二人称
以下略		
あるいは、休音の י〔ヨッド〕とともに、		
אִישַׁב または אֵישֵׁב		〔一人称〕
תֵּשְׁבִי[1]	תִּישַׁב または תֵּישֵׁב	〔二人称〕
以下略		

[2] アトナフおよびスィルークのアクセントはこの命令における ◌ְ〔シェヴァ〕を ◌ֵ〔ツェレー〕に変える。これにより、שְׁבָה〔および〕שְׁבִי および שְׁבוּ の代わりに、שֵׁבָה〔および〕שֵׁבִי および שֵׁבוּ となる。

[3] さらに、聖書中には見られないとはいえ命令で〔ヨッドが脱落しない〕יְשֵׁב や יְשַׁב の形がかつて実際に用いられていたであろうこと、そして未来の אֵישַׁב および אִישַׁב の形がこれに基づいて作られたであろうこと[2]を、私は信じている。というのも、動詞形 יָרֵא は、この〔第五〕活用と第二活用との混合であり、命令として יְרָא「恐れよ」(time)を持つからである[3]。同様に、יְכַל「出来るようにせよ」(fac possis)[4]の形から、י〔ヨッド〕を ו〔ヴァウ〕に変えた上で未来の אוּכַל、תּוּכַל、יוּכַל 等が〔実際に〕作られているが、〔この〕動詞形 יָכוֹל にはない循環受動動詞形の未来との混同を避けるためであって、上記以外の形は許されていないと私は信じている。

[4] 次に、受動動詞形も י〔ヨッド〕を ו〔ヴァウ〕に変え、不定詞[5]として הִיָּשֵׁב の代わりに הִוָּשֵׁב をとり、さらに私の間違いでなければ〔不定詞として〕נִישַׁב の代わりに נוֹשַׁב をとり、こちら〔後者〕からは過去の三人称〔男性単数〕נוֹשַׁב や二人称〔男性単数〕נוֹשַׁבְתָּ 等が作られる。一方、不定詞

הִוָּשֵׁב からは命令が〔下表のように〕作られる。

［表 XXV-2］〔命令〕

女性	男性	
הִוָּשְׁבִי	הִוָּשֵׁב	二人称単数
הִוָּשֵׁבְנָה	הִוָּשְׁבוּ	二人称複数

および、未来：一人称〔単数〕אֶוָּשֵׁב、
二人称〔単数男性〕תִּוָּשֵׁב、等。

[5] 強意〔動詞形〕の能動と受動とは、ともに第一活用の動詞形とすべてにおいて一致する。実際、受動の特徴 נ〔ヌン〕(第 17 章でわれわれが述べたように、これは強意動詞形・受動の前に通常付けられる)を持たない限り י〔ヨッド〕は保たれ、決して休音化することがない。この〔ヌンを持つ〕場合には י〔ヨッド〕は ו〔ヴァウ〕に変えられ、יֵלְדוּ の代わりに נוֹלְדוּ[6]、また יֵלֵד の代わりに נוֹלַד というようになるからである。次に、יֵישֵׁב の代わ
375 りに יַשֵׁב、また יֵיבֵּשׁ の代わりに יַבֵּשׁ と書かれるように、能動の未来も〔音節が〕縮合されうる。一方、派生動詞形では、〔י ヨッドは〕休音化するか、あるいは大抵の場合そうなるように、ו〔ヴァウ〕に変えられる。実際、〔派生動詞形の〕不定詞では הַיְשִׁיב の代わりに הוֹשִׁיב をとり、הַיְשֵׁב の代わりに הוֹשֵׁב または הֵישֵׁב をとる。

［表 XXV-3a］　過去〔受動〕は前者の הוֹשִׁיב から作られる。

女性単数	男性	
הוּשְׁיבָה	הוּשְׁיב	三人称
הוּשַׁבְתְּ	הוּשַׁבְתָּ	二人称
以下略		

［表 XXV-3b］　命令〔受動〕は後者の הוֹשֵׁב および הֵישֵׁב から作られる。

女性	男性	
הֵישְׁבִי および הוֹשְׁבִי	הוֹשִׁב 〔および〕 הוֹשֵׁב	〔単数〕
הוֹשֵׁבְנָה	הוֹשִׁבוּ	〔複数〕

ここで、י〔ヨッド〕は休音化するか、あるいは ו〔ヴァウ〕に変えられる。

[6] 最後に、〔派生動詞形の〕未来の語尾〔の母音〕は、第一活用の動詞形においてと同様、ヒレクにもツェレーにもなるが[7]、〔第一語根字である〕י〔ヨッド〕は命令におけるように休音化するかあるいは ו〔ヴァウ〕に変化させられ、そのため次のように הֵוֹשֵׁב[8] や הוֹשִׁב および女性形 הוֹשְׁבִי 等の形式を持つ。

［表 XXV-4］[9]　未来

(1)		
女性	男性	
	אוֹשֵׁב	一人称
תוֹשְׁבִי	תוֹשֵׁב	二人称
תוֹשֵׁב	יוֹשֵׁב	〔三人称〕
以下略		

(2)		
女性	男性	
	אוֹשִׁב	一人称
תוֹשְׁבִי	תוֹשִׁב	二人称
以下略		

(3)		
女性	男性	
	אֵישֵׁב	一人称
תֵּישְׁבִי	תֵּישֵׁב	二人称
以下略		

(4)		
〔女性〕	〔男性〕	
	אֵישִׁיב	〔一人称〕
תֵּיְשִׁבִי	תֵּישִׁיב	〔二人称〕
以下略		

[7] ここで特に注意しておかねばならないのは、〔派生〕動詞形の特徴を、時制の特徴のために必ずしも取り除かなければならないわけではなく任意なのであって、(1)や(2)の形式においてこれ〔＝派生動詞形の特徴〕を保つこともできるし、あるいは(3)および(4)において〔派生動詞形の特徴の代わりにもともとの語根〕י〔ヨッド〕をとるせいで省くこともできるということである。すなわち、〔未来・一人称単数〕אוֹשֵׁב や〔二人称単数〕תּוֹשֵׁב や〔三人称単数〕יוֹשֵׁב の代わりに〔派生動詞形の特徴を保って〕אֲהוֹשֵׁב や תְּהוֹשֵׁב や יְהוֹשֵׁב 等と記してもよいし、〔派生動詞形の〕特徴 ה を י に変えた上で אֵישֵׁב や תֵּישֵׁב や יֵישֵׁב の代わりに אֲיֵשֵׁב や תְּיֵשֵׁב や יְיֵשֵׁב 等と記してもよい。同様に、אוֹשִׁיב および אֵישִׁיב の代わりに規則的に אֲהוֹשִׁיב および אֲיֵשִׁיב とも書かれる。

376 [8] 次に、יָשַׁר「真っ直ぐである」(rectum esse)からの派生動詞形は、不定詞や命令および未来において大抵の場合〔語根の〕י〔ヨッド〕を保つこと、さらに、これらにおいて第一〔活用〕動詞形と一致することに注意すべきである。不定詞は הֵישֵׁר / הַיְשַׁר[10] であり、命令は女性 הַיְשִׁרִי および男性 הֵישֵׁר / הַיְשַׁר、そして未来は一人称 אַיְשֵׁר、二人称 תַּיְשֵׁר、三人称 יַיְשֵׁר

等である。

[9] 次に、יָצָא「外へ出る」(exire)からの派生〔動詞形〕も、かつては י〔ヨッド〕を保っていたと考えられるが、これは「創世記」第8章17節での命令として הוֹצֵא と הַיְצֵא の両方〔の表記〕を写字生たちが認めていたことに基づく。このことがこれら二つ〔の動詞形〕だけに特有であるかどうかについて、私は疑っている。派生・能動動詞形についてはここまでとする。

[10] 〔派生動詞形の〕受動は、י〔ヨッド〕を ו〔ヴァウ〕に変えるか、あるいはこれを無視する。その不定詞の形式は הוּשֶׁב と、הֻשַׁב / הֻשֵׁב または הוּשֶׁבֶת と、הֻשֶׁבֶת であり、過去は一〔三〕人称男性〔単数〕[11]で הוּשַׁב および女性で הוּשְׁבָה、二人称〔男性〕で הוּשַׁבְתָּ 等、あるいは一〔三〕人称〔男性単数〕で הֻשַׁב、二人称〔男性〕で הֻשַׁבְתָּ。命令は男性〔単数〕הוּשַׁב、女性〔単数〕הוּשְׁבִי 等。未来は一人称〔単数〕で אוּשַׁב、二人称男性〔単数〕で תּוּשַׁב および女性で תּוּשְׁבִי 等。

[11] さらに、この〔第五〕活用の動詞形の循環能動は、〔語根の〕י〔ヨッド〕を保ったまま第一〔活用〕とそのまま一致するか、あるいはこれを ו〔ヴァウ〕に変える。実際、不定詞は הִתְיַשֵּׁב および הִתְוַשֵּׁב であり、この〔第一語根が ו に変わりうる〕ことを除けば第一〔活用〕の動詞形と何ら異なるところがない。

[12] 特徴〔文字〕として נ〔ヌン〕と、通常はダゲッシュによって代償される ת〔タウ〕を持つ〔循環動詞形〕受動は(循環・受動が他のものと並んでこのような形をとることを第21章〔[4]段落〕でわれわれはすでに述べた)、י〔ヨッド〕を ו〔ヴァウ〕に変える。たとえば「エゼキエル書」第23章48節の וְנִוַּסְּרוּ「そして彼ら[12]は自身を訓戒した」(et dabunt se disciplinandum)のように。その他の形式、すなわち נִתְיַשֵּׁב や הָתְיַשֵּׁב 等は私の知る限りは存在しないが、だからといってこれらの形を排除するべきではない。

[13] その他、たとえば יָקֻשׁ「わなに陥れること」(implicare laqueo)の第一の文字が י〔ヨッド〕の代わりにしばしば נ〔ヌン〕になり、יָקֻשׁ の代わりに נָקֻשׁ となるように、第一の文字が י〔ヨッド〕にも נ〔ヌン〕にもなる動詞形がいくらかあることをここで注意しておく必要がある。第一の文字が נ〔ヌン〕である動詞形は大抵の場合(私が後に述べるように)欠如〔動詞形〕であるから、この活用の動詞形が欠如動詞形を時によっては模倣しているように思われることがある。この事象に対するもう一つの原因と
377 してここで特に注意しておかねばならないのだが、同じ語幹の中で文字の順序が入れ替わることも珍しからず起こる。たとえば חָתַר と חָרַת「彫ること」(fodere)や、כֶּשֶׂב と כֶּבֶשׂ「羊」(agnus)のように。そして、こうした入れ替わりはこの〔第五〕活用動詞形において特に頻繁に観察されるのである。たとえば יָעֵף および עָיֵף「疲れること」(lassum fieri)や、יָצַר および צָיַר「形を与えること」(formam dare)のように。その結果、中央の〔語根〕文字が大抵の場合消失する第六活用〔13〕の動詞形をこれらの動詞形が模倣することになる。実際、われわれがすでに述べたように、יָצַר の י〔ヨッド〕が入れ替えられた צָיַר の不定詞 צִיוֹר は縮合されて צוֹר となるが、これはまさに第六活用の不定詞となっている。同様に יָגֹר「恐れること」(timere)は י〔ヨッド〕が〔ג と〕入れ替えられた上で上記のように ו〔ヴァウ〕に変えられると不定詞 גּוֹר をとるし、יָבוֹשׁ「赤面する」(erubescere)もまた不定詞 בּוֹשׁ をとる。この同じ理由のために、י〔ヨッド〕を第一の文字に持つ יָצַק や יָצַג その他が、言語の類推によって、あるときはこの〔第五活用〕、またあるときは第六活用(これについては後述)に従う。

第26章　第五活用と、それまでの三種の諸活用とを複合してできた動詞形について

[1] ここで私が少しだけ警告しておきたかった複合動詞形[1]とは、〔語根の〕第一〔の文字〕が י〔ヨッド〕であり、そして第三の〔文字〕が א〔アレフ〕、ה〔へー〕または ע〔アイン〕のものである。もっとも、これらを活用する方法は先行する〔章の活用〕から容易にわかるから、私はこれらについて正面から取り組み、活用の〔種類の〕数を増やすことはまったくもって冗長であると判断した。それでもなお、これらについて〔以下のように〕少しだけ警告しておく値打ちがあると私は考えたのである。

[2] 〔複合動詞形の中で語根がヨッドで始まり〕א〔アレフ〕で終わるものを、われわれは יָצָא「外に出ること」(exire)と יָרֵא「恐れること」(timere)とのたった二つしか知らない。これらは第二活用の動詞形のように休音の א〔アレフ〕が原因となる長いウルティマを常に持つものの、その他の点については、不定詞が צְאֶת の代わりに צֵאת を持つことを除いて יָצָא は第五〔活用〕の動詞形に一致する。さらに動詞形 יָרֵא は単純・能動において常に י〔ヨッド〕を保ち、未来以外では〔ヨッドが〕休音になることもない。実際、不定詞と命令は יְרֵא と יְרֹא、および添加語尾の ה〔へー〕を伴った יְרָאָה となる。これに対して未来は〔ヨッドが休音化して〕一人称 אִירָא、二人称 תִּירָא、三人称 יִירָא となる。

378 [3] いっぽう、〔語根がヨッドで始まり〕ה〔へー〕で終わるものは、第二〔活用〕の動詞形のように[2]、ה〔へー〕を י〔ヨッド〕または ו〔ヴァウ〕に変えた上で、同じ方法で語尾を付す。〔語根の〕ヨッドの文字については、単

純・能動において、未来形で〔ヨッドのまま〕休音化するか、あるいは ו〔ヴァウ〕に変化する。省略されることは決してない。たとえば〔不定詞〕 יָפֵה、יָפֹה、יְפוֹת 等「美しくあること〔3〕」(pulcrum esse)は命令において יְפֵה を持ち、未来では一人称男性 אֵיפֶה、二人称 תִּיפֵה、女性形 תִּיפִי 等のようになる。〔語根の最後の〕ה〔へー〕が脱落して、一人称 אִיף、二人称 תִּיף、三人称 יִיף 等のようにもなる。これに対して יָרֹה「前に投げること」(projicere〔4〕)は命令 יְרֵה を持ち、その י〔ヨッド〕は未来形において וֹ〔ホレム〕に変化し、そして אוֹרֶה、二人称 תּוֹרֶה、三人称 יוֹרֶה となり、さらに ה〔へー〕が脱落して、אוֹר、תוֹר、יוֹר 等のようにもなる。〔この活用の〕その他の動詞形、つまり受動や派生〔動詞形〕、循環〔動詞形〕は第五〔活用〕の変化表に従う。

〔4〕 最後に、〔語根がヨッドで始まり〕ח〔ヘット〕または ע〔アイン〕で終わるもの〔5〕は第四および第五活用の動詞形の変化表に従う。たとえば、יָדֹעַ〔ないし〕יָדֵעַ「知っていること」(scire)は יָדֹע に縮合され、さらに י〔ヨッド〕が脱落すると דֵעַ、דַע、דֹעַ になる。ここから命令は דַע「知れ」(scito)であり、未来は אֵדַע、תֵּדַע、および添加語尾の ה〔へー〕を伴った אֵדְעָה である。さらに単純・受動は不定詞で נוֹדַע と הִוָּדַע である〔6〕。関係・能動〔7〕は הוֹדִיַע と הוֹדַע であり、受動は הוּדַע である。最後に循環・能動は הִתְוַדַּע であり、受動は הָתְוַדַּע や נִתְוַדַּע 等である。以上が、これら〔本章で扱った動詞形〕について私が注意を促したかったことである。

第27章　第六活用の動詞形について

[1] 〔語根の〕中央に休音の א〔アレフ〕、י〔ヨッド〕あるいは ו〔ヴァウ〕を持
つ〔動詞形〕は、大抵の場合これを放棄する。たとえば קאם「起き上がる
こと」(surgere)、שׁוּב「引き返すこと」(reverti)、גִּיל「喜ぶこと」(laetari)な
ど、実際どのような場合に休音化するかを理解せよ。それ以外の場合は、
שָׁאוֹל「要求すること」(petere)、עָוֹת「歪められること」(depravari)、אָיַב
「敵視されること」(inimicari)等のように、〔中央語根が子音字として〕常に
維持される〔1〕。ところで、中央に休音の א〔アレフ〕を持つものが大抵の
場合これ〔アレフ〕を ו〔ヴァウ〕に変えてしまうこと、そして中央に א〔ア
レフ〕を持っていたことが確実なものは三つか四つを除いては見出され
ないことを理由に、文法学者たちは中央に休音を持つものに二つの種類
379 しか認めていない。すなわち、第一種はこれらのうち中央に ו〔ヴァウ〕
を持つものであり、第二種はこれらのうち中央に י〔ヨッド〕を持つもの
である。

[2] 彼ら〔文法学者たち〕は他にも、聖書中にそれぞれ一度しか現れない〔2〕ことを理由に、קָאם「彼は起きた」(surrexit)や רָאם「高くあること」(altum esse)、および(しばしばそうなることをわれわれがすでに示したように) א〔アレフ〕が入れ替わった אֲדוּשׁ「脱穀すること」(triturare)といったものを、不規則形〔3〕として記している。確かにその通りであって、中央に י〔ヨッド〕を持つものと同じくらい、א〔アレフ〕を持つ動詞形も、これを ו〔ヴァウ〕に変える習慣がある。すなわち、קָאם の代わりに קוּם「起きること」(surgere)を使うのと同様に、שִׂישׂ「喜ぶこと」(gaudere)の代わりに שׂוּשׂ、そして לִין「夜を過ごすこと」(noctare)の代わりに לוּן 等をしばし

ば用いる。だからこそ私は、休音のこれら三種類が一つのものに帰せられることを疑わなかった。なにしろ、それらの活用の方法は同じなのだから。実際、単純動詞形・能動は不定詞の形式として大抵の場合 קוּם や קוֹם を持ち、ו〔ヴァウ〕さえも無視されて קָם や קֵם のようにもなる。א〔アレフ〕を伴ったものは極めて稀にしか見られないこと、そして שִׂישׂ や לִין のように י〔ヨッド〕を持つものが、それ〔ヨッド〕をしばしば ו〔ヴァウ〕に変えることをわれわれはすでに示した。それに対し過去においては、休音〔文字〕は大抵の場合放棄され、その普通の形は以下のようになる。

［表 XXVII-1］

女性	男性	
קָמָה	קָם	三人称単数
קַמְתְּ	קַמְתָּ	二人称
	קַמְתִּי	一人称
以下略	קָמוּ または קָֽמוּ	三人称複数

[3] 過去は、◌ַ〔パタフ〕や ◌ֵ〔ツェレー〕そしてホレムを ◌ָ〔カメツ〕の代わりに打つことが可能である。たとえば בַּז「彼は軽蔑した」(sprevit)、אוֹר「彼は輝いた」(luxit)、בּוֹשׁ「彼は赤くなった」(erubuit)、מֵת「彼は死んだ」(obiit)のように〔4〕。というのも、語幹の中央〔の文字〕が消えてしまうので、語幹の第三〔の文字〕がそれらの音節に密着する習慣であるような音節〔をなす母音〕によって〔語根の〕第一〔の文字〕に〔母音符号が〕打たれるからである。そしてこれこそが、これらの動詞形が、(第 14 章でわれわれが示したように)そこに語幹の第三の文字が密着する第二の音節が ◌ָ〔カメツ〕あるいは ◌ַ〔パタフ〕あるいは ◌ֵ〔ツェレー〕あるいは וֹ〔ホレム〕であるような第一活用の動詞形と同数の過去の形式を持つ理由である。

[4] さらに、第一〔活用の動詞形〕でのように、この〔第六〕活用の動詞形も二人称と一人称において ◌ָ〔カメツ〕と ◌ֵ〔ツェレー〕が ◌ַ〔パタフ〕に変化し、
380 ホレムは維持される。一方で第一〔活用の〕動詞形と異なり三人称女性単数と三人称複数とにおいて ◌ָ〔カメツ〕と ◌ַ〔パタフ〕をシェヴァに変えないことはこれら〔第六活用〕にのみ見られる特徴である。これはたとえアクセントが אתנח〔アトナフ〕や סִילוּק〔スィルーク〕でなかったとしても言える。実際、もしシェヴァに変化するとしたら、過去における語幹の第一〔の音節〕が、単純〔動詞形〕・過去に共通する用法に反して、もっとも短くなってしまうだろう[5]。

[5] さらに、中央に י〔ヨッド〕を持つものは、これ〔ヨッド〕を過去においても維持する習慣である。具体例として、רִיב「口論すること」(litigare) の過去は三人称〔単数〕רָב、二人称 רַבְתָּ 等のほか、三人称〔単数〕רִיב、二人称 רִיבוֹתָ、女性 רִיבוֹת、一人称 רִיבוֹתִי 等を持つ。しかしある者たちは[6]、理のないこととも言えないが、強意動詞形のこの形が רוֹבֵב（これについては間もなく〔述べる〕）の代わり〔に使われるもの〕であると考え、またある者たちはそれが循環動詞形のものであって、ה〔ヘー〕が、どのような原因によってか私は知らないが、省略されていると考えている。

[6] 命令は不定詞のすべての形式を持つ。すなわち、

［表 XXVII-2a］

女性複数	男性複数	女性単数	男性単数
קוּמְנָה	קוּמוּ	קוּמִי	קוּם

あるいは、

［表 XXVII-2b］

女性〔単数〕	男性〔単数〕
קוּמִי	קוּם
以下略	

あるいは、

［表 XXVII-2c］

女性〔単数〕	男性〔単数〕
קֹמִי	קֹם
以下略	

あるいは、

［表 XXVII-2d］

女性〔単数〕	男性〔単数〕
קֳמִי	קֳם
以下略	

[7] さらにここから、未来の形式は אָקֻום と אָקֳם あるいは אָקוֹם と אָקֹם である。

[8] そしてこれら命令および未来のすべての形式に添加語尾の ה〔へー〕が洗練のために付け加えられ、קוּמָה「起きよ」(surge)、שֻׁבָה「引き返せ」(revertere)、אָקוּמָה「私は起きるだろう」(surgam)等のようになる。

[9]〔単純〕受動は能動の形である קוֹם に従い、そして הִפָּקֵד〔として〕הִקּוֹם を持つが、さらに נִפְקוֹד として נָקוֹם をも持っていたはずだと私は考えている〔7〕。そこから〔、以下のようになる〕。

［表 XXVII-3a］　過去

女性	男性	
נָקֻומָה	נָקוֹם	三人称単数
נְקוּמוֹת	נְקוּמוֹתָ	二人称
	נְקוּמוֹתִי	一人称
	נָקוֹמוּ	三人称複数

תֶן	נְקוּמוֹתֶם	二人称
	נְקוּמוֹנוּ	一人称

［表 XXVII-3b］　命令

女性	男性	
הִקוֹמִי	הִקוֹם	単数
הִקוֹמְנָה	הִקוֹמוּ	複数

［表 XXVII-3c］　未来

女性	男性	
	אֶקוֹם	一人称単数
תִקוֹמִי	תִקוֹם	二人称
תִקוֹם	יִקוֹם	三人称
以下略	נִקוֹם	一人称複数
	תִקוֹמוּ	二人称

[10] 強意動詞形は中央の א〔アレフ〕を、それが喉音字である以上、二重
化することができない。長い母音によって代償されえたのかもしれない
381 が、実際には〔休音文字〕ו〔ヴァウ〕と י〔ヨッド〕のように、ほとんどの場
合無視される。そのため、この活用の動詞形が第二〔語根〕を二重化する
ことは滅多になく[8]、大抵の場合は第三〔語根〕を〔重複させる〕。したがっ
て〔単純動詞形〕קוּם「起きること」(surgere)から〔強意動詞形〕קוֹמֵם「持ち上
げること」(erigere)が作られる。そこから、過去は三人称〔単数〕男性 קוֹמֵם、
女性 קוֹמְמָה、二人称〔単数〕男性 קוֹמַמְתָּ、女性 קוֹמַמְתְּ 等である。そして命
令は〔単数〕男性 קוֹמֵם、〔単数〕女性 קוֹמְמִי 等であり、最後に未来は一人称
〔単数〕אֲקוֹמֵם、二人称〔単数男性〕תְּקוֹמֵם、女性 תְּקוֹמְמִי 等である。

[11] 一方、この〔第六活用強意動詞形の〕受動はただパタフによって能動から区別される。つまり、能動の קוֹמֵם から受動の קוֹמַם「持ち上げられる

こと」(erigi)が作られる。そこから、過去は三人称〔単数〕男性 קוֹמֵם、女性 קוֹמְמָה、二人称 קוֹמַמְתָּ そして未来は一人称〔単数〕אֲקוֹמֵם、二人称〔単数男性〕תְּקוֹמֵם、女性 תְּקוֹמְמִי である。ところで、古代人たちにとってはこの活用の方法は強意動詞形の活用〔全般〕と共通のものであった。しかしながら後代の人々は、חוֹב「負債を負っていること」(debere)、あるいは〔同形の実詞〕「負債」(debitum)からは強意〔動詞形〕חַיֵּב〔9〕を(おそらくは חוֹבֵב「好むこと」(diligere)と混同しないために)作り、קוּם からは קִיֵּם「彼は強めた、強固にした、保存した」(firmavit, stabilivit, praestitit)を作り、この〔第二の文字を二重化する〕方法で他のものも同様に作った。

[12] 次いで、たとえば כּוּל から כִּלְכֵּל のように、語幹の第一の文字が二重化(複製)されることも稀ではない。しかしこれらに関しては第31章を見よ。

[13] これら以外にも、この活用のもう一つの形式を強意〔動詞形〕として分類する者もいる。すなわち三人称〔単数男性〕קִים、二人称 קִימוֹתָ、女性 קִימוֹת、一人称 קִימוֹתִי 等であるが、これが真実から遠く離れているようには思われない。

[14] 次いで、派生動詞形〔受動〕は中央の休音文字を無視することもあり、不定詞 הָקֵם、הָקִים および הֵקִים を持つ。しかし過去においては単純能動の語尾を持つか、あるいは(聖書の中でごく頻繁に見られるように)受動〔の語尾〕が模倣される。すなわち、以下の通り。

［表 XXVII-4a］　過去

女性	男性	
הֵקִימָה	הֵקִים	三人称単数
הֲקִימוֹת	הֲקִימוֹתָ	二人称
	הֲקִימוֹתִי	一人称

	הֵקִימוּ	三人称複数
תֶן	הֲקִימוֹתֶם	二人称
	הֲקִימוֹנוּ	一人称

または

女性	男性	
הֵקִימָה	הֵקִים	三人称〔単数〕
הֵקַמְתְ	הֵקַמְתָ	二人称
以下略	הֵקַמְתִי	一人称

［表 XXVII-4b］　命令

女性	男性	
הָקִימִי	הָקֵם または הָקִים	単数
הָקֵמְנָה	הָקִימוּ	複数

382 ［表 XXVII-4c］　そしてここから第一未来。

女性	男性	
	אָקִים	一人称
תָקִימִי	תָקִים	二人称
תָקִים	יָקִים	三人称
以下略		

［表 XXVII-4d］　そして第二〔未来〕。

女性	男性	
	אָקֵם	一人称単数
תָקִימִי	תָקֵם	二人称
תָקֵם	יָקֵם	三人称
以下略	נָקֵם	〔一人称〕複数
	תָקֵמוּ	
以下略		

[15] ただし、アクセントが第一〔音節〕に移動する場合 ◌ֵ〔ツェレー〕は ◌ֶ〔セゴール〕に変化する。すなわち אֶקֶם や תָקֶם 等。

[16] 受動も、一休音の文字が無視されて、不定詞 הוּקַם、הוּקֵם あるいは הֻקַם、הֻקֵם を持つ。過去は三人称〔単数男性〕הוּקַם、二人称〔単数〕男性 הוּקַמְתָּ、女性 הוּקַמְתְּ、もしくは三人称〔単数男性〕הֻקַם、二人称〔単数〕男性 הֻקַמְתָּ 等。そして未来もこれに一致する。すなわち、一人称〔単数〕אוּקַם、二人称〔単数〕男性 תּוּקַם、女性 תּוּקְמִי 等、もしくは一人称〔単数〕הֻקַם[10]、二人称〔単数男性〕תֻּקַם 等、である。

[17] 最後に、循環〔動詞形〕は、他の活用におけるように、その強意〔動詞形〕קוֹמֵם から、音節 הִתְ をその前に置くことで形作られる。たとえこの活用の強意が決して ◌ַ〔パタフ〕で終わることがなく常に ◌ֵ〔ツェレー〕で終わるとしても、循環〔動詞形〕は ◌ֵ〔ツェレー〕だけでなく ◌ַ〔パタフ〕で終わることがある。すなわち不定詞は〔ツェレーで終わる〕הִתְקוֹמֵם および〔パタフで終わる〕הִתְקוֹמַם、過去は三人称〔単数〕男性 הִתְקוֹמֵם / הִתְקוֹמַם、女性 הִתְקוֹמְמָה 等である。命令は הִתְקוֹמֵם / הִתְקוֹמַם、未来は אֶתְקוֹמֵם / אֶתְקוֹמַם 等である。これ〔第六活用循環動詞形〕に関して、第一〔活用〕の動詞形と共通しない他の特筆すべき事柄はない。

[18] なおまた、これら〔第六活用〕と第三活用の動詞形から複合されたものはない[11]。実際、中央に ו〔ヴァウ〕または י〔ヨッド〕を、第三〔語根〕に ה〔ヘー〕を持つ〔動詞形〕は、טָוָה「織ること」(nere)[12]、לָוָה「借り受けること」(mutuo accipere)、הָיָה「在ること」(esse)等のように、その中央が〔通常の子音として機能するから〕休音化しない。

[19] 〔語根の〕最後に א〔アレフ〕を持つ〔第六活用動詞形〕はただ בּוֹא「来ること」(venire)そして נוֹא「不快であること」(displicentiam habere)のみであり、それらの単純〔動詞形〕能動は過去において休音の א〔アレフ〕のせい

で〔第二活用の〕מָצָא でのように ◌ָ〔カメツ〕を保持する。一方、命令では
383 ホレムを〔保持し〕、すなわち男性単数 בוֹא、女性〔単数〕בְוֹאִי および בֹאִי、男性複数 בוֹאוּ および בֹאוּ、女性〔複数〕בֹאנָה および בֹאֶינָה となり、さらに未来形は一人称〔単数〕אָבוֹא、二人称〔単数男性〕תָבוֹא、女性 תָבֹאִי 等のほかに、女性形[13]、一人称〔単数〕אָבֹאָה、二人称 תָבֹאתִי、三人称 תָבֹאתָה となる。そのいずれも、単純〔動詞形〕の受動と、強意〔動詞形〕の能動・受動とを欠いている。

[20] 循環〔動詞形〕は[14]大抵の場合 מָצָא のような語尾を持つ。すなわち能動の過去は三人称〔単数〕男性 הֵבִיא、女性 הֵבִיאָה、二人称〔単数男性〕הֵבֵאתָ、女性 הֵבֵאתְ、一人称〔単数〕הֵבֵאתִי 等となる。しかし〔第六活用一般における〕הֵקִים や הֲקִימוֹתָ 等のように、三人称〔単数男性〕הֲבִיא、二人称〔単数男性〕הֲבִיאוֹתָ、女性 הֲבִיאוֹת を持つことも稀ではない。だが、受動は一人称〔単数〕הוּבָא、二人称〔単数男性〕הוּבָאתָ 等のようになる。最後に、〔上記の〕二つのうちのどちらも、すなわち בוֹא も נוֹא も、循環動詞形を欠いている。その他、〔語根の〕第三の文字が ח〔ヘット〕または ע〔アイン〕であるものについては、第24章で述べた事項を守るだけでよい。

第28章　第七活用の動詞形[1]について

[1] 喉音字が決して二重化を受けず、その代わり先行する音節が短から長へと変えられることをわれわれは第2章および第3章においてすでに述べた。そして、これらが縮約されるべきシェヴァをとることは稀であり、発音されるべき〔単純〕シェヴァに至っては決してとることがないが、その代わり三種類の複合〔シェヴァ〕のうちの一つが用いられる。こうしたことはこの〔第七〕活用およびこの次の〔第八〕活用の動詞形についてはとりわけ遵守されなければならない。さらに、複合シェヴァの後に単純シェヴァが続くことはない。というのも、もしそうならその両方が〔縮約せず〕発音されなければならないはずだが、第3章で述べた内容[2]によりそれは起こりえないからである。

[2] これらの〔動詞形を代表する〕変化表を אָזַר「取り巻くこと」(cingere)のものとせよ。その不定詞の形式は(1) אָזַר (2) אָזָר (3) אָזֹר および(4) אֱזֹר である。

［表 XXVIII-1a］　過去

女性	男性	
אָזְרָה	אָזַר	三人称単数
אַזַרְתְּ	אָזַרְתָּ	二人称[3]

［表 XXVIII-1b］　命令

〔女性〕	男性	
אִזְרִי	אֱזֹר	単数
אֱזֹרְנָה	אִזְרוּ	複数

384 ［表 XXVIII-1c］　未来

女性	男性	
添加語尾の ה〔ヘー〕を伴う אֶאֶזְרָה か、אֶאֱזֹר		一人称単数
תַאַזְרִי または תַאֲזֹרִי 以下略	תַאֲזֹר または תֶאֱזֹר	二人称〔単数〕
תֶאֱזֹרְנָה 以下略	נֶאֱזֹר תֶאֶזְרוּ 以下略	複数

[3] とはいえ、習慣的に未来形において א〔アレフ〕が休音化したり、一人称において〔人称接辞のアレフと二つ連続することになるアレフが〕無視されたりするのも稀ではない。ただその場合は、〔אאמר から א が無視された一人称単数〕אֹמַר「私は言うだろう」(dicam)や〔二人称単数男性〕תֹאמַר「君は言うだろう」(dices)でのように、語尾が ◌ַ〔パタフ〕で終わる。以下、〔二人称単数〕女性は תֹאמְרִי「君は言うだろう」等である。

[4] 次に ח〔ヘット〕は、未来形において、縮約されるべき ◌ְ〔シェヴァ〕を持ちうる〔4〕。たとえば、תַחְפֹּץ「君は望むだろう」(voles)のように。そしてそのさい、二つのシェヴァが語頭に〔連続して〕現れるのを避けるために、通常そうするように第一〔のシェヴァ〕を、ヒレクに変える〔5〕のではなく、その母音をもとに〔第二の〕◌ְ〔シェヴァ〕と複合する母音に〔変える〕。

[5] 単純・受動は不定詞の形式として הֵאָזוֹר、הֵאָזֵר、נֶאֱזוֹר および נֶאֱזַר をと

り、そこから〔下表のようになる〕。

［表 XXVIII-2a］　過去

女性	男性	
נֶאֶזְרָה	נֶאֱזַר	〔三〕人称単数〔6〕
נֶאֱזַרְתְּ	נֶאֱזַרְתָּ	二人称〔単数〕
以下略		

［表 XXVIII-2b］　命令

女性	男性	
הֵאָזְרִי	הֵאָזֵר	単数
以下略		

［表 XXVIII-2c］　未来

女性	男性	
	אֵאָזֵר	一人称〔単数〕
תֵּאָזְרִי	תֵּאָזֵר	二人称〔単数〕
以下略		

〔6〕 アクセントがアトナフまたはスィルークである場合、נֶאֱזָרָה から、נֶאֱזָרָה あるいは休音の א〔アレフ〕を伴った נֶאזָרָה となる。この方法で נֶאֶזְרוּ の代わりに〔アレフが休音化した〕נֶאזְרוּ となる。

〔7〕 強意〔動詞形〕は、能動であれ受動であれ、他のものに見られない特徴として注意すべきものはない。一方、派生〔動詞形〕の能動不定詞の形式は הֵאֱזִיר と הַאֲזֵר と הֶאזִיר である。

385 ［表 XXVIII-3a］　過去

女性	男性	
単数 הֶאֱזִירָה	הֶאֱזִיר	三人称
רְתְּ	הֶאֱזַרְתָּ	二人称
以下略		

［表 XXVIII-3b］　命令

女性	男性	
הַאֲזִירִי	הַאֲזֵר および הַאֲזִיר	〔単数〕
הַאֲזֵרְנָה	הַאֲזִירוּ	〔複数〕

［表 XXVIII-3c］　未来

女性	男性	
אַאֲזִיר		一人称
תַּאֲזִירִי	תַּאֲזִיר	二人称
または		
אַאֲזֵר		一人称
以下略	תַּאֲזֵר	二人称

[8] ここ〔派生・能動〕でも、未来において א〔アレフ〕がしばしば休音化し、一人称で אֹזִיר または אַזִיר または אַזֵר、二人称で תֹזִיר または תַזִיר 等になる。

[9]〔派生動詞形〕受動の不定詞は הָאֳזַר をとる。そこから〔下表のようになる〕〔7〕。

[表 XXVIII-4a]　過去

〔女性〕	男性	
הָאָזְרָה	הָאֳזַר	三人称〔単数〕
־ְרְתְּ	הָאֳזַרְתָּ	〔二人称単数〕
以下略		

[表 XXVIII-4b]　命令

女性	男性	
הָאָזְרִי	הָאֳזֵר および הָאֳזַר	〔単数〕
הָאֳזַרְנָה	הָאָזְרוּ	〔複数〕

[表 XXVIII-4c]　未来

女性	男性	
אָאֳזַר		一人称〔単数〕
תָּאָזְרִי	תָּאֳזַר	二人称〔単数〕
以下略		

[10] 循環〔動詞形〕においても、能動であれ受動であれ、他のものに見られないような注意すべき特徴はない。最後に、(この〔活用〕と先行する〔活用〕との)複合動詞形を活用させる方法は、すでに教えたことに従えば誰でも容易に確認できる。

第29章　第八活用の動詞形[1]について

[1] この〔活用〕についてとりわけ注意すべき事柄[2]は先の章でわれわれがすでに述べたことであり、例を挙げてあらためて説明する必要もないだろう。しかし、その強意〔動詞形〕が〔第二語根の喉音字で〕ダゲッシュ点を全面的に欠く習慣であること、すなわち、〔喉音字が〕受け入れることのないダゲッシュ点の代わりに先行する短い母音が長いものへと〔通常そうするようには〕変えられることがない習慣であることにおいては他から明
386 確に区別される。すでにわれわれが述べたように、これ以外〔の活用〕では強意動詞形は語幹の中央〔の文字〕を二重化するか、これができない場合には〔中央語根に〕先行する短い母音を長いものに変える習慣である。たとえば、בִּרֵּךְ の代わりに בֵּרֵךְ、אֲבַרֵּךְ の代わりに אֲבָרֵךְ、といったように。ところが、この活用の動詞形は中央〔の文字〕を二重化させることもできず、先行する音節を〔長音節に〕変えることも通常ない(と私は言う)。実際、שָׂחַק「遊ぶこと」(ludere)は強意〔動詞形〕で שִׂחֵק「弄ぶこと」(illudere)であるし、בָּעַר「燃えること」(ardere)〔の強意〕は בִּעֵר「燃やすこと」(incendere)、そして טָהַר〔の強意〕は טִהֵר「清めること」(mundare)、〔その他強意動詞形として〕כָּהֵן[3]「要職を務めること」(administrare)ないし「神殿に奉職すること」(officium sacerdotis exercere)、נִאֵץ「いらつかせること」(irritare)といったものがある。だが、א〔アレフ〕を〔休音でない中央語根として〕持つ大抵のものは音節を長くする。たとえば、בָּאֵר「説明すること」(explicare)や מֵאֵן「……するのを拒むこと」(nolle)、תָּאֵב「嫌悪すること」(aversari)その他のように。最後に、これ〔第八活用〕とこれまでの活用から作られる複合動詞形について注意すべき点は、先行する〔各章の〕内容から容易に数え上げられる。

第30章　欠如動詞形について

[1] 欠如動詞形〔1〕とは、第二および第三活用の動詞形のように語幹の一部が欠ける習慣であるもの〔2〕、あるいはその第一〔語根〕が י〔ヨッド〕や נ〔ヌン〕であるもの〔3〕、あるいは〔語根の〕中央が א〔アレフ〕、נ〔ヌン〕あるいは י〔ヨッド〕であるもの〔4〕、あるいは最後に、その2番目と3番目の文字が同じ文字であるもの〔5〕を指すと私は定める。第一および第二活用の動詞形について、そしてはじめ〔の文字〕が י〔ヨッド〕であるもの、真ん中〔の文字〕が א〔アレフ〕あるいは ו〔ヴァウ〕であるものについては、われわれは第22、23、25、26、27章において説明を行った。欠如〔動詞形〕の残り二つの種類についてこれから説明するが、その一つ目ははじめの文字が נ〔ヌン〕のものである。私は言う。これらのうちすべてではないがその多くにおいて、נ〔ヌン〕が場所によって脱落することもあれば保たれることもある。だが、可能な場合には〔脱落したヌンが〕ダゲッシュ点によって代償される。ということはつまり、それらは発音に関してではなく表記に関して欠如的なのである〔6〕。たとえ一音節が欠如する場合があるとしても、そのために〔欠如動詞形である〕とは言えない、と私は言っているのである。実際、単音節動詞形は、語幹のいずれの文字も欠如しないため、יָדַע のような多音節のもの〔7〕が余剰〔動詞形〕とは呼ばれないのと同様、欠如〔動詞形〕とは通常呼ばれない。

387 [2] これらの変化表は第一活用の動詞形 נָגַשׁ「接近すること」(appropinquare)〔のもの〕とする〔8〕。これの単純形不定詞は גַּשׁ でもあり、さらにまた添加語尾の ה〔ヘー〕を伴った גְּשָׁה でもあり、その支配形は גֶּשֶׁת である。

［表 XXX-1a］　過去〔の活用〕は、常に類推的である〔から省略する〕。

［表 XXX-1b］　命令

女性	男性	
גשׁי および גְשִׁי	גַשׁ および גשׁ	単数
גַּשְׁנָה	גְשׁוּ	複数

［表 XXX-1c］　未来

女性	男性	
אֶגַּשׁ		一人称
תִּגְּשִׁי	תִּגַּשׁ	二人称

さらに ָ〔カメツ〕および添加語尾の ה〔ヘー〕を伴う場合は אֶגְּשָׁה となるし、アトナフあるいはスィルークのアクセントを持つ場合は אֶגָּשָׁה のようになる〔9〕。

[3] 動詞形 נָתוֹן「与えること、譲ること」(dare, concedere)は、תֶּנֶת の代わりに תֵּת を持ち、命令は תֵּן「与えよ」(da)となる。そこから未来は אֶתֵּן、תִּתֵּן 等となる。

[4] 第二活用〔動詞形〕נָשָׂא「運ぶこと、持ち上げること」(ferre, tollere)は、動詞形 נָגַשׁ に倣う。

[5] 第三活用〔の動詞形〕は、単純能動形が未来を除いて類推的である。נָטָה あるいは נָטוֹת「張ること、傾けること」(tendere, inclinare)等の命令は נְטֵה である。しかし未来は〔類推から外れて〕אֶטֶּה 等となり、ה〔ヘー〕が脱落して אֵט、תֵּט、יֵט 等のようにもなる。

[6] 次いで、第四活用動詞形は第一〔活用〕の変化表に倣う。נָפַח「息を吹きかけること」(sufflare)が פַּח となり、また添加語尾の ה〔ヘー〕を伴っ

て פְּחָה となり、また ת〔タウ〕を伴って פַּחַת となる。

[7] しかし第六〔活用動詞形〕は、第八活用の動詞形のうちカルデア語とされる נָחַת「下ること」(descendere)〔10〕を除いたものと同様、常に類推的である。ただし、このことについて〔11〕私は懐疑的である。

[8] 単純受動は類推的である。ただし、〔受動を示す〕特徴の נ〔ヌン〕のために〔動詞形そのものの〕נ〔ヌン〕が過去において語幹から脱落し、それ自体はダゲッシュによって代償されて נִנְגַשׁ の代わりに נִגַּשׁ となるような場合を除く。とはいえ、これも第 15 章で述べたことから類推的であると考えられる〔12〕。

[9] 次いで強意動詞形は受動でも能動でも常に類推的である。しかし派生動詞形は הִנְגִּישׁ、הֻנְגַשׁ、הַנְגִּישׁ の代わりに הִגִּישׁ、הֻגַּשׁ、הַגִּישׁ となる。そこから〔、以下のようになる〕。

388 ［表 XXX-2a］　過去

女性	男性	
הִגִּישָׁה	הִגִּישׁ	三人称〔単数〕
שְׁתְּ	הִגַּשְׁתָּ	二人称
以下略	הִגַּשְׁתִּי	一人称

［表 XXX-2b］　命令

女性	男性	
הַגִּישִׁי	הַגֵּשׁ および הַגִּישׁ	〔単数〕
הַגֵּשְׁנָה	הַגִּישׁוּ	複数

［表 XXX-2c］　未来〔13〕

女性	男性	
אַגִּישׁ および אַגֵּשׁ		一人称〔単数〕
תַּגִּישִׁי	תַּגִּישׁ / תַּגֵּשׁ	二人称
תַּגִּישׁ	יַגִּישׁ / יַגֵּשׁ	三人称
以下略		

〔10〕 第三活用の動詞形 נָטָה も派生〔動詞形〕として הַטֵּה、הַטָּה、הַטּוֹת となり、そこから過去は הִטָּה、女性 הִטְּתָה、二人称 הִטֵּיתָ であり、命令は הַטֵּה、未来は〔一人称単数〕אַטֵּה、二人称〔単数男性〕תַּטֵּה、〔二人称単数〕女性 תַּטִּי 等である。あるいは ה〔ヘー〕が脱落して אַט、יַט 等のようになる。第四活用でも נָסַע「陣営を遷すこと」(castra movere) も循環〔動詞形〕として הַסִּיַע を、あるいは縮合されて〔14〕 הַסַּע をとる。そこから未来形は אַסִּיַע、אַסַּע 等のようになる。

〔11〕 その他、派生動詞形では、常に類推的であるとわれわれがすでに述べた第六および第八活用の動詞形を除いて、単純動詞形に比べかなり頻繁に נ〔ヌン〕を欠いていることにも注意すべきである。派生〔動詞形〕・受動はその能動形〔と同じ形〕をとり〔15〕、不定詞として הֻגֵּשׁ または הֻגַּשׁ を持つ。そこから〔、以下のようになる〕。

［表 XXX-3a］　過去

女性	男性	
הֻגְּשָׁה	הֻגַּשׁ	三人称〔単数〕
以下略	הֻגַּשְׁתָּ	二人称

［表 XXX-3b］　命令

女性	男性
הַגְּשִׁי	הַגַּשׁ
以下略	

［表 XXX-3c］　未来

〔女性〕	〔男性〕	
אַגַּשׁ		一人称〔単数〕
תַּגְּשִׁי תַּגַּשׁ		〔二人称〕
以下略		

[12] 循環動詞形は、受動でも能動でも類推的である。

[13] 最後に、この変化表に倣うたった一つの動詞形 לָקַח「受け入れること」(accipere)にもここで言及しておかねばならない。なお、語幹の始めの文字が ל〔ラメッド〕であるその他〔לקח 以外の〕すべて〔の動詞形〕は類推的である。

第 31 章　欠如動詞形のもう一つの種類[1]について

389 [1] 第二および第三〔語根〕に同じ文字を持つものが習慣上その一方を放棄することも稀ではない。たとえば、סָבֹב「巡ること」(circuire)の不定詞は頻繁に סֹב になるほか、アクセントを奪われて ָ〔カメツ・〕ハトゥフを伴う סָב になる。さらに、סוּב や סַב になることも稀ではない。たとえば בְּרָן־יַחַד「彼らが一緒に歌うとき」(cum cantant simul)のように[2]。このため、過去では סָבַב の代わりに〔下表〕のような形を頻繁にとる。

［表 XXXI-1a］　過去

女性		男性	
סַבָּה	単数	סַב	三人称
סַבּוֹתְ		סַבּוֹתָ	二人称
		סַבּוֹתִי	一人称
	複数	סַבּוּ	三人称
תֶּן		סַבּוֹתֶם	二人称
		סַבּוֹנוּ[3]	一人称

［表 XXXI-1b］　命令、סְבֹב の代わりに。

女性	男性	
סוֹבִּי	סוֹב	単数
סֻבֶּינָה	סוֹבּוּ	複数
	または	
סַבִּי[4]	סַב	〔単数〕

סַבְנָה	סַבּוּ	〔複数〕

または

סוּבִי	סוּב	〔単数〕
סוּבֶינָה	סוּבוּ	〔複数〕

［表 XXXI-1c］　未来

女性		男性	
	単数	אָסֹב	一人称
תָסֹבִּי		תָסֹב	二人称
תָסוֹב		יָסוֹב	三人称
	複数	נָסוֹב	一人称
תְּסֻבֶּינָה		תָסוֹבּוּ	二人称
		יָסוֹבּוּ	三人称

[2] 過去の三人称は、単数であっても複数であっても、ַ〔パタフ〕の代わりにホレムを持つことができる。すなわち〔単数〕סֹב や複数 סֹבּוּ のように。さらに、どこであれ ו〔ヴァウ〕が無視されることも稀ではなく、たとえば סַבּוֹתָ、סוּב および אָסוּב の代わりに סַבֹּתָ、סֹב および אָסֹב となる。未来は、第一〔語根〕が נ である動詞形の未来としばしば一致する。実際、אָסוֹב、תָסוֹב、יָסוֹב 等の代わりに、〔語頭の〕長音節をダゲッシュで代償することにより、אֶסּוֹב、תִּסּוֹב、יִסּוֹב 等の形をとる。最後に、命令の סוּב の形から未来として אָסוּב、תָסוּב、יָסוּב 等が作られることもある。

[3]〔単純動詞形〕受動は不定詞の形式として נָסַב、הִסוֹב、הִסֵּב または הִסַּב をとる。

390 ［表 XXXI-2a］〔5〕　過去

女性		男性	
נֶֽסְבָּה s.〔6〕 נָסַבָּה	単数	נָסַב	三人称
וֹת		נְסַבּוֹתָ	二人称
		נְסַבּוֹתִי	一人称
	複数	נָסַבּוּ	三人称
תֶן		נְסַבּוֹתֶם	二人称
		נְסַבּוֹנוּ	一人称

［表 XXXI-2b］　命令

女性	男性	
הִסַּבִּי	הִסַּב	単数
הִסַּבְּנָה	הִסַּבּוּ	複数
または		
הִסֹּבִּי	הִסּוֹב	〔単数〕
הִסֹּבֶּינָה	הִסֹּבּוּ	〔複数〕

［表 XXXI-2c］　未来

女性	男性	
	אֶסַּב	一人称〔単数〕
תִּסַּבִּי	תִּסַּב	二人称〔単数〕
等	יִסַּב	三人称〔単数〕
または		
	אֶסּוֹב	一人称〔単数〕
תִּסֹּבִּי	תִּסּוֹב	二人称〔単数〕

[4]〔受動の〕過去は第一〔語根〕が נ〔ヌン〕であるもの〔7〕と一致し、נָסַב や נְסַבּוֹתָ の代わりに נִסַּב や נִסַּבְתָּ となることもある。さらに、三人称は、単数であっても複数であっても、◌ַ〔パタフ〕の代わりに〔ツェレー〕〔8〕また

はホレムを持つ。実際、נָסַב の代わりに נָסֵב または נָסֹב を、נָסַבִּי や נָסַבּוּ の代わりに נָסֵבִּי や נָסֹבּוּ をとる。

[5] 強意動詞形はしばしば類推的である。たとえば、כִּתֵּת「粉々にすること」(contundere)や חִלֵּל「冒瀆すること」(profanare)、כִּהָה「やかましく言うこと」(obtundere)ないし「殻に覆われること」(crusta tegi)のように。しかし、(たとえば סִכֵּךְ の代わりに סִכְסֵךְ「覆うこと」(obtegere)、גִּלֵּל の代わりに גִּלְגֵּל「転がすこと」(revolvere)のように)第一〔語根〕の文字を二重化(複製)し、反復された〔同一である第二語根と第三語根〕文字の間にこれを挿入するということもごく頻繁に起こる。語幹を反復する動詞形が第二、第三あるいは第四活用のものであれば特に〔頻繁に起こる〕。たとえば、第二〔活用〕動詞形 טָאֲא「箒で掃くこと」(verrere)の強意形 טֵאטֵא や、第三〔活用〕לָהָה「苦しむこと」(fatigari)の〔強意形〕לְהַלָּה、第四〔活用〕שָׁעַע「楽しむこと」(delectari)ないし「遊ぶこと」(ludere)の〔強意形〕שִׁעֲשַׁע、そして最後に תָּעַע「からかうこと」(illudere)からの תִּעְתַּע および ערר「一人でいること」(solum esse)からの ערער[9] のように。さらに、〔この種の活用の強意動詞形は〕能動でも受動でも、第六活用の強意〔動詞形〕[10]と一致しているように思われる。実際、たとえば〔第六活用の〕קום から〔強意〕能動 קוֹמֵם および〔強意〕受動 קוֹמַם〔が作られたの〕と同様に、〔欠如動詞形の〕סוֹב から強意〔能動〕סוֹבֵב およびその受動 סוֹבַב が作られる。

[6] 派生〔動詞形〕はほとんど類推的とは思われない。不定詞は大抵の場合 הָסֵב、または הָסַב、および הֵסַב である。ここから〔、以下のようになる〕。

〔派生動詞形・能動の表〕

391 [表 XXXI-3a]　過去、הֵסַב / הִסַּב[11]。

女性	男性	
הֵסַבָּה	הֵסַב / הֵסֵב	三人称単数

הֲסִבּוֹת	הֲסִבּוֹתָ	二人称
	הֲסִבּוֹתִי	一人称
	הֵסֵבּוּ	三人称複数
תֶן	הֲסִבּוֹתֶם	二人称
	הֲסִבּוֹנוּ	一人称

［表 XXXI-3b］　または、命令

女性	男性	
הָסֵבִּי	הָסֵב	単数
הֲסִבֶּינָה	הָסֵבּוּ	複数

［表 XXXI-3c］　未来

女性		男性	
	単数	אָסֵב	一人称
תָּסֵבִּי		תָּסֵב	二人称
תָּסֵב		יָסֵב	三人称
	複数	נָסֵב	一人称
תְּסִבֶּינָה		תָּסֵבּוּ	二人称
		יָסֵבּוּ	三人称

[7] 未来の ◌ָ〔カメツ〕も、単純〔動詞形〕でのように〔12〕、〔長音節が〕習慣的に代償されて אָסֵב の代わりに אַסֵּב となる。さらに、アクセントが第一〔音節〕に移動すると ◌ֵ〔ツェレー〕は ◌ֶ〔セゴール〕へと変えられる。たとえば יָסֶךְ־לָךְ「彼は君を覆うだろう」(obtegat te)でのように。この〔派生〕受動は不定詞として הוּסַב、תּוּסַב〔13〕、および הֻסֵב、さらに添加語尾の ה〔ヘー〕を伴い וּ〔シュレク〕を ◌ָ〔カメツ・〕ハトゥフに変えた הָסַבָּה〔14〕となる。

〔派生動詞形・受動の表〕

［表 XXXI-4a］　過去

女性	男性	
הוּסַבָה	הוּסַב	三人称〔単数〕
וֹת	הוּסַבּוֹתָ	二人称
	הוּסַבּוֹתִי	一人称
および		
הֱסַבָה 以下略	הֱסַב	

［表 XXXI-4b］　命令

女性	男性	
הוּסַבִּי 〔および〕 הֱסַבִּי	הוּסַב および הֱסַב	単数
הוּסַבֶּינָה	הוּסַבּוּ	複数

［表 XXXI-4c］　未来

女性	男性	
אוּסַב		一人称〔単数〕
תּוּסַבִּי	תּוּסַב	二人称
以下略。 または、		
אֱסַב		一人称
תֱּסַבִּי	תֱּסַב	二人称
以下略		

[8] 循環〔動詞形〕は、第六活用の表を大抵の場合模倣するが、第二、第三および第四活用を模倣することもあり、大抵の場合それぞれの強意形をもとに〔15〕形作られる。たとえば、הִשְׁתַּעְשֵׁעַ「自らを喜ばせること」(delectare se)、הִתְלַהְלֵהַּ「自らを疲れさせること」(fatigare se)、הִתְמָהְמֵהַּ「自らを

長いこと引き留めること」(se diu detinere)のように。さらに、שָׁחַה「圧迫されること」(opprimi)、כָּהַה「閉じられること」(claudi)ないし「叱りつけられること」(obtundi)は第六〔活用〕の表に従う。

392 [9] ここからまた明らかなように、これらの欠如動詞形は容易に混同されうる。その結果、このような欠如〔動詞形〕がしばしば現れることになり、読者諸賢はそれらの語幹が第二、第三、第五あるいは第六活用のものなのではないかと疑うであろう。こういうことが生じる原因について、ここで私は若干述べておきたい。というのも、原因が知られれば、これらの動詞形は読者諸賢にとって遥かに明確なものになるであろうと私は信じるからである。

[10] さまざまな欠如〔動詞形〕のうちいずれの種類も、語幹のうち第二あるいは第三〔語根〕の文字を反復することで、欠如する文字を代償する習慣である。具体例として、〔第三語根がアレフである〕第二活用の בָּזָא は「強奪すること」(praedari)[16]を表示するが、その א〔アレフ〕はごく頻繁に省略されて代わりに中央の字が二重化され、結果として בָּזַז あるいは בזז となる。またさらに、第二活用の動詞形[17]である זָכָה は「無罪であること」(purum esse)を表示するが、その ה〔ヘー〕の代わりに中央〔の字〕がごく頻繁に二重化(複製)され、זָכַךְ となる。そこから、たとえば סִלָּה に対する סִלְסֵל、חָרָה に対する חַרְחֵר のように、この動詞形が第三活用を模倣したり、〔語根文字の〕反復を模倣したりすることが起こる。また、たとえば שָׁמוֹם や שׁוֹם の代わりに שָׁמוֹת「荒廃させること」(desolare)となったり、חָמוֹם や חוֹם の代わりに חַמוֹת[18]「温まること」(calefieri)となったり等のように、〔語根文字の〕反復を行う動詞形が第三〔活用の〕不定詞を模倣する[19]ことも起こる。同様に、第五〔活用〕動詞形 יָזַם は「思惟すること、熟考すること」(cogitare, deliberare)を表示するが、י〔ヨッド〕が取り除かれた場合にはこれが代償されて זָמַם となる。そのほか、יָחוֹם「温まること」(calefieri)の代わりに חָמֹם や חוֹם、יָרוֹק「唾を吐くこ

と」(spuere)の代わりに רוק 等となる。そこから、反復を行うこれらの動詞形が第五活用を模倣することも起こる。同様に、第六〔活用〕の動詞形が語幹の第三〔の文字〕を反復することで、שׁוּךְ の代わりに שָׁכַךְ「覆うこと」(tegere)になり、מָס「溶けること」(liquefieri)の代わりに מָסַס または מוֹס になり、צָר「彼は縛った」(ligavit)は צָרַר になる。そして、〔反復を行う欠如動詞形が〕第六活用をも模倣することがある(この事柄については第 25 章末でわれわれが述べたことも参照のこと)。逆もまた真なりで、〔第六活用動詞形が〕これら反復を行う〔動詞形〕を〔模倣し〕、とりわけその強意形において、この反復を行う〔動詞形〕では通常そうなるように、語幹の第一〔の文字〕を二重化(複製)することも稀ではない。実際、פוּר は強意形として פוֹרֵר だけでなく פִּרְפֵּר となる。さらに、第一〔語根〕נ〔ヌン〕の欠如〔動詞形〕[20]にもここで言及しておかねばならない。すなわち、נִאֵר「呪うこと」(exsecrari)の代わりに〔ヌンが欠如し、レーシュが反復されて〕אָרַר「罵ること」(maledicere)となり、נָקַב「宣言する」(pronunciare)からは קָבַב が、そして נָצַל からは צָלַל が、それぞれ作られる。これに従って未来の三人称複数女性 תְּצִלֶּינָה および תְּצַלְנָה「それらは鳴るだろう」(tinnient)[21]を得、同様に נָשַׁם の代わりに שָׁמַם「荒廃させること」(desolare)
393 など、その他も同じ方法で作られる。反復を行うこれら〔の動詞形〕やすべての欠如動詞形が、これやあれやの活用を模倣するのもここから生じる。このことは、この言語を熱心に学ぶ者に対して警告するに値するのだと私は述べた。実際、ここに述べたことにより、確かな方法で、かつ躊躇うことなく、欠如動詞形のあらゆる語幹を調べ上げることができるだろう。

第32章　異態動詞形や四語根動詞形について、あわせて、複数の動詞形・叙法・時制の複合について

[1] 異態〔動詞形〕[1]としてはただ二つか三つの単純動詞形が与えられているに過ぎない。すなわち、נִשְׁבּוֹעַ「誓うこと」(jurare)と נִלְחַם「戦うこと」(pugnare)、そしておそらくではあるが נִשְׁעַן「寄りかかること」(fultum esse)である。〔これらが〕単純動詞形であると私は確言する、というのも、強意動詞形、派生動詞形、あるいは循環動詞形には、受動の形を持ちながら能動の表示を持つようなものは決してないからである。それゆえ、〔単純動詞形〕נִשְׁבַּע「誓うこと」(jurare)に対して派生動詞形 הִשְׁבִּיעַ「誓わせること」(jurare facere)があるが、こちらは表示だけでなく形も能動である。

[2] 一方、三つよりも多い〔語根〕字から成る動詞形として、私が強いて認めるとしたら〔そう数える〕よりも多くのものが〔一般には〕数えられている。すなわち、פּוֹרֵשׁ「伸ばしている」(expandens)の代わりの פַּרְשֵׁז(「ヨブ記」第33章9節[2]を見よ)、יְרַמְּסֶנָּה「彼はそれ(女性形)を蹂躙した」(conculcabit eam)の代わりの יְכַרְסְמֶנָּה(「詩編」第80編14節を見よ)、מְחֻגָּר「帯をしめた、衣をまとった」(cinctus, indutus)の代わりの מְכֻרְבָּל(「歴代誌上」第15章の最後から三つ目の節)。実際、この最後の例は「外套」(pallium)あるいは「赤色の帽子」(pileu[s] colore rubeu[s])あるいは「家禽のおんどりの鶏冠」(galli gallinacei crist[a])を表示するカルデア語[3]の名詞 כַּרְבַּלְתָּא から形作られたもののように思われる。前者〔二つの例〕は写本の欠陥であると考えたほうが私にとっては納得しやすい。実際、〔これらは〕一度しか現れないだけでなく、その由来するところの語源もわれわれにとってあずか

り知らぬものとなっており、一般にその表示で用いられる動詞形に結び付けられているように思われる。

[3] しかし、仮にこれらの推測[4]を破棄したとすると、動詞形の、あるいは時間の、またあるいは人称の特徴を含めずに三つより多くの文字を持つ動詞形は、何かしらの実詞としての名詞または形容詞〔としての名
394 詞〕から形作られる強意動詞形以外にも数多く観察される[5]、とわれわれは述べることになるだろう。(じっさいわれわれは先の第16章で、これらの動詞形は名詞からと同様、単純動詞形からも形成されると述べたのだった。)〔名詞由来動詞の〕例として、חָמַר の指小語である חֲמַרְמַר から חֲמַרְמַר「泥まみれになった」(lutulentus factus est)が作られるように、חֲצֹצְרָה「喇叭」(tuba)からは חִצֵּצַר「喇叭を吹き鳴らす」(tuba clangere)が作られる。同様に、יָפָה「美しい(女性)」(pulchra)の指小語 יְפֵיפָה からは יְפְיָפִיתָ「君(男性)はいっそう美しくなった」(pulchrior factus es)[6]が作られる。単音節〔語〕から形作られるものは、〔文字を〕反復する強意〔動詞形〕、あるいは第六活用の〔強意動詞形〕を模倣する。שֹׁרֶשׁ「根」(radix)から〔形作られる〕שֵׁרֵשׁ「根こそぎにすること」(eradicare)と同様に、קִיר「壁」(paries)から קַרְקַר「壁を取り壊すこと」(parietem demoliri)が形作られる〔ように〕。この事柄に関しては第16章を見よ。だがこのことについてはもう十分であろう。

[4] 諸動詞形の活用にかかわる事柄を終えるために、複合〔動詞形〕について若干付け加えることがまだ私に残されている。二つの相異なる活用に属する動詞形から、あるいは同じ語幹の二つ〔の異なる形〕から、またあるいは分詞〔としての〕名詞や動詞形から組み合わされたもの[7]、さらに同時に二つの叙法や時制を表現しているものも通常あわせて、文法家たちによって「複合動詞」と呼ばれている[8]。たとえば、第五および第六活用に属する二つの〔動詞形〕から複合されたものとして、הוֹשַׁבוֹתִי が見出される[9]が、これは〔第五活用〕יָשַׁב「座ること」(sedere)と〔第六活用〕שׁוּב「戻ってくること」(redire)とを組み合わせたものである。そうでなかっ

たら、יָשַׁב に由来する הוֹשַׁבְתִּי か、あるいは שׁוּב に由来する הֲשִׁבוֹתִי でなければならなかったであろう。もう一つの例は הֵיטִיבוֹתָ であるが、これは〔第五活用〕יָטַב と〔第六活用〕טוֹב「善く在ること」(bene esse)との組み合わせである。というのも、そうでなかったら יָטַב に由来する הֵיטַבְתָּ か、あるいは טוֹב に由来する הֲטִיבוֹתָ でなければならなかったであろう。第一の例は同時に二つの意味内容[10]を表現しており、預言者は両方の表示を示唆したかったように見受けられる。しかし、第二の例ではいずれ〔の形〕で解釈されたとしても、同じものを表現している。このようにして、第五および第六活用の動詞形をほかにもこのやり方に従って〔新たに〕複合することがわれわれにも許されているということを、私は疑いえない。

[5] しかしこのほかにも、文法家たちが半ばは無知ゆえに、半ばは写本の誤りに欺かれて挙げているものがある。たとえば(「エレミヤ書」第 22 章 24 節) אֶתְּקֶנְךָּ がそうで、彼らはこれを נָתַק「引き抜くこと」(evellere)と תִּקֵּן「調整すること」(adaptare)とからの複合であると考えている。とはいえ、未来形において接辞の前に נ〔ヌン〕が見られる例も稀ではない。しかし、(「エレミヤ書」第 15 章 10 節) מְקַלְלֵינִי[11]は実際、מְקַלְלֵנִי とすべき
395 ところを、蒼惶として筆が滑った誤りのように思われる。そして同じようにして、とはいえほとんどは無知ゆえにだが、語幹を同じくする二つの動詞形から複合されたものとして、多くを挙げている。たとえば、נִכַּפֵּר「彼は自らを贖罪するだろう」(dabit se expiandum)[12]、נִוַּסְּרוּ「彼らは自らの身を修めるだろう」(dabunt se disciplinandum)[13]、נִשְׁתָּוָה「等しいものになった」(aequalis facta est)[14]、これらは単純〔動詞形〕の受動と循環〔動詞形の能動〕との複合なのだと彼らは信じている。というのも、第 21 章でわれわれがすでに述べたように、彼ら〔文法家たち〕が循環動詞形の受動を単に知らなかったからであり、同様に יוֹלַדְתְּ、שֹׁכַנְתְּ、יוֹשַׁבְתְּ や מְקֻנַּנְתְּ といったもの[15]も分詞と過去形から複合されたものだと何の根拠もなく考えている。実際、分詞が過去形と同じ語尾を持つことができず、

יוֹשֶׁבֶת の代わりに יוֹשַׁבְתְּ ということはできないなどと、いったい誰が彼らに教えたのだろうか。とはいえ、(「エゼキエル書」第8章16節での) מִשְׁתַּחֲוִים の代わりに מִשְׁתַּחֲוִיתֶם というのはまったくのところ、筆の滑った誤りであるように思われる。最後に、過去形および未来形から複合されたものとして、תָּבֹאִי の代わりの תָּבֹאתִי が該当すると彼らは考えているが、第27章でわれわれが忠告したように、この未来は添加語尾の ה〔ヘー〕を、追加された音節のために ת〔タウ〕に変えたものだと見ているわけでもない。しかし、似たようなことで勉強熱心な読者諸賢をくたびれさせたくない。むしろ反対に、これらのことにそう心配しないようにと忠告したい。

第33章　分詞としての名詞について

[1] 分詞とは形容詞であって、行為を、ひいては動詞形によって通常表示されるあらゆるものを、あたかも事物の変状あるいは何らかの時間に結びつけられた様態のように表現するものをいう。よって、諸動詞形に見出されるのと同数の種類[1]が分詞にもある。すなわち単純・強意・派生・循環〔相〕、そしてそれぞれの能動・受動である。

[2] それぞれの動詞形からは以下のやり方で形作られる。単純〔相〕は פָּקַד だけでなく פִּקֵּד という形式を持ち[2]、それぞれに対応する〔異なる形の〕分詞を要求するとわれわれはすでに述べた。単純・男性形の分詞は פּוֹקֵד または添加語尾の י〔ヨッド〕を伴う פּוֹקְדִי であり、女性形は פּוֹקְדָה、פּוֹקֶדֶת もしくは פּוֹקַדְתְּ、さらに添加語尾の י〔ヨッド〕を伴い פּוֹקַדְתִי とも
396 なる。次に、〔単純〕受動 נִפְקַד からは、男性形〔分詞単数〕נִפְקָד および添加語尾の י〔ヨッド〕を伴い נִפְקָדִי となり、さらに女性形は נִפְקָדָה もしくは נִפְקֶדֶת となる。

[3] 強意〔相〕פִּקֵּד からは男性形〔分詞単数〕で מְפַקֵּד となり、女性形は מְפַקְּדָה もしくは מְפַקֶּדֶת となる。そして、その受動 פֻּקַּד からは男性形で מְפֻקָּד 等もしくは פֻּקָּד となり、女性形で פֻּקָּדָה、פֻּקֶּדֶת もしくは פֻּקַּדְתְּ 等となる。

[4] 同様にして派生〔相〕הִפְקִיד から男性形は מַפְקִיד となり、女性形は מַפְקִידָה となる。そしてその受動 הָפְקַד もしくは הֻפְקַד からは、男性形で מָפְקָד または מֻפְקָד 等となる。

[5] 最後に、循環〔相・能動〕הִתְפַּקֵּד から、男性形 מִתְפַּקֵּד 等となる。受動の循環〔相〕の分詞は、מִתְנוֹאָץ または(ダゲッシュによって ת〔タウ〕が代償された) מִנּוֹאָץ 以外には存在しない。その特徴 מִתְ が能動の形をとりながら動詞形 נוֹאָץ が受動の形をとっていることはこの〔循環〕動詞形に共通の用法(第21章を見よ)に反しているが、私はこれについて何事かをあえて主張することはしない。

[6] さらに、中立[3]の動詞形から形成されている単純〔相〕の分詞は、不定詞の形式として פָּקֵד を用いる習慣である。たとえば יָשֵׁן「眠っている」(dormiens)、דָּבֵק「くっついている」(adhaerens)のように。

[7] そして、〔中立の〕受動・単純の分詞は、その能動〔分詞〕をもとに形作られる。すなわち、פָּקֹד から(真ん中のホレムを וּ に変化させて) פָּקוּד「視察された」(visitatus)とする。とはいえ、これら[4]〔中立の受動分詞〕は〔純粋な〕形容詞へと、ごくしばしば退化してしまっている。

[8] ここで私は、何らかの事物が現在において変状されるその仕方を表示する限りにおいて、それを分詞と呼ぶこととする。しかしながら、これ〔分詞〕自体が、さまざまな事物の属性を表示する純粋な形容詞に退化してしまう[5]ことも稀ではない。たとえば、סוֹפֵר は、分詞としては「数を数えている人」(hom[o] numeran[s])すなわち「目下のところ数を数えることに専念している者」(qui jam in numerando est occupatus)を表示するが、多くの場合、なんらの特定の時間に関係づけることなしに用いる属性として、「数えるという職業を持つ人間」(hom[o], qui officium habet numerandi)すなわち「書記官」(scrib[a])を表示する[6]。同様に שׁוֹפֵט は「目下のところ裁くことに専念している人」(hom[o], qui in judicando est occupatus)を表示するが、多くの場合、裁判をするという仕事を持つ人間、すなわちラテン人たちのもとで「裁判官」(Judex)に相当する属性
397 を表示するのである。さらに同様に、受動の分詞 נִבְחָר (事物であれ人で

あれ「選ばれたもの」(electus)、つまり「いま現に選ばれているもの」(quae jam actu eligitur))は、ごくしばしば、優れた事物の属性、換言すればあらゆるものの中から選り出された事物としての属性となる。このようにして、強意〔相〕や残りの〔相の〕分詞も、なんらの時間にも関係づけられない属性であるところの形容詞へと退化するのである。

[9] したがって、たとえば מְשׁוֹפֵט「判定者」(judicator)や מְלוֹשֵׁן「中傷者」(laesor lingua)のように、単純〔相〕のもの〔分詞形〕の前に מ〔メム〕を置いた形は、諸分詞からは除外すべきであると私は信じている。もっともこれは、強意など他の〔相の〕ように[7]単純〔相の分詞〕もかつては特徴 מ〔メム〕を持っていたが、後世の者たちが単純〔相〕においてはこれを無視したのだということをわれわれがあえて断定したいというのでなければ、の話ではあるが。あるいはひょっとすると、一部の語幹では強意動詞形を欠くがゆえに、その強意分詞が単純〔分詞〕から形作られているのかもしれない。以上が分詞一般、ならびに第一〔活用〕の動詞形から形成される分詞についてである。

[10] 第二〔活用〕動詞形から男性形〔分詞〕は、これまでに述べた通りに形作られる。ただし、女性形は双子のセゴールを持たず、א〔アレフ〕の多くが休音化され、מֹצֶאֶת、נִמְצֶאֶת 等の代わりに、מֹצֵאת、נִמְצֵאת 等となる。ただし、単純〔相・女性分詞〕は מְצֵאת ともなる。

[11] さらに、この〔第二〕活用の分詞は א〔アレフ〕を無視する習慣がある上、端的に言って、その動詞形が受けるわれわれが述べたすべてのこと〔変化〕を同様に受ける。

[12] 第三〔活用〕の分詞は、ごくしばしば、גֹּלֶה のように ◌ֵ〔ツェレー〕の代わりにセゴールを持つ。女性形では、גֹּלְהָה の代わりに גֹּלָה となるように ה〔ヘー〕を軽視するか、あるいは、פּוֹרִיָּה「実り豊かな」(fructificans)の

ように、それ〔語根の ה ヘー〕を י〔ヨッド〕に、また ◌ְ〔シェヴァ〕をヒレクに変える。

[13] この〔第三〕、および פָּקוּד の形を模倣する第二活用の形容詞は、א〔アレフ〕または ה〔ヘー〕を י〔ヨッド〕に変える。たとえば מָצָא から〔作られる〕 מָצוּי 「存在している」(existens) ないし「見出された」(inventus) のように、あるいは גָּלָה から〔作られる〕 גָּלוּי 「顕現している」(manifestus) のように。それぞれの活用の形容詞を私がすべて網羅的に挙げるまでもあるまい。というのも、それら〔形容詞〕もまた、自らが作られている元となるところの諸動詞形の規則に従うのだから。

[14] 最初〔の子音〕が נ〔ヌン〕である動詞形から形作られるもの〔分詞〕も、その動詞形を模倣する。すなわち、もし過去形で語根文字の נ〔ヌン〕が
398 欠如していれば分詞でもこれ〔＝ヌン〕が欠如するだろうし、逆に、もし過去形が類推的なものであったとすれば、分詞もまた類推的となるだろう。たとえば、能動・単純〔相の不定詞〕 נָגַשׁ の過去形は נָגַשׁ であるが、分詞も נוֹגֵשׁ であって、当然、いずれも類推的である。いっぽう、循環[8]〔相の不定詞〕 הַגִּשׁ は過去形が הִגִּשׁ、分詞は מַגִּשׁ であり、やはりいずれも欠如的である。ところで、反復を行う欠如〔動詞形〕から形成されるもの〔＝語根〕は、規則的な能動・単純〔相の分詞〕 סוֹבֵב を持つのだが、その他は過去の動詞形を模倣する。実際、単純〔相〕の受動 נָסַב から、男性〔の分詞〕で נָסָב、女性で נְסַבָּה となる。また強意〔相〕の〔不定詞〕であれば סֹבֵב からは מְסוֹבֵב が作られ、そして〔受動[9]〕 סוֹבַב から מְסוֹבָב が作られる。同様に派生〔相〕であれば過去形 הֵסֵב から מֵסֵב、そして〔受動〕 הוּסַב から מוּסָב が作られる。最後に、循環〔相・能動〕 הִסְתּוֹבֵב から〔分詞〕 מִסְתּוֹבֵב が作られる。その他、単数から複数への分詞の屈折は名詞に共通の規則に従う。それら〔屈折規則〕については第6章を見よ。

以下を欠く

終

399

章の索引

ヘブライ語文法

本『綱要』内で引用された、あるいは説明された聖書の参照箇所

事項の索引

数字はページを示す。〔1〕

A.

アブラハム・デ・バルメス(Abraham de Balmes)　――が言及される。〔19頁〕

ヘブライ語のアクセント(Accentus Hebraei)

――は学習者を疲れさせる。〔23頁〕

――の発明者はなぜこれほどまでに多くの数のアクセントを導入してしまったのか。〔23頁〕

――はどのような場合に導入され、いかなる事柄に役立つか。〔24頁〕

コンマを表示するアクセントはどのような機能を持つか。〔24頁〕

――の分類、そしてそれらが一節の中でどのように配列されなくてはならないか。〔24頁〕

「従僕アクセント」は音節〔の調子〕を高めたり、抑えたりする。〔26頁〕

多音節語は――を二つ持つ。〔27頁〕

一つの語に二つの――が記されるのはなぜか。〔31頁以下〕

行為(Actio)　――はヘブライ人によってさまざまな形で表現される。〔94-97頁〕

諸行為(Actiones)　ヘブライ人は――をただ過去と未来のみに結び付ける。〔98頁〕

形容詞(Adjectiv[us])　「諸名詞」(Nomina)の項を見よ。

副詞(Adverbi[um])　――は名詞である。――は動詞形にとっての形容詞のようなものである。――は実詞化される。〔75頁〕

〔アト〔2〕〕את　前置詞――は常に対格を支配する。〔65頁〕

永遠に(Aeternum)　――という語はヘブライ語ではどのような仕方で表現されるか。〔74頁〕

アトナフ(*Atnagh*)

――の機能と用法。〔25頁〕

アトナフやスィルークはどのような場合に、語をミレラアやミレエルへと変化させるか。〔33 頁〕
——が先行するアクセントの特性を無効化する。〔34 頁〕

C.

活用(Conjugatio)　——とは何か。——は誤って7種に分けられている。著者〔スピノザ〕はそれらを8種に分けた。それらを見分ける標識。〔101 頁〕

D.

方言(Dialect[us])
——は聖書中にもさまざまなものがある。〔15 頁〕
そして聖書中でも混同される。〔52 頁〕
二重母音(Diphthong[us])　——はどのような音価を持つか。〔15 頁〕

F.

未来(Futur[um])
——時制の形成。〔99-100 頁〕
それ〔未来形〕は不定詞から形作られる。〔109[3], 121 頁〕
——は添加語尾の ה や נ を持つ。〔109-110 頁〕

G.

ガアヤー(*Gahgja*)
——とは何か。——が無視される場合。〔27 頁〕
——は音節を延長する。〔27-28 頁〕
二つの——を持つ単語。〔29 頁〕
アイン ע (*Ghain*)　他の縮約されるべきシェヴァの前にある——およびへー ה は[4]他のシェヴァを受け付けない。〔149 頁〕
喉音字(Guttural[is])
——は二つの母音の間で二重化されない。〔14, 169 頁〕
——は発音されるべきシェヴァをその下に決してとらない。〔21 頁〕

H.

へー ה (*He*)

パタフを伴う——の用法。なぜ「指示の ה」と言われるか。——は属格を支配する名詞の語頭に付されることは決してない。——はどのような単語において現れるか。〔64-65 頁〕

——は何を引き起こすか。〔68 頁〕

——が洗練されて無視される。〔68 頁〕

I.

不定法(Infinitivus Modus)

——は名詞である。——はいかなる時制をも識別しない。〔36 頁〕

——はいくつかの異なる形式を持つ。〔54-55 頁〕

そして何種類あるか。〔105-106 頁〕

その変化。〔95-96 頁〕

不定詞は能動者に応じて六つ〔の相が〕ある。〔96 頁〕

第七の相。〔96 頁〕

それらの形式はまるで実詞化された形容詞のようなものである。〔99 頁以下、102 頁〕

——は名詞のように曲用される。それらの格はどのように表示されるか。〔105 頁〕

それらに ה や נ が加えられる。〔106 頁〕

——が分詞の形をとることがしばしばある。〔117-118 頁〕

命令(Imperativ[us])

——の形成。〔100-101 頁〕

——が未来の代わりに用いられること、そしてどのような場合に用いられるか。〔101, 109 頁〕

——が添加語尾の ה を持つ。〔109 頁〕

K.

カメツ(*Kamets*)　セゴールの前の——はセゴールの代わりに用いられる。〔61 頁〕

キブツ(*Kibuts*)
——がシュレクの代わりに現れる。〔30 頁〕
キブツとカメツ・ハトゥフは同じ音価を持つ。〔121 頁〕

L.
文字(Litera)
——とは何か。〔11 頁〕
——はヘブライ語では五種類に分類される。〔14 頁〕
同じ調音器官に属する——は互いに置き換えられる。〔15 頁〕
文字 נ は受動に共通する特徴である。〔134-135 頁〕
一つの語幹の中でも——はしばしば交替する。〔157 頁〕

N.
名詞(Nomen)
——とは何か。〔35 頁〕
——には六種類ある。〔36 頁〕
固有——は一つの個体を表示する。〔36 頁〕
形容詞としての——は二種類の語尾を必要とする。〔53 頁〕
すべての名詞の種類を示す。〔62 頁〕
属格の——は支配するか、あるいは支配される。〔62 頁〕
固有——は属格を支配しない。〔62 頁〕
普通——はさまざまなものを表示する。〔64 頁〕
諸名詞(Nomina)
——はヘブライ人たちのもとでは、どのようなものであるか。〔63 頁〕
ヘブライ語の単語はほとんどすべて——である。〔35 頁〕
——の種類が列挙される。〔35-36 頁〕
——はなぜ男性形と女性形に分けられているか。〔37 頁〕
——は単数から複数へとどのように変化させられるか。〔36-37 頁〕
どちらの性とも言えない——は女性形と同様に曲用される。〔38 頁〕
——は複数形でどのように音節を変化させるか。〔39 頁以下〕
単数から双数へ。〔45 頁〕

男性、女性、そして通性の——とは何か。〔47頁〕
男性および女性の——は一体どのようなものか。〔47頁〕
形容詞としての——はどのようにして女性形となるか。〔48頁〕
〔語尾が〕י で終わる——はどのようにして複数形をとるか。〔48-49頁〕
——は支配状態ではいかなる変化を受けるのか。〔53頁〕
実詞としての——。〔49頁〕
——は事物を絶対的に示す。〔53頁〕
固有——は支配形では決して見出されない。〔54頁〕
ヘブライ人のもとでは諸格が曲用されない。〔65頁〕
不定詞としての——は何を表現するか。〔92頁〕
——が対格を支配する。〔102-103頁〕

P.

分詞(Participi[um])
——の諸形式。〔55頁以下〕
——は形容詞である。〔192頁〕
403 ——にはどれだけの種類があるか。どのように形作られるか。〔192頁〕
——には数えられず除外されるものはどのようなものか。〔194頁〕
——はどのようにして屈折されるか。〔192頁〕
受動(Passiv[us])　ヘブライ人たちは——を短縮のために用いる。〔133頁〕
三人称(Persona tertia)　過去の——はどこで識別されるか。〔99頁〕
多音節語(Polysyllaba)　——が二つ、または三つのアクセントをとる。〔27頁〕
前置詞 את (Praepositio את)　——は常に対格を支配する。〔65頁〕
諸前置詞(Praepositiones)
——は名詞である。〔65頁〕
格に応じて語頭に付される——が洗練されて省かれる。〔71頁〕
——の表示。〔73頁〕
——は複数形をとる。〔73頁〕
絶対状態における——とは何か。そして支配状態に置かれて曲用され

る。〔73-74 頁〕
過去(Praeteriti)
——の単数および複数での形成。〔107 頁〕
——は三人称複数で נ を加えられる。〔108 頁〕

R.
レーシュ ר(R) ——は二つの母音の間で二重化されない。〔14 頁〕
支配(Regimen)
——とは何か。——形において母音はどのように変化させられるか。〔51 頁以下〕
——が ה と同じものを示す。〔68 頁〕
事物(Res) ——は二種の様態において考えられなければならない。〔51 頁〕

S.
〔サメフ〕ס ——が ש の代わりに用いられた。〔15 頁〕
シェヴァ(*Scheva*)
——はどのような場合に発音されるか。〔20 頁〕
単音節語には——がない。縮約されたものはもっとも短い。〔20 頁〕
「動きのある——」がアトナフまたはスィルークによってカメツに変化させられる。〔131 頁〕
二つの——が語頭に並んで現れることは決してない。〔22 頁〕
シュレク(*Schurekh*) ——はホレムとキブツとから複合される。〔61 頁〕
スィルーク(*Silukh*) ——は常に行の終わりであるとは限らない。〔24 頁〕
実詞(Substantiva) ヘブライ人のもとで——とは何か。〔49 頁〕
音節(Syllaba) ——はどのように高められたり抑えられたりするか。〔27 頁〕

T.
ツェレー(*Tsere*) ——は「ア」(A)と「イ」(I)から複合された響きである。〔16 頁〕

V.

ヴァウ ו（*Vau*）

――は母音符号ではない。「イ」(I)の音価を持つ〔5〕。〔12 頁〕

――はどのように休音になるか。〔61 頁〕

動詞形（Verbum）

派生――はどこから生じるか。〔123 頁〕

ダゲッシュを打たれた〔強意〕――は単純動詞形を強調する。〔115 頁〕

中立の単純――が与えられる。〔118 頁〕

諸動詞形（Verba）

――はヘブライ人のもとでは形容詞である。〔106 頁〕

複合――とは何か。〔158 頁〕

י や נ を語頭〔＝第一の文字〕に持つ――がある。〔157 頁〕

その語頭〔＝第一の文字〕が נ である――はほとんどの場合欠如〔動詞形〕である。〔157 頁〕

強意――は語幹の中央〔の文字〕を二重化させる。欠如――とは何か。〔174, 175 頁〕

欠如――が欠如した文字をどのように代償するか。〔186 頁〕

異態――とは何か。〔188 頁〕

複合――とは何か。〔189 頁〕

ダゲッシュを打たれた――に加えられた ה は何を含意するか。〔117 頁〕

母音（Vocal[is]）

――はヘブライ人のもとでは文字ではない。〔11 頁〕

――の分類と表示。〔18-19 頁〕

二つの長――が、一つの単語の中でガアヤーなしに現れることはない。〔29-30 頁〕

単語（Vo[x]）　ヘブライ語の――はほとんどすべてが名詞である。〔35 頁〕

終

訳 注

読者への覚え書き

〔1〕この無記名の「覚え書き」(Admonitio ad lectorem)は、OP においてすでに見られるもので、『ヘブライ語文法綱要』本文の直前に置かれているラテン語文である。後年刊行されたラテン語校訂版(Br、VL、Gb)にはすべてこの「覚え書き」も併せて収録されている。『ヘブライ語文法綱要』が『遺稿集』ラテン語版(OP)にのみ収録されていてオランダ語版(NS)に収録されていないことから、その著者はもともとオランダ語で記された『遺稿集』序文のラテン語訳(これにはオランダ語版にはない『ヘブライ語文法綱要』に関する記述がある)を行ったローデウェイク・メイヤーと推測されるが、ヤーラッハ・イェレスなど他の人物が著した可能性も排除できない。なお、既存訳のうちブルームの英訳とルビンのヘブライ語訳はこの「覚え書き」を割愛している。

〔2〕ここでいうスピノザの「友人たち」が文学思想結社ニル・ヴォレンティブス・アルドゥウム(Nil Volentibus Arduum)を主宰したメイヤーらを含んでいることはほぼ確実である(Roberto Bordoli, *Etica Arte Scienza tra Descartes e Spinoza*, Milano, FrancoAngeli, 2001, p. 76)。この結社の活動はポールロワイヤル文法・論理学を取り入れた普遍文法の探求や、聖書のオランダ語への翻訳(スピノザが依頼を受けて着手したが放棄したとされる)など多岐にわたる。ただし、こうした活動が『ヘブライ語文法綱要』の執筆依頼と密接に関連している蓋然性が高いといえども、活動の内容が『ヘブライ語文法綱要』の内容を規定しているとまでは言えないことに注意を払う必要がある。

〔3〕スピノザの生前から、「友人たち」の間では『ヘブライ語文法綱要』の執筆段階のコピーが絶賛のうちに出回っていたとされている。蔵匿されていた草稿をもとに筆者スピノザの意向とかかわりなく出版されたとはいえ、スピノザに刊行の意図がまったくなかったとは考えにくい。なお、スピノザが「統語論」(シンタックス)との二部構成で記述する予定だったことが『遺稿集』の序文や本文中の度重なる言及(八カ所)で強く示唆されているが、「統語論」本文はまったく残されていない。

第 1 章

〔1〕「文字」(litera)、「母音」(vocalis)。ここで、「どんな言語であれ」という一般化においては litera を音としての「子音」として解釈したほうが自然だが、これ以降ヘブライ語の文法に進むのであり、古くは子音文字のみを持ち後世に母音符号が作られ母音を表記するシステムが整えられたヘブライ語の事情を踏まえると「文字」と「母音」

という一見非対称な直訳のペアが適切であると判断し、これに統一した。

〔2〕魂と肉体の比喩表現はカバラのテクスト『ゾーハル』中に見られるものでスピノザによるものではないことを、アシュケナジーのフランス語訳が脚注で指摘している。

第2章

〔1〕この章の標題のうち、「音価」と訳した potestas および「特質」と訳した proprietas の語は本文中に明示的に言及されていない。

〔2〕各ヘブライ文字の名称を示すラテン文字表記はスピノザ自身の音声理解を間接的に知る証拠となる可能性があるため、鉤括弧内のカタカナ表記の後に丸括弧で示す。カタカナ表記は単に近似的であるだけでなく、訳者の解釈が反映されていることに注意されたい。

〔3〕後述する事項の先取りになるが、この文字の発音に関して次のギメルやダレットに見られる「点がなければ柔らかい」という記述がないことは興味深い。現代の観点からはダゲッシュ点のないベートを摩擦音[v]、あるものを破裂音[b]で区別するのが普通であり、スピノザの蔵書目録に見えるレヴィタ＝ミュンスター文法でも明確に「b および v」を区別している。にもかかわらずこれに触れることもなく無視しているのは、リカータ（Giovanni Licata, « La nature de la langue hébraïque chez Spinoza », dans *Spinoza, philosophe grammairien*, Paris, CNRS Éditions, 2019, p. 50）が指摘するように、スピノザのひとつの音韻論的立場を示していると言える。

〔4〕本文で後述されるように、ベガッドケファット（בגדכפת）と呼ばれる六文字が変音するさい、ダゲッシュと呼ばれる「点」を文字の内側に付して（בּגּדּכּפּתּ のように）表記される。このダゲッシュ点は補助的な記号であり、第3章で導入される母音符号には含まれない。

〔5〕本文第3章[3]段落に「ポルトガルのユダヤ人たち」の発音として *debarav* を *debarau* と対比して引いていること、および『神学政治論』第7章にも同じ綴り（*Vau*）が見られることを踏まえ、本翻訳ではこの文字の名称 *Vau* を（ヴァヴやワウでなく）「ヴァウ」と表記する。

〔6〕ヘットを gh、アインを hg、コフを kh（しばしば単に k）、タウを th とするスピノザ自身による翻字は今後も現れるが、原文にしばしば揺れが見られるため、可能な限りヘブライ文字表記を参照されたい。

〔7〕このアルファベットの名称としては「ヨッド」（*Jod* יוד）が一般的である。単純な誤植と考えられるが、“*Jot*” は第3章まで現れ、それ以降は “*Jod*” が用いられる。

〔8〕発音に幅のあるギリシア文字 χ をスピノザがどのように読んでいるかが問題になるが、摩擦音として「ヒー」と解しておくのが妥当であろう。

〔9〕スピノザが ph と表記した音声を特定することは（他と同様）困難である。帯気音[p^h]とも摩擦音[f]とも考えられ、「勢いのある」という表現からは帯気音を想起するが、カフ *Kaf* やコフ *Khof* とスピノザが f で記したものがヘブライ文字ペー פ（ף）で一般に綴られることを踏まえると、翻字としての f と ph を同一視している可能性が

あり、クレインスミット(Anthony J. Klijnsmit, « Spinoza over taal », *Studia Rosenthaliana*, 19, 1985, p. 13)にも準ずる抑制的な解釈として摩擦音[f]を採る。

〔10〕「語」(dictio)と訳出したが、ヘブライ語ではたとえば前置詞が接辞として実詞に付着して、「前置詞＋実詞」であたかも一つの「語」であるかのように扱われることに注意されたい。この文節についてのスピノザ自身の具体的な説明がないため、さしあたり「つなげて発音される単位」と理解しておく。

〔11〕左上に点がある場合はスィン *Sin*(שׂ)。行頭の文字はOPで שׁׂ となっているのをGbが右上の点を削除し שׂ と改めているが、OPに準じた。

〔12〕スピノザはこの文字(ת)の名称に全文を通して一度も触れていない。訳注などで言及する必要がある場合、「タウ」(*Tau*)と仮に表記しておく。

〔13〕ここでいうエズラ(Hgezra)とは中世のラビであるイブン・エズラではなく、聖書中の人物であるエズラを指すと考えてよい。エズラの時代にトーラーを記すのに新たな字体を得たことをタルムードのサンヘドリン21b.が伝えている。ここで使われている「シリア語」はアラム語のことを指していると考えられる。

〔14〕Johannes Buxtorf, *Thesaurus grammaticus linguae sanctae Hebraeae*, Basileae, L. Regis, 1663. 同書の662–663頁などで異書体が用いられている。

〔15〕*ahaghahg* の誤りと考えられるが、OPに従った。以下に続くように、アルファベット(子音文字)を調音器官の種類ごとにまとめて羅列し、適宜母音を補って頭字語のように繋げて読む記法は伝統的ヘブライ語文法書に普通に見られる。

〔16〕「子音」(consonans)。全文を通して唯一ここにのみ現れる。

〔17〕「二重化され」(duplicari)。たとえば英語で動詞putを現在分詞puttingにするさいに語尾のtを重複するように、同一の子音を連続させることを言う。

〔18〕同じ子音文字を二つ併記するか、ダゲッシュ点で代償するかの違い。続く例示では第3章で導入される母音符号が先取りされている。第3章[8]段落の הִנְנִי の例とも見比べられたい。

〔19〕ここでベガッドケファット(בגדכפת の六文字)の上に付された点は(原文にある)単なる強調のための点であってダゲッシュ点ではないことに注意。

〔20〕「士師記」第12章6節に見えるシボレトの故事を踏まえている。

第3章

〔1〕「暗黙のうちに理解されている」(subintelliguntur)。日本語母語話者がふりがなの振られていない漢字を読めることと類比できる。

〔2〕母音符号の呼称は地域や時代などにより一定しない。本翻訳では一貫してスピノザによるラテン文字表記をもとにしたカタカナ表記を用いる。

〔3〕*khamets* が適切だが、OPに準じた。

〔4〕母音符号の名称「ホレム」(*gholem*)への言及が抜けているが、直後([4]段落)に現れる。

〔5〕OPに準ずる。Gbは「khibbutsの方が良い」とコメントしている。全体に表記揺

れが見られるが、原文中では *khibuts* の表記がもっとも多い。

〔6〕オミクロン（ο）とユプシロン（υ）との合字であり、ου を表す。

〔7〕『神学政治論』第 13 章に見える אלה (*eloah*) もこの例にあたる。

〔8〕アインの直前での定冠詞（第 9 章[1]段落を参照）に対する相異なる母音変化を対照している。הָעוֹבֵר「過ぎゆく者」（定冠詞＋分詞）は「出エジプト記」第 30 章 13・14 節など、הֶעָנָן「雲」（定冠詞＋実詞）は同第 19 章 9 節などに見える。ガルジューロのイタリア語訳では「名詞によっては」（in nominibus autem）を「実詞においては」と意訳しており、これは分詞である前者と実詞である後者との間に境界があるとの解釈であろう。

〔9〕レーシュがダゲッシュをとる例が「エゼキエル書」第 16 章 4 節などに見える（ただしキブツがレーシュに先行する例ではない）。

〔10〕「音節」と訳した syllaba はここで初出となるが、用語の明確な定義はない。スピノザが一般的な意味での「音節」（母音と子音を組み合わせた単位）ではなく単に「母音」を指しているように読める箇所がしばしばあるが、統一して「音節」と訳してある。

〔11〕短い「オ」の発音を持つカメツを「カメツ・ハトゥフ」（*khamets ghatuph*）と呼ぶ。第 14 章[6]段落を参照。

〔12〕ペー（פ）の左下に引かれている垂直線はメテグと呼ばれる、音節の長さを示す補助的な記号である。後述されるガアヤーと同一視する見方もある（第 4 章[3]段落等）。どちらも音節を切る役割があり、したがって音節を引き延ばすことにもなる。そしてメテグの後のシェヴァは、語頭のシェヴァとなり発音される。

〔13〕16 世紀の文法学者。スピノザは『ミクネー・アヴラム』（Abraham de Balmes, *Peculium Abrae*, Venice, Bomberg, 1523）を参照したと考えられているが、ファン・ローイエンの蔵書目録には記載がない。Saverio Campanini, « Le *Peculium Abrae* d'Abraham de Balmes et la question des sources du *Compendium* », dans *Spinoza, philosophe grammairien*, pp. 105–126 に詳しい。

〔14〕「縮約され」（corripitur）および「密着する」（adhaeret）。シェヴァ（ə）を含む音節が前後の音節とひとつながりになって発音される（CVCə あるいは CəCV をそれぞれ一気に読む）ことを「密着」と呼んでいるか。「縮約」の定義は問題である。同章第[8]段落での תִּפְּקְדוּ (*tiphkedu*) の例では、*ph* のあとにある「縮約され」た第一のシェヴァはラテン文字に転写されていないことからまったく発音されないかのように見える。しかし第[9]段落で Gb の修正を受け入れず OP のまま「すべてのシェヴァが絶対的な音節、すなわち単独で聞かれうる音節である」と読むならば（訳注 15 を参照）、「発音される」シェヴァ（CəCV）と「縮約された」シェヴァ（CVCə）の対立は有無（いわば 1 と 0）ではなく長短（いわば 0.5 と 0.1）の対立となり、スピノザが両者をともに「もっとも短い e」（e brevissimum）と呼びながらその長短を区別していたと理解することになり得る。

〔15〕「単独で聞かれうる」（sola audiri possit）。手島勲矢「スピノザと中世のヘブライ文法論争――『ヘブライ語文法綱要』の本文校訂のために」（日本オリエント学会『オ

リエント』41号、1998年、所収)に詳しく述べられているように、OPおよびBrにはない否定辞nonが、VLにおいて「初版およびパウルス＝ブルーダー版は否定辞〔引用注：nonのこと〕を省略している」というコメントとともに付加された。Gbもこれを踏襲しており、「単独では聞かれえない」(sola audiri non possit)としている。ここではOPに準じ、否定辞nonを挿入しないままで訳出してある。

〔16〕「ハタフ」(חָטֵף)の複数形。

〔17〕Gbは「◌ֶセゴール」と修正して筋が通るようにしている。

〔18〕ハタフすなわち複合シェヴァでない単なるシェヴァ。第4章、第28章に関連する記述がある。

第4章

〔1〕本章で扱われる「アクセント」記号(ヘブライ語で「タアミーム」(טעמים)という)とは、単に単語内の強勢位置を表すだけではなく、イントネーションや中断など単語を超えた分節にまたがる音韻現象を記述する、母音符号とはまた別の補助記号群を指す。機能が複雑であるだけでなくその種類の数も一定せず、たとえばレヴィタ文法では30種を数える。スピノザがアクセントについて「混乱させる代物」と評しながら少なからぬ紙幅を割いている事実は一見奇妙であるが、アクセント情報に封入された聖書ヘブライ語の読みの伝統を批判的にであれ評価し活用していることを示唆する。アクセントに対する批判的な言及は『神学政治論』第7章にも見える。

〔2〕原文ipsae tolerabiles essent, si ad linguae cognitionem, vel eloquentiam viam facerentとペトロニウス『サテュリコン』の冒頭部(第1章2節) ipsa tolerabilia essent, si ad eloquentiam ituris viam facerentとの類似性をプロイエッティ(Omero Proietti, « Il *Satyricon* di Petronio e la datazione della *Grammatica Ebraica* Spinoziana », *Studia Spinozana*, 5, Königshausen & Neumann, 1989, pp. 253-273)が指摘し、『ヘブライ語文法綱要』成立年代推定の手がかりの一つとしている。

〔3〕「暇なマソラー学者たちに」(otiosis Masorethis)。マソラーとは聖書のテクストと読みを膨大な欄外注とともに後世へと伝えていく営みであり、母音符号やアクセント記号の整備などもその一部をなす。皮肉な形容とは裏腹に、スピノザもまたマソラー伝統の産物を批判的にであれ継承していると言える。

〔4〕文脈に照らして、スピノザがスィルークと呼ぶ(ソフ・パスークとも呼ばれる)記号(:)が明らかに脱落しているのでGbに準じて補った。「創世記」第1章1節の末尾を例示したものと考えられるが、この記号自体は至る所に見える。

〔5〕形態的な格標示を持たないヘブライ語において、位置およびアクセントによって格機能が間接的に表示されることを述べている。第5章における定義がなされていないこともあり、「名詞」と「動詞」については素朴に訳出した。

〔6〕ラテン語et(&)として訳されるヘブライ語の接続詞 ו は聖書ヘブライ語統語論においてきわめて重要かつ複雑な役割を担うものだが、統語論の部を欠く『ヘブライ語文法綱要』ではその詳しい説明が与えられない。

〔7〕本章[14]段落で現れる「分離アクセント」(こちらは「王」ないし「支配者」(reges)とも呼ばれる)と対置される、「接続アクセント」とも呼ばれるもの。

〔8〕倚辞。ここでは כִּי を指す。

〔9〕OPでは「ザケフ・カトン」の綴りが צקף קטון となっているが、単純な誤植と判断し修正した。

〔10〕OP準拠。Gbは否定辞nonを肯定のnempeに修正し、「アクセントをつけなければならない音節の下に」と解釈している。

〔11〕ここでもOPでは印字されていないが、הָאָֽרֶץ׃ とスィルーク(:)を補って読む。

〔12〕「創世記」第1章12節と見られるが、このマカフの存在はスピノザの参照した聖書テクストに依るものか。以下、断片的な引用が散見され、アシュケナジーのフランス語訳が参照先の表示を逐一付けているが、推測にもとづく不安定な情報源になることを厭い、本翻訳では原則としてこれを控えた。スピノザがあえて出典の明示的な参照を避けていることへの洞察についてはモック(Keren Mock, *Hébreu du sacré au maternel*, Paris, CNRS Éditions, 2016)を参照。

〔13〕直後に גַּעְיָא と綴られており表記が揺れているが、一般的には געיה と綴られる。

〔14〕כְּמַֽעֲשֵׂה の誤りか。

〔15〕最初のヌンは単純な誤植と見た上で、「アンテペヌルティマにガアヤー」を置くという文脈を踏まえれば、וַֽהֲקִימוֹתִי の誤りと考えられる。Gbはウルティマにアクセント(メルハー)を追加する積極的修正を施し וַֽהֲקִימוֹתִ֥י としたが、ガアヤーの位置に疑問が残る。

〔16〕OPが בְּשָֽׁבוּעוֹתֵ֫יכֶם すなわちペヌルティマにアクセントが付いているにもかかわらずアンテペヌルティマにガアヤーが付いているのが文意に合わないと見てか、Gbはアクセントをウルティマに移動し、בְּשָֽׁבוּעוֹתֵיכֶ֫ם と修正している。

〔17〕この例でダレットの下に置かれているアクセント記号(◌֥)は本文で言及されていない。以後、便宜上「メルハー」(*mercha*)と呼んでおく。

〔18〕Gbがヨッドにダゲッシュ点を付しているが、OPにはない。

〔19〕第9章を指すか。

〔20〕原文Hebraice loquiに対して、ナオンのフランス語訳は「誤った解釈を引き起こした」ものと断じた上で「話すこと parler」という解釈を斥け、「ヘブライ語を理解すること connaître l'hébreu」と踏み込んだ訳を提出している。

〔21〕「分離するアクセント」(accentus distinguens)。以後、「分離アクセント」と記す。

〔22〕ここでラメッドの上に未定義のアクセント記号(◌֨)が見えるが、次段落で述べられる「アズラー」と考えられる。

〔23〕Gbにより「12節」と修正されている。

〔24〕本章[2]段落の後半を参照。

〔25〕ガルジューロのイタリア語訳は、これが「ペヌルティマ」の誤りである可能性を指摘する。そうだとすれば、「ウルティマにアクセントを持つ語(ミレラア)」、「ペヌルティマにアクセントを持つ語(ミレエル)」のあとに「ミレエル」そして「ミレラ

ア」がこの順で述べられるのは一種のキーアズモス（交叉配列）となる。

〔26〕nomina。続く第5章から名詞は Nomen のようにキャピタライズされる。

〔27〕「それゆえに」（propterea）。OP の propterea athnagh, et を Gb は propter athnagh, et と修正している。Gb に準じた訳文は「タルハーがアトナフとスィルークの近くで自らの分離する特質を失っていることをわれわれはすでに述べた」となる。

第5章

〔1〕ラテン文法の伝統における八分法は名詞（形容詞を含む）・動詞・分詞・代名詞・前置詞・副詞・間投詞・接続詞とされる。

〔2〕「すべてのヘブライ語の言葉が名詞としての機能と特性を持っている」（omnes Hebraeae voces, [...] vim et proprietates Nominis habent）。『ヘブライ語文法綱要』を強く特徴づける主張であるが、これをスピノザの形而上学と性急に直結して考えることをリカータは戒めている（Giovanni Licata, "Spinoza e la *cognitio universalis* dell'ebraico. Demistificazione e speculazione grammaticale nel *Compendio di grammatica ebraica*", *Giornale di Metafisica*, 31, 2009, pp. 649-650、秋田慧訳「スピノザとヘブライ語の〈普遍的な知識〉――『ヘブライ語文法綱要』における脱神秘化および文法的思惟」『スピノザーナ』16号、スピノザ協会、2018年、142-143頁）。ここでいう「名詞としての機能と特性」が指す対象をスピノザは詳述しないが、第6章の単数から複数への屈折と第8章の支配現象を念頭に置くと見通しがよい。

〔3〕「知性のもとに落ちてくる」（sub intellectum cadit）という独特の言い回しは『エチカ』第1部定理16に（および類似の表現として第4部付録4に）見え、「「名詞」によって私は、……と解しておく」（Per nomen intelligo [...]）という定義文の形式もまた『エチカ』の諸定義と同じである。「名詞」と訳した nomen という語は「名前」とも訳しうる（この多義性じたいは対応するヘブライ語 שֵׁם（*shem*）も同様に有する）が、ここでは一見漠然とした定義を与えるために置かれたプレースホルダのごときものとして扱われていると考えれば、極端に言ってその訳語はどちらでもよい（名称と実態のズレはいずれにせよ生じる）。その上で、あくまで文法を論じるための用語であることや、特定の「機能と特性」を想定していることとの整合を鑑み、「名詞」の訳語を選んだ。訳語が「名詞」であれ「名前」であれ、本章の定義でスピノザが取り決めた用語として全編にわたって使用されているものだと常に念頭に置くことが重要である。ヘブライ語文法史における「名前／名詞」という観点については、手島勲矢「ユダヤ思想と二種類の名前――イブン・エズラの『名詞論』から」（宗教哲学会『宗教哲学研究』第28号、2011年）が示唆に富む。「名詞と動詞が近接する」ような現象を含む聖書ヘブライ語の文法をうまく記述するためのメタ言語を模索した中世以降の文法家たちの努力とスピノザの選択を対置したコーゲルの分析（Judith Kogel, « Spinoza, lecteur de David Qimḥi? », dans *Spinoza, philosophe grammairien*, pp. 91-103）も参照。

〔4〕「実詞としての名詞」（Nomen substantivum）。以下、「形容詞としての」（Adjectivum）・「関係詞としての」（Relativum）・「分詞としての」（Participium）・「不定詞と

しての」(Infinitivum)・「副詞としての」(Adverbium)と同様、ラテン語原文が中性名詞 Nomen と性・数・格が一致する(ここでは中性単数主格 -um の語尾を持つ)形容詞の形として品詞名が並ぶ。一般には男性実詞(Infinitivus)で表される「不定詞」がここでは中性の Infinitivum の形で書かれていること、第8章や第12章などで “Nomen Infinitivum” の形で見られることを手がかりに、これらの品詞名を「名詞」(あるいは「種類」genus)につく中性形容詞とみなし「……としての(名詞)」と訳出した(ルビンのヘブライ語訳およびヴルティールカのチェコ語訳に近い)。ただし、男性実詞形 Infinitivus の用例も全章を通して少なからず見られる。以後、スピノザが明示的に Nomen を付さずに書いた品詞名は「……としての」を付さず単に「不定詞」や「形容詞」のように訳してある。

〔5〕古代ヘブライ語において、固有名詞は冠詞をとれないなど普通名詞と異なる統語論的性質を持つ。Paul Joüon & Takamitsu Muraoka, *A Grammar of Biblical Hebrew*, Rome, Gregorian & Biblical Press, 1991[2006], § 137b を参照。

第6章

〔1〕「どちらの性とも言えない名詞について」(de Nominibus neutris)。文法的性に関連して neuter という形容詞が用いられる箇所は全文を通して他になく(「中立動詞」の形では六カ所ある)、スピノザが(ラテン語に認められるように)独立した文法的性の一つとして「中性」をヘブライ語に認めているとは言い難いと判断し、開いて訳出した。第7章の内容も参照のこと。なお、この段落の後半では、単数形と複数形とで文法的性マーカーの対応が不ぞろいの用例が列挙されている。

〔2〕ブルームの英訳では当該段落の全部が脱落している。

〔3〕第4章[4]段落を参照。概して複数形では語末に長音節を添加することに伴い強勢状況の変化が生じやすく、それに随伴する母音変化もさまざまな形で見られる。

〔4〕「一覧表」(catalogus)。本章に4度現れるが、底本には付されておらず、実際に書かれたかどうかも不明。以下同様。

〔5〕単数から複数への変化ではなく、異形態や支配形(第8章)における音韻変化を指す。

〔6〕Gb の修正 שְׂמֵחִים が文脈に沿う。

〔7〕OP の נְקִים を誤植と判断した。

〔8〕Gb の修正 שׁוֹשַׁנִּים が文脈に沿う。

〔9〕Gb の修正 קָנִים が文脈に沿う。

〔10〕OP は זָנִית だが、訳語から単純な誤植であると判断でき、Gb の修正 זָוִית を採った。複数形 זָוִיוֹת も同様。

〔11〕Gb は גָּלֶיוֹת としているが、OP を גָּלְיוֹת と見なし、OP に準じた。この用例についてナオンのフランス語訳の訳注54は、OP を גָּלְיוֹת のように ל の下に母音符号がないものと見なし、VL が母音ヒレクを追加した結果 גָּלִיוֹת という聖書以後のヘブライ語の用例であるかのように扱われるようになったと指摘する(訳文自体は Gb に寄せて גָּלֶיוֹת としている)。

〔12〕ここに列挙されたもののうち後半の 4 組はそれぞれ変則的であり、直前に述べられたセゴールの規則をそのままでは適用できない。たとえば זֶבַח からは本章[8]段落の規則(ペヌルティマのセゴールをシェヴァにする)を適用して *זְבַח、これに[1]段落を適用し単に複数語尾を付加すると *זְבַחִים、さらに[2]段落(ヒレクの前でペヌルティマにパタフをとることができない)を適用することで זְבָחִים が得られる(ここでアステリスク(＊)は規則の適用過程としての仮の形であることを示す。実際に現れる形ではないことに注意)。חֵטְא の例は、この段落で述べたセゴールの規則と無関係に本章[5]段落(ツェレーのシェヴァ化)、[1]段落(複数語尾)および第 3 章[9]段落(語頭シェヴァ連続の回避)を適用することで חֲטָאִים を導けるが、なぜこの箇所で例示されているのかは不明である。

〔13〕「添加語尾の ה〔ヘー〕」(ה paragogicum)。性別を変化させるなどの文法的機能を持たない、いわば装飾的な語尾を指す。ヘー以外の文字でも同様。

〔14〕単数形よりもむしろ複数形において本来の母音が現れているとスピノザが考えている事例と見ることができる。Joüon & Muraoka, *op. cit.*, §98e も参照。

〔15〕Gb の修正 מִסְפָּרִים は合理的だが、OP に準じた。

第 7 章

〔1〕ここでいう通性名詞(nomen commune)とはラテン語・ギリシア語にあるような三つの文法的性の一つとしての中性(nomen neutrum)ではなく、語とその文法的性とが一対一に定まらないものを指していると考えられる。スピノザ以前のヘブライ語文法学者たちも文法的性の種類や性質についてさまざまに異なる見解を提出している。

〔2〕「偶然に過ぎない」(id casu contingit)。既存訳でも解釈の分かれた箇所である。本翻訳では、聖書ヘブライ語という限られた言語資料の外側にもヘブライ語の世界が広がっていたはずだとする立場を明らかにしていたスピノザが、「聖書中では常に」そうなっている事象をコーパスの偏りによる「偶然」と見なしていても自然だとする解釈を採った。

〔3〕VL および Gb はこの(二度目の)「女性」を「男性」に修正しており、contra を副詞ととらえ「逆にただ一カ所でのみ男性として現れるものもあるが」と読めるようにしている。本翻訳ではここでも全体の方針と同じく OP に基づき、contra を前置詞ととらえて解釈することで、直後の例との関係が自然になっている。

〔4〕第 3 章 11 節および 12 節、2 体のケルビム像それぞれの両翼を記述し分ける場面である。

〔5〕Gb は「第 32 章 9 節」に修正している。

〔6〕日本語や英語の訳では文法的性が反映されないため文脈との関係がわかりにくい。ヘブライ語引用文中において通性名詞 מחנה「陣列」(acies)をいったん האחת「一つのもの(女性形)」で女性として指示(ラテン語では unam)した直後、動詞に後接された指示代名詞 -הו「これ(男性形)を」で男性としてあらためて指示(ラテン語では eum)している事実に言及している。

〔7〕通称ラシ(Rashi)とされるラビ・シェロモー・イツハキ רבי שלמה יצחקי を指す古い別称。ただし、ハイェス(Adolph Chajes, *Über die Hebräische Grammatik Spinoza's*, Breslau, F. W. Jungfer's Buchdruckerei, 1869)が指摘するように、該当箇所はラシのものではなく、バルメス文法に引用されたイブン・エズラの言葉と考えられる(de Balmes, *op. cit.*, f. hVIIv. ただしスピノザの引用通りの形ではない)。ナオンによるフランス語訳の訳注60および61が詳しい。

〔8〕以上の例示には、形容詞と総称する中に分詞や可変性実詞が含まれている。

〔9〕第3章[9]段落を参照。

〔10〕「……となるはずのところ」(deberet esse)。『ヘブライ語文法綱要』中には接続法未完了による仮定で述べられる理論上の形がしばしば見られるが、これらは音声変化の規則についてのスピノザの思考の痕跡として貴重である。ここで示される מְלָכָה の最初の2母音がシェヴァとカメツであることの理由は誤植の可能性も含めて自明ではない。第6章[8]段落において双子のセゴールを持つ語が長音節の複数形語尾(-īm / -ōt)を得てシェヴァとカメツに母音変化する規則を、同様に長音節である女性化語尾(-āh)の付加時にもパラレルに適用できるのは自然な類推(だが実際には本段落の規則により上書きされてパタフとシェヴァになる)とスピノザが見なしていた可能性が考えられる。

〔11〕第11章[10]段落に、双子のセゴールをヒレク+シェヴァに変音する規則の記述が見える。

〔12〕「民数記」第26章45節に見える氏族の名。

〔13〕イェルサレムのこと。

第8章

〔1〕ヘブライ語における「支配状態」(Status Regiminis)とは、二つの名詞AとBを連結して「AのB」というかたまりを作り出す機能においてBの側に音韻変化が生じた状態を言う。これに対して連結を受けない状態を「絶対状態」(Status Absolutus)と言う。「支配」(regimen)は支配する者(regens)と支配される者(rectus)という非対称な修飾関係をよく言い表しているが、スピノザ文法に独自のものではない。なお、この文法概念はヘブライ語ではスミフート סמיכות と呼ばれる。

〔2〕後に活用の章で見るように עָשָׂה という形は一見して過去三人称単数動詞形であるが、スピノザのラテン語訳に従えば絶対状態の不定詞として挙げられている。過去三人称単数と絶対状態不定詞が同形になりうるという観察は本章[5]段落の表下部にある原注で明確に述べられており、スピノザ文法を特徴づける重要なものである。また、ラテン語として曲用による格標示ができない語形(ここでは不定詞 facere)に古典ギリシア語の中性定冠詞を付すことで擬似的に格を表現するとともに名詞性を明示する工夫は、これ以降も同様に用いられる。なお、訳文の全体にわたって、原文中の不定詞は「(〜する)こと」と名詞化して訳出した。

〔3〕OPおよびGbが属格(単数)の古典ギリシア語定冠詞 τοῦ としているところを、VL

のみ主格(単数)の τὸ へと修正している。この箇所では「……の為すこと」という支配関係は alicujus が属格であることによって既に示されている以上、VL の修正(訳出としては「何者かの為すこと」まで)が妥当であると考えられるが、全体の方針に従い OP 準拠、すなわち属格定冠詞に由来する「の……」を加えて訳出した。これは支配関係が前方向にも結ばれている直後の例「主なる神の為すことの日」に引っ張られた誤植と考えられる。本章[表 VIII-9]の「神による創造」と「神による創造の日」の二例と比較するとよい。直前に示された音韻規則に従わず唐突に提示された עֲשׂוֹת という支配状態については本章の[表 VIII-1]「あらわにすること」の例を参照。

〔4〕この例では支配関係が「3(絶対状態):主なる神(יהוה אלהים)」→「2(支配状態):……の為すこと(עשות)」→「1(支配状態):……の日(יום)」と二重になっていることに注意(数字はヘブライ語としての語順)。こちらの例における属格定冠詞 τοῦ はこのままでよい。ヘブライ語の境界に即した切れ目をスラッシュで示すとすれば dies τοῦ / facere(alicujus=Domini Dei) / Domini Dei となる。

〔5〕重さの単位。

〔6〕シンをスィンとする Gb の修正 שֵׂעָר および שְׂעַר が妥当。

〔7〕第 6 章[4]段落に別の語が同じく angulus と訳されている。ラテン語訳に準じて訳出も揃えたが、第 8 章の方は「縁《へり》」に近い。

〔8〕「類推」(analogia)は、規則を適用してある語形の変化から他の語形の変化を導出すること。クレインスミット(Anthony J. Klijnsmit, “The Problem of Normativity Solved or Spinoza’s Stand in the Analogy-Anomaly Controversy”, in *Studia Spinozana*, 4, Königshausen & Neumann, 1988, pp. 305–314)の指摘するように、類推によって理論的な形を導き出すこと自体は古代からギリシア文法やラテン文法の枠組みでしばしば見られる。

〔9〕Gb の修正通り תַּלְאוּבַת が文脈に合うが、OP に従った。

〔10〕抽象名詞などが該当する。スピノザはこうしたものは通性であると第 7 章で述べており、たとえ聖書コーパス中のすべての用例で女性として表されていた(そのことは代名詞や形容詞との対応で間接的に示される)としても「女性名詞」とは分類しない。こうしたスピノザの態度は、「聖書の文法ではなく言語の文法」という宣言とも合致する。名詞の性分類を素朴に受け入れているブクストルフ文法(Buxtorf, *op. cit.*)の第 8 章における例外処理的なアプローチとも比較されたい。

〔11〕「変異(する)」(variatio/variare)はこの章にのみ現れる語彙で、絶対状態から支配状態への語形変化を指すと考えられる。第 6 章で取り扱った単数から複数への語形変化「屈折(する)」(flexio/flectere)と使い分けられている。

〔12〕語根子音に対して母音をどのように組み合わせるかの範型となる「形式」(formula)については第 13 章以降を参照。「名詞が動詞から形作られている」のではないことに注意。

〔13〕「能動者にも受動者にも結び付けずに」(absque relatione agentis, vel patientis)。現代的に言えば「能動者」(agens)は動作主、「受動者」(patiens)は被動者だが、ある

行為を軸にして能動の側に立つか受動の側に立つかという対称性を表現する訳語を採った。

〔14〕 表の上 7 行に挙げられた形式が、第 12 章[5][6]段落における 7 相の不定詞の例示と同順で対応している（第八相に相当する循環動詞形・受動の形式は第 21 章[4]段落にあるが本表では省かれている）。8 行目「近づくこと」から 11 行目「見つけること」まではそれぞれ語根構成子音に基づく類別であり、第 30 章、第 23 章、第 31 章、第 22 章の用例に対応する。

〔15〕 支配状態でアクセントを失い短母音化する（短い「オ」の音になる）ことをいう。第 14 章[6]段落を参照。なお、「カメツ・ハトゥフ」という文言が原文では“kam ghat”および“k. g.”と略された上で該当部分の上下にはみだす形で記載されている。これら添え書きを本文と分けて記載する提案を笠松和也氏より受けたが、ナオンのフランス語訳に準ずる形で本文中に含めた。

〔16〕 マカフ（־）は二つの語を結ぶ、ハイフンに近い役割を持つ横線を指す。第 4 章[3]段落を参照。

〔17〕 Gb が פְּקֹחַ と修正した。

〔18〕 第 14 章[3]段落に関連する記述がある。この原注全体の主張については、グルントフェスト（Jacob Gruntfest, “Spinoza as a Linguist”, *Israël Oriental Studies*, 9, 1979, pp. 117–128）による評価を踏まえつつ、リカータ（Licata, *op. cit.*, “Spinoza e la *cognitio universalis* dell’ebraico”）がその第 4 章で「重要な原理」として整理している。

〔19〕「出エジプト記」第 12 章 9 節に見える受動の形容詞と同形だが、スピノザの付したラテン語解釈に則して訳出した。アシュケナジーのフランス語訳が“cuire”と能動に改めて訳出したのはピエル不定詞 בַּשֵּׁל として解釈したか。

〔20〕 VL は左から 3 列目を丸ごと削除しているが、OP に準じた。右上から右下にかけて 4 行ごとにひとかたまりとみて、第一相（能動）分詞、第一相形容詞、第二相（受動）分詞、第三相（能動）分詞、第三相形容詞、そして左上から左下にかけて第四相（受動）分詞、第五相（能動）分詞、第六相（受動）分詞、第七相分詞とまとまっている、と解釈すると見通しがよい。仮に第 1 列（Reg.）を「絶対状態」、第 2 列（R.）を「支配状態」、第 3 列を「絶対状態」と読むならば、第 1 列のさらに左側に「支配状態」を記載した列が想定されるが、これを補いつつ配列を改めた状態に相当するのが OP においてページを改めた[表 VIII-3]および[表 VIII-4]にあたると推測される。

〔21〕「動詞形の形容詞」（verbi adjectivum）。表中二カ所（第一相と第三相のあと）に現れる。状態をあらわす意味を持ちながら動詞として活用を持つ語を指していると考えられる。ジュオン・ムラオカ文法（Joüon & Muraoka, *op. cit.*）の§50b も参照。

〔22〕 原文“p. f.”（複数女性）だが、内容を鑑みて「単数女性」に直した。

〔23〕 原文 14 行目の左から 2・3・4 列目の内容を 1 行下にずらし、内容で揃えた。

〔24〕 男性複数形が入るべき箇所だが、原文が 1 列目以外空いている。

〔25〕 OP で「支配 2」（Reg. 2.）となっているのを Gb は「支配」（Reg.）と修正している。

〔26〕 OP で「受動」（Pass.）となっているのを Gb は「絶対」（Abs.）と修正している。

〔27〕単数女性と複数女性がここだけ上下逆転している。

〔28〕原文は sensu[s]で、他に第 9 章(p. 41, l. 11)と第 32 章(p. 108, l. 22)で現れる。第 33 章[9]段落の内容も参照のこと。

〔29〕原文で Act. となっているが、Gb の修正を妥当と判断し〔絶対〕とした。

〔30〕Gb は מַפְקֶדֶת だが、OP に従った。

〔31〕原文で Act. となっているが、Gb の修正を妥当と判断し〔絶対〕とした。

〔32〕Gb はこの「シェヴァ」を「ツェレー」に置き換えている。原文は“geminum segol, pathagh, ghirekh, et scheva, gholem”で、コンマの区切りが連続するために繋がりがわかりにくい。

〔33〕アヴェル(עָוֶל)が支配状態でエヴェル(*עֱוֶל)とならず実際にはオール(עוֹל)となるような、子音字ヴァウの休音化が次段落で説明される。

〔34〕「行」(period[us])、第 4 章の三カ所とこの箇所のみ現れる。

〔35〕第 6 章[3]段落。

〔36〕「エゼキエル書」第 28 章 18 節。

〔37〕第 8 章および第 9 章ほかに現れる「属格」(genitivus)の初出箇所。第 9 章[表 IX-1]で「先行する名詞が支配形で置かれていることで〔属格であると〕認識される」ともある通り、スピノザはヘブライ語文法における「属格」を「支配状態の語の直後に置かれる語」を指して言っている(ただし形態上は「主格」と区別できない)ことがわかる。ブクストルフ文法でも Genitivus という表現は比較的多く現れる。たとえば、第 2 巻第 3 章「ある名詞が他の名詞を支配する場合の名詞の統語論(シンタックス)について」の中で「実詞は他の実詞を属格において支配する」ことの説明が見られる(Buxtorf, *op. cit.*, p. 341)。

〔38〕先行する語、表記上は右にある語を指す。この例では לֵב「心」(cor)で、続く「賢者の」(sapientis)が属格になっていることから「心」が支配形であると考えられる。同じ名詞が次の例で支配関係が裏返されて לֵבָב となっている(聖書中に用例が少なからずある)が、この形を本章の説明から導き出すことは難しい。

〔39〕原文の構造を最大限保ちながら訳するとすれば「善の愛者たち」。下の例も同様。

〔40〕スピノザによるラテン語訳は、動詞(regere)の能動と受動を用いて支配関係の向きを明示的に表現している。具体例の三語は第一から順に[A of]→[B of]→[C]という図式をなしており、B「創造」が A「日」によって「支配される」(regitur)と同時に、C「神」を「支配して」(regit)いる。次頁の図を参照。

〔41〕ここでいう「属格の前置詞」(Praep. in genit.)とは、「属格名詞をその後にとる前置詞」ではなく、「支配の作用によってそれ自身が属格形に曲用された前置詞」を指すと解する。

〔42〕スピノザが与えたラテン語訳 intus は副詞だが、ヘブライ語が実詞で置かれていることに準じて実詞として訳出した。第 9 章[6]段落の内容も参照のこと。

〔43〕最後の単語 חָרָה は、ナオンのフランス語訳が注 73 で指摘するように סָרָה(「イザヤ書」第 14 章 6 節)の誤植と考えられる。ヘブライ語 בִּלְתִּי は「不……」、「無……」

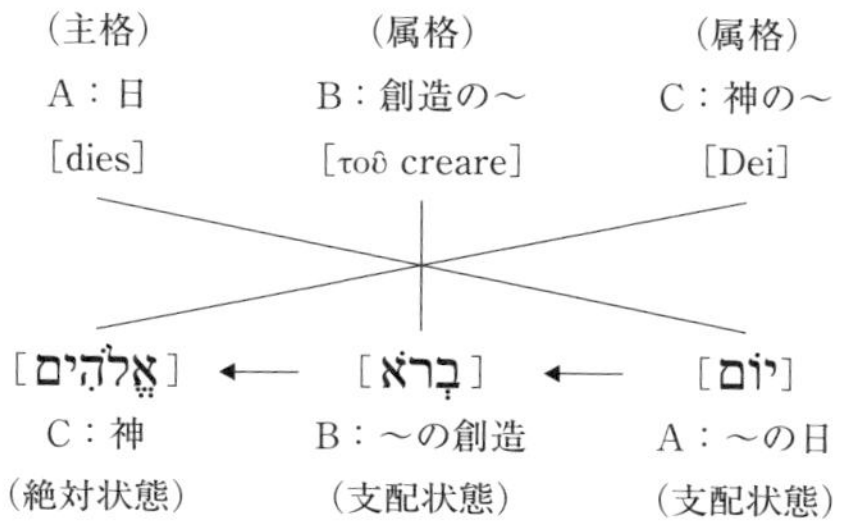

に相当し、ラテン語訳“non desinentis”は否定辞 non をあたかも名詞であるかのように扱い現在分詞 desinens の属格形を置く破格表現を用いて支配関係に擬している。次の“non sapientiae”も同様。

〔44〕原文35頁から36頁にかけて改ページとともに段組が切り替わっており、この箇所が表の中にあるのか外に出ているのか不明瞭だが、書き始めが表の中であることに準じて表中に組んだ。

第9章

〔1〕「普通名詞」(nomen appellativum)。

〔2〕前者はメムがダゲッシュを打つことができる文字であるにもかかわらずガアヤー(垂直線)によって代償されている例、後者がダゲッシュを打つことができない喉音字の前でカメツにならずガアヤーで代償されている例。OP は後者の三文字目の印字が疑わしく、見たままでは הַחִנִי ないし הַחִגִי が近い。Gb が採った הַחִוִי や VL の הַחִתִי はいずれも民族の名で、用例がある。ここでは Gb と同じ הַחִוִי を、OP を曲げない範囲と見なして採用した。

〔3〕「指示のヘー」(ה Indicativum)。広義の定冠詞と言ってよい。

〔4〕前置詞について詳しくは第10章を参照。ここでスピノザは、前置詞とその直後の名詞との関係を、第8章で述べた「支配」という(名詞と名詞の結合)関係に還元している。

〔5〕ともに曲用形態としての奪格を持たないものとしてギリシア語とヘブライ語とを並列している。

〔6〕あたかも接頭辞ないし前倚辞のように直後の名詞と一体化して振る舞う。

〔7〕「不特定の」(vagi)。定冠詞 ה が付かない状態ということ。

〔8〕「AのB」という関係を示す場合に属格性を示す「……の」の役割を担う語がラテン語(Aを属格に曲用する)とヘブライ語(先行するBを支配形に変音し後続するAは変化しない)とでずれていることに注意されたい。

〔9〕直前の属格の説明における「どんな種類のものであれ先行する名詞」の一例として、前置詞が先行しているというスピノザの認識を読み取ることができる。

〔10〕以下[表 IX-3]および[表 IX-4]も同様に、対格標識が OP で אֵת となっているのを Gb が אֶת と修正しているが、OP に準じた。

〔11〕形容詞を伴う実詞に定冠詞が付く場合、実詞と形容詞の両方に定冠詞が付される(与格では前置詞 לְ に吸収されていることに注意)。この性質をスピノザは特に説明なく表中に取り入れている。

〔12〕第 8 章[7][8]段落の内容に照らしても תֶוֶךְ でなく תָוֶךְ(「創世記」第 15 章 10 節に見える)、また עֶוֶל でなく עָוֶל が妥当だと考えられるが、OP に準じた。

〔13〕「洗練されたかたちで」(cum elegantia)。語調をととのえるといった文体上の機能を念頭に置いていると考えられる。

〔14〕支配形はその直後に何らかの語(属格)が置かれることを予想させる。

〔15〕Gb が בְּמִזְרְקֵי と修正している。

〔16〕本章で述べてきたように前置詞を支配状態と見なしたとしても、その前置詞自体が指示の ה(定冠詞)によって特定されていると見なすことはできない。

〔17〕ラテン語の副詞 foras を名詞として扱うために奪格支配前置詞 de「……から」のあとにギリシア語の定冠詞中性単数与格 τῷ を置いている。本章[3]段落の内容に照らせば属格 τοῦ が想定されるが、表を通じて τῷ が用いられているのは誤植ともスピノザの誤解とも、あるいは他の意図があるとも断定できない。すべて OP に準じた。

〔18〕省かれた前置詞が補われた状態を仮に再現するならば וְהָיוּ בְאֹכְלֵי אֶל שֻׁלְחָנֶךָ となる。

第 10 章

〔1〕「……の上」という関係と「……の中」という関係を区別するという意味では関係は複数あるが、「A の上」と「B の上」との間で内容が異なることをもって「……の上」という一つの種類の関係に複数の個体があるとは認めない。ここで「種」と訳出した語 species は、第 12 章等で不定詞の派生パターン(ビンヤン)として現れる箇所では「相」と訳してある。

〔2〕次の段落に見える אַחַר が前置詞として通常現れる形であるのに対して、この אָחוֹר は実詞化された形である。「イザヤ書」第 1 章 2 節に「後ろ向きに」と副詞用法で現れる。

〔3〕「複数形としても曲用される」(in Plurali declinantur)となっているが、前置詞が格変化すると見ているのか、「屈折される」(flectuntur)との単なる混用なのかは定かではない。本章で現れる「屈折」が「単数形から複数形へと」(ex Singulari in Pluralem)のように in + 対格で表されているのに対して「曲用」では in + 奪格を用いていることから、両者を訳し分けた。

〔4〕ラテン語もヘブライ語も、副詞が複数を欠く点では共通している。

〔5〕第 14 章[3]段落に、「ヘブライ人にとって動詞形はその主格と性・数・格において一致する形容詞である」とある。

〔6〕動詞形が「単数形しか持たない」ことを受け入れるには、スピノザが複数形の人称接辞(たとえば一人称複数)を持つ動詞形もそれ自体は(人称接辞の数とは別に)単数と

見なしている、と解釈する必要がある。

第11章

〔1〕「原形〔人称〕代名詞」(Pronomina Primitiva)。動詞や前置詞などに付される短い形としての人称接辞に対して、単独で(自立して)用いられる人称代名詞を指す。

〔2〕印刷が不分明。第4章[7]段落での例に倣い、אני および אנוכי の末尾(左下)の直線にも見える曲線をメルハー ◌֥ として解釈した。

〔3〕この左の אֲנַכְנוּ および נַכְנוּ に対して、Gb の修正 אֲנַחְנוּ および נַחְנוּ が妥当。

〔4〕『神学政治論』第9章でも言及されている。

〔5〕本章の訳注1で述べた人称接辞を実詞に付ける場合の表が示される。表は実詞の単数・複数と接辞の単数・複数とで2×2=4の小表に分かれる。スピノザは単に「支配形から作られる」とだけ述べるが、表中の母音符号を観察すれば分かるように、どの人称の接辞を付すかに応じて実詞部分の母音が支配形からさらに変化することに注意されたい(音節数やアクセント位置にも着目するとよい)。本章[6][7]段落でスピノザは接辞がもたらす複雑な音韻変化に対して合理的な説明を与えようと試みている。今日では、このように人称接辞が付されている場合の形態を「接辞形」(suffixed forms)と呼び分ける場合もあり、訳者による括弧書きの補足においては便宜上この語を用いている(接辞形に関しては Vincent DeCaen and B. Elan Dresher, "Prosodic Dependency in Tiberian Hebrew", in *Linguistic Studies on Biblical Hebrew*, Robert D. Holmstedt ed., Brill, 2021, pp. 39–59 の韻律音韻論的分析が興味深い)。

〔6〕一人称の人称代名詞 ego の属格 mei と、所有形容詞 meus, -a, -um の中性単数主格 meum とを併記している。表中のみ、両者のラテン語での区別はスラッシュ(／)で訳文に表現したが、ヘブライ語の理解に影響はない。ラテン語文法としてはこのような形で mei を用いるのは破格(meum が正格)。ヘブライ語の人称接辞が、形容詞ではなく名詞であることを表現するための工夫であると考えられる。

〔7〕"tui. m.g."。ラテン語では二人称の人称代名詞に性の区別がなく、"m.g."(および "f.g.")を補っている。

〔8〕Gb は דְבָרָךָ とレーシュの下をカメツに改めているが、OP の母音符号に従った。

〔9〕"ejus. m.g."。ラテン語に三人称の人称代名詞はなく、指示代名詞 is(属格形がすべての性で同形 ejus をとる)で代用するのに準じている。

〔10〕OP のリプリント版(Baruch Spinoza, *Opera posthuma*, Pina Totaro ed., Macerata, Quodlibet, 2008)に従った。「初版〔OP〕では דְבָרֵֽיךָ である」と指摘するゲプハルトの巻末校注(Gb I, p. 628, l. 38)は、ツェレー ◌ֵ をセゴール ◌ֶ と見誤っている上にカメツの左にあるガアヤー(垂直線) ◌ֽ を無視している点で二重の誤りである。

〔11〕原文のレイアウトは、この標題を大きな枠として、以下の[表 XI-4a]から[表 XI-4i]までが一つの「かたまり」となっているように組まれている。その中には分詞にせよ接辞にせよ複数になっている例も含まれているため、どこまでを指している標題なのか混乱しかねない(文字通りにとると[表 XI-4b]までを指していることになる)。

〔12〕表中、最初の行(פָּקְדַי)および右上に段を改めた第6行(פָּקְדֵנוּ)の上に「カメツ・ハトゥフ」(k. gh.)と付記されている。これは表全体で語頭母音 ◌ָ をカメツ・ハトゥフ(短いオ音)で読ませる指示と考えられる。

〔13〕通常の意味の関係詞(関係代名詞など)ではなく、前置詞を指す。第5章と第10章で見た通り、スピノザは前置詞を「関係を指示するもの」と特徴付けている。

〔14〕ここでは破格な inter mei(一人称代名詞 ego の属格)に対して inter meum(一人称所有形容詞 meus の中性単数主格)ではなく inter me(一人称代名詞 ego の対格)が、対格を支配する前置詞 inter の後に来る正格なものとして選ばれている。こちらは所有関係を表さないのでスラッシュを入れずに訳した。

〔15〕ギリシア語定冠詞 τὰ は中性複数(主格対格同形)を示す。

〔16〕第10章[3]段落を参照。

〔17〕この箇所に置かれている mihi は上の行の続きとして解釈した。

〔18〕一つ上の行にある三つの形(מִמְּהֶם、מֵהֶם、מִנְּהֶם)にそれぞれ準じて語尾だけを הן に変える(結果としてמִמְּהֶן、מֵהֶן、מִנְּהֶן になる)ことを省略していると考えられる。

〔19〕第3章[8]段落の末尾を参照。

〔20〕否定辞 אַיִן は存在の否定に用いられるだけでなく、名詞節中で動詞を否定するのに(לֹא の代わりとして)も用いられる。「イザヤ書」第1章15節等。

〔21〕実際の複数形は第6章[4]段落ですでに見たように דְּבָרִים である。

〔22〕この箇所には Br および Gb が比較的大きな修正を加えており、それらの修正は文意に照らして概ね妥当なものだと判断できるが、〔 〕で補いつつ OP に準じた訳出を行った。

〔23〕ペヌルティマにアクセントがあるもの。第4章[3]段落を参照。

〔24〕第6章[2]段落を指すか。

〔25〕第8章の[表 VIII-2]を参照。支配形単数のペヌルティマ(ホレム)が上記の条件を満たしていることも確認できる。

〔26〕文字上は表記されないが、アクセントが語尾に移動している。

〔27〕本章[9]段落に例示。なお、「カメツ・ハトゥフ」は原文が ghateph khamets となっているが、同一対象を指していると考えられる他の箇所に従い、khamets ghatuph の誤植と判断して訳語を揃えた。

〔28〕本章[表 XI-4b]を参照。

〔29〕本章[7]段落。

〔30〕דְבָר־ のように、パタフがカメツになっている点で支配形単数そのままではない。

〔31〕この例で言えば דִבְרֵי־。

〔32〕本章[9]段落。

〔33〕「二重のカメツ」(duplici khamets)。「双子のカメツ」(geminum khamets)がもともと(絶対形単数)の母音として持っているのと対比して、母音変化の結果としてカメツが連続していることを示している可能性がある。

〔34〕ここでは前置詞ではなく広義の関係代名詞を指している。

〔35〕「補完される」(compensantur)。他の箇所では「代償」と訳した。

第12章

〔1〕「能動者または受動者に」(ad agentem [...] vel ad patientem)。それぞれ「行為者」「被動者」と解釈してよい。

〔2〕ラテン語動詞 visitare が、動詞 visere の反復形(frequentative)として作られているという両者の関連性を念頭に置いていると考えられる。訳語も同じ漢字「視」を含むものを選んだ。

〔3〕「諸形式」(formulae)、不定詞の形態変化の鋳型となるもの。今後の章でも一貫して用いられる。

〔4〕「SがOをしてVせしむ」という使役の構造では、行為Vを行う行為者はOだが、Oにそうさせる「根本の原因」として使役者Sが考えられている。この構造を表現するのに、ラテン語では使役を表すための動詞(constituere など)と使役内容となる動詞(visitare など)とに切り離し、使役内容となる行為Vは直接には被使役者Oに帰属する(Sの性・数・格に影響されるのは使役動詞 constituere の活用のみ)。これに対し、ヘブライ語では使役動詞(הֲפְקִיד など)一語だけで表現するため、行為Vは使役者Sに直接帰属することになる(Sの性・数・格によって活用される)。

〔5〕「役割を果たす」(suo officio fungatur)、『エチカ』第4部付録の第30項などに見られる表現。

〔6〕「相」(species)。ヘブライ語でビンヤン(בִּנְיָן)と呼ばれるもので(現代的に言えば態 voice と相 aspect が組み合わさったような分節)、ラテン語文法には直接相当する概念がないが、スピノザはここでもヘブライ語の文法用語を用いることを避けている。

〔7〕「内在原因に」(causam immanentem)、全編を通してこの箇所のみに現れる。『エチカ』第1章定理18に見える「内在原因」との関連は非自明である。「循環動詞」を主題とした第20・21章も参照されたい。

第13章

〔1〕ルビンのヘブライ語訳は שם המקור。

〔2〕モドゥス(modus)が文法用語として用いられていると判断される箇所では「叙法」ないし単に「法」として訳出し、より一般的な意味で用いられているものと区別した。

〔3〕本章[7]段落および第12章[5][6]段落を参照。第12章では不定詞の派生パターン(ヘブライ語では一般にビンヤンと称される)を第一相、第二相……と「相」(species)の語(『ヘブライ語文法綱要』中で species が現れるのは第10章と第12章のみ)を用いて分類しているのに対し、この第13章では同じものを「類」(genera)と呼んでいるように見える。スピノザがこれらを意図して呼び分けているのか、単純に類義語による言い換えとしていたのかは明確でない。訳出は機械的に区別して行った。

〔4〕「機能」(vis)。

〔5〕動詞形単体でも「彼は」「彼女は」の意味を表現できるところ、あえて動詞の主語

(主格)として人称代名詞 הוּא および הִיא を明示的に置き、「性・数・格において一致」している様子を示している。

〔6〕「特徴」(characteristica)。人称など、なんらかの文法的機能を特徴づける(現代的に言えば)形態素にほぼ相当する。ただし、後の章で נ〔ヌン〕など母音符号なしの文字を指して用いているものについては、「特徴文字」と訳してもよい。

〔7〕ここまで、人称を問わず複数の形を例示していない。

〔8〕ブルームの英訳(78頁)はこれに注釈を加え「スピノザはここで直説法・疑問法・接続法および命令法の四つのモードに言及している」と解釈している。

〔9〕「ほとんどすべての民族は」(omnes fere nationes)、ヘブライ語を話す諸民族に限定しているかどうかは不明。「民族」と訳出したnatioが出現するのは全体を通してこの段落のみ。

〔10〕「疑問法」(Modus interrogativus)。

〔11〕性・数は区別しているので無変化ではないが、人称はすべて二人称である。

〔12〕ラテン語であれギリシア語であれ、動詞の活用パターンを書き上げるには二つないし三つある態の次元だけでは不十分であり、具体的な語としての動詞を構成する幹母音など音韻上の分類を別の次元として立てる必要があるということ。

〔13〕こちらは動詞語根の構成子音による分類(ヘブライ語では一般にギズラ גְּזֵרָה と称される)だが、スピノザは単に「第一活用」「第二活用」……と呼び、「第一類活用」という呼び方はしない。

〔14〕プロイエッティは第四活用から ר(レーシュ)を削除すべきと指摘している。Omero Proietti, "Emendazioni alla grammatica ebraica spinoziana", *Rivista di Storia della Filosofia (1984-)*, vol. 65, no. 1, FrancoAngeli, 2010, pp. 25-56.

〔15〕この例では実詞 אהבה が支配形 אהבת として現れている。

〔16〕スピノザ自身が与えたラテン語訳 amare は不定詞であるが、明示的に母音符号を付していない אהב は不定詞とも(過去三人称単数に活用された)動詞形とも取れる。

〔17〕対格(את)以外の格を支配している例(「レビ記」第5章26節)。

第14章

〔1〕「第一活用」のあと、第22章「第二活用の動詞形について」から第29章の第八活用までの8種+2種(第30-31章の欠如動詞・第32章の異態動詞)の分類は、どのような語根文字で構成されているかに基づいてなされ、ヘブライ語で「ギズラ／複数形ギズロート」(גזרות)と呼ばれるものに対応していると見られる。一方、第14章(単純・能動)から第21章(循環・受動)にかけて分類される別の8相の語幹形成はヘブライ語で「ビンヤン／複数形ビニヤニーム」(בניינים)と呼ばれているものにほぼ対応していると見られる(多くの場合7相に分類する)が、スピノザはこれらの用語をいずれも用いずに説明することを選択している。

〔2〕表のヘブライ語に対応するなら「彼・彼女は」だが、ラテン語表記が男性形のみであることに従った。

〔3〕第12章を参照。定動詞形の活用(Conjugatio)ではなく、不定詞が名詞的に扱われる際の曲用を指す。

〔4〕「非分離の前置詞によって」(Inseparabilibus Praepositionibus)、接頭辞のように後続の語と一体化する前置詞。第9章で見たように、スピノザはラテン語の与格に対応して前置詞 ל を、奪格に対応して前置詞 ב または מ を付し、「前置詞＋名詞」で一つの格変化であるかのように見立てて曲用表を作っている。

〔5〕ラテン語であれば「接続詞＋定動詞形」で表す内容を、ヘブライ語において「前置詞＋不定詞」で表現していることの例。分離される前置詞 עַד によっても、後に置かれた不定詞 אֱבוֹד が(属)格に曲用されるということをギリシア語の属格定冠詞 τοῦ によって表現している。ラテン語前置詞 usque および ante はふつう後に対格をとるが、この属格はヘブライ語の支配関係(第8章を参照)において現れる属格を示していると考えられる。

〔6〕一般的には三人称単数過去に見えるこの形を不定詞として解釈することに関して、ダヴィッド・キムヒの影響をアシュケナジーのフランス語訳が指摘している。

〔7〕Gb の לַהֲמָם は誤植と判断し、旧約聖書の該当箇所および OP に従った。

〔8〕第13章を参照。主語が主格として立っている限りは、これと一致する格も主格に他ならない。

〔9〕OP の印字が不明瞭で יְכָלָה にも見えるが、文脈および Gb に照らして יְכֹלֶת とした。この例文では、יְכֹלֶת が יְהוָֹה を支配している。

〔10〕不定詞 מְלֹךְ のホレムが支配形でカメツ・ハトゥフに変化し、מָלְךְ となっている。

〔11〕第11章[2]段落を参照。

〔12〕実際には ושכבתי は「ルツ記」第3章4節に見られる。これと類似した、「ルツ記」第3章3節に見られる וירדתי と混同したか。

〔13〕不定詞・支配の形式と同形であることについて、第13章[5]段落を参照。ただし פְּקֹד については第14章[6]段落および第8章[表 VIII-1]。

〔14〕この箇所は前後のつながりが不明瞭である。また、ヘブライ語の例 הַאֲבָה については Br が אַהֲבָה と修正したのを Gb が踏襲し、多くの既存訳がこれに準ずる(ただしアシュケナジーのフランス語訳のみ注釈付きで הַאֲכָה と修正している)が、OP に従った。

〔15〕第4章[14]段落を参照。

第15章

〔1〕「エステル記」第8章8節および同第3章12節に見える。

〔2〕語頭の文字がダゲッシュによって補われないのなら、それを発音しなければならない。

〔3〕第3章[7]段落を参照。

〔4〕VL 以降、「第4章」と修正されている。該当箇所は וְנִקְבְּצוּ。

第 16 章

〔1〕「中立から」(ex Neutro)。ここで初出となる、「中立」と訳した用語(Verbum) Neutrum は第 16・18・33 章に現れるが、それが何を意味するのかについて明示的な説明がなされることはない。しかし、ブクストルフ文法第 13 章「動詞の諸活用について、そしてその第一の活用カル動詞について」において「中立〔動詞形〕とは、オムディーム＝“留まっている”動詞、あるいはビルティ・ヨツイームすなわち“推移することのない”動詞、つまり、行為が能動者を超えて推移することのない場合を指す自動詞のこと」という記述(Buxtorf, *op. cit.*, p. 96)が見られ、ブクストルフ文法もしくはその類書を読者がすでに読んでいることを前提としているために説明が省かれた、と解釈することもできる。なお、古代ギリシア語やサンスクリットにおける「中間態」に対応するラテン語 medium(英 middle)が『ヘブライ語文法綱要』においては「第二語根文字」(三つの語根文字のうち「中央」つまり第二の文字)を一貫して指していることも踏まえ、「どちらでもない」の原意を伝える「中立」を採った。第 20・21 章で説明される「循環動詞形」(Verbum Reciprocum)とも違うものであることにも注意されたい。

〔2〕affectus の訳語について、ガルジューロのイタリア語訳は derivato(派生した)を提案している(同訳書第 12 章の脚注に詳しい)。ここでは留保して『エチカ』第 3 部での訳語に従い「感情」とした。

〔3〕「名詞由来動詞形」(Nominalia Verba)。名詞を動詞形化して作られたもの。

〔4〕初めてオランダ語が現れる箇所(ブルームの英訳はこれを無視している)。「オランダ語で言えば」(Belgis)。アシュケナジーのフランス語訳は「ベルギー語で」(en belge)、ナオンのフランス語訳は「フラマン語」(flamand)としている。なお schillen は現代オランダ語では「皮を剝く」の意。原文ではひげ文字(フラクトゥーア)を用いてオランダ語を区別して記載しているが、訳文では読みやすさを優先して単に太文字で示した。

〔5〕冠詞のようにラテン語指示代名詞 illud を置くものと、他の箇所でギリシア語の冠詞を付して表現したものとの区別に意図があるかどうかは不明。

〔6〕ラテン語と異なりオランダ語では二通りの訳が与えられている。それぞれ「(その)高い声で話すこと」、「(その)おしゃべりがなされるであろうこと」といったところ。

〔7〕たとえばブクストルフ文法(Buxtorf, *op. cit.*, p. 117)は「俗にポエルと呼ぶ」ホレムをとるパターン(זוֹרֵם や שׁוֹפֵט など)を、「取り除かれたダゲッシュがホレムへと転換しただけに過ぎない」ピエル動詞の一変形として包摂した。スピノザはこれに異を唱えている。

〔8〕「民数記」第 23 章 7 節に見える。

〔9〕アシュケナジーのフランス語訳は「命令形の代わりに」と解釈している。

〔10〕ガルジューロのイタリア語訳の脚注 337 によれば「ピエルではなくポレル(polel)活用。スピノザが引用した形は立証されたものではないが、聖書以後のヘブライ語には存在する」。

〔11〕この箇所は「強意の」(intensivi)のあとに“..”と点が二つ打たれている(OP および Gb ともに p. 70, l. 5)。プロイエッティ(Proietti, *op. cit.*, “Emendazioni”, p. 43)はこの箇所が「深刻な欠陥」であると指摘した上で、二つの点が母音符号ツェレーであり、ポエル(po'el)動詞の活用について述べているという仮説を立てている。

第17章

〔1〕「創世記」第40章15節の גֻּנֹּב を指すか。

〔2〕Gb では「פֻּקַּד に加えて פֻּקַּד も……」と同じ表記の繰り返しになっているが、OP の曖昧な印刷に起因する誤植と考えられる(修正箇所のリストでも無視されている)。ここでは OP で見て取れる曖昧な点をホレムとして採用した。

〔3〕たとえば第27章[11]段落。

〔4〕たとえば「イザヤ書」第59章3節に対するイブン・エズラの註釈など。

〔5〕接続法未完了の posset。第17章の主題である強意動詞形・受動は、スピノザ自身も述べるように実例がほとんどない。このために、推量のニュアンスを含む接続法での記述が多くなっていると考えられる。

第18章

〔1〕「遠隔原因の主格」(nominativum causae remotae)。使役する側を指す。

〔2〕ここで用いられる“X efficere ut Y V”すなわち「X が Y に(作用して)V させる」という型の使役構文について、リカータ(Licata, *op. cit.*, “Spinoza e la *cognitio universalis* dell'ebraico”)は『エチカ』の文体論に関連付けて分析している。

〔3〕「作用原因」(causa efficiens)。

〔4〕VL および Gb は תַּפְקְדִי と修正している。

〔5〕「モーゼス・キムヒ」(Moses Khimghius)は12世紀の文法家で、その著作がスピノザの蔵書目録にも「文法書」ספר דקדוק(セフェル・ディクドゥーク)として収載されている。ただし、この引用が疑わしく、ブクストルフ(J. Buxtorf, *Thesaurus*, 1620, p. 133)に由来するものである可能性をカンパニーニが指摘している(Campanini, *op. cit.*, pp. 119–121)。

第19章

〔1〕原文では一カ所に2種類の母音符号が記入されていると考えられるが、印字の都合上スラッシュで分割して併記した。以下これに従う。

〔2〕ガルジューロのイタリア語訳の脚注354が「実際にはホフアルの命令はこの箇所(第21章2節)にもアシュケナジーらの示した第21章5節にも、いずれにも見られない」と指摘している。

〔3〕「視察せよ」という単純な命令表現ではなく、「君」が何らかの作用を受けて行為に至る事態の生ずることを期待する、迂遠な言い回しになっている。

第 20 章

〔1〕「循環動詞形」(Verb[um] Reciproc[um])。この章で述べられる内容は多くの文法書で「ヒトパエル」(התפעל)と呼ばれているものと関連していると考えられるが、ここでもスピノザはヘブライ語名称を避けてラテン語の名称を用いる。スピノザが「名付けた」と完了形で述べているが、この章が初出である。なお、ブクストルフ文法第 1 巻第 19 章「ヒトパエル活用について」にも「一般に、この〔ヒトパエルの〕意味は単純な受動ではなく、循環するもの〔reciproca〕である」という記述が見出せる(Buxtorf, *op. cit.*, p. 141)。

〔2〕「動詞形の後に置かれる格」(casus post Verbum)をブルームの英訳のように「対格」まで限定すると語弊がある(ラテン語で与格の例が直後にある)。また、ラテン語としてはむしろ “se visitat” での(三人称再帰代名詞の対格)“se” のように動詞の前に置かれる場合が多いが、「後」(post)というのはヘブライ語の語順で動詞の後に置かれることを想定して述べていると考えられる。

〔3〕二つの訳は一見似ているが、異なる構造を持つことに注意。

〔4〕「スペイン語で言うところの」(Hispanice)。リカータのコメント(Licata, *op. cit.*, “Spinoza e la *cognitio universalis* dell’ebraico”, fn. 111)も参照されたい。

〔5〕「オランダ語で言うところの」(Belgice)。第 16 章訳注 4 を参照。

〔6〕「歴代誌下」第 20 章 35 節。アシュケナジーのフランス語訳では、「ダニエル記」第 7 章 15 節の “אֶתְכְּרִיַּת” というアラム語形(アラム語で書かれている場面)を参考として引用している。

〔7〕「レビ記」に対する参照が OP および Br では空所(“cap. ....”)となっているところ、VL が “cap. 11. 44. et 20. 7.” と補ったのを Gb も踏襲している。VL の補足の根拠は不詳だが、直後の「諸注意」で引かれている箇所との類似性から判断したか。なお、ここで言う「ヒレクで終わる」とは、人称語尾を除いた語幹部分の最終母音のことと解釈するのが自然。

〔8〕シェヴァ・ナアについては第 3 章[7]段落を参照。

〔9〕ここから段落末までイタリック体で示されているが、反映させていない。

〔10〕内容に疑問が残る。素直に変化表を観察すれば、一致しているのは「三人称複数女性と二人称複数女性」と、「三人称単数女性と二人称単数男性」との 2 組である。

第 21 章

〔1〕原文ではヘブライ語文のみだが、読みやすさのため訳文を補った。前置詞を伴う מיהוה が「能動者の奪格」にあたる。

〔2〕ラテン語では記されているがヘブライ語の引用箇所から外れている部分を丸括弧で区別した。

〔3〕第 20 章を参照。

〔4〕「レビ記」第 13 章 55 節。ここで、הֻכַּבֵּס のラテン語訳 **le**varetur「取り除かれた」は **la**varetur「洗浄された」の誤植であろう。

第22章

〔1〕以下、語根文字による分類を行う章が続く。単純、強意、派生、循環およびそれらの能動・受動については既知の事柄として、必要最低限しか記述されない。分類の全体像については第13章[9]段落を参照。

〔2〕この別形の第二母音がヒレクになることに対するスピノザの説明はない。

〔3〕OP、Br、VL に準じた。Gb のみ מְצוֹא に修正している。

〔4〕第14章[17]段落を参照。第一活用が「פְּקַד から פְּקָדָה」を得ることから機械的に類推すると מְצָא からは *מְצָאָה となることが想定されるが、第二活用ではヒレクに変えないことからシェヴァが二つ並ぶ *מְצְאָה がいったん得られ、さらにその二つのシェヴァのうち先の一方を残して後者をカメツに変えることで本文中の形 מְצָאָה を得る。

〔5〕三人称複数なのでツェレーに変化していない。

第23章

〔1〕ヒレクの長短については第3章[6]段落を参照。

〔2〕それぞれ、גָּבַהּ「高くあった」は「歴代誌下」第26章16節等、כָּמַהּ「渇望した」は「詩編」第63編2節、נָגַהּ「輝いた」は「イザヤ書」第9章1節等。תָּמַהּ「驚いた」はこの形では見られない。

〔3〕原文では א と ה とが縦に並列されている。

〔4〕第14章および第22章の表でそうなっており、本章の記述でも特に新たな規則が述べられていない以上、過去二人称複数の語頭母音をシェヴァとする Gb の修正 גְּלִיתֶם が妥当だと考えられるが、OP の印字に従った。

〔5〕「語幹」(thema)、初出。類似の用語に「語根」と訳した radix(第16章と第25章に現れる)があるが、スピノザが厳密に使い分けたかどうかは判断が難しい。

〔6〕プロイエッティ(Omero Proietti, “Compendium XXIII, 82–86. Emendazioni alla grammatica spinoziana”, *Quaderni di storia*, 71, 2010, pp. 159–171)はこの段落以下の内容が致命的な欠陥を抱えた破損箇所である可能性について、ブクストルフ文法(Buxtorf, *op. cit.*, *Thes.* I, cap. 49, pp. 261–262)との関連を示しながら、詳しく検討している。原文は「語幹の中央が無音または休音である場合」と述べながら、実際に挙げられている例(שבה および שקה)がいずれもそうなっていない。プロイエッティの仮説は、語幹の中央が「無音または休音」ではなく「ベガッドケファット בגדכפת あるいは ט あるいは ק あるいは א」(のいずれか)であると読み換え、さらにヘブライ語の例も יַשְׁקְ「飲むこと」(語幹 שקה)ではなく、類義語である שָׁתָה「飲むこと」の例の誤りとして読み換えることで解釈が通ると主張している。

〔7〕この項目において、ラメッドの下のツェレー ◌ֵ をすべてセゴール ◌ֶ に改める Br の変更を Gb が踏襲している。

〔8〕この段落についてもプロイエッティ(Proietti, *op. cit.*, “Emendazioni”)は本章[3]段落と類似の欠陥(本章訳注6を参照)を指摘しているが、原文に従って訳出した。

〔9〕循環受動ではなく循環能動が並べられている。

第24章

〔1〕第13章[9]段落での定義に従えば、第三語根が ח ヘット、ע アイン、ר レーシュのいずれかであるものを指す。しかし、レーシュで終わる動詞形は本章において例も含め現れない上、直後に述べられる「盗まれた(先読みの)パタフ」の現象とも整合しない。プロイエッティ(Proietti, *op. cit.*, “Emendazioni”)はこの定義からレーシュを削除することを提案している。

〔2〕第3章[6]段落での分類に従えば、ツェレー、ヒレク(休音のヨッド י を伴う場合)、ホレム、シュレクはいずれも「長い」。

〔3〕実際は第3章[4]段落の内容。

〔4〕たとえば第14章の פקד の変化表([表XIV-1])における פָּקַדְתְּ 等。

〔5〕数字は人称ではなく、不定詞においてどのような母音を与えるかを識別する第一形式、第二形式、第三形式を指す。

〔6〕原文は“שָמֵעַ”だが、前後の文脈からシン ש の右上に点を補った。

〔7〕これらのうち、アインにパタフが付いているもの(שָׁמוֹעַ、שָׁמֵעַ、שְׁמוֹעַ)は、確かに、第3章でスピノザが述べたところの「長い」音節が直前にあることに注意されたい。

〔8〕Gb の“ut שָׁמָע aut פָּקָד”ではなく、OP のテクスト“et שָׁמָע ut פָּקָד”に従った。カメツは「長い」ため、確かに付着できない。

〔9〕「縮合された」(contractum)。弱い子音の周囲で、母音が融合したり子音が脱落したりすることを指していると考えられる。

〔10〕第3章[11]段落。なお、ガルジューロのイタリア語訳脚注395はこの不正確な引用の仕方そのものが、著者スピノザが執筆段階で見ることができた同書の(章は分かれているがページが付されていない)状態を伝えていると指摘する。

〔11〕聖書における該当箇所は וְהֶאֱזְנִיחוּ נְהָרוֹת「運河は悪臭を放ち」であるが、訳文ではスピノザの挙げたラテン語を直訳した。

〔12〕具体例から一般化した形。

第25章

〔1〕原文での表の構成が曖昧である。これは תֵישְׁבִי の誤りとも考えられるが、原文の通りとした。

〔2〕命令形をもとに未来形が作られることについては第14章[16]段落に見える。

〔3〕第22章[表XXII-2a]に示した第二活用の命令に準じてカメツをとっている。

〔4〕既存訳ではガルジューロのイタリア語訳の“fa’ in modo di potere”やアシュケナジーのフランス語訳の“fais que tu puisses”がラテン語に、ブルームの英訳の“be able”がヘブライ語に、それぞれ寄せている。なお、この命令形 יְכַל が類推形であるのに対し、続く未来形はいずれも聖書中に用例がある。

〔5〕単純・受動の不定詞の一般的な形式が、第15章[1]段落によれば הִפָּקֵד、הִפָּקוֹד、נִפְקַד および נִפְקוֹד であることに照らせば、第五活用として新規に現れたと言えるのは נוֹשַׁב の形である。後続する命令の表は第15章の[表XV-1c]にそのまま ושב を代

入することでも得られる。
〔6〕「歴代誌上」第3章5節および第20章8節。
〔7〕第18章[2]段落。
〔8〕הוֹשֵׁב の誤植であろう。
〔9〕作表の都合上、原文では横に四つ並んでいる未来形の表を一つずつに分割した。この番号(1)〜(4)は次段落での“prima”〜“quarta”に対応していると判断した。
〔10〕ツェレーとパタフが一カ所にまとめて書かれているのを、それぞれで読んだ場合をスラッシュで分けて併記した。以下、スラッシュを同様の表記に用いる。
〔11〕三人称の誤植であろう。
〔12〕聖書中の該当箇所の文脈に沿えば「彼女ら」だが、引用箇所だけでは性別は明示されないので「彼ら」とした。
〔13〕第27章の内容。

第26章

〔1〕「複合動詞形」(Verba composita)。ヨッドで始まる第五活用(第25章)と第二活用から第四活用までの活用の特徴を兼ね備えた動詞形をここでは指す。第32章で「複合動詞形」が再び現れるが、こちらは第26章の内容を包括するより広い対象を扱っている。
〔2〕「第三活用」の誤りだろう。
〔3〕状態動詞。
〔4〕原文においてヘブライ語のラテン語訳は原則イタリック体で表記されているが、ここは原文がイタリック体になっていない。
〔5〕この箇所はGbでは「ה〔ヘー〕またはע〔アイン〕で終わる」となっているが、文脈に照らして妥当と考えられるOPの「ヘット ח」を採った。
〔6〕この הֻוְדַע におけるヴァウについては第25章[4]段落に、最終母音のパタフについては第24章[4]段落に、それぞれ関連する記述がある。
〔7〕「関係・能動」(動詞形)と訳した“Relativum Activum”が現れるのはこの箇所のみ。「派生・能動」を指すと考えられる。ルビンのヘブライ語訳は特に断りなく“ההפעיל”(ヒフイル)と解釈しており、ガルジューロのイタリア語訳は“il attivo relativo”と直訳した上で脚注において「すなわち使役形のこと」と指摘している。

第27章

〔1〕中央語根がアレフ、ヨッド、ヴァウであっても休音化されず子音字として維持されるものを本章で扱う第六活用に含まないことは、本章[18]段落からも裏付けられる。「それ以外の場合」の例がいずれも中央語根に母音を有していることに注意されたい。
〔2〕初めの例 קָאם は「ホセア書」第10章14節、次の例 רָאם は(三人称女性単数 רָאֲמָה の形で)「ゼカリヤ書」第14章10節、最後の例 אַדוּשׁ は「イザヤ書」第28章28節に אָדוֹשׁ として見える。第二語根アレフを認めるかどうかは本章の重要な論点であり、

スピノザはこれを認める比較的稀な立場をとっているが、その根拠や理論的利得については記述がないため判断を留保する。

〔3〕「不規則形」(anomala)。この箇所と第13章[7]段落との二カ所でのみ現れる。クレインスミット(Klijnsmit, *op. cit.*, “The Problem of Normativity Solved or Spinoza's Stand in the Analogy-Anomaly Controversy”)が「屈折変化に関する限りではスピノザはアナロジストであった」と示したように、ここでもスピノザは稀な語形を「不規則」として規則から締め出すやり方に否定的である。

〔4〕 בַּז は「ゼカリヤ書」第4章10節、אוֹר は「創世記」第44章3節、בּוֹשׁ は「エレミヤ書」第48章39節に見える。

〔5〕 第二語根が休音化しない活用では、פָּקְדָה のように(第14章[9]段落および[14]段落のようにアトナフ・スィルークのアクセントにより長くなる場合を除き)第二語根の母音をシェヴァ化するが、第六活用でこのようなシェヴァ化を行おうとすると、第二語根がそもそも休音化してしまっているので第一語根の母音をシェヴァ化することになってしまう(קְמָה)が、そうはならないということ。

〔6〕 アシュケナジーのフランス語訳は「文法学者たち」と補って解釈している。

〔7〕 第15章[1]段落に挙げた形式と比較している。

〔8〕 スピノザがここで「まったくない」ではなく「滅多にない」と述べていることは次段落の内容に関連する。

〔9〕「ダニエル書」第1章10節に וְחִיַּבְתֶּם が見える。

〔10〕 ナオンのフランス語訳が指摘する通り、これは אָקֻם の誤りと考えられる。

〔11〕 直後に並べられる動詞はいずれも第二語根のヴァウおよびヨッドを休音化しておらず、したがってスピノザはこれらを第六活用に含めていない(ゆえに第六活用と第三活用との複合動詞形でもない)と解釈できる。

〔12〕「出エジプト記」第35章25節および同26節に三人称複数形 טָווּ で見える。

〔13〕「女性形」(foem.)だが、一人称が一般に男女同形であることから、「形を」(formas)の誤植である可能性がある。

〔14〕 ガルジューロのイタリア語訳が脚注で指摘しているように「循環」ではなく「派生」として読まなければ、ここで言及されている動詞が循環を欠くという直後の記述と食い違うことになる。

第28章

〔1〕 第一語根が喉音字(א アレフ、ה ヘー、ח ヘット、または ע アイン)であるもの。複合シェヴァ(ハタフ)をとりうる特徴を有する。

〔2〕 第3章[7]から[10]段落の内容。シェヴァが連続する場合前者のシェヴァを縮約して後者のシェヴァを発音することになるが、複合シェヴァはそもそも発音されているので二つの異なる最短母音が並ぶことになってしまい、不都合である。第14章の[表XIV-3]と本章の[表XXVIII-1c]を見比べると、前者で二人称単数女性、二人称複数男性、三人称複数男性の三カ所に見られたシェヴァの連続が後者で解消されているこ

とが読み取れる。

〔3〕OP の “2. pl.” は誤りと判断し、Gb の修正を採った。

〔4〕第3章[11]段落を参照。

〔5〕第14章[表 XIV-3]での語頭音節に現れるヒレクがもともとシェヴァであったと主張しているように読めるが、その根拠は説明されない。第8章[3]段落にも音節構成の変化にともないシェヴァがヒレクになる現象が述べられている。

〔6〕原文は「一人称単数」(1. sing.)となっているが、内容から三人称と判断した。

〔7〕アレフの母音が複合シェヴァ(ハテフィーム)になる箇所とそうでない箇所の違いに注意。

第29章

〔1〕第13章[9]段落の記述によれば、第二語根が喉音字(ח ヘット、ע アイン、休音でない א アレフ、または ה ヘー)であるもの。ポルゲス(Nathan Porges, „Spinozas Compendium der hebräischen Grammatik“, *Chronicon Spinozanum*, 4, 1924–26, S. 123–159)およびそれを参照するプロイエッティ(Proietti, *op. cit.*, “Emendazioni”)は第八活用に中央語根 ר レーシュのものを含める補完を提案しているが、直後に挙げられる ברך が「先行する短い母音を長いものに変える」第八活用「以外」の例として対置されていることを踏まえると、この補完は受け入れがたい。

〔2〕喉音字とシェヴァの関係が第28章で述べられている。

〔3〕OP および VL の כָּהֵן に対し、Gb は Br の修正に準じ כִּהֵן としている。聖書中にはピエルでのみ現れる(「出エジプト記」第40章13節など)。音節を長くする必要がない例として挙げていることを踏まえると、長母音を付した OP の כָּהֵן は不自然である。

第30章

〔1〕「欠如動詞形」(Verba Defectiva)。第13章における第一活用から第八活用までの概要の宣言に現れない。本段落で述べられているように、すでに現れたものを含むいくぶん広い範疇であり、本章ではそのうち既述していないものを扱う。

〔2〕第22・23・26章に対応。

〔3〕第25・30章に対応。

〔4〕第27章に対応。このうちヌン נ はヴァウ ו の誤植と考えられる。ガルジューロのイタリア語訳脚注427およびプロイエッティ(Proietti, *op. cit.*, “Emendazioni”, p. 53)を参照。

〔5〕第31章に対応。

〔6〕「発音に関して」(vocis)。ルビンのヘブライ語訳の解釈 “חמרה רק בכתב ולא בבטוי שפתים” (表記上でのみ「欠如」なのであって、口頭で発音する上でのことではない)を参考にした。

〔7〕喉音字(この場合アイン ע)に付されたパタフを子音の前に挿入する(その結果とし

て音節が増える)ことについては第 3 章[4]段落を参照。

〔8〕既存訳の多くが修正ないし指摘しているように、נָגַשׁ の誤植と考えられる。

〔9〕ギメルにはアクセント記号(アトナフ)のみで母音符号が付されていないが、原文に従った。

〔10〕「ダニエル書」第 4 章 10 節および 20 節を参照。「カルデア語」(Chaldaic[us])はアラム語を指すと考えられる。アシュケナジーのフランス語訳は、ブクストルフ『語彙集(レキシコン)』の 463 頁(1639 年版では 1331 頁)に「נָחַת：下ること、カルデア語固有のもの」との記述があることを脚注で指摘している。

〔11〕「このことについて」(de quo)が指す内容は、נחת がカルデア語とされることなのか、נחת が類推的でないことなのか、判然としない。

〔12〕第 15 章のどの箇所を指すか判然としない。第 15 章では二つの特徴が同時に前置きされないことを理由にヌンがしばしばダゲッシュで補われると述べているが、今見ているのは特徴ヌンと語根文字ヌンとの衝突であり、文脈に沿わない。また、第 2・3 章で述べられたダゲッシュのルールと照らしても、シェヴァではなくヒレクを挟んだ二つのヌンの片方が脱落することは説明できないように思われる。

〔13〕この表の男性二人称および三人称において、原文ではギメルの下に「∴」のように三点が付されているが、ヒレクとツェレーが併記されているものと判断し、スラッシュで分けて示した。

〔14〕「縮合されて」(contracte)については初出である第 24 章[4]段落を参照。

〔15〕「その能動形をとり」(suum Activum habet)が不明瞭である。ガルジューロのイタリア語訳に近い解釈を採った。

第 31 章

〔1〕第二語根と第三語根が同一であるもの。

〔2〕「ヨブ記」第 38 章 7 節。第二語根と第三語根が同一である רנן の不定詞・支配形だが、ここでスピノザが רָן の母音カメツを長短いずれのものとして解釈しているのかについては議論の余地がある。

〔3〕OP の סְבוֹנוּ を誤植と判断した。

〔4〕OP の סַבִּי を誤植と判断した。

〔5〕第二(第三)語根ベートのあとの母音ホレム(ׂ)に注意。第 15 章[1]段落および第 27 章[9]段落と見比べられたい。

〔6〕原文表中、この位置に不明な “s.” 表記がある。右にあるものと重複して書かれた「単数」を表すとも「あるいは」(sive)を表すとも取れるが、原文のまま残した。

〔7〕第 30 章[8]段落を参照。

〔8〕OP および Br の “habet etiam vel gholem” に対して、VL および Gb が “habet etiam tsere vel gholem” と補った。この修正は直後の例とも整合する。

〔9〕母音符号が付されていないのは原文通り。なお、プロイエッティ(Proietti, *op. cit.*, “Emendazioni”, p. 49)はこれが第三活用に属する ערה に由来するものと指摘している。

〔10〕第 27 章[10]段落を参照。

〔11〕Gb では除去されているが、OP ではヘーの下に点が「∴」のように三つ打たれているのに従い、ツェレーとヒレクをそれぞれ持つ形をスラッシュで分けて併記した。なお、その右側に「または」(vel)が[表 XXXI-3b]との間に置かれており、接続する対象が不明だが [表 XXXI-3b]の方に訳出した。

〔12〕本章[2]段落で אָסוֹב の語頭長母音がダゲッシュによって代償されて אֶסּוֹב となることをすでに見た。

〔13〕不定詞にタウ ת が現れる理由がなく、הוּסֵב の誤植と考えられる。

〔14〕開音節が疑わしく、הָסָ または Gb の修正通り הָסַּ の誤りである可能性があるが、原文通りとした。

〔15〕第 20 章[3]段落を参照。

〔16〕「イザヤ書」第 18 章 2 節および同 7 節に「川で土地を分かつ」の意で見える。なお、『神学政治論』第 1 章 1 節に対する「原注」にこれと関連する記述がある。

〔17〕第三活用の誤りか。

〔18〕OP で חֲמוֹת となっているが、文脈上単純な誤植と判断した。

〔19〕第 23 章[2]段落を参照。

〔20〕第一語根ヌンが欠如した上で、反復を行うもの。第 30 章と第 31 章の内容の混合。

〔21〕前者は「サムエル記上」第 3 章 11 節、後者は「列王記下」第 21 章 12 節および「エレミヤ書」第 19 章 3 節。

第 32 章

〔1〕「異態」(Deponentia)。ラテン語の文法用語における verba deponentia の意味通り、受動の形で活用するが意味が能動であるもの。第 21 章[4]段落に見る通りスピノザは子音字 נ ヌンを受動のマーカーと見なしている。リカータの指摘(Licata, *op. cit.*, “Spinoza e la *cognitio universalis* dell’ebraico”, fn. 59)も参照。

〔2〕Gb の修正「第 26 章 9 節」は妥当(ただし末尾に付された「参照箇所」索引は修正がずれていると考えられる)。なお、この例はブクストルフ文法のピエル活用に関する第 15 章(Buxtorf, *op. cit.*, p. 119)でも「四つの文字からなる」ものとして扱われており、「彼は伸ばした(Expandit)」と訳出されている。

〔3〕アラム語を意図していると考えられる。なお、この箇所は動詞「表示する」(significat)の目的語としてラテン語訳が対格(pileum および cristam)に置かれているが、主格に改めて記載および訳出した。ヴルティールカのチェコ語訳はこれらを対格のまま(チェコ語に)訳している。

〔4〕(1)カルデア語に由来する、(2)写本の欠陥である、との推測。

〔5〕OP では “nonnulla observari Verba” となっているのを、Br 以降 “nulla observari Verba” と修正しており、Gb もこれに従っている。修正後(Gb 他)に従うと、「三つより多くの文字を持つ動詞形は、……以外にはまったく観察されない」と真逆の解釈になる。本翻訳では、スピノザは前段落に示した「推測」を支持して四語根動詞の数を

一般の文法家よりも少なく見積もっている立場であり、その「推測」を破棄する(四語根動詞を多数認める)立場を仮定して接続法の“notemus”として対置している、と解釈した上でOPに従った。

〔6〕「詩編」第45編3節。

〔7〕原文“ex Nomine, Participio, et Verbo componuntur”に対して、ガルジューロのイタリア語訳が脚注463で「プロイエッティの修正に従い、コンマを取り除くことで、第33章での分詞のカテゴリーに沿うようにした」と指摘した上で訳出したのに準じた。

〔8〕たとえばバルメス文法(de Balmes, *op. cit.*, [rum5v]-[A4r])に詳しい。

〔9〕「ゼカリヤ書」第10章6節に והושבותים の形で見える。

〔10〕「二つの意味内容」(duos sensus)。第9章[7]段落も参照。

〔11〕Gbは「エレミヤ書」第15章10節を参照したであろう מְקַלְלוּנִי の形に修正しているが、OPのまま残した。

〔12〕「申命記」第21章8節。

〔13〕「エゼキエル書」第23章48節。

〔14〕「箴言」第27章15節。

〔15〕順に、「創世記」第16章11節(または「士師記」第13章5・7節)、「エレミヤ書」第51章13節、「エレミヤ書」第22章23節、「エレミヤ書」第22章23節。

第33章

〔1〕「種類」(genera)。第12章での用語としての「相」(species)との区別は不明。

〔2〕語頭のダゲッシュ点はOPにも見えるため、原文通りに扱った。

〔3〕第16章を参照。

〔4〕本章[2]段落で単純・受動分詞を受動の動詞形から形作っていることとの区別からも、前段落から引き続きVerba neutraを指していると考えてよい。

〔5〕「退化してしまう」(degenerant)。分詞としての可変性を喪失して、ということ。

〔6〕この段落において、スピノザがイタリック体で示したラテン語訳が動詞「表示する」(significat)の目的語として対格(hominemやscribamなど)に置かれているが、ここではその内容に照らして主格に改めて記載および訳出した。ヴルティールカのチェコ語訳はこれを対格のまま(チェコ語に)訳している。

〔7〕本章[3]～[5]段落を見れば、単純相以外の分詞でのメムの残存が確認できる。

〔8〕実際に引かれている例は循環ではなく派生相のものだが、原文に従った。

〔9〕第31章[5]段落の最後に強意相・受動の不定詞 סוֹבַב が示されている。

本『綱要』内で引用された……

〔1〕9節とするGbの修正が妥当。

〔2〕12節とするGbの修正が妥当。

〔3〕4節とするGbの修正が妥当。

〔4〕本文に明示されていないが、第 19 章[2]段落に「汝はこの山にて死すべし」(Morere in hoc monte)とある箇所が対応する。また、本文に記載されていないが、ヘブライ語は ומת בהר となる。

〔5〕第 14 章[11]段落およびその訳注 12 を参照。

〔6〕本文に明示されていないが、第 10 章[5]段落に「起きるのには幾分早い時間だった」(matutinavit admodum ad surgendum)とある箇所が対応する。ヘブライ語は והשכים בבקר となる。

〔7〕Gb が第 26 章へと修正しているが、これは次行の「ヨブ記」第 33 章 9 節(本文第 32 章[2]段落)の第 26 章 9 節への修正と誤って記したものと考えられる。第 31 章のままとするのが妥当。

〔8〕Gb が第 31 章へと修正しているが、直前の訳注 7 で示した通り、むしろ第 26 章へと修正するのが妥当。

〔9〕第 4 章とする Gb の修正が妥当。

事項の索引

〔1〕この文言は原文通りだが、表示されているページ数は翻訳本文の対応箇所を示している。

〔2〕原文の索引で A の項に分類されているので便宜上 Ath と読んでいるものとして扱ったが、対応する本文第 9 章[5]段落での母音符号に照らしても Eth「エト」として E の項に置くのが自然である。編集者の誤解でないとすれば、アレフ(א)をラテン文字の A に相当するものとして扱っていると解釈することもできる。

〔3〕OP、Gb ともに原文 64 頁(Gb I, 350)を示しているが、65 頁が妥当。同じく 64 頁と表記されて 65 頁に対応する内容を示す項目が後に複数見えるため、何らかのずれが生じた可能性がある。

〔4〕本文の該当箇所に照らせば「ヘット ח」の誤りだが、原文のままとした。

〔5〕「ヨッド י」との混同と見られる。

解 説

秋田 慧

『ヘブライ語文法綱要』(*Compendium Grammatices Linguae Hebraeae.* 以下 CGLH)はスピノザの没後刊行された『遺稿集』ラテン語版(OP)に収録されている未完の著作であり、「聖書の文法ではなく言語の文法」の記述を目論んだヘブライ語の文法書である。その原文は多数のヘブライ語(および、ごく少数のオランダ語とスペイン語)を埋め込んだラテン語であり、『遺稿集』オランダ語版(NS)には収録されていない。文献一覧に挙げるように、原典(OP)に加えてこれまでに三種類のラテン語校訂版(刊行順にブルーダー版:Br、フローテン&ラント版:VL、ゲプハルト版:Gb)が刊行され、今回の邦訳を含めると七言語九種類の翻訳[1]が刊行されてきた。われわれの翻訳は、後述する事情から OP を底本とすることでスピノザの原文により近いと考えられるテクストを提供しながらも、そのままでは読解に支障のある箇所に訳注を積極的に付しただけでなく、段落番号・表番号・括弧書き補足という原文にはない三種類の要素を加えた。これにより、全集の基本方針に則りつつ、日本語を作業言語とする読者や研究者に CGLH という困難なテクストを少しでも障壁が取り払われた状態で手渡すことを目指している。

CGLH は困難なテクストであると述べた。そこには多様な問題が横たわっている。まず、著者による十分な推敲を経ることなく「友人たち」による編集のもと急ぎ刊行された経緯もあり、未完成であるだけに留まらず多くの誤植(かどうかの判定じたいが困難な印字)や表記の不統一、不安定な体裁をはらむといったテクスト校訂上の低次の問題群。そして、哲学者が残した文法書という珍しい著作をどのような領域(哲学? 言語学? 聖書学?)で取り扱うべきか、スピノザが CGLH をいつ・なんのために・どのように著したのか、その背景であるヘブライ語文法研究史という広い時空間にまたがる文脈においてどのように評価すべきかなどといった解釈上の高次の問題群。これらのうち、ヘブライ

語文法研究史におけるCGLHの評価に関しては併録される「附論」に委ねた。本解説では比較的低次の問題を中心に、基本的な事実の確認や読解上の手引きを提供する。

翻訳の方針

初の日本語訳である以上、後に続く読解や研究の下敷きとなるように、資料としての正確性と平易な読解補助とのバランスをとることを目指した。

原則、すべてのラテン語を日本語に翻訳した上で、ヘブライ語にスピノザが与えたラテン語訳は鉤括弧と丸括弧により日本語とラテン語を併記し、ヘブライ語(およびごく少数のオランダ語とスペイン語)はテクニカルタームなどの一部を除きそのまま埋め込みにしてある。ただし、本文中にヘブライ文字および母音符号が単独で記されているものは、そのままでは可読性が低いため、それぞれの名称のカタカナによる音写を括弧書きした上で、母音符号(およびアクセント記号)には「○」を基字の代わりに置いた。ここで注意を促したいのは、スピノザがラテン語(ないし初歩的な古典ギリシア語)を解する者を読者として想定した上で、ヘブライ語とラテン語の文法的挙動の「ずれ」を表現するために破格表現をも意図的に使うなどラテン語の文法機能を最大限活用している点である。日本語訳の工夫や訳注での説明に尽力したが、余裕のある読者は併記したラテン語を文法的に分析することでスピノザの技巧を玩味されたい。

底本は、Gbを参考資料として活用しつつも、OPを基本的なものとして採った。これは「基礎的資料」を提供するという本全集の方針に拠った選択だが、ここでGbの編集に言及しておく必要がある(BrおよびVLについては割愛する)。自身の全集にCGLHを収録するにあたり、ゲプハルトは(ラビでもあった)聖書学者ポルゲスに校訂作業を依頼した(2)。ポルゲスの仕事が緻密かつ誠実であったことはGbの付録「テクスト校訂」(Textgestaltung)を見ても明らかであるが、そこで彼らはテクスト中の多数のヘブライ語(特に母音符号)を19世紀以来著しく発展した聖書学の当時の水準に照らして「誤植」と見做して修正しただけでなく、ラテン語のテクスト自体に対しても解釈整合性の観点からいくつかの積極的修正を加えている。このように修正が加えられたテクストを底本として無

批判に採用することはスピノザのテクストとしての資料性を損ねる虞《おそれ》があるため、Gbから1世紀の時を経た本全集ではOP準拠の方針を堅持した。詳細な比較は訳注やGbの「テクスト校訂」を参照されたいが、Gbの積極的修正の具体的な傾向をまとめると、(1)語頭文字へのダゲッシュ点の挿入、(2)母音符号の「訂正」、(3)文脈から判断されるラテン語テクスト(表の構成を含む)の改変、と大別できる。(1)は解釈に大きな影響を及ぼさないため特に断りなくOP準拠とした。問題となるのは(2)と(3)で、(2)についてはスピノザがCGLH全体を通して音韻規則を重要視していることが明らかである以上、聖書ヘブライ語の知識を外挿して妥当と考えられるものであっても、CGLHの内部から明確にそう言えるものでない限り母音符号の付け方も含めてスピノザの立場を示しているものと考え、原則としてOPを優先した。(3)の例は多くはないが、重要な改変は第3章[9]段落、第4章[17]段落や第11章[7]段落であり、いずれも訳注で言及した上で本文はOPを優先した。

逆に今回の翻訳でOP(およびGb)にはないが便宜上追加したものとして、原文の段落分け(字下げ)に即した独自の段落番号[*x*]を付した。これはCGLH内部での参照を容易にするためのものである。Brも段落番号を採用しているが、これは編集者の判断で恣意的に段落を分割しているので今回付したものとは一致しない。

本全集では、本文の脇に対応するGbのページ番号を付記してある。OPにおいて、CGLHだけは他の著作(順に『エチカ』『政治論』『知性改善論』『往復書簡集』)に振られている通しページ番号が連続しておらず、CGLH本文第1章を1ページ目とするページ番号(仮に内部ページ番号と呼ぶ)が独立して付されている。一方Gbは、OPとページ数や段落の位置がずれないように修正にも注意を払った上で、OPと同一の内部ページ番号と、収録されている他の著作や索引などと連続した全集としての通しページ番号(＝内部ページ番号＋286)との二種類のノンブルがページ両肩に併記されている。この事情により、底本としてはOPに準拠しながらGbの通しページ番号を採用しても参照には特に問題が生じないことを理解されたい。

なお、翻訳の一助として用語の分布の可視化や検索性を得る目的で訳者が原

文テクスト全文を電子テクストに翻刻した[3]。

成立の背景

CGLH の詳細な成立過程は、時期も含め不明な点が多い。プロイエッティの研究[4]がその執筆時期を 1670–75 年と推定したが、この推定はもう一つの状況証拠と言える文芸結社ニル・ヴォレンティブス・アルドゥウム[5]の活動時期(1669 年結成)とも矛盾しない。スピノザの「友人たち」を少なくとも含むこの結社では、普遍文法理論の応用として個別言語(イタリア語など)の文法書を作る試みがなされていたらしく、「覚え書き」にあるようにスピノザにヘブライ語の文法書執筆を依頼した友人がこの試みを念頭に置いていたとしても不自然ではない。しかし、実際に書かれた CGLH は普遍文法の枠組みに収まるものとは言えず、それとは独立した『神学政治論』(TTP)と連動するプロジェクトの一環と位置づけることのほうが説得力があるだろう[6]。いずれにせよ、執筆の時期や経緯を明確に裏づける証拠は現時点では見つかっていない。

スピノザの個人史を遡れば、幼少期から通っており、その中で彼が頭角を現したとされる教育機関エツ・ハイムにおける高度なヘブライ語教育の影響は疑い得ない[7]。後に破門されてユダヤ人コミュニティでの教育や研究の機会を失ってからも、スピノザが聖書ヘブライ語に関心を抱き続けたことは蔵書目録に記された文法書(ブクストルフ文法、レヴィタ＝ミュンスター文法、キムヒ文法)が示している。ブレイエンベルフ宛のオランダ語書簡 19 において「それとともに私が育て上げられた言語で書くことができたら」(筆者訳)と述べた「言語」が何を示しているのかは判然とせず、多くポルトガル語と考えられているが、これがヘブライ語である可能性も排除できない[8]。幼い頃に叩き込まれたヘブライ語の萌芽がスピノザの内奥に留まり、中世文献との対話によって育まれ、独自の哲学的思索を土壌として結実したもの、それが CGLH の出自であると言えよう。

なお、17 世紀アムステルダムにおいてキリスト教徒(クリスチャン・ヘブライスト)の執筆したヘブライ語文法書の出版も活況を呈しており、玉石混淆のさまざまな文法書が書肆に並んでいたことが知られている[9]。ユダヤ教徒による

ヘブライ語文法書の多くがヘブライ語で書かれたことを踏まえると、非ユダヤ人によるヘブライ語文法書が出回る中でCGLHが「ユダヤ人によってラテン語で書かれた初めてのヘブライ語文法」として出現した(10)ことを認識しておくことも無駄ではないだろう。

構成と特徴

CGLHは、本文として全33章が残されている。これに加えて、本文中で何度か言及される「一覧表」(catalogus)と「統語論」(Syntaxis)の構想があったと考えられるが欠如しており、その内容も起筆状況も現時点では何もわかっていない。さしあたり、残されている33章の構成について述べる。

前提として、スピノザのヘブライ語文法は当時までの文法書群と比較すると短い部類に入る。スピノザがアクセスしたと考えられている、ラテン語で書かれたヘブライ語文法書と本文ベースで見比べても、ブクストルフ文法の807頁(統語論の部である第二部を除くと318頁)、バルメス文法の620頁(ヘブライ語・ラテン語対訳形式なので実質はその半分程度)、レヴィタ文法の269頁に対してCGLHは112頁と、およそ3分の1から半分ほどの分量である。統語論の部が欠如していることに加え、残された本文に加筆の余地があった可能性を考慮したとしても、33章の内容はよく圧縮されていると言える。

図(247頁)は、CGLH全章の関係を大まかに図式化したものである。このような図式化じたいに訳者の解釈が反映されていることを念頭に置きつつご覧いただきたいが、解説のために全体を三つの層に分けて整理した。第1層(第1–4章)は表記法と音韻規則。第2層(第5–12章、第33章)はヘブライ語における「名詞」(Nomen)の定義と分類、およびそれらの形態変化の特徴づけ。そして第3層(第13–32章)は第2層で導入した不定詞に「活用」(Conjugatio)を施した結果としての「動詞形」(Verbum)の変化パターンの分類である。

まず、CGLHのスタイルには「一度述べたことの反復を最小限に抑える」という顕著な特徴が見られる。頻繁に現れる、「われわれはすでに述べた」(diximus)に類する言葉とともに省略される不可視の参照の網の多くは、音韻規則に関わるものである。それゆえ第1層は最初に配置されなければならず(11)、

第2・3層に対する基層をなしている。とりわけ最短母音シェヴァの挙動に関する規則(第3章後半部)が重要である。

同じ特徴は第3層の章立てにも顕著に現れる。便宜上xとyの直交する2軸に準えて図示したように、x軸に活用の諸相(単純・強意・派生・循環それぞれの能動・受動、ヘブライ語でビンヤン)を、y軸に語根構成文字による類別(ヘブライ語でギズラ)をそれぞれ排列すると、活用の多様なパターンがそれらの組み合わせによって表現されるさまが把握される。一例として第四相(第17章：強意・受動)と第六活用(第27章：第二語根が休音文字のもの)との交点として第27章[11]段落に見える第六活用強意受動の例を図中に示した。このような章立ての工夫は分量の圧縮に大きく寄与していると言える[12]。

CGLHのもう一つの大きな特徴として、第2層ではヘブライ語のほとんどの品詞を「名詞」(という呼称を用いつつ新たに定義するカテゴリー)のもとに内包して再構成するという大胆な試みがなされている。これは、名詞と動詞の対立を軸とした古代ギリシア文法以来の伝統的品詞分類の枠組みに対する懐疑を投げ掛けるものである。まず第5章で名詞の下位分類を俯瞰的に示し、それらに共通して生じる形態変化を屈折(第6章：単数↔複数)・性(第7章：男性↔女性)・支配(第8章：絶対形↔支配形)・限定(第9章：定冠詞・格[13])に分解して説明したのち、第10章で前置詞と副詞としての名詞の変化、第11章で代名詞および接辞として代名詞が付される際の変化を経由し、第12章では第3層との結節点である不定詞としての名詞の変化に辿り着く。そうして第3層で活用パターンを一覧した後の第33章に至って初めて、不定詞と形容詞の中間である分詞を説明することが可能になる。このように構成を見てゆくことにより、第13章[6]段落で「このように活用されている限りにおいて、われわれは不定詞としての名詞を「諸動詞形」(Verba)と呼ぶことにしよう」という定義が置かれた意味がクリアになるだろう。CGLHにおいてVerbumとNomenとは語レベルでの対立というよりは、語のあらわれ方の違いに過ぎない。

評価と影響

刊行以来、CGLHは20世紀に入るまでほとんど閑却されてきたと言ってよ

『ヘブライ語文法綱要』の構成

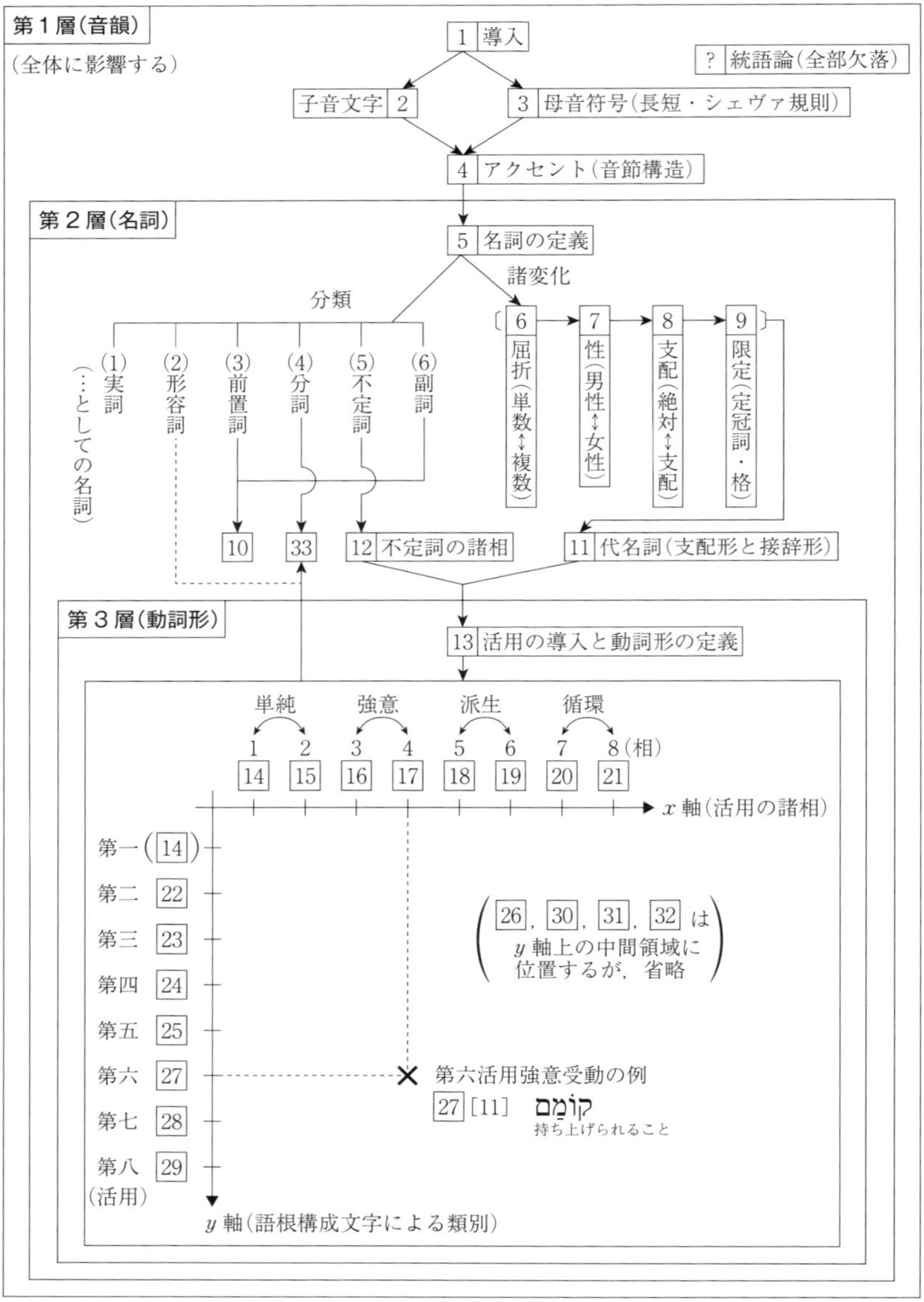

＊四角に入った数字は章番号

い。ここではその新旧にこだわらず、CGLH への応答をいくつかの側面に分けて紹介したい。

哲学的な側面では、単純にテクストの取り扱いの困難さが障壁となってか、多くが断片的な印象を受ける。象徴的なものを一つ取り上げるとすれば、ドゥルーズ『スピノザと表現の問題』第6章注12での言及[14]だが、ここではその位置づけには踏み込まない。名詞という一つの容器《コンテナ》に諸品詞を内包させる文法体系が内在論との関連を思わせるだけでなく、能動・受動に関する洞察など、CGLH とスピノザの形而上学とを架橋し得る要素は散見されるが、これらを用心深く腑分けしたものとしてリカータの仕事[15]が一つの指標となるだろう。CGLH の翻訳や研究が近年になって充実しつつあることを踏まえると、その哲学的応答もまだ過渡期にあると言えるかもしれない。

政治的な側面からの興味深い反応の一つとして、19世紀ガリツィア(現在のウクライナ南西部からポーランド南東部)におけるハスカーラー運動家でありヘブライ語文学者でもあったソロモン(シュロモー)・ルビンによる CGLH のヘブライ語訳がある。その序文でルビンは「われわれの言葉(ヘブライ語)にとっての大きな恩恵となりうる」ものとしてスピノザの業績を讃えている[16]。結果としてスピノザの思想や CGLH がシオニズム運動やヘブライ語の復活に与えた影響を判定することは困難[17]だが、文語の制約を離れて人間が日常の用に供する言語としての文法の有用性を評価するルビンの立場は CGLH に潜在する政治的な側面を示唆している。

言語学的な側面からは、ケイ[18]やグルントフェスト[19]の分析が(やや古いものではあるが)現代的観点からよく整理されている。スピノザは「当時の文献学が有していた射程から外れたところにある問題に取り組んでしまっていた」にもかかわらず合理的な方法の適用と深い直感とによって同時代の水準を遥かに凌駕する洞察に達していたとグルントフェストは丹念な分析の上で評価している。特に、比較言語学の確立よりもずっと古い段階で「再建」の手法を手探りながら打ち出し、聖書ヘブライ語の外側に広がっていたはずの古代ヘブライ語のコーパス[20]を想定した先見性は、「言語の文法」の記述を宣言したスピノザの立場ならではのものであり、特筆に値する。文献学的知見が膨大に蓄積して

いる一方で、現代言語学の手法を用いた聖書ヘブライ語の分析は今なお未開拓のフロンティアであり、その先鋒に立たんとするホルムステットが論集の巻頭言でスピノザの名前を出している[21]ことは果たして単なる偶然であろうか。

ヘブライ語に馴染みのない読者のための端書き

本項ではCGLH読解の前提知識となる聖書ヘブライ語文法の特徴のいくつかをごく簡潔に整理しておく。あくまで断片的なものであるから、詳細や体系立った説明については各種文献を参照されたい[22]。

きわめて初歩的かつ重要な事柄として、聖書ヘブライ語の母音符号は後代に書き込まれたものであることを認識しておく必要がある。また、一定の語根文字(主として三つの子音の組み合わせ)にさまざまに異なる母音パターンを適用することで多様な意味や文法的機能を表現するセム語派の特徴を有している以上、子音テクストにどのような母音を読み込むかが単なる音声的な問題でなく意味の解釈そのものであることを理解しなければ、スピノザに限らずヘブライ語文法学が一般に母音の問題を重く扱ってきた事情が見えてこない[23]。なお、単純かつ重要な事実としてTTP本文では一貫してヘブライ語に母音符号が振られておらず、一貫して母音符号が振られているCGLHとのスタイルの使い分けが明確にあることも押さえておきたい[24]。

次に、第8章で導入される名詞の「支配」(Regimen)について。これはスピノザが独自に定義したものではなく、「連結」(constructio)やヘブライ語でスミフート סמיכות などと呼ばれ共有されている文法概念である[25]。名詞A(たとえばレヘム לֶחֶם)と名詞B(たとえばバイト בַּיִת)の連結において、「AのB」というようにAが修飾語のように用いられる場合B(ヘブライ語の語順としては前＝右側)に音韻変化が生じる(この場合ベート・レヘム בֵּית לֶחֶם となる)現象を指す。スピノザは名詞概念を拡張することで、この支配現象の適用範囲をも広く取っていたと考えることもできる(第8章[10]段落など)。ただし、第11章では名詞と代名詞が結合するさいに支配形とは異なる母音が見られる場合(接辞形)があるという問題を論じており、いささかきわどい議論を展開している。

最後に、動詞の活用について。ヘブライ語動詞は語根からいくつかの語幹を

作った上で、その前と後に接辞(接頭辞と接尾辞)を付すことで人称・数・時制そしてさまざまな(多くの文法書では七種類、スピノザにとっては八種類の)意味カテゴリー(態とアスペクトを合わせたようなもの)を表現する。スピノザはその変化パターンを示すための基準動詞語根として *P-Q-D*(פקד)「視察する」を採用している[26]が、文法学者の流儀によって *P-‘-L*(פעל)「為す」や *Q-T-L*(קטל)「殺す」が用いられる場合がある。なお、ヨーロッパ近代語の感覚に慣れた学習者を当惑させるのは、時制のもとで活用される定動詞(動詞形)よりはむしろ、分詞や不定詞といった準動詞の挙動であろう(もっとも準動詞の豊饒は諸古代語において必ずしも珍しいものではない)。聖書ヘブライ語では述語として定動詞ではなく分詞や不定詞が置かれることも普通に見られ、この現実を前にして品詞分類という分析の足場を見直すという反応を取ることも不自然なことではない[27]。

CGLH は何で「ない」と言えるか

CGLH が何で「ある」か、その核心を定めることは困難であるが、何で「ない」と言えるかに注意を促すことで読解の一助としたい。

まず、まったくの初学者向けの教科書ではない。「覚え書き」で述べられた執筆背景からも示唆されているが、ある程度おおまかに聖書ヘブライ語の文法事項を認識している読者を想定しているであろうことが、明らかに詳しい説明を要する支配や活用の導入の簡潔さに表れている。生命の残り時間を意識していたであろうスピノザが、丁寧な論述よりも伝えるべき事柄に深く切り込むことを優先した可能性は大いにあるだろう。CGLH が「ラテン語の伝統もヘブライ語の伝統も、ふたつながらに破壊する」[28]ようなラディカルな性格を有する書物である以上、それはある程度必然的であったとも言える。

次に、いわゆるポール・ロワイヤル文法が提示した普遍文法の例証とは言えない。確かにスピノザは伝統的なラテン文法の用語を利用してはいるが、それは一種のメタ言語としての借用であって、大きな枠組みとしては換骨奪胎されている。前述したニル・ヴォレンティブス・アルドゥウムの活動との関連からCGLH を(ポール・ロワイヤルの)普遍文法プロジェクトの一環として位置づける解釈は魅力的だが、CGLH が名詞と動詞の対立を基本的なものとしていない

時点で難しいと言わざるを得ない(29)。

最後に、少なくとも表面的には、神学的議論の場ではない。CGLH 全編にわたり多数のヘブライ語用例が明示的であれ暗黙的であれ聖書から引用(30)されているにもかかわらず、その意味内容について詳しく言及することはない。これはスピノザ自身が繰り返し「言語の文法」と強調しているように、ヘブライ語に纏綿《てんめん》する聖書解釈上の問題を文法の問題に逆流させないためにあえて切り離した結果と見ることもできよう。逆に言えば、TTP で聖書解釈の問題(31)を提示しておいたことによって CGLH を言語の問題にフォーカスする場にできたとも言え、両者の関係はやはり相補的である。

中立的に表現すれば「スピノザの文法認識のカーボンコピー」と言える CGLH は、多様な側面を有するだけでなく、このように他との文脈を形成しづらい、「荊棘《けいきょく》に覆われた」もの(32)であるとも言える。

跋文に代えて

本翻訳ははじめ手島勲矢氏の呼びかけで立ち上げられたが、複雑な経緯を辿り最終的に筆者(秋田)の責任で全文を訳し下ろすこととなった。その過程で、全集編者である上野修氏、鈴木泉氏から包括的なサポートを受けた。煩雑な本文の具現化には岩波書店関係者各位の根気強い尽力のほか、矢野厚氏および笠松和也氏による的確なコメントが大きな役割を果たした。最後に、妻の存在なくしては文字通り完成を見ることはなかった。ここに深い感謝を捧げる。

注

(1) 既存訳については文献一覧を参照のこと。

(2) この事情について、ポルゲスの没後その遺稿から刊行された論文 Nathan Porges, „Spinozas Compendium der Hebräischen Grammatik“, *Chronicon Spinozanum*, 4, 1924-26, pp. 123-159 に追悼と感謝の言葉とともにゲプハルトが序文を寄せている。この文献は CGLH のテクニカルな分析として今なお一読の価値がある。

(3) 執筆時点では、GitHub 上で配布している(https://github.com/keiakita/CGLH finder)。正規表現による文字列検索を行い、結果をその出現箇所とともに一覧表示することができる。

(4) Omero Proietti, “Il *Satyricon* di Petronio e la datazione della *Grammatica Ebrai-*

ca spinoziana", *Studia Spinozana*, 5, 1989, pp. 253-272. 1669 年にアムステルダムで刊行されたペトロニウスの古典作品『サテュリコン』とスピノザのテクストとのラテン語表現を比較するという文体論的手法を用いた。

(5)　結社の活動と、それに対するスピノザの距離感については Guido van Suchtelen, « Nil Volentibus Arduum. Les amis de Spinoza au travail », *Studia Spinozana*, 3, 1987, pp. 391-404 を参照。

(6)　Pina Totaro, « Le *Compendium grammatices linguae hebraeae* dans le contexte des œuvres de Spinoza », in *Spinoza, philosophe grammairien*, Paris, CNRS Éditions, 2019, pp. 63-89. あるいはガルジューロのイタリア語訳に寄せられたトタロの序文も参照されたい。

(7)　教師メナセ・ベン・イスラエルやモセス・ラファエル・ダギラールと CGLH の共通点については Anthony J. Klijnsmit, *Spinoza and Grammatical Tradition*, Leiden, Brill, 1986 を参照。

(8)　Ze'ev Levy, "The Problem of Normativity in Spinoza's 'Hebrew Grammar'", *Studia Spinozana*, 3, 1987, pp. 351-390.

(9)　同時代のヘブライ語文法書との比較については、Irene Zwiep, « Ceci n'est pas une grammaire: Le *Compendium grammatices linguae hebraeae* de Spinoza », in *Spinoza, philosophe grammairien*, Paris, CNRS Éditions, 2019, pp. 159-181 を参照。

(10)　David Téné, Aharon Maman, & James Barr, "Linguistic Literature, Hebrew", in *Encyclopaedia Judaica*, Jerusalem, Keter Publishing House, 2006 [2nd ed.], vol. 13, p. 56.

(11)　CGLH の章立ての順序にひそむ重要性に関して、手島勲矢氏との非公式の談話において示唆を得たことを記しておく。

(12)　紙幅の都合により図では割愛したが、第 26・30・31・32 章も y 軸上に変則的ではあるが並ぶ。特に第 26 章は第 25 章までの組み合わせとして表現されており、ここでも一種の圧縮がなされている。

(13)　語尾変化としての格変化はヘブライ語には(痕跡的なものを除けば)ないが、スピノザは前置詞の付いた形をラテン語の格変化(主格・属格・与格・対格・呼格・奪格)に当て嵌めて扱っている。

(14)　Gilles Deleuze, *Spinoza et le problème de l'expression*, Paris, Les Éditions de Minuit, 1968, p. 93.

(15)　Giovanni Licata, "Spinoza e la *cognitio universalis* dell'ebraico. Demistificazione e speculazione grammaticale nel *Compendio di grammatica ebraica*", *Giornale di Metafisica*, 31, 2009, pp. 625-662.(ジョヴァンニ・リカータ著、秋田慧訳「スピノザとヘブライ語の〈普遍的な知識〉――『ヘブライ語文法綱要』における脱神秘化および文法的思惟」『スピノザーナ』16 号、スピノザ協会、2018 年、125-171 頁)

(16)　Baruch Spinoza, *Diqduq sfat 'eber*, translated by Solomon Rubin, Kraków, Podgórze, 1905, p. 8. [דקדוק ספת עבר מאת ברוך ספינוזה]. ルビンは『エチカ』のヘブライ

語訳も1885年に刊行したスピノザの擁護者であり、ルッツァート(シャダル)の厳しい攻撃に抗して論陣を張った。Jan-Hendrik Wulf, *Spinoza in der jüdischen Aufklärung*, Berlin, Akademie Verlag, 2012, pp. 511–525に詳しい。

(17) 実際にヘブライ語の「復活」を実現したエリエゼル・ベン＝イェフダーとスピノザの関係は明確ではないが、ヘブライ語の「世俗化のプロセス」における両者の評価について Keren Mock, *Hébreu, du sacré au maternel*, Paris, CNRS Éditions, 2016は一読の価値がある。

(18) Alan S. Kaye, “Spinoza as Linguist”, *Hebrew Annual Review*, The Ohio State University, 4, 1980, pp. 107–125.

(19) Jacob Gruntfest, “Spinoza as a Linguist”, *Israel Oriental Studies*, Tel Aviv University, 9, 1979, pp. 103–128.

(20) ヘブライ語の歴史は悠遠かつ複雑であり、スピノザが単にヘブライ語と呼ぶときにそれが指し示す範囲はまったく自明でない。スピノザが想定したコーパスについては細かい議論があるが、「スピノザが追い求めたものは、聖書の著者たちによって利用されていた言語を「その部分として」含むような古代人の言語」というリカータの整理が出発点として有用であろう。 Licata, *op. cit.*, p. 632.

(21) Robert Holmstedt ed., *Linguistic Studies on Biblical Hebrew*, Leiden, Brill, 2021, p. 1.

(22) 日本語文献として『言語学大辞典』第3巻、三省堂、1992年、919–940頁を挙げておく。

(23) たとえば母音の分類について、手島勲矢「スピノザと中世のヘブライ文法論争――『ヘブライ語文法綱要』の本文校訂のために」『オリエント』41号、1998年、110–124頁の比較が有用である。より包括的な整理については Benjamin Suchard, *The Development of the Biblical Hebrew Vowels*, Leiden, Brill, 2019を参照。

(24) CGLHとTTPにおけるヘブライ語引用の網羅的な比較をカッスートが行っている。Philippe Cassuto, *Spinoza Hébraïsant*, Paris-Louvain, Peeters, 1999.

(25) 現代ヘブライ語では機能が後退しており、成熟した表現や固有名詞にその痕跡をとどめる。

(26) この構成文字には活用が不規則に動きにくい利点がある。

(27) 聖書ヘブライ語の文法を記述するにあたり品詞分類を再構成した比較的新しい試みとして、Francis I. Andersen and A. Dean Forbes, *Biblical Hebrew Grammar Visualized*, Winona Lake (USA), Eisenbrauns, 2012を挙げておく。

(28) Licata, *op. cit.*, p. 648.(邦訳141頁)

(29) Martine Pécharman, « Loin de Port-Royal: le statut linguistique de l’hébreu dans le *Compendium grammatices linguae hebraeae* de Spinoza », *Spinoza, philosophe grammairien*, Paris, CNRS Éditions, 2019, pp. 223–272.

(30) 既存訳には、本文中でスピノザが明示しなかった聖書引用の出典を調べた上で注に示したものがある(特にアシュケナジーのフランス語訳が顕著)。しかしながら、ス

ピノザがどのような聖書本文テクストを参照していたかを確定できていないことから、本翻訳では聖書本文への参照を最小限に抑制する方針を採った。

(31)　聖書解釈の文脈におけるスピノザの位置づけについては手島勲矢『ユダヤの聖書解釈——スピノザと歴史批判の転回』岩波書店、2009年を参照。

(32)　Anthony J. Klijnsmit, “Spinoza and the Grammarians of the Bible”, *The History of Linguistics in the Low Countries*, Amsterdam, John Benjamins, 1992, p. 156の表現を借りた。

附論１　ディクドゥークとグラマティカ

——スピノザ以前のヘブライ語文法——

手島勲矢

スピノザ文法(『ヘブライ語文法綱要』)がスピノザ哲学の中で占める位置付けについて、少なからず、長い間、論争になっている。その原因の一つは、19世紀以降の近現代の(科学的？)ヘブライ語研究の立場(諸解決や諸仮説)を前提に、スピノザ文法のテクスト読解をしている影響も小さくないと思う。つまりスピノザは、歴史的には、それ以前のヘブライ語とラテン語の文法用語の翻訳問題や、ユダヤ人とクリスチャンの文法理解の違いを前提にして彼の文法を思考しているのであって、その逆ではない。スピノザ時代の文法学者の問題に対する歴史的理解が十分でないことが、時には、テクスト証言に乏しい(憶測以上の根拠がない)『ヘブライ語文法綱要』(『遺稿集』ラテン語版)のテクスト修正の原因にもなる。本稿は、セクション１において、スピノザのヘブライ語文法の用語や概念を考えるのに必要となる歴史的な文法問題の情報(洞察)を読者に提供したい。ユダヤ人のヘブライ語文法の伝統(ディクドゥーク)の起源について、またユダヤ人からディクドゥークを受容しながらも、そこからクリスチャンのヘブライ語文法(グラマティカ)を確立させていく文法学者の系譜について概説する。さらにセクション２においては、個別のスピノザ文法の問題箇所(サンプル)を取り上げ、二つの文法伝統の歴史意識は、スピノザの解説の中の不明瞭でクリプティックな表現の下にある彼の問題意識の発掘に有益であることを例証したい。

はじめに

デカルト、スピノザ、ライプニッツを、一つの大きな川の流れと見る哲学史の視点からは、スピノザの哲学思想(「自然」「自由」概念)は、ある意味、その大陸の合理哲学の伝統の中で孤立している「わんど」(川の流れの側に生じる入江)と見えなくもない(そのスピノザの閉鎖性を、シェリングは『近世哲学史講義』の中で、「閉じられた蕾」に喩えた)[1]。このスピノザの孤立感は、ヘブライ語文法にも当てはまる。彼の未完に終わる『ヘブライ語文法綱要』の構想(名詞や動詞などの理解)は、当時、普及していたクリスチャン・ヘブライストの手によるヘブライ語文法書(Grammatica)の伝統から見ても、また中世以来のユダヤ教のヘブライ語文法の伝統(Dikduk)から見ても、どこか普通でないアノマリーな文法である。そのスピノザ文法のアノマリーさは、ある意味、ディクドゥークとグラマティカが使用する文法の概念(用語)が完全に一致させられない、ヘブライ語とラテン語の翻訳不可能性に由来するもの、またユダヤ教とキリスト教の二つの聖典伝統、またユダヤ思想とギリシア哲学の発想・視点の二極性にも起因しているかもしれない。

ただ、スピノザ文法を歴史的に評価しようとする時に明らかなのは、現在の聖書学や

オリエント学の前提からはいったん離れる必要があることである。なぜなら、いわゆる啓蒙主義以来の伝統の中にある、現在の歴史学は、二つに分離されていた異なるヘブライ語文法の過去について、あまり自覚的ではない(2)。つまりユダヤ人のヘブライ語文法の伝統(ディクドゥーク)と、その後に現れるクリスチャンのヘブライ語文法(グラマティカ)を、ある意味、無自覚に混ぜ物にして、同じ一つのヘブライ語文法のカテゴリーに押し込んで、同一視して扱う傾向が強い(3)。

しかし、宗教改革期のクリスチャンがヘブライ語文法を(大学で・神学校で)学ぶというのは、現在の大学の研究室から想像するような研究状況とはだいぶ違う。なぜなら、ドグマ的粛清の嵐が吹き荒れる宗教改革の現実の中で、ヘブライ語文法は、クリスチャンにとって、ある意味、教会の聖書解釈の現状を静かに根底から覆すこともできる道具であり、だから当時のクリスチャン・ヘブライストにとって、ヘブライ語を習う時は、どのような先生から学ぶのか、また教える時は、どのような教科書を使うのかが大きな問題となり、いわば、それらすべてが、すでに神学の踏み絵のようであった。それゆえに、当時においては、その文法書は、ユダヤ人のものなのか、クリスチャンのものなのか、著者はカトリックなのかプロテスタントなのか、自由主義的な改革派なのか保守派なのか等々、文法知識の質よりも先に、文法学者の信仰の立ち位置が問われるのであった。

当時のヘブライ語文法書(グラマティカ)の冒頭に、司教や枢機卿などの教会指導者または地域の知事に宛てた公開書簡、あるいは読者や友人への私信が掲げられることが多いのは、特定の相手に語りかける手紙の体裁で、自分のキリスト教の信仰やユダヤ教の歴史について釈明し、自分のヘブライ語の研究は教会秩序に害にならないと、ヘブライ語文法の理解を乞う必要があったからである。

それに対して、スピノザが育った17世紀に始まるアムステルダムのユダヤ共同体の現実は、異端審問の恐怖から逃げてきたポルトガルの「コンベルソ(新しいキリスト教徒)」(強制的にキリスト教に改宗させられたユダヤ人たち)の現実であった。彼らは、彼らの子どもたちにはオランダで、ゼロからユダヤ教の戒律と信仰の基礎を学び、スファラディ(イベリア半島のユダヤ教)の古い伝統を再び身につけてくれることを望んだ。だから彼らは、中世ユダヤのヘブライ語文法の学びに貪欲に取り組んだだけでなく、スファラディの伝統で、正確にトーラーの巻物を声にする朗誦訓練にも熱心であった(4)。

スピノザの時代に、ユダヤ学院でヘブライ語を教えた教師たち、メナセ・ベン・イスラエルやイツハク・アボアブも、アムステルダムにやって来たコンベルソの子どもたちであり、彼らも、オランダで、幼い時にヘブライ語文法を習った人たちであった。その二人にヘブライ語文法を教えたイツハク・ウジエル(北アフリカから移住してきたラビ)の授業はヘブライ語で行われたが、幼い二人には、そのヘブライ語の文法用語の理解には、ヘブライ語―スペイン語の対応表が必要であったようで、今も、それはウジエルの文法書の巻末に残っている(5)。さらには、メナセもアボアブも、後に、それぞれディクドゥークの教科書を書いている。メナセは17歳の頃ポルトガル語で、アボアブはヘブライ語で1640年代のブラジルで執筆している(6)。当時の学生たちは、それらを手書きで自分たちでコピーして利用した。その一部は今もアムステルダムに残っている。彼ら

のヘブライ語文法書は、アブラハム・イブン・エズラや、モーシェ・キムヒの文法を手本にしたもので、その内容は12世紀の文法状況からさほど変化していないものであった。

その同じ頃に、オランダの改革派クリスチャン世界では、ライデン大学教授アルミニウスの死後、彼の自由主義的な神学をめぐり論争が起きて、その解決のために1618–19年にドルト会議が開かれた。その結果、ライデン大学のヘブライ語文法教育の見直しが起き、それまでヘブライ語文法を教えていた教員をアルミニウス主義者として解雇し、アカデミア的な粛清がヘブライ語の教育をめぐり起きている(後述する)。

だから、スピノザのヘブライ語文法を歴史的に読み解く第一歩は、ユダヤ人のディクドゥークと教会のグラマティカを同一視しないこと、二つの文法の伝統の起源の個別性を理解し、さらには二つの文法伝統が16世紀に交わりながらも、ユダヤ教徒とキリスト教徒の棲み分けを模索してクリスチャン・ヘブライストが独自のヘブライ語文法を生み出そうと苦闘をしたこと、そして、17世紀オランダ改革派のヘブライ語文法の論争が起き、その歴史の中にいるスピノザの特殊な立場を想像できること。ここから始まると思う。

1　二つの文法伝統の起源と系譜——ユダヤ人とクリスチャン

1-1　ディクドゥークの起源とグラマティカ

ラテン語で「文法」を意味するグラマティカ(Grammatica)の語源は、ギリシア語で「文字」を意味する「グラマ」(γράμμα)の学問、つまり「テクネー・グラマティケー」(Τέχνη γραμματική＝文法学)に由来する。文法学の創始者としてディオニュシオス・トラクス(Dionysius Thrax, 170–90BCE)の名前が挙げられるが、彼の文法学の関心はホメロスの文字テクストの言葉を説明しようとする古典学の努力とも結びついている点に注目するなら、すでにホメロス解釈への関心から言葉の役割や種類を分類したアリストテレスこそ文法学の父の名前に相応しいとも言える[7]。

同様に、ラテン語文法学者のウァロ(Marcus Terentius Varro, 116–27BCE)の関心もギリシアの文法学者の延長上にあることが著作に窺われる。それは、ウァロが当時の文法学者のギリシア語概念「エティモロギア」や「セマンティクス」を用いてラテン語文法を解説するからであり[8]、要するに、グラマティカの伝統とは、ギリシア古典学者の関心・用語・概念を継承して、古代テクストの文字を読み、その文字を書いた古代の人の言語と思考を理解する努力であったのである。

これらのギリシア・ラテン文法学者と、新約聖書(「マタイによる福音書」第5章20節)に出てくる古代ヘブライの律法学者(ギリシア語ではグラマテウス＝文法学者と呼ばれる人たち)は、関心において互いに重なり合う部分は決して小さくはない。ただ、古代のヘブライ語文法の起源について、特定のユダヤ賢者の固有名を挙げて論じることはできない。なぜなら、ユダヤのヘブライ語文法は、共同体で「聖書」(タナッハ)原典を読み続けてきた伝統の集積であり、その点で、ラビ・ユダヤ教の口伝律法の賢者たちは、時間の経過が

文字テクストに及ぼす影響について自覚的である。だからこそ、古代ユダヤの文法学者(ラビ文献では文法学者は「文字を数える人(ソフリーム)」と呼ばれる)の最重要の関心は、古代から伝わる文字テクストの形式を保守することであり、またその発音伝承の継承であった。

なかでも、神殿祭司の中に古代からの聖書の言語の伝統を守る人々がいて、その末裔がティベリアのマソラ学者であると信じられている。その彼らが残し伝える聖書(タナッハ＝律法・預言者・諸書の24冊)の伝統に、後に、厳密な母音記号とアクセント記号がティベリア式で書き加えられ、このティベリア学者の示した文字と記号の伝統の「厳密さ」こそが、ディクドゥークの起源(דקדק 語根の意味)であり、ヘブライ語文法の基礎なのである。つまりユダヤのディクドゥーク記述は、ティベリア式の母音記号とアクセント記号を聖書の文字写本に加えたマソラ学者の存在抜きには始まらないのである[9]。

その始まりは、10世紀のサアディア・ガオン(Saadia ben Yosef Gaon, 882/892–942)がアラビア語で著した文法書に求められ[10]、最終的には、イベリア半島のユダヤの文法学者たちの論争を経て、11世紀のラビ・ヨナ・イブン・ジャナッハ(Jonah ibn Janah, 990?–1055?)が、その論争を整理した文法書・辞書をアラビア語で書き、その文法テクストをユダ・イブン・ティボン(Judah ben Saul ibn Tibbon, 1120–90?)がヘブライ語に翻訳した。それらが『セフェル・ハリクマ』と『セフェル・ハショラシーム』というヘブライ語の本である。それらによってアラビア語が読めないキリスト教圏のユダヤ人たちにも、その文法知識がイブン・ティボンの訳語「ディクドゥーク」(דקדוק)の名前で、共有され普及されていくことになる。

さらにディクドゥークの知識の拡散に貢献したのは、聖書注解者としても有名なアブラハム・イブン・エズラ(Abraham ben Meir ibn Ezra, 1089/92–1164/67)である。彼は、急進的なイスラム教徒に占領された12世紀イベリア半島から逃れて、キリスト教圏の各地ユダヤ・コミュニティを転々としながら、その滞在期間に、次々とディクドゥークについてヘブライ語で解説書を書き残していった。とりわけ、イブン・エズラは、『セフェル・ハモズナイム』において、ディクドゥークの歴史を振り返り、最初にトーラーの巻物の文字の伝統(マソラー)を守った人々がいたこと、その後に、イベリア半島の文法学者(メダクデキーム)たちが現れ、彼らは、聖なる文字の伝統の上に加えられたティベリア式の母音記号の意味をめぐって論争し、文法で聖書の文字通りの意味を明らかにしようとした歴史プロセスを報告している。

グラマティカとディクドゥークの関係性を考える上で、12世紀のユダヤの文法学者、ラビ・ヨセフ・キムヒ(Joseph Kimhi, 1105–70)と、その息子たちモーシェ・キムヒ(Moses Kimhi, 1127?–90)、ダヴィッド・キムヒ(David Kimhi, 1160–1235)が展開したディクドゥーク(キムヒ家文法)も特筆に値する。彼らのヘブライ語文法は、それまでのイブン・ジャナッハやイブン・エズラのいわゆる古典的ディクドゥークとは異なり、外のラテン語世界も意識した、新しいヘブライ語文法の合理的な説明を取り入れて工夫したものだった。そのラテン語文法との親和性の点で、キムヒ家文法は色々な意味で革新的でもあり特異でもあり、その簡略化され整理された文法は、16世紀のクリスチャン・ヘブライスト

に強い影響力を持つことになる[11]。

父ヨセフは『セフェル・ジカロン』の冒頭で、他言語の人々も自分たちの言語を厳密に用いて間違わないように「文法」の知恵を凡ゆる知恵に勝るものであると考えていることに言及し、自分の比較文法の視点を以下のように語る[12]。

> 異邦人の賢者たちは、これを《グラマティカ》(גראמטיקה)という名で呼び、イシマエル人の賢者たちは《アルネホ》(אלנחו＝その仕方)と呼ぶが、その意味は言語の洗練である。だから、私たちも、それ以上に私たちの言語を厳密に扱い、私たちのトーラーの論理を磨かねばならないのは、言わずもがなである。なぜなら、それ(トーラー)は活ける神の言葉であるから、私たちの祈りでも私たちは間違うわけにはいかないのであり、また私たちの歌声でも誤るわけにはいかないのである。

ヨセフ・キムヒの「文法」概念には、外の世界を自覚した、諸民族が共有できる普遍性の意識もあるが、ユダヤ人のディクドゥークつまりヘブライ語文法は「活ける神の言葉」を扱っている点で、外の世界のグラマティカが意味する「文法」とは違うという特別意識も見失わない。すなわち、ヘブライ語(イブリート)とは、セムの子孫エベルの言葉という意味であり、バベルの塔が崩壊した時に全地の人々の言葉は70の言語に分かれても、エベルだけは神と語り合ったアダムの言語を失わなかった。それゆえにエベルの子孫であるアブラムは「ヘブル人(イブリー)」(「創世記」第14章13節)と呼ばれたという。ヨセフ・キムヒは、こういう聖なる言語としての信仰をヘブライ語文法の導入で語る。この「聖なる言語」の意識こそ、ディクドゥークとグラマティカの間にある根本的な違いと言えるだろう。

つまり、ディクドゥークとグラマティカの概念の違いを一言でまとめるなら、ディクドゥークの観点は、ヘブライ語は他の言語とは違う、神とアダムが最初に話をした唯一無二の特殊な言語という信仰に支えられている。それに対して、グラマティカの観点は、地上の人間が話すすべての言語の構造や作法は、その多様性にかかわらず、一般普遍性の共通概念で説明できるはずというユニバーサルな確信(Roger Bacon)を根底に抱く[13]。

この視点の違いは、キリスト教会の聖書はヘブライ語原典からの翻訳聖書(セプトゥアギンタやウルガータ他)であるという意識とも無関係ではないだろう。原典テクストはただ一つだが、翻訳は無数に可能であるという関係性である。だからこそ、ユダヤ会堂の中でヘブライ語原典聖書を読むユダヤ人たちの解釈と、教会の中で翻訳聖書を読むクリスチャンたちの解釈が、社会的に文化的に棲み分けができる間は、ヘブライ語文法がクリスチャンの世界観を揺さぶる脅威にはならないのだが、その両者の棲み分けが文芸復興(ルネッサンス)から宗教改革に向かう中で崩れていく時に、文法の問題が発生する。その経過を少し見ていこう。

1-2　16世紀前半――ヘブライ語文法／ヘブライ語聖書とフマニスト

15世紀末、ルネッサンスの目覚めの中で、ヘブライ語文法(ディクドゥーク)に興味を

持つフマニストたちが現れ、彼らは神学的な関心から聖書を読むためというよりも、ヘブライ語・アラム語で書かれた古代の神秘主義の知恵を読むために、ユダヤ人にヘブライ語文法の手解きを求めた(つまり、クリスチャンの大学において、ディクドゥークの知識を本当に教えることのできる人間はほとんどいなかった)。だからディクドゥークとグラマティカの棲み分けの垣根が崩れるのに大きな貢献を果たしたのは、フマニストであるピコ・デラ・ミランドラ(Giovanni Pico della Mirandola, 1463–94)の出現であり、また同様に、ユダヤ教の文法学者エリヤ・レヴィータ(Elia Levita, 1469–1549)やラビ・オバディア・スフォルノ(Obadiah ben Jacob Sforno, 1470?/75–1549)他、クリスチャンにディクドゥークを教えたユダヤ人教師(コンベルソを含む)の存在でもあると言える。

ここで注目したいのは、彼らユダヤ人教師は、クリスチャンにディクドゥークの手ほどきを与えることに抵抗感がなかったことである[14]。本来、ユダヤ法規はヘブライ語文法をはじめ、ユダヤ人が異邦人に口伝律法などユダヤ教の知識を教えることを禁じている。しかし、エリヤ・レヴィータは、ノアの洪水以後の地上の人類すべてはノアの七つの戒律を守ることが求められているというラビ・ユダヤ教の理解を盾に、異邦人が七つの戒律を理解するためにはヘブライ語文法の知識が必要であるという理屈で、クリスチャンたちにもヘブライ語文法を教えるようになる。その結果、ロイヒリンもユダヤ人からヘブライ語文法(ディクドゥーク)の基礎を学ぶことができ、その学びをラテン語で著述することもできた。ヘブライ語文法をめぐって、ユダヤ人教師とクリスチャンの往来は、イタリア・ルネッサンスのフマニストたちの自由な知識の往来の空気の影響で可能になったことは疑いえないが、同時に、レヴィータのような伝統的なユダヤ人の側の意識変化にも注目すべきだろう。

さらに、15世紀末から盛んになる印刷技術のおかげで、とりわけヴェネツィアのボムベルク印刷所が、ラビ聖書初版(1517年)と第二版(1525年)を出版したことを通して、マソラ写本の中に蓄積されていた聖書ヘブライ語の詳細な知識がキリスト教世界に急速に広まった。これは、「聖書のみ」を掲げるプロテスタント側にとっては画期的なことであり、初めて本格的に全体性を持って紹介されたマソラーのテクスト伝承の全貌に触れることで、異邦人にも、古代から伝わる旧約聖書のヘブライ語原典の姿を知ることが可能になり、やがてクリスチャンの中にも旧約正典コーパスの見直しが起き、ルターのドイツ語訳聖書では、ヘブライ語原典が存在しない書物(アポクリファ=外典)を旧約正典から区別することになる[15]。それによって、ドイツのプロテスタント教会の旧約聖書は、ユダヤ教の聖書(タナッハ)の姿に近づき、クリスチャンとユダヤ人は一つの同じ聖書原典を共有しているという認識も生まれてくる[16]。

その結果、ヘブライ語原典から翻訳し直すことが始まり、ユダヤ教のヘブライ語文法(ディクドゥーク)は、特に「聖書のみ」を掲げるプロテスタント教会にとって、ギリシア語文法とラテン語文法と並んで、重要な学習テーマとなった。16世紀前半に印刷された文法書(たとえば、『ミクネー・アブラム』や『ピルケイ・エリヤウ』他)を見ると、見開きレイアウトがヘブライ語原文とラテン語訳を比較できる二言語体裁になっている[17]。これは、つまり、この頃の文法学習の教科書は、ヘブライ語で書かれているユダヤ人の文

法（ディクドゥーク）なので、その原文と、そのラテン語訳を一目で読者が比較できるレイアウトによって、学習者は、ディクドゥークの文法用語・概念と、そのラテン語訳の対応を確認できるのであり、この体裁の工夫は、ユダヤ教との距離感の近さの中でディクドゥークが学ばれていた証拠でもある[18]。

この印刷の体裁は、ヴェネツィアのダニエル・ボムベルク（Daniel Bomberg, 1483-1549）の印刷所で働くレヴィータやバルメスなどのユダヤ学者のディクドゥーク知識を学ぶために始まったものであり、その工夫が必要とされたのは、彼らの知識が、教会の枠組みの中のヘブライ語教師とは比較にならないほど群を抜いて秀でていたゆえであると思われる[19]。つまりボムベルクが出版した浩瀚な文法書『ミクネー・アブラム』の著者バルメスは、キムヒ家文法と古典的なイベリア半島のディクドゥークの違い（問題）を詳細に紹介するし、またヤコブ・ベン・ハイム（Jacob ben Hayyim ben Isaac ibn Adonijah, 1470?-1538?）は、マソラー（写本の伝統）を印刷で再現しようと、ラビ聖書第二版のために多くの写本を集め、参照してケリー・ケティブ（マソラ学者の欄外注の一つ）他を校訂した。さらにレヴィータは、きわめて歴史的に詳細にマソラーの伝統の重要性を分析し、文法の視点で歴史批判的にその長所と短所を解説した入門書を書いた。彼らの知識は当時の知識の最先端なのであった[20]。

加えて、16 世紀前半にはセバスチャン・ミュンスター（Sebastian Münster, 1488-1552）がエリヤ・レヴィータのディクドゥーク解説をラテン語に翻訳しクリスチャン世界に紹介することで、教会のクリスチャン・ヘブライストの文法知識も飛躍的に向上した。それによって、同時に、グラマティカとディクドゥークの乖離が広がっていく。ただ、そのことは、宗教改革の対立のせいだけでもない。根本的に学べば学ぶほど、ディクドゥークの概念・用語の伝統と、ギリシア語・ラテン語古典のグラマティカの文法用語・概念の間には、翻訳できない思想的・哲学的な違いがあることも明らかになり、その点で 16 世紀後半のクリスチャン・ヘブライストたちが、クリスチャンのヘブライ語文法（グラマティカ）の明確な形を模索し始めるのは自然の理でもあった[21]。

1-3　教会の禁書リスト（Index）とスピノザ蔵書リスト（Inventory）

ルターの「聖書のみ」の宗教改革が、聖書の再定義や原典からの教会神学に対する批判を強める流れは、カトリック側には大問題であり、その対策を求めてトレント公会議（1545-63 年）が開かれ、その結果、カトリック教会にとっての旧約聖書の正典リスト（プロテスタントにとっての外典も正典に含む）が確定され、さらには、教会の唯一の解釈権威はウルガータ（ラテン語聖書）のテクストであることが確認された。そして混乱の原因となっているクリスチャン・ヘブライストたちによるヘブライ語文法の知識拡散と、それに伴う聖書解釈の暴走を抑制するために、教会の禁書リスト（Index）を作ることになった[22]。

1564 年にはトレント公会議の公式禁書リストが発表され、そこには、ブッツァー、ファギウス、カピートなどのストラスブールのヘブライストたち、またセバスチャン・ミュンスターの名前も載った。そして、さらにリストは拡大され、トレメリウスの著作

(デルシウスとともに)は、ローマ版1596年リストに、ブクストルフ親子の文法やマルティニウス文法は、スペイン版1612–32年の禁書リストに掲載された[23]。

スピノザの蔵書リスト(Inventory)には、ヘブライ語文法や聖書翻訳関係の著者たちの著作が多く含まれるわけだが、これらは皆、教会の禁書リストに載っている書物とみなされていい。とりわけ、スピノザの蔵書リストの中で、スピノザが『ヘブライ語文法綱要』を執筆する上で直接的に参考にしたと思われる、以下の3冊のヘブライ語文法書は、いずれも教会の禁止図書であった。

1) “*Buxtorfii Thesaurus Gramm.*”(フロイデンタール整理番号93; p. 281):ブクストルフのヘブライ語文法語彙集(*Thesaurus grammaticus linguae sanctae Hebraeae*)。これには、1609年の初版以来、いくつかの改訂版があり、特に息子ブクストルフが編集した1663年版には大きな加筆修正が施されていて、それ以前の版と大きく異なっているので注意が必要である[24]。
2) “*Munsteri Gramm. Ebr. Eliae Levitae*”(フロイデンタール整理番号107; p. 282):現在の研究者らは、その候補として*Grammatica Hebraea Eliae Levitae*(1543年)を念頭に置く。この文法書は、マルティニウス文法以前のグラマティカの伝統を示す一冊である。セバスチャン・ミュンスターによるレヴィータ文法の紹介には類書が多く正確には特定できないが、この1543年版は改訂版として重要である。その第一部はミュンスター自身の手による文法基礎解説であり、さらに、ミュンスターによるエリヤ・レヴィータの文法書『セフェル・ハバフール』のラテン語(意訳)*Grammatica Eliae Levitae*が第二部として補足されている(詳しくは附論2を見よ)。
3) “*Sepher dikduck*”(フロイデンタール整理番号59; p. 279):正確には特定できないが、フロイデンタールはモーシェ・キムヒの文法『マハラフ・シュビレ・ハダアト』(1519年Ortona版)であると考えている。これは、エリヤ・レヴィータ注解付きで、16世紀初頭のスタンダードなディクドゥークの教科書として広まり、後にミュンスター訳も現れ、そのラテン語の翻訳についてレヴィータはミュンスターにヘブライ語書簡の中で不満をコメントしている。しかし、定冠詞のないヘブライ語タイトルに注目するならば、アブラハム・デ・バルメスの『ミクネー・アブラム』(1523年)を意図している可能性もある。

興味深いことに、この3冊は、16世紀初頭から17世紀までの間に起きた、クリスチャンのヘブライ語文法(グラマティカ)の劇的な変化について、定点観測的に俯瞰できる資料になっている。つまり、資料1)のブクストルフの文法著作の出版年代は、17世紀に入ったもので、これは16世紀後半(1567年)に現れたマルティニウス文法が劇的な構造変化を導入するが、その変化を受け入れた文法であり、スピノザの周りにいる当時のクリスチャンのヘブライストにはスタンダードな文法書となる。他方、資料2)と3)の文法書は、16世紀初期・中期に出版されたもので、それはレヴィータとミュンスターの活動を通して、中世ユダヤのディクドゥーク知識(特にキムヒ家文法)を受容している状

況を示しており、クリスチャン・ヘブライストのヘブライ語文法のスタンダードの変化について考える場合、それはマルティニウス文法以前の、1540年頃のヘブライ語文法状況を意味している。

つまり、資料2) および資料3) の2冊が示す時点(1519-43年)と、資料1) ブクストルフ文法の初版(1609年)の時点を比べると、ユダヤ教徒のディクドゥークを受容した16世紀前半の状況から、ディクドゥークを放棄して、ギリシア・ラテンの伝統である「エティモロギア」と「シンタクシス」でヘブライ語文法を解説する16世紀後半の状況へと、ヘブライ語文法記述に、構造的な大変化が起きていることが明白にわかる。つまり、新しい独立したクリスチャンのヘブライ語文法／グラマティカの発生を、歴史的な認識として、スピノザは、直視せざるを得なかったと思われる[25]。

この文法の構造的大変化は、具体的にはペトルス・マルティニウスのヘブライ語文法(1567年)によってもたらされたものである。つまり、コレージュ・ロワイヤルの生徒であるマルティニウスが、修辞学教授ペトルス・ラムス(ラムス主義)に影響されて起きたヘブライ語文法の革命である。以下では、二組の16世紀後半のクリスチャン・ヘブライストたちの師弟関係の様子を少し詳しく紹介したい。

1-4　トレメリウスとシュヴァリエ vs. ラムスとマルティニウス

16世紀前半のレヴィータとミュンスターの師弟関係(？)は、16世紀後半に活躍するクリスチャン・ヘブライストたちの師弟関係とは、色々な意味で対照的である。エリヤ・レヴィータは定職もない放浪のユダヤ人文法学者であり、個人的なレッスンを富裕層のクリスチャンに行い、また戦争で家を失うと、ダニエル・ボムベルクの印刷所で校正の仕事をして糊口を凌いでいる、地位も名誉もない、貧しい市井のユダヤ人学者にすぎない。他方、セバスチャン・ミュンスターは、大学の教師であり、若い学生たちにヘブライ語他の授業をしているクリスチャン学者で、レヴィータのヘブライ語のディクドゥーク解説をラテン語に翻訳して出版することでミュンスターは社会の注目をひいた。

この二人の結びつきは書簡で主になされた。なぜなら、エリヤ・レヴィータの活動の舞台は、パドヴァ、ローマ、ヴェネツィアなどイタリアが中心であり、ミュンスターの生活の基盤は、ハイデルベルクやバーゼルであり、大学や教会の外の二人の活動に組織的なサポートはなかった。だが16世紀後半の、クリスチャン・ヘブライストたちのヘブライ語の研究・教育は、教会や国家の支援を受ける大学・神学校の中でなされる。それゆえにプロテスタントとカトリックの対立が激しくなると、クリスチャン・ヘブライストは、教会外でのユダヤ人との接触からは距離を取り、それぞれキリスト教信仰の立場を明確にすることが求められた。

そのヘブライ語研究・教育の師弟関係の観点で、重要になるのがフランソワ1世によってパリに設立されたコレージュ・ロワイヤル(1530年設立)である。フランソワ1世はイタリアのルネッサンスに刺激され、ルーヴァンで始まっていた聖書の三言語の教育(ギリシア・ラテン・ヘブライ語)を真似て[26]、フランスでも聖書三言語の研究と教育を担う王立教授団を作り、そこに三言語の専門家を集め、国民のために、聖書の言語や哲学

の教育活動が、ラテン語だけではなくフランス語でもなされることを望んだ[27]。

初代ヘブライ語教師として、イタリアから呼び寄せた一人がグイダチェリオ(Agazio Guidacerio, 1477-1542)であり[28]、もう一人が改宗者パウロ・パラディス(Paul Paradis, ?-1549)である。そしてフランス国内からはヴァターブル(François Vatable, 1493-1547)を指名した。その三人に学んだ最初の生徒たちが、後にヘブライ語学者として有名になるメルシエ(Jean Mercier, 1510-70)であり、ジェネブラール(Gilbert Génébrard, 1535-97)である。彼らは二代目の王立教授団のヘブライ語教授となり、三代目のヘブライストたちを育てた。それが、シュヴァリエ、ベルトラムス、マルティニウス他であり、彼らは16世紀後半のヘブライ語文法の教育・研究の新展開を担う人々となった。

彼らは国家に支援されているため、レヴィータとミュンスターの関係のような、ユダヤ人から自由に直接ヘブライ語を学ぶという人文主義の態度はとりにくく、それ以上に、カトリックに従うフランス王室のため、王立教授団の教員や学生には、政治的にローマ教会に対する信仰告白が求められ[29]、シュヴァリエのような学生は、そうなる前に自由なヘブライ語文法の研究教育の環境を求めて、英国に移住していった。このように社会全体が信仰をめぐって流動化する中で、新しいクリスチャンのヘブライ語文法の学び方にも固定化されない師弟関係が生まれてくる。そこで二つの師弟関係に注目したい。その一つがトレメリウス(Immanuel Tremellius, 1510-80)とシュヴァリエ(Antoine Rodolphe Chevallier, 1523-72)であり、もう一つがラムス(Petrus Ramus, 1515-72)とマルティニウス(Petrus Martinius / Pierre Martini, 1530?-94)である。この二組の師弟関係から、まったく異なる性質の2冊の文法書が生まれ、それぞれ同時(1567年)に世の中に発表される。二つの対照的なヘブライ語文法(ディクドゥークとグラマティカ)の関係性が歴史上に出現するのである。

トレメリウスとシュヴァリエ文法(*Rudimenta Hebraicae linguae*, 1567)

スピノザの蔵書リストにも出てくる聖書学者イマヌエル・トレメリウスは、イタリアのフェラーラに生まれたユダヤ人である。そのフェラーラの町には、フランス語初のヘブライ語文法を書いたフランソワ・ティサール(François Tissard, 1460-1508)が16世紀初頭に訪れ、その町のユダヤ神秘主義者で文法学者でもあるアブラハム・ベン・モルデハイ(Abraham ben Mordecai Farissol, 1452-1528)にヘブライ語文法を習ったと言われている。その同じ教師にトレメリウスもヘブライ語の初歩を教えられたとされる[30]。

トレメリウスは、その後、パドヴァ大学で学生をしていた頃、カトリックの洗礼を受け、サンフレディアーノ修道院でヘブライ語を教えたが、1542年教皇パウロ3世のもとでローマの異端審問が再活性化し、宗教改革を支持していたトレメリウスと友人ヴェルミグリ(Peter Martyr Vermigli, 1499-1562)は、身の危険を察してストラスブールに逃れる[31]。しかし、1548年のアウクスブルク仮信条協定によって、ドイツのプロテスタント側とカトリック側が和解すると、ストラスブールのクリスチャン・ヘブライストは抵抗勢力と看做され、ブッツァー、ファギウス、ヴェルミグリ、トレメリウスらは、それぞれ英国に逃げていく(1547-49年)。

その頃の英国は、エドワード6世の治世下、宗教改革に寛容な政策をとり、ヘブライ語研究の学者を歓迎した。国王はファギウス(Paul Fagius, 1504-49)(任期1549年)を欽定教授(Regius Professor)に任命し、彼の死後はトレメリウス(任期1549-53年)を任命して、ケンブリッジ大学で聖書とヘブライ語文法を教えさせた[32]。この頃(1548年)、シュヴァリエも信仰の自由を求めてパリから英国にやってきて、トレメリウスのヘブライ語講義の助手となっている。

トレメリウスは、クリスチャンのシュヴァリエを高く評価し、彼を自分の娘の婿に迎えた。他方、シュヴァリエもユダヤ教からの改宗者トレメリウスを「我が義父」と呼んで尊敬し、自分の子どもにイマヌエルの名前を与えている[33]。1567年に、シュヴァリエはヘブライ語文法を発表するが、この文法書にはラテン語タイトルだけでなくヘブライ語タイトル『ペタフ・オヘル・モエッド』(פתח אהל מועד)も付いていて、冒頭にトレメリウスがヘブライ語で挨拶を書いている。そこには当時の学者たちの酷いヘブライ語文法の理解についての批判が書かれていて、その知識の混乱を正すために、神は自分が死ぬ前に我が椅子に座り、心にあることを教える人間(シュヴァリエ)を自分に賜ったと述べている。

シュヴァリエも、そのラテン語序文の中に、この文法書の内容は自分の義父が学生のために教えた内容であり、自分は多くのことをトレメリウスより学んだと述べている。要するに、この文法書の特徴は、ディクドゥークの基本をアカデミアの言葉で語る意義を示す文法書であり、大学という社会はさまざまな学問分野からなる以上、大学全体の運営にとってもヘブライ語という聖なる言語の教育は意味をなすものでないとダメであるとシュヴァリエは考える。それゆえに、娘婿シュヴァリエは、ユダヤ人改宗者トレメリウスの文法伝統を受け継ぎながらも、中世からのヘブライ語文法用語の使用をなるべく減らし、ギリシア・ラテン古典学者の目線から、合理的な規則性に基づく教科書として整理しなおした[34]。

ペトルス・ラムスとマルティニウス文法(*Grammaticae Hebraeae*, 1567)

マルティニウスの師ペトルス・ラムスは、没落貴族の家に属し、父の仕事は農夫であり、祖父の仕事は石炭人夫であった。極貧の中でパリのナヴァール学院(ボーディング・スクール)に入学した時に7歳または12歳であったと言われるが、ラムスの入学が認められた理由は裕福な学生の従者となったからであり、この働きながら貴族の子弟たちの中で学ぶ幼いラムスの学校体験が、実践的思考や弁証法的アプローチ、また学問秩序に対する懐疑などの、彼の学問の性格形成に影響していると思われる。

ラムスがコレージュ・ロワイヤルの雄弁術と哲学の欽定教授に任命されたのは、1551年であった。ラムスは、雄弁術と哲学の欽定教授という肩書きへの思い入れは人一倍強く、教育改革に使命感をもっていた。特に、発音も定かならない学術ラテン語の文法を幼少期の教育で強制することには反対であった。それは、自由に言語で思考する子どもたちを書かれた古典の文字の鋳型にはめて考え読み書く訓練に他ならず、このラテン語文法の初期教育は苦痛でしかないと考えていたと思われる[35]。ラムスにとって、弁論

すること、哲学することは、一つの思考概念であり、また実践概念でもあり、その延長上に、古典学も文法学もあり、それは古《いにしえ》のギリシア・ラテンの文法学者の理想の追求でもあった。

ラムスは古典言語の教育に現実的な効用を求めた。それは、当時のフランス語と学術ラテン語が乖離している社会に解決を与える教育を国王は王立教授団に求めていたからである。その点について、ラムスは民衆の言葉としてフランス語の文法(『フランス語文法』1562年)を執筆して、その序文の中で「文法」が万学の基礎になるという普遍的な確信を次のように述べている。

> 文法は人びとに《上手な話し方》を教えます。したがって、もしも文法が学校のよき教師であるならば、〔そして〕文法がその美点や尊さについても語り、またその優れた成果全体によって、なかでも〔そこで用いられる〕文字や書記法〔＝綴り字〕によって、あなたがたに満足をあたえてくれるなら、それがさまざまな近接科目に対して、すなわち修辞学、弁証学、算術、幾何学、音楽、天文学、自然学、倫理学、政治学に対して、フランス語での話し方を教えることとなりますように。かくして文法が、それら自由学芸科目に道を拓いて、ギリシアとイタリアからガリアに帰り、そして両者の古の故郷を手中に収めるカトリーヌ・ド・メディシス様の御名の下へと戻ることとなりますように。(久保田静香訳。*Grammaire de Pierre de La Ramée*, 1572)[36]

ラムスの文法概念「上手な話し方」とは、雄弁に語れることなのであり、雄弁に語れるというのは、普遍的な思考がそのように語らせるのであるから、ラムスにとって、文法は一つの特定の言語にしばられる概念ではなかった。ラテン人がラテン語を話すのも、フランス人がフランス語を話すのも、そこには共通した普遍的な「手法」があり、それによって上手に話ができるのだという理屈であった。ラムスの文法のアプローチは例外を語るのでなくて、一般的なルールを単純に与えることに専念し、一般人・庶民を対象にしたラテン語入門を目指した。

彼の弟子ペトルス・マルティニウスも、フランソワ1世によって設立されたパリのコレージュ・ロワイヤルの学生で、メルシエやジェネブラールをヘブライ語と聖書の師匠として学んだけれども、もっとも影響を受けたのは、人文主義者ペトルス・ラムスの教育革命であった。つまりラムスが『ラテン語文法初歩』(P. Rami, *Rudimenta grammaticae Latinae*, 1560, Paris)で展開した構想、すなわち語形論と統語論(Etymologia/Syntaxis)による解説を『ヘブライ語文法』(*Grammaticae Hebraeae*, 1567)にも適用し、それによって、マルティニウスは、それまでのユダヤ人の文法伝統(三品詞の構造)を放棄して、古典ギリシア・ラテンの文法概念「エティモロギア」と「シンタクシス」で語られるグラマティカにヘブライ語文法を生まれ変わらせたのである。

マルティニウスは、序文の中で、彼の規則や指導内容(materia)は、キムヒ家やレヴィータなどヘブライ文法学者や専門家たちから収集したものに加え、パリの王立教授団のメルシエの講義録などで学んだ内容を並べたものだが、この文法の革新的な部分は、そ

の並べ方つまり整理分類・配置した形式(forma)にあるのであり、「その形式は我が師ペトルス・ラムスが喜んで受け入れてくれるものであり、他の分野と同様、《文法》分野でも、判断力と研究を一つに教育する形式であり、それを後代の人たちも愛して寿ぐことであろう」と自信を覗かせる(37)。

ラムスとマルティニウスの師弟関係は、レヴィータとミュンスターまたトレメリウスとシュヴァリエの師弟関係と違い、ユダヤ教要素がそこに介在しない。純粋な異邦人クリスチャンの人間関係であり、その点で、ラテン語・ギリシア語古典の伝統を重んじ、脱ディクドゥークの視点でヘブライ語文法を再構築したラムスとマルティニウスは、まさに、学者のためでなく庶民にむけられたグラマティカのパイオニアと呼ぶに相応しい(38)。

しかし、1572年、パリのカトリック教徒の暴徒がユグノー教徒を町中で殺した聖バルテルミーの虐殺の事件が起きたが、その晩に哲学者であり修辞学者でありラテン語文法学者でもあるペトルス・ラムスも(本人はカトリック教徒であると告白していたが)、ユグノー派の一人と看做されてアパートで惨殺された。彼の弟子マルティニウスも暴徒たちで混乱したパリからカルヴィニストの町ラ・ロシェルに避難し、同年ラ・ロシェル・アカデミー(Académie de La Rochelle)の文献学者ニコラス・デ・グロチェ(Nicolas de Grouchy, 1510-72)の死に伴い、その後任のヘブライ語教授となり生涯を過ごす。

1-5　17世紀前半のオランダ――ライデン大学とマルティニウス文法

オランダのヘブライ語文法の教育・研究の基礎を作った人は、ヨハネス・デルシウス(Johannes Drusius / Johannes van den Driesche, 1550-1616)である。彼は、聖書の三言語の教育・研究で有名なルーヴァン大学の学生であったが、1567年、父が改革派的な信仰のゆえに弾圧され財産を没収されたことで、父とともに英国に渡った。デルシウスはシュヴァリエの元でヘブライ語文法を学び、その後、1572年、オックスフォード大学のオリエント言語の教授となるが、1576年、ヘントの和平で一時的に秩序が回復されると、オランダに戻ってライデン大学で教え、その後、1585年にフラネッカー大学に移り、そこでヘブライ語教授として生涯を終える。英国からオランダに戻った後、デルシウスは自分の編集でマルティニウス文法(*Grammaticae Hebraeae*, 1585)を教科書として印刷させ、それは北オランダで初めて印刷されたヘブライ語書籍と言われている(39)。しかし、そのデルシウスのマルティニウス文法選択は、後にライデンの神学論争の中にヘブライ語教育全体を巻き込むことになる。

1603年ライデン大学の教授に任命されたアルミニウス(Jacobus Arminius, 1560-1609)が予定論に異論を唱え(40)、その自由主義的な神学に対して、ホマルス(Franciscus Gomarus, 1563-1641)は、カルヴィニズム神学の立場を厳格に求め対立したため、アルミニウスの死後、ドルト会議(1618-19年)が開かれ、その結果、アルミニウス神学に共鳴するレモンストラント派は大学から一掃された。マルティニウス文法でヘブライ語を教えていたコデウスも、1619年に、その他の教授とともに解雇され(41)(コデウスの存在はコンスタンティン伝記から抹消された)、ヘブライ語の後任教授にはアラビア語学者エルペニウ

ス(Thomas Erpenius, 1584-1624)が就任した[42]。

ドルト会議以前のライデン大学のヘブライ語授業を体験していたのが、後にヘブライ語教授になるコンスタンティン(Constantijn l'Empéreur, 1591-1648)である。彼は1607年にライデン大学に入学し、その時に、初級のヘブライ語を担当したのがコデウス(Willem van der Codde / Wilhelm Coddaeus, 1575-1625)とホマルスの二人であった、と同級生フーティウス(Gisbertus Voetius, 1589-1676)は報告している[43](後にコンスタンティン自身もホマルスに習ったと述懐している)。彼らは、コデウスの授業では(デルシウス版(?))マルティニウス文法を教科書に使い(コデウス自身も1612年にコデウス版マルティニウス文法を出版している)、ホマルスの授業ではベルトラムス(Bonaventura Cornelius Bertramus, 1531-94)文法が教科書に用いられた(?)と思われる[44]。

なぜマルティニウス文法が問題化されたのかについては、さらなる研究が必要である。ただ16世紀のヘブライストは人文主義の自由を本質的に必要とし、愛していた。それゆえに17世紀のクリスチャン・ヘブライストの中には、アルミニウス主義と親和性が高い人々もいた。デルシウスの弟子アママ(Sixtinus Amama, 1593-1629)は、フラネッカー大学の同僚でもあるアメス(William Ames / Guilielmus Amesius, 1576-1633)とともに、ドルト会議以降、学問の自由と独立を強く訴えた。特にアメスは、英国ケンブリッジで学んできた自由主義者としてのピューリタン精神を大事にした人であり、ラムス主義者としても知られていた。またアママにとって、ドルト会議以降のヘブライ語に対する圧力の中で、秩序と規律を重んじる反レモンストラントと対立的になるのは自然であった。二つの中心地、ジュネーヴとオランダがあり、両者の中に、ヘブライ語教育をめぐる方針の対立があった。ホマルスがなぜベルトラムス文法を推薦するのかは、改革派オーソドクシの中心ジュネーヴ学院でヘブライ語文法を教えていた人がベルトラムスであるからである[45]。ベルトラムスはシュヴァリエの弟子でもあり、デルシウスも同じシュヴァリエに学んだクリスチャン・ヘブライストであるが、両者の文法書を比べると専門性が高いのはベルトラムス文法である。他方、デルシウスのマルティニウス文法は例外を少なくして内容を簡略化している文法書である点でマルティニウスとラムスの教育精神に忠実であり、一般人にも分かりやすい開かれた文法書であった[46]。

神学者がヘブライ語文法の中に問題要素を見つけるとすれば、それは文法書の背後にある著者の師匠の神学的・哲学的影響であろう。その点で、改革派の保守主義者にとっては、トレメリウスのユダヤ出自の影響よりも、マルティニウス文法の中にあるペトルス・ラムスの反アリストテレス主義の影がより重大な問題と看做されたであろう[47]。

2　品詞分類に見る両者の対立とスピノザの異例性

2-1　母音と文字——マルティニウス文法とスピノザ文法

スピノザ『遺稿集』ラテン語版の編者は、スピノザが書こうとしていた文法について、「この綱要で著者は一見して明らかなように文法そのものを二部に分けている。その第一部はEtymologia語形論すなわち名詞と動詞の変化を扱っている……第二部はSyn-

taxis 統語論すなわち名詞と動詞の結合を扱うはずであったが、著者はほとんど手をつけなかった」[48]とスピノザ文法の最初の読者としての意見を述べている。しかし、スピノザは文法の中で Syntaxis には言及していても、Etymologia という語彙は一度も使っていない。ここには著者スピノザと編者の間に理解のギャップがあることが垣間見える。

編者がいう Etymologia(語形論)と Syntaxis(統語論)という二部構成の発想は、再三述べてきたように、16 世紀後半、ラムスに学んだマルティニウスがヘブライ語文法にもち込んだ発想である。マルティニウスのヘブライ語文法(1567 年)の冒頭には「文法(グラマティカ)とは、ヘブライ人がヘブライ語でするように、《上手に話をする技術》である。その〔技術の〕二つの部分とは、語形論と統語論である」(Grammatica est ars bene loquendi: ut Hebraeis Hebraice. Ejus partes duae sunt Etymologia & Syntaxis)とある。なぜ発話重視の文法定義がパリで生まれるのかについては、すでに述べたように、16 世紀フランスの教育事情が関係している。とりわけ、ラムスが当時のフランスの言語状況で問題視したのは、発音と文字表記の乖離であった。

スピノザはともかく、ラムスにとっては、「上手に話をする技術」としての文法とは、聞いている人に理解できるクリアな発音の話し方であり、またその発話は文字で記録できるものであること、それも一つひとつ丁寧にスペルを間違えずに正しく単語で書けること(語形論)がまず求められるものである。さらには、単語と単語をクリアに関係付けて意味の通る文章に仕立てること(統語論)も文法には必要な要素になる[49]。その文法と発話の関係について、ラムスの『ラテン語文法初歩』は、わかりやすく、生徒と先生の、一問一答の短い Q&A 形式で教える。それは、以下の如く。

> 生徒「それじゃ、言って。文法とは何？」、先生「上手に話をする技術(Ars bene loquendi)」、生徒「文法の部分はいくつある？」、先生「それは二つ。Etymologia と Syntaxis」、生徒「Etymologia とは何？」、先生「一つひとつの声(vox)の特質を解釈する文法の部分」、生徒「声(Vox)とは何？」、先生「それによって一つひとつが呼ばれるもの」、生徒「声はどこから作られる？」、先生「音節(syllaba)から」、生徒「音節とは何？」、先生「音の結合の理解。Dos, flos のような。それで Dominus には三音節、do, mi, nus がある」、生徒「音節はどこから作られる？」、先生「文字(litera)から」、生徒「文字とは何？」、先生「個別の音の理解」、生徒「文字は何重なの？」、先生「それは二重で、母音(vocalis)か子音(consona)である」、生徒「母音とは何？」、先生「それ自体で音節を作ることができる文字、a や o のような十全な音、もしくは e や i のような弱い音、また u や y のような中間の音」、生徒「子音とは何？」、先生「母音と一緒の時にのみ音節を作ることのできる文字」(『ラテン語文法初歩』第 1 章)[50]

このようなシンプルな仕方で、生徒をラテン語文法の各論に導いていくラムスの表音主義を、マルティニウスはヘブライ語文法にも適用しようとするのだが、ここには越えなければいけない言語文化の高い壁、ラテン語とヘブライ語の「文字」と「音」の違い

がある[51]。

ラテン語文法の母音・子音の定義(上記のラムスの解説引用を参照)は、最初から母音と子音を文字として内包している26文字アルファベットの記号を前提にしている。だから「母音とは、それ自体で音節を作ることができる文字」とか「子音とは、母音と一緒の時にのみ音節を作ることのできる文字」というシンプルで明快な定義が可能になるが、ヘブライ語の22文字の場合は、すべてが子音文字である。そこで、マルティニウスは、補助文字アレフはa、ヨッドはeとi、ヴァウはoとuに対応する母音の文字と見立てて、ちょうどラムスが発音の識別のために新しい文字を作ったように、マルティニウスもヘブライ語の補助文字を母音記号と一体化させ、新しい母音の文字記号に仕立てた。それによって、フランス語と同じように、ヘブライ語文字も手軽に声にして読めるように工夫した[52]。

その点に関して、スピノザは、文法の第1章に、「このようにして、ヘブライ人たちのもとでは、母音は文字ではないことをわれわれは理解する」(強調引用者)という。このスピノザの発言は、マルティニウスの「母音は文字である。それは、それ自体で完結した音を作り出せる文字であり、それは短母音もしくは長母音である」(Vocalis est litera, quae per se sonum integrum potest efficere: estque brevis aut longa.　強調引用者)という解説と並べてみて、初めてそのスピノザのコメントの意味(何に対して反論したのか)が明快になる。つまりスピノザは、ディクドゥークで習う「文字は子音」という意味でもなく、むしろ文字は記号であって音ではない、〈母音記号と文字は区別されるべき〉ことを、ここで指摘している。だから「文字とは、口から発せられた響き(sonus)が聞こえ始めるところでなされる、口の動きの標識である」と言い、またフルートに喩えるならば「文字は指で押さえられる穴」と言い、文字自体には「無音」に近いイメージを与えている。まさにヘブライ文字は、母音記号なしでは発音できない無音の記号・意匠なのである[53]。

これはポール・ロワイヤル文法でいう「子音」(consonnes)の定義が「子音の音は口腔内の部位を動かしてできる音であるが、それは口を開くだけで明瞭な音になる母音と一緒に(con)なって、初めてその音は私たちの耳に届く」[54]という理屈と似たような解説に見えるが、《母音は文字ではない》というスピノザの言葉には、母音も子音もアルファベットである、ギリシア語やラテン語の感覚からはわからない隠されたニュアンスも込められている。

というのは、「母音は文字の魂」「母音のない文字は魂のない肉体」というスピノザが言及する表現を用いた人々はそもそも中世のユダヤ神秘主義者たちである。つまりこの母音と文字の関係を魂と肉体に見立てる発想はユダヤ人の文法由来の中でも神秘主義者の文献の中に主に認められるものであり、そのひとつ『バヒールの書(セフェル・ハバヒール)』では、母音は地上にはない。母音は天から管(丸いチューブ)を通して文字の中にやってくるという喩えが語られる[55]。スピノザが、このユダヤ神秘主義の文字と母音の関係性の喩え(表現)をそのまま借用していることに、驚きを禁じ得ず、そこにスピノザのアノマリーを覚えるのである[56]。

2-2 「聖書の文法」と「ヘブライ人の言語の文法」

スピノザの蔵書リストにはミュンスターの名前、ブクストルフの名前はあるが、マルティニウスの名前はない。『遺稿集』の編者が、序文で、スピノザが語形論と統語論の二部構想の文法を書くはずだったとする根拠は、スピノザが有していたブクストルフ文法の知識に由来している期待なのかもしれない。ただ、ブクストルフ文法は、マルティニウス文法の二部構想の枠組みを受け入れて書かれた文法であるが、オランダにおいては、ドルト会議以後、改革派の中で反アリストテレス主義的な危険思想というレッテルがマルティニウス文法に貼られた。その批判を回避するべく、ブクストルフ文法は、より保守的な人々にも受け入れられるように、色々な意味で変化が加えられ工夫されている[57]。

その工夫の一つが表題でもある。マルティニウスは『ヘブライ語の文法』(*Grammaticae Hebraeae*)としたが、ブクストルフは『ヘブライ人の聖なる言語の文法辞書』(*Thesaurus grammaticus linguae sanctae Hebraeae*)とした。それによって文法の敬虔な性格を強調しようとした。

ラビ・ユダヤ教は、歴史的に、聖書が書かれた言語をラション・ミクラー(聖書の言語)またはラション・ハコーデシュ(聖なる言語)と呼び、他方、ミシュナーやタルムードに使われるラビの口語ヘブライ語をラション・ハハミーム(賢者の言語)またはラション・ミシュナー(ミシュナーの言語)と呼んで、2種類のヘブライ語を区別した。要するに、文法書のタイトルに「言語」(lingua)を使うのは、ヘブライ語のラション＝「舌」(לשון)を想起させ、その「舌」という名前の効果で、聖なる言語は聖なる「文字」の言語であり、ユダヤ民衆の言語(舌)は市場の「音声」の言語でもあるという区別を強く印象付けることができるネーミングと言える。

この文字を中心にしてみるユダヤ教の「聖なる言語」の概念は、〈成文トーラー〉つまり、トーラーの巻物を意味する文字テクストで伝えられた律法と〈口伝トーラー〉(口承で伝えられた律法)の解釈・情報の両方を必要とするという前提に由来する。その聖なる文字(トーラーの巻物)を発音するには、口伝トーラーが、それらの文字の読み方を教えなければ音声にできないものであり、それを教える口伝トーラーのヘブライ語は、世俗的な民衆の慣用表現や言い回しに満ちている。

中世ユダヤ教の理解では、興味深いことに、口語ヘブライ語の世俗性自体も聖なる言語の一部として再解釈され、たとえば、アブラハムは、日常生活ではカルデヤ近隣の人々とアラム語で話をし、神との会話においては、聖なる言語(ヘブライ語)を用いたとされる(この伝説は、ユダ・ハレヴィの『クザリ』の中で紹介されている)。ユダヤの賢者は、聖なる言語と俗なる市場の言語の区別において、文字の神聖性に自覚的であった。

その点で、文法学者バルメスは『ミクネー・アブラム』の冒頭で、伝統的ユダヤ人の文法概念「ディクドゥーク」について「聖なる言語の文法(ディクドゥーク)は、文字テクストとその発音の知識である。つまり聖なる言語を定めたお方の取り決めに従って事柄を教えることなのである」と定義する[58]。この観点に立つと、ラムス＝マルティニウスの〈発声〉を重視する文法定義「グラマティカは上手に話をする技術である」は、まさ

に世俗的な人々の言語の文法を意味することになる。この両者の文法の言語観の対比こそは、スピノザ文法の有名な「聖書の〔ヘブライ語文法〕を記述した者は多数あったにもかかわらず、ヘブライ人の言語の文法を書いた者は皆無である」(第7章)を解釈する上で示唆に富んでいると思う(59)。

なぜなら、スピノザが意図する「聖書の文法」とは、聖書の文字とその神学に興味を持っている人たちのヘブライ語文法のことであり、それについては多くの人が書いているという意味は、ユダヤ人のディクドゥークも、クリスチャンのグラマティカも、どちらも「聖書の文法」であって、スピノザの目には違いはない。同じ聖書の文字のヘブライ語文法なのである。しかし、スピノザが未だに一度も書かれていないという「ヘブライ人の言語の文法」に込めた意図とは何かを考える時、ラムスが彼の時代のフランス国民同胞の言語表現能力を引き上げようとして「上手に話す技術」の文法を書いたのと同じ意図の可能性、つまりマルティニウスが、ヘブライ人がヘブライ語を上手に話す技術は、ラテン人がラテン語を上手に話す技術と同じ一つの普遍性のある「上手に話す技術」の文法という意味で、スピノザもヘブライ人の言語の文法を書こうとした(?)という普遍的な解釈の方向性は可能である。

だが、しかし、スピノザは書簡の中で「聖書は主として民衆に順応し民衆を対象としているので常に人間的話法で語っているということです」(書簡19)という。その意味で「ヘブライ人の言語の文法」を理解するなら、それは、功利的で実用的な、今の人々にとっても益となる現在の話法の文法としてではなく、聖書時代のヘブライ民衆が話す「生的な」話法への歴史的な関心であり(60)、ヘブライ語の歴史こそが聖書の歴史解釈を決定する大切な情報であるとスピノザが『神学政治論』の中で論じている通り、未だ書かれていない「ヘブライ人の言語の文法」の内容とは、「われわれの方法も、民衆がその研究に携わる余裕のないヘブライ語の知識というものを必要とはする」(『神学政治論』第7章)という意味での古代のイスラエル民衆の言語の文法ではないのか、というのが筆者の解釈である。

2-3　グイダチェリオの八品詞とディクドゥークの三品詞とスピノザの一品詞(名前＝名詞)

『ヘブライ語文法綱要』第5章「名詞について」の冒頭で、スピノザは論争相手を明らかにしないまま、「ラテン人によって品詞は八つに分類されているが、ヘブライ人によっていくつに分類されていたかについては議論の余地がある」「ヘブライ人たちの品詞分類がラテン人たちのそれと同じ数だったかより少なかったかはともかくとして、いずれにせよわれわれはここで、先に述べたように間投詞や接続詞そしていくつかの小辞だけを除いたすべてを、名詞に割り当てることとしよう」と述べる。ここには、品詞の分類をめぐるユダヤ人と異邦人の論争があったことが窺われる。

ラテン語の八品詞の分類は、4世紀の文法学者アエリウス・ドナトゥス(Aelius Donatus, 4世紀頃)の著作を通して多くの者が知っているし(61)、またディオニュシオス・トラクスがギリシア語文法の中で八つの品詞を数えていたこと、また八つの品詞分類のルー

ツ自体は、アリストテレスの『詩学』にもあることも含めて皆が知っているが、いずれのギリシア・ラテンの著者も八品詞の分類がヘブライ語にも適用されるべきという主張はしていない。

そこで注目したいのは、カトリックのヘブライ語学者アガツィオ・グイダチェリオが、自著『セフェル・ハディクドゥーク(ספר הדקדוק)』(1539年)の序文の中で、品詞の数をめぐり、ディクドゥークの三品詞に対して、グラマティカの伝統は八品詞であるとして、その違いを問題視したことである(62)。これはスピノザの上記の箇所とのつながりで読むと示唆に富む。以下に引用する。

> 見よ、私たちの書『アガシの財産』(*Peculium Agathii*)より、そこで最初に私はあなたたちにヘブライ語初歩を伝えたが、愛する者たちよ、私たちは、今もう一つ、すでにかなりの程度、この言語の品詞に関してなされている立場のことを、つまり、(それら〔の数〕は、ヘブライ人の文法学者 מדקדקים〔メダクデキーム〕のように、三つではなく、ギリシア・ラテン人〔の文法学者〕のように、八つであり、それが私たちの立場であると仮に決定していることを)あなた方に知らせる。実際に、聖なる言語〔ヘブライ語〕の学芸「ディクドゥーク」דקדוק を、つまりその細かな考慮を、私は基本的に放棄する。なぜならその〔ディクドゥークの〕上に〔文法を〕建て増しすること、すなわち、この学問(それを私たちは「グラマティカ」と呼んでいる)に関して、さらに理をもって他の本を書き上げることは、不必要なことなのである。なぜなら私たちは古いヘブライ人から多くの助言者を持っているのだから。

1530年、フランソワ1世がコレージュ・ロワイヤルのために古典三言語の専門家を集めたとき、初期のヘブライ語教授としてローマからパリに呼び寄せたのがグイダチェリオであるが(63)、問題の序文が1539年パリで発表される3年前に、ドナトゥスの『八品詞』のテクスト初版(1536年)がパリで出版されており、さらにその13年前の1523年にユダヤ人学者アブラハム・デ・バルメスの文法書『アブラムの財産(ミクネー・アブラム)』(מקנה אברם)がヴェネツィアのダニエル・ボムベルクから出版されているのである。だから年表的には、グイダチェリオの文法第1部『アガシの財産』(מקנה אגתיי)(1537年)のヘブライ語タイトルは、明らかに、先行するバルメスの文法書『ミクネー・アブラム』を意識した表題であり、バルメスがヘブライ語文法をディクドゥークの三品詞の立場から教えることに対して、グイダチェリオの序文は、明らかに、そのバルメス「三品詞」の文法の基礎に代わり「八品詞」の立場で教える正当性を主張するのである(64)。

三品詞と八品詞のどちらが正しいのか? グイダチェリオにとっては、ディクドゥーク vs. グラマティカの文法伝統の二者択一の問題として映っていた(65)。しかし16世紀初頭のクリスチャン・ヘブライストの先駆けである人文学者ヨハネス・ロイヒリン(Johannes Reuchlin, 1455-1522)には、それはさほどの問題ではなかった。なぜなら、ロイヒリンは三品詞の内訳として八品詞の存在は説明できるとし(66)、三品詞によるディクドゥークの雑駁な分類に問題がないわけではないが、ヘブライ語の初学者には、簡単な

分類の方が、益があると彼は考えた(67)。

16世紀前半のミュンスター／レヴィータも、ヘブライ語文法を三品詞(名詞・動詞・言葉／詞)の前提で紹介・解説することを当然視していた。しかし、16世紀後半のシュヴァリエ文法・マルティニウス文法には、「品詞について」(de partibus orationis)の章は見当たらないし、そもそも三品詞(名詞・動詞・言葉／詞)の概念解説が、八品詞の論争とともに、関心から消えている。他方、10世紀のサアディアから16世紀のバルメスまで、また17世紀のスピノザの師匠メナセやアボアブに至るまで、ユダヤの文法学者は、例外なくヘブライ語文法(ディクドゥーク)を三品詞の枠組みのみで教え、それが八品詞と矛盾するという問題意識は彼らにはない。それは、コンプルテンサ多言語聖書の編集に関わった文法学者アルフォンソ・デイ・サモラ(Alfonso de Zamora, 1474-1544)も同様で、三品詞を前提にしてヘブライ語文法を教える(68)。

その点で、ヨハネス・イサーク(Johann Levita Isaac / Ioannes Isaac, 1515-77)のヘブライ語文法(*Grammatica Hebraea, absolutissima*, 1569/1570)は、16世紀後半の文法書であるが、例外的に「発話の部分(品詞)について」(De Partibus orationis)の章があり、彼の三品詞(שם Nomen, פעל Verbum, מלה Dictio)の解説がなされている。そこには、ヘブライ文法学者イサークの中のディクドゥークとグラマティカの葛藤もうかがわれるので興味深い(69)。

というのは、ヨハネス・イサークはディクドゥークを学んだユダヤ人の元ラビとして、三品詞の立場をとるのは当然である。同時にキリスト教に改宗したコンベルソだからこそ、彼の文法書の主な読者であるクリスチャンが持っているグラマティカの文法感覚を否定することはできない。つまり、グラマティカの観点から見ると、ラテン文法学者は、一つの種類に一つの役割を当てはめるので、彼らは言葉の多様な役割に応じて、細かな品詞の分類が必要になるのは当然であり不可避と考える。他方、ヘブライ人が前置詞や間投詞など細かな種類の区別が必要なことを一つの同じカテゴリー「言葉／詞(Dictio)」に集約させてしまうことは問題と映る。それで、ヨハネス・イサークは、三品詞(שם Nomen, פעל Verbum, מלה Dictio)の注で(70)、アラビア語文法学者もこの同じ三品詞の立場をとっていることを指摘し、これは東洋の言語の共通の立場であると述べる。さらには、すべての言語はヘブライ語を起源としているとラビがペルシア王の前で主張した故事にも触れ、もしかしたら古代のギリシア・ラテン語も、元々は、この三品詞の立場をとっていたかもしれないというコメントを残す。

すなわちヨハネス・イサークは、ディクドゥークの三品詞「名前／名詞」「動詞」「言葉／詞」は、細かな文法的な言葉の種類を分類しているのではなくて、大きな三つの包括的な論理的分析の概念であるということを、ダヴィッド・キムヒの『セフェル・ミフロール(ספר מכלול)』の冒頭に言及して説明する。つまり、キムヒは「名詞は主語(נושא/subjectum)になり、動詞は述語(מקרה/場合/accidens)になる」と言うのである。それゆえ「本来、品詞の解説は、主語となる名詞から始めなければいけない。しかし、動詞の解説はより長いので、名詞より先に説明することに整理上のメリットがある」(71)とキムヒが考えたことを引き合いに出して、ヨハネス・イサーク自身も、便宜上、名詞よりも動詞の解説を先にせざるを得なかったと弁解している。ここで、大事なことは、ユダヤの

ディクドゥークにおける三品詞(名詞・動詞・言葉／詞)は、論理学の分析概念の順序でもあるという点である。

要するに、三品詞で「名詞が先で動詞が後」という順序の理屈は、アリストテレスの『命題論』第1章「最初に名詞とは何であるのか、そして動詞とは何であるのかを見定めなければならない」(早瀬篤訳)(72)に根拠を持つ。その文法解説の順序を固定化させる理屈は主語と述語(オノマとレーマ)の関係、すなわち主語(名前＝名詞)を明確にすることが最初であり、それに続いて、その主語が用いられる述語(動詞)の意味を明らかにして、文章の真偽・文章の論理性が裁かれるのである。

それに対して、ディオニュシオス・トラクス、そしてアエリウス・ドナトゥスなどギリシア・ラテンの文法学者の伝統は、言葉の役割(振る舞い)の分類として八品詞を重んじるが、その伝統には、アリストテレスが命題論で問題にするような文章の真偽の分別や論理の問題意識はない(73)。ギリシア・ラテンの伝統においては、文法学的には八品詞であり、論理学的には三品詞という棲み分けになるが、ユダヤのヘブライ語文法学者たちは(イスラムのアラビア語文法学者とともに)命題論の三品詞のこだわりを自分たちの文法伝統の基礎とした(74)。

なぜユダヤ・イスラムの文法学者にとって三品詞が文法の基礎になったのかの経緯は、歴史的には、色々な要素が考えられるので確定的な理由・原因は言えないが、少なくともユダヤ・イスラムにとって文法が大事なのは、トーラーやコーランなど聖典を原典・原語(翻訳語ではない)で読むことができる文法の知識が聖典解釈の基礎を定めるからであり、その点で、言葉の真理の尺度は論理学にあるのか、それとも文法学にあるのかの問題は小さくなかったと推測することはできる。つまり論理学の正しさが聖典の意味を決めるのか、それとも神の言葉の文法がその聖なる言葉の意味を決定するのか、このこだわりである。

イスラムにおいては、シリア教会の翻訳者がアリストテレスのオルガノン(論理学の著作)をギリシア語(またはシリア語)からアラビア語に翻訳したことが知られている。ギリシア哲学と聖典解釈の関係は、その時期(9-10世紀)に問題とされ、コーランの言葉を究明する文法学者(聖典の註解者)とシリア教会の論理学者との間で、言葉の真偽を定める基礎は何かをめぐる有名な討論会が行われた(75)。興味深いのは、そのイスラム文法学者とシリア論理学者の間の論争でも、命題論を基礎にした三品詞の分類の大切さは両者に共有されていたことである。

そのことは、シリアの論理学者の口から「あなたがたの言語に関しては、ギリシア人が私に教えた意図を伝えるためには、それが《名詞》と《動詞》と《小辞》からなるという程度の知識で十分である」(76)の言葉が語られるのだが、この三品詞の認識は、同時に、最初の本格的アラビア文法の著作であるシーバワイヒの『キターブ』の巻頭で述べられる認識なのでもある。

そのゆえに、サアディア以来、ディクドゥークは、文法構造の基本に「名詞(オノマ、シェム)」つまり「名前」を据える(77)。その名前は「実体の名前」と「場合の名前」のふた通りに分かれ、「名前」には時間の要素は関わらないが、「動詞」には時間の要素が

加わる。つまり動詞は「場合の名前」から派生したものと考えられ、動作の過去・現在・未来とは、それぞれの状況の「場合」みたいなもので、その関係認識が時制なのである。このようにディクドゥークは「名詞」と「動詞」の棲み分け(差別化)を時間概念の有無で教える。ただしキムヒ家の文法はイブン・エズラなどの伝統的な二分類の名詞に変革を加え、父ヨセフ・キムヒは名詞を三分類で教え、その息子モーシェは四分類で教え、その両者の分類の反省に基づき、モーシェの弟ダヴィッドは「事物の名前」(שם דבר)という新しい名付けを持ち込んで、それによって「実体の名前」(שם העצם)の定義内容から「事物」(substance)そのものを除外した。それゆえ、バルメスやレヴィータの名詞分類では「シェム・ハエツェム」は「固有名詞」の意味のみに限定された[78]。

クリスチャン・ヘブライストたちは、そのキムヒ家の人々の文法を自分たちのグラマティカの土台にしたので、キムヒ以前の伝統的ディクドゥークが有していた名前の分類については詳しくは知らない。ただアブラハム・デ・バルメスが、そのキムヒ家文法の問題を色々指摘しているので(たとえばシェヴァや母音記号の解釈)、バルメスの文法を読んでいる者は、その問題を知ることになる[79]。

終わりに

スピノザがヘブライ語文法を書いた歴史的環境は、ユダヤ人のディクドゥークとクリスチャンのグラマティカという二つの文法概念がすでにそれぞれに棲み分けをなしつつある時代であった。その中で、教会にもユダヤ共同体にも属さない状況にあるスピノザにとっては、聖書の言語や文字や文法の前提をめぐって、人々が神学的なイマジネーションに支配されて文法を論じている混乱状況がよく見えたと思う。とりわけ、スピノザは、聖書のリアリティを読み取ろうとしていた。その点で一つ気になるのは、Syntaxisという言葉は文法の本文中でも数度言及しているが、Etymologiaという言葉は一度もスピノザが本文の中で用いていない事実である。これは偶然かもしれない。だが、スピノザの文字や母音記号やアクセント記号の解説は、マルティニウスの解説とはまったく違う。同時に、第5章の名詞の分類を見てもわかるように、スピノザ文法が伝統的なディクドゥークの枠組みに忠実であったわけでもない(たとえバルメス文法の影響が見てとれるとしても)。

ユダヤ・イスラム教の文法伝統であるディクドゥークには、前述の通り、論理学と文法学の衝突も含まれていた。だからこそアブラハム・イブン・エズラも、アブラハム・デ・バルメスも、エリヤ・レヴィータも、自分たちの文法解説の中で、しばしば、論理学者が出す答えと、文法学者が出す答えは違うというコメントや主張をする[80]。その点で、スピノザが名詞解説で三品詞と八品詞の問題を、ラテン人とヘブライ人の比較においてわざわざ持ち出す意図には、論理学と文法学の衝突の調停(?)も意識されていたのではなかろうか。というのは、スピノザは「ただ間投詞や接続詞そしていくつかの小辞だけを除いた、《すべてのヘブライ人の声〔言葉〕》(omnes Hebraeae voces)は名前としての機能と特性を持っているからである」(二重山括弧引用者)と言い、さらに「いずれにせ

よ、われわれはここで、先に述べたように間投詞や接続詞そしていくつかの小辞だけを除いたすべてを、名詞に割り当てることとしよう」(強調引用者)と言い、事実上、名詞(名前)をヘブライ語文法の中心に据えた。

言い換えれば、《動詞》も《名詞》の機能と特性を持つということなのであり、いくつかの小さな言葉を除いてであるが、ヘブライ人の声のすべては名詞であると言っているのに等しい。グイダチェリオがこだわった品詞の数の問題は、ラムス＝マルティニウスの文法では無意味になったが、スピノザの文法でも、ヘブライ人のすべての「声」は(除くべきものを除いたら)名詞の効用を持つという理解によって、三品詞の概念はまさに換骨奪胎されて、「ヘブライ人の声は名詞である」という単純な語用論の認識に辿り着く。そういえば、ラムスの『ラテン語文法初歩』でも、一つひとつの「声」の特質を解釈する作業が文法のEtymologiaと呼ばれる部分であると先生が生徒に教えた時に、生徒は「では、声とは何か」と尋ねるが、すると、先生は「それによって一つひとつが呼ばれるもの」と答える。声は、呼びかけるもの、つまり名前のことなのである。

こんな風にディクドゥークとグラマティカの歴史から眺めると、スピノザの『ヘブライ語文法綱要』の1行・1行、ひと文字・ひと文字には、スピノザ以前の文法学者たちの、ある意味で、ユダヤ教・キリスト教のどちらにも加担できぬまま、聖書の文字を愛し、文法に魅せられた彼らの敬虔な様々な情念や問題意識が前提にされているように思える。確かに、スピノザのヘブライ語文法自体も、ディクドゥークにもグラマティカにも与しないアノマリーな思考の文法であり、ある意味、彼のエニグマティックな表現や解説の片言隻語は、彼が読んで学んだ文法書の中に見出した二極化する概念や用語の論理矛盾また認識の不一致に対する彼の応答の着想から産み出されたものなのかもしれない。もしスピノザが疑問に思ったかもしれない当時のユダヤ教・キリスト教の文法学者たちの関心や問題意識を十分に発掘して、その歴史文脈を背景に、私たちが、彼のアノマリーな文法思考の枠組みを再評価するならば、もしかしたら、今までとはまったく異なるスピノザのヘブライ語文法の解釈(たとえば、ユダヤ神秘主義と文法と論理学を一つにするような思想の含意)の可能性も浮上してくるような気がしてならない。

注

(1)　松山壽一「スピノザとシェリング——受容から離反へ」『スピノザーナ』8号、スピノザ協会、2007年、3-19頁。特に16頁。

(2)　Bruce K. Waltke and M. O'Connor, *An Introduction to Biblical Hebrew Syntax*, Winona Lake, Indiana, Eisenbrauns, 1990, pp. 31-43の文法の歴史記述を見よ。二つの異なる文法伝統の区別の重要性を意識しないといけないのは、中世ではない。むしろ16世紀以降、宗教改革の時代の解説においてである。なぜなら、イベリア半島で行われた強制的なユダヤ人改宗の政策が生み出した「コンベルソ」の存在によって、「クリスチャン」という言葉は「ユダヤ・キリスト教」という境界のはっきりしない宗教状況の人々の心も含む言葉にもなったのである。その状況こそが、16-17世紀において、ディクドゥークとグラマティカという二つの伝統の学問が渾然一体となっていく原動力でもあり、同時に、教会での

ヘブライ語文法普及において、クリスチャン・ヘブライストの存在は、グラマティカとディクドゥークのアイデンティティの違いを意識化しないといけない理由にもなった。この二つの文法の伝統は、社会的・政治的な力で統一することはできても、本質的な意味では、それは一方の伝統が他方の伝統を吸収したにすぎない。クリスチャンのグラマティカとは異なる、ユダヤ教のディクドゥーク意識は、現在のユダヤ学者の中にも明確に残っている。

(3)　手島勲矢「ヘブライ語文法のジェンダー問題——E. レヴィータとS. ミュンスターの時代」『Co＊Design』7号、大阪大学Coデザインセンター、2020年、58-59頁、手島勲矢「固有名詞(שם העצם)を取り巻くヘブライ語文法の断層——17世紀アムステルダムのユダヤ社会における三つの文法教科書」『キリスト教学研究室紀要』京都大学文学部、2022年、20-22頁。古代から現在までの、クリスチャン聖書学の視点による、ヘブライ語文法の歴史の概観は、たとえば、*Gesenius' Hebrew Grammar*, eds. E. Kautzsch and A. E. Cowley, Oxford, Clarendon Press, 1909, pp. 8-23を見よ。他方、ユダヤ学の見方のサンプルとしては、Samuel David Luzzatto, *Prolegomena to a Grammar of The Hebrew Language*, trans. by Aaron D. Rubin, New Jersey, Gorgias Press, 2005, pp. 5-64.

(4)　Jonathan Schorsch, "Kabbalah and Cosmopolitanism in Early Modern Amsterdam", in *Sephardim and Ashkenazim*, ed. Sina Rauschenbach, Berlin and Brandenburg, De Gruyter Oldenbourg, 2021, pp. 155-160を見よ。

(5)　メナセ・ベン・イスラエルの印刷所がウジエルの文法書『マアネ・ラション(מענה לשון)』(1627年)を出版している。アムステルダムのユダヤ共同体のヘブライ語文法教育の内容について、詳しくは、前掲手島「固有名詞(שם העצם)を取り巻くヘブライ語文法の断層」32-35頁を見よ。Steven Nadler, *Menasseh ben Israel: Rabbi of Amsterdam*, New Haven and London, Yale University Press, 2018, pp. 24-28.

(6)　Moisés Orfali, "On the Role of Hebrew Grammars in the Western European Diaspora and the New World", in *Religious Changes and Cultural Transformations in the Early Modern Western Sephardic Communities*, ed. Yosef Kaplan, Leiden and Boston, Brill, 2019, pp. 431-451 (Ch. 17).

(7)　ディオニュシオス・トラクス『文法の技法(Τέχνη γραμματική)』は、古典文法学の教科書的な位置付けにある。しかし文法学の起源は、アリストテレスの『詩学』や『命題論』にもあると見るべきであろう。なぜなら、アリストテレスの『詩学』は、ディオニュシオスに先立ち、言葉をさまざまに結び合わせて物語の筋を作る詩人が用いる言葉の部品(八品詞)の種類を分けているのであり、さらに『命題論』では真実を語る文章について、言葉と言葉の繋がりの論理性のルールを考えているという具合で、すでに文法学の問題意識は示されている。ちなみに16世紀の学者はGrammaticaeとギリシア語原語を意識して綴るものもいるが、後半になるとラテン語の名詞化Grammaticaが定着していく。

(8)　Varro, *M. Trenti Varronis de Lingua Latina*, Volume I, Books V-VII (Loeb Classical Library 333), Cambridge MA., Harvard University Press, 1951, pp. 4-9.　ウァロが、ラテン語テクストの中にギリシア語の概念としてギリシア文字で[ἐτυμολογία]と表現している点に注目する。ちなみに、シンタクシスもギリシア語由来の文法概念であり、アポロニオス・デュスコロス(Apollonius Dyscolus, 2世紀頃)が、初めて[σύνταξις]を、統語論の文法

概念の意味で使ったとされる。L. D. レイノルズ、N. G. ウィルソン『古典の継承者たち』西村賀子・吉武純夫訳、国文社、1996 年、76–77 頁; Frédéric Lambert, "Syntax before Syntax: Uses of the term σύνταξις in Greek Grammarians before Apollonius Dyscolus", in *Ancient Scholarship and Grammar*, eds. Stephanos Matthaios, Franco Montanari, and Antonios Rengakos, Berlin, De Gruyter, 2011, pp. 347–360. 彼の研究によると、アポロニオス・デュスコロス以前のシンタクシスの用例は、(アリストテレス以後のヘレニズム期の)文法学者と哲学者の間で理解が分かれていたが、アポロニウスは、文法的な一致の意味での言葉の用例を心がける文法学者と、諸概念の一致の意味での用例を心がける哲学者の思考の間に橋をかけた意味で、統語論を最初に考えた人と位置付けられるという。

(9) 古代教会のヘブライスト、オリゲネスやヒエロニュムスも、ユダヤ人にヘブライ語文法の教えを乞うた記録が残っているが、オリゲネスが残しているヘブライ語発音の音写は、ティベリア式の発音とは食い違う。たとえば、セゴール－セゴールの連続、מלך は、ティベリア式では短母音エで「メレフ」と発音するが、3 世紀オリゲネスのヘクサプラに残っている音写は短母音アで「マレク」と読ませ、これはアラビア語の「マルク」に近い発音である。このことから、現代の学者は古代ヘブライ語の読みも「マルク」と推論している。

(10) サアディアの文法については、Aron Dotan, *The Dawn of Hebrew Linguistics, The Book of Elegance of the Language of the Hebrews by Saadia Gaon, Introduction and Critical Edition*, Volume II: Text and Translation, Jerusalem, World Union of Jewish Studies, 1997. またイブン・ジャナッハも古典アラビア語文法の代表的学者シーバワイヒの名前を知っていて、彼の文法から引用もしている。Michael Wilensky, ספר הרקמה *Sefer ha-rikmah, Mahadurah 2, Jerusarem, ha-Akademyah la-lashon ha-'Ivrit*, Jerusalem, 1964. ティベリア式母音記号の名前は、シリア教会がテクストに用いる名前・記号とも共通性があり、イスラム初期、ギリシア哲学の論理学をアラビア語に翻訳したのがシリア教会の学者でもあったことから、古典アラビア語の文法と同じように、シリア教会経由で、ディクドゥークの構造もアリストテレスの『命題論』(三品詞の構造)の上に築かれたと思われる(後述する)。

(11) たとえば、古典的なディクドゥークにはなかったのがヒトパエル再帰動詞の概念であり、これを導入したのがヨセフ・キムヒである。それまでの説明では、ヒトパエルは能動でも受動でもあるというアラビア語からの説明が主流であった。詳しくは、Isaiah Teshima, "Rashi and Ibn Ezra on the Hitpael: Peshat in the Medieval Disputes of Hebrew Grammar", in *The Idea of Biblical Interpretation: Essays in Honor of James L. Kugel*, eds. H. Najman and Judith H. Newman, Leiden and Boston, Brill, 2004, pp. 473–484.

(12) *Sepher Sikkaron, Grammatik der Hebräischen Sprache, von R. Joseph Kimchi*, ed. Wilhelm Bacher, Berlin 1888, pp. 1–2. וחכמי הגוים קראו שמה גראמטיקה. וחכמי הישמעאלים קראו אותה אלנחו. וזה פרושם צחות הלשון. ועל אחת כמה וכמה יש עלינו לדקדק בלשוננו ולצחצח הגיוני תורתנו שהם דברי אלהים חיים ושלא נטעה בתפלותינו ולא נשגה בזמירותינו

(13) Judith Olszowy-Schlanger, "The Knowledge and Practice of Hebrew Grammar among Christian Scholars in Pre-expulsion England: The Evidence of 'Bilingual' Hebrew-Latin Manuscripts", in *Hebrew Scholarship and the Medieval World*, ed. Nicholas De Lange, Cambridge, UK., Cambridge University Press, 2002, pp. 107–128; Roger Bacon,

The Greek Grammar of Roger Bacon and a fragment of his Hebrew Grammar, edited from the Mss. with Introduction and Notes by the Rev. Edmond Nolan and S. A. Hirsch, Cambridge, UK., Cambridge University Press, 1902, pp. xxxviii–lxv.

(14)　ロイヒリンにヘブライ語文法を教えたユダヤ人は、ラビ・オバディア・スフォルノだけではない。ロイヒリンは、*De Rudimentis Hebraicis* の序文で、最初の彼のヘブライ語教師であったユダヤ人医師イェヒエル(Jacob ben Jehiel, Loans)について、人間として徳のある人として尊敬を込めて語っている。

(15)　後に、ミュンスターもブクストルフも正確な教会のヘブライ語原典の必要を覚え、ボムベルクのラビ聖書のマソラーの母音記号その他を批判・修正して、彼ら自身のビブリア・ヘブライカを出版する。

(16)　ヴェネツィアのボムベルクはヤコブ・ベン・ハイムに、ラビ聖書をクリスチャンにもアクセスしやすいように編集させ、ウルガータ翻訳聖書に合わせて、章立てや書名の違いを見直し、ヘブライ語聖書の引用方法もユダヤ人とクリスチャンで共通の仕方になるようにした。エリヤ・レヴィータも、ヤコブ・ベン・ハイムも、ユダヤ人にその変化を許容するように呼びかけ、このラビ聖書を元にヘブライ語聖書の引用方式を定める。スピノザの聖書引用形式の由来はここにある。

(17)　手島勲矢「スピノザ『ヘブライ語文法綱要』の歴史的読解のために」『キリスト教学研究室紀要』12 号、2024 年、29–31 頁。

(18)　16 世紀前半のクリスチャン・ヘブライストの状況を調べたバーネットによると、当時の教会のヘブライ語教師は、小さくない割合で、ユダヤ教からキリスト教に改宗したコンベルソであったり、またユダヤ教師からヘブライ語文法の手ほどきを直接に受けた後にヘブライ語教師になった人々から学んだ人々であった。つまり、ユダヤ教の伝統を直接的に間接的に学んだ人々から学んだ人々であることを明らかにした。Stephen G. Burnett, “Reassessing the ‘Basel-Wittenberg Conflict’: Dimensions of the Reformation-Era Discussion of Hebrew Scholarship”, in *Hebraica Veritas? Christian Hebraists and the Study of Judaism in Early Modern Europe*, eds. Allison P. Coudert and Jeffrey S. Shoulson, Philadelphia, University of Pennsylvania Press, 2004, pp. 181–201.

(19)　この当時の教会のヘブライ語教育として、エラスムスも関わった聖書の三言語(ギリシア・ラテン・ヘブライ語)の研究所(Collegium Trilingue)がある。1517 年に創立されルーヴァン大学に併設されたが、そのルーヴァン大学もスペイン軍に包囲され閉鎖(1572 年)に追い込まれる。このルーヴァンは、16 世紀前半ではヘブライストの拠点でもあり、ルーヴァンの三言語学院の初代ヘブライ語教授は、有名なマテウス・アドリアヌス(Matthaeus Adrianus, 1475–1521)で、その彼の指導からペリカンやミュンスターなどのヘブライ語学者が育つ。この三言語の発想はギリシア・ラテン・ヘブライ語で聖書を読ませるコンプルテンサ多言語聖書の登場とも関係していて、その編纂に尽力した人であり、またカトリックに改宗したユダヤ人でもある、文法学者アルフォンソ・デイ・サモラ(Alfonso de Zamora, 1474–1544)は『ヘブライ語文法の技術入門』を書き、それはコンプルテンサ多言語聖書の第 6 巻に収録され、後に切り離されクリスチャンのためのラテン語で書かれたヘブライ語文法書となる(1526 年)。しかし、クリスチャン・ヘブライスト(聖書学者)の一部がマソラーの重要性に対してきわめて無理解で冷淡でもあるのは、コンプルテンサ

多言語聖書の編者アルフォンソが、アクセント記号を無用なものと判断し割愛したことも無関係でないだろう(多言語聖書の序文)。Christian D. Ginsburg, *Introduction to the Massoretico—Critical Edition of the Hebrew Bible*, New York, KTAV Publishing House, 1896, pp. 911-915.

(20) レヴィータのヘブライ語聖書の伝統(マソラー)の詳細な入門書は、ルネッサンス的な歴史の真実を明らかにするアプローチで書かれていて、レヴィータのヘブライ語聖書の母音記号やアクセント記号をめぐる歴史批判は、マソラー評価をめぐってプロテスタント(ブクストルフ)とカトリック他の間に火種を残し、それが旧約聖書のマソラー本文と七十人訳(セプトゥアギンタ)の間で歴史的な起源を争う本文批評の論争にまで発展する。

(21) とりわけ、品詞の概念の中で名詞の分類に関わるもの、たとえば形容詞と一般名詞と固有名詞などは、ディクドゥークとグラマティカの間の認識ギャップが小さくなかった。それは、実体の存在に関する認識の違いであり、レヴィータによれば、ディクドゥークにおいては形容詞だけの単独の語用はあり得ず、それは実体の存在を前提にした語用の概念であるとされた。すでにミュンスターによるレヴィータ文法のラテン語翻訳には、この16世紀初期に見られる象徴的なディクドゥークの名詞概念とグラマティカの形容詞概念のギャップを埋める努力が認められる。前掲手島「ヘブライ語文法のジェンダー問題」81-86頁。

(22) Stephen G. Burnett, *Christian Hebraism in the Reformation Era (1500-1660): Authors, Books, and the Transmission of Jewish Learning*, Leiden and Boston, Brill, 2012, pp. 226-227. パウロ4世のリスト作成の命令は1557年になされ、その最初のローマ版禁書リストは1559年に発表され、ルターの著作やロイヒリンのカバラー著作などがリストに載った。パリ、ルーヴァン、ヴェニスなどはローカル・レベルの禁書リストを会議以前よりすでに持っていた。地域の実情がそこには反映され、教会の禁書リスト発表後も、その命令の実施の徹底は画一的ではなかった。

(23) Burnett, *ibid.*, pp. 232, 234-235, 244-245.

(24) 父ブクストルフの文法は大枠でマルティニウス文法の構造を借用しているが、細かいところで手を入れてマルティニウス文法との差別化を行なっている。息子ブクストルフが父ブクストルフの名詞論の説明にかなり大胆に手を加えたことによるブクストルフ文法内の整理の変化は、哲学的には、事物と名前の関係を考える上で興味深い。スピノザ文法の名詞論を理解する上で示唆に富んでいる。その点については、前掲手島「固有名詞(שם העצם)を取り巻くヘブライ語文法の断層」注39、pp. 41-42に、ブクストルフとスピノザの単数と複数の文法理解の違いについて少し詳しい比較分析がある。

(25) スピノザ蔵書リストの中には、ギリシア・ラテンの古典作品やギリシア語文法・ラテン語文法の書籍もかなり含まれる。中でも、注目するべきは、*Vossius de arte grammatica*として知られる、オランダの古典学者フォッシウス(Gerardus Vossius, 1577-1649)のギリシア語文法であるとともに、アリスタルコス研究、歴史的なアレクサンドリア文法学についての書籍であり、またさらには、*Scioppi grammatica philosophica*、つまりショッペ(Casper Schoppe, 1576-1649)のラテン語文法もリストに含まれていることである。ラテン語文法をペトルス・ラムスは「上手に話をする技術」としたけれども、ショッペの著作は「正しく語る技術」と文法を定義して普遍的な文法の論理性に注目した一冊であり、

これは、いわゆる八品詞で教える古典的なラテン語文法ではなくて、エティモロギアとシンタクシスを古典的なアリストテレス論理学の論述の三品詞の解説の視点から再解釈した、新しいラテン語文法である。スピノザが歴史学と論理学の両方から「文法」(グラマティカ)概念に興味を持っていたことを示す2冊と思われる。

(26)　エラスムスも関わった聖書の三言語(ギリシア語、ラテン語、ヘブライ語)の研究所(Collegium Trilingue)は、1560年以前においては、人文主義の精神でカトリックの信仰告白に縛られることなく聖書研究が盛んであったが、16世紀後半になるとユダヤ教の聖書解釈が問題にされ、ヘブライ語聖書(マソラ聖書)テクストの真実性が批判される。ユダヤ人は聖書を改竄しているという主張に対して、ルーヴァンのWakefieldはユダヤ人のヘブライ語聖書の真実性を擁護した。そのルーヴァンの伝統を継いでヨハネス・イサーク(レヴィータとも呼ばれた)はマソラーを批判する乱暴な議論に反論した。ユダヤ人の改宗者、ヘブライ語教師たちが人文主義の中で教えた聖書とヘブライ語文法の影響がルーヴァンにあるともいえる。

(27)　その頃のフランス人はフランス語を母語として日常生活で用いていて、ラテン語で聖書が朗読されても意味がわからない。その言語の垣根が教会礼拝を無意味化していた。とりわけ、人々は聖書がフランス語に翻訳される必要を覚えていたが、この王立教授団の誕生は、パリのソルボンヌ神学部との間に緊張を生み出した。Guy Bedouelle, "Attacks on the Biblical Humanism of Jacques Lefèvre D'etaples", in *Biblical Humanism and Scholasticism in the Age of Erasmus*, ed. Erika Rummel, Leiden, Brill, 2008, pp. 133–141; James K. Frage, "Noël Beda and the Defense of the Tradition", *ibid.*, pp. 143–164.

(28)　グイダチェリオは『アガシの財産』「八つの品詞について」第2巻の参照に"Grammaticae in *Sanctam Christi linguam* institutions, aeditae per Agathium Guidacerium Regium *sacrae Theologiae* in originalibus linguis Professorem. De octo partibus orationis, ab ejus Peculio. Liber Secundus"(《キリストの聖なる言語》の教則文法、原典言語の《聖なる神学》の欽定教授アガツィオ・グイダチェリオによって書かれたもの)と述べている。ソルボンヌ神学部(Noël Beda)は、グイダチェリオがこのような称号を勝手に用いるのを見て、許可なく神学を教えたとして、パリ議会にグイダチェリオ他3名(王立教授団のギリシア語・ヘブライ語の教授たち)を訴えたと考えられる。Paul F. Grendler, "Italian Biblical Humanism and the Papacy 1515–1535", *ibid.*, p. 250.

(29)　Burnett, *op. cit.*, *Christian Hebraism in the Reformation Era*, pp. 60–64.　ジェネブラールは、カトリック側に明確にとどまる選択をするが、メルシエのようなマルティニウスに影響を与えた人文主義のヘブライ学者は教授職を辞めていった。

(30)　Kenneth Austin, *From Judaism to Calvinism: The Life and Writings of Immanuel Tremellius (c. 1510–1580)*, London and New York, Routledge, 2007, pp. 12–15.　フェラーラの町はフランソワ1世の義理の姉(ルネ・ド・フランス)が1528年にエルコレ2世・デステに嫁いだ関係で、彼女の随行員としてカルヴァンやベザも訪れ数カ月滞在しており(1534年)、ルターの宗教改革やエラスムスの人文主義に理解のある町であった。

(31)　Austin, *ibid.*, pp. 39–48.　当時のストラスブールは、改革派の空気に満ちた自由な学芸の町であった。カルヴァンの友人ブッツァー(Martin Bucer, 1491–1551)が町の改革派の牧師リーダーであり、イタリアから逃げてきたトレメリウスらをしばらく彼の所に滞在さ

せた。ストラスブールはフランス語、イタリア語、ドイツ語の垣根を越えたクリスチャン・ヘブライストの交わりの場所であった。

(32)　Austin, *ibid.*, pp. 59–69.

(33)　Austin, *ibid.*, pp. 65–66.

(34)　シュヴァリエ文法は、初心者のための文法解説として、ユダヤ教のディクドゥークの基本である文字と母音記号やマソラーのアクセント記号他の解説(第一部)の後、ミュンスターの簡略版ディクドゥークとは異なり、いわゆる名詞・動詞・その他という中世以来の三品詞を正面から解説せずに(したがって名詞の分類、意味論的な品詞の種類の解説も無く)、ヘブライ人の名詞は動詞から派生したものという見方で、第二部で過去形と未来形の活用、現在分詞・過去分詞(これらは名詞の曲用と同じであると説明)、不定詞と命令形を説明し、さらに個別ビニヤンごとの動詞解説に進み、動詞の語形の種類を終わらせる。第三部では名詞の曲用を解説して、第四部では変化しないその他の小辞類を説明する。大枠としてはディクドゥークの三品詞カテゴリーの文法構造は保たれている。しかし、新しい大学の教科書らしい工夫もあり、それは文法知識を聖書読解に用いる練習問題、さらに統語論のルール集を付録につけていることである。

(35)　W. J. オング『声の文化と文字の文化』桜井直文・林正寛・糟谷啓介訳、藤原書店、1991 年、210–240 頁。

(36)　ラムスのフランス語文法の 1562 年版と 1572 年版は内容もタイトルも異なる。引用テクストは以下：Petrus Ramus, *Grammaire* 1572: Édition commentée par Colette Demaizière, Paris, Honoré Champion, 2001, p. 37.　久保田静香「ペトルス・ラムスの国語意識――『古代ガリア人の慣習』(1559)とフランス語顕揚」『日本フランス語フランス文学会関東支部論集』23 巻、2014 年、24 頁の引用を久保田が本稿のために改訳。

(37)　デルシウス版 *Grammaticae Hebraeae*, p. 3–4, “Formam vero in disponendis illis atque collocandis Petro Ramo praeceptori meo lubens acceptam fero, cujus cum incaeteris artibus, tum in Grammatica conformanda judicium & industriam grata posteritas ambit atque celebrabit”.

(38)　P. T. van Rooden, *Theology, Biblical Scholarship and Rabbinical Studies in the Seventeenth Century: Constantijn l’Empéreur (1591–1648), Professor of Hebrew and Theology at Leiden*, Leiden, Brill, 1989, p. 46. コンスタンティンの蔵書リストから、17 世紀はクリスチャンの著作の中だけで十分にラビ文献もヘブライ語文法も学べる時代であることが示されている。

(39)　Rooden, *ibid.*, pp. 40–42, n. 128.

(40)　アルミニウスの前任神学教授は父ユニウス(Franciscus Junius [the Elder], 1545–1602)である。父ユニウスはトレメリウスと一緒にハイデルベルクで旧約聖書をラテン語に翻訳した(1579 年)。これが改革派神学の旧約聖書として、テオドール・ベザのラテン語訳新約聖書と合わせて多く用いられた。父ユニウスはトレメリウスの娘と結婚し、生まれた息子ユニウス(Franciscus Junius [the Younger], 1591–1677)もヘブライ語文法教授としてライデン大学に一時採用されるが、父ユニウスの死とともに大学をさる。父ユニウスは、スコラ主義と人文主義を対立する二極とする捉え方に反対し、息子ユニウスもドルト会議の保守主義とアルミニウス主義の対立でどちらかの立場を取ることを拒否し英国に移

住した。息子ユニウスはゲルマン語源学の開拓者である。ちなみに、ラムスは、ハイデルベルクのトレメリウスの家に客人として訪問していることを、その時に同席した人間が回顧録に記録として残している。テオドール・ベザはラムスにはきわめて批判的であったとされる。Austin, *op. cit.*, pp. 113-114.

(41)　コデウス以外にも、フォッシウス、ベルティウスなども。Arthur Eyffinger, "Authority vs. Authenticity: The Leiden Debate on Bible and Hebrew (1575-1650)", in *Hebraic Aspects of the Renaissance: Sources and Encounters*, eds. Ilana Zinguer, Abraham Melamed, and Zur Shalev, Leiden and Boston, Brill, 2011, pp. 116-135.

(42)　Rooden, *op. cit.*, pp. 74-83. ライデンの神学対立の影響は、フラネッカー大学でヘブライ語を教えるデルシウスにも及び、彼は当局から大学の治安に関する書類(tranquillitas academica)に署名することを迫られるが、その署名を拒んだまま、生涯を終える(1616年)。デルシウスの弟子アママにとって、ドルト会議以後のヘブライ語に対する圧力は、改革派のバックボーンである聖書をヘブライ語やギリシア語原典で読む自由をめぐる危機であった。このような状況の中で、アママはフラネッカー大学の総長(1621-29年)となり、彼は、ルター、メランヒトン、カルヴァンらが戦って切り拓いた原典の光で読む真理を捨てて、大学が、宗教改革以前の、迷信の聖書解釈の暗闇の中に、原典を知らない野蛮の中に戻ることなどあり得ないと、フマニストの自由主義精神と、その真理の探究心を擁護した就任の大演説を残している。さらにアママはマルティニウス文法の語形論とブクストルフ文法の統語論を合体させたアママ版マルティニウス＝ブクストルフ文法を作り(1625年)、文法をめぐる対立を緩和させようと努力した。

(43)　Rooden, *op. cit.*, p. 42, n. 124. 彼らが使った教科書についてはさらに調査を要する。

(44)　事実、ホマルスはドルト会議以後のヘブライ語教育のあり方について、彼の以前の生徒でもある新任神学部教授ワレウス(Antonius Walaeus, 1573-1639)に、ベルトラムス文法(*Comparatio grammaticae Hebraicae et Aramicae*, 1574)を使うようにと助言している。なぜならホマルスは、ベルトラムスの背後にある師匠シュヴァリエの文法はアリストテレス哲学的であるので、ジュネーヴ学院がラムス主義を孤絶する考えと一致すると述べている。Rooden, *op. cit.*, p. 42, n. 29 を見よ。しかしワレウスの考えは、ヘブライ語は神学部に大切であっても、その教育は専門家を作る目的ではないから、きわめて初歩の限られた原典を読む能力で良い、むしろ聖書知識の全般を知るためにユニウスやピスカトールのラテン語聖書を読む方が大切と考え(スピノザ蔵書リストにあるトレメリウス＝ユニウスの旧約聖書)、コデウス(？)の後任のエルペニウスは一人でヘブライ語文法の最低限を教え、むしろ多くの努力はコーランなどアラビア語文献研究に捧げた。キリスト教の優位性を弁証することが大学側からは求められたためである。これがドルト会議以後のヘブライ語文法の現実であった。Rooden, *op. cit.*, pp. 57-63.

(45)　Rooden, *op. cit.*, p. 221, p. 44. コンスタンティンは、ジュネーヴ学院のベルトラムスこそがシュヴァリエの後継者で、フラネッカー大学のデルシウスではないと見ていた。

(46)　Stephen G. Burnett, *From Christian Hebraism to Jewish Studies: Johannes Buxtorf (1564-1629) and Hebrew Learning in the Seventeenth Century*, Leiden, Brill, 1996, pp. 21-22; pp. 110-111; Burnett, *op. cit.*, *Christian Hebraism in the Reformation Era*, p. 148. 父ブクストルフはマルティニウスの文法の枠を受け継ぎながらも、ラムス主義のレッテル

が貼られないように、軌道修正を図った。息子ブクストルフがドルト会議を傍聴し、父の文法の内容をさらにリバイズした。ヘブライ語文法語彙集(1663年版)はスピノザ文法の名詞論を考える上では参考になる。

(47) Rooden, *op. cit.*, pp. 72-73. ラムスは人文主義の価値を重く見て、アリストテレス哲学に敵対して実用的な思考の価値の優位を強調したが、17世紀に起きたジュネーヴのCalvinist orthodoxyは、新スコラ主義的に、アリストテレス哲学に帰ることに価値を置いた。つまり保守主義の改革派は、スコラ主義をローマの硬直した精神の代名詞とはせず、改革派神学にとってもアリストテレス哲学の真理と知識は大事であると考えた。ベザとラムスの間には聖体拝受の聖餐論をめぐって論争も生じていたが、その点で、ディクドゥークは事物と名前の関係を教えるのに対して、その議論を捨てたマルティニウス文法は問題とベザの目には映った。ホマルスの弟子コンスタンティンはラムス主義者・数学者・言語学者スネリウス(Rudolph Snellius / Rudolph Snel van Royen, 1546-1613)の著作よりもアリストテレスの著作を大事にした。ラムス主義者スネリウスは一時期ヘブライ語も教えていたという。Rooden, *op. cit.*, p. 41.

(48) リュカス/コレルス『スピノザの生涯と精神』渡辺義雄訳、学樹書院、1996年、8頁参照。ただし、ここで訳者(渡辺)は「第一部は詞論すなわち……第二部は文章論すなわち……」としているが、引用者はオリジナルの語彙に戻し、Etymologia語形論とSyntaxis統語論とした。

(49) 久保田静香「ペトルス・ラムスの「方法」と文法改革——16-17世紀に普及したヘブライ語文法書との関連において」『京都ユダヤ思想』14号、京都ユダヤ思想学会、2023年、177-188頁。最終的には、上手に話をする技術は、正しく考える技術「論理学」も必要とする。ラムスは「論理学」自体も二部構造、つまり正しく根拠を発見するInventionと正しく判断するJudgementの二つの部分で整理する。その思考は、ポール・ロワイヤル「文法」と「論理学」に継承される。

(50) 1560年の『ラテン語文法初歩』は、1559年の『ラテン語文法 全四巻』(Petrus Ramus, *Grammaticae libri quatuor*, 1559)の簡略版であり、「語形論」と「統語論」の構想自体は、1559年版に見られる。

(51) つまりラムスの「声」「音節」「文字」「母音」「子音」などの概念用語は、あらゆる人間の言語が共有する普遍的な概念だとしても、実際に、その発声を記録する具体的な文字の伝統は、それぞれの言語文化が長い時間をかけて成立させた特殊な形態なのであり、その文字文化の存続には、さらにさまざまな人々の工夫が影響力をもって関わってくる。フランス語・ラテン語の「文字」と、聖書ヘブライ語の「文字」は、同じアルファベットの概念として抽象的にひとくくりにできもするけれども、個別具体的に見ると、きわめて違う文字思考の体系が育ち展開されている現実がある。

(52) しかし、これは、トーラーの巻物の文字テクストが先に存在し、そののちにマソラ学者が母音記号を考案して追加して、声にして読めるマソラ写本を作り出した、その歴史の順序を無視した無理な説明である。

(53) 母音と文字の関係については、レヴィータ文法の要点解説であるミュンスターの『ヘブライ語文法綱要』(*Compendium Hebraicae grammaticae*, 1537)にも「すべての文字は子音であると言えるが、ヴァウとヨッドについては、例外的に、時々、母音であるし、時々、

子音である、それらはラテン人たちのuとiと異なるわけではない」(omnes literae dici possunt consonants, praeter Vau & Iod, quae aliquando sunt vocalia & aliquando consonantia, non secus quam u & I apud Latinos)とあり、またシュヴァリエ文法も「文字は22：すべて子音である」(Literae sunt viginti duae: omnes consonantes)と定義する。これらの解説と比較すると、ラムスの *Rudimenta grammaticae Latinae* の延長上で、ヘブライ語の母音と子音の定義をするマルティニウスは、明らかに革命的で、ディクドゥークを解体することも恐れない。その点で、スピノザは、文字や母音記号やアクセントの理解ではディクドゥークの基本に忠実でもあるとも言える。

(54)　C. ランスロー／A. アルノー『ポール・ロワイヤル文法』ポール・リーチ編序、南舘英孝訳、大修館書店、1972年、9-10頁。この母音と子音の関係性の説明は、アリストテレスの詩学(第20章)にまで遡れる伝統でもある。

(55)　ユダヤ神秘主義の解説『バヒールの書』によれば、12部族は一つの井戸から12本の管が伸びて、それぞれのテントの前に水が届けられたという伝説を解釈して、その丸い管を通って四角い文字の中に届けられるのが母音であるという。スピノザ文法の第1章の「母音のない文字は「魂無き肉体」」という比喩は、『バヒールの書』に「モーセの律法の文字の中の点、それは人間の肉体の中の生きた魂に似ている」に由来するものだが、その点とは「円」(丸)であり、文字は「四角」であり、丸と四角の組み合わせが文字と母音記号の合体なのであるという理解は、デイ・ロッシの1573-75年の初版＝マントバ版『メオール・エイナイム』を読んでも出てこない。なぜなら、丸と四角の組み合わせに言及する『バヒールの書』の引用追加は、初版にも第二版(Berlin, 1794)にもなく、第三版(Vienna, 1829)になって初めて現れる。スピノザがこの引用追加を読む可能性はデイ・ロッシの本からは無理である。したがって初版を読む者には「モーセの律法の《文字の中の点》」の解釈が母音記号であるとは限らない。なぜなら、ダゲッシュも「点」であるから。しかしダゲッシュは母音ではない。母音記号を説明するのにスピノザがフルートを例に出して「穴」／「丸」をイメージさせるのは、スピノザが『バヒールの書』そのものを直接読んでいたからの可能性がある。手島勲矢「ヘブライ語文法とユダヤ神秘主義――マソラーから考える両者の関係」『京都ユダヤ思想』14号、京都ユダヤ思想学会、2023年、86-98頁を見よ。

(56)　前掲手島「スピノザ『ヘブライ語文法綱要』の歴史的読解のために」50-54頁。イブン・エズラもトーラー解釈でこれと似た喩えで秘密を語っているが、これとは区別される。イブン・エズラは文字とタアミーム(アクセント)について説明しているのであって文字とニクード(母音)ではない。

(57)　Burnett, *op. cit., From Christian Hebraism to Jewish Studies*, pp. 107-110.

(58)　דקדוק לשון הקדש הוא ידיעת המכתב והמבטא לפי מה שיאות להורות על הענינים כפי הסכמת מניח לשון הקדש. ואמרי ידיעת המכתב והמבטא הוא מקום הסוג כי דקדוק כל לשון הוא ידיעת המכתב והמבטא. לא דקדוק לשון הקדש לבד. (השער דקדוק, שור׳ 3-7) スピノザは、『ミクネー・アブラム』の内容をよく知っていたと思われる(なぜなら、スピノザは文法の中でバルメスの名前に言及して母音の議論をしている)。つまり、バルメスの文法定義から分かるのは、まさに聖書の〈文字〉の文法なのだということであり、これは16世紀前半まではクリスチャン・ヘブライストも共有していた文法定義と言える。

(59) 現在のイスラエルのヘブライ語学者・ユダヤ学者は、19世紀のユダヤ学の伝統を継承しており、彼らのヘブライ語学の興味を、クリスチャンの聖書学者のヘブライ語学への興味と比較してみると、特徴的な点は、ミシュナー・ヘブライ語(ラビ文献のヘブライ語)と聖書ヘブライ語を一つの歴史として捉える問題意識が強いことである。その古典的な研究、Abba Bendavid, *Leshon Mikra u-leshon hakhamim / Biblical Hebrew and Mishnaic History* [Hebrew Language Edition], Tel Aviv, Hotsaat Dvir, 1967 を見よ。アバ・ベンダヴィッドは、ミシュナー・ヘブライ語を民衆の口語ヘブライ語のスタイルとみなし、他方、聖書ヘブライ語はもはや実用ではない文学スタイル上のヘブライ語とみなし、その両者のスタイルを比較して歴史的な関係を明らかにしようとした。彼によれば、語りのスタイル・語彙の選択など、同じ意味を意図しながらも、聖書時代(第一次神殿時代)からミシュナー(第二次神殿時代後期)にかけて、変化発展があると指摘する。このラビ文献の口語ヘブライ語と聖書文字テクストのヘブライ語の関係性を歴史的に問い直す現在のユダヤ学者の観点は、スピノザが意識した古代ヘブライ人が語っていた口語ヘブライ語への歴史的な関心とも重なる。このスピノザのヘブライ民衆の口語への関心は、世俗的な言語への歴史的な関心でもあり、クリスチャン神学者が聖書ヘブライ語に求めた普遍的な宗教性とは、ある意味で、対極の視点と言える。

(60) 上記の第7章におけるスピノザのコメントは、「歴代誌」の作者の「翼」という言葉の性についての議論の中で出てくる。現在は例外に思える用例が当時の民衆の言語慣習においては例外ではない可能性があるという議論からスピンアウトしたコメントである。規則と例外についてスピノザは、時代の変化の中で起きる人間の口語的言語の変化の結果として現在の規則や例外を理解する必要があると考えている。たとえば、スピノザは、後代の文法学者が、ヘブライ人のすべての声は、名前の特性を持っているという、その前提を忘れることで、ごく自然な規則的なものを不規則なものと信じてしまう(第5章)ことを指摘する。また本来は口語的言語に備わっている声の感情表現を記号にして記憶することができない現実を無視して、伝統が伝えるアクセント記号にそこにはないものを期待してしまう誤解(第4章)も意識する。このような、時間の推移が口語的言語の文法に及ぼす影響の現実に敏感なスピノザは、第6章の双数の語尾の形(複数形と同じ綴り)のことも歴史的な視点で理解する必要があると注意を促しているように見える。また第7章の名詞の男性/女性の区別について、つまり当時の口語の男女の名詞の語法を考える際にも、閉じられた聖書コーパスに限定されない思考、つまり記録には残されなかった口語的言語の現実を想像できるアプローチの重要性を、スピノザは示唆していると思える。まさに「「理解する者には一語にして足る」とあるように。〔中略〕最も普通の言葉を以て表現されているのである」(『神学・政治論』畠中尚志訳、岩波文庫、1944年、上巻、第7章、261-262頁)、また「民衆は、―― 一般に証明を解せず又証明に携わる余裕のない民衆は、〔中略〕〔私の〕ユダヤ人の民衆や異教徒の民衆は預言者や使徒の言語を理解したのである」(上巻、第7章、268頁)という彼の聖書解釈ポリシー、つまり聖書時代の民衆の言葉の慣用句を知る重要性を強調する姿勢にも合致する。

(61) 1536年に初版がパリで出版されている『八品詞』(*De octo partibus orationis*)では、Nomen, Pronomen, Verbum, Adverbium, Participium, Conjunctio, Praepositio, Interjectio とされる。

(62)　序文テクストは以下の通り。Ecce à peculii nostri libello, in quo prima Hebraica rudimenta vobis tradidi Charissimi, alterum nunc ad majora jam facto gradu, de partibus orationis ejus linguae (etsi eas non tres cum hebraeorum המדקדקים sed octo cum Graecis Latinisque; nostris esse statuimus) vobis damus. Quoquidem hebraicae sanctae linguae artis דקדוק, id est, subtilis considerationis jacto fundamento, quia superaedificare, id est, alios libros de hujusce scientiea (quam nos Grammaticen appellamus) ratione conscribere, cum multos habeamus a veteribus hebraeis conscriptos, opus non est.

(63)　Grendler, *op. cit.*, pp. 247–250. アガツィオ・グイダチェリオは、イタリアで活動していたヘブライ語学者で、彼の家族はユダヤ出自とも言われているが定かではない。伊藤玄吾「ヘブライ語とルネサンス詩学――Tehillim と Psalmoi のあいだ」『京都ユダヤ思想』14 号、京都ユダヤ思想学会編、2023 年、189–219 頁。

(64)　Grendler, *op. cit.*, pp. 249–250.

(65)　ここは調査が必要な領域である。グイダチェリオは、ラテン語 Nomen, Verbum, Participium, Servitium nominis, Servitium verbi, Signum, Vox, Conjunctio をヘブライ語の八品詞と数える。グイダチェリオのバイリンガル解説の中では、ヘブライ語での言い換えも行っている。חבור は Conjunctio、קול は Interjectio、שמוש פועל は Adverbium、סימן は Praepositio、שמוש השם は Pronomen、בינוני は Participium、פועל は Verbum、שם は Nomen とするこれらのヘブライ語の用語とラテン語訳の関係についてはさらに調査が必要である。

(66)　*De Rudimentis Hebraicis*(『ヘブライ語文法初歩について』), 1506, p. 551; “Partes Orationis sunt tres שם פעל מלה id est nomen. verbum et consignificativum. Nomen comprehendit pronomina et participia. Consignificativum quatuor hec continent. adverbium. conjunctionem. praepositionem. et interjectionem”.「発話の部分〔品詞〕とは、שם פעל מלה すなわち名詞、動詞、委託詞の三つであり、名詞は人称代名詞と分詞を意味し、委託詞は次の四つが、つまり副詞、接続詞、前置詞、そして間投詞が形成する」。

(67)　ロイヒリンは、文法学上は、三品詞の考え方は大雑把すぎて問題ありと見ているので、以下のように述べている。ここでの自分の説明を他には当てはめないでほしい。ギリシア人やラテン人の最高の教えでは、どんな時も発話の部分にある「場合」は、一つひとつ区別して扱うべきものであるからである。“De quibus apprime commodum putamus quam brevissime disserere. ne incipintes nimiis onerentur praeceptis. Singulorum enim accidentum quae in qualibet orationis parte tam graecorum quam lationorum tractavit exquisita doctrina, tu ne ullan in hoc libro queasieris rationem, sed eorum tantum quae ad hebraicae linguae cognitionem sunt ad modum necessaria”.

(68)　コンプルテンサ多言語聖書のヘブライ語聖書を担当したと思われるアルフォンソ・ディ・サモラ(Alfonso de Zamora)の、*Introductiones artis grammaticae Hebraicae*『ヘブライ語文法の技術入門』(第 2 巻第 1 章冒頭、1526 年)においても、ユダヤの三品詞(シェム、ポアル、ミラー)の基礎を、アリストテレス論理学にも言及して解説する。15 世紀後半から 16 世紀初頭にかけて、クリスチャン・ヘブライストが参照する主要なヘブライ語文法書は、プロテスタントに限らず、カトリックにおいても、ディクドゥークの三品詞を文法常識として共有していたことは留意されるべきである。

(69)　Burnett, *op. cit.*, *Christian Hebraism in the Reformation Era*, p. 56, 97.

(70) *Grammatica Hebraea, absolutissima*, p. 18, note. "Arabes quoque tantum tres has Orationis partes habent: *Pheal* Verbum, *Ismi* Nomen, *Herph* Dictionem. Quas tres Partes orationis omnes linguae Orientales habent. Graecam & Latinam olim non nisi tres Orationis partes habuisse, contendit Rabbinus is qui contra Cosdram regem Persarum disputat, eo in loco quo probat omnes linguas ab Hebraica originem duxisse. Vide quoque Quintilianum libro primo, cap 6".

(71) Apud Hebraeos Orationis partes sunt tres, שם Nomen, פעל Verbum, מלה Dictio. In Dictione & Leteris servilius (de quibus suo loco) comprehenduntur reliquae omnes orationis partes, quas praeter Nomen & Verbum Latini in hoc genere recensere consueverunt. Quanquam vero (ut Kimchi ait) Nomen fit נושא, id est, subjectum, & Verbum מקרה, id est accidens, ut prius de Nomine quam Verbo dicendum esse videri posset: tamen quia tractatio Verborum & latius patet, quam Nominum, & commodum magis visum est Kimchi exordium sumere a Verbo.

(72) アリストテレス『命題論』『新版 アリストテレス全集』第1巻、早瀬篤訳、岩波書店、2013年、112頁。

(73) 『詩学』の中でアリストテレスは語法を八つに分類し、さらにオノマ(名詞)を八つに分類するが、その分類は認識の真偽の問題には関わってこない(『詩学』20章、21章)。

(74) 山下正男「中世における論理学と文法学」『中世思想研究』16号、中世哲学会、1974年、67頁。

(75) 竹下政孝「論理学は普遍的か——アッバース朝期における論理学者と文法学者の論争」『イスラーム哲学とキリスト教中世 II』竹下政孝・山内志朗編、岩波書店、2012年、134-137, 142-146頁。

(76) 前掲竹下、135頁。D. S. Margoliouth, "The Discussion between Abu Bishr Matta and Abu Sa'id al-Sirafi on the Merits of Logic and Grammar", in *The Journal of the Royal Asiatic Society of Great Britain and Ireland*, Cambridge, UK., Cambridge University Press, 1905, pp. 79-129. p. 117.

(77) Dotan, *op. cit.*, vol. II, pp. 338-339.

(78) 前掲手島「ヘブライ語文法のジェンダー問題」62-77頁。

(79) 手島勲矢「スピノザと中世のヘブライ文法論争——『ヘブライ語文法綱要』の本文校訂のために」『オリエント』41号、日本オリエント学会、1998年、110-124頁。

(80) 手島勲矢「ユダヤ思想と二種類の名前——イブン・エズラの『名詞論』から」『宗教哲学研究』28号、宗教哲学会、昭和堂、2011年、9-13頁。

スピノザ以前の文法学者

	ユダヤ人ディクドゥークの系譜 ヘブライ語の文法学	クリスチャン・ヘブライストの系譜 ディクドゥークとグラマティカ	異邦人グラマティカの系譜 ギリシア・ラテン語の文法学
古代	• 律法学者(新約聖書／福音書) • マソラ学者 ○文法の整備とアラビア語からヘブライ語訳	• オリゲネス(185-254) • ヒエロニュムス(347-420)	• アリストテレス(384-322BCE) 文法学の父 • ディオニュシオス・トラクス (170-90BCE)　文法学の創始者 • ウァロ(116-27BCE) ラテン語文法学者
中世(一二—一五世紀)	• サアディア・ガオン (882/892-942) • ラビ・ヨナ・イブン・ジャナッハ (990?-1055?) • ラビ・イェフダ・イブン・ティボン (1120-90?) ○ヘブライ語の聖書註解、文法書の普及と定着 • アブラハム・イブン・エズラ (1089/92-1164/67) • ヨセフ・キムヒ(1105-70)　父 • モーシェ・キムヒ(1127?-90)　子 • ダヴィッド・キムヒ(1160-1235)　子	○イタリア・ルネッサンス／人文主義 〈ユダヤ教からキリスト教に改宗したコンベルソによって、また異邦人クリスチャンがユダヤ人教師にヘブライ語を学ぶことによってディクドゥークとグラマティカの邂逅が始まる〉 • ピコ・デラ・ミランドラ(1463-94) • マルシリオ・フィチーノ(1433-99)	• アポロニオス・デュスコロス (2世紀頃) • アエリウス・ドナトゥス (4世紀頃)　古代ローマ文法学者 • ロジャー・ベーコン(1214-94) ○印刷技術の発展 『コンプルテンサ多言語聖書』 • アルフォンソ・デイ・サモラ (1474-1544)　『ヘブライ語文法の技術入門』 • マルティン・ルター(1483-1546)
	• ラビ・オバディア・スフォルノ (1470?/75-1549)　師	• ヨハネス・ロイヒリン (1455-1522)　弟子	
一六世紀前半	• アブラハム・ベン・モルデハイ (1452-1528)　師	• フランソワ・ティサール (1460-1508)　弟子	
		○ルーヴァン(三言語学院) • マテウス・アドリアヌス (1475-1521)　師(コンベルソ) • コンラート・ペリカン (1478-1556)　弟子 • ウルフギャング・カピート (1478-1541)　弟子	○コレージュ・ロワイヤル • フランソワ・ヴァターブル (1493-1547) • アガツィオ・グイダチェリオ (1477-1542) ○ストラスブールの仲間たち • マルティン・ブッツァー (1491-1551)
	• エリヤ・レヴィータ (1469-1549)　師(？)	• セバスチャン・ミュンスター (1488-1552)　弟子 (マテウスの弟子でもある)	• ジャン・カルヴァン(1509-64) • テオドール・ベザ(1519-1605) • ヴェルミグリ(1499-1562)
	• アブラハム・デ・バルメス (1440?-1523)	○ダニエル・ボムベルク出版社 『ラビ聖書　初版』(1517) 『ラビ聖書　第二版』(1525) ヤコブ・ベン・ハイム 『セフェル・ハショラシーム』D.キムヒ 『ミクネー・アブラム』バルメス 『マソレット・ハマソレット』 レヴィータ	

	ユダヤ人ディクドゥークの系譜 ヘブライ語の文法学	クリスチャン・ヘブライストの系譜 ディクドゥークとグラマティカ	異邦人グラマティカの系譜 ギリシア・ラテン語の文法学
一六世紀後半	• アザリヤ・デイ・ロッシ(1511-78)	○トレント公会議(1545-63) ○禁書リスト(1559) ○トレント禁書リスト(1564) ○聖バルテルミーの虐殺(1572) 〈クリスチャン・ヘブライストはカトリックやプロテスタント他の間で信仰告白の選択を迫られる〉 • イマヌエル・トレメリウス(1510-80) 師(コンベルソ) • シュヴァリエ(1523-72) 弟子 • ヨハネス・イサーク(1515-77) • ベルトラムス(1531-94)	○グラマティカの伝統で教会のためのヘブライ語文法を創造 • ペトルス・ラムス(1515-72) 師 • ペトルス・マルティニウス(1530?-94) 弟子 • ジェネブラール(1535-97) • ジャン・メルシエ(1510-70) • ヨハネス・デルシウス(1550-1616) ○ブクストルフ文法初版の発表(1609) • ヨハネ・ブクストルフ(1564-1629) 父 • ヨハネ・ブクストルフ(1599-1664) 子
一七世紀	○ポルトガルからオランダに逃れたコンベルソの子どもたち • イツハク・ウジエル(?-1622) 師 • メナセ・ベン・イスラエル(1604-56) 弟子 • イツハク・アボアブ(1605-93) 弟子	• ユニウス(1545-1602) 父 • ユニウス(1591-1677) 子 • コンスタンティン(1591-1648) • フォッシウス(1577-1649) • バルーフ・デ・スピノザ(1632-77)『遺稿集』	○ドルト会議(1618-19) • ヤコーブ・アルミニウス(1560-1609) • フランシスコ・ホマルス(1563-1641) • トーマス・エルペニウス(1584-1624)『アラビア語文法』(1613) • ワレウス(1573-1639) • ショッペ(1576-1649) • コデウス(1575-1625) • アママ(1593-1629)

(表作成：手島スザナ／イザヤ)

注：クリスチャン・ヘブライストの系譜とは、ヘブライ語で聖書を読む人たちのディクドゥークの伝統と、ギリシア語・ラテン語他翻訳で聖書を読む教会のグラマティカの伝統という、二つの異なる学問ルーツが出会い生まれた系譜と言える。古典的には、ヒエロニュムスは異邦人であるけれども、聖書をラテン語に翻訳する際に、ユダヤ人に頭を下げてヘブライ的真理を謙虚に教えてもらうことに抵抗感がなかった。16世紀においては、ユダヤ人からヘブライ語を教えてもらうことに抵抗感のない異邦人フマニストが現れ、またキリスト教に改宗したユダヤ人コンベルソ(改宗者)にディクドゥークを教えてもらうことに抵抗感がないクリスチャン文法学者も現れた。クリスチャン・ヘブライストの系譜は、ギリシア語・ラテン語の聖書伝統に固執する人たちに比べて、ユダヤ教徒のヘブライ語聖書の伝統に対する心の距離感が近いヘブライ語文法学者たちである。彼らは、常に、二つの文法伝統の極を意識しているので、そのユダヤ人への心の距離感については個々人のグラデーションがある。

附論2　蔵書リスト(J. Freudenthal, *Lebensgeschichte Spinoza's*)から想定される、スピノザが所有していた可能性のあるヘブライ語文法書(3冊)について

手島勲矢

はじめに

スピノザ蔵書リストの研究の始まりは、セルファース・ファン・ローイエン(A. J. Servaas van Rooijen)が蔵書リストの書物の特定を発表したことに始まる(1888年)。そのセルファースの蔵書特定については、ユダヤ学者ダヴィッド・カウフマン(David Kaufmann)から批判コメントが寄せられ、セルファースの研究の巻末に、カウフマンの批判の一文が補足されている。その後(1899年)、ブレスラウのユダヤ教学院のラビ・ヤコブ・フロイデンタールは、スピノザの生涯についての実証的な研究を発表し、その研究が21世紀にも受け継がれ、ワルターたち(1)は、フロイデンタールを基盤にして、特定努力をさらにアップデートしており、それが、現在の私たちのスピノザ蔵書リストの認識となっている。しかしながら、ディクドゥークとグラマティカの歴史の視点から、なおもその特定結果の検証は必要と思われ、筆者は、イスラエルの国立図書館を中心に、ハーバード大学ホートン図書館、オックスフォード大学ボドレアン図書館などとの交信も交えながら文献調査を行った。その結果をここに記録しておく。

凡例・資料

スピノザ蔵書リストは、スピノザの親戚の申し立てにより、彼の遺産を競売処分するべく、管財人によって作られた。その手書きのリストは現存していて写真でも確認できる(2)。そのリストによれば、スピノザ蔵書は合計161冊を数え、その中に3冊のヘブライ語文法書が含まれている。それは以下の通り。

1) "*Sepher dikduck*", 2) "*Munsteri Gramm. Ebr. Eliae Levitae*", 3) "*Buxtorfii Thesaurus gramm.*"

これらの表題は、厳密なものではなく、管財人のメモである。すべての本が、装丁サイズで分類されていて、その分類ごとに通し番号が付けられている。さらにフロイデンタールは、その蔵書リストの最初から最後まで一続きの通し番号を付けている。ここでは、オリジナルの手書きリストに残る本の装丁サイズ別の番号とフロイデンタールの番号を両方併記しておく(遺産目録の詳しい解説は、別巻の笠松報告に委ねる)。

1）“*Sepher dikduck*”　四つ折り判33（フロイデンタール番号59）の候補について

セルファースは、*Sepher dikduck* は、「ספר הדקדוק *Grammatica Hebraica R. Eliae Levitae*, cum versione Munsteri, Heidelbergae 1525 in-8°」であると特定する(3)。彼の提案は、ミュンスターがラテン語に翻訳したレヴィータ文法（セフェル・ハバフール）を軸に、ミュンスター自身の手によるヘブライ語文法初歩等の文章を足して編集されたラテン語で読めるヘブライ語文法書であるとしたが、そのヘブライ語タイトルは、定冠詞を含む[ספר הדקדוק]（セフェル・ハディクドゥーク）とされている点において、スピノザ蔵書リストにあるアルファベット綴りから想定されるヘブライ語タイトル[ספר דקדוק]（定冠詞へーを含まない名前＝セフェル・ディクドゥーク）とは一致しない。ただし、管財人が手書きしたリストの中には、ヘブライ語文字で書かれた書名もあり、それを見ると、管財人はレーシュとダレットの文字の区別がついていないところから、ヘブライ語を知らない人であると想像できる。それゆえに、耳で聞いたヘブライ語の書名をアルファベットで音写した際に「ハ」を聞き損じた可能性もある。しかし、フロイデンタールは、カウフマンの提案に同意して、蔵書リストで四つ折り判とされている事実を重んじ、また定冠詞がないヘブライ語の書名であるべきことも考慮して、モーシェ・キムヒ文法 Ortona 1519年版が蔵書リストの『セフェル・ディクドゥーク』（*Sepher dikduck*）であると特定する。

現在は、モーシェ・キムヒ文法書の名は מהלך שבילי הדעת（『マハラフ・シュビレ・ハダアト』（知識の小道の逍遥））と呼ばれているが、インキュナブラ（印刷の黎明期）のヘブライ語書名は現在のように定まっていたものではなく、そのカバーページには著者、内容、作成場所、日付を述べるト書きが書かれているにすぎず、つまり、そこには ספר דקדוק חברו ר‘ משה קמחי: עם שאר אמרים בדקדוק חברום זולתו: ונדפס שלישית תחת ממשלת אדונינו.....לכסאו למעלה בשנה השנית למלכו.....עלידי......קטן התלמידים והוא גר שם אורטונה הקריה「『セフェル・ディクドゥーク（文法の書）』、ラビ・モーシェ・キムヒの著作：それは、彼以外の誰かが書いた、文法に関する、他の言葉とともに：われらの主人の支配のもと3回目の印刷が……王の即位の2年目に……学生の中の小さき者の手によってされた：彼はオルトナの町に住むものである」と読める。したがって Sepher dikduck とはト書きの始まりの言葉にすぎず、それは特定の書名というよりも、書物の内容やジャンルを述べたものにすぎないのである。

ただし、Ortona 1519年版のト書きにあるように、それは第三版であり、したがって、ワルターは、初版は Pesaro 1508年版であると特定するが、それはト書きからもわかることである。つまり、ספר דקדוק חברו ר‘ משה קמחי: עם שאר אמרים בדקדוק חברום זולתו: ונדפס תחת ממשלת אדונינו......בשנה החמישית ליול״ייו פפיו״ר השני: על ידי צעיר המחוקקים קטן התלמידים והוא גר שם פיזרו הקריה「『セフェル・ディクドゥーク』、ラビ・モーシェ・キムヒの著作：その他の文法関係の言葉は彼（キムヒ）以外の誰かが書いた：そしてわれらの主人の下で……（本書は）……法王ユリウス2世の5年目、法律家の中の若手、弟子たちの中の若輩者の手によって印刷された：彼は、ペザロの町に住んでいる」と読める。このト書きのパターンが定型となって、その後の版に受け継がれた（ユリウス2世在位は1503年に始まる）(4)。

1508年に出版された初版『セフェル・ディクドゥーク』には有名な誕生の逸話がある。それは、モーシェ・キムヒ文法はとても簡潔な叙述であることから、その言葉の意

味を解説する注解が必要であり、その注解の著者が若い頃のエリヤ・レヴィータであった。だが出版に際しては、発行者(ゲルション・ソンチノ)は、レヴィータの名前を伏せたまま「モーシェ・キムヒ以外の誰かがその他の文法関係のことを書いた」とした。フロイデンタールは「この文法書は、モーシェ・キムヒのヘブライ語文法であって、エリヤ・レヴィータのものではない」[5]と、セルファースの理解を訂正するが、厳密には、レヴィータの解説で理解するモーシェ・キムヒ文法なのである。後になって語られる出版の経緯はともかく[6]、セバスチャン・ミュンスターは『モーシェ・キムヒ文法(レヴィータ注解付き)』という題名で1531年にラテン語訳を発表している[7]。当時のクリスチャン・ヘブライストは、レヴィータ解説の視点でキムヒ文法を学んだのが実情である。

後に、訳者ミュンスターがレヴィータに翻訳上の疑問を手紙で問い合わせた時に、レヴィータは、はじめてラビ・モーシェ・キムヒ文法解説がラテン語に翻訳され出版されようとしていることを知った。それでレヴィータは手紙の中で、すでにヘブライ語で出版されているものは、30年前の仕事であって、印刷所も自分も少なくない間違いをしている点で、現在の自分の文法の実力と当時の自分の力は比較にならないと述べ、それらの間違いが修正されることなく版を重ね拡散している状況に対して不満を漏らしている。それゆえに、それらの間違いを修正し正しいテクストで翻訳するため、今進みつつある印刷そのものを差し止めることをミュンスターに助言している[8]。

今回の調査で新たに判明したことは、アブラハム・デ・バルメスの『ミクネー・アブラム』にはヘブライ語原文とラテン語翻訳をあわせたバイリンガル版とは別に、ヘブライ語版が存在していて、そのカバーページのト書きは、モーシェ・キムヒ文法と同じように「セフェル・ディクドゥーク」という書き出しで始まることである。100年以上のスピノザ蔵書研究の歴史にもかかわらず、このことがスピノザ研究者の間で注目されてこなかったことは不思議である。

すなわち、そのト書きは、ספר דקדוק שחבר החכם השלם הפילוסוף האלהי המפורסם ברבנים זה כמה שנים יושב על כסא ההוראות למופת ולאות כמה״ר אברהם דבלמש יצ״ו אשר בו כלל כל סנסני וענפי ונופי מלאכת הדקדוק במעט הכמו״(ת) ורב האיכות בסדר ובשלמות......ולכן בשדה צעקה הנערה ואין מושיע לה עד שקם מארי דחקלא הוא השדה אשר קנה אברם בשכלו הדק והרם ולכן קרא שמו מק״נה אבר״ם「『セフェル・ディクドゥーク』、(これは)完全なる神の哲学者、彼は数年の間ラビたちの間で有名であり、自然の印や不思議を教える教授の席に数年座っている偉大なる教師アブラハム・デ・バルメス(岩なる神よ、彼を守り生かしたまえ)が著作したもの、ここには、すべての枝葉末節ばかりか大きな景色の文法の仕事が、少ない量で多くの質と秩序と完全性をもって、その中に包摂されている……それゆえに、若い少女が野原で叫んでいるのに、彼女には救い主がいなかったが、それは、野原に光が上るまでのことであり、その野原はアブラムが高く厳密な理性で買い取ったのである。だから、彼はその名前をミクネー・アブラム(アブラムの財産)と呼んだ」と読める。『ミクネー・アブラム』がスピノザ蔵書の『セフェル・ディクドゥーク』である可能性は、スピノザが『ヘブライ語文法綱要』の中でモーシェ・キムヒとともにアブラハム・デ・バルメスの名前にも言及している事実に照らし

て、モーシェ・キムヒ文法が『セフェル・ディクドゥーク』である確率と比べて遜色はないと考える。

なぜスピノザ蔵書の『セフェル・ディクドゥーク』の特定努力から『ミクネー・アブラム』が今まで漏れてきたのかの理由は、研究者がバイリンガル版とヘブライ語版は両方とも同じタイトルであると、実物のテクスト検証をせずに思い込んでいた所以もあるが、それだけではなく、本の装丁サイズを四つ折り判とするには通常高さ30センチメートル近いものを期待するため、『ミクネー・アブラム』のサイズがそれより小さいことも影響していると想像する。今回の調査で実寸を測ることまではできなかったが、ただハーバード大学ホートン図書館のカタログ上では、バイリンガル版『ミクネー・アブラム』は高さ22センチメートルであり、またイスラエル国立図書館はヘブライ語版を四つ折り判に分類している[9]。

この点について、大英博物館のヘブライ語蔵書カタログでも、『セフェル・ディクドゥーク』すなわちヘブライ語版『ミクネー・アブラム』およびバイリンガル版『ミクネー・アブラム』の両方の名前を記し、ともに四つ折り判(in quarto/4°)として登録している事実は注目に値する[10]。さらに、興味深いことは、バーゼル市は1705年にブクストルフ家蔵書を購入しており、それを元にバーネットは、父ブクストルフが所有していたと思われる蔵書(1613年)リストを再構築したが、そのリストの中に、ヴェネツィアのダニエル・ボムベルク出版の四つ折り判として מקנה אברם（ミクネー・アブラム）1523が登録されている。

中世ヘブライ語写本の専門家シラットの定義によれば、ヘブライ語図書の大多数の中型サイズ、つまり四つ折り判(in quarto/4°)は、高さ25センチメートル以下であるが、他方、小型サイズ、つまり八つ折り判(in octavo/8°)は、高さ18センチメートル／幅12センチメートル以上にはならない(それを超えない)という[11]。その点で、『ミクネー・アブラム』を四つ折り判とするイスラエル国立図書館および大英博物館の判断は支持されるものである。とりわけ、スピノザ『ヘブライ語文法綱要』第5章で、なぜ名詞分類が6種類にされるのか説明する際に、スピノザがヘブライ語版『ミクネー・アブラム』を所有していて、それを参照していたという可能性は、とても魅力的である。というのは、モーシェ・キムヒ文法では名詞は4種類に分けられており、レヴィータ文法では13種類に、ミュンスター文法では3種類に分けられるのに対し、バルメスとスピノザのみが名詞を6種類に分類するからである。つまり、彼の蔵書に『ミクネー・アブラム』があったとしても、それは不思議ではない[12]。

2）“*Munsteri Gramm. Ebr. Eliae Levitae*” 八つ折り判26(フロイデンタール番号107)の候補について

カウフマンは、ミュンスターの文法著作集 מלאכת הדקדוק השלם / *Opus grammaticum consummatum* (Basel, 1542 March)を候補に挙げる[13]。しかし、フロイデンタールは、この書物は発行年によって本のサイズが変化していること、つまり、初版八つ折り判(1541年)から第二版は四つ折り判(1542年)になり、その後に出版されたものは再び八つ

折り判になるという具合に候補としては本のサイズが不安定であることに注目している[14]。それゆえにフロイデンタールは、変わらず八つ折り判で出版されているミュンスターの *Grammatica Hebr. Eliae Levitae* を候補に挙げる[15]。

フロイデンタールの提案は、ヘブライ語の書名と合わせた ספר הדקדוק / *Grammatica Hebraea Eliae Levitae* (Basel, 1537, 1543, 1552)のことであると理解される。同書は、ミュンスターのラテン語訳レヴィータ文法が中心となっているとはいえ、その翻訳は、ヘブライ語テクストとラテン語訳を併記して、ミュンスターがレヴィータ文法のヘブライ語本文を逐語的に訳したバイリンガル初版(ספר הבחור / *Liber electus*, 1525)と比べると、ヘブライ語テクストが割愛された影響なのか、純粋に〈レヴィータ文法の翻訳〉というよりは、ミュンスターによる〈レヴィータ文法解説〉と呼ぶべき内容となっている。とりわけ、ミュンスターによる文法初歩の解説が、レヴィータ文法の前に、第一部として置かれているので、「ミュンスターのレヴィータ文法(Munsteri Gramm. Ebr. Eliae Levitae)」というメモ書きは正鵠を得ている。

一方、カウフマン提案の מלאכת הדקדוק השלם / *Opus grammaticum consummatum* は、フロイデンタール提案の ספר הדקדוק / *Grammatica Hebraea Eliae Levitae* と比較して大きな違いがある。つまり、前者はミュンスターが書き下ろした文法であるから、ミュンスターが文法の著者とみなされるが、後者はレヴィータ文法の翻訳であるから、中心的な著者はレヴィータであり、ミュンスターは解説者という位置づけである。ミュンスターはレヴィータ文法と出会う前に、すでに自分で書き下ろしたヘブライ語文法初級を מלאכת הדקדוק(1524年)と名付けていたので、1542年に書いた文法をミュンスターが מלאכת הדקדוק השלם / *Opus grammaticum consummatum* と名付けたのは、その自分の初級文法の完成版(השלם / complete)という意味を込めたかったのであろう[16]。

ヘブライ語文法の歴史の観点からは、レヴィータ文法の改訂版(דקדוק אליהו הלוי)が出版された1542年はきわめて重要な年である。なぜなら、その序文の中で、レヴィータが若い頃(1517-18年)に出版した文法(ספר הבחור)は、ミュンスターのラテン語訳を介して広くクリスチャン・ヘブライストたちに受け入れられたが、レヴィータは、今や70歳を越え、それまでに多くの知らなかったことを知り、書くべきことを書かず、書くべきでないことを書いたことに多少後悔をしていると述べている。以下に引用する[17]。

> それゆえに、私は、この本を再び印刷して、そこに追加し、そこから割愛することに心から同意した。それによって、この後のバージョンに忠実なる者たちには、前のバージョン以上に、私は良きものを与えたい、〔そうすることで、さまざまな〕「バフリームたち〔レヴィータ文法を使ってヘブライ語を教える人々〕」の後に従って歩くことのないようにした、〔なぜなら、彼らは〕捏造された序文をもって、正しくない証拠や良くない法則を教え、私の後に来る生徒たちが、これらを学び、その結果、天の御名が汚されることになるなど、あってはならない(！)ことなのである。それゆえに、このバージョンにおいては、私は歪曲されたものを修正し、話題を真っ直ぐにし、でたらめなものを適切にし、我が民を、道にある障害物より高く上げて、それによ

って、我が民よ、神〔裁判官〕であれと願い、したがって、私は、以前に書いていた同じ序文と、その〔時の〕ままの詩歌とともに〔この書を〕始めるのである。

これは、ミュンスターがレヴィータの名前で拡散した文法知識に対しての批判の言葉と思われる。

レヴィータ文法の改訂版は、イタリアではなく、ドイツ南部の国境近くの町イスニーで出版されている。それは、その時、レヴィータがドイツ・プロテスタントの聖書学者ファギウス(Paul Fagius)の招きで、共同で聖書の翻訳やマソラーの書籍の校正に協力するためにイスニーに数年滞在したからである。興味深いのは、改訂版ではヘブライ語の時制の中にも三つの過去形があることを解説するのに、ヘブライ語とドイツ語の例文を用いての表現比較が導入されたり、またそれまで用いていた聖書の引用句とは異なる箇所の引用に差し替えたりしている。注意をひくのは、ミュンスターが、1543年に改訂した ספר הדקדוק / *Grammatica Hebraea Eliae Levitae* の序文の中で、ヘブライ語で「罪を犯さない人間はいないのだから」と述べて、この文法を出版しないことの方が、ヘブライ語学習者にとっては不利益となると主張し、この版では、それまで(1543年以前の版)の不明瞭であった箇所を明らかにしようと、削除したり、補足したりしたと述べていることである。しかし、レヴィータ文法自体の記述とミュンスターの注釈の区別を明確化したレイアウト変更を除いては、基本的に、レヴィータが改訂した部分についてミュンスターはその改訂を反映させていないように思われる。1542年のレヴィータ文法の改訂版と1543年のミュンスターの改訂版の関係については今後の詳しい比較調査が必要である。確かに、このような文法書の背景を知ることがスピノザ蔵書の特定を特別に促進するわけではないが、スピノザ『ヘブライ語文法綱要』の歴史的な読解には意味のあることと考える。

3) "*Buxtorfii Thesaurus gramm.*" 八つ折り判12(フロイデンタール番号93)の候補について

セルファースもフロイデンタールもともに、ブクストルフ文法(*Thesaurus grammaticus linguae sanctae Hebraeae*)の初版は1607年とし、1663年版を最終としている。最終版となった第六版は、息子ブクストルフが父の死後、責任編集したもので、特に固有名詞の解説には、大幅に父の解説に手が加えられている。他方、バーネットはブクストルフ文法の初版を1609年で考えている。

注意が必要なのは、ブクストルフ文法には2種類あり、最初の文法は学生用の初級文法(*Praeceptiones grammaticae de lingua Hebraea*)である(1605年発表)。そして1609年に *Thesaurus grammaticus linguae sanctae Hebraeae* を書いた。こちらは、専門的な文法書であり、初級文法とは区別される。その後さらに、初級文法を改訂して *Epitome grammaticae Hebraeae* のタイトルで出版している(1613年)。

1606-07年にブクストルフは、師匠ピスカトールの初級文法 *Rudimenta linguae Hebraicae* の見本を渡されているが、これはブクストルフ作の文法ではない[18]。ブクスト

ルフ文法の初版が 1607 年とされるのは、これと混同しているように思える。スピノザの名詞分類の解説(第 5 章)の観点からは、息子ブクストルフが編集した最終版(1663 年)の名詞の分類が用語の点でとても興味深い。

注

(1)　J. Freudenthal, *Die Lebensgeschichte Spinoza's: In Quellenschriften*, Leipzig, Veit, 1899; Walther, Manfred und Michael Czelinski (Hg.), *Die Lebensgeschichte Spinozas*, mit einer Bibliographie (Specula, Bd. 1), Stuttgart-Bad Cannstatt, Frommann-Holzboog, 2006.

(2)　Walther und Czelinski (Hg.), *ibid.*, pp. 342 ff. に掲載されている。

(3)　セルファースは、"*Sepher dikduck*" の特定についても、また、"*Munsteri Gramm. Ebr. Eliae Levitae*" の特定についても、ミュンスターがラテン語訳したレヴィータ文法(セフェル・ハバフール)のことであると考えている。それは四つ折り判でも八つ折り判でも印刷されているので、セルファースは装丁サイズの区別は同書の特定においてさほど重要な要素とは考えていないようである。しかし、ユダヤ学者ダヴィッド・カウフマンにとっては、それら装丁サイズの異なりは、異なる 2 冊の本であることを意味した。このカウフマンの意見は、セルファース本の巻末に掲載されている。A. J. Servaas van Rooijen, *Inventaire des livres formant la bibliothèque de Bénédict Spinoza*, La Haye, W. C. Tengeler, 1888, pp. 214–215.

(4)　ספר דקדוק Moses Kimchi, 第三版 Ortona 1519 [National Library System Number: 990020585860205171]および初版 Pesaro 1508 [National Library System Number: 990020587820205171]はイスラエル国立図書館(The National Library of Israel)のウェブサイトからオンラインで読むことができる。

(5)　J. Freudenthal, *Die Lebensgeschichte Spinoza's: In Quellenschriften*, Leipzig, Veit, 1899, p. 279.

(6)　ボムベルクから出された文法著作コレクション(נבחר מעושר רב מרפ״א לש״ון...)(1545 年)の中で、レヴィータ注解は、あらためて正しいバージョンでモーシェ・キムヒ文法と一緒に出版されている。これはイスラエル国立図書館のウェブサイトからオンラインで読むことができる [National Library System Number: 990012872340205171]。レヴィータは、注解の最後に、「学びの鈍い者、私、エリヤフ・ハレヴィはいう、私は創造から סד״ר の年(1504 年)の冬はパドヴァの町にて、私の学生たちに求められた通り、これが、私が注解した書である。その時、人々を伝染病が襲い、すべての家と私が住む通りの入口は閉じられ、私も閉じ込められた、その時、私の従者に……」と一連の事件の経緯の解説を始め、この書をある人に書写させるために手渡したのだが、「その者は、この書を持ってペザロに行き、お金をもらい勝手に出版した。その上、私の名前は記載しないで、序文にローマのラビ・ビニヤミンの名前を置いているので、これを読む者は彼の作品と思うだろう云々」と、怒りを込めて、この剽窃の悪事の一部始終を報告している。Salomon Buber, *Leben und Schriften des Elias Bachur, genannt Levita*, Leipzig, 1856, pp. 7–9; Christian D. Ginsburg, *The Massoreth ha-Massoreth of Elias Levita*, London, 1867, pp. 12–14.

(7)　Sebastian Münster, ספר דקדוק חברו ר׳ משה קמחי: עם פירוש הרבי אליהו הלוי אשכנזי / *Grammatica Rabbi Mosche Kimhi*, Basel, Apud A. Cratandrum, 1531.

(8) レヴィータの手紙の日付は1531年である。そしてミュンスターによるラテン語訳『モーシェ・キムヒ文法(レヴィータ注解付き)』も1531年(アダルの月／3月)に出版されている。その手紙の日付の月をイヤルの月(5月頃)と読めば、レヴィータの助言を知らずにミュンスターが出版したようにも見えるが、その箇所のヨッドをダレットと見てアダルの月(3月頃)と読めば、出版前にミュンスターはレヴィータの手紙を読んでいた可能性も浮上する。

(9) ハーバード大学ホートン図書館にバイリンガル版『ミクネー・アブラム』の実寸について問い合わせたところ返信があり(2024年6月13日、11:38 a.m.)、それによると高さ21センチメートル、幅15センチメートルであり、図書館としてはGENに分類しているが、それは多くの場合、四つ折り判とされるものであるということであった。ホートンの司書Shira Ben-David氏のメールに心より感謝したい。

(10) *Catalogue of the Hebrew Books in the Library of the British Museum*, printed by order of the trustees, sold at the British Museum,1867, p. 23.

(11) S. G. Burnett, *From Christian Hebraism to Jewish Studies*, Leiden, Brill, 1996, pp. 272–277.

(12) 手島勲矢「ヘブライ語文法のジェンダー問題——E. レヴィータとS. ミュンスターの時代」『Co＊Design』7号、大阪大学Coデザインセンター、2020年、57–86頁。

(13) Servaas van Rooijen, *op. cit., Inventaire des livres formant la bibliothèque de Bénédict Spinoza*, p. 215. 刊行の時期に関しては注16も参照。

(14) イスラエル国立図書館では、1542年版 *Opus grammaticum consummatum* のテクストがオンラインで閲覧可能になっていて、書物サイズは20センチメートルとされている。1542年より前の版は確認できないが、1542年以後に出版された版は確認可能であり、おおむね16–19センチメートルのサイズである。だから、シラットの定義に従えば、1542年版は四つ折り判と分類されるが、それ以降のものはおおむね八つ折り判と分類できる。今回の調査では、フロイデンタールが言及する1541年版の存在は未確認のままである。

(15) Freudenthal, *op. cit., Die Lebensgeschichte Spinoza's: In Quellenschriften*, p. 282.

(16) ミュンスターの文法著作集が1542年3月に出版されたとカウフマンはいうが、それは四つ折り判 *Opus grammaticum consummatum* のことであることはイスラエル国立図書館のコピーでも確認できる。フロイデンタールにとっては、その四つ折り判は第二版となるわけだが、ユダヤ暦(5302年＝ש״ב)は1541年の9月22日に始まり1542年の9月10日に終わる1年であるので、初版がそのユダヤ暦の1年の中の出来事である可能性はある。いずれにせよ、改訂レヴィータ文法の出版がシヴァンの月(6月頃)であり、ミュンスター文法(מלאכת הדקדוק השלם / *Opus grammaticum consummatum*)(それは初版または第二版である)はそれ以前の1542年3月にすでに発刊されていることから、6月頃(シヴァンの月)に出た改訂レヴィータ文法の序文を読んでミュンスターが慌てたことは容易に想像できる。なぜなら、その改訂版の序文の中で、レヴィータは、事実上、ミュンスターが正しいものと理解していたそれまでのレヴィータ文法を修正してきたばかりか、最初の版に従って教える者たちを非難しているからである。ミュンスターにとって3か月前に発表したばかりの完全ヘブライ語文法(מלאכת הדקדוק השלם)は、まさにレヴィータが酷評する最初の版に依拠している文法そのものとみなされる恐れがあった。その点で、今後の研究が必要なのは、

1543 年に改訂(？)されたミュンスターの ספר הדקדוק / *Grammatica Hebraea Eliae Levitae* の中身である。厳密な比較考証によって何が変わったのかを知ることには重要性があると考える。

(17)　レヴィータ文法の改訂版(1542 年、Isny、*Sefer Bahur* の第二版)の正式な書名は、הלוי האשכנזי אשר שמו ספר בחור הוסד שנית。この書名は第三版(1556 年、Mantua)では、ספר הבחור『セフェル・ハバフール』に戻る。しかし、1542 年版と 1556 年版では、序文や内容については異なり同一ではない。レヴィータの死後、編者が手を入れていると思われる。レヴィータは、この改訂版のバフール文法のために新しい挨拶(אמר אליהו הלוי האשכנזי בן ארבעים שנה...)を書き下ろし、それまでの版の冒頭にあった序文の導入詩歌の前に、その挨拶をおいている。そこには彼の文法書『セフェル・ハバフール』の翻訳や紹介がなされたことに対する(つまりミュンスターによるラテン語版の諸々の内容などの)彼の不満が読み取れる。その挨拶から一部(下から 10 行目以下)を引用する。לכן הסכמתי עם לבבי להדפיס הספר הזה שנית ולהוסיף עליו ולגרוע ממנו ובזה איטיב חסדי האחרון מן הראשון לבלתי לכת אחרי הבחורים ללמדם הקדמות כוזבות וראיות בלתי צודקות וחקים לא טובים וילמדום התלמידים הבאים אחרי ונמצא שם שמים מתחללים הס ושלום ולכן בהעתקה הזאת אתקן המעוות והדורים אישר והמקלקלים אכשר וארים מכשול מדרך עמי ובזה יהיה אלהים עמי ובכן אתחיל אותה ההקדמה כאשר היא והשירה אשר חברתי בעת ההיא.

(18)　Burnett, *op. cit.*, *From Christian Hebraism to Jewish Studies*, p. 13, 23, 113.

文献一覧

『ヘブライ語文法綱要』のテクストソース

B.d.S. Opera posthuma, quorum series post praefationem exhibetur, [Amsterdam], [Rieuwertsz], 1677, pp. (647)-(768)*. (『遺稿集』ラテン語版[OP])

*OP に収録された『ヘブライ語文法綱要』には全体を通してのページ番号が振られておらず、かわりに、『ヘブライ語文法綱要』の本文だけであらためて 1 から開始する内部ページ番号(1-112)が振られている(「覚え書き」と索引には振られていない)。ここで(647)-(768)とした数値は『往復書簡集』末尾の 614 頁を最後に印字されていない頁数がそのまま続いているとみなして数えた仮の値であり、「覚え書き」と索引を含めている。

『ヘブライ語文法綱要』の校訂版(年代順に)

Benedicti de Spinoza Opera quae supersunt omnia, ed. Karl Hermann Bruder, vol. 3, Leipzig, 1846, pp. 273-402. (ブルーダー版全集[Br])

Benedicti de Spinoza Opera quotquot reperta sunt, ed. J. van Vloten & J. P. N. Land, vol. 2, La Haye, Nijhoff, 1883, pp. 525-629. (フローテン&ラント版全集[VL])

Spinoza Opera, im Auftrag der Heidelberger Akademie der Wissenschaften herausgegeben von Carl Gebhardt, Bd. 1, Heidelberg, Carl Winter, 1925/1972, pp. 283(286?)-403 [本文と索引], pp. 623-631 [解説と校訂表]. (ゲプハルト版全集[Gb])

『ヘブライ語文法綱要』の翻訳(年代順に)

Baruch Spinoza, *Diqduq sfat ʻeber* (דקדוק שפת עבר), translated by Solomon Rubin, Kraków, Podgórze, 1905. (ルビンによるヘブライ語訳。VL に依拠)

Baruch Spinoza, *Hebrew Grammar [Compendium Grammatices Linguae Hebraeae]*, edited and translated, with an introduction by Maurice J. Bloom, New York, Philosophical Library, 1962. (ブルームによる英語訳・解説。底本不明)

Spinoza, *Abrégé de grammaire hébraïque*, introduction, traduction française et notes Joël Askénazi et Jocelyne Askénazi-Gerson, Paris, J. Vrin, 2019 [1968, 1987, 2006]. (ジョエル・アシュケナジー&ジョスリン・アシュケナジー=ゲルソンによるフランス語訳・解説。VL に依拠。1968 年の初版にはアルキエによる序文が付されている)

Spinoza, *Complete Works*, translations by Samuel Shirley, edited, with introduction and notes, by Michael L. Morgan, Indianapolis, Hackett, 2002. (シャーリーによる英語訳全集と銘打たれているが、『ヘブライ語文法綱要』の英語訳はブルームによるものを編集・再録していることが編集ノート p. xxi に記されている)

Baruj Spinoza, *Compendio de gramática de la lengua hebrea*, introducción, traducción y

notas de Guadalupe González Diéguez, Madrid, Editorial Trotta, 2005.（ディエゲスによるスペイン語訳・解説。Gb に依拠）

Baruch Spinoza, *Tutte le opere*, a cura di Andrea Sangiacomo, *Compendio di grammatica della lingua ebraica*, traduzioni di Mariaelena Buslacchi, Milano, Bompiani, 2010/2011.（サンジャコモ版羅伊対訳全集に収録のブスラッキによるイタリア語訳。Gb に依拠。原文レイアウトに忠実な対訳で、ヘブライ語部分はラテン文字に転写してある）

Baruch Spinoza, *Compendio di Grammatica della Lingua Ebraica*, a cura e con introduzione di Pina Totaro, traduzione italiana e note di Massimo Gargiulo, Firenze, Olschki, 2013.（ガルジューロによるイタリア語訳および解説、トタロ監修および解説。Gb に依拠）

Benedikt Spinoza, *Kompendium gramatiky hebrejského jazyka*, Pavel Vrtílka (trad.), Praha, Academia, 2015.（ヴルティールカによるチェコ語訳および解説。Gb に依拠）

Spinoza, *Œuvres complètes*, édition publiée sous la direction de Bernard Pautrat, *Précis de grammaire de la langue hébraïque*, texte traduit, présenté et annoté par Peter Nahon, [Paris?], Gallimard, 2022.（ポートラ版全集に収録のナオンによるフランス語訳・解説。OP に依拠）

スピノザが言及した、またはその所有が推定されるヘブライ語文法書（年代順に）

Balmes, Ablaham ben Meir de, [מקנה אברם] *Miqneh avram: Pecvlivm Abrae. Grammatica Hebraea vna cvm Latino* [...], Venice, Daniel Bomberg, 1523.（蔵書目録記載なし。第 3 章に著者名言及あり、また第 7 章の引用の出典である可能性が指摘されている）

Qimḥi, David, [סֵפֶר מִכְלֹל הַדִּקְדּוּק] *Sefer mikhlol ha-diqduq: Liber Michlol grammatices lingvae sanctae*, Agazio Guidacerio [ed. et trad.], Paris, Collegium Italorum, 1540.（蔵書目録記載なし。第 14 章訳注 6 を参照）

Levita, Elias, [סֵפֶר הַדִּקְדּוּק] *Sefer hadiqduq: Grammatica Hebraica absolutissima*, Sebastian Münster [trad.], Basel, Froben, 1552 [1525] (in-8°).（蔵書目録八つ折り判 26、フロイデンタール番号 107）

Buxtorf, Johannes, *Thesaurus Grammaticus Linguae Sanctae Hebraeae*, Basel, (Impensis Ludorici Regis), 1620.（蔵書目録八つ折り判 12、フロイデンタール番号 93。第 2 章に著者名言及あり）

追記　上記のリストは本文中の言及（第 2・3・7・18 章）とフロイデンタールの蔵書目録をもとに先行研究を参考にしつつ作成した最小限かつ不完全なものである。蔵書目録の四つ折り判 33、フロイデンタール番号 59 で“Sepher dikduck”と記載されている文献の特定は課題であり、第 18 章で言及されたモーゼス・キムヒの文法書と考えられるが、上記リストでは割愛した。蔵書目録の記載は不明瞭であり、版の特定など書誌情報の確度の向上において今後の研究が待たれる。附論 2 も参照。

『ヘブライ語文法綱要』の研究文献（年代順に）

Bernays, Jacob, "Über Spinoza's Hebräische Grammatik", in Carl Schaarschmidt, *Des Cartes und Spinoza*, Bonn, Adolph Marcus, 1850, pp. 195–204.

Chajes, Adolph, *Über die Hebräische Grammatik Spinoza's*, Breslau, F. W. Jungfer, 1869.

Hillesum, Jeremias Meyer, "De spinozistische spraakkunst", *Chronicon Spinozanum*, 1, 1921, pp. 158–177.

Porges, Nathan, "Spinozas Compendium der Hebräischen Grammatik", *Chronicon Spinozanum*, 4, 1924–26, pp. 123–159.

Alquié, Ferdinand, "Préface", *Spinoza: Abrégé de grammaire hébraïque*, Paris, J. Vrin, 1968, pp. 7–10.（フェルディナン・アルキエ「スピノザ『ヘブライ語文法要諦』フランス語版への序文」、合田正人訳・解題、『現代思想』2021 年 1 月号、青土社、211–215 頁）

Segre, Augusto, "La *Grammatica ebraica* di Spinoza", *La Rassegna mensile di Israel*, 44-2, 1978, pp. 161–171.

Kaye, Alan S., "Spinoza as Linguist", *Hebrew Annual Review*, The Ohio State University, 4, 1980, pp. 107–125.

Gruntfest, Jacob, "Spinoza as a Linguist", *Israel Oriental Studies*, Tel Aviv University, 9, 1979, pp. 103–128.

Klijnsmit, Anthony J., "Spinoza over taal", *Studia Rosenthaliana*, 19-1, 1985, pp. 1–38.

Klijnsmit, Anthony J., *Spinoza and Grammatical Tradition*, Leiden, Brill, 1986.

Klijnsmit, Anthony J., "The Problem of Normativity Solved or Spinoza's Stand in the Analogy-Anomaly Controversy", *Studia Spinozana*, 4, 1988, pp. 305–314.

Klijnsmit, Anthony J., "Amsterdam Sephardim and Hebrew Grammar in the Seventeenth Century", *Studia Rosenthaliana*, 22-2, 1988, pp. 144–164.

Proietti, Omero, "Il *Satyricon* di Petronio e la datazione della *Grammatica ebraica* spinoziana", *Studia Spinozana*, 5, 1989, pp. 253–272.

Klijnsmit, Anthony J., "Spinoza and the Grammarians of the Bible", in *The History of Linguistics in the Low Countries*, eds. Jan Noordegraaf et al., Amsterdam / Philadelphia, John Benjamins, 1992, pp. 155–200.

手島勲矢「スピノザと中世のヘブライ文法論争――『ヘブライ語文法綱要』の本文校訂のために」、『オリエント』41 号、日本オリエント学会、1998 年、110–124 頁

Rodrigues, Manuel Augusto, "Algumas notas sobre o *Compendium Grammatices Hebraeae* de Baruch Spinoza", *Helmantica*, XLIX-148-149, 1998, pp. 111–129.

Cassuto, Philippe, *Spinoza hébraïsant: l'hébreu dans le* Tractatus theologico-politicus *et le* Compendium grammatices linguae hebraeae, Paris-Louvain, Peeters, 1999.

Cassuto, Philippe, "Chapitre XII: « Le Compendium grammatices linguae hebraeae »", *Lectures de Spinoza*, sous la direction de Pierre-François Moreau et Charles Ra-

mond, Paris, ellipses, 2006, pp. 185–202.

Licata, Giovanni, "Spinoza e la *cognitio universalis* dell'ebraico. Demistificazione e speculazione grammaticale nel *Compendio di grammatica ebraica*", *Giornale di Metafisica*, 31, 2009, pp. 625–662.（ジョヴァンニ・リカータ著、秋田慧訳「スピノザとヘブライ語の〈普遍的な知識〉――『ヘブライ語文法綱要』における脱神秘化および文法的思惟」『スピノザーナ』16号、スピノザ協会、2018年、125–171頁）

Proietti, Omero, "Emendazioni alla grammatica ebraica spinoziana", *Rivista di storia della filosofia*, 65-1, 2010, pp. 25–56.

Proietti, Omero, "Compendium XXIII, 82–86. Emendazioni alla grammatica spinoziana", *Quaderni di storia*, 71, 2010, pp. 159–171.

Hültenschmidt, Erika, "Le *Compendium grammatices linguae hebraeae* de Spinoza: une grammaire philosophique de l'hébreu", Christoph König et Denis Thouard dir., *La philologie au présent. Pour Jean Bollack*, Villeneuve d'Ascq, Presses universitaires du Septentrion, 2010, pp. 93–107.

Wulf, Jan-Hendrik, *Spinoza in der jüdischen Aufklärung: Baruch Spinoza als diskursive Grenzfigur des Jüdischen und Nichtjüdischen in den Texten der Haskala von Moses Mendelssohn bis Salomon Rubin und in frühen zionistischen Zeugnissen*, Berlin, Akademie Verlag, 2012.

Proietti, Omero, "Johannes Buxtorf, Spinoza e la sintassi dell'ebraico", *Annali della Facoltà di Lettere e Filosofia, dell'Università di Macerata*, 2013, pp. 33–55.

Mock, Keren, *Hébreu, du sacré au maternel*, Paris, Centre national de la recherche scientifique Éditions, 2016.

Nadler, Steven, "Aliquid remanet: What Are We to Do with Spinoza's Compendium of Hebrew Grammar?", *Journal of the History of Philosophy*, 56-1, 2018, pp. 155–167.

Baumgarten, Jean, Irène Rosier-Catach et Pina Totaro (dir.), *Spinoza, philosophe grammairien*, Paris, Centre national de la recherche scientifique Éditions, 2019. [Avec des contributions de : Jean Baumgarten; Saverio Campanini; Massimo Gargiulo; Judith Kogel; David Lemler; Giovanni Licata; Keren Mock; Martine Pécharman; Maxime Rovere; Pina Totaro et Irene E. Zwiep.]（2016年の『ヘブライ語文法綱要』コロキウムをもとにした重要な論集）

Stracenski, Inja, "Spinoza's Compendium of the Grammar of the Hebrew Language", *Parrhesia*, 32, 2020, pp. 122–144.

ヘブライ語文法史に関連する文献（ローマ字および五十音順に）

Aanen, Johan, "The Kabbalistic Sources of Spinoza", *Journal of Jewish Thought & Philosophy*, 24, 2016, pp. 279–299.

Austin, Kenneth, *From Judaism to Calvinism: The Life and Writings of Immanuel Tremellius (c. 1510–1580)*, London and New York, Routledge Taylor and Francis

Group, 2007.

Bacher, Wilhelm (ed.), *Sepher Sikkaron: Grammatik der Hebräischen Sprache von R. Joseph Kimchi*, Berlin, 1888.

Bacon, Roger, *The Greek Grammar of Roger Bacon and a Fragment of His Hebrew Grammar*, edited from the Mss. with introduction and notes by the Rev. Edmond Nolan and S. A. Hirsch, Cambridge, UK., Cambridge University Press, 1902.

Beaver, Adam G., "What Do Christian Hebraists Have to Do with the Cultural History of Judaism?", *The Jewish Quarterly Review*, 104-2, 2014, pp. 263–274.

Bedouelle, Guy, "Attacks on the Biblical Humanism of Jacques Lefèvre D'etaples", in *A Companion to Biblical Humanism and Scholasticism in the Age of Erasmus*, ed. Erika Rummel, Leiden, Brill, 2008, pp. 115–141.

Bendavid, Abba, *Leshon Mikra u-leshon hakhamim / Biblical Hebrew and Mishnaic History* [Hebrew Language Edition], Tel Aviv, Hotsaat Dvir, 1967.

Buber, Salomon, *Leben und Schriften des Elias Bachur, genannt Levita*, Leipzig, 1856.

Burnett, Stephen G., *From Christian Hebraism to Jewish Studies: Johannes Buxtorf (1564–1629) and Hebrew Learning in the Seventeenth Century*, Leiden, Brill, 1996.

Burnett, Stephen G., "Reassessing the 'Basel-Wittenberg Conflict': Dimensions of the Reformation-Era Discussion of Hebrew Scholarship", in *Hebraica Veritas?: Christian Hebraists and the Study of Judaism in Early Modern Europe*, eds. Allison P. Coudert and Jeffrey S. Shoulson, Philadelphia, University of Pennsylvania Press, 2004, pp. 181–201.

Burnett, Stephen G., "Philosemitism and Christian Hebraism in the Reformation Era (1500–1620)", in *Faculty Publications, Classics and Religious Studies Department 113*, Lincoln, University of Nebraska, 2009, pp. 135–146.

Burnett, Stephen G., *Christian Hebraism in the Reformation Era (1500–1660): Authors, Books, and the Transmission of Jewish Learning*, Leiden and Boston, Brill, 2012.

Buxtorf I, Johannis, *Thesaurus Grammaticus linguae sanctae Hebraeae*, Basel, 1629.

Catalogue of the Hebrew Books in the Library of the British Museum, printed by order of the trustees, sold at the British Museum, 1867.

Chevalier, Antoine, *Rudimenta Hebraicae Linguae, accurata methodo et brevitate conscripta*, Genève, 1560.

Chomsky, William, "How the Study of Hebrew Grammar Began and Developed", *The Jewish Quarterly Review*, 35-3, 1945, pp. 281–301.

Donatus, Aelius, *De Octo Partibus Orationis*, Prima Editio, Paris, 1536.

Dotan, Aron, *The Dawn of Hebrew Linguistics, The Book of Elegance of the Language of the Hebrews by Saadia Gaon, Introduction and Critical Edition, Volume II: Text and Translation*, Jerusalem, World Union of Jewish Studies, 1997.

Eyffinger, Arthur, "Authority vs. Authenticity the Leiden Debate on Bible and Hebrew (1575–1650)", in *Hebraic Aspects of the Renaissance: Sources and Encounters*, eds. Ilana Zinguer, Abraham Melamed, and Zur Shalev, Leiden and Boston, Brill, 2011, pp. 116–135.

Farge, James K., "Noël Beda and the Defense of the Tradition", in *A Companion to Biblical Humanism and Scholasticism in the Age of Erasmus*, pp. 143–164.

Fischer, J. B., "The Origin of Tripartite Division of Speech in Semitic Grammar: I", *The Jewish Quarterly Review*, 53-1, University of Pennsylvania Press, 1962, pp. 1–21.

Freudenthal, J., *Die Lebensgeschichte Spinoza's: In Quellenschriften*, Leipzig, Veit, 1899.

Gielis, Marcel, "Leuven Theologians as Opponents of Erasmus and of Humanistic Theology" (trans. by Paul Arblaster), in *A Companion to Biblical Humanism and Scholasticism in the Age of Erasmus*, pp. 197–214.

Ginsburg, Christian D., *Jacob Ben Chajim Ibn Adonijah's Introduction to The Rabbinic Bible, Hebrew and English; with Explanatory Notes*, London, Longmans, Green, Reader, & Dyer, 1867.

Ginsburg, Christian D., *Massoreth Ha-Massoreth of Elias Levita, Being an Exposition of the Massoretic Notes on the Hebrew Bible*, London, Longmans, Green, Reader & Dyer, 1867.

Ginsburg, Christian D., *Introduction to the Massoretico-Critical Edition of the Hebrew Bible*, New York, KTAV Publishing House, 1896.

Guidacerio, Agazio, *Grammatica Hebraica*, Paris, 1537.

Guidacerio, Agazio, *Grammaticae in Sanctam Christi linguam institutiones*, Paris, 1539.

Guidacerio, Agazio, *Liber michlol grammatices linguae sanctae R. Dauid Kimhi*, Paris, 1540.

Goshen-Gottstein, Moshe, "Foundations of Biblical Philology in the Seventeenth Century Christian and Jewish Dimensions", in *Jewish Thought in the Seventeenth Century*, eds. Isadore Twersky and Bernard Septimus, Cambridge, MA, and London, Harvard University Press, 1987, pp. 77–94.

Grendler, Paul F., "Italian Biblical Humanism and the Papacy 1515–1535", in *A Companion to Biblical Humanism and Scholasticism in the Age of Erasmus*, pp. 227–276.

Hertzberg, Arthur, "The New England Puritans and the Jews", in *Hebrew and the Bible in America: The First Two Centuries*, ed. Shalom Goldman, Hanover and London, University Press of New England, 1993, pp. 105–121.

Hirschfeld, Hartwig, *Literary History of Hebrew Grammarians and Lexicographers, Accompanied by Unpublished Texts*, London, Oxford University Press, 1926.

Kamesar, Adam, "Philo, *Grammatikē* and the Narrative Aggada", in *Pursuing the Text: Studies in Honor of Ben Zion Wacholder on the Occasion of his Seventieth Birthday*, eds. John C. Reeves and John Kampen, Sheffield, Sheffield Academic

Press, 1994, pp. 216–242.

Kautzsch, E. and Cowley, A. E. (eds.), *Gesenius' Hebrew Grammar*, Oxford, Clarendon Press, 1909.

Kimchi, Moses, *Ὁδοιπορία ad scientiam*, cum expositione Doctoris Eliae. Item Introductio D. Benjamin F. D. Judae, Leiden, 1631.

Klijnsmit, Anthony J., "Some Seventeenth-Century Grammatical Descriptions of Hebrew", *Histoire Épistémologie Langage*, 12-1, 1990, pp. 77–101.

Lambert, Frédéric, "Syntax before Syntax: Uses of the Term σύνταξις in Greek Grammarians before Apollonius Dyscolus", in *Ancient Scholarship and Grammar*, eds. Stephanos Matthaios, Franco Montanari, and Antonios Rengakos, Berlin, De Gruyter, 2011, pp. 347–360.

Levita, Elias, [סֵפֶר הַדִּקְדּוּק] *Sefer hadiqduq: Grammatica Hebraica absolutissima*, Sebastian Münster [trad.], Basel, Froben, 1552 [1525] (in-8°). (蔵書目録八つ折り判 26、フロイデンタール番号 107)

Levy, Ze'ev, *Baruch or Benedict: On Some Jewish Aspects of Spinoza's Philosophy*, New York, Peter Lang, 1989.

Lorian, Alexander, "Pierre Ramus et Pierre Martin", in *Grammaire et histoire de la grammaire. Hommage à la mémoire de Jean Stefanini*, recueil d'études rassemblées par Claire Blanche-Benveniste, André Chervel et Maurice Gross, Aix-en-Provence, Publication de l'Université de Provence, 1988, pp. 282–289.

Luzzatto, Samuel David, *Prolegomena to a Grammar of the Hebrew Language*, trans. Aaron D. Rubin, Piscataway, Gorgias Press, 2005.

Margoliouth, D. S., "The Discussion between Abu Bishr Matta and Abu Sa'id al-Sirafi on the Merits of Logic and Grammar", *The Journal of the Royal Asiatic Society of Great Britain and Ireland*, 37-1, 1905, pp. 79–129.

Martinus, Petrus, *Grammaticae Hebraeae libri duo*, Leiden, 1567 (1585).

Münster, Sebastian, *Grammatica Rabbi Mosche Kimhi*, Basel, Apud A. Cratandrum, 1531.

Münster, Sebastian, *Grammatica Hebraea Eliae Levitae Germani, per Sebastianum Munsterum versa & scholijs illustrata, cum indice copiosissimo*, Basel, 1543.

Nadler, Steven, "Scripture and Truth: A Problem in Spinoza's *Tractatus Theologico-Politicus*", *Journal of the History of Ideas*, 74-4, University of Pennsylvania Press, 2013, pp. 623–642.

Nadler, Steven, *Menasseh ben Israel: Rabbi of Amsterdam*, New Haven and London, Yale University Press, 2018.

Olszowy-Schlanger, Judith, "The Knowledge and Practice of Hebrew Grammar among Christian Scholars in Pre-expulsion England: The Evidence of 'Bilingual' Hebrew-Latin manuscripts", in *Hebrew Scholarship and the Medieval World*, ed. Nicho-

las De Lange, Cambridge, UK., Cambridge University Press, 2001, pp. 107–128.

Ong, Walter J., *Ramus, Method, and the Decay of Dialogue: From the Art of Discourse to the Art of Reason*, Chicago, The University of Chicago Press, 2004.

Orfali, Moisés, "On the Role of Hebrew Grammars in the Western European Diaspora and the New World", in *Religious Changes and Cultural Transformations in the Early Modern Western Sephardic Communities*, ed. Yosef Kaplan, Leiden and Boston, Brill, 2019, pp. 431–451.

Ramus, Petrus, *Grammaire* 1572: Édition commentée par Colette Demaizière, Paris, Honoré Champion, 2001.

Ramus, Petrus, *Rudimenta Grammaticae Latinae*, Paris, 1560.

Reuchlin, Johannes, *De Rudimentis Hebraicis*, Pforzheim, 1506.

Rooden, P. T. van, *Theology, Biblical Scholarship and Rabbinical Studies in the Seventeenth Century: Constantijn l'Empéreur (1591–1648), Professor of Hebrew and Theology at Leiden*, Leiden, Brill, 1989.

Roth, Leon, *Spinoza*, London, George Allen & Unwin Ltd., 1929.

Rummel, Erika (ed.), *A Companion to Biblical Humanism and Scholasticism in the Age of Erasmus*, Leiden and Boston, Brill, 2008.

Schorsch, Jonathan, "Kabbalah and Cosmopolitanism in Early Modern Amsterdam", in *Sephardim and Ashkenazim*, ed. Sina Rauschenbach, Berlin and Brandenburg, De Gruyter Oldenbourg, 2021, pp. 155–181.

Schultink, H., "The Historiography of Dutch Linguistics: A Diachronic Introduction", *Historiographia Linguistica*, 15-1/2, 1988, pp. 1–15.

Soloweitschik, M. und R. Rubascheff, *Geschichte der Bibelkritik*, erster Teil der Serie »Die Biblische Wissenschaft«, Berlin, Sefer Press, 1983.

Spanier, Ktziah, "Christian Hebraism and the Jewish Christian Polemic", in *Hebrew and the Bible in America: The First Two Centuries*, pp. 3–13.

Téné, David, "Abraham de Balmes and His Grammar of Biblical Hebrew", in *History of Linguistics 1996 vol. I: Traditions in Linguistics Worldwide*, eds. David Cram, Andrew Linn, and Elke Nowak, Amsterdam and Philadelphia, John Benjamins, 1996.

Teshima, Isaiah, "Rashi and Ibn Ezra on the *Hitpael*: *Peshat* in the Medieval Disputes of Hebrew Grammar", in *The Idea of Biblical Interpretation: Essays in Honor of James L. Kugel*, eds. Hindy Najman and Judith H. Newman, Leiden and Boston, Brill, 2004, pp. 473–484.

Varro, M. Terentius, *M. Trenti Varronis de Lingua Latina*, Volume I, Books V–VII (Loeb Classical Library 333), Cambridge MA., Harvard University Press, 1951.

Varro, M. Terentius, *De Lingua Latina*: Introduction, Text, Translation, and Commentary, 2 vols., ed. Wolfgang D. C. De Melo, Oxford, Oxford University Press, 2019.

Verbeek, Theo, "Notes on Ramism in the Netherlands", in *The Influence of Petrus Ra-*

mus: Studies in Sixteenth and Seventeenth Century Philosophy and Sciences, eds. Mordechai Feingold, Joseph S. Freedman, and Wolfgang Rother, Basel, AG Schwabe, 2001, pp. 38–53.

Walther, Manfred und Michael Czelinski (Hg.), *Die Lebensgeschichte Spinozas*, mit einer Bibliographie (Specula, Bd. 1), Stuttgart-Bad Cannstatt, Frommann-Holzboog, 2006.

Waltke, Bruce K. and M. P. O'Connor, *An Introduction to Biblical Hebrew Syntax*, Winona Lake, USA, Eisenbrauns, 1990.

Wilensky, Michael, *Sefer ha-riḳmah, Mahadurah 2, ha-Akademyah la-lashon ha-'Ivrit*, Jerusarem, 1964.

アリストテレス『命題論』『新版 アリストテレス全集』第1巻、早瀬篤訳、岩波書店、2013年

泉井久之助「言語研究の歴史」『岩波講座 日本語 1 日本語と国語学』岩波書店、1976年、275–349頁

伊藤玄吾「ヘブライ語とルネサンス詩学――Tehillim と Psalmoi のあいだ」『京都ユダヤ思想』14号、京都ユダヤ思想学会、2023年、189–219頁

ヴァルトブルク、ヴァルター・フォン『フランス語の進化と構造』田島宏・高塚洋太郎・小方厚彦・矢島猷三訳、白水社、1976年

小方厚彦『16世紀フランスにおけるフランス語とフランス語観――Ramus の研究』関西大学出版・広報部、1972年

オング、W. J.『声の文化と文字の文化』桜井直文・林正寛・糟谷啓介訳、藤原書店、1991年

久保田静香「ペトルス・ラムスの国語意識――『古代ガリア人の慣習』(1559) とフランス語顕揚」『日本フランス語フランス文学会関東支部論集』23巻、日本フランス語フランス文学会関東支部、2014年、15–28頁

久保田静香「ペトルス・ラムスの「方法」と文法改革――16–17世紀に普及したヘブライ語文法書との関連において」『京都ユダヤ思想』14号、京都ユダヤ思想学会、2023年、166–188頁

合田正人「思考のリズム法――アンリ・メショニックのスピノザ解釈をめぐって」『京都ユダヤ思想』11号(2)、京都ユダヤ思想学会、2020年、64–78頁

竹下政孝「論理学は普遍的か――アッバース朝期における論理学者と文法学者の論争」『イスラーム哲学とキリスト教中世 II』竹下政孝・山内志朗編、岩波書店、2012年、117–153頁

手島勲矢「ユダヤ思想と二種類の名前――イブン・エズラの『名詞論』から」『宗教哲学研究』28号、宗教哲学会、昭和堂、2011年、1–15頁

手島勲矢「ヘブライ語文法のジェンダー問題――E. レヴィータと S. ミュンスターの時代」『Co＊Design』7号、大阪大学 Co デザインセンター、2020年、57–86頁

手島勲矢「マソラ再評価をめぐる16–17世紀の新展開――「ラビ聖書」以前と以後」『京

都ユダヤ思想』12 号、京都ユダヤ思想学会、2021 年、132-160 頁

手島勲矢「固有名詞(שם העצם)を取り巻くヘブライ語文法の断層——17 世紀アムステルダムのユダヤ社会における三つの文法教科書」『キリスト教学研究室紀要』10 号、京都大学文学部、2022 年、19-44 頁

手島勲矢「ヘブライ語文法とユダヤ神秘主義——マソラーから考える両者の関係」『京都ユダヤ思想』14 号、京都ユダヤ思想学会、2023 年、72-144 頁

手島勲矢「スピノザ『ヘブライ語文法綱要』の歴史的読解のために」『キリスト教学研究室紀要』12 号、京都大学文学部、2024 年、23-55 頁

根占献一「フィチーノ、ジョヴァンニ・ピーコと仲間たち——ロレンツォ・イル・マニフィコ時代のヘブライ思想」『京都ユダヤ思想』14 号、京都ユダヤ思想学会、2023 年、145-165 頁

松山壽一「スピノザとシェリング——受容から離反へ」『スピノザーナ』8 号、スピノザ協会、2007 年、3-19 頁

山下正男「中世における論理学と文法学」『中世思想研究』16 号、中世哲学会、1974 年、64-79 頁

ランスロー、C.／A. アルノー『ポール・ロワイヤル文法〈一般・理性文法〉』ポール・リッチ編序、南舘英孝訳、大修館書店、1972 年

リュカス／コレルス『スピノザの生涯と精神』渡辺義雄翻訳・解題、学樹書院、1996 年

レイノルズ、L. D.／N. G. ウィルソン『古典の継承者たち——ギリシア・ラテン語テクストの伝承にみる文化史』西村賀子・吉武純夫訳、国文社、1996 年

ヘブライ語一般に関する参考文献

Andersen, Francis I. and A. Dean Forbes, *Biblical Hebrew Grammar Visualized*, Winona Lake, USA, Eisenbrauns, 2012.

Clines, David J. A. (ed.), *The Dictionary of Classical Hebrew*, vol. I, Sheffield, Sheffield Academic Press, 1993.

Holmstedt, Robert D. (ed.), *Linguistic Studies on Biblical Hebrew*, Leiden and Boston, Brill, 2021.

Joüon, Paul and Takamitsu Muraoka, *A Grammar of Biblical Hebrew*, Roma, Gregorian & Biblical Press, 2016 [1991, 2006].

Licata, Giovanni, "Abraham de Balmes. Grammatico ebreo, filosofo, traduttore di Averroè", in *Coexistence and Cooperation in the Middle Ages*, a cura di Alessandro Musco e Giuliana Musotto, Palermo, Officina di Studi Medievali, 2014, pp. 785-801.

Miller-Naudé, Cynthia L., and Jacobus A. Naudé, "A Re-Examination of Grammatical Categorization in Biblical Hebrew", in *From Ancient Manuscripts to Modern Dictionaries*, eds. Tarsee Li and Keith Dyer, New Jersey, Gorgias Press, 2017, pp. 273-308.

Suchard, Benjamin D., *The Development of the Biblical Hebrew Vowels*, Leiden and

Boston, Brill, 2019.

亀井孝・河野六郎・千野栄一編著『言語学大辞典 第三巻 世界言語編(下-1)ぬ—ほ』、三省堂、1992 年、918-940 頁

手島勲矢「ユダヤ思想と二種類の名前——イブン・エズラの『名詞論』から」『宗教哲学研究』28 号、宗教哲学会、2011 年、1-15 頁

その他、解説や訳注で言及された一次文献・研究文献

Bordoli, Roberto, *Etica arte scienza tra Descartes e Spinoza: Lodewijk Meyer (1629-1681) e l'associazione* Nil Volentibus Arduum, Milano, FrancoAngeli, 2001.

Chamla, Mino, *Spinoza e il concetto della tradizione ebraica*, Milano, FrancoAngeli, 1996.

Deleuze, Gilles, *Spinoza et le problème de l'éxpression*, Paris, Les Éditions de Minuit, 1968.（ジル・ドゥルーズ『スピノザと表現の問題 新装版』工藤喜作・小柴康子・小谷晴勇訳、法政大学出版局、2014 年）

Freudenthal, J., *Spinoza: Sein Leben und seine Lehre*, Stuttgart, Fr. Frommann, 1904.

Rooijen, A. J. Servaas van, *Inventaire des livres formant la bibliothèque de Bénédict Spinoza*, La Haye, Martinus Nijhoff, 1889.

Spinoza, *Éthique*, édition et traduction de Maxime Rovere, noted de Filip Buyse, Russ Leo, Giovanni Licata, Frank Mertens, Maxime Rovere et Stephen Zylstra, Paris, Flammarion, 2021.

Suchtelen, Guido van, "Nil Volentibus Arduum: Les amis de Spinoza au travail", *Studia Spinozana*, 3, 1987, pp. 391-404.

Téné, David, Aharon Maman, and James Barr, "Linguistic Literature, Hebrew", in *Encyclopaedia Judaica Second Edition*, vol. 13, eds. Fred Skolnik and Michael Berenbaum, Keter Publishing House, 2007, pp. 29-61.

アルノー、アントワーヌ／ピエール・ニコル『ポール・ロワイヤル論理学』山田弘明・小沢明也訳、法政大学出版局、2021 年

桜井直文「スピノザの友人たちの思想——ロドウェイク・メイエルと『聖書の解釈者としての哲学』」『明治大学人文科学研究所紀要』第 61 冊、明治大学人文科学研究所、2007 年、101-124 頁

手島勲矢『ユダヤの聖書解釈——スピノザと歴史批判の転回』岩波書店、2009 年

ドゥルーズ、ジル『スピノザ——実践の哲学』鈴木雅大訳、平凡社ライブラリー、平凡社、2002 年

[訳者・附論執筆者]

鈴木 泉(編者紹介参照)

上野 修(編者紹介参照)

秋田 慧(あきた けい)　1987年生．京都大学文学研究科修了(林晋研究室)．(翻訳)ジョヴァンニ・リカータ「スピノザとヘブライ語の〈普遍的な知識〉――『ヘブライ語文法綱要』における脱神秘化および文法的思惟」(『スピノザーナ』16号，スピノザ協会，2018年)ほか．

手島勲矢(てしま いざや)　1958年生．ハーバード大学大学院近東言語文明学部修了，Ph.D.『ユダヤの聖書解釈――スピノザと歴史批判の転回』(岩波書店，2009年)ほか．

知性改善論

翻訳・解説　鈴木 泉

政治論

翻訳・解説　上野 修

ヘブライ語文法綱要

翻訳・解説　秋田 慧

附論1・2　手島勲矢

［編者］

上野 修

1951年生．大阪大学名誉教授．『スピノザ考――人間ならざる思考へ』(青土社，2024年)，『スピノザ『神学政治論』を読む』(ちくま学芸文庫，2014年)，『精神の眼は論証そのもの――デカルト，ホッブズ，スピノザ』(学樹書院，1999年［＝『デカルト，ホッブズ，スピノザ――哲学する十七世紀』講談社学術文庫，2011年］)ほか．

鈴木 泉

1963年生．東京大学大学院人文社会系研究科教授．『西洋哲学史』全4冊(共編，講談社選書メチエ，2011-12年)，『ドゥルーズ／ガタリの現在』(共編，平凡社，2008年)ほか．

スピノザ全集Ⅳ　第4回配本　　（全6巻＋別巻1）

2024年9月26日　第1刷発行

編　者　上《うえ》野《の》修《おさむ》　鈴《すず》木《き》泉《いずみ》

発行者　坂本政謙

発行所　株式会社 岩波書店
〒101-8002 東京都千代田区一ツ橋2-5-5
電話案内 03-5210-4000
https://www.iwanami.co.jp/

印刷・三秀舎　函・岡山紙器所　製本・松岳社

Complete Works of Spinoza,
edited by Osamu Ueno and Izumi Suzuki, Vol. IV,
Tractatus de Intellectus Emendatione,
Japanese translation, introduction and notes
by Izumi Suzuki;
Tractatus Politicus,
Japanese translation, introduction and notes
by Osamu Ueno;
Compendium Grammatices Linguae Hebraeae,
Japanese translation and notes by Kei Akita,
introduction by Kei Akita,
annex by Isaiah (Izaya) Teshima,
Tokyo, Iwanami Shoten, Publishers, 2024.

ISBN 978-4-00-092854-0　　Printed in Japan

スピノザ全集

（全6巻＋別巻1）

全巻構成

（＊は既刊）

I＊ デカルトの哲学原理
形而上学的思想　定価5170円

翻訳・解説　松田克進・平松希伊子（『デカルトの哲学原理』）
鈴木 泉（『形而上学的思想』）

II 神学政治論

翻訳　斎藤 博・桜井直文・鈴木 泉・高木久夫・木島泰三
解説　上野 修・鈴木 泉・高木久夫

III＊ エチカ　定価5280円

翻訳・解説　上野 修

IV＊ 知性改善論　政治論
ヘブライ語文法綱要　定価7480円

翻訳・解説　鈴木 泉（『知性改善論』）
上野 修（『政治論』）
翻訳　秋田 慧／解説・附論　秋田 慧・手島勲矢（『ヘブライ語文法綱要』）

V＊ 神、そして人間と
その幸福についての短論文　定価4620円

翻訳・解説　上野 修

VI 往復書簡集

翻訳・解説　河井徳治・平尾昌宏

別 資料集　総索引

執筆・翻訳　平尾昌宏・柏葉武秀・笠松和也・上野 修・鈴木 泉

岩波書店刊

定価は消費税10%込です
2024年9月現在